高等院校环境科学与工程专业"十二五"规划教材

环境学导论

刘克锋 张 颖 主编
吴晓芙 主审

中国林业出版社

内 容 简 介

本教材吸收了近年来国内外环境科学及相关学科研究发展的最新成果，系统阐述了环境科学及其相关交叉学科的基础理论，并结合学科前沿领域、热点问题探讨实现可持续发展的有效途径。主要内容包括：绪论，生态学基础，人口、资源与环境，水环境，大气环境，土壤环境，物理环境，固体废弃物处理与资源化，农业污染与农产品质量安全，生态退化与恢复，环境管理与技术保障，可持续发展。

本教材既可作为高等院校资源与环境等相关专业的必修课程教材，也可作为从事资源与环境科研、生产、管理人员的参考书。

图书在版编目（CIP）数据

环境学导论/刘克锋，张颖主编. —北京：中国林业出版社，2012.7（2023.8重印）
高等院校环境科学与工程专业"十二五"规划教材
ISBN 978-7-5038-6670-8

Ⅰ.①环… Ⅱ.①刘…②张… Ⅲ.①环境科学-高等学校-教材 Ⅳ.①X

中国版本图书馆 CIP 数据核字（2012）第 152478 号

中国林业出版社·教材出版中心
策划、责任编辑：肖基浒
电话：(010)83143555

出版发行	中国林业出版社(100009　北京市西城区德内大街刘海胡同7号) E-mail:jiaocaipublic@163.com　电话:(010)83223120 http://www.forestry.gov.cn/lycb.html
经　销	新华书店
印　刷	三河市祥达印刷包装有限公司
版　次	2012年8月第1版
印　次	2023年8月第4次印刷
开　本	850mm×1168mm　1/16
印　张	24.5
字　数	596千字
定　价	56.00元

未经许可，不得以任何方式复制或抄袭本书之部分或全部内容。

版权所有　侵权必究

《环境学导论》编写人员

主　　编　刘克锋　张　颖
副主编　黎华寿　刘悦秋　虞　娜
　　　　　李科林　闫立龙
编写人员（按姓氏笔画排序）
　　　　　王顺利（北京农学院）
　　　　　王　博（东北农业大学）
　　　　　田志会（北京农学院）
　　　　　代英杰（东北农业大学）
　　　　　刘永光（北京农学院）
　　　　　刘克锋（北京农学院）
　　　　　刘悦秋（北京农学院）
　　　　　闫立龙（东北农业大学）
　　　　　杨　丹（沈阳农业大学）
　　　　　李科林（中南林业科技大学）
　　　　　张　颖（东北农业大学）
　　　　　张　薇（沈阳农业大学）
　　　　　陈洪伟（北京农学院）
　　　　　孟会生（山西农业大学）
　　　　　贺鸿志（华南农业大学）
　　　　　崔亚伟（西南林业大学）
　　　　　梁启斌（西南林业大学）
　　　　　虞　娜（沈阳农业大学）
　　　　　黎华寿（华南农业大学）
主　　审　吴晓芙（中南林业科技大学）

前言

PREFACE

环境保护是当今世界各国人民共同关心的重大的社会经济问题,也是科学技术领域里重大的研究课题。环境科学是在现代社会经济和科学发展过程中形成的一门综合性科学。它提供了综合、定量和跨学科的方法来研究环境系统。环境科学不仅与自然科学学科和工程学科紧密交叉,由于大多数环境问题涉及人类活动,因此还与社会、经济、管理、政治等人文学科相互渗透。随着环境问题的全球化影响,环境科学在人类发展进程中的重要性日益凸显。环境问题产生的原因很复杂,大量事实使人们认识到,人与环境是一个相互影响、相互制约、相互依存的统一体。一个国家或地区的不恰当的开发活动,可能影响更大范围的环境,甚至影响到整个生物的平衡,解决环境问题需要全人类的共同行动。普及环境保护知识与技能、培养环境保护专业人才,是高等院校义不容辞的职责。

本教材针对新世纪人类面临的各种环境问题,以"人类—环境"系统为整体,多层次、多角度地对当今环境的热点问题进行了介绍和探讨;深入分析了环境科学技术、方法和应用;概述了环境管理理念和实践;探讨了可持续发展的环境伦理观及其实施的有效途径。本书内容反映了当今环境科学发展的趋势和最新的研究动向,语言表达深入浅出,数据翔实新颖,适用于环境科学、环境工程专业学生作为专业基础课程教材,也适于高等院校非环境专业学生作为环境教育教材。

本教材重视理论联系实际,在环境科学理论体系与知识点的介绍中,增设实际案例,以提高学生学习兴趣。全书编写分工如下:前言由刘克锋编写;第1章由刘克锋、郁东宁、王顺利编写;第2章由刘悦秋、王顺利编写;第3章由张薇、杨丹编写;第4章由李科林编写;第5章由孟会生编写;第6章由张颖、王博编写;第7章由闫立龙、代英杰编写;第8章由梁启斌编写;第9章由黎华寿、贺鸿志编写;第10章由刘悦秋、田志会编写;第11章由虞娜、杨丹编写;第12章由刘永光、陈洪伟编写。全书由刘克锋、刘悦秋统稿,吴晓芙主审。

本教材在编写过程中,参考了大量书籍和文献,在此对原作者及相关同人表示由衷的感谢!由于时间紧迫水平有限,书中不妥之处敬请广大读者批评指正。

编 者

2012年5月

目 录

前言

1 绪论 ……………………………………………………………………………… 1
1.1 环境 …………………………………………………………………………… 2
1.1.1 环境的概念 ……………………………………………………………… 2
1.1.2 环境的分类 ……………………………………………………………… 2
1.1.3 环境的特性 ……………………………………………………………… 2
1.2 环境问题 ……………………………………………………………………… 3
1.2.1 环境问题的概念 ………………………………………………………… 3
1.2.2 环境问题的发生和发展 ………………………………………………… 4
1.2.3 环境问题的实质 ………………………………………………………… 9
1.3 环境科学 ……………………………………………………………………… 9
1.3.1 环境科学的形成和发展 ………………………………………………… 9
1.3.2 环境科学的研究内容与任务 …………………………………………… 11
1.3.3 环境科学的分科 ………………………………………………………… 12
1.3.4 环境科学的特点和研究方法 …………………………………………… 12

思考题 ……………………………………………………………………………… 16
参考文献 …………………………………………………………………………… 17

2 生态学基础 …………………………………………………………………… 18
2.1 生物与环境 …………………………………………………………………… 19
2.1.1 生态因子的概念与分类 ………………………………………………… 19
2.1.2 生态因子作用的一般特征 ……………………………………………… 19
2.1.3 生态因子作用的基本原理 ……………………………………………… 20
2.2 生态系统 ……………………………………………………………………… 22
2.2.1 生态系统的基本概念 …………………………………………………… 22

2.2.2　生态系统的生产力 ………………………………………………………… 25
2.2.3　生态系统的物质循环 ……………………………………………………… 26
2.2.4　生态系统的能量流动 ……………………………………………………… 29
2.2.5　生态系统的信息传递 ……………………………………………………… 31
2.3　生态平衡 ……………………………………………………………………………… 32
2.3.1　生态平衡的概念 …………………………………………………………… 32
2.3.2　生态平衡判定依据 ………………………………………………………… 33
2.3.3　生态失调 …………………………………………………………………… 33
2.3.4　生态平衡调节机制 ………………………………………………………… 34
2.4　生态系统的服务功能 ………………………………………………………………… 36
2.4.1　生态系统服务功能的分类 ………………………………………………… 36
2.4.2　生态系统服务功能的价值 ………………………………………………… 37
思考题 …………………………………………………………………………………… 42
参考文献 ………………………………………………………………………………… 42

3　人口、资源与环境 ……………………………………………………………………… 43

3.1　人口发展情况 ………………………………………………………………………… 44
3.1.1　人口及相关概念 …………………………………………………………… 44
3.1.2　世界人口发展情况 ………………………………………………………… 45
3.1.3　中国人口问题 ……………………………………………………………… 52
3.2　人口与资源 …………………………………………………………………………… 57
3.2.1　自然资源 …………………………………………………………………… 57
3.2.2　人类发展与资源演进 ……………………………………………………… 58
3.2.3　人口增长对资源的压力 …………………………………………………… 61
3.2.4　人口的控制 ………………………………………………………………… 64
思考题 …………………………………………………………………………………… 68
参考文献 ………………………………………………………………………………… 68

4　水环境 …………………………………………………………………………………… 69

4.1　水资源概述 …………………………………………………………………………… 70
4.1.1　水形成与水循环 …………………………………………………………… 70
4.1.2　人与水的关系 ……………………………………………………………… 72
4.1.3　水资源 ……………………………………………………………………… 74
4.2　水环境问题 …………………………………………………………………………… 78

　　　　4.2.1　水资源短缺 …………………………………………………………… 78
　　　　4.2.2　水灾害 …………………………………………………………………… 80
　　4.3　水环境质量 …………………………………………………………………………… 81
　　　　4.3.1　水环境容量 …………………………………………………………… 81
　　　　4.3.2　水质指标与标准 ……………………………………………………… 83
　　　　4.3.3　水体自净 ……………………………………………………………… 89
　　4.4　水污染与防治 ………………………………………………………………………… 92
　　　　4.4.1　水污染 ………………………………………………………………… 92
　　　　4.4.2　水体主要污染物及其环境效应 ……………………………………… 94
　　　　4.4.3　水污染主要特征 ……………………………………………………… 98
　　　　4.4.4　水污染防治 …………………………………………………………… 100
　思考题 ……………………………………………………………………………………… 105
　参考文献 …………………………………………………………………………………… 105

5　大气环境 ……………………………………………………………………………… 107

　　5.1　大气结构与组成 ……………………………………………………………………… 108
　　　　5.1.1　大气的结构 …………………………………………………………… 108
　　　　5.1.2　大气的组成 …………………………………………………………… 109
　　5.2　大气污染及危害 ……………………………………………………………………… 110
　　　　5.2.1　大气污染及其类型 …………………………………………………… 110
　　　　5.2.2　大气污染源 …………………………………………………………… 111
　　　　5.2.3　大气污染物 …………………………………………………………… 112
　　　　5.2.4　大气污染的扩散 ……………………………………………………… 115
　　　　5.2.5　大气污染的危害 ……………………………………………………… 117
　　5.3　全球大气环境问题 …………………………………………………………………… 119
　　　　5.3.1　酸雨 …………………………………………………………………… 119
　　　　5.3.2　O_3 层破坏 …………………………………………………………… 121
　　　　5.3.3　全球气候变暖 ………………………………………………………… 124
　　5.4　大气污染与防治 ……………………………………………………………………… 126
　　　　5.4.1　控制大气污染的原则和措施 ………………………………………… 126
　　　　5.4.2　大气污染控制标准 …………………………………………………… 129
　　　　5.4.3　大气污染治理技术 …………………………………………………… 131
　思考题 ……………………………………………………………………………………… 135

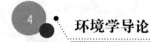

| | 参考文献 | 135 |

6 土壤环境 ... 136
6.1 土壤的基本特性 ... 137
- 6.1.1 土壤的组成 ... 137
- 6.1.2 土壤的基本性质 ... 140

6.2 土壤污染 ... 144
- 6.2.1 土壤污染和土壤净化 ... 144
- 6.2.2 土壤污染源 ... 146
- 6.2.3 土壤污染物质 ... 147
- 6.2.4 土壤污染的发生类型 ... 148

6.3 土壤重金属污染 ... 149
- 6.3.1 土壤中重金属元素的来源 ... 149
- 6.3.2 土壤中重金属元素的背景值 ... 150
- 6.3.3 土壤中重金属元素的迁移转化 ... 150

6.4 土壤污染防治与修复 ... 152
- 6.4.1 控制和消除土壤污染源 ... 152
- 6.4.2 土壤污染修复 ... 153

思考题 ... 159
参考文献 ... 159

7 物理环境 ... 160
7.1 噪声污染 ... 161
- 7.1.1 噪声和噪声源 ... 161
- 7.1.2 噪声污染的分类 ... 161
- 7.1.3 噪声污染的特点及危害 ... 162
- 7.1.4 噪声的控制 ... 164

7.2 辐射污染 ... 165
- 7.2.1 电磁辐射及辐射污染 ... 165
- 7.2.2 电磁辐射源 ... 166
- 7.2.3 电磁辐射污染的危害与控制 ... 167
- 7.2.4 电磁辐射防护措施 ... 168

7.3 光污染 ... 169
- 7.3.1 光环境与人的视觉 ... 169

目录

  7.3.2 光源及其类型 …… 170
  7.3.3 光污染的危害和防治 …… 172
 7.4 **热污染** …… 174
  7.4.1 热环境 …… 174
  7.4.2 环境热污染及其防治 …… 175
思考题 …… 179
参考文献 …… 180

8 固体废物处理与资源化 …… 181

 8.1 **固体废物概述** …… 182
  8.1.1 固体废物的概念及分类 …… 182
  8.1.2 固体废物的特点 …… 183
  8.1.3 固体废物污染途径及危害 …… 183
 8.2 **固体废弃物的处理方法** …… 184
  8.2.1 固体废物预处理、处理及处置概述 …… 184
  8.2.2 固体废物常见的预处理技术 …… 184
  8.2.3 固体废物常见的处理技术 …… 185
  8.2.4 固体废物常见的最终处置技术 …… 186
 8.3 **固体废物的综合利用及资源化** …… 187
  8.3.1 固体废物资源化的原则 …… 187
  8.3.2 固体废物资源化的基本途径 …… 187
  8.3.3 常见工业固体废物的资源化 …… 188
  8.3.4 建筑垃圾的资源化 …… 192
  8.3.5 农业固体废弃物资源化 …… 193
  8.3.6 生活垃圾的资源化 …… 195
 8.4 **危险废物的管理与处置** …… 196
  8.4.1 概述 …… 196
  8.4.2 危险废物处理、处置技术 …… 197
思考题 …… 201
参考文献 …… 201

9 农业污染与农产品质量安全 …… 203

 9.1 **农田面源污染** …… 204
  9.1.1 现代集约化农业（农业化学化）与农业面源污染源 …… 204

9.1.2 化肥面源污染与防控 …… 207
9.1.3 农药污染 …… 215
9.1.4 农膜污染 …… 223
9.1.5 秸秆的资源化 …… 227
9.1.6 农田面源污染的防控 …… 230
9.2 集约化养殖污染 …… 232
9.2.1 养殖模式的变迁对环境的影响 …… 232
9.2.2 集约化养殖的污染源分析 …… 233
9.2.3 畜禽养殖业的污染防治 …… 234
9.2.4 水产养殖污染的防控 …… 238
9.3 农产品质量安全 …… 238
9.3.1 影响农产品质量安全的污染因子 …… 240
9.3.2 农业生产过程对农产品质量安全的影响 …… 246
9.3.3 农产品质量安全的标准 …… 247
9.4 农产品质量安全保障 …… 248
9.4.1 农产品质量安全的保障体系 …… 248
9.4.2 质量安全的健康食品及其认证体系 …… 252
9.5 生态农业 …… 260
9.5.1 生态农业的含义与特点 …… 260
9.5.2 生态农业实践及其模式 …… 261
思考题 …… 272
参考文献 …… 272

10 生态退化与恢复 …… 274

10.1 生态退化概述 …… 275
10.1.1 生态退化的概念 …… 275
10.1.2 生态退化的成因 …… 275
10.1.3 退化生态系统的特征 …… 278

10.2 生态恢复 …… 279
10.2.1 生态恢复的概念 …… 279
10.2.2 生态恢复的原理 …… 280
10.2.3 生态恢复的类型 …… 281
10.2.4 生态恢复的过程 …… 281

        10.2.5 生态恢复的途径与方法 …………………………………………… 282
    10.3 生态退化的主要类型及恢复 ……………………………………………… 283
        10.3.1 森林生态系统退化及恢复 ………………………………………… 283
        10.3.2 草地退化与恢复 …………………………………………………… 285
        10.3.3 湿地生态系统退化及恢复 ………………………………………… 287
        10.3.4 水土流失及水土保持 ……………………………………………… 289
        10.3.5 荒漠化 ……………………………………………………………… 293
    10.4 生物安全 …………………………………………………………………… 300
        10.4.1 生物多样性锐减 …………………………………………………… 300
        10.4.2 生物入侵 …………………………………………………………… 305
        10.4.3 转基因生物安全 …………………………………………………… 310
    思考题 ……………………………………………………………………………… 317
    参考文献 …………………………………………………………………………… 317

11 环境管理与技术保障 …………………………………………………………… 320
    11.1 环境管理规划概述 ………………………………………………………… 321
        11.1.1 环境管理的概念和特点 …………………………………………… 321
        11.1.2 环境管理的内容 …………………………………………………… 321
        11.1.3 环境规划的概念和原则 …………………………………………… 323
        11.1.4 环境规划的基本任务和类型 ……………………………………… 324
    11.2 环境管理的政策方法 ……………………………………………………… 327
        11.2.1 命令和控制型 ……………………………………………………… 327
        11.2.2 经济和激励型 ……………………………………………………… 330
        11.2.3 鼓励和自愿型 ……………………………………………………… 334
    11.3 环境管理的技术保障 ……………………………………………………… 337
        11.3.1 环境标准 …………………………………………………………… 337
        11.3.2 环境监测 …………………………………………………………… 339
        11.3.3 环境评价 …………………………………………………………… 340
    11.4 ISO14000 环境管理系列标准 ……………………………………………… 341
        11.4.1 ISO14000 产生的背景 ……………………………………………… 341
        11.4.2 ISO14000 系列标准的内容 ………………………………………… 342
        11.4.3 ISO14000 系列标准的特点 ………………………………………… 343
        11.4.4 ISO14000 系列标准的发展趋势 …………………………………… 344

思考题	…………………………………………………………………………………………	346
参考文献	…………………………………………………………………………………………	346

12　可持续发展 …………………………………………………………………… 347

- 12.1　环境伦理观的产生及发展 ……………………………………………… 348
  - 12.1.1　人与自然 …………………………………………………… 348
  - 12.1.2　中国古代环境伦理观 ……………………………………… 349
  - 12.1.3　西方环境伦理观的发展 …………………………………… 351
- 12.2　可持续发展的环境伦理观 ……………………………………………… 355
  - 12.2.1　可持续发展的由来 ………………………………………… 355
  - 12.2.2　可持续发展的内涵与原则 ………………………………… 358
  - 12.2.3　可持续发展指标体系 ……………………………………… 360
- 12.3　可持续发展的实践 ……………………………………………………… 363
  - 12.3.1　21世纪议程 ………………………………………………… 363
  - 12.3.2　中国实施可持续发展战略的目标 ………………………… 365
  - 12.3.3　可持续发展的实现途径 …………………………………… 366
  - 12.3.4　可持续发展战略实施的保障措施 ………………………… 368
  - 12.3.5　清洁生产 …………………………………………………… 370
- 思考题 …………………………………………………………………………… 376
- 参考文献 ………………………………………………………………………… 376

绪 论

本章提要

本章阐述了环境的概念，明确了环境科学的研究对象是"人类—环境"系统。重点回顾环境问题产生与发展的三个阶段，指出环境问题实质是经济问题和社会问题，是人类自然地，而且是自觉地建设人类文明的问题。在认识和治理环境问题的过程中，人类对环境及环境问题的认知逐渐深入，环境科学作为一个交叉学科产生并逐渐发展。

1.1 环　　境

1.1.1 环境的概念

环境是一个被广泛使用的名词，它的含义和内容既丰富，又随各种具体状况而不同。1866年德国博物学家海克尔（E. Haeckel）在他所著的《普通生物形态学》中首次提出了环境一词，是指某一特定生物体或生物种群以外的空间以及直接或间接影响其生存的一切事物的总和，这是生态学中环境的概念。从哲学角度讲，环境是一个相对的概念，是一个相对于主体而言的客体，即组织的外部存在。或者说，相对于某一主体的周围客体因空间分布、相互关联而构成的系统，即相对该主体的环境。对于环境科学而言，"环境"是指以人类为主体的外部世界，即人类生存、繁衍所必需的、相适应的环境，或物质条件的综合体，包括自然环境和社会环境。自然环境是指围绕人们周围的各种自然因素的总和，它包括大气、水、土壤、生物、岩石矿物和太阳辐射等。自然环境是人类赖以生存和发展的物质基础，社会环境是人类在自然环境的基础上，通过长期有意识的社会劳动所创造的人工环境。它是由政治、经济和文化等要素构成。其中经济是基础，政治是经济的集中表现，文化是政治和经济的反映。

从哲学角度讲，环境是一个相对的概念，是一个相对于主体而言的客体，即组织的外部存在。或者说，相对于某一主体的周围客体因空间分布、相互联系而构成的系统，即相对该主体的环境。

还有一种因适应某些工作方面的需要，而为环境所下的工作定义，它们大多出现于世界各国颁布的环境保护法规中。《中华人民共和国环境保护法》（以下简称《环境保护法》）第二条规定："本法所称环境，是指影响人类生存和发展的各种天然的和经过人工改造的自然因素总体，包括大气、水、海洋、土地、矿藏、森林、草原、野生生物、自然遗迹、人文遗迹、自然保护区、风景名胜区、城市和乡村等。"这是将环境中应当保护的要素或对象界定为环境的一种工作定义，它是从实际工作的需要出发，对环境一词的法律适用对象或适用范围所作的规定，其目的是保证法律的准确实施。

1.1.2 环境的分类

环境是一个非常复杂的体系，至今还没有形成统一的分类方法。一般是按照下述原则来分类的，即按照环境的范围、环境的要素和人类对环境的利用或环境的功能等方面加以分类。

按照环境范围的大小划分，可以分为居室环境、街区环境、城市环境、区域环境、全球环境等。

按照环境要素的不同划分，可以分为大气环境、水环境（海洋环境、湖泊环境、河流环境等）、土壤环境、地质环境以及生物环境（森林环境、草原环境等）等。

按照环境要素的属性划分，可以分为社会环境和自然环境两大类。

环境科学中最常用的分类方法是把环境分为自然环境和人工环境。

1.1.3 环境的特性

（1）环境的整体性

环境的整体性是指环境的各个组成部分或要素构成了一个完整的系统，环境中的各部分之间存在着紧密的相互联系、相互制约关系。环境中大气、水、土壤、生物及声、光、电等各个环境要素相互依存，相互影响。局部地区的环境污染或破坏，总会对其他地区造成影响和危害。例如，人类虽然没有在南极生产或使用农药，但是却在南极地衣植物以及企鹅体内检测出DDT等残留。由此可见，环境问题具有全球性，人类的生存环境及其保护，从整体上看是没有区域界限的。

（2）环境的区域性

环境的区域性指的是环境（整体）特性的区域差异。由于纬度和经度的差异，导致了地球热量和水分在各个自然环境的分布不同，形成了陆地生态系统和水域生态系统的垂直地带性分布和水平地带性分布，这是自然环境的基本特征。不同区域自然环境的多样性和差异性具有重要的生态学意义，是自然资源多样性的基础和保证，同时使人类对环境规律的探索和运用面临更多的挑战。

（3）环境的相对稳定性

在一定的时空尺度下，环境具有相对稳定的特点。所谓相对稳定，是指环境通过物流、能流和信息流而处于不断变化中，但环境系统具有一定抗干扰的自我调节能力，只要自然和人类的作用不超过环境所能承受的界限，其可借助于自身的调节能力使这些变化逐渐减弱或消失，表现出一定的稳定性。

（4）环境变化的滞后性

自然环境受到外界影响后，其产生的变化往往是潜在的、滞后的，这主要表现为：自然环境在受到冲击和破坏的过程中日积月累，在短期内也许不被认识或反映出来，并且发生变化的范围和影响程度也难以预料，一旦环境被破坏，所需的恢复时间较长，尤其是当破坏超过环境承载能力或自净能力时，一般就很难再恢复了。

（5）环境的脆弱性

环境的脆弱性是环境系统在特定时空尺度相对于外界干扰所具有的敏感反应和自我恢复能力，是自然属性和人类干扰行为共同作用的结果。生态环境的脆弱性既有自然因素，又有人为因素，自然因素包括地质构造、地貌特性、地表组成物质、地域水文特性、生物群体类型以及气候因子。人为因素即人类滥用各种物质和资源，导致资源枯竭、生态破坏、污染物超标排放等，破坏了生态平衡，对环境构成了巨大的压力。环境的脆弱性与恶劣的自然条件直接相关，但自然条件的不利只决定了环境脆弱存在的潜在性，而引发这一潜在危害的则是人类的干扰活动。因此，环境科学的研究旨在围绕人类与环境这一主题，协调二者的关系，把人类对环境的不良影响控制在最低水平。

（6）环境过程的不可逆性

生态系统中的能量流动过程是不可逆的，所以环境一旦遭到破坏，利用物质循环规律可以局部恢复，但不可能彻底回到原来状态。

1.2 环境问题

1.2.1 环境问题的概念

环境问题是指因自然变化或人类活动而引起的环境破坏和环境质量变化，以及由此给人类的生存和发展带来的不利影响。环境问题是目前全人类面临的几个主要问题之一。环境问题按其成因的不同，可以分为原生环境问题和次生环境问题。

原生环境问题，又称第一环境问题，是指由于自然力引起的，没有人为因素或人为因素很少的环境问题，如火山爆发、地震、台风、洪水、旱灾、滑坡等发生时所引起的环境问题。原生环境问题不属于环境科学研究的范畴，近年出现的灾害学这一新兴学科主要研究的就是原生环境问题。

次生环境问题，又称作第二环境问题，是指由于人为因素所造成的环境问题，次生环境问题又可分为环境污染和生态破坏两类。通常，人们所说的环境问题一般是指次生环境问题。这类环境问题是环境科学研究的对象。

环境污染是指人类活动产生并排入环境的污染物或污染因素超过了环境容量和环境自净能力，使环境的组成或状态发生了改变，导致环境质量恶化，从而产生了对人类不利的影响。例如，工业"三废"（废气、废水、废渣）排放引起的大气污染、水体污染和土壤污染。

生态破坏是指人类开发利用自然环境和自然资源的活动超过了环境的自我调节能力，使环境质量恶化或自然资源枯竭，影响和破坏了生物正常的发展和演化，以及可更新自然资源的持续利用。例如，过度放牧引起草原退化；滥采滥捕使珍稀物种灭绝和生态系统生产力下降等。

值得注意的是，原生环境问题和次生环境问题都是相对的，往往难以截然分开，它们之间常常相互影响、重叠发生，形成所谓的复合效应。例如，大面积毁坏森林可导致降雨量减少；过量开采地下水有可能诱发地震。

1.2.2 环境问题的发生和发展

环境问题是随着人类社会和经济的发展而发展的。随着人类生产力的发展和文明程度的提高，环境问题由早期的小范围、低程度危害，发展到大范围、对人类生存造成不容忽视的危害；即由轻度污染、轻度破坏、轻度危害向重污染、重破坏、重危害方向发展。依据环境问题产生的先后和轻重程度，环境问题的发生和发展，大致可分为三个阶段。

1.2.2.1 环境问题萌芽阶段——工业革命以前

此阶段包括人类出现以后直至产业革命的漫长时期。在该阶段，人类经历了从以采集、狩猎为生到以耕种和养殖为生的生活转变。远古以来的很长的岁月里，人类仅仅是为了生存向自然界索取有限的天然资源，主要是依赖和利用环境，而很少有意识地改造环境，因此，虽然当时已经出现环境问题，但不突出。随着生产工具不断进步，生产力逐渐提高，出现了耕作业和渔牧业的劳动分工，即人类社会的第一次劳动大分工。人类从完全依赖大自然的恩赐转变到自觉利用土地、生物、陆地水体和海洋等自然资源，人类的生活资料有了较以前稳定得多的来源。渐渐地人口数量开始迅速增加，人类社会需要更多的资源来扩大物质生产规模，便开始出现烧荒、垦荒、兴修水利工程等改造活动，引起严重的水土流失、土壤盐渍化或沼泽化等问题。例如，西亚的两河流域和中国的黄河流域，是人类文明的发源地，但由于大规模毁林垦荒，造成了严重的水土流失。但总的来说，这一阶段的人类活动对环境的影响还是局部的，没有达到影响整个生物圈的程度。

1.2.2.2 环境问题的发展恶化阶段——城市环境问题

这一阶段又称近代城市环境问题阶段,此阶段从产业革命到 1984 年发现南极臭氧空洞止。18 世纪后期欧洲的一系列发明和技术革新大大提高了人类社会的生产力,在新技术的带动下,人类开始以空前的规模与速度开采和消耗能源及其他自然资源。新技术不仅带动了工业的迅速发展,同时产业化、城市化也随之急剧发展起来。城市人口迅速增加,使城市的规模和结构布局也迅速扩大和变化。在产业化(主要是工业化)和城市化的发展过程中,出现了"城市病"这样的环境问题。由于人口和工业密集,燃煤量和燃油量剧增,发达国家的城市饱受空气污染之苦,后来这些国家的城市周围又出现日益严重的水污染和垃圾污染,工业"三废"、汽车尾气更是加剧了这些污染的程度。20 世纪 40~60 年代,环境污染达到了高峰,国际上公害事件频频发生(表 1-1),并已成为资本主义国家的一个重大社会问题。这一时期环境污染的特点是:城市环境问题突出、由工业污染向城市污染和农业污染发展;由点源污染向面源(江河湖海)污染发展、由局部污染向区域性和全球性污染发展,这是世界上第一次环境问题的高潮。从此,人们开始正视环境问题。虽然经过近 20 年的努力,发达国家的污染问题部分地得到解决,环境状况有所改善,但环境问题并没有彻底解决。许多发展中国家,又在走发达国家的老路,在发展经济的同时,环境污染越来越严重。1984 年 12 月印度的"博帕尔惨案"就是一个明显的例子。同时,随着新技术革命的发展,又会带来新的环境问题。

表 1-1 20 世纪 40~60 年代著名的公害事件

公害名称	发生地	发生时间	灾害后果	致害后果及原因
马斯河谷烟雾事件	比利时马斯河谷	1930 年	呼吸短促,咳嗽,流泪,喉痛,恶心、胸闷,几千人发病,60 人死亡	山谷中重型工业工厂多,遇到逆温天气,工业污染物积累,不易扩散。污染物为烟尘和 SO_2 等
洛杉矶光化学烟雾事件	美国洛杉矶市	1943 年	1955 年,因呼吸系统衰竭死亡的 65 岁以上的老人达 400 多人,到 1970 年,约有 75% 以上的市民患上了红眼病	汽车尾气及工业废气在强烈紫外线作用下生成含剧毒的光化学烟雾
多诺拉烟雾事件	美国宾夕法尼亚州多诺拉镇	1948 年	人们在短时间内大量吸入这些有害的气体,导致暴病成灾。6 000 人突然发病,症状为眼痛、咽喉痛、流鼻涕、咳嗽、头痛、四肢乏倦、胸闷、呕吐、腹泻等,其中 20 人很快死亡	硫酸厂、钢铁厂、炼锌厂排放的含有二氧化硫等有毒有害气体及金属微粒,在反常气候条件下聚集并附着在悬浮颗粒物上
伦敦烟雾事件	英国伦敦市	1952 年	4 天内伦敦市死亡 4 000 人。毒雾消散后两个月内,又有近 8 000 人因为烟雾事件而死于呼吸系统疾病	燃煤产生的二氧化碳、一氧化碳、二氧化硫、粉尘等形成有毒浓雾。1956 年、1957 年和 1962 年又连续发生了多达 12 次严重的烟雾事件。直到 1965 年,有毒烟雾才从伦敦销声匿迹
水俣事件	日本熊本县水俣镇	1953—1961 年	前后有数十万人食用了水俣湾中被甲基汞污染的鱼虾。很多人身心受到摧残,甚至家破人亡。截至 2006 年,先后有 2 265 人被确诊患有水俣病,其中大部分已经病故	日本氮肥公司在生产过程中使用含汞催化剂,并把未经任何处理的废水排放到水俣湾中,汞离子在水中的鱼虾体内转化成甲基汞,甲基汞被人体摄入后导致神经衰弱综合征,精神障碍,昏迷、瘫痪、震颤等,并可发生心脏、肝脏、肾脏损害甚至急性肾功能衰竭

(续)

公害名称	发生地	发生时间	灾害后果	致害后果及原因
四日哮喘病事件	日本四日市	1955 年	支气管炎、哮喘、肺气肿 500 多人患病，36 人在气喘病中死去	工人向大气排出 SO_2，有重金属微粒、煤粉尘，吸入肺部
米糠油事件	日本北九州市、爱知县	1968 年	首先出现原因不明的皮肤病，截至 1977 年死亡 30 余人，到 1978 年，日本共 28 个县确诊患者 1 684 名	九州食用油厂在生产米糠油时，为追求利润，在脱臭过程中使用多氯联苯（PCBs）液体作导热油。因管理不善使 PCBs 混进米糠油中，随着有毒的米糠油销往各地，造成人的中毒生病甚至死亡
富山事件	日本富山县神通川流域	1931—1975 年	镉在体内蓄积，造成身体各部位神经痛和全身骨病，使人不能行动，以致呼吸都带来难以忍受的痛苦，最后骨骼软化萎缩，自然骨折，直到饮食不进，在衰弱疼痛中死去，有人甚至因无法忍受痛苦而自杀。1955 年至 1972 年 3 月共发现患者 130 人，其中死亡 81 人	神冈炼锌厂长期将未经处理的含镉废水排入神通川，污染了周围的耕地和水源，两岸居民引用河水灌溉使稻米含镉，居民食用含镉稻米和饮用含镉水而中毒。骨痛病在日本蔓延，患区从神通川扩大到黑川、铅川、二迫川等 7 条河的流域

1.2.2.3 当代环境问题阶段——全球性环境问题

从 1984 年英国科学家发现南极上空出现"臭氧层空洞"开始，能源匮乏、温室效应、生物多样性锐减、酸雨灾害、生态退化、土地沙漠化等浪潮不断席卷全球，在全球范围内出现了威胁人类生存和发展的征兆。这时环境问题也不再是简单的环境污染问题，而与人口、资源、经济社会发展问题紧密地结合在一起，成为一个涉及全世界各国、各地区、各领域，关系到全人类生存的综合性问题。

(1) 全球气候变暖

由于化石燃料燃烧和毁林、土地利用变化等人类活动所排放温室气体导致大气温室气体浓度大幅增加，这些温室气体对来自太阳辐射的可见光具有高度的透过性，而对地球反射出来的长波辐射具有高度的吸收性，也就是常说的"温室效应"，导致全球气候变暖。联合国环境规划署和世界气象组织共同建立的政府间机构报告指出"大气中二氧化碳浓度已从工业革命前的 280μL/L 上升到 2005 年的 379μL/L，超过了近 65 万年以来的自然变化范围，近百年来全球地表平均温度上升了 0.74℃。"

全球气候变暖，将会对全球产生各种不同的影响，它危害自然生态系统的平衡，更威胁人类的食物供应和居住环境。较高的温度可使极地冰川融化，海平面升高，使一些海岸地区被淹没；全球变暖影响到降雨和大气环流的变化，使气候反常，易造成旱涝灾害，近年来，世界各国出现了几百年来历史上最热的天气，厄尔尼诺现象也频繁发生，给各国造成了巨大经济损失。

(2) 臭氧层耗损

自然界中的臭氧，大多分布在距地面 20~50km 的大气中，我们称之为臭氧层。20 世纪 70 年代中期，美国科学家发现南极洲上空的臭氧层有变薄现象。80 年代观测发现，自每年 9 月份下旬开始，南极洲上空的臭氧总量迅速减少一半左右，极地上空臭氧层中心地带，近 90% 臭氧被破坏，若从地面向上观测，高空臭氧层已极其稀薄，与周围相比像是形成了一个直径上千千米的洞，称为"臭氧洞"。到 1994 年，南极上空的臭氧层破坏面积已达

$2400×10^4 km^2$，北半球上空的臭氧层比以往任何时候都薄，欧洲和北美上空的臭氧层平均减少了10%～15%，西伯利亚上空甚至减少了35%。2011年11月1日，日本气象厅发布的消息说，该机构2011年测到的南极上空臭氧层空洞面积的最大值超过去年，已相当于过去10年的平均水平。臭氧层破坏的后果是很严重的，臭氧层中臭氧含量减少10%，地面不同地区的紫外线辐射将增加19%～22%。据美国环境保护署估计，大气层中臭氧含量每减少1%，皮肤癌患者就会增加10万人，患白内障和呼吸道疾病的人也将增多。紫外线辐射增强，对其他生物产生的影响和危害也令人不安。有人认为，臭氧层被破坏，将打乱生态系统中复杂的食物链，导致一些主要生物物种灭绝。臭氧层的破坏，将使地球上2/3的农作物减产，导致粮食危机。紫外线辐射增强，还会导致全球气候变暖。

(3) 生物多样性减少

生物多样性是指一定范围内多种多样活的有机体有规律地结合所构成稳定的生态综合体。物种的多样性是生物多样性的关键，它既体现了生物之间及环境之间的复杂关系，又体现了生物资源的丰富性。我们目前已经知道大约有200万种生物，这些形形色色的生物物种构成了生物物种的多样性。当前地球上生物多样性减少的速度比历史上任何时候都快。据科学家估计，按照每年砍伐$1700×10^4 hm^2$的速度，在今后30年内，物种极其丰富的热带森林可能要毁在当代人手里，大约5%～10%的热带森林物种可能面临灭绝。总体来看，大陆上66%的陆生脊椎动物已成为濒危种和渐危种。海洋和淡水生态系统中的生物多样性也在不断丧失和严重退化，其中受到最严重冲击的是处于相对封闭环境中的淡水生态系统。当前大量物种灭绝或濒临灭绝，生物多样性不断减少的主要原因是人类各种活动造成的：一是大面积森林受到采伐、火烧和农垦，草地遭受过度放牧和垦殖，导致了生境的大量丧失，保留下来的生境也支离破碎，对野生物种造成了毁灭性影响；二是对生物物种的强度捕猎和采集等过度利用活动，使野生物种难以正常繁衍；三是工业化和城市化的发展，占用了大面积土地，破坏了大量天然植被，并造成大面积污染；四是外来物种的大量引入或侵入，大大改变了原有的生态系统，使原生的物种受到严重威胁；五是无控制的旅游，对一些尚未受到人类影响的自然生态系统受到破坏；六是土壤、水和空气污染，危害了森林，特别是对相对封闭的水生生态系统带来毁灭性影响；七是全球变暖，导致气候形态在比较短的时间内发生较大变化，使自然生态系统无法适应，可能改变生物群落的边界。尤其严重的是，各种破坏和干扰会累加起来，会对生物物种造成更为严重的影响。

(4) 土地荒漠化

简单地说土地荒漠化就是指土地退化。由于气候变化和人类活动等各种因素所造成的土地退化，它使土地生物和经济生产潜力减少，甚至基本丧失。荒漠化是当今世界最严重的环境与社会经济问题。目前，荒漠化在世界各地的旱区均有发生，具有局地和全球效应。根据粗略估算，2000年居住在荒漠化旱区的人口已达0.2亿～1.2亿人，如果旱区的土地荒漠化和生态系统服务退化进一步加剧，必将使得更多人口的生存遭受威胁，而且可能导致部分地区生态系统服务的增长以及人类福祉的改善趋势发生逆转。荒漠化已成为实现联合国千年发展目标的重要障碍，预防荒漠化对提高人类福祉水平和实现社会经济可持续发展具有重要意义。千年生态系统评估项目认为当前全球荒漠化的实际面积在1991年全球土壤退化评估和2003年区域性评估这两者的估算值之间。全世界大约10%～20%的旱区已经退化。由此推断，全世界的荒漠化面积应为 $600\times10^4 \sim 1\,200\times10^4 \mathrm{km}^2$。就全世界而言，过度放牧和不适当的旱作农业是干旱和半干旱地区发生荒漠化的主要原因。荒漠化的主要影响是土地生产力的下降和随之而来的农牧业减产，相应带来巨大的经济损失和一系列社会恶果，在极为严重的情况下，甚至会造成大量生态难民。

(5) 森林植被破坏

森林是由树木为主体所组成的地表生物群落。它具有丰富的物种，复杂的结构，多种多样的功能。森林与所在空间的非生物环境有机地结合在一起，构成完整的生态系统。森林是地球上最大的陆地生态系统，是全球生物圈中重要的一环。它对维系整个地球的生态平衡起着至关重要的作用，是人类赖以生存和发展的资源和环境。但从全球来看，森林植被破坏仍然是许多发展中国家所面临的严重问题，所导致的一系列环境恶果引起了人们的高度关注。森林植被破坏和减少的主要原因包括砍伐林木、开垦林地、采集薪材、大规模放牧、空气污染等。一是砍伐林木。温带森林的砍伐历史很长，在工业化过程中，欧洲、北美等地的温带森林有 1/3 被砍伐掉了。二是开垦林地。为了满足人口增长对粮食的需求，在发展中国家开垦了大量的林地，特别是农民非法烧荒耕作，刀耕火种，造成了对森林的严重破坏。据估计，热带地区半数以上的森林采伐是烧荒开垦造成的。三是采集薪材。全世界约有一半人口用薪柴作炊事的主要燃料，每年有超过 $1\times10^8 \mathrm{m}^3$ 的林木从热带森林中运出用作燃料。随着人口的增长，对薪材的需求量也相应增长，采伐林木的压力越来越大。四是大规模放牧。五是空气污染。在欧美等国，空气污染对森林退化也产生了显著影响。据 1994 年欧洲委员会对 32 个国家的调查，由于空气污染等原因，欧洲大陆有 26.4% 的森林有中等或严重的落叶。森林的不断减少，将给人类和社会带来很大的危害：一是产生气候异常；二是增加二氧化碳排放；三是物种灭绝和生物多样性减少；四是加剧水土侵蚀；五是减少水源涵养，加剧洪涝灾害。

(6) 海洋污染

海洋资源指的是与海水水体及海底、海面本身有着直接关系的物质和能量。人类活动产生的大部分废物和污染物最终都进入了海洋，海洋污染越来越趋于严重。目前，每年都有数十亿吨的淤泥、污水、工业垃圾和化工废物等直接流入海洋，河流每年也将近 $100\times10^8 \mathrm{t}$ 的淤泥和废物带入沿海水域。在太平洋上，漂浮着一个巨大的"垃圾岛"，其面积竟相当于两个美国得克萨斯州那么大！这座巨大垃圾岛飘荡在旧金山和夏威夷之间的广阔水域，主要由生活垃圾构成，其中 80% 都是废弃的塑料制品，重达 $350\times10^4 \mathrm{t}$。海洋污染的特点是，污染源多、持续性强、扩散范围广、难以控制。海洋污染造成的海水混浊严重影响海洋植物（浮游植物和海藻）的光合作用，从而影响海域的生产力，对鱼类也有危害。重金属和有毒有机化合物等有毒物质在海域中累积，并通过海洋生物的富集作用，对海洋动物和以此为食的其他动物造成毒害。石油污染在海洋表面形成面积广大的油膜，阻止空气中的氧气向海水中溶解，同时石油的分解也消耗水中的溶解氧，造成海水缺氧，对海洋生物产生危害，并祸及海鸟和人类。由于好氧有机物污染引起的赤潮，造成海水缺氧，导致海洋生物死亡。海洋污染还会破坏海滨旅游资源。因此，海洋污染已经引起国际社会越来越多的重视。

(7) 酸雨污染

酸雨通常指 pH 值低于 5.6 的降水，但现在泛指酸性物质以湿沉降或干沉降的形式从大气转移到地面上。酸雨中绝大部分是硫酸和硝酸,主要来源于排放的二氧化硫和氮氧化物。20世纪六七十年代以来,随着世界经济的发展和矿物燃料消耗量的逐步增加,矿物燃料燃烧中排放的二氧化硫、氮氧化物等大气污染物总量也不断增加,酸雨分布有扩大的趋势。欧洲和北美洲东部是世界上最早发生酸雨的地区,但亚洲和拉丁美洲有后来居上的趋势。酸雨危害可以发生在其排放地500~2 000 km的范围内,酸雨的长距离传输会造成典型的越境污染问题。欧洲和北美已采取了防止酸雨跨界污染的国际行动。在东亚地区,酸雨的跨界污染已成为一个敏感的外交问题。酸雨危害表现为:可以直接使大片森林死亡,农作物枯萎;也会抑制土壤中有机物的分解和氮的固定,淋洗与土壤离子结合的钙、镁、钾等营养元素,使土壤贫瘠化;还可使湖泊、河流酸化,并溶解土壤和水体底泥中的重金属进入水中,毒害鱼类;加速建筑物和文物古迹的腐蚀和风化过程;可能危及人体健康。

1.2.3 环境问题的实质

从环境问题的发展历程可以看出:人为的环境问题是随人类的诞生而产生,并随着人类社会的发展而发展。造成环境问题的根本原因是对环境的价值认识不足,缺乏妥善的经济发展规划和环境规划。环境是人类生存发展的物质基础和制约因素。随着人口增长,从环境中取得食物、资源、能源的数量必然要增长,这就要求工农业迅速发展,为人类提供越来越多的工农业产品,再经过人类的消费过程(生活消费与生产消费),变为"废物"排入环境,或降低了环境资源的质量。然而,环境的承载能力和环境容量是有限的,如果人口的增长、生产的发展不考虑环境条件的制约作用,超出了环境的容许极限,那就会导致环境的污染与破坏,造成资源的枯竭和对人类健康的损害。

可以说,环境问题的实质,就是一个经济问题和社会问题,是人类自然的和自觉地建设人类文明的问题。当代人类面临的所谓环境污染,以及自然资源的不合理开发利用造成的森林破坏、水土流失加剧和资源枯竭,都是人类经济活动的直接或间接的结果,而环境污染和破坏的治理与控制,又必须有相当的经济实力。

解决环境问题,必须依靠控制人口,加强教育,提高人口素质,增强环境意识,强化环境管理,依靠强大的经济实力和科技的进步。

1.3 环 境 科 学

在认识和治理环境问题的过程中,人类对环境及环境问题的认识逐渐深入,积累了丰富的经验和知识,由此促进了各类学科对环境及其问题的研究。

环境科学以"人类—环境"系统为整体,综合考虑人口、经济、资源与环境的相互制约关系,多层次、多角度地探索并建立人与环境协调发展与演化的途径。因此,环境科学可被定义为"研究人类社会发展活动与环境演化规律的相互作用关系,寻求人类社会与环境协同演化、持续发展途径与方法的科学"。

1.3.1 环境科学的形成和发展

1.3.1.1 环境科学的形成

1954年,美国科学家提出"环境科学"概念。1962年《寂静的春天》一书成为环境科学思想日益普及的一个里程碑。1972年《只有一个地球》这部环境科学的绪论性著作出版，说明环境科学的思想已不再是一种纯粹经验性的概念，而是具有了理性的反思。这一时期，环境科学研究的基本模式已经形成，随着自然科学和工程技术基础的不断发展，环境科学逐渐扩大到了社会学、经济学、法学等领域。20世纪80年代至今是环境科学蓬勃发展的阶段，可持续发展理论兴起，环境科学研究内容进一步扩展。一方面由于全球化的世界浪潮，另一方面与环境问题的日益加剧所引起的公众对环境问题的普遍关注紧密相关。

1.3.1.2 在理论与实践相结合的过程中不断发展

环境科学学科与理论的发展并非一帆风顺，而是随着人类对环境问题的认识不断加深和调整。20世纪60年代，环境问题受到了广泛的关注，并且把人为活动所引发的环境问题同"自然灾害"进行了区分。但是，当时人们把环境问题仅当作污染问题，认为解决污染问题是解决环境问题的根本途径。因此，环境科学的研究主要集中在城市和工业发展对大气、水质、土壤、固体废弃物和噪声污染的层面上。对土地沙化、植被破坏和野生动物品种的锐减等并未从战略上予以重视。尽管这一阶段环境研究的发展速度很快，而且以污染控制为中心的环境管理也起到了相当作用，一定程度上改善了城市和人民生活环境质量，但是，由于人们没有把环境问题与自然生态联系起来，低估了环境污染的危害性和复杂性，也未把环境污染与社会因素联系起来，未能追根溯源。因此，20世纪60年代全球范围的环境问题不但没有从根本上解决，反而呈加重的趋势。1972年联合国在瑞典首都斯德哥尔摩召开的人类环境会议上明确提出，全球水、气、土壤等污染已达到危险的程度，而且生态破坏严重、资源枯竭。尽管这次会议组建了联合国环境规划署（UNEP），并且第一次提出环境问题与社会因素密切相关，遗憾的是，当时未从战略高度指明防治污染问题的根本途径，没有明确解决环境问题的责任，没有强调全球的共同行动。

直到20世纪80年代，人们对环境的认识有了新的突破，提出了持续发展战略。由挪威前首相布伦特兰夫人任主席的联合国世界环境与发展委员会，组织了21个国家的著名学者到各国实地考察，之后于1987年4月发表了题为《我们共同的未来》的长篇报告。报告中指出地球正发生着急剧变化，从而威胁着许多物种，包括人类本身。每年有$600\times10^4\,hm^2$具有生产力的旱地变成沙漠，有$1\,100\times10^4\,hm^2$的森林遭到破坏；苏联切尔诺贝利核反应堆爆炸，使核尘遍布欧洲，危害之大无法估量；瑞士的农用化学品、溶剂和汞污染了莱茵河，使数百万尾鱼被毒死；由于饮用水被污染和营养不良，全球每年约有6 000万人死于腹泻……报告以持续发展为基本纲领，从保护环境和资源、满足当代和后代的需要出发，强调世界各国政府和人民要对经济发展和环境保护两大任务负起历史责任，并将二者结合起来。总之，这一时期逐步形成的持续发展战略，指明了解决环境问题的根本途径，为环境科学研究指明了方向。因此，80年代开始是环境科学研究蓬勃发展的阶段，可持续发展理论兴起，随着环境问题的全球性影响日益显现，环境科学研究内容进一步扩展。

进入20世纪90年代，可持续发展这一指导思想得到巩固和发展，逐渐形成了当代主导的环境意识。1992年6月，在巴西里约热内卢召开了联合国环境与发展大会，有183个国家代表团和70个国际组织的代表出席，并有102个国家元首或政府首脑到场。大会高举持续发展的旗帜，通过了《里约环境与发展宣言》《21世纪议程》等重要文件，它促进环境保护和经济、社会协调发展，以实现人类的持续发展作为全球行动纲领。世界人民清楚地认识到持续发展的真正含义，即在不危及后人需要的前提下，寻求满足当代人需要的发展途径，这就要求人们在经济社会发展的同时，既要保护好环境，又要促进资源的合理开发利用，使发展同资源与环境的保护相协调。在此基础上，环境科学发展到全新高度，人们更清晰地认识到，环境科学需要运用自然科学和社会科学有关学科理论、技术和方法来研究环境问题。

1.3.2 环境科学的研究内容与任务

环境科学以人类—环境系统为其特定的研究对象，主要研究环境在人类活动强烈干预下所发生的变化和为了保持这个系统的稳定性所应采取的对策与措施。在宏观上，研究人类同环境之间相互作用、相互促进、相互制约的对立统一关系，揭示社会经济发展和环境保护协调发展的基本规律；在微观上，研究环境中的物质，特别是人类活动排放的不同种类和形态的污染物在生态系统或有机体内的迁移、转化和蓄积的过程及其运动规律，探索它们对生命的影响及其作用机理，并综合运用各种工程技术手段，利用系统分析和系统工程的方法寻求解决环境问题的最佳方案。

环境科学的任务就是要揭示人类与环境二者之间的辩证关系，掌握其发展规律，调控二者之间物质、能量与信息的交换过程，寻求解决矛盾的途径和方法，以求人类—环境系统的协调和持续发展。

（1）探索全球范围内环境演化的规律

环境总是不断地演化，环境变异也随时随地发生。在人类改造自然的过程中，为使环境向有利于人类的方向发展，避免向不利于人类的方向发展，就必须了解环境变化的历史、过程，包括环境的基本特性、环境结构的形式和演化机理等，从而为改善环境和创造新环境提供科学依据。

（2）揭示人类活动同环境之间的关系

环境为人类提供生存条件，其中包括提供发展经济的物质资源。人类通过生产和消费活动，不断影响环境的质量。人类生产和消费系统中物质和能量的迁移、转化过程是异常复杂的。但必须使物质和能量的输入同输出之间保持相对平衡。这个平衡包括两项内容，一是排入环境的废弃物不能超过环境自净能力，以免造成环境污染，损害环境质量。二是从环境中获取可更新资源不能超过它的再生增殖能力，以保证可更新资源的永续利用；从环境中获取不可更新资源要做到合理开发和利用。因此，社会经济发展规划中必须列入环境保护的内容，有关社会经济发展的决策必须考虑生态学的要求，以求得人类和环境的协调发展。

（3）探索人类活动强烈影响下环境的全球性变化

环境变化是由物理的、化学的、生物的和社会的因素以及它们的相互作用所引起的。因此，必须研究污染物在环境中的物理的、化学的变化过程，在生态系统中迁移转化的机理，以及进入人体后发生的各种作用，包括致畸作用、致突变作用和致癌作用。同时，必须研究环境退化同物质循环之间的关系。这些研究可为保护人类生存环境、制定各项环境标准、控制污染物的排放量提供依据。

（4）为污染物的排放量提供依据

引起环境问题的因素很多，实践证明需要综合运用多种工程技术措施和管理手段，从区域环境的整体出发，调节并控制人类和环境之间的相互关系，系统地解决环境问题。工业发达国家防治污染经历了几个阶段：20世纪50年代主要是治理污染源，60年代转向区域性污染的综合治理，70年代侧重预防及管理，强调区域规划和合理布局。欧美及日本等发达国家在这一阶段制定了一系列有关环境管理的法律法规，利用法律手段推行环境污染防治的措施。我国在近年来也不断重视环境管理的综合整治和预防，并取得了一定成果，但是在污染预防及管理方面还需要更多地学习和借鉴发达国家的经验和教训。

1.3.3 环境科学的分科

环境科学是一门综合性很强的学科，由于环境问题的重要性和综合性，许多自然科学、社会科学和工程科学部门都已积极参与到环境科学的研究中，形成了许多相互渗透、相互交叉的分支学科。属于自然科学方面的有环境地学、环境生物学、环境化学、环境物理学和环境医学；属于社会科学方面的有环境法学、环境经济学和环境管理学等；属于工程科学方面的有环境工程学等。不同学者从各自角度提出了不同的分科方法，图1-1是其中一种分科体系。

1.3.4 环境科学的特点和研究方法

1.3.4.1 环境科学的特点

由于人类社会自然支持系统的有限性和全球的整体化，人类面临着人口膨胀、资源匮乏、环境污染、生态恶化以及温室效应、臭氧层破坏、酸雨、森林锐减、物种灭绝、土地退化、淡水资源短缺等一系列重大的全球性环境问题。正如前面所述，环境科学是以"人类与环境"系统为研究对象，研究它们对立统一关系的发生与发展、调节与控制、利用与改造的科学。环境科学所涉及的学科面广，具有自然科学、社会科学与技术科学交叉渗透的广泛基础，几乎涉及现代科学的各个领域；它的研究范围涉及一个国家、一个地区甚至全球人类经济活动和社会行为的各个领域，涉及管理部门、经济部门、科技部门、军事部门及文化教育等人类社会的各个方面。同时，环境系统本身是一个多层次相互交错的网络结构系统，每个子系统都可能自成一个环境系统分支，并可能相互影响或制约。因此，环境科学也更清晰地体现了其综合性、整体性、系统性和复杂性的学科特点。

1.3.4.2 环境科学的研究方法

环境科学是人们认识到环境问题已经成为全球性重大问题后产生和发展起来的。可以说环境科学是在其他学科交叉、综合的基础上，不断充实和完善的理论体系。一方面，环境科学的发展为人类解决环境问题提供了新思路、新方法；另一方面，在新问题、新认识面前，环境科学也在不断纠正自己的错误和不足，提出新的理论和方法，以解决人类发展进程中出现的环境和发展问题。

图 1-1 环境科学的一种分科体系

环境科学研究方法最初从重视人与自然的矛盾入手，围绕着环境质量对自然环境进行研究，在自然科学和工程技术领域寻求环境问题的解决方案，来自各学科的科学家分别用本学科的理论和方法研究环境问题，形成了环境化学、环境地学、环境生物学、环境经济学、环境医学和环境工程学等一系列交叉和分支学科，遵循的模式基本上是问题出现—技术解决。但是，很快这种"头痛医头、脚痛医脚"的模式出现了问题，环境问题不但没有得到遏制，反而越来越严重，并且逐步全球化。在此形势下，环境科学的理论及研究方法也迅速发展，逐步与管理学、经济学、法学等学科交叉，人文学科与自然科学的有效结合为环境科学的方法论提供了更为宽广的发展空间。例如，在环境质量评价中，逐步建立起一个将环境的历史研究同现状研究结合起来，将微观研究同宏观研究结合起来，将静态研究同动态研究结合起来的研究方法；并且运用数学统计理论、数学模式和规范的评价程序，形成能够全面、准确地评定环境质量的评价方法。

环境科学现有的各分支学科，正处于蓬勃发展时期。这些分支学科在深入探讨环境科学的基础理论和解决环境问题的途径和方法的过程中，还将出现更多的新的分支学科及研究方法。如在研究污染对微生物生命活动和种群结构的影响，以及由于微生物种群的变化而引起的环境变化方面，逐渐形成了环境微生物学。这种发展将使环境科学成为一个枝繁叶茂的庞大学科体系，也将使环境学这一新兴学科逐渐走向成熟。

【案例】

气候变化对中国的影响

未来10年乃至几十年后，气候变化会对我们的生活产生怎样的影响？那时的气温会达到多少？我们是否有足够的粮食和淡水？上升的海平面会淹没哪些城市？有多少物种会就此与我们告别……

据中国气象局发布的最新观测结果，我国气候变暖趋势与全球的总趋势基本一致，预计2020年中国年平均气温将升高1.3～2.1℃，2050年将升高2.3～3.3℃；极端天气气候事件发生频率可能增加；降水分布不均现象更加明显，未来50年中国年平均降水量可能呈增加趋势，预计到2020年，中国年平均降水量将增加2%～3%，到2050年可能增加5%～7%，其中东南沿海增幅最大，强降水事件发生频率增加；由于温度升高，加之降水分布不均，某些年份，干旱区范围可能扩大。具体到不同地区，气温变化趋势基本相同。

由于气候变暖，到2040年左右，北冰洋的永冻冰将消失。这一变化会严重削弱冬季风，增强夏季风，并将明显影响到类似于我国这样的季风地区的气候。首先，冬季不会像过去那样寒冷，其结果是，两种季风的强度与交替的时间不得不随之发生很大变化。在春季，夏季风推动冬季风北退的过程将会加快，绵延的梅雨将缩短成短暂的降水过程；伏旱将会延长，我国南方的水荒可能加重。同时，全球增温将使大气含水能力与不稳定性增加，导致强对流天气，如龙卷风、暴雨等天气增多。

目前的研究已经显示，我国除西藏高原及其东部和东南部地区年平均风速不存在显著变化外，大部地区年平均风速都呈明显的减小趋势。中国年大风日数和年最大风速均呈明显减少（小）趋势。各分区冬季主要盛行的偏北风和夏季主要盛行的偏南风都表现出明显减小趋势。未来50年内，冬季风减小的趋势仍将持续。

我国是一个干旱缺水现象严重的国家，水资源系统对气候变化的承受能力十分脆弱。专家预计，未来气候变暖将继续对我国水资源的时空分布产生较大影响，加大水资源的年内和年际变化，特别是气候变暖将导致西部地区的冰川加速融化，使得冰川面积和冰储量进一步减少，进而对以冰川融水为主要来源的河川径流产生较大影响。预计到2050年，西部冰川面积将减少27%左右，呈全面退缩态势。北方地区干旱化趋势增加。与此同时，内陆湖泊进一步萎缩，水资源短缺形势和水资源供需矛盾将更为突出。作为"亚洲水塔"的喜马拉雅——青藏高原地区是我国及亚洲一些大江大河的源头，全球变暖正令当地的冰川快速消融。我国科学家对国内10个主要江河流域未来温度、降水等情况进行了研究，结果发现，未来10~20年，中国主要江河流域气温将继续上升，这将使得各流域年均蒸发量增大，其中黄河及内陆河地区的蒸发量也许将增大15%左右。

直至2015年之前，降水变化的空间分布形势基本上是"南多北少"，降水增加区域主要集中在长江流域及以南的东南诸河流域和珠江流域，松花江、辽河、海河和黄河流域处于少雨期，西北诸河流域处于多雨期。降水量的多寡将直接影响到各河流的水源补给。预计21世纪中、后期，在气候继续变暖情况下，长江、黄河、松花江和珠江4条河流的径流量都呈增加趋势。在黄河源区，降水量的增加可能会缓解甚至逆转近20年来黄河上游径流量减少的情况。2015年以后，随着降水变化趋势的转折，水资源短缺状况可能得到一定缓解。

中国气象局局长郑国光指出，未来气象灾害可能出现多发、频发、重发趋势，我国农业生产将面临巨大威胁。研究表明，气温每上升1℃将导致粮食减产10%。我国科学家估计，气候变暖将使得我国主要粮食作物生产潜力下降、不稳定性增加，粮食生产的自然波动，将从过去的10%增加到20%，极端不利年景甚至达到30%以上。在现有种植制度、种植品种和生产水平不变的前提下，小麦、水稻和玉米三大作物均可能以减产为主。到2030年，我国种植业生产潜力因气候变暖可能会下降5%~10%，其中灌溉和雨养春小麦的产量将分别减少17.7%和31.4%。2050年后受到的冲击会更大，某些地方年产最大可减少37%。2071—2100年，我国冬小麦生产潜力将下降10%~30%，水稻生产潜力将下降10%~20%，玉米生产潜力将下降5%~10%。

气候变暖及降水量的减少还会引起土壤肥力降低、病虫害发生范围扩大等问题。受气候变暖影响，大范围持续性干旱将成为对农业生产的最严重威胁，已经持续30多年的华北地区干旱问题在未来一段时间内仍不会有缓解迹象。同时，南方地区的季节性干旱也日益凸显，这都会对我国农业生产造成严重影响。

二氧化碳浓度的增加、更长的夏季，也许会给我国部分地区的农业生产带来一定的有利因素。在气候变暖背景下，我国长江以北地区，特别是中纬度和高原地区，农业生产潜在的生长季节有所延长，使得我国现行的种植制度和作物布局发生改变，复种指数提高。据估计，在温度上升1.4℃、降水增加4.2%的条件下，我国农作物每年一熟的种植面积由当前的62.3%下降为39.2%；每年两熟的种植面积由24.2%增加到24.9%；每年三熟的种植面积由当前的13.5%上升到35.9%。但是，由于气候变暖导致土壤水分的蒸散量加大，一些作物可利用的水资源量将减少，这种热量资源增加的有利因素可能会由于水资源的匮乏而无法得到充分利用。

在气候变暖背景下，最脆弱的自然生态系统往往更易受到不利影响。我国自然生态系统综合脆弱性的总体分布特点是北方高于南方、西部高于东部。专家预计，气候变暖将使我国自然生态系统的脆弱性有所增加，但其分布格局与当前相似。其中，不脆弱生态系统比例由27%大幅减至5%左右；高度脆弱和极度脆弱生态系统所占比例也稍有下降，分别为2.7%和5.6%。生态系统脆弱度最高地区分别为西北和内蒙古地区，均达到极度脆弱水平；脆弱度最低的是华南地区,为轻度脆弱。华南、华中、西北、西南地区的生态脆弱度均有所增加,华北、内蒙古和东北地区的生态脆弱度则有所减小,西藏地区变化不大。

气候变化对我国自然生态系统的影响主要表现在:东部亚热带、温带地区植被北移,一些低海拔的植物向高海拔地区迈进;物候期提前;部分地区林带下限上升;山地冻土海拔下限升高,冻土面积减少;动植物病虫害发生频率上升;冰川和积雪的加速融化使绿洲生态系统受到威胁。

预计未来,中国森林的地理分布格局无显著变化,森林生产力从东南向西北递增1‰~10‰;主要造林树种将继续北移;东北森林的组成和结构将发生较大变化,落叶阔叶树会逐步成为优势树种;一些珍稀树种分布区缩小,森林火灾发生频率和强度可能增加;湿地资源减少且功能退化;生物多样性减少。气候变暖也引起了鸟类分布区的北移和越冬地选择的变化。20世纪90年代以前,斑嘴鸭在渤海湾地区属于夏候鸟,近年来由于冬季变暖、近海结冰期缩短,斑嘴鸭已经成为当地的留鸟之一。另一方面,鸟类迁徙的时间、路线也发生了变化,迁徙距离缩短。因气候变暖引起的水温升高也使得长江鱼类越冬期间栖息地向北迁移,这可能导致鱼类洄游距离增长,能耗增加,发育减缓,死亡率增加。鱼类的产卵时间也会提前,如果栖息地和食物不充足,鱼类的繁殖成功率就要下降。而且随着全球变暖的加剧,越来越多的生物将改变生活节奏,自然界原有的生态平衡将陷入混乱,这也为人类未来的生存安全敲响了警钟。

气候变暖对我国生态环境安全也有极大影响,特别是在水生态环境方面,可能会加重原有问题。以湿地为例,未来湿地面积继续萎缩,且功能下降。更为严重的是,在水位下降过程中,湿地中储存的大量有机碳会随着温度升高而加速分解,产生大量温室气体。

我国大陆海岸线长达 1.8×10^4 km,全国41‰的人口、70‰以上的大中城市、2/3的经济总量都在沿海的长三角、珠三角和环渤海地区。如果气候持续恶化,损失惊人。根据预测,未来10年,我国沿海海平面将比2008年上升32mm;未来30年,中国沿海海平面将比2008年升高80~130mm。各海区均如此,长江三角洲、珠江三角洲、黄河三角洲和天津沿岸将是受海平面上升影响的主要脆弱区。

海平面上升对沿岸地区最直接的影响是高水位时淹没范围扩大。我国海岸带海拔高度普遍较低,绝大部分小于5m,有的只有1~3m,一些地区甚至在海平面以下,只靠海堤护防,不断上升的海平面势必会给这些地区带来威胁。据粗略估计,海平面上升30cm,天津市洪水泛滥面积将占全市面积的44‰,其中原塘沽、汉沽被淹面积为100‰。其次,海平面上升会加重风暴潮对沿海地区的影响。以江苏为例,海平面上升将使得风暴潮出现的频率和强度明显增加,一旦风暴潮冲决海堤,再叠加1m的风暴潮增水,江苏沿海低地平原将完全暴露在风暴潮之下。而且随着海温升高,台风生成概率加大,21世纪下半期登陆我国的台风预计将比目前增加2倍。另外,海平面上升会引发海水入侵、导致土壤盐渍化、海岸侵蚀等。

思考题

1. 环境科学中环境的概念是什么?
2. 环境的特性是什么?

绪 论

3. 什么是环境问题？环境问题的发展分哪几个阶段？
4. 什么是环境科学？简述环境科学的研究内容与任务。

参考文献

魏振枢，杨永杰，等. 2003. 环境保护概论 [M]. 北京：化学工业出版社.
杨志峰，刘静玲，等. 2004. 环境科学概论 [M]. 北京：高等教育出版社.
刘克锋，刘悦秋，等. 2010. 环境科学概论 [M]. 北京：气象出版社.
周富春，胡莺，等. 2008. 环境保护基础 [M]. 北京：科学出版社.
张永民，赵士洞. 2008. 全球荒漠化的现状、未来情景及防治对策 [J]. 地球科学进展，23（3）：306-311.
唐逸，黄梓珊. 2011. 颠覆性创新，减缓全球气候变暖 [J]. 环境教育（7）：41-44.

生态学基础

本章提要

本章主要阐述生态学的概念、生态因子的作用规律、生态系统的结构功能、生态系统的平衡机制等。使学生了解生物与环境相互依存，协同进化的关系；生态系统中的物质循环与能量流动，生态系统发展与自我调节机制；以及当前全球所面临的重大资源与环境问题的解决，均依赖于对生态系统结构功能、多样性与稳定性、生态系统演替、受干扰生态系统恢复等问题的研究。

1866年，德国博物学家海克尔在其所著《普通生物形态学》一书中首先提出了生态学（ecology）一词，"是一门研究生物与其生活环境相互关系的科学"。

生态学概念中的生物是指各种形式的生命有机体，环境是指生命有机体生存空间各种自然条件的总和。海克尔的定义被大多数人所接受，但由于这个概念过于广泛，也有人提出了不同的看法，并相应地提出了自己的概念。如美国学者奥德姆（Odum，1983）提出生态学是"研究生态系统结构和功能的科学"；加拿大学者克莱布斯（Krebs，1985）提出生态学是"研究影响有机体分布与多度的科学"，此后不断有学者从不同的角度对生态学进行过定义。

归纳各方面的观点，结合近代生态学动向，生态学可定义为：研究生物及人类生存条件、生物及其群体与环境相互作用过程及其规律的科学。

2.1 生物与环境

2.1.1 生态因子的概念与分类

2.1.1.1 生态因子的概念

构成环境的各个要素称为环境因子。

环境因子中一切对生物的生长、发育、生殖、行为和分布有直接或间接影响的因子称为生态因子，如温度、湿度、氧气、食物等。生态因子中生物生存不可缺少的因子称为生存因子，如光、温度、水分、营养、空气等。

2.1.1.2 生态因子的分类

生态因子通常可以分为：气候因子、土壤因子、地形因子、生物因子和人为因子。

气候因子 包括光、温度、湿度、降水量、大气运动等。每个因子又可分为若干因子，如光因子可分为光的强度、光的性质和光周期等，这些因子对生物的形态、生理、生长、发育及分布都有不同的作用。

土壤因子 包括土壤物理性质、土壤化学性质、营养状况等。土壤因子是气候因子和生物因子共同作用的产物，不同土壤类型有不同生物群落分布。

地形因子 包括地表特征，地形起伏、海拔、山脉、坡度等。地形因子是间接因子，本身对生物没有直接影响，但可以影响到气候、水文和土壤特性，从而影响生物分布。

生物因子 包括同种或异种之间的相互关系，种群结构、密度、竞争、捕食、共生、寄生等。

人为因子 指人类活动对生物和环境的影响。

2.1.2 生态因子作用的一般特征

2.1.2.1 综合作用

环境中各种生态因子不是孤立存在的，而是彼此联系、互相促进、互相制约，任何一个因子的变化，都必将引起其他因子不同程度的变化及其反作用。例如，一个地区的湿润程度不只取决于降水，还取决于水分支出（蒸发、蒸腾、径流、渗漏）、光照、温度、风速等。

2.1.2.2 主导因子

在诸多环境因子中，有一个或少数几个对生物起决定性作用的生态因子，称为主导因子。主导因子发生变化会引起其他因子也发生变化。例如，光合作用时，光强是主导因子，温度和二氧化碳为次要因子；春化作用时，温度为主导因子，湿度和通气条件是次要因子；而菊花开花时，日照长度是主导因子，温度是次要因子等。

2.1.2.3 直接作用和间接作用

区分生态因子的直接作用和间接作用对认识生物的生长、发育、繁殖及分布都很重要。环境中的地形因子，其起伏程度、坡向、坡度、海拔及经纬度等对生物的作用不是直接的，但它们能影响光照、温度、雨水等因子的分布，因而对生物产生间接作用。例如，四川二郎山的东坡湿润多雨，植被类型为常绿阔叶林；而西坡空气干热、少雨，只能分布耐旱的灌草丛，同一山体由于坡向不同，导致植被类型各异。

2.1.2.4 阶段性

由于生物生长发育的不同阶段对生态因子的需求不同，因此生态因子对生物的作用也具有阶段性，这种阶段性是由生态环境的规律性变化造成的。例如，光照长短在植物的春化阶段并不起作用，但在光周期阶段则十分重要。又如，鱼类的洄游，大马哈鱼生活在海洋中，繁殖季节就成群结队游回到淡水河中产卵，而鳗鲡则在淡水中生活，繁殖时则洄游到海中。

2.1.2.5 不可代替和补偿作用

环境中各种生态因子对生物的作用虽然不尽相同，但都各具重要性，尤其是作为主导作用的因子，如果缺少，便会影响生物的正常生长发育，甚至造成其生病或死亡。所以从总体上说生态因子是不可代替的，但局部是可以补偿的。即在某一个由多个生态因子综合作用的过程中，由于某因子在量上的不足，可以由其他因子来补偿，以获得相似的生态效应。例如，植物在进行光合作用时，如果光照不足，可以通过增加二氧化碳量来补足。生态因子的补偿作用只能在一定的范围内作部分补偿，而不能以一个因子代替另一个因子，且因子间的补偿作用也不是经常存在的。

2.1.3 生态因子作用的基本原理

2.1.3.1 最小因子定律

最小因子定律（law of minimum）也称 Liebig 最低量法则或 Liebig 效应，是 1840 德国农化学家李比希（Liebig）在研究植物营养中所得的结论，他认为"每一种植物都需要一定种类和一定数量的营养元素，并阐明在植物生长所必需的元素中，供给量最少的元素决定着植物的产量"。以后人们发现这一定律对于多种生态因子都是适用的，可以拓展为"低于某种生物对任何特定因子所需要的最小的量时，该因子是决定该种生物生存和分布的根本因素。" 1973 年，奥德姆对 Liebig 定律作了两点补充：①这一定律只适用于稳定状态，即物质与能量的输入输出处于平衡状态；②要考虑各因子间相互关系，替代作用。

2.1.3.2 限制因子定律（law of limiting factor）

Blackman（1905）发展了利比希的最小因子定律，提出生态因子对生物的作用也存在最大值。对于特定生态因子，当接近或超过某种生物的耐受性极限而阻止其生存、生长、繁殖或扩散时，这个因素称为限制因子（limiting factor）。如果一种生物对某一生态因子的耐受范围很广，而且这种因子又非常稳定，那么这种因子就不太可能成为限制性因子；相反，如果一种生物对某一生态因子的耐受范围很窄,而且这种因子又易于变化,那么这种因子就可能成为限制性因子。如降水量、生物因子和人为影响等因子变化大,不稳定,易于成为限制性因子。值得说明的是:①限制因子不同于主导作用因子;②限制因子作用具有阶段性。例如树木,在不同生理阶段生物对于特定生态因子耐受能力不同,并且生态因子波动性也会影响限制性因子的变化。

2.1.3.3 Shelford 耐受性定律

美国生态学家谢尔福德(Shelford)在最小因子定律和限制因子研究基础上,于 1913 年提出耐受性定律(law of tolerance)。即任何一个生态因子在数量或质量上的不足或过多,即当其接近或达到某种生物的耐受限度时会使该种生物衰退或不能生存。也就是说,生物对每一种生态因子都有耐受的上限和下限,上下限之间就是生物对这种生态因子的耐受范围。耐受性定律可以形象地用一钟形曲线表示(图 2-1)。该定律可用于解释生物分布的自然现象。

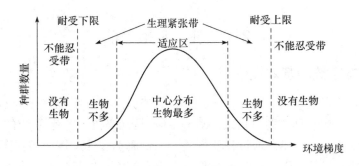

图 2-1 耐受性定律示意图(引自李振基 等,2002)

生物对不同生态因子的耐受性存在差异,同时对于同一生态因子的耐受限度也因年龄、季节、栖息地的不同而存在差异。不同种生物对于同一生态因子的耐受性不同。生态因子耐受性和其他因子相关联。

2.1.3.4 生态幅

在自然界,由于长期选择的结果,每个物种都适应于一定的环境,并有其特定的适应范围。例如,熊猫只见于秦巴山区,大象只生长在热带丛林,野兔、麻雀则分布广得多。每个种对环境因子适应范围的大小即生态幅(ecological amplitude),这主要取决于各个种的遗传特性。

不同物种对于特定生态因子的生态幅是不同的,生态学中用"广"(eury-)和"窄"(steno-)来表示,如窄温性、窄水性、窄盐性、广食性、广温性、广栖性等。有时,一种生物对某一生态因子的适应范围较宽,而对另一因子的适应范围很窄,生态幅往往为后一生态因子所限制。物种不同发育时期,对生态因子的耐受性是不同的,物种的生态幅往往取决于它的临界期,生物繁殖期通常为临界期。任何一种生物对生态因子的耐受程度不是固定不变的,在进化的过程中,生物的耐受限度和最适生存范围都可能发生变化,可能扩大,也可能受其他生物的竞争而被取代或移动位置如图 2-2 所示。

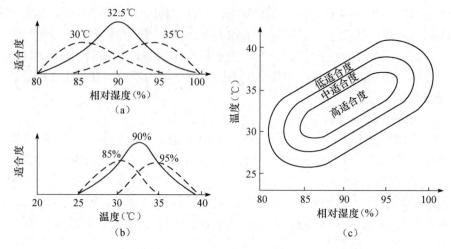

图 2-2　两个因子作用对生物适合度的影响（引自 Pianka，1978）

2.2　生态系统

2.2.1　生态系统的基本概念

英国植物生态学家坦斯利（Tansley）于 1935 年提出生态系统（ecosystem），和苏联地植物学家所提出的生物地理群落（biogeocoenosis）是同义的。生态系统的定义是：在一定的空间内生物成分和非生物成分通过物质循环、能量流动和信息传递相互作用、互相依存而构成的一个生态功能单位。生态系统是生物存在特有的方式，是生物进化和地球环境相互作用的结果。

2.2.1.1　生态系统的组成

（1）生态系统组成的成分

生态系统主要由生物和环境两部分组成，如图 2-3 所示。

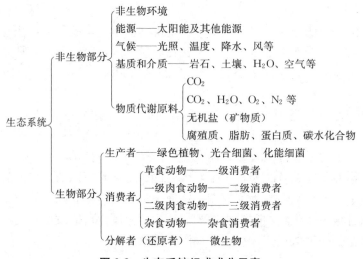

图 2-3　生态系统组成成分示意

(2) 生态系统三大功能类群

生产者 生产者（producers）包括绿色植物、蓝绿藻和少数化能合成细菌等自养生物。绿色植物通过光合作用把 CO_2 和水转化成碳水化合物、蛋白质和脂肪等，把太阳能转化为化学能。生产者是生态系统物质流动和能量流动的关键。

消费者 消费者（consumers）是指直接或间接以绿色植物为食的动物。消费者按取食的对象不同可分为：植食动物、食肉动物、寄生动物、杂食动物、食碎屑者。

分解者 分解者（decomposer）在生态系统中的基本功能是把动植物的残体分解为比较简单的化合物，最终分解为无机物而释放到环境中，供生产者重新吸收。它是生态系统不可缺少的重要组成部分。

2.2.1.2 生态系统的结构

(1) 生态系统的空间结构

生态系统的空间结构包括垂直结构和水平结构。垂直结构是指生态系统内部的分层现象，它是生态系统内生物之间、生物与环境之间相互关系的一种特殊形式。生物由于各自生态幅和适应性不同，占据着一定的垂直空间，形成了不同的层次结构。如森林生态系统分层包括：林冠层、下木层、灌木层、草本层和地被层。生态系统的水平结构是指系统在水平方向上的配置状况或水平格局，生物种群在水平上的镶嵌性。这种现象产生的原因有环境因素的不均匀性、人类活动的影响和生物自身的生态学和生物学特性等。如森林生态系统的镶嵌性是由于林内的光斑、草本层、苔藓层，下木层的密度，小地形、腐朽倒木的不均匀，以及凋落物的积累等引起的。

(2) 生态系统的时间结构

生态系统的外貌和结构也会随时间的不同而变化，这反映出生态系统在时间上的动态。一般分为3个尺度：长时间尺度，以生态系统进化为主要内容；中时间尺度，以群落演替为主要内容；短时间尺度，以昼夜、季节和年份的周期性变化为主要内容。

(3) 生态系统的营养结构

生态系统的营养结构是以营养为纽带，把生物和非生物结合起来，使生产者、消费者、分解者和非生物环境之间构成一定的密切关系（图2-4）。环境中的营养物质被绿色植物吸收，在光能的作用下变为化学能储存在植物体内，消费者从植物获取营养，有机体经分解者的分解还原，使有机物转变为无机物归还于环境中，供生产者利用，形成以物质循环为基础的营养结构。

2.2.1.3 生态系统的特征

(1) 生态系统具有自我调节的能力

所谓自动调节功能是指生态系统受到外来干扰而使内部稳定状态发生改变时，系统靠自身机制再返回稳定状态的能力。生态系统的调节能力和结构复杂程度呈正相关。

(2) 生态系统是动态功能系统

生态系统具有有机体的一系列生物学特征，如发育、代谢、生长和衰老等。这就意味着生态系统具有动态变化的能力。任何一个生态系统总是处于不断发展、进化和演变之中，这就是通常所说的系统演替。

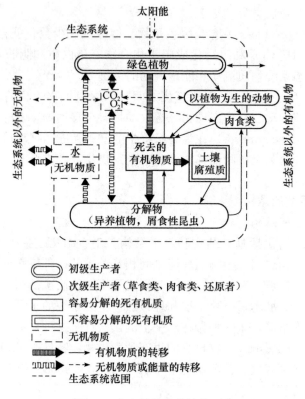

图 2-4 生态系统营养结构示意

(3) 生态系统具有一定的区域特征

生态系统都是与特定的空间相联系,包括一定地区和范围的空间概念。各种空间都存在不同的环境条件,栖息着与之相适应的生物类群,使生态系统的结构功能反映出一定的地区特性。

(4) 生态系统的开放特性

生态系统并不是孤立存在的,不仅在系统内部时刻进行着物质和能量的交换、信息的传递,生态系统还与其外部环境之间进行着物质和能量的交换及信息传递,从而表现出生态系统的开放特性。

2.2.1.4 生态系统的主要类型

(1) 按照环境性质划分

生态系统可分为陆地生态系统和水域生态系统。其中陆地生态系统可分为荒漠生态系统、草原生态系统、稀树草原生态系统、森林生态系统、农业生态系统、城市生态系统;水域生态系统分为淡水生态系统和海洋生态系统(图 2-5)。

(2) 按照生物成分

生态系统可分为植物生态系统、动物生态系统、微生物生态系统、人类生态系统等。

(3) 按照物质与能量交换状况

生态系统可分为开放生态系统、封闭生态系统、隔离生态系统等。

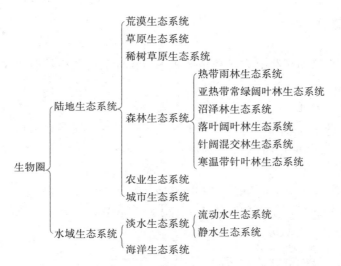

图 2-5　生态系统分类图

（4）按照人类活动及其影响程度

生态系统可分为自然生态系统、半自然生态系统、人工生态系统等。

2.2.2　生态系统的生产力

2.2.2.1　生产力的概念及分布规律

生态系统中的能量流动开始于绿色植物的光合作用对太阳能的固定，所以绿色植物是生态系统最基本的组成成分，是生命运动和生态系统能量的重要来源和动力。

（1）初级生产量

初级生产量（primary production）是指植物所固定的太阳能或所制造的有机物质的数量，也称为第一性生产量。初级生产量通常是用每年每平方米所生产的有机物质干重 $[g/(m^2 \cdot a)]$ 或每年每平方米所固定的能量值 $[J/(m^2 \cdot a)]$ 表示。

（2）总初级生产量

包括呼吸消耗在内的全部生产量称为总初级生产量（gross production）。

（3）净初级生产量

在初级生产量中，有一部分被植物消耗掉，而剩余的部分以有机物质的形式用于植物的生长和生殖，所以我们把这部分生产量称为净初级生产量（net production）。

（4）次级生产量

次级生产量（secondary production）也称第二性生长量。是指动物和其他异养生物靠消耗植物的初级生产量进行新陈代谢，经同化作用形成异养生物自身物质的数量。

（5）地球表面初级生产力的分布

生产力也即生产量，地球表面初级生产力分布不均匀，陆地比水域的初级生产力大；陆地上的初级生产力有随纬度增加逐渐降低的趋势；海洋中的初级生产力有由河口湾向大陆架和大洋区逐渐降低的趋势；陆地上的初级生产力与年降水量呈正相关。

2.2.2.2 生物量

(1) 生物量定义

在特定的时刻调查时,生态系统单位面积内所积存的这些生活有机质称为生物量(biomass)。

(2) 生物量和生产量

生物量是生产量的累积量,但两者又不同。生产量含有速率的概念,是指单位时间单位面积上的有机物质生产量;而生物量是指在某一特定时刻调查时单位面积上积存的有机物质。

生物量随时间逐渐积累,可表现为生物量增长,而生产力随着生态系统的发展表现为有规律的变化。生态系统发展初期生物量不大,生产力较高,生态系统发展到成熟阶段,生物量可达到最大,而生产力却极低。

2.2.3 生态系统的物质循环

生命的维持不仅依赖于能量的供应,而且也依赖于各种化学物质的供应。能流进入并通过生态系统,最终从生态系统中消失,它是单向流动的。但化学物质却不同,它们一旦从与能量的结合中解脱,就会返回生态系统的非生物环境,重新被植物吸收利用。此外,化学物质还可以迁入别的生态系统或长期储存。

2.2.3.1 物质循环的概念

生态系统从大气、水体和土壤等环境中获得营养物质,通过绿色植物吸收,进入生命系统,被其他生物重复利用,最后归还于环境中,这一过程就称作物质循环。生态系统物质循环具有以下特点:

① 物质不灭、循环往复;

② 物质循环与能量流动不可分割,相辅相成;

③ 物质循环的生物富集;

④ 生态系统对物质循环有一定的调节能力;

⑤ 各种物质循环过程相互联系,不可分割。

2.2.3.2 物质循环的基本形式

(1) 生物化学循环

生物化学循环主要指生物个体内化学物质的再分配。例如,养分在植物老叶脱落之前转移到植物体内储存起来,然后再转移到新生组织中。

(2) 生物地球化学循环

生物地球化学循环是指在生态系统内部化学元素的交换,初级生产者从环境中吸收营养物质建造自身,通过各级消费者和分解者把营养物质归还于环境之中。其空间范围一般不大,如植物根系从分解的枯落物中吸收氮元素进入新生树叶,秋季叶子脱落后又转变成枯落物,又将氮归还于林地。

(3) 地球化学循环

地球化学循环是指不同生态系统之间进行的化学元素交换。化合物或元素经过生物循环返回环境,经过五大自然圈循环后,再被生物利用的过程。

2.2.3.3 物质循环的三大类型

(1) 水循环

水是生物圈中最丰富的物质,是生命存在的基础。水循环将陆生生态系统和水生生态系统连接起来,使局部的生态系统与整个生物圈相联系,起着传递能量的作用。水循环包括大循环和小循环。大循环又称外循环,是指从海洋表面蒸发到高空的水汽,在大气环流的作用下,被运送到陆地上空,由于温度发生变化,凝结成水降落到地面,一部分经地表径流汇入江河,最后流入大海,另一部分渗入地下形成地下径流,最后也流入大海的运动过程;小循环又称内循环,是指海洋或陆地上的水经蒸发升入空中,由于温度降低,又凝结成水降落到海洋或陆地表面的水分运动过程。

(2) 气相型循环

在气相型循环中,物质的主要储存库是大气和海洋,其循环与大气和海洋密切相关,具有明显的全球性,循环性最为完善。例如,O_2、CO_2、N_2、Cl_2、Br_2 和 HF 等气体的循环。

(3) 沉积型循环

这些物质主要是通过岩石的风化和沉积物的分解转变为可被生态系统利用的营养物质,属于沉积型循环的物质有 P、Ca、K。

2.2.3.4 三种主要养分的循环

(1) 碳循环

碳是植物有机物质的主要组分之一。碳通过植物光合作用从大气以 CO_2 的形式进入陆地生态系统的生物地球化学循环。除此之外,含碳的岩石经过风化以及融溶作用以 HCO_3^- 形式经植物根的吸收进入生物地球化学循环。植物呼吸释放的 CO_2 又将碳返回大气或进入草牧食物网和腐生食物网。腐生食物网中的腐生异养生物呼吸放出 CO_2 也能释放大量的碳,但有一定数量的碳以 CH_4 形式返回大气层。被释放的 CO_2 只有小部分被植物重新吸收利用,大部分返回大气层或溶于海水中。全球性的碳循环主要是地质循环(图2-6)。碳在生物圈中的存在时间差别很大,大多数碳原子在生物地球化学循环中的时间不长。工业革命后,煤炭、石油、天然气等化石燃料消耗不断增加以及土地利用方式的改变,向大气中排放的 CO_2 迅速增加,是导致全球气候变化的主要原因。

海洋对调节大气 CO_2 浓度起重要作用。随空气中 CO_2 浓度的升高,溶于海水中的 CO_2 也增多,最终引起碳酸钙沉积物的增加,在 N、P 充足的前提下,还会引起水生生物生产力的提高。相反,大气 CO_2 减少时,海水中的 CO_2 向大气释放,海水中 CO_2 含量降低。海水溶解 CO_2 这一途径可清除人类活动产生的 CO_2 量的 35% 左右,但是这一过程的进行速率与海水温度、海水 pH 值、大气 CO_2 分压和其他养分浓度有关,同时受大气、洋流涡动速率以及海水化学平衡等的影响,进行速度相当缓慢,难以与 CO_2 释放速率相比。

(2) 氮循环

N_2 在大气中含量很高,占大气的 78% 以上,这一巨大的氮库对大部分生物是无效的。地球上多数植被类型的净生产受缺氮的限制。大气中的氮以 N_2、NH_3 和 NO_3^- 或 NH_4^+ 形式存在,这 4 种形式的氮都可进入生物地球化学循环。硝态氮和氨态氮主要以干湿沉降形式进入生态系统,它们可以被植物叶片直接吸收,其数量占植物需氮量 10% 左右。氮循环与碳循环有较大的不同,虽然这两种元素都通过大气库进入生态系统,但氮储量与生物退化有

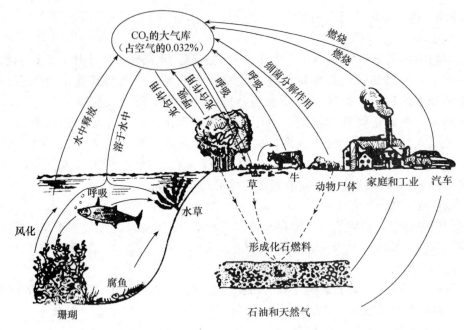

图 2-6　全球碳循环（引自孙儒泳，1993）

广泛联系，而且氮循环没有碳循环那样复杂的调节途径。氮进入生态系统后，会引起生态系统一系列复杂的变化。氮先被植物以 NO_3^-、NH_4^+ 形式吸收，转变成有机物，再沿自养或腐屑营养链流动，最终返回土壤（图 2-7）。

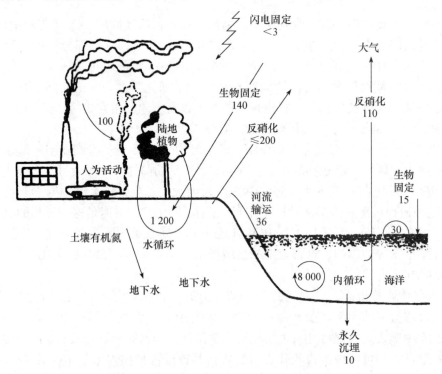

图 2-7　全球氮循环（引自 Schlesinger，1997）

有机氮在土壤中储存可达数百年甚至上千年之久。但一般有机氮不久就会被一系列微生物（真菌、细菌、放线菌）转变成 NH_3 或 NH_4^+，这一过程称为氨化作用。NH_4^+ 被植物吸收后，被土壤保持或被化学自养、异养细菌转变为 NO_3^-，称为硝化作用。硝化作用在酸性、低温环境中进行极其缓慢，还受一些植被类型的抑制。例如，硝化作用阔叶林比针叶林、南方比北方、低海拔地区比高海拔地区明显。

硝化作用的产物 NO_3^- 一部分可被植物所吸收，但是大部分随土壤水流动，迁入其他陆生或水生生态系统，参与地质循环。土壤、水体中的无机氮可发生反硝化作用，即 NO_3^- 被还原成 NO_2^-、N_2O、N_2 或 NH_3 的过程。

（3）磷循环

磷的循环是比较典型的沉积型循环，这种类型的循环物质实际上都有两种存在相：岩石相和溶盐相。磷的主要储存库是天然磷矿。由于风化、侵蚀作用和人类的开采活动，磷才被释放出来。一些磷经由植物、植食动物和肉食动物在生物之间流动，待生物死亡被分解后又重返环境。在陆地生态系统中，磷的有机化合物被细菌分解为磷酸盐，其中一些又被植物吸收，另一些则转化为不能被植物利用的化合物。陆地的一部分磷则随水流进入湖泊和海洋。

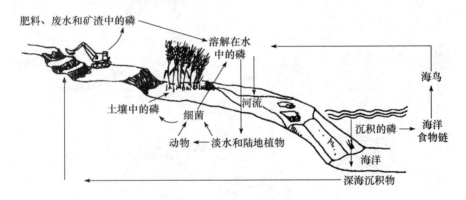

图 2-8　全球磷循环（引自蔡晓明 等，1995）

2.2.4　生态系统的能量流动

2.2.4.1　生态系统的能流途径

第一条途径：能量沿食物链中各营养级流动，每一营养级都将上一级转化来的部分能量固定在本营养级的生物有机体中，但最终随着生物体的衰老死亡，经微生物分解将全部能量归还于非生物环境。

第二条途径：在各营养级中都有一部分死亡的生物有机体，排泄物或残留体进入腐食食物链，在分解者作用下，有机物被还原，有机物中的能量以热的形式散发于非生物环境。

第三条途径：无论哪一级有机体在生命代谢过程中都进行呼吸作用，将化学能转化为热散发于非生物环境。

2.2.4.2　食物链与食物网的概念

（1）食物链

植物固定的能量通过一系列的取食和被取食的关系在生态系统中传递，这种关系称为食物链（food chain）。例如，植物—食草动物—食肉动物。食物链构成了生态系统能量流动的渠道。受能量传递效应的影响，一般食物链都由 4～5 环节构成。在任何生态系统中都存在着两种主要的食物链：捕食食物链，以活的动植物为起点，占生产者固定能量的小部分；碎屑食物链，以死生物或碎屑为起点，占生产者固定能量的大部分。另外，还有寄生食物链（以活的动、植物有机体为营养源，以寄生方式生存的食物链）和混合食物链。

（2）食物网

食物网（food web）是指在生态系统中，生物成分之间通过能量的传递形成复杂的普遍联系，并由多个食物链形成的生物成分直接或间接关系的网络系统（图 2-9）。

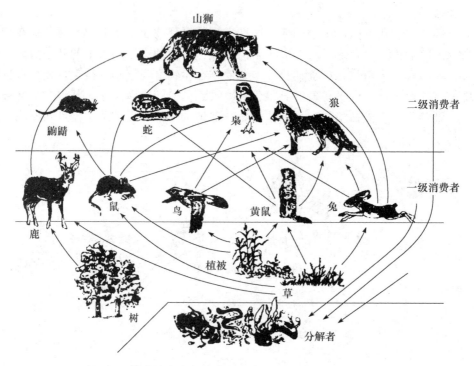

图 2-9　某陆地生态系统的部分食物网（引自李博，2000）

对于特定的生态系统，食物网越复杂，生态系统的多样性和稳定性就越高；而食物网越简单，生态系统就越脆弱。例如，热带雨林生态系统和我国西北干旱地区脆弱的生态系统的差别。

食物网中任何一个物种的灭绝，都会不同程度使生态系统的稳定性有所下降，而生态系统内正常的物种进化形成新种使物种增加，也将增加生态系统的稳定性。

2.2.4.3　营养级和生态金字塔

（1）营养级

营养级（trophic level）是指处于食物链某一环节上的所有生物物种的总和。应注意的是：营养级之间的关系不是一种生物和另一种生物之间的营养关系，而是一类生物和处于不同营养层次上另一类生物之间的关系；随着营养级的升高，营养级内生物种类和数量在逐渐地减少；营养级的数目不可能很多，一般限于 3～5 个；很难将所有动物依据它们的营养关系放在某一特定的营养级中，在实际中常依据主要食性来确定其营养级。

（2）生态金字塔

生态金字塔（ecological pyramid）是指各个营养级之间的数量关系，这种关系可采用生物量单位、能量单位和个体数量单位表示，其变化趋势像金字塔。生态金字塔有以下3类。

生物量金字塔：以生物的干重或湿重表示每一个营养级种生物量的总量。能够确切地表示出生态系统中能量在各营养级中的分布。

能量金字塔：表示生物间的能量关系，把各个营养级的生物量换算为能量单位，以表示能量的传递、转化的有效程度。

数量金字塔：各个营养级以生物的个体数量比较，所得的图形为数量金字塔。每一个营养级包括的个体数量沿食物链逐渐减少，生产者个体数最多，而消费者越靠近塔尖数量越少。

2.2.4.4 生态效率

生态效率指生态系统中能流参数在不同营养级之间的比值。初级生产者以后的能量流动受多种因素的影响，如利用食物资源的效率、消化效率以及呼吸损耗的能量等都会影响从植物向草食动物转移的速率。用于表示两个营养级间的各阶段能量转化指标主要有以下几个：

同化效率＝该营养级同化量/前一营养级同化量

生产效率＝n营养级的净生产能量/($n-1$)营养级的同化能量

消费或利用效率＝n营养级的摄食能量/($n-1$)营养级的净生产能量

摄食效率＝该营养级摄食量/前一营养级摄食量

生态效率＝净生产量/前一营养级的净生产量

消费者对生产者生产出的能量的利用效率差异很大，在森林生态系统中利用效率一般较低。平均一个营养级只有10%的能量能够被上一营养级所利用，这在生态学上被称作10%定律或林德曼效率定律。营养级之间生物量转化效率不高的原因主要是：各营养级不可能百分之百地利用上一营养级的能量，总有一部分会自然死亡和被分解者利用；各营养级的同化率也不是百分之百的，总有一部分变成排泄物而留于环节中，被分解者所利用；各营养级生物要维持自身的生命活动，总要消耗一部分能量，这部分能量变成热能而耗散掉。

2.2.4.5 生态系统中能量流动的特点

（1）生态系统中能量的转换完全符合热力学定律

生态系统中能量增加，环境能量减少，但总能量不变。所不同的是，太阳能转化为化学能，再转变为热能、机械能等其他形式。

（2）能量在沿着食物链方向的流动过程中逐渐减少

能量沿着食物链方向流动，在其流动时，生物中的能量由于各个营养级生物维持自身生命消耗而逐级减少，估计每经一个营养级的剩余能量为原有能量的10%左右，其余的都消耗了。

（3）生态系统的能量流动是单向、非循环的

能量只能一次性流过生态系统，单程前进，绝不可逆。

2.2.5 生态系统的信息传递

生态系统的功能整体性除体现在生物生产过程、能量流动和物质循环等方面外，还表现在系统中各生命成分之间存在着信息传递，习惯上称为信息流。信息传递是生态系统的基本

功能之一，正是由于这种信息流，才使生态系统产生了自动调节机制。信息传递是生态系统生态学研究中的一个薄弱环节，同时也是一个颇具吸引力的研究领域。生态系统中包含着多种多样的信息，主要可以分为物理信息、化学信息两大类。

2.2.5.1 物理信息

生态系统中以物理过程为传递形式的信息称为物理信息，如光信息、声信息、电信息、磁信息等。植物生态系统中，阳光给植物带来了能量，同时也带来了信息，即一年四季及昼夜变化，而这种光照时间长短与强度的变化，对一些植物的开花、休眠起着调控作用，甚至对植物叶片的运动产生影响，如合欢树在白天叶片张开，在黑夜闭合。鸟类在繁殖季节时，常伴有鲜艳色彩羽毛或其他的奇特装饰以及美妙动人的鸣叫等，各种"特长"都在求偶时尽情显露。很多生活在一起的鸟类，其报警鸣叫声都倾向于相似，这样每一种鸟都能从其他鸟的报警声中受益，但在其他方面各个物种的叫声却绝不相同。有些植物也能感受声音的信息，如含羞草在强烈声音的刺激下，就会表现出小叶合拢、叶柄下垂的运动。

2.2.5.2 化学信息

生态系统的各个层次都有生物代谢产生的化学物质参与传递信息、协调各种功能，这种传递信息的化学物质统称为信息素。信息素尽管量不多，却涉及从个体到群体的一系列活动。化学信息是生态系统中信息流的重要组成部分。在个体内通过激素或神经体液系统调节各器官的活动；在种群内部通过种内信息素协调个体间的活动，以调节受纳动物的发育、繁殖、行为，并提供某些情报储存在记忆中；在群落内部通过种间信息素调节种群间的活动，种间信息素类物质已知结构的约 3 000 种，主要是各类次生代谢物，如生物碱、萜类、黄酮类、苷类和芳香族化合物等。

尽管对生态系统信息流的研究还存在许多困难，但生物间的这种通讯联系的作用对生态系统的影响是十分明显的，特别是化学信息物质的作用更为重要。在一个生态系统中，化学信息物质的破坏常导致群落成分的变化，同时它们还影响群落的营养及空间结构和生物间的彼此联系。因为各种信息的作用不是孤立的，而是相互制约、互为因果的。另外，通过对生物信息传递的研究，还可以获得其他的生态信息。如狼用尿标记活动路线，它们常用树桩、树木等作为"气味站"，在开阔地带，任何一突起物都可以被选择为标记对象。有时一群狼依次排尿于同一标记处，在冬季，这种标记常形成相当大的冰坨，人们可通过对冰坨的分析获得狼群大小和数量的信息。

2.2.5.3 行为信息

行为信息主要指动物通过肢体动作等向同类或异类发出警告、求偶、觅食等信息。如蚂蚁通过触角相碰传递食物与洞穴的位置信息；雄鸟用梳理羽毛和鸣叫或叼着根草、羽毛求偶；蜜蜂用舞蹈动作"告诉"其他蜜蜂蜜源所在地；雄狮怒吼以宣占自己的领地等。这些行为信息一般都是动物的先天性行为，每种动物都有许多行为信息。

2.3 生态平衡

2.3.1 生态平衡的概念

生态平衡（ecological balance）是指在一定时间和相对稳定的条件下，生态系统各部分的结构与功能处于相互适应与协调的动态平衡之中。

生态平衡是非常复杂的生态现象。由于生态系统始终处于动态变化之中，即使群落发育到顶极阶段，演替仍在继续进行，只是持续时间更久、形式更加复杂而已。因此，生态平衡首先应理解为动态平衡。由于生物群落的特殊性，在不同阶段和不同水平上表现出差异性，因此，生态平衡应反映不同层次、不同发育期的区别。不同生态系统或同一生态系统的不同发展阶段，在无人为严重破坏的条件下，只要与其存在空间条件要素相适应，系统内各组分得以正常发展，各种功能得以正常进行，系统发育过程和趋势正常，这样的生态系统就可称为生态平衡的系统。总之，一个生态系统平衡涉及系统的结构、机制、功能的稳态，自控能力和进化趋势等多方面因素。

2.3.2 生态平衡判定依据

判断一个生态系统是否平衡，可以重点从以下几个方面进行分析。

(1) 生态系统的生物与其生存环境是协调的

这种协调包括生物个体、种群乃至群落等不同水平与环境的协调统一。所谓生态平衡就是生物与其环境之间的协调稳定状态。

(2) 生态系统内物质和能量的输入和输出两者间的平衡

这主要从生态系统的功能方面进行考虑，当一个生态系统的物质循环和能量流动在长时间内保持稳态，可以认为生态系统是平衡的。

(3) 生态系统内部结构的稳定性

生态平衡是群落内各物种之间相互作用的结果，物种数量趋于稳定的生态系统比物种数量波动的生态系统更平衡，生态系统的平衡是随着群落组分数量的增多而增加，群落稳定性是多样性的函数。

(4) 生态系统的平衡应是负熵不断增加的过程

生态系统内存在两个过程，一个是伴随着生物的生长发育过程，生态系统不断固定太阳能，使分散杂乱的无机物质转化为有机物质，并使生物之间、生物与环境之间保持和谐的关系，这个过程是增加系统负熵即有序性的过程。另一个是伴随着生物的死亡腐烂，集中的化学能转变为分散的热能，集中的复杂有机物质变成分散的简单无机物质，有序的生物种之间的关系以及生物与环境之间的关系被破坏，退化成不稳定的、无序的状态，这个过程是一个不可逆的过程和熵增加的过程。对一个生态系统而言，只有负熵的增加超过了熵值的增加，这个系统才是不断趋向稳定的、有序性增加的、平衡的系统。

2.3.3 生态失调

外界压力超过系统的"生态阈值"和"容量"时，便会引起系统的自我调节能力降低甚至消失，造成其结构破坏、功能受阻、正常的生态关系被打乱，最后导致生态平衡失调。

生态失调在结构上的表现为：一级结构受损和二级结构变化。一级结构水平是指生态系统三个基本成分中的生物成分，即生产者、消费者和分解者；二级结构水平是指组成一级结构成分的划分及其特征，如生物的种类组成、种群和群落层次及其变化特征等。平衡失调的生态系统从结构上讲就是出现了缺损或变异。当外部干扰巨大时，可造成生态系统一个或几个组分的缺损而出现一级结构的不完整。如大面积的森林采伐就是典型例子，它不仅可使原有生产者层次的主要种类从系统中消失，而且各级消费者也因栖息地的破坏而被迫迁移或消失，系统内的变化也非常剧烈。当外部干扰不甚严重时，如林业中的择伐、水体的轻度污染等，都可使生态系统的二级结构产生变化。二级结构的变化包括物种组成比例的改变，种群数量的丰度变化，群落垂直分层结构减少等。这些变化会直接造成营养关系的破坏，包括分解者种群结构的改变，进而引起生态系统的功能受阻或功能下降。水域生态系统出现的过度捕捞、草原过度放牧造成的退化等都属这方面的例证。二级结构水平的改变虽不如一级结构破坏的影响剧烈，但结果也使生态多样性减少，系统趋于"生态单一化"。干扰若进一步加重同样会造成生态系统的崩溃。

生态失调在功能上的反映就是能量流动在系统内某一个营养层次上受阻或物质循环正常途径的中断。能量流动受阻表现为初级生产者第一性生产力下降和能量转化效率降低。营养物质循环则表现为库与库之间的输入与输出的比例失调，如大气粉尘污染的增加会影响植物光合作用。有些污染虽不能使初级生产量减少，但却会因生境的不适宜或食物价值的降低而使消费者的种类和数量减少，造成营养层次间能量转化和利用效率的降低。

2.3.4 生态平衡调节机制

2.3.4.1 生态系统的稳态机制

（1）个体水平的生态适应机制

在个体水平上，主要通过生理与遗传的变化去适应环境的变化，通过适应，形成生活型、生态型、亚种乃至新种，使物种多样性和遗传基因的异质性得到加强，同时提高对环境资源的利用效率。

（2）种群水平的反馈调节机制

种群数量变动是由矛盾着的两组过程（出生和死亡，迁入和迁出）相互作用决定的。因此，所有影响出生率、死亡率和迁移的物理和生物因子都对种群的数量起着调节作用。

由于作用于生物数量变动的因素非常多，因而给探讨极其复杂的种群调节机制带来了很大的困难。多年来，由于生态学工作者的不断努力，提出了许多有关种群调节的理论，如气候学说、捕食和食物作用学说、社会性的交互作用学说、病理效应学说、遗传调节学说等，虽然这些学说限于工作者的研究环境、研究对象和时间的约束，不能形成整体的种群调节模式，但它们无疑给这个种群生态学最引人入胜的理论研究领域增加了活力，同时也为接受调节是各因素综合作用结果的观点提供了思路和佐证。

（3）群落水平的种间关系机制

在群落水平上，生物种间通过相互作用，调节彼此间的种群数量和对比关系，同时又受到共同的最大环境容量的制约。例如，虫媒花植物和传粉昆虫可以相互促进，而虫媒植物的繁衍又有利于加强与植物有关的食物链。

群落内物种混居，必然会出现以食物、空间等资源为核心的种间关系，长期进化的结果，又是使各种各样的种间关系得以发展和固定，形成有利有害，或无利无害的相互作用，多个物种在一起相生相克，从而保持系统稳定。

（4）系统水平的自组织机制

一般系统论认为系统存在的空间总是有限的，系统与其外部环境之间的相互作用是经常的，环境对系统的干扰是随机的。开放系统要保持其功能的稳定性，就必须具备对环境的适应能力和自我调节能力。

在系统水平上，复杂的种群关系，生态位的分化，严格的食物链量比关系等，都对系统稳定性有积极作用。当系统内组分较多而且彼此功能较协调时，系统的自我调控能力较强，系统稳定性较大。

2.3.4.2 反馈机制

生态系统的反馈是指系统中某一成分发生变化时，必然要引起其他成分的一系列的相应变化，这些变化反过来影响最初的状态。

生态系统是一个开放系统，它存在着反馈调节的功能。反馈可分为正反馈和负反馈，两者的作用是相反的。正反馈可使系统偏离加剧，因此它不能维持系统的稳定。生物的生长过程中个体越来越大，种群数量的持续增长过程中种群数量不断上升等均属正反馈。正反馈是有机体生长和存活所必需的，但是正反馈不能维持系统的稳定，要使系统保持稳定，只有通过负反馈机制。种群数量的调节中，密度制约作用（如树木的自疏）是负反馈机制的体现。负反馈调节作用的意义就在于通过自身的功能减缓系统的压力以维持系统的稳定（图 2-10）。有人把生态系统比作弹簧，它能忍受一定的外来压力，压力一旦解除就能恢复原初的稳定状态。生态系统正是由于具备了负反馈调节功能，才能在很大程度上克服和消除外来的干扰，保持自身的稳定性。

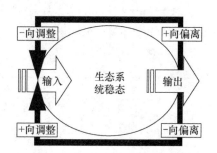

图 2-10　系统负反馈调节机制

生态系统的反馈调节功能取决于抵抗力和恢复力的强弱。抵抗力是生态系统抵抗外干扰并维持系统结构和功能原状的能力，是维持生态平衡的重要途径之一。抵抗力与系统发育阶段相关，生态系统发育越成熟，结构越复杂，抵抗外界干扰的能力就越强。如森林生态系统生物群落垂直层次明显，结构复杂，系统自身储存了大量的物质和能量，因此抵抗干旱和病虫害的能力远远超过单一的农田生态系统。环境容量、自净作用都是系统抵抗力的表现形式。恢复力是指生态系统遭受干扰破坏后，系统恢复到原状的能力。生态系统的恢复能力是由其生物成分的基本属性决定的，是由生物顽强的生命力和种群世代延续的基本特征所决定的，所以恢复力强的生态系统生物的生活世代短、结构比较简单，如草原生态系统遭受破坏后恢复速度比森林生态系统快得多。生物成分生活世代长、结构复杂的生态系统，一旦遭到破坏则在很长时期内都难以恢复。但就抵抗力而言，两者的情况却完全相反，恢复力越强的生态系统抵抗力一般比较低，反之亦然。

生态系统对外界干扰具有调节能力才使之保持了相对的稳定，但是这种自我调节的能力不是无限的，当外来干扰因素超过一定限度时，生态系统的自我调节功能就会受到损害，从而导致生态平衡失调，显然生态平衡失调就是外来干扰大于生态系统自身调节能力的结果。不使生态系统丧失调节能力或超过恢复力的外来干扰的破坏作用的强度称为生态平衡阈值，阈值的大小与生态系统的类型有关，此外还与外干扰因素的性质、方式及作用持续时间等因素密切相关。生态平衡阈值的确定是自然生态系统资源开放利用的重要参量,也是人工生态系统规划与管理的理论依据之一。

2.4 生态系统的服务功能

生态系统作为生物圈的重要组成部分,它在维持生命的支持系统和环境的动态平衡方面起着不可取代的作用,其提供的各项服务功能已得到世界的公认。生态系统服务一般指生命支持功能(如净化、循环、再生等),而不包括生态系统的功能和生态系统提供的产品。生态系统服务主要包括向经济社会系统输入有用物质和能量,接受和转化来自经济社会系统的废弃物,以及直接向人类提供服务(如人们普遍享用洁净空气、水等舒适性资源),与传统经济学意义上的服务(它实际上是一种购买和消费同时进行的商品)不同。

2.4.1 生态系统服务功能的分类

Castanza等将生态系统服务分为气体调节、气候调节、干扰调节、水分调节、水分供给、养分循环等17个类型(表2-1)。

表2-1 生态系统服务功能一览表

序号	生态系统服务	生态系统功能	举例
1	气候调节	大气化学成分调节	CO_2/O_2平衡,O_3防紫外线、SO_2水平
2	气温调节	全球温度降水及其他生物媒介的全球及地区气候调节	温室气体调节,影响云形成的DMS化合物
3	干扰调节	生态系统对环境波动的容量、衰减和综合反应	风暴防止、洪水控制、干旱恢复等生境对主要植物结构控制的环境变化的反应
4	水调节	水文流动调节	为农业、工业和运输提供用水
5	水供应	水的储存和保持	向集水区、水库和含水岩层供水
6	控制侵蚀和保持沉积物	生态系统内土壤保持	防止土壤被风、水侵蚀,把淤泥保存在湖泊和湿地中
7	土壤形成	土壤形成过程	岩石风化和有机质积累
8	养分循环	养分的储存、内循环和获取	固氮,N、P和其他元素及养分循环
9	废物处理	易流失养分的再获取,过多或外来养分、化合物的去除或降解	废物处理、污染控制、解除毒性
10	传粉	有花植物配子的运动	提供传粉者以便植物种群繁殖
11	生物防治	生物种群的营养动力学控制	关键捕食者控制被食者种群,顶位捕食者使食草动物减少
12	避难所	为常居和迁徙种群提供生境	育雏地、迁徙动物栖息地、当地收获物种栖息地或越冬场所
13	食物生产	总初级生产中可为事物的部分	通过渔、猎、采集和农耕收获的鱼、鸟兽、作物、坚果、水果等
14	原材料	总初级生产中可为原材料的部分	木材、燃料和饲料产品
15	基因库	独一无二的生物材料和产品来源	医药、材料科学产品,用于农作物抗病和抗虫的基因,家养动物(宠物和植物栽培品种)
16	休闲娱乐	提供休闲旅游活动机会	生态旅游、钓鱼运动及其他户外旅游活动
17	文化	提供非商业性用途的机会	生态系统的美学、艺术、教育、精神及科学价值

2.4.2 生态系统服务功能的价值

生态系统服务功能的多价值性源于它的多功能性。从生态系统服务功能与市场联系的角度，可将生态系统服务功能的价值分为3类：①能够以商品形式出现于市场的功能；②虽不能以商品形式出现于市场，但有着与某些商品相似的性能或能对市场行为（商品数量、价格等）有明显影响的功能，如大部分调节功能；③既不能形成商品，又不能明显的影响市场行为的功能，如大部分信息功能，它们的机制与现行市场有关，只能通过特殊途径加以计量。

2.4.2.1 直接价值

主要指生态系统产品所产生的价值，它包括食品、医药及其他工农业生产原料、景观娱乐等带来的直接价值；按产品形式分为显著实物型直接价值和非显著实物型直接价值。显著实物型直接价值以生物资源提供给人类的直接产品形式出现。根据生物资源的市场流通情况，将实物型直接价值又分为消耗性使用价值和生产性使用价值。消耗性使用价值没有经过市场而被当地居民直接消耗，在一些发展中国家的经济中占有一定的位置，但很少在国家收益账目上表现出来；如果通过市场价值机制估算其在市场上的价值，可以得到消耗性使用价值的经济数量。生产性使用价值是经过市场交易的那部分生产资源的商品价值，一般在发展中国家野生资源对国家经济的贡献率远远大于工业化国家。生产性使用价值可以反映在国家收益账目上，可通过测算消费者对消耗资源数量的意图而估算其数值，亦可直接从市场对消耗资源的需求曲线计算。

非显著实物型直接价值，体现在生物多样性为人类所提供的服务上，虽然无实物形式，但仍然可以感觉且能够为个人直接消费的价值。生物多样性能为人类提供直接消费品的同时，还能为人类提供直接的非消耗性利用方面的服务，如生态旅游、动植物园的观赏、各种载体的生物多样性文化享受；或者作为研究对象，提供给科学家进行生物、遗传、生态和地理等多学科研究；或作为一种知识，丰富人类对自然和各类不同文化的认识。由于非显著实物型直接价值服务范围包罗万象、服务形式多种多样，因此服务价值难以估算和货币化。

2.4.2.2 间接价值

间接价值主要指无法商品化的生态系统服务功能，如维持生命物质的生物地球化学循环与水文循环，维持生物物种与遗传基因多样性，保护土壤肥力，净化环境维持大气化学的平衡与稳定，支撑与维持地球生命支持系统的功能。一般情况下，间接价值主要指生命支持系统相关的生态服务。由于生态系统的功能价值取向于对地方或社会服务，其生态效益价值往往高于直接价值。但由于作为一种非实物型和非消耗性的价值，不能反映在国家的收益账目中。

生态系统的间接价值和直接价值之间有直接的依赖关系，直接价值常由间接价值衍生出来，因而动植物生长必须得到其环境提供的服务支持，非消耗性和非生产性使用价值的物种在生态系统中可能起着支持那些消耗性或生产性使用价值物种的作用。美国在1954—1978年之间由于河口沿岸的破坏，每年在商业上损失2亿美元，这正是沿岸生态系统未被破坏情况下所能提供的间接价值。

2.4.2.3 选择价值与准选择价值

选择价值是人们为了将来能直接或间接利用某种生态系统服务功能的支付意愿。例如，人们为将来能利用生态系统的涵养水源、净化大气及游憩娱乐等功能的支付意愿。人们常把选择价值比喻为保险公司，即人们为自己确保将来能利用某种资源或效益而愿意支付的一笔保险金。选择价值一般可分为3种：为自己将来利用；为后代将来利用（遗产价值）；为他人将来利用（替代消费）。一些学者认为，准选择价值是对未来效益的认知价值，是保护或开发决策之后的信息价值。像一片森林，如果现在选择保护，那么下一阶段的选择可能是保护也可能是开发；如果现在选择开发，下一阶段只能选择开发。在这两个阶段之间可能出现新的信息，如果森林的保护价值提高或某种生物有新的科学发现，现在选择的开发，这种未来效益将遭受损失，评估其损失的效益可理解为对准选择价值的评估。当遗传基因由于缺乏研究对其经济价值不了解或了解甚少，可利用准选择价值进行评价。但由于准选择价值的概念与选择价值相异，两种价值不能叠加；但准选择价值评价比较复杂，经济学家常常将此项忽略。

2.4.2.4 遗产价值

遗产价值是指当代人为将某种资源保留给后代而自愿支付的费用，它还体现在当代人为后代将来能受益于某种资源的存在而自愿支付其保护费用。遗产价值反映了代际之间利他主义动机和遗产动机，可表现为代际之间的替代消费。由于遗产价值涉及后代人的资源利用，因此有部分学者认为遗产价值应属于选择价值范畴；但也有人认为遗产动机是确保某种资源的永续利用，作为一种资源和知识遗产保留下来，不涉及将来利用与否，因此应当属于存在价值的范畴。大多数文献将遗产价值单独列出，与选择价值和存在价值并列。

2.4.2.5 存在价值

存在价值也被称作内在价值，指人们为确保某种资源继续存在而自愿支付的费用，它是自愿本身具有的一种经济价值，一种与人类的利用（现在利用、将来利用和选择利用）以及人类的存在无关的经济价值。存在价值的计量方法之一是利用人类对自然保护事业的捐赠来估算。

存在价值是经济学家研究的经济价值和环境学家研究的生态价值之间的一种过渡性价值，它为经济学家和生态学家提供了共同的价值观，是目前众多环境保护机构和金融机构关注的焦点，是现代自然保护运动的源泉之一。

2.4.2.6 生态系统的服务价值评价

美国Costanza等13位生态学家（1997年）在世界上最先开展了对全球生物圈生态系统服务价值的估算。将全球生态系统服务分为17类子生态系统，采用或构造了物质量评价法、能值分析法、市场价值法、机会成本法、影子价格法、影子工程法、费用分析法、防护费用法、恢复费用法、人力资本法、资产价值法、旅行费用法、条件价值法等一系列方法分别对每一类子生态系统进行测算，最后进行加总求和，计算出全球生态系统每年能够产生的服务价值。计算结果表明，全球的生态系统服务的年度价值为16万亿～54万亿美元，平均价值为33万亿美元，相当于同期全世界国民生产总值（GNP）18万亿美元的1.8倍。其中，海洋生态系统服务的价值约占63.3%（20.9万亿美元），陆地生态系统服务的价值约占36.7%（Costanza et al., 1997）。海洋生态系统服务的价值主要来源于海岸生态系统，陆地生态系统服务的价值主要来源于森林和湿地。

张新时等采用 Costanza 等人的方法，对我国生态系统服务功能进行了价值估算（表 2-2）。我国生态系统效益的总价值约为 77 834.48 亿元/a（以 1994 年人民币为基准）。其中陆地生态系统效益价值为 56 098.46 亿元/年，海洋为 21 736.02 亿元/年。1994 年我国的国内生产总值为 45 006 亿元，我国每年生态系统提供的效益为当年 GDP 的 1.73 倍；陆地生态系统效益为当年 GDP 的 1.25 倍。我国的生态系统每年以生态产品和生态功能提供的价值远远超过了同一时期社会生产所创造的价值。

表 2-2 我国生态系统效益的整体评价

生态系统类型	面积（km^2）	单位价值 [USD/(hm^2·a)]	总价值 ($\times 10^8$ USD/a)	总价值 ($\times 10^8$ RMB)
陆地	9 600 000	678	6 508.80	560 984.6
森林	1 291 177	1 387	1 790.86	154 339.8
热带亚热带森林	821 595	2 007	1 648.94	142 117.3
温带森林/针叶林	469 582	302	141.81	12 222.5
草地	4 349 844	232	1 009.16	86 976.8
红树林	575	9 990	5.74	495.1
沼泽湿地	158 597	19 580	3 105.33	267 639.0
河流/湖泊	50 843	8 498	432.06	37 238.3
荒漠	1 499 473			
冻原	4 120			
冰川/裸岩	442 461			
耕地	1 802 910	92	165.87	14 295.6
海洋	4 730 000	533	2 521.09	217 360.2
开阔洋面	4 380 000	252	1 103.76	95 129.8
海岸带	350 000	4 052	1 418.20	122 230.4
全国	14 330 000	630	9 030.88	778 344.8

与全球生态系统服务价值相比，我国陆地生态系统效益价值与全球平均水平相差较多，仅为单位面积全球陆地平均价值的 84%，这可能与我国人口众多、耕作历史悠久、自然生态系统破坏严重有关。全球生态系统效益价值与国民生产总值的比值为 1.82，我国 1.73，两者比较接近。对两者进一步比较，我国的总面积占全球 2.78%，生态系统的服务效益占 2.71%。但我国生态系统在授粉、水分供给、干扰调节、庇护、侵蚀控制与维持、生物控制、遗传资源、原材料、食物生产、废弃物处理、土壤形成、气候调节和休闲等生态服务功能方面对全球的贡献，超过平均水平；而在气候调节、水分调节、养分循环功能等方面，对全球的生态贡献略小于面积比重(表 2-3)。但生态系统文化功能方面，采用的评价方法可能对我国生态系统的文化价值估计偏低。

表 2-3 我国生态系统效益和生态系统功能与全球比较

生态系统效益	生态系统价值（×10⁸ USD/a）		中国与全球比值（%）
	中国	全球	
气体调节	273.18	13 410	2.04
气候调节	224.54	6 840	3.28
干扰调节	1 184.05	17 790	6.66
水分调节	297.40	11 150	2.67
水分供给	1 319.54	16 920	7.80
侵蚀控制与沉积物保持	324.44	5 760	5.63
土壤形成	18.13	530	3.42
养分循环	2 561.30	170 750	1.50
废弃物处理	791.54	22 770	3.48
授粉	133.99	1 170	11.45
生物控制	178.65	4 170	4.28
庇护	72.52	1 240	5.85
食物生产	503.12	13 680	3.68
原材料	279.81	7 210	3.88
遗传资源	33.69	790	4.26
休闲	234.53	8 150	2.88
文化	636.45	30 150	2.11
总计	9 030.88	332 680	2.71

石垚等分析了中国 1999—2008 年 10 年内陆地生态系统服务功能价值的时空变化，发现中国陆地生态系统服务功能总价值存量从 1999 年的 6.82 万亿元减少到 2008 年的 6.57 万亿元；其中正值减少 2 401.7 亿元，负价值增加了 88.5 亿元；减少的价值主要体现在水分调节、土壤形成和废物循环功能上；从总价值增量来看，2000 年中国陆地生态系统服务功能价值净增 43.1 亿元，2008 年则变为负增长（−1.3 亿元）。

【案例】

案例 1 山羊杀手

美国的圣克利文底海军基地位于西太平洋的岛屿上，距离美国本土加利福尼亚州约 150km。岛上的原住民很少，世代捕鱼为生。岛上建立军事基地后，军人成为当地渔民的大主顾。渔民成天把捕捉来的鱼虾卖给海军基地的伙房，海军们天天吃生猛海鲜实在腻透了。为了改善伙食，伙夫们从加利福尼亚带回了 10 余只山羊。

岛上到处芳草萋萋，伙夫们随手以绳索制成围栏，围了一块草地让山羊栖息。温顺的山羊果然听话地在围栏里吃草，伙房每过一段时间就宰一头羊让大家打牙祭。很快围栏内的草吃完了，山羊就钻出绳索围栏，在附近漫步吃草。附近草吃完了，再向远处去一点。海军伙夫并不干涉羊群的生活，反正它们不走远，只是过一段时间宰一头羊。羊群在草地上自由自在地生活，不久小羊羔出世了。

一年以后，伙夫发现羊越宰越多了，山羊群也越走越远了。海军们很高兴，反正山羊在海岛上不会走失,当地渔民也不养羊,伙夫想要宰羊,开着吉普出去见羊就抓,倒也方便。海岛上没有野兽,山羊无限制地繁殖,几年后小岛漫山遍野都是山羊,青草啃完了,灌木叶也被啃完了,平地上的草木啃完了,山羊又上山坡啃小树林。把原本郁郁葱葱的小岛啃得到处黄土朝天,一向任人宰割的山羊成了生态环境的可怕杀手。岛上的植被遭到了彻底的破坏,生态系统崩溃了。

当地渔民向政府提出了强烈的抗议,海军总部下达了岛上不准养羊的命令。基地的军人开始大量捕捉山羊,吃不了就把它们运出岛屿,人类开始介入到生态平衡的斗争中去了。在人类的大量捕捉宰杀下,山羊数量大减,可是少数山羊躲到了悬崖险境,躲进了山洞,仍然艰难地活了下来,山羊始终未被彻底消灭。基地军人只能保持经常性的捕捉与宰杀,担当起狼的职责,抑制山羊在岛上过快繁殖。稍有懈怠,山羊数便会剧增,温顺的山羊重新露出杀手狰狞的面目,刚恢复翠绿的岛屿又会重遭灾难。这个海军基地上人类以食肉动物的角色参与生态平衡的局面一直维持到现在,未能解脱出来。

案例2 植树造林和原始森林

一般人总认为,植树造林和原始森林一样有环保效应。地方保护主义者认为,偷伐原始森林,只要补种上树苗就没事了。可是环境生物学家告诉我们,人工林根本与原始森林不可同日而语。

森林资源可分成三大类:原始森林、天然次生林、人工林。对生态环境的贡献是按上述排列顺序递减的。原始森林的蓄洪护土功能极强,专家估算,一片万亩*的原始林就相当于$100m^3$的水库。其保持水土、涵养水源、调节江河流量,防止泥石流、山洪等自然灾害的作用绝非种植林可比拟的。因为原始森林中的动植物经过千万年的优胜劣汰繁衍过程,已经组成了一个乔木、灌木、草、藤兼备的植物体系和以植物为基础的能自我平衡、相互维系的食物链,形成了一个生态平衡的系统。即使一片原始森林再小也自成一个小系统,它因而具备了自然演化、自我更新的能力;具备了适合所在地区的地理和气候条件的能力,对正常的自然灾害所造成的影响也有自我适应和恢复能力,这就是一个平衡的生态环境所具有的功能。

天然次生林(因火灾等原因毁林后又自然长成或其他原因间接造成的自然树林)虽然也是自然形成,但生态环境很脆弱,需经漫长岁月的演化才能形成较为完善的生态系统。人工林虽对改善生态环境具有一定作用,但远远无法替代原始森林,即使面积再大也难以形成食物链,自成系统。故它对外界干预力量的抗衡能力极差,没有人工养护难以成活,外界生物例如狼也难以在其间生存,没有生物多样性孕育的机制,连种植的树木成活率都相当低。

据专家估算,20世纪60年代,长江上游地区原始森林的覆盖率在20%以上,天然次生林约占2%,水土保持一直很好。长江水比今日清的多。可是如今原始森林面积减半,森林覆盖率只有10%,当地山体滑坡、泥石流、山洪时有暴发,以及长江流域洪涝等生态灾难也频频出现,这都是人类无知的干预导致生态失衡惹的祸。

---

* 1亩=1/15hm^2

思考题

1. 简述生态因子作用的一般规律。
2. 生态系统由哪些主要成分组成？各组分的地位作用是什么？
3. 生态系统的主要功能是什么？
4. 什么是生态平衡？生态系统是怎样维持其平衡稳定的？
5. 结合我国生态环境现状，分析对生态系统服务功能价值评价的意义。

参考文献

李文华. 2008. 生态系统服务功能价值评估的理论、方法与应用［M］. 北京：中国人民大学出版社.
孙儒泳. 2002. 基础生态学［M］. 北京：高等教育出版社.
CHAPIN Ⅲ F S, MATSON P A, MOONEY H A. 2005. 陆地生态系统生态学原理［M］. 李博，赵斌，等译. 北京：高等教育出版社.
田大伦. 2008. 高级生态学［M］. 北京：科学出版社.
尚玉昌. 2002. 普通生态学［M］. 2版. 北京：北京大学出版社.
苏智先，王仁卿. 1993. 生态学概论（修订版）［M］. 北京：高等教育出版社.
周鸿. 2002. 人类生态学［M］. 北京：高等教育出版社.
张金屯. 2003. 应用生态学［M］. 北京：高等教育出版社.
欧阳志云，李文华. 2002. 生态系统服务功能研究［M］. 北京：气象出版社.
孙刚，等. 2000. 生态系统的功能分类与价值分类［J］. 环境科学动态（1）：19-22.
刘向阳. 2001. 森林资源的保护、利用及其持续发展的研究［J］. 森林工程（4）：1-2.
王连刚. 2009. 森林资源的保护与管理［J］. 中国林业（12）：53.
石垚，王如松，等. 2012. 中国陆地生态系统服务功能的时空变化分析［J］. 科学通报，57（9）：720-731.
赵晓光，石辉，等. 2007. 环境生态学［M］. 北京：机械工业出版社.

3

人口、资源与环境

本章提要

　　人类与环境的关系是十分密切的，人类是环境的产物，又是环境的创造者和环境的主体。人类所处的环境并非"原始"的自然界，而是发生了变化的、经人改造后的自然界。人口与环境是一个完整的、具有一定结构和功能的系统，两者都是一定的生产力和生产关系的产物。人类出现后，在为了生存而与自然界的斗争中，运用自己的智慧和劳动，不断地改造自然，创造和改善自己的生存条件。同时，又将经过改造和使用的自然物和各种废弃物反馈给自然界，使它们进入自然界参与物质循环和能量流动过程。人类演化发展的过程实质上就是人类与环境相互作用和影响的过程。因此，人类与环境的关系成为环境科学研究的重要内容之一，只有正确认识人类与环境的关系，才能实现人类社会与环境的协调发展。

3.1 人口发展情况

3.1.1 人口及相关概念

3.1.1.1 人口

人口是生活在特定社会、特定地域、具有一定数量和质量,并在自然环境和社会环境中同各种自然因素和社会因素组成复杂关系的人的总称。人口是一切社会生活的基础和出发点,是构成生产力的要素和体现生产关系的生命实体。人口问题对于人类社会的发展来说,是个极为重要的问题。

3.1.1.2 人口过程

人口过程是人口在时空上的发展和演变过程,它大致包括自然变动、机械变动和社会变动。人口自然变动是指人口的出生和死亡,变动的结果是人口数量的增加和减少。人口机械变动是指人口在空间上的变化,即人口的迁入与迁出,变化的结果是人口数量在空间上发生人口分布和人口密度的改变。社会变动指人口社会结构的改变(如职业结构、民族结构、文化结构和行业结构等)。人口过程反映了人口与社会、人口与环境的相互关系。

反映人口过程的自然变动指标是人口出生率、死亡率和自然增长率。人口自然增长率与出生率和死亡率的关系是:

自然增长率=(某地某年活产婴儿人数−死亡人数)/该地某年平均人数×1 000‰

或自然增长率=出生率−死亡率

反映人口过程、人口增长规律的指标还有指数增长、倍增期等。指数增长是指在一段时期内,人口数量以固定百分率增长。指数增长可用下式表达:

$$A = A_0 e^{rt} \tag{3-1}$$

式中 A——某一增长值;
A_0——某初始值;
r——增长率;
t——时间。

倍增期是表示在固定增长率下,人口增长1倍所需的时间。其计算公式为:

$$T_d = 0.7/r \tag{3-2}$$

式中 T_d——倍增期;
r——年增长率。

根据式(3-2),若人口增长率为$r=1\%$,则70年后,人口增长1倍;若$r=2\%$,则35年后,人口增长1倍;$r=7\%$,10年后人口增长1倍;$r=10\%$,7年后人口增长1倍。

3.1.1.3 人口结构

人口结构(population composition),又称人口构成。指依据人口所具有的自然、社会、经济和生理特征将人口划分成各组成部分。通常分为自然构成、地域构成和社会经济构成三类。

(1)人口的自然构成

人口的自然构成是根据人口的自然特征划分的,主要包括人口的年龄构成和性别构成。

值得注意的是：同出生率一样，年龄结构也是导致人口增长或减少的原因。在许多发展中国家，年轻人占很大的比例，这样，即便出生率下降甚至降到了"更替水平"，人口总量仍持续增长。例如，位于非洲西部的布基纳法索，出生率对年龄结构的影响就很大，每个妇女平均生育7个小孩。1995年，这个国家年龄在35～39岁的人口为458 000人，但年龄在5岁以下的却有200万人，5～9岁的有160万人。

(2) 人口的地域构成

人口的地域构成是根据人口的居住地区划分的，包括人口的城乡构成和行政区域构成等。

(3) 人口的社会经济构成

人口的社会经济构成是根据人口的社会、经济特征划分的，包括人口的阶级构成、民族构成、宗教构成、职业构成、文化教育构成等。

人口构成是静态的时点指标，随着时间的推移，人口构成会不断发生变化。

3.1.1.4　人口再生产

人口再生产（population reproduction）是人口不断更新，世代不断更替，人类自身得以延续和发展的过程。人口再生产是人口数量和质量延续、发展过程的统一，其中生物过程是人口再生产的自然基础，社会过程是人口再生产得以实现的形式，人口再生产过程本质上是社会过程。

人口再生产有广义和狭义之分。广义指包括人口的自然变动、迁移变动和社会变动3种人口变动在内的人口再生产过程；狭义仅指人口自然变动的人口再生产过程，即仅指人口的出生和死亡自然变动过程。

人口再生产与物质资料的再生产同属社会再生产。与物质资料再生产相比，人口再生产的特点表现为以下各方面：①人口再生产的成果是人；②实现人口再生产的单位是家庭；③人口再生产过程有其惯性作用；④人口再生产周期较长。

3.1.1.5　人口老龄化

人口老龄化（population ageing）又称人口老化，是指老年人所占人口比重日益上升的现象。人口老化有广义和狭义之分。广义的人口老化指人口中老年人的比重趋于上升；狭义的人口老化指老年人口比重超过一定的界限且社会已达到老年型人口，即60岁或65岁以上的老年人在总人口中的比重超过10%。人口老化的直接动因是人口出生率和死亡率的下降，它是社会经济发展到一定阶段的必然结果。随着人口老化，人口的年龄结构以及相应的社会抚养负担结构、劳动资源结构、消费结构等均会随之发生变化，对社会经济生活各方面都会发生广泛影响。

3.1.2　世界人口发展情况

3.1.2.1　世界人口增长的历史

人类在地球上已经生活了几百万年。在人类发展史中，世界人口增长速度在很长的时间里是相当缓慢的，中世纪人口增长稍快，近代开始加速。世界人口的增长，大致经历了3个时期（图3-1）。

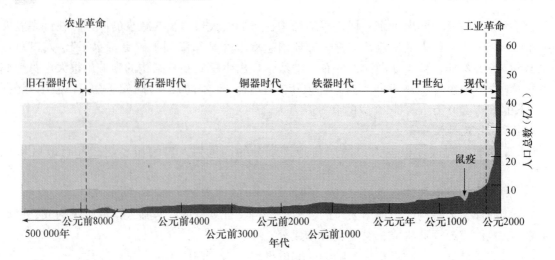

图 3-1　世界人口增长的历史

第一个时期，从 50 万～60 万年前开始，人类进入旧石器时代，燧石、刀片和矛头改良了狩猎工具，火的使用提高了食物质量，第一次较大地提高了人口增长率。但是，随后在生产技术上没有新的突破，人口增长率没有继续提高，人口增长仍较缓慢。到公元前 1 万年时，世界人口达到 500 万人左右（D E Dumond，1975）。

第二个时期，从大约公元前 8000 年，即新石器时代开始。由于工具的改进与农牧业的早期发展，人类食物有了较稳定的来源。人口增长率有了进一步的提高，达到 0.03% 左右（W D Borrie，1970），使世界人口在公元元年达到 1 亿（W D Borrie，1970）至 2.5 亿（Ehrlich et al.，1977）。从公元初至中世纪，人口死亡率很高，达 3.0%～4.0%，出生率为 3.5%～5.0%，增长率为 0.5%～1.0%。但由于经常出现的饥荒、瘟疫和战争，使人口增长率实际上不超过 0.1%。公元 1300 年，世界人口达到 3.84 亿人，但这时从中亚传到欧洲的黑死病——鼠疫，使人口于 1400 年又剧减至 3.73 亿人。

第三个时期，大约在 200 年前，人类实现了第三次技术革命——工业、医学革命，采用了新的能源，实现了机械化，发展了新医药。人口死亡率从农业社会的 3.0%～4.0%，降到工业社会的 1.0%～1.5%。14 世纪那种大规模的瘟疫再也没有出现过。在第二次世界大战后人口增长速度发生了明显的变化，人口增长率从 17 世纪以前的 0.1% 逐渐增加至 1.0%～2.0%。这个增长阶段一直延续到现在。

由于发达国家人口增长速度放慢，而包括中国在内的广大发展中国家积极推行计划生育，自 20 世纪 80 年代以来世界人口增长率呈下降趋势，1995—2000 年世界平均人口增长率为 1.3%，2000—2005 年进一步下降为 1.2%。其中，2000—2005 年发达地区平均人口增长率为 −0.2%，欠发达地区为 1.5%，亚洲为 1.3%，非洲为 2.2%，欧洲为 0.1%，拉丁美洲和加勒比地区为 1.4%，中美洲为 1.7%，大洋洲为 1.2%，中国为 0.7%。

3 人口、资源与环境

表 3-1 世界人口增长的历史特征[①]

年份	相隔时间（a）	总人口（亿人）	年均增长率（%）	倍增期（a）
1000	—	2.8	—	—
1650	650	5.0	0.10	700.0
1800	150	10.0	0.47	150.0
1920	120	20.0	0.58	120.0
1965	45	33.3	1.50	46.0
1970	5	36.9	1.97	35.2
1975	5	40.8	1.75	40.0
1980	5	44.5	1.67	41.5
1985	5	48.4	1.63	42.5
1990	5	52.5	1.58	43.8
1995	5	56.8	1.51	45.9
2000	5	61.2	1.38	50.6
2005[②]	5	64.6	1.20	58.3
2010[③]	5	69.1	1.20	58.3
2050[③]	40	91.5	—	—

注：资料来源①http://www.biox.cn/content/20060707/47617.htm；②联合国人口基金会 *State of World Population* 2005；③联合国人口基金会 *State of World Population* 2008。

3.1.2.2 世界人口增长的特点

(1) 世界人口增长曲线呈现指数增长形式

从过去 50 万年人类人口增长现状来看，长期以来人口增长率非常低，整个人口增长是一个非常缓慢的过程，平均人口增长率仅为 0.000 11%。但从最近这几百年来看，世界人口增长率急剧上升，人口基数呈指数增长的态势。其重要标志为人口的倍增期越来越短，世界人口从 5 亿人增到 10 亿人用了 200 余年；从 10 亿人增至 20 亿人用了 100 多年，从 20 亿人到 40 亿人不到 70 年。20 世纪人口在每 10 年间的增长数也在上升。目前世界人口有 50% 在 25 岁以下，这种年龄结构属于典型的增长型，这表示世界人口在今后相当长时期内仍会保持增长势头。而随之而来的将会是交通拥挤、住房紧张、就业困难、饥饿贫困等诸多问题。

(2) 世界人口增长极不均衡

虽然世界人口不断增长，但在不同地区人口增长的水平确实存在着极端的不均衡。发达国家人口要么已经停止增长，要么增长缓慢，而很多发展中国家人口增长仍然很快，每年新增的 7800 万人口很大一部分分布在最贫穷的一些国家。自 20 世纪开始，发达国家的人口增长率就逐渐维持在一个较低水平，特别是 20 世纪 70 年代后，发达国家的人口增长率更是保持在极低水平，尤以德国、日本、意大利最为突出。目前，发达国家的生育率大大低于更替水平。2005—2010 年，发达国家的总和生育率已经下降到 1.6%，其中低于 1.3% 的国家有 14 个。在平均生育年龄为 30 岁的稳定人口中，1.3% 的总和生育率意味着人口规模每年下降 1.5%，人口规模 45 年就会减半。发展中国家的情况则截然不同，根据联合国最新的人口预测，到 21 世纪末世界人口会增加 30 亿人左右，其中 97% 的新增人口分布在发展中国家，其中非洲增长最快亚洲增长最多。非洲目前人口总数为 10 亿人，预计到 21 世纪中叶将增长到 20 亿人，是目前人口增长速度最快的地区。亚洲目前人口总数为 42 亿人，虽然增速赶不上非洲，但是由于巨大的人口基数，到21世纪中叶人口总数将达53亿人。拉美地区人口增长相对缓慢，在2050年人口会由目前的6亿人增长到7亿人。欧洲则基本保持不变，在7亿人的水平上下浮动。大多数发展中国家拥有较快的人口增长速度，人口结构偏年轻化。据联合国统计，西亚北非地区人口在1980年约为2.3亿人，到2010年增加到了4.4亿人，其中24岁以下的人口超过了50%。表3-2和图3-2是发达国家和发展中国家人口增长情况的比较。

表3-2　近1 000年来发达国家和发展中国家每年平均人口增长率

时期	平均人口增长率（%）		
	发达国家	发展中国家	全世界
1000—1750年	—	—	0.10
1750—1800年	0.40	0.40	0.40
1800—1850年	0.70	0.50	0.50
1850—1900年	1.00	0.30	0.50
1900—1950年	0.75	0.80	0.80
1950—2000年	1.10	2.3	1.9
2005—2010年*	0.3	1.4	1.2

注：*数据来源联合国人口活动基金会 UNFPA *State of world population* 2010。

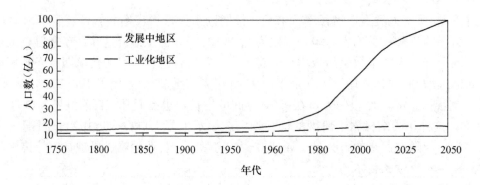

图3-2　人口增长的区域差异（引自钱易和唐孝炎，2000）

（3）年龄结构两极分化

人口年龄结构可分为3种基本类型：年轻型人口、成年型人口和老年型人口。从人口发展来看，3种类型与增长型、静止型和缩减型相对应。

联合国把65岁以上（含65岁）或14岁以下（含14岁）人口在总人口中所占比例作为划分标准。65岁以上的老年人占总人口4%以下为年轻型人口；占4%～7%为成年型人口；占7%以上为老年型人口（表3-3）。发展中国家大多为年轻型人口，如2008年尼日利亚14岁以下儿童占其人口总数的42.8%，印度14岁以下儿童占32.2%。与此相反，发达国家少年儿童比例明显降低，2008年英国为17.7%，法国为18.2%。这表明发达国家人口老龄化问题已经比较突出了。

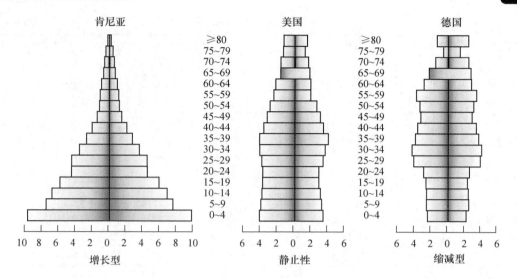

图 3-3　人口金字塔

表 3-3　人口年龄结构类型

	年轻型	成年型	老年型
少年儿童系数（%） （0～14 岁人口占总人口的比重）	>40	30～40	<30
老年人口系数（%） （65 岁以上人口占总人口的比重）	<4	4～7	>7
年龄中值数	<20 岁	20～30 岁	>30 岁

世界银行 WDI 数据库提供的数据信息显示，2008 年全世界 14 岁以下儿童占总人口的 27.7%，15～64 岁人口占 64.9%，65 岁以上人口占 7.4%。预计世界人口年龄中值到 2025 年将超过 30 岁。值得注意的是，世界人口中 65 岁以上的老龄人口有 55% 来自发展中国家。到 2025 年，世界老龄化人口的 68% 将生活在这些国家。可以说，人口老龄化将成为 21 世纪的一个重要难题。

为唤起全人类关注这一重大问题，联合国从 1990 年起将每年的 10 月 1 日定为"国际老人节"，并将 1999 年定为"国际老年年"。

（4）城市人口急剧膨胀

工业革命以来，达到 100 万人规模的城市，在 1800 年时，全世界只有伦敦 1 个城市，1850 年有 3 个城市，1900 年有 16 个城市，1950 年增加到 115 个城市，1980 年达到 234 个城市。城市人口的增长在近 20 年内达到了惊人的程度，如墨西哥城，在 20 世纪初只有 30 万人，到 1960 年增加到 480 万人，1970 年增加到 800 万人，1985 年则达到 1 800 万人，约占全国人口的 1/4。2005 年 2 月 16 日联合国人口与发展委员会报告称，目前世界 65 亿人口中 32 亿人居住在城市，很多国家和地区城市人口的比重逐年增加（表 3-4），到 2030 年全球城市人口将增加到 50 亿人，占全球人口的 61%。

表 3-4 城市人口的比重   单位:%

国家和地区	2000年	2003年	2004年	2005年	2006年	2007年	2008年
世界	46.8	48.0	48.4	48.8	49.2	49.5	49.9
中国	35.8	38.6	39.5	40.4	41.3	42.2	43.1
中国香港	100.0	100.0	100.0	100.0	100.0	100.0	100.0
中国澳门	100.0	100.0	100.0	100.0	100.0	100.0	100.0
孟加拉国	23.2	24.3	24.7	25.1	25.5	26.7	27.1
文莱	71.1	72.5	73.0	73.5	73.9	74.4	74.8
柬埔寨	16.9	18.6	19.1	19.7	20.3	20.9	21.6
印度	27.7	28.3	28.5	28.7	29.0	29.3	29.5
印度尼西亚	42.0	45.7	46.9	48.1	49.2	50.3	51.5
伊朗	64.2	65.8	66.4	66.9	67.4	67.9	68.5
以色列	91.4	91.5	91.6	91.6	91.6	91.6	91.7
日本	65.2	65.6	65.7	65.8	66.0	66.3	66.5
哈萨克斯坦	56.3	56.9	57.1	57.3	57.6	57.7	57.9
朝鲜	60.2	61.0	61.3	61.6	62.0	—	—
韩国	79.6	80.3	80.6	80.8	81.0	81.2	81.5
老挝	18.9	19.9	20.3	20.6	21.0	29.7	30.9
马来西亚	61.8	65.1	66.2	67.3	68.2	69.4	70.4
蒙古	56.6	56.7	56.7	56.7	56.9	57.0	57.2
缅甸	28.0	29.6	30.1	30.6	31.3	31.9	32.6
巴基斯坦	33.1	34.2	34.5	34.9	35.3	35.7	36.2
菲律宾	58.5	61.0	61.9	62.7	63.4	64.2	64.9
新加坡	100.0	100.0	100.0	100.0	100.0	100.0	100.0
斯里兰卡	15.7	15.3	15.2	15.1	15.1	15.1	15.1
泰国	31.1	31.8	32.1	32.3	32.6	33.0	33.3
越南	24.3	25.6	26.0	26.4	26.9	27.4	27.8
埃及	42.5	42.7	42.7	42.8	43.0	42.7	42.7
尼日利亚	43.9	46.5	47.3	48.2	49.0	47.6	48.4
南非	56.9	58.3	58.8	59.3	59.8	60.3	60.7
加拿大	79.4	79.8	80.0	80.1	80.2	80.3	80.4
墨西哥	74.7	75.5	75.7	76.0	76.3	76.9	77.2
美国	79.1	80.1	80.5	80.8	81.1	81.4	81.7
阿根廷	89.2	89.7	89.9	90.1	90.3	91.8	92.0
巴西	81.2	83.0	83.6	84.2	84.7	85.1	85.6
委内瑞拉	91.1	92.5	92.9	93.4	93.7	93.0	93.3
白俄罗斯	70.0	71.3	71.8	72.2	72.7	—	—
捷克	74.0	73.7	73.6	73.5	73.5	73.5	73.5
法国	75.8	76.3	76.5	76.7	76.9	77.1	77.4
德国	75.1	75.2	75.2	75.2	75.3	73.6	73.6
意大利	67.2	67.4	67.5	67.6	67.8	67.9	68.1

(续)

国家和地区	2000 年	2003 年	2004 年	2005 年	2006 年	2007 年	2008 年
荷兰	76.8	78.8	79.5	80.2	80.7	81.3	81.8
波兰	61.7	61.9	62.0	62.1	62.2	61.4	61.3
俄罗斯	73.4	73.2	73.1	73.0	72.9	72.9	72.8
西班牙	76.3	76.5	76.6	76.7	76.8	77	77.1
土耳其	64.7	66.3	66.8	67.3	67.8	68.2	68.7
乌克兰	67.1	67.5	67.7	67.8	68.0	67.9	68
英国	89.4	89.6	89.6	89.7	89.8	89.9	89.9
澳大利亚	87.2	87.8	88.0	88.2	88.4	88.6	88.7
新西兰	85.7	86.0	86.1	86.2	86.3	86.4	86.6

注：资料引自 http://www.stats.gov.cn/tjsj/qtsj/gjsj/2007/t20080627_402488701.htm 中华人民共和国国家统计局国际统计数据 2009。

据美国波士顿《环球邮报》2010 年进行的一项有关"世界发展最快的城市"的调查，孟加拉国首都达卡被一致认为是"世界发展最快的大城市"。这项调查同时评选出了世界人口最多的大城市，日本东京凭借 3 670 万的人口数量位居第一，中国上海排名第 7（表 3-5）。

表 3-5　世界十大人口最多的城市

排名	城市	国家	2010 年人口（万人）	预计 2025 年人口（万人）
1	东京	日本	3 670	3 710
2	新德里	印度	2 220	2 860
3	圣保罗	巴西	2 030	2 370
4	孟买	印度	2 000	2 580
5	墨西哥城	墨西哥	1 950	2 070
6	纽约	美国	1 940	2 060
7	上海	中国	1 660	2 000
8	加尔各答	印度	1 560	2 010
9	达卡	孟加拉国	1 460	2 090
10	卡拉奇	巴基斯坦	1 310	1 810

数据来源：http://news.xinhuanet.com/2010-09/13/c_12547434.htm。

3.1.2.3　世界人口预测

目前，世界人口数量在不断增长，人口倍增时间也在不断缩短，即世界人口每增加 1 倍的年限越来越短，史前时期需要好几百万年，古代需要几千年，当代只需要几十年。1804 年世界人口达到 10 亿人，123 年以后即 1927 年达到 20 亿人，33 年后即 1960 年达到 30 亿人，14 年后即 1974 年达到 40 亿人，而 13 年后即 1987 年就上升到 50 亿人，1999 年 10 月 12 日"60 亿人口日"的到来，显示世界人口增长 10 亿人的时间已缩短到了 12 年。

根据联合国人口基金《2010 年世界人口状况》报告，2010 年世界总人口为 69.09 亿人，其中，发达地区为 12.37 亿人，欠发达地区为 56.72 亿人。亚洲为 41.67 亿人，非洲为 10.33 亿人，欧洲为 7.33 亿人，拉丁美洲和加勒比地区为 5.89 亿人，北美地区为 3.52 亿人，大洋洲为 0.36 亿人。2008 年人口数量居世界前十位的国家是：中国（13.54 亿人）、印

表 3-6 世界人口发展态势

年份	人口数量（亿人）	相隔年数（a）
250 万年前	人类祖先出现	
（公元）1000 年	2.8	
1650 年	5.0	650
1804 年	10.0	154
1927 年	20.0	123
1960 年	30.0	33
1974 年	40.0	14
1987 年 7 月 11 日（世界 50 亿人口日）	50.0	13
1999 年 10 月 12 日（世界 60 亿人口日）	60.0	12
（联合国预测）		
2013 年	70（2011 年 10 月 31 日凌晨已提前到来）	14
2028 年	80	15
2050 年	92	22

度（12.15 亿人）、美国（3.18 亿人）、印度尼西亚（2.33 亿人）、巴西（1.95 亿人）、巴基斯坦（1.85 亿人）、孟加拉国（1.64 亿人）、尼日利亚（1.58 亿人）、俄罗斯（1.42 亿人）、日本（1.27 亿人）。

世界人口正在以前所未有的速度增长。根据联合国最新预测，到 2050 年，全球总人口将从现在的 69 亿增加到 92 亿，这就意味着对食品、水、燃料的需求也将增加。联合国呼吁各国增加对计划生育的投资，以推进消除贫困、减缓人口增长、减轻对环境的压力。

综上，人口增长应该与社会、经济的发展相适应，与资源、环境相协调。人口增长过快会给资源、环境乃至人类社会自身带来沉重的压力，而人口增长过慢又会引发老龄化、劳动力短缺、国防兵源不足等问题。保持适宜的人口数量、合理的人口结构和较高的人口素质有利于促进人类社会的可持续发展。

3.1.3 中国人口问题

所谓人口问题是影响人类生存与发展的各种问题的总称，是指人口发展的过程、规模、速度、质量同社会经济、生态环境等方面不相适应的问题。由于人类是社会性的动物，因而人口问题是全部社会问题的一个方面。通常，可以把人口问题区分为"质的人口问题"和"量的人口问题"。质的人口问题，是指人口在生物质的角度以及年龄、就业、社会阶级等的构成方面的问题；量的人口问题，是指某一特定区域人口量的大小、增加速度及增加是否均衡等。不论从质的方面看，还是从量的方面看，人口问题都随着时间的推移而有所变化。从这个意义上来看，人口问题又是属于历史范畴的。

中国是世界人口大国，人口总数约占世界人口的 19.6%。中国当前的人口问题表现在人口与经济、人口与社会、人口与生存等几个方面。

3 人口、资源与环境

3.1.3.1 中国人口增长的历史

中国是世界上最古老的国家之一,有着五千年古老的文明。同时,中国一直是世界上人口最多的国家。历代由于赋税、征兵的需要,都设有专管人口数字统计的官吏,如司民、户部等,定期稽查户口。各朝代都有关于人口数字的记载。中国人口发展经历了几次较大的起伏,大致可分为4个时期。

(1) 第一个时期,从夏禹到秦统一中国

中国现存最早的人口数字是夏禹时期的。据史书《帝王世纪·郡国志》记载:"禹平水土,为九州,人口一千三百五十五万三千九百二十三。"说明中国在公元前2200年进入阶级社会时,已有1000多万人口。秦统一六国后,到秦始皇时期(公元前205年),全国人口只有1200万。

这段时期是中国处于奴隶社会和由奴隶社会向封建社会过渡的时期,随着社会经济发展,人口数量有一定增长,但速度极其缓慢。

(2) 第二个时期,从西汉开始到明末清初

这个时期共1600年左右,中国处于封建社会。这中间经过十几个朝代,农民起义和外族入侵等战争较多,所以人口有几次较大的波动。明万历元年达到6 659.6万,为这一阶段人口的最高纪录。

(3) 第三个时期,从康熙赋税改革到新中国成立

清康熙51年(1712年)实行赋税改革,人口急剧增长。乾隆6年(1741年),人口增至14 341.2万;乾隆29年(1764年),人口突破2亿;乾隆59年(1794年),人口突破3亿(31 328.2万)。道光14年(1834年),人口已达到4亿(40 100.9万)。随后经过咸丰、同治、宣统几代,人口有所变动,但总趋势是下降的,到了宣统年间(1909—1911年),人口为36 814.6万。民国23年(1934年),人口为46 340万。新中国成立时,1949年全国人口为54 167万。

可以看出,从奴隶社会初期到新中国成立,前后4200多年,中国人口增加近5.3亿,总平均每年增长人数只有12万多,平均年增长率为0.88‰,大部分是近100～200年增加的。

(4) 第四个时期,新中国成立至今

这期间除了1960年、1961年由于自然灾害,人口停止增长外,一直呈上升趋势。1951年第一次全国人口普查,总人口数为6.01亿人;1964年第二次全国人口普查,总人口数为7.23亿人;1982年第三次全国人口普查,总人口数为10.08亿人;1990年第四次全国人口普查,总人口数为11.60亿人;1999年第五次全国人口普查,总人口数为12.95亿人;2010年第六次全国人口普查,总人口数为13.397亿人。

这一段时期是中国人口迅速发展的时期。新中国成立60年来,人口净增7亿多,平均每年净增人口1 200万～1 300万,每年增长率约为1.4%。

3.1.3.2 中国人口的特点

(1) 人口基数大

2010年中国人口已达13.397亿,居世界第一位。由于人口基数大,因此每年出生和净增的绝对数量很大,2009年净增人口672万。

(2) 增长速度变化大

从中国人口发展的几个具有代表性的历史时期来看，中国人口增长速度较快，尤其是新中国成立后，人口增长更是突飞猛进。从公元前2245—前207年，人口增长率基本处于停滞状态；公元2—1685年，年平均增长率为0.03%；1685—1849年，年平均增长率为0.86%；1849—1949年，年平均增长率为0.27%；1949—1982年，年平均增长率为1.97%。之后，随着中国计划生育工作的深入开展，人口增长率有所下降，1990年人口增长率为1.439%；2000年在0.758%以内；2008年已降至0.505%，进入低生育水平国家行列。

2006年以来，受年龄结构影响，已婚育龄妇女人数增加，加之夫妻双方为独生子女可以生育两个孩子的家庭比例的提高，出生人口略有增加（图3-4）。

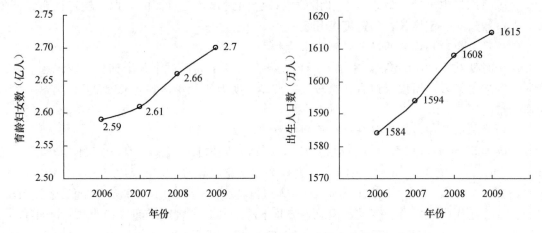

图3-4　2006—2009年已婚育龄妇女数和出生人口数
（资料来源：国家人口计生委和国家统计局统计年报）

(3) 年龄结构趋于老龄化

新中国成立前，由于中国人口发展具有高出生率、高死亡率和低增长率的特点，因此，人口年龄结构表现为接近成年人口型。新中国成立后，由于长期保持高出生率、低死亡率和高增长率，加上两次生育高峰，这就使中国人口年龄构成发生了很大变化。根据第六次全国人口普查数据显示，同第5次全国人口普查相比，少年人口比重下降了6.29个百分点，老年人口比重上升了1.91个百分点。人口年龄结构趋于老龄化，目前正是加速发展阶段，到2025年老年人口比重将上升到12%；2025年至2050年将是高速发展阶段，老年人口比重将上升到20%以上。

表3-7　我国人口年龄结构的变化*

年份	0～14岁（%）	15～64岁（%）	65岁以上（%）
1953年	36.3	59.3	4.4
1964年	40.7	55.7	3.6
1982年	33.6	61.5	4.9
1990年	27.7	66.7	5.6

(续)

年 份	0~14岁（％）	15~64岁（％）	65岁以上（％）
2000年	22.9	70.2	7.0
2005年	20.3	72.0	7.7
2009年	18.5	73.0	8.5

注：＊数据来源于每年人口公报和统计年鉴数据。

（4）**性别比例失调**

我国人口男女性别比不仅显著高于发达国家，而且也稍高于某些发展中国家。出生婴儿男女性别比一般在103~107，但中国出生婴儿男女性别比一直处于较高的水平，5次全国人口普查数据分别为 104.9（1953年）、103.8（1964年）、108.5（1982年）、111.3（1990年）、116.7（2000年），随后，全国出生人口性别比继续攀升，但攀升势头趋缓。国家统计局公布数据显示，2009年全国出生性别比为119.45，比2008年下降1.11个百分点，是"十一五"以来首次出现下降（图3-5）。

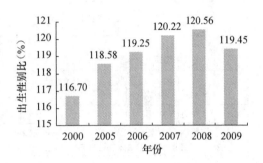

图3-5　2000年以来新生儿性别比变动情况

人口性别比失调是导致社会不稳定的重要因素之一，应该得到广泛的重视。

（5）**人口素质比较低**

人口素质也称人口质量。其内容包括人口的思想道德素质、文化技术素质以及身体素质3个方面。身体素质是人口的自然属性，文化水平、劳动技能、思想和道德品质是人口的社会属性。人口的素质是受社会生产方式的影响和制约的，随社会生产的发展而不断发展和提高。

我国优越的社会主义制度，为人口素质的不断提高提供了广阔的社会条件。新中国成立后，中国人口在身体素质和文化素质方面都有了较大的提高。在身体素质方面，人口平均寿命由新中国成立前的35岁提高到目前的73岁；婴儿死亡率由新中国成立前的200‰下降到2009年的13.8‰以下。

人文发展指数（HDI）是由反映人类生活质量的三大要素指标（即出生时预期寿命、受教育程度、实际人均GDP）合成的一个复合指数，通常作为衡量人类发展的综合尺度。该指数在0~1之间，数值越大表明发展水平越高。联合国开发计划署（UNDP）公布的《2009年人文发展报告》显示，2007年世界人文发展指数平均值为0.753。其中，中国的人文发展指数为0.772，高于世界平均水平，位居世界第92位，排名比2006年提高7位，属于中等人文发展水平（HDI平均值为0.500~0.799）。

但是，从整体上来说，中国的人口素质还是比较低的。每年出生的缺陷儿约100万例，且出生缺陷发生率呈逐年上升势头。艾滋病病毒感染者和艾滋病病人约32万。虽然九年义务教育普及率达到95％以上，青壮年文盲率下降到5％以下，高等教育毛入学率达到21％，但与美国、日本等发达国家相比较，中国人口受教育状况存在明显差距，且人口素质各项指标的城乡差别较大。

表 3-8 人文发展指数（2007 年）

人文发展指数排名 2007	人文发展指数排名 2006	国家和地区	人文发展指数	出生时的预期寿命（岁）	15岁及以上成人识字率（%）	初等、中等和高等教育入学率（%）	人均国内生产总值（购买力评价法，美元）	预期寿命指数	教育指数	国内生产总值指数
		世界	0.753	67.5	83.9	67.5	9 972	0.71	0.78	0.77
		超高人文发展国家	0.955	80.1	—	92.5	37 272	0.92	—	0.99
		高人文发展国家	0.833	72.4	94.1	82.4	12 569	0.79	0.9	0.81
		中等人文发展国家	0.686	66.9	80	63.3	3 963	0.7	0.74	0.61
		低人文发展国家	0.423	51	47.7	47.6	862	0.43	0.48	0.36
92	99	中国	0.772	72.9	93.3	68.7	5 383	0.8	0.85	0.67

注：资料引自国家统计局网站 http://www.stats.gov.cn/was40/gjtjj_detail.jsp?searchword=%C8%CB%CE%C4%B7%A2%D5%B9%D6%B8%CA%FD&channelid=6697&record=2；联合国开发计划署《人文发展报告》2009 年。

(6) 人口分布不平衡

中国人口分布不均衡主要表现在以下 3 个方面。

地理分布不均 由于自然环境条件限制，中国目前仍有 1/10 的地区无人居住。中国人口高度集中在东南部地区，而西北部人口很稀少。著名人口地理学家胡焕庸先生于 1935 年提出了体现我国人口地区分布差异的基本分界线，即"瑷珲—腾冲线"。1982 年，中国科学院地理研究所进行了修改，将此线向南延伸，经过瑞丽止于中缅边界，约延伸 100km。按此新线划分，东南一侧占全国总面积的 42.9%，人口则占全国总人口的 94.4%；西北一侧占全国总面积的 57.1%，而人口只占全国总人口的 5.6%。可见东密西疏的人口分布格局在中国是很稳定的。

从海陆关系来看我国人口分布状况，体现了东南沿海密集而西北内地稀疏的特点。中国人口在垂直分布上也很不平衡。中国地势西高东低，人口分布集中在地势平坦的东部平原地区，故垂直方向也反映出人口东密西疏。

总之，中国人口地理分布的上述特征与世界人口地理分布情况基本一致，即由沿海到内地，由平原向山地、高原人口逐渐稀疏，这是由人类生存对环境的要求所决定的。同时，这种分布趋势也是与经济发展的布局相适应的。

农村人口比重大 中国是一个传统的农业大国，农村人口占大多数。尽管随着工业化和城市化进程加快，大批农村人口转为城镇人口，农村人口的比重 1949 年为 89.4%；1980 年为 80.6%；1990 年为 73.8%；2000 年为 64%；2008 年为 54.3%，仍然高于世界农村人口比重的平均水平（50.1%）。大量的农村人口给土地等自然资源造成了巨大压力。

城市人口增长过快 人口城市化是指一个变农村人口为城市人口，或变农业人口为非农业人口，由农村居住变为城市居住的人口分布变动的过程。1980 年以前，中国人口城市化进程缓慢，城市化程度处于较低水平。此后，随着经济的繁荣，工业化的发展，农村大量剩余人口涌入城市，使城市人口迅速增加。

3 人口、资源与环境

1949年新中国成立时共有城市132个，1986年增加到353个，1991年达到479个。2008年末，中国设市城市655个，城镇人口总数达6.07亿人，占总人口比重为45.7%（表3-9）。

表3-9　城市发展规模的变化

城市人口数（万人）	1949年	1978年		2008年	
		城市数	比1949年增加（个）	城市数	比1978年增加（个）
城市合计	132	193	61	655	462
200以上人口	3	10	7	41	31
100~200	7	19	12	81	62
50~100	6	35	29	118	83
20~50	32	80	48	151	71
20以下	84	49	−35	264	215

注：人口规模的划分以城市市区总人口为标准。资料来源于国家统计局网站。

联合国经济社会事务部人口司发布的一份调查报告《世界城市化展望2009年修正版》显示，在过去30年中，中国50万以上人口城市的数量增长极快，超过了世界其他国家。全球拥有50万以上人口的城市中，有1/4都在中国。

3.1.3.3　中国人口发展的趋势

经有关专家预测中国人口的发展趋势有以下几点：

（1）自然增长率趋于稳定

目前生育率经过近20年的控制已达到了较低水平，自然增长率已由1974年2.22%下降到2008年的0.505%，这是世界人口史上罕见的，但生育率继续下降的余地已经不大了。由于20世纪六七十年代生育高潮形成的人口年龄结构的影响，在1995年前后形成一个生育高峰，生育率的降低较为困难。

（2）死亡率继续下降

中国目前人口死亡率在世界上是属于较低的，随着经济的迅猛发展，生活水平和医疗水平的进一步提高，死亡率继续下降是有可能的。

（3）乡村人口比重大，生育率较高

乡村人口比重依然较大，且在相当长的时间里降低乡村的人口生育率仍然较为困难。

综上所述，以目前13亿人口为基础，人口增长率能继续得到控制，到21世纪中期将达到16亿人。人口学家普遍认为，这是中国人口的极限，即中国土地可负荷和供养的最大人口数。此后中国人口数会略有回落，并在某一时期到达最佳人口数而稳定下来。

3.2　人口与资源

3.2.1　自然资源

3.2.1.1　自然资源的定义

资源与环境是人类生存和发展的基本条件，自然资源是国民经济与社会发展的重要物质基础，是生产资料或生活资料的来源。《辞海》对自然资源的定义为：天然存在的自然物

（不包括人类加工制造的原材料）如土地资源、矿产资源、水利资源、生物资源、气候资源等，是生产的原料来源和布局场所。联合国环境规划署的定义为：在一定的时间和技术条件下，能够产生经济价值，提高人类当前和未来福利的自然环境因素的总称。

自然资源具有两重性，既是人类生存和发展的基础，同时也是环境要素；反之，自然环境就是自然资源，既是人类吸收基本生命物质的场所，又是为人类提供生产建设原料的基地。

3.2.1.2 自然资源的分类

根据可再生性，自然资源可划分为：可再生资源和不可再生资源。

（1）可再生资源

可再生资源又称可更新资源，是指被人类开发利用后能依靠生态系统自身在运行中的再生能力得到恢复或再生的自然资源，具有自我更新、可持续被利用的特性。如：太阳能、生物资源、生物质能等。

（2）不可再生资源

人类开发利用后，在相当长的时间内，不可能再生的自然资源叫不可再生资源。主要指自然界的各种矿物、岩石和化石燃料，例如，泥炭、煤、石油、天然气、有色金属矿产、非金属矿产等。这类资源是在地球长期演化历史过程中，在一定阶段、一定地区、一定条件下，经历漫长的地质时期形成的。与人类社会的发展相比，其形成非常缓慢，与其他资源相比，再生速度很慢，或几乎不能再生。

3.2.1.3 自然资源的属性

土地、水体、动植物、矿产等自然资源被称为有形自然资源，而光、热等自然资源被称为无形自然资源，无论何种自然资源，都具有可用性、整体性、变化性、空间分布不均匀性和区域性等特点，是人类生存和发展的物质基础和社会物质财富的源泉，是可持续发展的重要依据之一。

3.2.2 人类发展与资源演进

3.2.2.1 人的需要与资源

自然资源的概念是相对于人的需要而言的。关于人的需要，目前最为流行且广为接受的是亚伯拉罕·马斯洛（Abraham Maslow）的解释。他认为人的欲望或需要可以分为以下5个层次。

第一，基本的生理需要，这是维持生存的需要，即食、衣、住、行的需要。所谓"民以食为天"，人类生存与发展的首要条件就是得以温饱，这是最基本、最底层的需要。

第二，安全的需要，即希望未来生活有保障，如免于受伤害，免于受剥削，免于失业；又如，希望人类赖以生存的自然资源不要枯竭，自然环境不要退化。

第三，社会的需要，即感情的需要，社会交往的需要，爱的需要，归属感的需要。落叶归根，回归自然，游山玩水，体育娱乐等皆属此类。

第四，尊重感的需要，即需要自尊，需要受到别人的尊重。

第五，自我实现的需要，即需要实现自己的理想，自己的价值，这是最高层次的需要。相对于第一种生理需要而言，后四种需要可统称为心理需要。

从需要的角度来考察，人的欲望或需要通常被认为是无穷的。这些欲望或需要一个接一个地产生，一旦前一种欲望或需要得到满足甚至只有部分得到满足，就会接着产生后一种欲望或需要。然而，满足需要或欲望的资源却是有限的。

显然，生理需要直接是一些物质要求；心理需要则间接与物质要求有关，如要求满意的工作，要求自我实现，这些除了涉及个人能力、价值观、社会制度等非物质因素外，也必须有一定的物质装备和经济基础。

满足人类需要的物质从何而来？追根溯源后不难发现，它们都来自自然界，即自然资源。甚至某些心理需要也要从自然资源中得到满足，如环境质量和湖光山色等风景资源。

我们可以从最基本的需要——食的角度来看人类对自然资源的依赖。生产食物要有土地、水、阳光等自然资源。为了满足一个人的生存条件，需要多少土地？这些土地的生产力如何？它们必须具有什么样的光、热、水条件？理论上是可以计算的。反过来看，地球上现有的自然资源，再加上一定的劳动、技术和资金的投入，可以养活多少人口？理论上也是可以计算的。现在地球上的人口已经超过 70 亿了，这么多人的生理需要和社会活动需要，所要求的自然资源投入已与自然界本身的赋存发生了矛盾，这是需要认真研究的问题。

人的需要与自然资源的关系，以个人需要为基础，但是必须放在由个人组成的社会这个层次来考察。

3.2.2.2 指数增长与资源演进

从狩猎—采集社会经农业社会到工业社会，人类对自然资源的开发利用经历了漫长的历史过程，把各个社会发展阶段贯穿起来看，可以发现人口数量、资源消耗、环境影响程度都呈指数增长，人类关于自然资源的观念和认识也在不断发展。

（1）指数增长的性质

把历史上各个时期的人口数量标示在坐标图上，就构成了一条 J 形曲线。有人对不同历史阶段的人均能源消耗也作过估算，把各数值标绘在坐标上，也得出一条 J 形曲线。同样，《增长的极限》一书对世界化肥消耗、世界城市人口、世界工业生产、世界经济增长等都作过统计分析，把不同时期的数值在坐标图上连接起来也都得出了 J 形曲线。

这些 J 形曲线其实是指数曲线，所以学术界把呈 J 形曲线的增长称为指数增长。一直呈指数增长的人口数量、资源消耗和环境影响程度若继续下去，总有一天会到达地球生命支持系统的极限。

（2）资源概念的演变

人类社会进化过程中，人口不断增多，生活水平不断提高，因而对资源的需求不断增加；另一方面，人类认识能力尤其是科学技术不断进步，关于资源的概念也在不断发展。人类对资源的开发利用，在种类、数量、规模、范围上都不断前进。如在石器时代，铜不是资源；在青铜器时代，铁不是资源；狩猎—采集社会里，土地、水与阳光、空气一样，并不被认为是一种资源。随着农牧业的兴起和灌溉技术的利用，土地、水也就成为资源。生物工程技术的兴起以前，使基因成为一种重要的资源。在人类生活水平较低的时期和地区，人们较为注重温饱，资源的概念是物质性的；而当生活水平提高后，人们就把风景、历史文化遗产、民俗风情等审美性的事物也当做资源了。20 世纪 50 年代以前，石油都采自陆地；现在人类已在海洋开采石油。其他资源的开采范围也在向海洋扩展，未来的人类很可能会到月球、火星上去开采资源。

另一方面，正如今天大部分十分珍贵的资源在几个世纪以前被认为毫无价值一样，当年很有价值的资源在今天看来可能也没有什么价值。例如，某些作为染料用的植物，在染料化工产业发展起来以前曾是很宝贵的资源，但在现在看来已无太大价值了。

总之，人类社会进化过程中对自然资源的认识和开发利用能力是不断发展的，因此有些学者（主要是历史学家和经济学家）对资源和环境问题的前景持乐观态度，他们认为技术进步能不断改变或扩展资源和环境的极限。

然而，《增长的极限》指出，技术是一柄双刃剑，每一种技术都有副作用。当人类掌握了冶炼技术，使金属产品给我们带来极大便利时，也开始了不可更新资源的耗竭过程和环境污染过程；核技术的发展大大改善了能源的供给，但也带来核辐射污染和核军备竞赛的威胁；更加机械化和集约化的捕鱼活动，显著地提高了高品质食物的人均拥有量，却消灭了一个又一个水生物种。诸如此类的副作用还只是有形的、可感受到的问题，技术进步还会产生一系列的社会副作用。例如，绿色革命增加了粮食生产，但在存在经济上不平等条件的地方，绿色革命也趋向于扩大不平等。大农场主通常首先采用新技术，因为他们有资本，有能力冒新技术实验中的风险。出于直接的经济考虑，必然导致在大农场以机械化代替劳动力，导致吞并更多的土地以扩大经营规模。这种社会经济响应的最终结果是使小农场主破产，增加农业和农村的失业，并使农村人口向城市迁移。由于穷人和失业者进一步贫困化，他们缺乏有效需求，不可能分享粮食产量增加的好处，甚至加剧了营养不良。这个例子说明，技术变革需要社会变革的配合，而社会变革必然滞后于技术进步，这种滞后削弱了世界的稳定性。迄今为止的技术进步虽然已经跟得上人口和需求加速的步伐，但人类实际上并没有做出应有的努力来提高社会的（政治的、伦理的和文化的）变革速度。

不仅如此，还有一些问题是技术所不能解决的。例如，在城市出现时，土地丰富而廉价，新的建筑和设施不断耸立，城市不断向外扩张，城市的人口和经济产量不断增加。可是这种扩张终究受到有限土地的制约，城市中人满为患，城市已经达到其发展的物质极限，城市人口和经济的增长似乎将要停止。对此，技术的响应是发展摩天大楼、电梯等，于是突破了土地面积的限制，城市又进一步增加了更多的人口和产业。但是，密集的人口和社会经济活动使得交通、运输、流通堵塞，新的限制因素又出现。解决的办法又是技术上的，高速公路网、楼顶直升机场、地下运输系统建设起来，运输极限似乎被克服了，建筑物更高了，人口更密集了。现在世界上很多大城市都是这样。然而，这些大城市面临噪声、污染、犯罪、贫困、罢工、社会服务崩溃、精神压力增加、人际关系淡漠等问题，城市的生活质量在下降，这些问题并不是技术可以解决的。技术上的解决办法可以定义为"只是在自然科学技术方面的变革，而未考虑人类价值或道德观念方面的进步"。今天的许多问题并没有技术上的解决途径，例如分配不公、文化冲突、核军备竞赛等。

（3）自然资源限制下的人类社会未来展望

人类社会在经历了狩猎—采集社会、农业社会和工业社会后，进一步的发展已面临严峻的资源与环境限制，其未来会是什么样呢？一些未来学家指出，今后 50~75 年，人类将进入另一个重要的社会发展阶段。从技术发展角度看，可称之为信息社会或后工业社会；而从资源与环境的角度看，未来人类社会存在以下几种可能：

可持续发展的社会 在这样的社会中，人与自然协调发展，共同为人类也为其他物种维护地球生命支持系统的完善，实现人类与地球的共同繁荣。

高度发达的技术社会，或称超工业社会 这种社会继承工业社会"与自然对抗"的态度，继续以人类的强大技术力量向地球开战，使自然更进一步"人化"。人类有可能更有力地控制自然，未来人类的物质需求也可能得到满足；但生活在一个人工世界，完全靠人工产品满足物质需求，人类是否能真正获得幸福就很难说。

高级狩猎—采集社会 由于极度的工业化和人口增长，同时又未能充分保护好资源和环境，使得地球资源耗尽、环境崩溃、经济滑坡、社会动乱，可能还会加上自然灾害、疾病流行、大规模战争等事件，人类将大量死亡，幸存者寥寥无几，不得不过着类似狩猎者和采集者的生活，不得不回头去再作"自然中的人"。

以上 3 种可能到底哪一种会实现？我们现在还很难判断，只有让历史来证明。现在需要认真对待前面已指出的问题，还要密切注意资源与环境问题的新动向，采取新策略。人的世界观和伦理观、态度和行为是造成资源、环境问题的关键，也是解决这些问题的关键。人类必须在思想方式上有大的变革，把与自然对抗、从自然中夺取的态度，改变为与自然协调、利用自然的同时也保护自然的态度；把重视事后治理污染变为重视事前预防污染，防止潜在污染物进入环境，防患于未然。

迄今为止，在对付资源和环境施加于增长过程的自然限制上，技术进步及其应用是都获得了成功，以至于全部文明都是在围绕着与极限作斗争而不是学会与极限相适应而发展的。今天，我们肯定技术进步在克服资源环境极限中仍有极大意义，同时必须反对盲目的技术乐观主义。社会欢迎每一项新的技术进步，但在广泛采用这些技术以前，必须处理好以下 3 个问题：

① 如果大规模引进和推广这些新技术，会产生什么物质上和社会上的副作用？怎样克服这些副作用？

② 在这种发展完成以前，需要进行什么样的社会变革？如何完成那些社会变革？完成那些社会变革需要多长时间？

③ 如果这种发展完全成功，并排除了增长的自然极限，那么增长着的系统下一步将会面临什么新的极限？怎样克服新的极限？在排除现有极限和面临新极限之间如何权衡？

对于地球的人口承载极限到底有多大，全世界的学者们曾有多种预估。应当看到，世界生产力水平虽在提高，而过快的人口增长确实使资源危机、粮食危机、生态危机正在逼近。如何既不被"世界末日"的悲观论调所困扰，也不坐等危机真正降临，这是对全人类智慧的考验。

3.2.3 人口增长对资源的压力

3.2.3.1 对土地资源的压力

土地是人类赖以生存的物质基础。土地资源是一切对人类具有利用价值的土地的总称。不管对土地的利用方式做何种改进，土地的表面积却总是不变或几乎不变的。除了城市化急剧地占有土地外，由于人口不断增加，必然不断要求更多的空间，要求更多的食品和纤维织品，从而带给土地的压力也越来越严重，耕地资源随着人口数量的不断增加将凸显人地矛盾。

目前,世界可耕地面积为 $29.5×10^8 hm^2$(联合国粮农组织与美国农业部),按照目前世界总人口 70 亿人计算,人均耕地约为 $0.42 hm^2$。但是这有限的耕地资源仍在不断减少,其主要原因是:①由于人口的增长,城乡的不断扩展、工矿企业的建设、交通路线的开辟等,每年约有 $1000×10^4 hm^2$ 耕地被占用。②为了解决因人口增加而增加的粮食需求,一方面对土地过度利用,其结果是耕地表土侵蚀严重,肥力急剧下降;另一方面为了增加耕地面积,不得不砍伐森林、开垦草原、围湖造田,其结果破坏了生态平衡。上述两个方面的最终危害是导致土地沙化。全世界每年因沙化丧失的土地达 $600×10^4 \sim 700×10^4 hm^2$。③为了提高单位面积粮食产量,除了推广优良品种,改良土壤和精耕细作外,就是大量施用化肥和农药,这已成为污染土壤的重要因素。上述原因促使世界人口增长与土地资源减少之间的矛盾越来越尖锐,人口增长对土地资源的压力越来越大。据联合国粮农组织研究,目前全球大约有 5 亿人口处于超土地承载力的状态下。人口过载对生态环境,特别是农业生态环境的威胁巨大。

中国的情况更为突出,随着人口的增加,尽管每年都开垦一定数量的荒地,但人均耕地面积还是逐年减少:1950 年为 $0.18 hm^2$;到 2000 年,人均耕地面积为 $0.10 hm^2$;2006 年,国土资源部公布的全国土地利用变更调查结果显示,我国人均耕地面积减少到不足 $0.1 hm^2$,仅为世界平均水平的 40%。也就是说,由于人口的增加,每公顷耕地需要养活的人口数在不断增加:1950 年为 5.5 人;而到 2000 年每公顷耕地就要养活 10 人。为保证粮食供应,加剧开发土地,致使土质恶化越加严重:全国有 1/3 耕地受水土流失危害,每年损失土壤 $50×10^8 t$;有 $393×10^4 hm^2$ 农田受到沙漠化威胁;北方的 $0.3×10^8 hm^2$ 盐碱地中耕地有 $0.07×10^8 hm^2$;因开发加剧,大片土地肥力下降,腐殖质等减少。建筑及工业占用土地使耕地不断减少。虽然我国的粮食产量在逐年增加,但由于人口增长较快,而人均粮食产量的增长却较慢,这种状况不能不引起重视。按照我国目前的生产力需要人均 $0.2 hm^2$ 的土地,才能最低限度地养活全部人口以及支持经济和工业的小幅度发展。然而,当前我国的人均土地面积不足上述面积的一半,加之土地质量和面积在不断减少,人口对土地压力的形势已十分严峻。为此,我国必须采取强有力的措施,力争把人口与土地资源的矛盾,从恶性循环状态向良性循环状态转变。

3.2.3.2 对水资源的压力

淡水是陆地上一切生命的源泉。地球上的淡水资源并不丰富,水资源总量约为 $13.8×10^8 m^3$,主要来自大气降水。其中 97.5% 是海水,淡水只占 2.5%。而淡水中绝大部分为极地冰雪冰川和地下水,适宜人类享用的仅为 0.01%。全球真正有效利用的淡水资源每年约有 $9000 km^3$。

20 世纪 50 年代以后,全球人口急剧增长,工业发展迅速。一方面,人类对水资源的需求以惊人的速度增长;另一方面,日益严重的水污染蚕食大量可供消费的水资源。由于人口分布极不均匀,降水的分配量无论从空间上还是时间上也都极不均匀,世界上许多国家正面临水资源危机。全球现有 100 多个国家缺水,其中有 40 多个国家严重缺水,十几个国家发生水荒。到 2025 年,水危机将蔓延到 48 个国家,35 亿人为水所困。水资源需求地增加,使一些国家已经达到了其水资源利用的极限。气候变化的影响很可能使这种情形恶化。无论是在国家之间、城市与乡村之间,或是在不同活动领域之间,水资源的竞争正在加剧。这有可能使水成为一个日益政治化的问题。水资源危机带来的生态系统恶化和生物多样性破坏，也将严重威胁人类生存。

中国的淡水资源比较丰富，全国水资源总量居世界第六位。但按人均占有量来看，水资源并不多，只相当于世界人均水资源占有量的1/4。目前，中国可利用水量年均只有$1.1 \times 10^{12} m^3$。由于人口和水资源分布不均匀，造成不少地区缺水。而人类活动造成的水污染以及人类在用水过程中的浪费也是造成水资源短缺的重要因素。在正常情况下，全国年缺水总量为$300 \times 10^8 \sim 400 \times 10^8 m^3$，每年有$0.067 \times 10^8 \sim 0.2 \times 10^8 hm^2$农田受旱，669个城市中有400余个供水不足，在32个百万人口以上的特大城市中，有30个长期受缺水困扰。随着城市化的快速发展，城市人口剧增，耗水量也随之剧增，水资源短缺问题将更为严重，水资源供需矛盾将更加突出。

3.2.3.3 对生物资源的压力

生物资源是在目前的社会经济技术条件下人类可以利用与可能利用的生物。据估计，地球上曾经有过5亿种生物。在整个生物进化过程中，环境的变迁和生物本身遗传与变异共同控制下，生物不断发生分异与发展，旧种灭亡，新种产生，进而演化形成今日地球繁荣的生物界——丰富的生物资源。地球上现存大约数百万种生物，其中占绝大多数的是无脊椎动物和植物。物种的数量以热带地区最多，向两极逐渐减少。生物物种的灭绝在过去大都是自然发生的，但近400年来，人类活动的影响日趋加剧，导致了大量人为的物种灭绝。10年前全球平均每4天有1种动物绝迹。今天，每4h就有1个物种在地球上消失。这种大量物种相继消失的过程，不亚于过去数百万年发生的灭绝的规模。人口迅猛增长，为满足粮食需求而扩大耕地面积，对自然生态系统及生存其中的生物物种产生了最直接的威胁；过度开发、毁林、农业生产等人类活动造成物种生境的破碎化，栖息地环境的岛屿化；人类社会经济发展，环境污染的加剧以及外来物种的入侵等都是物种灭绝加速的主要原因。因此，如何根据生物资源的特性，合理利用和保护生物资源，就成为当前国际科学界密切关注的问题之一。

我国是物种繁多、生物资源丰富的国家。据计算，中国生物资源的经济价值在1 000亿美元以上，但在人口急剧增加的情况下，为解决吃饭问题和发展经济，毁林开荒、焚草种地、围湖造田，占用湿地，兴修水利工程、交通设施建设和开发区兴建等，破坏了生物栖息地，许多珍贵物种的生存环境缩小。例如，白鳍豚、熊猫等珍贵物种分布区面积和种群数量都显著减小。其中，属于中国特有的珍贵野生动物濒危物种约312种；濒危珍稀植物约354种。生物资源的减少将损害中国的生态潜力，特别是对农业的打击可能是非常严重的。

以森林资源为例，人类对森林的大肆砍伐，破坏了生态平衡，引起水土流失、土地荒漠化、生物多样性减少等一系列问题。人口增长使森林资源的供需矛盾尖锐化。我国在历史上曾是一个森林资源丰富的国家，但随着人口和耕地需求的增加，大量的森林被砍伐破坏，我国变为一个少林国。虽然经过全民义务植树运动、三北防护林等生态工程的建设，使森林覆盖率有所提高，但仍然远低于世界森林覆盖率的平均水平。人均森林面积仅为$0.132 hm^2$，只及世界人均水平的1/5。由于我国人均占有林木蓄积量很低，森林资源已经承受着过重的压力。加之人口增长和经济建设的需要，诱发了过量开采；农村人口增长和能源缺乏，导致乱砍滥伐；人口增长对粮食和土地的需求，加剧了毁林开荒。这些都使我国的森林资源遭到严重破坏。

3.2.3.4 对能源的压力

能源是人类生活和生产所必需。随着人口增加和工业现代化进展，人类对能源的需求量越来越大。据统计，1850—1950年的100年间，世界能源消耗年均增长率为2%。而20世纪60年代以后，工业发达国家年均增长率达到4%～10%，出现能源紧缺。当前使用的能源多属不可再生资源，储量是有限的，而世界能源消耗增长是必然趋势，因此能源危机是世界性的，它的出现只是个时间早晚的问题。

人口增长不仅使能源供应紧张，缩短了煤、石油、天然气等化石燃料的耗竭时间，而且由于人口增加还会加大对森林资源的破坏，发展中国家的燃料主要依靠薪柴，以满足人口和经济增长对能源的需求。除了矿物燃料外，木材、秸秆、粪便等都成了能源，许多地区树木被砍光，植物秸秆被烧光，给生态环境带来了巨大的压力。据联合国粮农组织估算，在亚洲、非洲等地，每年作燃料烧掉的粪便大约有 4×10^8 t，使农田肥力减退。

中国能源的储量和产量绝对数量很大，但人均占有量很少。在现代社会中，要满足衣食住行和其他需要，人均能源年消耗量不得少于1.6t标准煤。中国人均能耗从1978年到2007年由0.5t标准煤上升到2t标准煤，但仍远远低于发达国家，仅为美国的1/5。人口增长必然会使我国能源供给长期短缺的情况日趋严重。人口增加，人均能耗增加，再加上中国以煤为主的不合理的能源结构，对环境将产生巨大的压力。已探明，我国煤炭储量 1×10^{12} t，陆上石油储量 $300 \times 10^8 \sim 1\,000 \times 10^8$ t，海洋石油储量 53×10^8 t，可以称得上是能源大国。但能源的人均占有量很少，特别是同工农业快速发展的要求仍有很大差距。因此，能源短缺一直是制约我国经济发展的因素。

3.2.4 人口的控制

早在两千年前的战国末期，法家代表人物韩非子就曾在理论上给出了人口增长的一般图式："今人有五子不为多，子又有五子，大父未死而有二十五孙。是以人民众而货财寡，事力劳而供养薄。"

1910年，有人在圣保罗岛做了一个实验：将25只鹿放在这个岛上驯养。岛上丰富的植物和环境使鹿繁殖很快，到1938年已增殖到2 000只。由于数量的激增，岛上能供应生存的食物几乎被吃光，结果，鹿大量饿死，到1950年只剩下8只。遥远的地方发生的遥远的故事，对今日的人们却是一个强烈的启示。

3.2.4.1 人口环境容量的定义

由于地球人口快速增长，资源日益短缺，环境状况恶化，人类生存空间萎缩。人们迫切需要弄清楚某一空间最大能容纳多少人口。

人口环境容量，即环境对人口的承载能力，是指一定的生态环境条件下某一地区对人口的最大抚养能力或负荷能力。联合国教科文组织对一个国家或地区的环境人口容量定义为，在可预见到的时期内，利用本地资源及其他资源和智力、技术等条件，在保证符合社会文化准则的物质生活水平条件下，该国家或地区所能持续供养的人口数量。

通常，我们所说的环境人口承载能力，并不是指生物学上的最高人口数，而是指一定生活水平和环境质量状况下所能供养的最高人口数，其随生活水准的不同而异。因此，如果把生活水平的标准定得较低，甚至仅维持在生存水平，那么人口环境容量就可认为接近生物学上的最高人口数；如果生活水平的目标定得恰当，人口环境容量即可认为是经济适度人口。

国际人口生态学界将世界人口容量定义为：在不损害生物圈或不耗尽可合理利用的不可更新资源的条件下，世界资源在长期稳定状态下所能供养的人口数量的大小。这个定义强调了人口容量是以不破坏生态环境的平衡与稳定，并保证环境资源的永续利用为前提的。

3.2.4.2 环境人口容量的制约因素

(1) 地域的开放程度

一个封闭系统和开放系统的人口容量是有很大区别的。在一个开放系统中，资源的互补可以大大提高一个地区的人口容量。而一个封闭系统中，由于某一种资源的匮乏会使其人口容量大为降低。

(2) 时间规定性

一个地区短期内的人口容量会高于保证其长期发展的人口容量，但短期内对资源环境的过度开发和利用，会造成未来人口容量的降低。因此，人口容量应建立在可持续发展的概念上，不能只考虑短期效应。

(3) 生产力水平的高低

不同的生产力水平下，对资源的利用程度和产出水平会有很大差别，因此，人口容量会随着生产力水平的提高而提高。在确定未来人口容量时必须考虑到技术进步的作用。

(4) 生活水平的高低

在同样的产出水平下，不同的生活水平需求会有完全不同的人口容量。很显然，人口容量会随着生活水平的提高而降低。

(5) 分配方式与社会制度

不同的分配方式将导致人口容量的差别，一个平均分配资源和财富的社会的人口容量无疑大于一个贫富差距很大的社会。

(6) 不同目标下的人口容量

如果仅仅考虑维持人们的最基本生活需要，那么得出的就是一个地区所能抚养的最大人口数量。如果要达到一个理想的或最优的目标，则实际上得出的是适度人口数量。

(7) 承载人口容量的基础

人口容量既可以从单一的因素分别考察，如土地资源、淡水资源、矿产资源等，也可以从自然环境系统综合考虑；既可以只考虑自然系统，也可以加进社会经济系统，因而有土地人口承载力、矿产资源承载力、环境人口容量等一系列人口容量的研究。

人口容量的制约因素很多，但许多学者认为，自然资源和环境状况是人口容量的主要限制因素。多年来，我国对环境污染的防治和自然生态的保护，虽然取得了显著成效，但目前我国的环境状况仍不容乐观。对我国环境状况的基本估计是：局部有所改善，总体还在恶化，前景令人担忧。因此，如从环境保护的角度来看，目前我国的人口数量已远远超过了环境的承载能力。在未来相当长的时间里，我国的人口数量将进一步增长，而资源和环境的状况基本成定势，人口环境容量超负荷的状况将长期存在下去。这种状况无疑将对我国的社会、经济和环境产生深远的影响。

3.2.4.3 环境人口容量的估计

(1) 地球的人口环境容量

地球环境是人类赖以生存的场所。地球上究竟能容纳多少人口，是全人类共同关心的重大问题。众所周知，地球上的陆地是有限的，其能提供给人类的生物生产量也应是有限的，因此，地球环境对人口的承载能力不可能是无限的。

据联合国的预测，如按目前45年的人口倍增期计算，1990年世界人口为53.2亿人，到2035年增长至106.4亿人，2080年达到212.8亿人……800年后世界人口可达千万亿的天文数字。如果届时地球上全部土地（包括山脉、沙漠和南极洲）均被人们所居住，其人均占地仅为1.5m^2，已经无耕地可言了。

有关地球的环境人口容量的估计，悲观者认为，目前世界人口太多，已经大大超过了地球的环境人口容量。乐观者认为，未来的世界人口，不会达到地球环境人口容量的极限值；介于悲观者和乐观者之间，多数学者认为100亿人左右或稍多。

(2) 中国的人口环境容量

对中国的人口环境容量问题，许多学者做过研究。马寅初先生早在1957年就提出中国最适宜的人口数量为7亿~8亿人；同年孙本文教授也从中国当时粮食生产水平和劳动就业角度，提出了相同看法。田雪原、陈玉光（1980年）从就业角度研究了中国适宜人口数量，认为100年后中国经济适宜度人口应在6.5亿~7.0亿人。胡保生等应用多目标决策方法，选择社会、经济、资源等20多个因素进行可能度和满意度分析，提出中国100年后的人口总数应保持在7亿~10亿人为好。宋健等也从食品和淡水资源的角度出发，估算了100年后中国适宜度人口数量应保持在7亿人或7亿人以下，若按发展中国家平均用水标准，则应控制在6.3亿~6.5亿人。根据上述学者的研究结果，可以认为我国的人口环境容量应为6.5亿~8.0亿人。

3.2.4.4 我国人口的控制

人口问题始终是制约我国全面协调可持续发展的重大问题，是影响经济社会发展的关键因素。人口对现阶段我国经济发展的制约，既有数量问题，也有质量问题，但现阶段数量制约是主要的。我国人口过快增长表现为四大显著特征，即人口基数大、净增长量大、持续增长惯性大、人口对生活资料的绝对消耗量大。鉴于人口在持续发展问题上所处的特殊地位，我国人口的现实态势及其在制约我国持续发展诸因素中的作用，决定了现阶段实现我国的持续发展必须以控制人口数量、平抑人口的过快增长趋势为突破口。因而，控制人口过快增长，保持适度的人口规模，将为我国人口素质的逐步提高创造必要的条件，进而从整体上缓解对资源、环境的压力。因此，控制人口应成为现阶段可持续发展一系列举措中的关键举措。具体地应考虑以下几个方面。

(1) 实行计划生育

加强计划生育工作，稳定低生育水平，把控制人口数量的工作纳入国家和各级政府的经济建设与社会发展的中长期计划和年度计划，并置于与经济发展同等重要的地位。

(2) 提高人口素质

积极提倡优生。提倡优生从根本上讲就是提高人口中优良遗传素质的比重，减少和消除劣质个体的发生。进一步改善医疗卫生条件，扩大集体福利，保障妇幼健康。

增加教育投入，改善教师和知识分子待遇，普及初等教育，努力提高高等教育的水平。只有提高了全民族的文化素质，社会、经济得到较大的发展，人民才能自觉地降低生育率。这是解决我国人口问题、促进社会持续发展的根本途径。

(3) 改善人口结构

当前家庭4：2：1或4：2：2结构，使人口性别比失衡和养老微观人口结构消解。少数民族聚居区的环境状况，因人口的增长而遭受更大压力。所以未来人口生育政策要逐渐统一。

维持社会正常运转，除需经济活动人口外，还需家庭劳动人口，以支持老年人的居家供养和必要的新生人口的生殖。因此，应着重从人口年龄结构的和谐程度去思考人口政策，要防止未来经济和社会发展中的劳动力短缺。

在人口总量达到的峰值与老龄化水平的高低之间作一个衡量，既要控制人口总量，防止人口增速反弹，又要通过人口结构调整，缓解老龄化水平。

新生婴儿的性别结构，影响着未来婚龄年龄段人口的婚育问题。生育政策的适度调整既可缓解新生人口数量的急剧下降，也可缓解出生性别比的畸升。

(4) 宣传和教育

向全体公民宣传全球环境与发展形势和中国可持续发展的现状、存在的问题、前景和基本对策，增强忧患意识，树立人类与自然共生、环境与发展协调共进的整体观念，明确可持续发展的目标，增强全社会对持续发展的信心和责任感。

【案例】

复活节岛的兴衰

复活节岛，位于南太平洋南纬28°，西经108°交汇点附近，面积约120km²，现属智利。复活节岛以其地理环境的封闭性、居民起源的神秘性、巨大的"毛艾"石像以及岛上文明的兴衰等，成为一个引人关注的神秘岛屿。近些年考古学、孢粉分析和古生物学的研究为破译复活节岛的兴衰奠定了基础。

美国纽约州立博物馆专家大卫·斯泰德综合了有关复活节岛的各方面研究证据，为人们勾画出复活节岛近1000多年的兴衰图景。

在公元400年左右，波利尼西亚东部群岛有一群波利尼西亚人驾船出海，跨越千里大洋，登上复活节岛。经过一段时间的开荒种植和海上捕捞，生活逐渐安定下来，人口有所增加。但是人口增加导致了食物的不足，于是为解决食物问题，公元800年左右岛民开始大规模砍伐森林，特别是棕榈树遭到严重砍伐，因为棕榈树是建造独木舟的最好木材。人们大量建造船只出海捕捞，收获丰富的鱼类和海豚等水产品。

人口的迅速增加使自然资源不断耗竭，逐渐超过当地资源的承载能力。于是各部落为争夺有限的资源爆发了冲突和战争，现在岛上的土中仍遗留有许多石矛和石匕首，就是当时激烈战斗后被遗弃的。大约在1200年，各部落为树立对首领的崇拜，相继建造巨大石像，森林砍伐更加严重，大量的棕榈树被砍伐作为薪木和运输石像。这个时期，海上捕获量开始减少。

1400年时，棕榈树消失了，15世纪末岛上森林全部被砍伐干净。鸟类由于缺乏食物开始减少，许多植物因失去传粉的鸟类也逐渐灭绝。由于人们没有了建造船只的树木，渐渐地，航海能力越来越差，直至全岛只剩下三四只独木舟，无奈岛民转向开垦荒地种植谷物，但是仍旧不能满足人们的食物供给。

于是原先较发达的文明开始衰落，逐渐出现食人部落。生物学家在岛民的垃圾堆中发现，从15世纪开始，人骨增多，说明有人吃人的事件发生。后来，复活节岛上的民间传说也从侧面印证了这一点。1700年，人口开始衰减至原来人口的1/5，人们开始纷纷居住在洞穴中以防卫敌人。1770年时，各敌对部落开始推倒和破坏对方的巨大"毛艾"石像，以摧垮对方的精神和斗志。1830年，最后一个石像也倒下了。至20世纪初，由于生存条件已经非常恶劣，只剩下111个土著居民。

复活节岛的居民曾经建立过辉煌的文明，但当社会经济的发展超越了资源环境的承载力时，文明便走向了衰落，这段兴衰史让人们更清醒地去思考人类与自然的关系。

复活节岛文明的衰落是人类过度利用自然资源，人口增长超出自然承受能力的结果，是人类社会所经历的人口资源环境与发展之间不协调的一个缩影。人是形成社会和经济的主体，既是生产者也是消费者。没有起码限度和规模的人口，就不会形成任何有效的经济和社会活动。当人口的生产同物质生产及资源环境的再生产相适应时，就能促进经济的发展，进而推动社会的发展；当人口过少时，会导致生产资源和条件的闲置及低效使用，减缓发展的进程；当人口过多时，又会造成劳动力过剩和消费人口过多，成为资源环境的压力，破坏发展的基础。

思考题

1. 请谈谈你对人口问题内涵的理解。
2. 解决人口问题的对策主要有哪些？

参考文献

钱易，唐孝炎. 2000. 环境与可持续发展 [M]. 北京：高等教育出版社.
贾振邦，黄润华. 2004. 环境学基础教程 [M]. 北京：高等教育出版社.
马中. 1999. 环境与资源经济学概论 [M]. 北京：高等教育出版社.
蔡运龙. 2000. 自然资源学原理 [M]. 北京：科学出版社.
贾振邦，黄润华. 2004. 环境学基础教程 [M]. 2版. 北京：高等教育出版社.
何强，井文涌，王翊亭. 2004. 环境学导论 [M]. 3版. 北京：清华大学出版社.
左玉辉. 2002. 环境学 [M]. 北京：高等教育出版社.
林肇信，刘天齐，刘逸农. 1999. 环境保护概论（修订版）[M]. 北京：高等教育出版社.
钱茜，王玉秋. 2003. 我国中水回用现状及对策 [J]. 再生资源研究（1）：27-30.
汤卫华，孙勇民，范志华. 2007. 我国中水回用现状及前景分析 [C]. 重点行业COD减排实用技术研讨会论文集.
刘向阳. 2001. 森林资源的保护、利用及其持续发展的研究 [J]. 森林工程（4）：1-2.
王连刚. 2009. 森林资源的保护与管理 [J]. 中国林业（12）：59.

水环境

本章提要

水是地球经过长期演化的产物，并以气、液、固3种形式存在于地球的表面、岩石圈和大气层，构成一个完整的水圈或水环境。地球上的水，尽管数量巨大，但能直接被人们生产和生活利用的淡水只占全部淡水的0.3%，占全球总水量的0.007%。目前，全球淡水资源不仅短缺，而且地区分布极不平衡。21世纪水资源甚至成为稀缺资源，在水资源短缺越发突出的同时，人们仍在大规模污染水源，导致水质恶化。现如今，水资源问题已不仅仅是资源问题，更关系到国家经济、社会可持续发展和长治久安的重大战略问题。

4.1 水资源概述

4.1.1 水形成与水循环

4.1.1.1 水形成

水是地球表面数量最多的天然物质,广泛存在于大气和地壳中,也是动植物生命体的重要组成部分。

对于水的起源,长期以来学术界一直存在很大的分歧,目前仍有30多种不同的水形成学说。原始星云说认为:在地球形成之前的初始物质中存在一种含有H_2O分子的原始星云,类似于现在平均含水0.5%的陨石,降到地球后,使地球上有了水。另一些学者认为在地球形成后才产生了形成水的原始元素(H和O),而H与O在适宜的条件下化合生成羟基(—OH),羟基再经过复杂的变化,形成水(H_2O)。水蒸气说认为地球上水的始祖是喷发出来的水蒸气。衰老的星球爆炸形成大量固体尘埃,它们主要由多种无机盐类的结晶水合物组成。这些结晶水在高温下离析成为水蒸气。而地幔说认为地球上水的主要来源是地球内部岩石圈的上地幔。岩石圈的物质一半是由硅组成,岩石在熔化中完全混合时,含有75%硅酸盐和25%水。这些岩石在一定的温度和适宜的条件下(如火山爆发)脱水,从而形成了地球上的水。

综上可见,尽管目前对于水的起源至今仍没有最后定论,但人们普遍认为地球上的水是地球长期演化过程的一种产物,与地球的发展有着密不可分的联系。

不管其形成机理如何,地球内部产生的水不断进入大气层,地面水量也逐渐增多。经过了几十亿年的演变,终于形成了现在的江、河、湖、海,以及变化莫测的云、雾、雨、雪。

4.1.1.2 水循环概述

水循环是指地球上的水从地表蒸发,凝结成云,降水到径流,积累到土中或水域,再次蒸发,进行周而复始的循环过程,又称水文循环或水分循环。

在通常环境条件下,水的气态、液态、固态易于转化的特性是形成水循环的内因,从本质上使得水分在循环过程中的转移、交换成为可能。而地球上的水分布广泛,储存量巨大,从而导致水循环的影响力重大,构成水循环的物质基础。地心引力的重力作用和太阳辐射是水循环形成的外因。地心引力使地表水下渗、降雨飘雪、地表径流等得以进行;太阳辐射是地表热能的主要源泉,它促使植物地面水分蒸发、冰雪融化、气体流动等。外因为水的物理状态变化提供了外在条件和发生变化的能量来源。

4.1.1.3 水循环的过程及类型

(1)水循环过程

水循环过程包括3个主要环节:蒸发、凝结和径流(如图4-1所示)。海洋表面、淡水水体、植物表面和土壤的水在太阳热能的作用下,变成气体,蒸发到大气圈中。从植物表面蒸发的水可分为两个部分:其一,以降水、露水或者霜雪等形式落至植物上的水分,这个过程为蒸腾作用;其二,植物从土壤中获取并输送到每个细胞,在叶子表面水分被蒸发。气态水随着大气的流动飘散到地球其他区域,当湿热的空气遇到冷气流时,形成雨滴,形成降雨落雪。部分雨水简单地停留在地表至蒸发,但大部分渗入土壤形成地下水,或者进入溪流、湖泊，经过地表径流最后返回海洋。地下水的运动是多维的，主要与分子力、热力、重力及空隙性质有关。地下水储量虽然很大，但却是经过长年累月甚至上千年蓄积而成的，水量交换周期很长，循环极其缓慢。地下水和地表水的相互转换是研究水量关系的主要内容之一，也是现代水资源计算的重要问题。

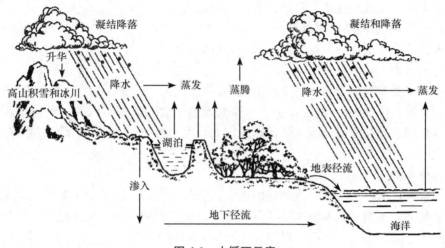

图 4-1 水循环示意

（2）水循环的更替周期

水循环使地球上各种形式的水以不同的周期或速度更新。水的这种循环复原特性，可以用水的交替周期表示。由于各种形式水的储存形式不同，各种水的交换周期也不一致。地下水平均更替周期时间较长，这是因为水在地面分布非常广泛，地下水容易补充，吸收的太阳能较小而蒸发速率较慢，所以水会被长期储存在地下（表 4-1）。

表 4-1 地球各种水体的循环更替周期

水体类型	更替周期	水体类型	更替周期
海洋	2 500 年	沼泽	5 年
深层地下水	1 400 年	土壤水	1 年
极地冰川	9 700 年	河川水	16 天
永久性积雪和高山冰川	1 600 年	大气水	8 天
永冻带底冰	10 000 年	生物水	几小时
湖泊	17 年		

注：引自左玉辉，2002。

4.1.1.4 水循环的作用及研究意义

水循环的主要作用表现在 4 个方面：

① 水循环维护全球水的动态平衡，使水资源不断更新，决定了水资源的可再生性；

② 水是地球上一切物质循环和生命活动的介质，营养物质的循环和水循环不可分割地联系在一起；

③ 水是很好的溶剂，在生态系统中起着能量传递和利用的作用；

④ 水是地质变化的动因之一，造成侵蚀、搬运、堆积等外力作用，不断塑造地表形态。

矿质元素的流失和沉积也往往通过水循环完成。

人类无法否定水循环对整个生态系统的变化有着举足轻重的影响力，使整个地球形成一个整体，相互影响制约。随着温室效应、全球气候变暖等环境问题越演越烈，水循环在区域和全球呈现了不同的变化，研究水循环与人类的相互作用和相互关系，对于合理开发水资源，管理水资源，并进而改造大自然具有深远的意义。

4.1.1.5 影响水循环的因素

影响水循环的因素可分为自然因素和人为因素。

（1）自然因素

自然因素主要有气象条件（大气环流、风向、风速、温度、湿度等）和地理条件（地形、地质、土壤、植被等）。例如，由于地球上太阳辐射的强度不均匀，不同地区的水循环情况也不尽相同。如在赤道地区太阳辐射强度大，大气对流运动剧烈，降水量一般比高纬度地区多。

（2）人为因素

人为因素对水循环也有直接或间接的影响。随着人类科学技术的不断发展，人为因素占的比重越来越大。人类活动不断改变着自然环境，越来越强烈地影响水循环的过程。人类构筑水库，开凿运河、渠道、河网，以及大量开发利用地下水等，改变了水固有的径流路线，引起水的分布和水的运动状况的变化。农业的发展，森林的破坏，引起蒸发、径流、下渗等过程的变化。城市和工矿区的大气污染和热岛效应也可改变本地区的水循环状况。

4.1.2 人与水的关系

4.1.2.1 水对于人类的重要性

地球上的一切生命活动都起源于水。水是维持生命的重要物质。人体各种组成成分中含量最多的是水，人体内的水分大约占到体重的65%，年龄越小体内含水越多。新生儿可达80%，成年男性达60%，妇女约为50%。人不吃饭7天不会有生命危险，但不喝水3天就会危及生命。

水在人体中的主要功能包括：①参与体内一切代谢过程。人体需要的营养素可以通过水输送到身体各个部位。一些难溶于水的物质以胶体的形式被输送，身体内产生的各种废物也是通过"水"排泄到体外的。②吸收较多的热量。人体通过体液交换和血液循环将体内代谢产生的热量从体表散发。在较高气温下和进行繁重劳动时，人通过汗液的排泄带走大量的热，起到调节体温的作用。③润滑剂的作用。水对维护脏器、关节、肌肉功能的正常活动起到润滑的作用。

在世界不同地区，根据当地工业化程度和经济情况以及水的储量，人类对水的利用率和利用方式的比例，有较大差异。但大体上，可将人类对水的利用归为四类：生活用水、农业用水、工业用水和河道内用水。

从古至今，农业生产需要大量的淡水资源，其主要用于灌溉。而随着生活水平的提高，生活用水量越来越多。目前，北美平均每人每天生活需消耗400L淡水。现代工业中，水被用来冷却设备或产品，如钢铁厂等。水还常常被作为洗涤剂，漂洗原料或产品，清洗设备或地面，每个工厂都要利用水来维护正常生产，几乎每一个生产环节都少不了水的参与。

4.1.2.2 人类与水的相互作用

(1) 人类对水的影响

在不断适应和改造自然的过程中，随着社会科学技术不断进步和人口不断增多，人类对水循环的影响也越来越大，特别是对蒸发、径流和渗透的影响。人类乱砍滥伐造成森林植被的严重破坏，损伤了地表的蓄水能力，造成水土流失、土壤侵蚀。在水汽输送、降雨过程中，也因为人类使用人工降雨而改变了原有的降水格局。

总体上，人类对水的影响主要体现在以下几方面：

① 改变地表水及植被状况，影响大气降水到达地面的分配。如修筑水库等。

② 因过度开发，局部地区的地表、地下水储量下降，出现地下漏斗及地上断流，造成次生盐渍化；也使下游水源减少，水位下降，水质恶化，沿海出现海水入侵，加重了干旱化和盐渍化威胁。

③ 干旱半干旱地区大面积的植被被破坏，使得地区性气候向干旱化方向发展，直到形成荒漠。

④ 环境污染、水质恶化，影响水循环的蒸散过程，海洋石油污染导致蒸发量减少。而水中重金属离子含量增加，密度增大，也会影响到蒸发。

⑤ 由于人类生产和社会经济的发展，大气化学成分发生变化，如 CO_2、CH_4、CFC_8 等温室气体浓度显著增加，引起气温升高。随着全球变暖，冰川消融，海平面将升高，使海岸滩涂湿地、红树林和珊瑚礁等生境遭到破坏，海岸侵蚀，水域面积增大。水分蒸发量增加，雨季延长，洪涝灾害频发，风暴影响的程度和严重性加大，水库大坝寿命缩短，海水入侵沿海地下淡水层，沿海土地盐渍化等，从而造成海岸、河口、海湾自然生态环境破坏严重。

⑥ 人类生产和消费活动排出的污染物通过不同途径进入水循环。矿物燃料燃烧所产生的大量二氧化硫和氮氧化物被排入大气，进入水循环形成酸雨，将大气污染转变为地表水和土壤污染，大气中的颗粒物通过降水等过程返回地面。土壤和固体废物由于降水的冲洗、淋溶，其中的有害物质通过径流、渗透等途径，迁移扩散。人类排放的工业废水和生活污水，使地表水或地下水受到污染，最终污染海洋。

(2) 受人类活动影响的水循环对人类活动的反馈作用

受人类活动影响的水循环，给人类自身也带来了极大的危害，主要表现在以下几方面：

洪涝干旱灾害频发　由于人类乱砍滥伐、围湖造田、过度开采地下水，致使植被破坏、湖泊面积缩小消失、水土流失，导致森林水资源涵养空间被破坏，湿地面积急剧减小，森林、湿地的调蓄能力降低，致使洪涝干旱灾害发生更加频繁。

可用水资源不足　地球上淡水储量约占全球水储量的 2.7%，其中可供人类利用的河水、淡水湖水和浅层地下水，仅占地球总水量的 0.2% 左右。地球上可供人类利用的水资源并不富裕，然而，随着社会经济的发展，人类对水循环的影响越来越大，大量的工业、农业废弃物直接或间接的进入水循环，造成大面积水域污染，使人类可利用的水资源越来越少，严重威胁到人类自身的生存发展。

水资源环境恶化　水是一切生命之源，由于人类对水的过度使用，影响到生态系统的稳定性，导致水环境恶化。而水环境的恶化，也使水生生物赖以生存的环境受到破坏，生态系统的失衡，导致部分生物物种灭绝，从而影响生物多样性，又间接恶化了水资源环境。

4.1.2.3 人类与水的可持续发展

人类活动与水循环是相互作用的，人类生活离不开水循环。在水资源日益短缺、水环境日益恶化的今天，重新建立起健康良性的水循环，恢复良好的水环境，走可持续发展之路，才能实现人与自然的和谐。

21世纪可持续发展成为全球的基本目标，世界各国陆续将其纳入政府行为的基本运作之中，我国作为联合国环发会议的签字国，相应制定了《中国21世纪议程——中国21世纪人口、环境与发展的白皮书》，从科学的立场和环境的角度，对中国21世纪的发展方向、发展模式和发展前途进行了多层次、全方位和广视角的探讨。

为了实现水资源的可持续利用，国家将在以下几个方面加以重点探索：①水资源可持续利用基础理论的研究，包括环境变迁对水循环的影响、人与水的关系在社会发展过程中动态变化趋势的研究；②不同地区人类生存需水量最低限量和各地可利用水资源对人口、经济发展存在能力的研究，以合理配置水资源；③可持续水资源系统规划、模拟和管理的研究，提高水体的利用率，较低水资源浪费；④不同社会经济发展水平和灾害控制与防治标准及措施的研究；⑤不同地区水环境保护准则的研究；⑥节水型社会的建立及其相应准则的研究。

4.1.3 水资源

4.1.3.1 水资源的概念

一般认为水资源概念具有广义和狭义之分。广义上的水资源是指能够直接或间接使用的各种水和水中物质，对人类活动具有使用价值和经济价值的水均可称为水资源。狭义上的水资源是指在一定经济技术条件下，人类可以直接利用的淡水。从广义的概念来看，水资源是对人类有直接价值和潜在价值的自然资源，其强调的是水资源具有被人类利用的潜力。它的补给来源是大气降水，赋予形式是地表水、地下水和土壤水。从狭义的概念来看，水资源是自然水体的特有部分，由大气降水补给，具有一定数量和在人类现有技术条件下直接被利用，而且年复一年有限可循环再生、水质满足特定行业标准的淡水，它们在数量上等于地表水和地下径流的总和。

4.1.3.2 水资源的特征

水资源是生产原料和生活资源的天然来源，具有一般资源的基本特性，但就其本身的存在形式和自然环境、人类生产生活、经济社会等关系来看，又具有比某些一般资源更重要的特性。水资源的基本特征主要有以下几点。

可再生性 主要表现在经人类开发利用后能够通过大气降水得到补给，并在一定时空范畴内保持动态平衡。

不可替代性 水是一个国家经济建设和社会发展不可缺少的资源，更是一切生物生存发展的必要条件和物质基础，对国民经济的发展具有举足轻重的地位。

转换性 主要指地表水和地下水可互相转换。河湖径流中包括一部分地下水的排泄水量，而地下水又承受地表水的渗透补给。

脆弱性 水环境脆弱、容易被破坏。其一，水环境容易受到污染，并将之扩散到更大的

4 水环境

范围；其二，水环境的质和量的平衡容易被打破，特别是地下水，可能会引发一系列地质环境问题。

有限性及不均匀性 从水的分布和储存量，可以看出供人类开发利用的淡水资源很少，与人类的实际需要相差很远，而且在时空和时间上分布得非常不均衡。

4.1.3.3 水资源分布

(1) 概况

地球上的水以气、液、固3种形态存在于地球表面、岩石圈内、大气层里，构成一个完整的水圈或水环境。地球表层水的总储量约为 $13.7 \times 10^8 km^3$，其中分布在海洋中的咸水占97.2%，无法被人类直接利用，淡水不到3%。淡水的77%以冰的形式存在于两极、冰川、高山积雪中，22%为地下水和土壤水。而可被人类直接利用的淡水量约占大气含有的水蒸气的10%（见表4-2）。

表4-2 地球表层水的组成

类 型	体积（$\times 10^4 km^3$）	占总量的比例（%）
淡水湖	12.5	0.009
咸水湖和内海	10.4	0.008
河流（平均）	0.125	0.000 1
土壤水分和渗透水	6.7	0.005
地下水（达800m深）	417	0.31
深部地下水	417	0.31
地壳表面液相水	860.7	0.625
雪和冰	2 920	2.15
大气圈中的水	1.3	0.001
海洋	132 200	97.2
总计	136 845.73	100

注：引自陈静生等，2001。

陆地水体从运动更新的角度看，以河流水最为重要，与人类的关系最密切。河流水具有更新快、循环周期短的特点。据此又可将水资源分为静态水资源和动态水资源。其中，静态水资源包括冰川、内陆湖泊、深层地下水，因循环周期长、更新缓慢，一旦污染，短期内不易恢复。而动态水资源包括河流水、浅层地下水，因循环快、更新快、交替周期短，利用后短期即可恢复。

可开发利用的水资源在全球分布并不均衡。按地区来说，巴西、俄罗斯、加拿大、美国、印度尼西亚、中国、印度、哥伦比亚和刚果（金）9个国家的淡水资源占世界淡水资源的60%。目前，全球80多个国家约15亿人面临淡水不足，其中26个国家的3亿人完全生活在缺水状态。预计到2025年，全世界将有30亿人缺水，涉及40多个国家和地区。21世纪水资源正在变成一种宝贵的稀缺资源，水资源问题已不仅仅是资源问题，更成为关系到国家经济、社会可持续发展和长治久安的重大战略问题。早在1977年，联合国就警告全世界："水不久将成为一项严重的社会危机，石油危机之后的下一个危机是水。"

能参与全球循环可以再生的江河水非常有限，在地球表面的分布也相当不均匀（表4-3）。

表 4-3　可再生江河水量分布

地　　区	可再生江河水储量（km³）	占总量的比例（%）
撒哈拉地区及南部非洲	4 000	8.50
中东和北部非洲	140	0.29
欧洲	2 900	6.16
亚洲	13 300	28.25
澳大利亚	440	0.93
大洋洲诸岛屿	6 500	13.81
北美洲	7 800	16.57
南美洲	12 000	25.49

（2）我国水资源分布特点

我国水资源的主要特点是：

总量较丰富，人均占有量更低　中国的河川众多，流域面积在 100km² 以上的河流有 50 000 多条，流域面积 10 000km² 的河流约 5 800 多条，总径流量 2 600km³。湖泊面积 1km² 以上的有 2 800 多个，湖泊面积为 75 000km²，占全国总面积的 0.8%，全国湖泊储水总量为 750km³，其中淡水储量仅为 28.7%。中国的淡水资源、地表水及地下水资源总量为 2 800km³，折合水深 295mm，占全国降水量的 45%，中国淡水资源总量为 $28 000 \times 10^8 m^3$，占全球水资源的 6%，仅次于巴西、俄罗斯、加拿大，居世界第四位。但由于人口众多，我国人均水资源占有量仅为 2 300m³，约为世界人均的 1/4、美国的 1/5，居世界第 121 位，是全球 13 个人均水资源最贫乏的国家之一。扣除难以利用的洪水径流和散布在偏远地区的地下水资源后，中国现实可利用的淡水资源量则更少，仅为 $11 000 \times 10^8 m^3$ 左右，人均可利用水资源量约为 900m³，并且其分布极不均衡。

地区分布不均，水土资源不相匹配　长江流域及其以南地区国土面积只占全国的 36.5%，其水资源量占全国的 81%；淮河流域及其以北地区的国土面积占全国的 63.5%，其水资源量仅占全国水资源总量的 19%。水土资源的配合不合理，进一步加剧了北方缺水状况。

年内年际分配不匀，旱涝灾害频繁　受季风气候影响，我国水资源的季节分配和地区分布很不均匀，不仅制约了有限水资源的可能性，也给开发利用带来诸多不便。从时间分配来看，夏季我国降水集中，汛期河水暴涨，大部分地区年内连续四个月降水量占全年的 70% 以上；冬春季则降水少，河流进入枯水期，北方一些河流甚至干涸见底，造成严重的干旱缺水。

4.1.3.4　水资源利用历程

人类对水资源的利用可以分为生活用水、工业用水和农业用水。

从发达国家的用水变化历程来看，用水量的增长与社会经济发展水平、产业结构、科学技术水平密切相关，并呈现阶段性的变化。随着生活水平的提高，生活用水量持续增长。在工业化的早期和中期，第一产业增加值在 GDP 中下降，第二、第三产业上升。工业特别是以能源、原材料工业为重点的重工业高速发展，工业用水迅速增加，在国民经济总用水中的比重也持续上升。当进入工业化后期，主导产业变成了加工型工业、高技术高附加值工业，同时节水技术被广泛普及与应用，工业需水量逐渐趋于稳定，甚至略有下降。而农业用水量在整个进程中比较稳定。进入 21 世纪，发达国家的产业结构已进行了重大调整，第三产业成为驱动经济发展的主导行业，国民经济用水趋于稳定，进入"零增长"或"负增长"阶段。

发达国家的每万美元 GDP 用水量一般在 500m³ 以下，2000 年我国的万美元工业增加值用水量为 3 419m³，是世界平均水平的 3 倍。发达国家的工业用水重复利用率已达到 80% 左右，我国只有 60%～65%，仅相当于发达国家 20 世纪 80 年代初的水平。我国的农业用水效率略高于世界平均水平，农业灌溉水利用系数为 0.43，而发达国家为 0.7～0.8。可见，我国的用水效率与发达国家和节水技术水平高的国家存在显著差距，表明我国在节水、水资源重复利用等方面存在巨大的潜力。而且我国地域辽阔，水资源利用效率呈现地带性特征。东中西部三大地区，东部地区用水效率最高，其中高的天津市已经接近于发达国家水平，而西部地区低于全国水平将近 1 倍。

中国的水资源利用历程与发达国家相似，随着产业结构的调整，节水技术的应用，我国的水资源利用效率有了显著提高。按 2005 年可比价格计算，2009 年全国万元 GDP 用水量比 2005 年下降 31.2%，全国万元工业增加值用水量比 2005 年下降 31.3%，均提前完成"十一五"规划确定目标。

"十二五"时期，是我国水资源供需矛盾最突出、用水方式转型最紧迫的关键时期，节水型社会建设将面临前所未有的挑战。我国"十二五"节水型社会建设的总体目标是，到 2015 年，年全国用水总量不突破 6 200×10⁸m³，万元 GDP 用水量下降 30%，万元工业增加值用水量下降 30%，农业灌溉水有效利用系数达到 0.52，主要江河湖泊水功能区达标率达到 60%。

4.1.3.5　水资源管理

水资源管理体制是合理开发、利用和保护水资源，实现水资源可持续发展的组织保证。所谓的水资源管理是指国家为了满足人类需求及维护良好的生态环境，运用行政、法律、经济、技术和教育等手段，组织各种社会力量开发水利和防治水害，协调社会经济发展与水资源开发利用之间的关系，处理各地区、各部门之间的用水矛盾，监督、限制不合理的开发水资源和危害水源的行为，制订供水系统和水库工程的优化调度方案。

水资源管理的目的：提高水资源的有效利用率，保护水资源的持续开发利用，充分发挥水资源工程的经济效益，在满足用水户对水量和水质要求的前提下，使水资源发挥最大的社会、环境、经济效益。

现代的水资源管理遵循以下基本原则：

效益最优　对水资源开发利用的各个环节（规划、设计、运用），都要拟定最优化准则，以最小投资取得最大效益。

地表水和地下水统一规划，联合调度　地表水和地下水是水资源的两个组成部分，存在互相补给、互相转化的关系，开发利用任一部分都会引起水资源量的时空再分配。充分利用水的流动性质和储存条件，联合调度地表水和地下水，可以提高水资源的利用率。

开发与保护并重　在开发水资源的同时，要重视森林保护、草原保护、水土保持、河道湖泊整治、污染防治等工作，以取得涵养水源、保护水质的效应。

水量和水质统一管理　由于水源的污染日趋严重，可用水量逐渐减少，因此在制定供水规划和用水计划时,水量和水质应统一考虑,规定污水排放标准和制定切实的水源保护措施。

世界各国根据各自的水资源状况,制定了适应本国国情的水资源管理制度,基本上从以下几方面加强管理:

管理制度化 制度化是当前国际水资源管理活动的趋势之一,制度建设是水资源管理活动健康发展的基本保障条件。美国早在1972年就颁布了《清洁用水法》,日本以《水资源开发促进法》为首,建立了非常健全的法律体系。

以流域为单位进行水资源管理 一个国家重要的江河流域其本身形成一个完整的生态系统,围绕着水资源利用和保护的利益相关者颇多,因此无论从自然角度还是社会的角度,以流域为单位的水资源管理都非常必要。

投资多元化 水资源管理的投资渠道众多,如政府拨款、银行贷款、建立"水银行"、水电站收取电费、企业投资等。

重视水资源教育 公众参与和行为的改变对水资源管理的成功与否有重要的影响,提高公众对水资源的认识,强化公众的水资源保护意识和资源忧患意识,加强公众参与意识,才能有效保护和管理水资源。

4.2 水环境问题

4.2.1 水资源短缺

4.2.1.1 水资源面临的危机

由于陆地上淡水资源分布不均,加之气候、地理条件和生态环境的恶化,人类对水资源的开发利用,特别是世界人口急剧增多,环境恶化,水资源污染日益严重,造成世界水资源日趋匮缺。

2009年3月第五届世界水资源论坛上,联合国教科文组织公布的数据显示:未来将有2 400万人至7亿人会因缺水而背井离乡;到2030年,全球半数人口将生活在缺水的环境中。随着危机的加剧,水资源的地位,已不仅反映在经济社会上,而日益强烈地涉及军事上,以及国与国的冲突上。例如,中东、非洲地区国家关系紧张的根源就是水资源匮乏。世界上许多国家,特别是缺水国,都把水利建设作为国民经济的基础产业,投入巨资,修建各类型的水库、水坝,以及储水、蓄水、引水工程,以确保水的供求。

4.2.1.2 水资源短缺的定义

水资源短缺包括两层含义:一个指水资源的存量(一定质量以上的水资源的数量)不能满足自然界生物种群的繁衍生存需要,使某一区域的自然生态受到严重破坏,威胁到物种的多样性,形成绝对的缺水(也称水存量短缺);另一个是指由市场形成的对人类生活、生产的水供给与水需求的均衡价格偏高,导致社区居民的生活质量受到极大的影响,只有增加供给(可补充量增加,或过多攫取存量),才能保证消费,但由于成本、存量或增加供给会导致其他环境问题,不符合可持续使用原则,从而形成"相对"的缺水(也称流量缺水)。

4.2.1.3 我国水资源短缺现状

我国是一个水资源短缺的国家,水资源时空分布不均。近年来我国连续遭受严重干旱,旱灾发生的频率和影响范围扩大,持续时间和遭受的损失增加。"资源性重度缺水"、"水质性缺水"的城市不断增多。目前，全国 600 多个城市中，400 多个缺水，其中 100 多个严重缺水，全国城市缺水总量为 $60\times10^8 \mathrm{m}^3$。北京、天津等大城市目前的供水已经到了最严峻时刻。全国已有 29% 的人饮用不合格水，其中有近 7 000 万人饮用高氟水。每年因缺水而造成的经济损失达 100 多亿元，因水污染而造成的经济损失高达 400 多亿元。与此同时，由于人口的增长，到 2030 年我国人均水资源占有量将从现在的 $2\ 300\mathrm{m}^3$ 降至 $1\ 700\sim1\ 800\ \mathrm{m}^3$，需水量接近水资源可开发利用量，缺水问题将更加突出，因此，节约水资源，强化水资源稀缺意识已刻不容缓。

4.2.1.4 我国水资源短缺的成因

我国水资源短缺的成因，可以从表面成因和本质原因两个方面加以分析，表面成因主要有以下几点：

水资源时空分布不均匀　南北水资源总量悬殊，北方人口占全国总人口的 2/5，耕地面积占全国的 3/5，但水资源占有量不足全国水资源的 1/5。水资源贫乏，再加上随着季节的更替，枯水期和丰水期相继出现。

水资源浪费严重　具体表现为：农业灌溉水利用系数偏低，很多地区存在大水漫灌现象；工业用水循环利用率低，全国平均约为 45%，废污水处理回用率约为 24%；水价太低，供水技术落后，加之市民节水意识薄弱，城市生活用水浪费现象普遍存在。

水资源污染日益加剧　水污染是人为与自然的双重原因所致，是水资源领域的特殊灾害。我国产业结构不合理，高耗水量行业发展集中，生产管理水平低。随着城市化加速，全国的污废水排放量快速增长，2009 年全国工业和城镇生活的污废水排放量达到 $589\times10^8\mathrm{m}^3$，国控废水重点污染源排放达标率仅为 78%，仍有相当数量的城市污水和工业废水未经处理直接排放，造成水体富营养化等水体污染。

水资源管理体制混乱　《中华人民共和国水法》虽然明确规定国务院水行政主管部门负责全国水资源的统一管理工作，但同时却又规定水资源实行统一管理与分级、分部门管理相结合的管理体制，尤其对流域管理没有明确的规定。

从深层的原因分析来看，水资源短缺的关键是对水资源的属性认识不清。仅把水资源看成一个纯粹的公有公益物品，忽略了它的公有私益物品属性，进而对水资源管理主要实行以计划为主要手段的管制，而实际上水资源具有排他性和竞争性的特点。

4.2.1.5 水资源短缺应对策略

在可持续发展原则指导下，水资源利用须通过开源节流以解决缺水地区供需矛盾；发挥工程技术手段的作用，控制和治理水污染，实施水循环综合利用；以社会主义市场经济作为调节杠杆，通过水贸易来实现我国水资源的合理调配，加强对水资源开发利用的管理，最终解决我国城乡缺水的问题，实现水资源的合理利用与供需平衡，最终建立节水型的社会。

总体而言，可以从以下几个途径入手。

明晰初始水权　这也是节水型社会建设的工作基础。国家根据法定程序，初始化水权，从而明晰水资源的使用权。通常，水权有广义和狭义之分，广义的水权包括水的所有权、使用权、经营权、转让权等。在我国，水的所有权属于国家，国家通过某种方式将水的使用权赋予各个地区、部门或单位。通常所说的水权是狭义的水权，即水的使用权。

确定水资源宏观总量与微观定额两套指标　一套水资源宏观总量指标体系，明确各地区、各行业乃至各单位、各灌区的水资源使用权指标,而水资源的微观定额指标体系,用来规定单位产品或服务的用水量指标。

综合措施保障水控制指标的实现　综合采用法律措施、工程措施、经济措施、行政措施及科技措施是水控制指标实现的保证。要特别注重运用经济手段,最重要的是制定科学合理的水价政策,充分发挥价格对促进节水的杠杆作用。

采用市场经济手段高效配置水资源　制定用水权交易市场规则,建立用水权交易市场,实行用水权有偿转让,实现水资源的高效配置。水权可以有偿转让,出让水权,可以收益;反之,占用他人的水权,需要付费。通过水权交易市场进行用水权的有偿转让,提高买卖双方的节水意识以此调动社会节水的积极性,水资源的使用就会变得更加高效。

4.2.2　水灾害

4.2.2.1　水灾害的概述

灾害主要是指能给人类生命财产造成危害与损失的现象及过程。水灾害是灾害中一种最常见的形式,指因水而导致的危害人类生命财产的现象。水灾害的主要类型有"水多"、"水少"、"水脏"3种。其中"水多"主要是指因降水量过多而引发的洪涝灾害;"水少"主要是指因降水量过少而引发的干旱灾害,这两种类型的灾害一般都是由自然因素引起的;"水脏"是指人类生活用水或环境用水因受到自然或者人为污染而对生活与生产所造成的不利影响。

水灾害在最近几年频繁发生,破坏力强,已成为影响人类社会和谐发展的重要制约因素,在全球范围内引起了越来越广泛的重视。水灾害对生产和生活的不利影响主要体现在以下几个方面:

农业减产　作为基础产业与弱质产业,农业生产对自然条件,尤其水资源的依赖性极强。虽然现代农业技术对水灾害具有一定的抵御能力,但农业生产经营状况仍难以避免地随着水资源的供给状况变化而变化。

企业的生产与经营受损　除水污染会影响企业正常生产以及不利于设备的合理有效地使用外,严重的水旱灾害还会导致企业的生产经营受阻,甚至是停产。同时,企业的供货能力也受到制约,结果将影响企业信誉与市场份额。此外,因水灾造成通信与交通系统的破坏,也同样会使企业蒙受重大的经济损失。

城市经济衰退,给社会安定增加不稳定因素　水灾尤其是重大水灾,能严重地干扰城市人民正常的生活状况,严重地损害人们的生命及财产安全,以及扰乱正常的生产秩序,因而,在相当程度上会引发城市经济的衰退,进而不利于社会秩序的稳定。

4.2.2.2　水灾害的特点

在很大程度上,水灾害是"天灾"与"人祸"共同作用的结果。气候的反常变化以及人类对自然环境的破坏,都是引发水灾害的罪魁祸首。

从历史记载和科学研究来看,水灾害主要有以下几个特点。

种类多　主要有洪水、干旱、海啸、风暴、污染、冰雪共6大类20余种。

范围广　水灾害一年四季都可能出现,无论在高山、平原、高原、海岛,还是在江、河、湖、海以及空中,水灾害无处不在。随着城市化进程的加快,水灾害呈现出日益多元化、极端化的趋势。

群发性 某些灾害往往在同一时段内发生在许多地区,如1998年长江、嫩江、松花江、珠江流域并发特大洪灾。

灾情重 据联合国统计的数据,1947—1980年全球因自然灾害造成人员死亡达12 113万人,其中61%是由水灾害造成的。2008年1~2月我国南方大部分地区发生半个世纪以来最严重的冰雪灾害,造成的直接经济损失达1 516亿元。

次生性 洪灾往往会形成或引发山洪及泥石流等伴生性自然灾害,产生连锁反应。如2010年8月7日甘肃甘南藏族自治州舟曲县发生特大山洪泥石流灾害,造成1 287人遇难457人失踪。近年来,水灾伤亡人数中60%~80%为突发性山洪及伴生灾害所致。

城市水灾损失比重增大 近年来,北京、上海、广州等一批大城市相继遭受大暴雨的袭击,使人们对城市型水灾害有了切身的体会。由于现代城市对交通、通信、供水、供气、供电等网络系统的依赖性增大,加之城市空间的立体开发、新建小区向高风险区扩展,使得城市面临水灾的脆弱性大为增加。

4.2.2.3 水灾害的治理

随着全球气候变暖的影响,水灾害爆发的频率日益增加,影响力越发广泛,严重威胁着人类的生存和发展,所以必须加强对水灾害的防御和治理力度。

水灾害治理标准的内涵一般包括4个要素:①灾害特征表达,常用特定灾害代表性指标,如暴雨量、重现期、地下水埋深等;②减灾防灾程度,即灾害治理方案、措施规划的减灾防灾能力;③受灾区域承受灾害的某种能力,如滞蓄水量、人工措施的滞蓄水深、稻田自然渗漏速度等;④受灾体承受灾害的某种能力,如不受灾、不减产等。人们在水灾害治理标准的表达上,往往择其重要的方面来强调。

为了满足全社会日益提高的防御水灾要求,达到对水灾害的有效治理,必须了解水灾害及其发展趋势,并积极采取风险防范与应急管理的措施,增强防御和减轻水灾害能力,应做好以下工作:

① 由于水灾害治理标准的客观规律性,在制定水灾害治理标准时,必须正确认识其规律,并遵循其规律。

② 水灾害治理标准的确定,必须与一定的社会经济发展水平相适应。采用过高或者过低的标准都不利于经济社会的发展和资源的持续利用。

③ 水灾害治理标准同样具有区域的特殊性,包括自然条件、经济结构、土地利用状况、已有的技术手段与水平等,因此,在确定水灾害治理标准时,应该充分占有资料、进行合理分析。

④ 水灾害治理标准的实现离不开人们的主观努力,管理、调度、指挥、控制等对于充分发挥工程与非工程措施的作用,实现预期的水灾害治理标准具有重要的影响。

4.3 水环境质量

4.3.1 水环境容量

4.3.1.1 水环境容量的概述

1938年,比利时数学家、生物学家弗胡斯特(P E Forest)根据马尔萨斯的《人口论》,

提出环境容量的概念。之后，日本环境厅委托日本卫生工学小组提出《1975年环境容量计量化调查研究》报告，环境容量的应用逐渐推广，成为污染物总量控制的理论基础。欧美国家的学者较少使用环境容量这一术语，而是用同化容量、最大容许排污量和水体容许污染水平等概念。我国环境学界在20世纪70年代后期引入环境容量的概念，并应用于水环境研究。

水环境是由生态系统、外界物质输入、能量交换、信息反馈和自我调节综合作用的结果，水环境容量则是反映水生态环境与社会经济活动的密切关系的度量。我国《排放水污染总量控制技术规范》中，对水环境容量做出如下定义：将给定水域和水文、水力学条件，给定排污口位置，满足水域某一水质标准的排污口最大排放量，称作该水域在上述条件下的所能容纳的污染物质总量，通称水域允许纳污量或水环境容量。它强调3个要素：环境目标、一定水体和纳污能力。通过确定水环境容量，从而正确合理、经济地确定废水排入水体应该具有的水质质量，对于环境管理和工程处理有重大意义。

4.3.1.2 水环境容量的特征

自然属性 水环境容量不能独立存在，而是依附于一定的水体和人类社会，水环境容量的存在性及其附属性即为自然属性的表征。自然属性是社会属性的基础，水环境容量的自然属性是使其与人类活动密切相关的基石。

社会属性 水环境容量的社会属性是自然属性的社会化。人类用水环境容量来预测在某种环境目标条件下人类社会发展对水生态系统造成的压力，从而约束人们破坏自然资源的行为，唤起环境保护的意识。可见，水环境容量是描述自然水体和人类需求之间关系的度量名词。

时空属性 不同区域社会经济发展水平、环境目标、人口规模、生产技术条件及其水资源量、生态、环境、污水处理率等方面的差异，致使资源量相同、存在于不同区域的水体在相同时间段上的水环境容量是不同的，不同程度地影响水生态系统导致同一水体在不同历史阶段的环境容量也不相同。

多变性 水环境是一个复杂多变的复合体，水环境容量是生态系统自然规律参数、社会发展变化和环境质量需求参数的多变量函数。水体变化受气候、土壤、生物和人类活动影响，是一个不确定的随机过程；人类活动产生的污染物进入水体后，其成分和数量是随时间和空间而变化的不确定函数；社会发展需求的环境目标也是一个时空函数。

多层面性 客观存在的水环境容量是多个变量的复合函数，可归结为经济、社会、环境、资源4个不同层面，各个层面彼此关联、相互影响。

4.3.1.3 水环境容量的计算及实践应用

目前常用的水环境容量模型主要有流域概化模型、水动力学模型、污染源概化模型和水质模型。根据水环境容量的丰裕度指数空间格局，一般可将水环境容量分为5个区域：充沛区、充足区、中等区、较少区和匮乏区。

通常情况下，水环境容量的计算步骤如下：

水域概化 将天然水域（河流、湖泊水库）概化成计算水域，例如，天然河道可概化成顺直河道，复杂的河道地形可进行简化处理，非稳态水流可简化为稳态水流等。水域概化的结果，就是能够利用简单的数学模型描述水质变化规律。同时，支流、排污口、取水口等影响水环境的因素也要进行相应概化。若排污口距离较近，可把多个排污口简化成集中的排污口。

基础资料调查与评价 包括调查与评价水域水文资料（流速、流量、水位体积等）和水域水质资料（多项污染因子的浓度值），同时收集水域内的排污口资料（废水排放量与污染物浓度）、支流资料（支流水量与污染物浓度）、取水口资料（取水量、取水方式）、污染源资料等（排污量、排污去向与排放方式），并进行数据一致性分析，形成数据库。

选择控制点（或边界） 根据水环境功能区划和水域内的水质敏感点位置分析，确定水质控制断面的位置和浓度控制标准。对于包含污染混合区的环境问题，则需根据环境管理的要求，确定污染混合区的控制边界。

建立水质模型 根据实际情况，选择建立零维、一维或二维水质模型，在进行各类数据资料一致性分析的基础上，确定模型所需的各项参数。

容量计算分析 应用设计水文条件和上下游水质限制条件进行水质模型计算，利用试算法（根据经验调整污染负荷分布反复试算，直到水域环境功能区达标为止）或建立线性规划模型（建立优化的约束条件方程）等方法，确定水域的水环境容量。

环境容量确定 在上述容量计算分析的基础上，扣除非点源污染影响部分，得出实际环境管理可利用的水环境容量。

假如某种污染物排入某地表水体，该水体的水环境容量可用式（4-1）表示：

$$W = V(S-B) + C \tag{4-1}$$

式中 W——某地表水体的水环境容量；

　　　V——该地表水体的体积；

　　　S——该地表水体某污染物应达到的水质目标；

　　　B——该污染物的环境背景值；

　　　C——该地表水体的自净能力。

式（4-1）表明，水环境容量与水体特征、污染物特征和水质目标有关，当排污量已经超过了水环境容量，就必须消减排污量。

20世纪90年代以来，环境容量研究已全面进入应用阶段。相关部门和单位对武汉东湖、云南滇池、山西渭河等水域的污染综合防治和针对潮汐、感潮等敏感水域水环境容量计算等，为环境容量理论提供了应用空间。一些学者也在全国多个水域开展了水环境容量开发利用研究，对我国水环境管理工作的科学化和污染物总量控制的实施起到了重要作用。

4.3.2 水质指标与标准

4.3.2.1 水质

水质（water quality）为水体质量的简称。它反映的是水体的物理（如色度、浊度、臭味等）、化学（无机物和有机物的含量）和生物（细菌、微生物、浮游生物、底栖生物）的特性及其组成的状况。水中含有的物质种类很多，如溶解于水中的 O_2、N_2、CO_2、H_2S 等气体，Cl^-、Na^+、K^+、Ca^{2+}、Mg^{2+} 等离子，Br、I、F 等微量元素，含量极少的 Ra、Rn 等放射性元素，还有大部分呈胶体状态的有机物以及悬浮固态颗粒等。它们随环境条件的不同，含量也不同。表现为各种水体的水质各不相同。

一般来说，河水的成分取决于流经地区的岩土类型以及补给源。雨水补给的河流矿化度一般较低，融雪补给的略高，地下水补给的最高。湖水的化学成分比河水简单，但与生物活动有关的元素和化合物，浓度变化较大。在自然情况下，气候的变化或长期盐分平衡发生变化，会引起湖水性质发生改变。

地下水中溶解的物质比河水多，而且往往混合程度弱，不如地表水均匀。地下水多呈现弱酸性、中性、弱碱性反应，pH值一般在5~9。含盐量一般随深度而增大，离子组成从低矿化度的淡水类型转化为高矿化度的咸水类型。

海水的化学组成异常复杂，溶解在海水中的化学元素绝大部分呈离子状态存在。由于海水体积大，又能很好混合，局部条件对海洋整体影响较小，因而主要离子含量相对固定，各种离子间数量比例关系较为恒定。虽然现代海水平均含盐量大体一致，但不同海区、不同深度有所差异。

不同的用途，对水质的要求也不相同。饮用水的水质要求较高，对水的物理性质、总矿化度、总硬度、细菌和有害物质的含量等都有较严格的规定。各种行业对水质的要求也不尽相同，例如，纺织工业不能用硬水；造纸工业忌用含铁量过多的水；灌溉用水要求水温与土温接近，水质含盐量应低于临界矿化度。为评价水体质量的状况，人们规定了一系列水质参数和水质标准，例如，生活饮用水、工业用水和渔业用水等水质标准。

4.3.2.2 水质指标

水质指标（water quality index）是描述水质状况的一系列标准，它表示水中存在杂质的种类和数量，是判断和综合评价水体质量并对水质进行界定分类的重要参数。水质指标种类繁多，总共有100多种，按照性质可以分为物理指标、化学指标、生物指标和放射性指标。以下介绍一些前3种常用的水质指标。

（1）物理指标

臭味和臭阈值 含有杂质的水通常有味，而纯净的水无味无臭。检验水中臭味可以用文字描述法和臭阈值法检验，文字描述法采用臭味强度报告，可用无、微弱、弱、明显、强和很强6个等级描述。臭阈值是指水样用无臭水稀释到闻出最低可辨别臭味的稀释倍数。由于检测人员嗅觉敏感性的差异，测得的臭阈值只是相对数值。

浑浊度 该指标是表示水中不溶解物质对光线透过时所产生的阻碍程度，引起水的浑浊程度的水质指标，其大小可用浊度做单位来衡量。水中的不溶解物质，如泥沙、有机物、纤维浮游生物等越多，浑浊度越高，但两者之间并没有固定的定量关系。这是因为浑浊度是一种光学效应，其大小与杂质的含量、大小、形状和表面折射率等指数有关。

浑浊度的主要测量仪器有光电浊度计。

颜色和色度 纯净的水无色透明，而含有悬浮态、胶体或溶解状态等杂质的水有颜色且不透明，其颜色可用表色和真色来描述。表色是未经静置沉淀或者离心的原始水样的颜色，用文字法描述。而真色是去除悬浮杂质，由胶体物质和可溶杂质造成的颜色，并以色度作为衡量的指标。

色度的测量方法有铂钴标准比色法和铬钴比色法。

固体残渣 水体中固体残渣一般指在一定温度下，将一定体积的水样蒸发至干时，所残余的固体物质总量。常用的烘干温度为103~105℃，烘干得到残渣保留着结晶水和部分吸附水。残渣可分为总残渣、总可滤残渣和总不可滤残渣（悬浮物）3种，它们的测量方法皆为重量法。其中主要以不可滤残渣（悬浮物）表示废水污染的程度。

电导率 电导率又称为比电导，指水溶液传导电流的能力。一般水中所含溶解盐类越多，水中的离子数量越多，水的电导率就越大，可间接表示水中可虑残渣的相对含量，可以用电导率仪来测定，其标准单位是S/m。

除了上述物理指标以外，还有温度、透明度、透视度等指标。

(2) 化学指标

水质化学指标指的是水体中杂质及污染物的化学成分和浓度的综合性指标，它包括：①非专一性指标：电导率、pH值、硬度、碱度、无机酸度等；②无机物指标：有毒金属、有毒准金属、硝酸盐、亚硝酸盐、磷酸盐等；③非专一性有机物指标：总耗氧量、化学耗氧量、生化耗氧量、总有机碳、高锰酸盐指数、酚类等；④溶解性气体：氧气、二氧化碳等。

pH值 溶液中的氢离子浓度或活度的负对数即为水的pH值，$-\log[H^+]$。pH值在水的化学混凝、消毒、出盐、软化、水质稳定腐蚀控制及生物化学处理、污泥脱水等过程中是一个重要的因素和指标，对一些重金属络合物结构和有毒物质的毒性等有重要的影响。其测量方法有玻璃电极法和比色法。

酸度和碱度（aciddity and alkalinity） 在水体中，给出质子的物质总量为水的酸度；接受质子的物质总量为水的碱度。两者都是综合特性的度量，一般采用酸碱指示剂滴定法或者电位滴定法进行测定。酸度包括强无机酸、弱酸和水解盐。碱度包括水中重碳酸盐碱度（HCO_3^-）、碳酸盐碱度（CO_3^{2-}）和氢氧化物碱度（OH^-）。水样用标准酸滴定至酚酞指示剂由红色变成无色时，此时OH^-被完全中和，CO_3^{2-}被中和为HCO_3^-，此时消耗的强酸量记为P，所测得的碱度称为酚酞碱度；当继续滴定至甲基红指示剂由橘黄色变成橘红色时，表示HCO_3^-也被完全中和了，该阶段消耗的强酸量记为M，所测得的碱度称为甲基橙碱度。至此，水体中致碱物质全部被中和，即为P、M之和，记为T，该碱度称为总碱度。三者关系如表4-4所示。

表4-4 T、P、M三者的关系转化

测定结果	重碳酸盐碱度（HCO_3^-）	碳酸盐碱度（CO_3^{2-}）	氢氧化物碱度（OH^-）
$P=0$	T	0	0
$P<0.5T$	$T-2P$	$2P$	0
$P=0.5T$	0	T	0
$T>P>0.5T$	0	$2(T-P)$	$2P-T$
$P=T$	0	0	T

硬度 水的硬度是指水中存在的某些二价金属离子能与肥皂作用生成沉淀，再与水中某些阴离子化合生成水垢的程度。这些能致硬的金属离子主要指钙离子（Ca^{2+}）、镁离子（Mg^{2+}）、铁离子（Fe^{3+}）、锰离子（Mn^{2+}）等也有同样的作用，但在水中含量较低，贡献值较小。之前使用EDTA络合滴定法测出只是以钙（Ca^{2+}）、镁（Mg^{2+}）的含量计算的硬度。

有机污染物综合指标 水中的有机物组成复杂、种类繁多，而且普遍含量较低，因此在

环境科学领域内，除非必须的、特殊指定的有机化合物做单项直接测定外，一般都采用一些综合性指标反映水中有机物的相对含量。溶解氧、化学需氧量、生化需氧量是目前使用最为普遍和具有重要意义的3个有机物综合性指标。此外，还有总有机碳、总需氧量等。

溶解氧（dissolved oxygen，DO）是指溶解在水中的游离态氧。随着大气压下降、水温升高、或者含盐量增加，溶解氧的含量都会降低。水中的溶解氧主要来自水体中藻类光合作用和大气中氧的溶解。当水体受到有机物质、无机还原物质污染时，就会导致溶解氧变低，致使水质恶化。

化学需氧量（COD）指在一定条件下，水中有机物和还原性物质被化学氧化剂氧化所消耗的氧化剂量，用mg/L表示。该指标主要反映水体受有机物污染的程度。根据氧化剂的不同，分为重铬酸钾耗氧量和高锰酸盐耗氧量。重铬酸钾氧化性较强，可将大部分有机物氧化，适用于受污染较严重的高浓度有机工业废水，而高锰酸钾只较易氧化不含氮的有机物质，适用于较清洁的天然水体。

生化需氧量（biochemical oxygen demand，BOD）是指在有氧的条件下，水中可分解的有机物由于好氧微生物的作用而被氧化分解为无机化合物过程的需氧量。该过程大体可分为两个阶段，第一阶段主要是含碳有机物氧化为二氧化碳和水，称为含碳物质氧化阶段；第二阶段主要是含氮有机物在硝化菌的作用下分解为亚硝酸盐和硝酸盐，称为硝化阶段，一般在5～7天，甚至10天以后。两个阶段各有主次，无法截然分开。

水体富营养化指标　氮和磷是防止封闭水体富营养化的控制指标。地表水中氮、磷超标时，微生物大量繁殖，出现富营养化状态。

水体中的氮主要指氨氮、亚硝酸盐氮、硝酸盐氮、有机氮和总氮，磷主要有总磷、溶解性磷酸盐和溶解性总磷。在水质监测中常规监测项目是氨氮、总氮和总磷。水中的氨氮是指以游离氨和离子氨形式存在的氮，两者的组成比例取决于水的pH值。

（3）生物指标

水体中的微生物指标主要有细菌总数、大肠菌群和游离性余氯、病毒及各种病原细菌等。

4.3.2.3　水质标准

水无论是作为生活饮用水、工业用水、农业用水、渔业用水，还是旅游、景观、河道用水、航运等，对水体的水质都有一定要求。该要求的表示方法就是水质标准，是水的物理、化学和生物的质量标准。

水质标准是国家规定的各种用水在物理性质、化学性质和生物性质方面的要求，是由国家或地方政府对水中污染物或其他物质的最大容许浓度或最小容许浓度所作的规定。

下面介绍目前我国已经颁布的主要水质标准。

（1）地表水环境质量标准

《地表水环境质量标准》（GB 3838—2002）适用于中国领域内江河、湖泊、水库、运河、渠道等具有适用功能的地表水域，其中具有特定功能的执行相应的专业用水水质标准，如《渔业水质标准》《农田灌溉用水水质标准》等。

依据地表水水域环境功能和保护目标、控制功能高低，依次将我国地表水划分为五类：

Ⅰ类：主要适用于源头水、国家自然保护区；

Ⅱ类：主要适用于集中式生活饮用水地表水源地一级保护区、珍稀水生生物栖息地、鱼虾类产卵场、仔稚幼鱼的索饵场等；

Ⅲ类：主要适用于集中式生活饮用水地表水源地二级保护区、鱼虾类越冬场、洄游通道、水产养殖区等渔业水域及游泳区；

Ⅳ类：主要适用于一般工业用水区及人体非直接接触的娱乐用水区；

Ⅴ类：主要适用于农业用水区及一般景观要求水域。

不同功能水域分别执行相应类别的标准值。水域功能类别高的标准值严于水域功能类别低的标准值。同一水域兼有多类使用功能的，执行最高功能类别对应的标准值。实现水域功能与达功能类别标准为同一含义。表 4-5 为各类水域的水质基本项目标准限值。

表 4-5　地表水环境质量标准基本项目标准限值　　　　　　　　　单位：mg/L

序号	项目		Ⅰ类	Ⅱ类	Ⅲ类	Ⅳ类	Ⅴ类
1	水温（℃）		人为造成的环境水温变化应限制在：周平均最大温升≤1，周平均最大温降≤2				
2	pH 值（无量纲）		6～9				
3	溶解氧	≥	饱和率90%（或7.5）	6	5	3	2
4	高锰酸盐指数	≤	2	4	6	10	15
5	化学需氧量（COD）	≤	15	15	20	30	40
6	五日生化需氧量（BOD_5）	≤	3	3	4	6	10
7	氨氮（NH_3-N）	≤	0.15	0.5	1.0	1.5	2.0
8	总磷（以 P 计）	≤	0.02（湖、库 0.01）	0.1（湖、库 0.025）	0.2（湖、库 0.05）	0.3（湖、库 0.1）	0.4（湖、库 0.2）
9	总氮（湖、库，以 N 计）	≤	0.2	0.5	1.0	1.5	2.0
10	铜	≤	0.01	1.0	1.0	1.0	1.0
11	锌	≤	0.05	1.0	1.0	2.0	2.0
12	氟化物（以 F^- 计）	≤	1.0	1.0	1.0	1.5	1.5
13	硒	≤	0.01	0.01	0.01	0.02	0.02
14	砷	≤	0.05	0.05	0.05	0.1	0.1
15	汞	≤	0.000 05	0.000 05	0.000 1	0.001	0.001
16	镉	≤	0.001	0.005	0.005	0.005	0.01
17	铬（六价）	≤	0.01	0.05	0.05	0.05	0.1
18	铅	≤	0.01	0.01	0.05	0.05	0.1
19	氰化物	≤	0.005	0.05	0.2	0.2	0.2
20	挥发酚	≤	0.002	0.002	0.005	0.01	0.1
21	石油类	≤	0.05	0.05	0.05	0.5	1.0
22	阴离子表面活性剂	≤	0.2	0.2	0.2	0.3	0.3
23	硫化物	≤	0.05	0.1	0.2	0.5	1.0
24	粪大肠菌群（个/L）	≤	200	2 000	10 000	20 000	40 000

（2）饮用水水质标准

《生活饮用水卫生标准》（GB 5749—2006）适用于城乡各类集中式供水的生活饮用水，也适用于分散式供水的生活饮用水，规定了生活饮用水水质卫生要求、生活饮用水水源水质卫生要求、集中式供水单位卫生要求、二次供水卫生要求、涉及生活饮用水卫生安全产品卫生要求、水质监测和水质检验方法。制定的标准和原则与地表水环境质量标准相同，所不同的是，不存在水体自净的问题，无 DO、BOD 等指标。表 4-6 为生活饮用水常规水质指标及限值。

表 4-6　水质常规指标及限值

指　　标	限　　值
1. 微生物指标[①]	
总大肠菌群（MPN/100mL 或 CFU/100mL）	不得检出
耐热大肠菌群（MPN/100mL 或 CFU/100mL）	不得检出
大肠埃希氏菌（MPN/100mL 或 CFU/100mL）	不得检出
菌落总数（CFU/mL）	100
2. 毒理指标	
砷（mg/L）	0.01
镉（mg/L）	0.005
铬（六价，mg/L）	0.05
铅（mg/L）	0.01
汞（mg/L）	0.001
硒（mg/L）	0.01
氰化物（mg/L）	0.05
氟化物（mg/L）	1.0
硝酸盐（以 N 计，mg/L）	10　地下水源限制时为 20
三氯甲烷（mg/L）	0.06
四氯化碳（mg/L）	0.002
溴酸盐（使用臭氧时，mg/L）	0.01
甲醛（使用臭氧时，mg/L）	0.9
亚氯酸盐（使用二氧化氯消毒时，mg/L）	0.7
氯酸盐（使用复合二氧化氯消毒时，mg/L）	0.7
3. 感官性状和一般化学指标	
色度（铂钴色度单位）	15
浑浊度（NTU-散射浊度单位）	1　水源与净水技术条件限制时为 3
臭和味	无异臭、异味
肉眼可见物	无
pH 值（pH 单位）	不小于 6.5 且不大于 8.5
铝（mg/L）	0.2
铁（mg/L）	0.3
锰（mg/L）	0.1
铜（mg/L）	1.0
锌（mg/L）	1.0
氯化物（mg/L）	250
硫酸盐（mg/L）	250
溶解性总固体（mg/L）	1 000
总硬度（以 $CaCO_3$ 计，mg/L）	450
耗氧量（COD_{Mn} 法，以 O_2 计，mg/L）	3　水源限制，原水耗氧量>6mg/L 时为 5
挥发酚类（以苯酚计，mg/L）	0.002
阴离子合成洗涤剂（mg/L）	0.3
4. 放射性指标[②]	
总 α 放射性（Bq/L）	0.5
总 β 放射性（Bq/L）	1

注：① MPN 表示最可能数；CFU 表示菌落形成单位。当水样检出总大肠菌群时，应进一步检验大肠埃希氏菌或耐热大肠菌群；水样未检出总大肠菌群，不必检验大肠埃希氏菌或耐热大肠菌群。

② 放射性指标超过指导值，应进行核素分析和评价，判定能否饮用。

（3）污水综合排放标准

《污水综合排放标准》（GB 8978—1996）适用于现有单位水污染物的排放管理，以及建设项目的环境影响评价、建设项目环境保护设施设计、竣工验收及其投产后的排放管理。

按照地表水域使用功能要求和污水排放去向，规定了3个级别的水污染物的最高允许排放浓度。排入 GB 3838—2002 Ⅲ类水域（划定的保护区和游泳区除外）和排入 GB 3097—1997（海水水质标准）中二类海域的污水，执行一级标准；排入 GB 3838—2002 中 Ⅳ、Ⅴ类水域和排入 GB 3097—1997 中三类海域的污水，执行二级标准；排入设置二级污水处理厂的城镇排水系统的污水，执行三级标准；GB 3838—2002 中 Ⅰ、Ⅱ类水域和Ⅲ类水域中划定的保护区，GB 3097—1997 中一类海域，禁止新建排污口，现有排污口应按水体功能要求，实行污染物总量控制，以保证受纳水体水质符合规定用途的水质标准。

该标准还将排放的污染物按其性质及控制方式分为两类：第一类污染物是指能在环境和动植物体内蓄积，对人类健康产生长远不良影响的污染物，如重金属、有毒有机物等，必须在车间或车间处理设施排放口进行采样，其最高允许排放浓度见表4-7。第二类污染物是指影响力远小于前者的污染物，只需在排放单位排放口进行采样。

表4-7　第一类污染物最高允许排放浓度　　　　　　　　　　　　　　　单位：mg/L

序号	污染物	最高允许排放浓度	序号	污染物	最高允许排放浓度
1	总汞	0.05	8	总镍	1.0
2	烷基汞	不得检出	9	苯并(a)芘	0.000 03
3	总镉	0.1	10	总铍	0.005
4	总铬	1.5	11	总银	0.5
5	六价铬	0.5	12	总α放射性	1Bq/L
6	总砷	0.5	13	总β放射性	10Bq/L
7	总铅	1.0			

4.3.3　水体自净

自然界在不断地演变和物质能量转换中，对水体排放各种废物，造成水体性质不断变化，破坏原有的物质平衡，甚至引起水质变差。随着人类科技和工业化的迅猛发展，生活污水、工业废水和农业废水等大量排入水体，更加快了水质恶化的速度。但同时，污染物与水体自身含有的物质经过一系列的物理、化学和生物变化后，经过稀释、分解或者分离，污水中污染物的浓度得以降低，一段时间后，水体往往能恢复到受污染前的状态，并在微生物的作用下，使水体由不洁恢复为清洁，这一过程称为水体的自净过程（self-purification of water body）。

水体自净的整个过程相当复杂，根据净化机理，可分为以下几个过程。

物理过程　包括稀释、扩散、挥发、沉淀、上浮等过程。

化学过程　污染物质由于氧化还原、酸碱反应、分解化合和吸附凝聚等化学或物理化学作用而降低浓度。

生物过程　由于各种水生生物（藻类、微生物等）的吸附、吞食消化等过程而被降解的过程，而其中微生物的新陈代谢活动对水中有机物的氧化分解作用使污染物降解，对水体自

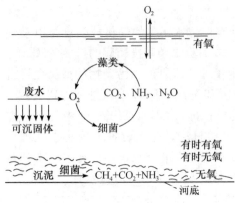

图 4-2 水体自净示意

净起着非常重要的作用。

水体的自净能力是有限的,如果排入水体的污染物数量超过某一界限时,将造成水体的永久性污染,这一界限称为水体的自净容量或水环境容量。影响水体自净的因素很多,其中主要因素有:受纳水体的地理、水文条件、微生物的种类与数量、水温、复氧能力以及水体和污染物的组成、污染物浓度等。但自然水体的自净过程,仍需不断研究探索。图 4-2 为水体自净示意图。

4.3.3.1 污水排入河流的稀释混合机理

(1) 废水在水中的稀释机理

污染物进入河流以后,会有两种运动形式:一是污染物由于河流的推动作用沿着水流前进,这样的运动形式称为推流或者平流;二是当污染物忽然进入河流时产生瞬时浓度差,高浓度向低浓度迁移,这样的运动形式称为扩散。这两种形式同时存在、互相影响,从而使河流中的污染物随着水流而逐渐降低,这个现象即为稀释。

(2) 水体混合稀释

废水在推流和扩散的作用下,与河水不断混合,这是一个逐渐进行并非瞬时完成的混合过程,可分为以下 3 个阶段。

竖向混合阶段 对于一般的河流而言,深度与宽度相比较小,所以污染物排入河流之后由于分子扩散、湍流扩散和弥散的作用,首先在深度向上达到浓度分布均匀,该混合阶段称为竖向混合阶段。此过程也存在横向混合。

横向混合阶段 竖向混合完成后,横向混合仍然在进行着,经过一定距离后污染物在整个横断面达到浓度分布均匀,这个过程称为横向混合阶段。

断面充分混合阶段 横向混合阶段后,污染物浓度在横断面上处处相等。河水向下流动的过程中,持久性污染物浓度将不再变化,非持久性污染物浓度将不断减少。

整个混合阶段,其主要影响因素是废水流量和河水流量的比值、废水排放形式及河流的水文条件。当难降解的持久性污染物进入水体充分混合后,根据质量守恒定律污染物浓度符合完全混合模式:

$$c = \frac{c_w Q_w + c_h Q_h}{Q_w + Q_h} \tag{4-2}$$

式中 c——排放口下游河水的污染物浓度;

c_w,Q_w——污水的污染物浓度与流量;

c_h,Q_h——上游河水的污染物浓度与流量。

4.3.3.2 水体的生化自净

水体的生化自净作用是指有机污染物进入水体后在微生物作用下逐渐氧化分解为无机物质,从而使有机污染物的浓度大大降低的过程。

生化自净作用需要消耗水中的溶解氧,所消耗的氧如得不到及时的补充,生化自净过程就要停止,水体水质就要恶化。因此,生化自净过程实际上包括了氧的消耗(耗氧)和氧的补充（复氧）两方面的作用。氧的消耗过程主要取决于排入水体的有机污染物的数量，也要考虑排入水体中氨氮的数量，以及废水中无机性还原物质（如 SO_3^{2-}）的数量。水体生化自净所需的氧一般有以下 3 个来源：①水体和废水本身所含有的氧；②大气中的氧向含氧不足（低于饱和溶解氧）的水体扩散，使水体中的溶解氧增加，直至饱和；③水生植物在阳光照射下进行光合作用放出氧气。

图 4-3 给出了河流接受有机废水后，从受污点至下游各断面的累积耗氧量曲线、累积复氧量曲线和亏氧变化曲线（氧垂曲线）。氧垂曲线的形状会因排放的有机污染物量、废水和河水的流量、河道的弯曲情况、水流速度等因素而有一定的差别。

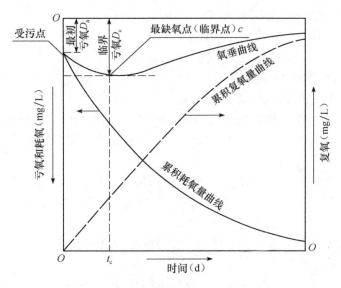

图 4-3 耗氧、复氧累积过程氧垂曲线

受污染前，河水中的溶解氧几乎饱和，亏氧接近于零。在受到污染后，开始时河水中的有机物大量增加，好氧细菌对污染物分解剧烈，耗氧速率超过复氧速率，河水中的溶解氧下降，亏氧量增加。随着有机物因分解而减少，耗氧速率逐渐减慢，终于等于复氧速率，河水中的溶解氧达到最低点（相当于图 4-4 中氧垂曲线的最缺氧点，即临界点）。接着，耗氧速率低于复氧速率，河水溶解氧逐渐回升。最后，河水溶解氧恢复或接近饱和状态。当有机物污染程度超过河流的自净能力时，河流将出现无氧河段，这时厌氧分解开始，河水呈现黑色，产生臭气，河流的氧垂曲线发生中断现象。

水体中有机污染物的种类繁多，不同污染物的毒性和危害也各不相同，因此，不能仅用水体中某一种或几种有机污染物的浓度大小来评价水体的污染程度，为此，可以用一些综合的水质指标，如生化需氧量（BOD）等来反映水体受有机物质污染的水平。BOD 值越高，说明水中有机污染物越多。因此，水体中有机污染物的生化自净过程，可以用水体的 BOD 值随时间的衰减变化规律来反映。

若不考虑硝化作用、底泥的分解、水生植物的光合作用及有机物的沉降作用等，而将有机污染物的自净衰减过程简化为仅由好氧微生物参加的生化降解反应，并且认为这种反应符合一级反应动力学，不考虑扩散的情况下，可以用 S-P（Streeter-Phelps）公式模拟：

$$\frac{dc_L}{dt} = -K_1 c_L \tag{4-3}$$

$$\frac{dc_D}{dt} = K_1 c_L - K_2 c_D \tag{4-4}$$

当 $c_L(x=0)=c_{L0}$，$c_c(x=0)=c_{c0}$，$c_D(x=0)=c_{D0}$ 的初始值的条件下求得上述微分方程的解为：

$$c_L = c_{L0} e^{-K_1 t} \tag{4-5}$$

$$c_c = c_{cs} - (c_{cs} - c_{c0}) e^{-K_2 t} + \frac{K_1 c_{L0}}{K_1 - K_2} (e^{-K_1 t} - e^{-K_2 t}) \tag{4-6}$$

式中　c_L，c_{L0}——x 和 $x=0$ 处河水 BOD 的浓度，mg/L；

　　　c_c，c_{c0}——x 和 $x=0$ 处河水溶解氧浓度，mg/L；

　　　c_D，c_{D0}——x 和 $x=0$ 处河水亏氧量的浓度，mg/L，$c_D = c_{cs} - c_c$；

　　　c_{cs}——河水的饱和溶解氧浓度，mg/L；

　　　K_1，K_2——河流的耗氧和复氧系数；

　　　t——初始点至下游 x 断面处的河水所需的时间，d。其中，$t=x/u$，u 为流速。

式（4-5）、式（4-6）是计算河流有机污染与生化自净最常用的公式，但在使用时应注意以下几点：

① 仅适用于可生物降解的溶解性污染物的计算，所用 k_1 和 k_2 值必须与水温相适应。

② 仅适用于河流断面变化不大，藻类等水生植物、沉降和硝化作用等影响可以忽略的河段。

③ 仅适用于废水与河水在受污点已完全混合的场合（如设置有分散式排放口），否则需考虑废水与河水的混合系数。

④ 如沿河有几个排放口，则可根据实际情况简化合并为一个排放口或者逐段计算。

4.4　水污染与防治

4.4.1　水污染

4.4.1.1　水污染概念及分类

（1）概念

在生态圈循环和人类社会循环过程中，不断有杂质进入水体。当进入水体的外来杂质含量超过水体的自净能力时，就会导致水体恶化，此即为水污染。按《中华人民共和国水污染防治法》定义，所谓水污染即水体因某种物质的介入，而导致其化学、物理、生物或者放射性等方面特性的改变，从而影响水的有效利用，危害人体健康或者破坏生态环境，造成水质恶化的现象。

（2）分类

按照污染物质影响水质的途径分　可分为自然污染和人为污染两类。

自然污染：在水资源的循环过程中，水与大气、土壤和岩石表面不断接触，每个环节都会有很多杂质进入水体。一般区域性水质发生变化的原因是水流过的土壤与岩石中的物质不同，可视为各种物质本底值。这些物质很大一部分随着地表径流进入河流、湖泊与海洋等水体；而大气中一些气体、气溶胶和尘埃可随着降雨或者自然沉降进入水体。

人为污染：在生物圈中，除动植物新陈代谢的各种产物以外，主要是人类活动向水体不断输送大量的污染物质。它们包括生活污水、工业废水、农田排水和矿山排水等。当大量的城市工业废水和生活污水进入水体，就会造成严重的水污染。尤其是工业和人口高度集中的城市，三废排放量大、扩散面广、污染物质成分也很复杂。

按照污染物的性质分 主要分为物理性污染、化学性污染和生物性污染三大类。

化学性污染：主要指向水体排放酸、碱、有机和无机污染物质造成的水体污染。

物理性污染：指排入水体的泥沙、悬浮性固体物质、有色物质、放射性物质以及高于常温的水造成的水体污染，如放射性污染、热污染等。

生物性污染：指随着污水排入水体的病原微生物造成的水体污染。

4.4.1.2 水污染现状

世界各地水污染的严重程度，主要取决于人口密度、工业和农业发展的类型和数量，以及"三废"处理系统的数量与效率。目前，全世界每年约有 $4\,200\times10^8\,m^3$ 的污水排入江河湖海，污染了 $5.5\times10^{12}\,m^3$ 的淡水，相当于全球径流总量的 14% 以上。由于在水资源保护方面投入不足，印度每天超过 $200\times10^4\,t$ 工业废水直接排入河流、湖泊及地下，造成地下水大面积污染，所含各项化学物质指标严重超标。此外，未经处理的生活污水的直接排放也加剧了水污染程度，流经印度北方的主要河流——恒河已被列入世界污染最严重的河流之列。

我国目前已经进入水污染密集爆发阶段，江河湖库及近海海域普遍受到不同程度的污染，全国地表水污染依然较重。七大水系总体为轻度污染，浙闽区河流为轻度污染，西北诸河为轻度污染，西南诸河水质良好，湖泊（水库）富营养化问题突出。

根据《2009年中国环境状况公报》，长江、黄河、珠江、松花江、淮河、海河和辽河七大水系总体为轻度污染（图4-4）。203条河流408个地表水国控监测断面中，Ⅰ～Ⅲ类、Ⅳ～Ⅴ类和劣Ⅴ类水质的断面比例分别为 57.3%、24.3% 和 18.4%。主要污染指标为高锰酸盐指数、五日生化需氧量（BOD_5）和氨氮（NH_4^+-N）。其中，珠江、长江水质良好，松花江、淮河为轻度污染，黄河、辽河为中度污染，海河为重度污染。不适合作饮用水源的河段已接近 40%；工业较发达城镇河段污染突出，城市河段中 90% 的河段不适合作饮用水源；城市地下水 50% 受到污染，水污染加剧了我国水资源短缺的矛盾，对工农业生产和人民生活造成危害。

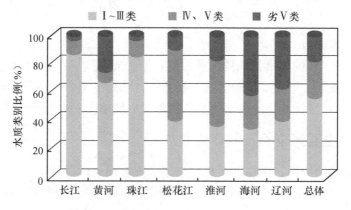

图 4-4 我国 2009 年七大水系污染情况

（引自《2009年中国环境状况公报》）

表 4-8　2009 年重点湖水库水质类别

湖库类型	数量	Ⅰ类	Ⅱ类	Ⅲ类	Ⅳ类	Ⅴ类	劣Ⅴ类	主要污染指标
三湖	3	0	0	0	0	1	2	
大型淡水湖	9	0	0	3	2	1	3	
城市内湖	5	0	0	0	2	1	2	总氮、总磷
大型水库	9	0	1	2	2	2	2	
总计	26	0	1	5	6	5	9	
比例（%）		0	3.9	19.2	23.1	19.2	34.6	

注：引自《2009 年中国环境状况公报》。

4.4.1.3　水污染的危害

水体污染不仅影响工业生产、增大设备腐蚀、影响产品质量，甚至使生产不能进行下去，也影响人民生活，甚至危害人体健康，破坏生态，损害很大。

（1）危害人体健康

被寄生虫、病毒或其他致病菌污染的水，会引起多种传染病和寄生虫病。受重金属污染的水，对人的健康危害极大。人摄入被 Cd 污染的水和食物后，会造成肾、骨骼病变，20mg $CdSO_4$，就会造成死亡；Pb 造成的中毒，会引起贫血，神经错乱；Cr^{6+} 有很大毒性，会引起皮肤溃疡，还有致癌作用；As 使许多酶受到抑制或失去活性，造成机体代谢障碍，皮肤角质化，引发皮肤癌，饮用含砷的水，会发生急性或慢性中毒；有机磷农药会造成神经中毒；有机氯农药会在脂肪中蓄积，对人和动物的内分泌、免疫功能、生殖机能造成危害；稠环芳烃多数具有致癌作用；氰化物也是剧毒物质，进入血液后，与细胞的色素氧化酶结合，使呼吸中断，造成呼吸衰竭，窒息死亡。世界卫生组织调查发现，人类 80% 的疾病与水污染有关。据统计，每年世界上有 2 500 万人以上的儿童因饮用被污染的水而死亡；全世界因水污染引发的霍乱、痢疾和疟疾等传染病的患病人数超过 500 万人。

（2）对工农业生产的危害

水质污染后，工业用水必然增加更多的处理费用，造成资源、能源的浪费；食品工业用水要求更为严格，水质不合格，将使生产停顿。这也是导致工业企业效益不高，质量不好的重要因素。农业使用污水，使作物减产，品质降低，甚至使人畜受害，大片农田遭受污染，降低土壤质量。

（3）水体富营养化的危害

含有大量 N、P、K 的生活污水的排放，使水中藻类丛生，导致水体通气不良，溶解氧下降，甚至出现无氧层。以致水生动植物大量死亡，水面发黑，水体发臭形成"死湖"、"死海"，进而变成沼泽。富营养化的水臭味大、颜色深、细菌多、水质差，不能直接利用。

4.4.2　水体主要污染物及其环境效应

随着水资源短缺的加剧，再加上近几年全球水灾害现象频繁发生，对水污染的治理显得更加重要。因此，对水体中主要污染物及其环境效应的了解和研究就有了重要的意义和价值。

根据污染物的来源和性质，可将水中污染物分为以下几类。

4.4.2.1 酸、碱、盐无机污染物

各种酸、碱、盐等无机物进入水体，使淡水资源的矿化度提高，影响各种用水水质。这些污染主要来自生活污水和工矿废水以及某些工业废渣。另外，由于酸雨规模日益扩大，造成土壤酸化、地下水矿化度增高。

酸雨指的是在自然降雨的雨水中含有各种酸类化合物，即pH值低于5.6的各种形式降水。地面和海洋的水经过太阳能的蒸发进入大气层，然后在合适的条件下成为雨雪降回地面，这种水的循环过程可以净化水中各种杂质，使得雨水成为相当纯净的水源。但如果大气层中存在相当的污染物，水循环过程将带下这些污染物。该过程中起作用的污染物主要是工厂和汽车排放的SO_2和NO_2等气体，它们与水结合形成H_2SO_4和HNO_3。大规模的酸雨会对地面上的生物起很大的破坏作用。地面水因此被污染而不能饮用，水中的鱼会失去繁殖能力或死亡。酸雨也会使土壤呈酸性，不利于庄稼生长，并有可能导致成片的森林死亡。酸雨还有很强的腐蚀作用，破坏地面上的建筑和汽车表面的油漆保护层。尽管至今还未发现酸雨本身对人的身体健康的直接损害，但酸雨可能给大气层带来更多的微粒污染，从而间接地影响人体健康。

水体中无机盐增加能提高水的渗透压，对淡水动、植物生长产生不良影响。在盐碱化地区，地面水、地下水中的盐将对土壤质量产生更大影响。

4.4.2.2 耗氧污染物

在生活污水、食品加工和造纸等工业废水中，含有碳水化合物、蛋白质、油脂、木质素等有机物质。这些物质以悬浮或溶解状态存在于污水中，可通过微生物的生物化学作用分解。在其分解过程中需要消耗O_2，因而被称为耗氧污染物。这种污染物可造成水中溶解氧减少，影响鱼类和其他水生生物的生长。水中溶解氧耗尽后，有机物进行厌氧分解，产生H_2S、NH_3和硫醇等难闻气味，使水质进一步恶化。水体中有机物成分非常复杂，耗氧有机物浓度常用单位体积水中耗氧物质生化分解过程中所消耗的氧量表示，即以生化需氧量（BOD）表示。一般用20℃时，五日生化需氧量（BOD_5）表示。

4.4.2.3 植物营养物质污染

植物营养物质主要指N、P等能刺激藻类及水草生长、干扰水质净化，使BOD_5升高的物质。水体中营养物质过量所形成的富营养化，对湖泊及流动缓慢的水体所造成的危害，已成为水源保护的严重问题。

富营养化（eutrophication）是指在人类活动的影响下，生物所需的N、P等营养物质大量进入湖泊、河口、海湾等缓流水体，引起藻类及其他浮游生物迅速繁殖，水体溶解氧量下降，水质恶化，鱼类及其他生物大量死亡的现象。在自然条件下，湖泊也会从贫营养状态过渡到富营养状态，沉积物不断增多，先变为沼泽，后变为陆地。这种自然过程非常缓慢，常需几千年甚至上万年。而人为排放含营养物质的工业废水和生活污水所引起的水体富营养化现象，可以在短期内出现。

植物营养物质的来源广、数量大，有生活污水（有机质、洗涤剂）、农业（化肥、农家肥）、工业废水、垃圾等。每人每天带进污水中的N约50g。生活污水中的P主要来源于洗涤废水，而施入农田的化肥有50%~80%流入江河、湖海和地下水体中。天然水体中P和N（特别是P）的含量在一定程度上是浮游生物生长的控制因素。当大量N、P等植物营养

物质排入水体后，促使某些生物（如藻类）急剧繁殖生长，生长周期变短。藻类及其他浮游生物死亡后被需氧生物分解，不断消耗水中的溶解氧，或被厌氧微生物所分解，不断产生H_2S等气体，使水质恶化，造成鱼类和其他水生生物的大量死亡。

藻类及其他浮游生物残体在腐烂过程中，又将生物所需的N、P等营养物质释放到水中，供新一代藻类等生物利用。因此，水体富营养化后，即使切断外界营养物质的来源，也很难自净和恢复到正常水平。水体富养化严重时，湖泊可被某些繁生植物及其残骸淤塞，成为沼泽甚至干地。局部海区可变成"死海"，或出现"赤潮"现象。

常用N、P含量，生产率（O_2）及叶绿素a作为水体富营养化程度的指标。

4.4.2.4 有毒污染物

有毒污染物是指进入生物体后累积到一定数量能使体液和组织发生生化和生理功能的变化，引起暂时或持久的病理状态，甚至危及生命的物质。如重金属和难分解的有机污染物等。

污染物的毒性与摄入机体内的数量有密切关系。同一污染物的毒性也与它的存在形态有密切关系。价态或形态不同，其毒性可以有很大的差异。如Cr^{6+}的毒性比Cr^{3+}大，As^{3+}的毒性比As^{5+}大，甲基汞的毒性比无机汞大得多。

另外，污染物的毒性还与若干综合效应有密切关系。从传统毒理学来看，有毒污染物对生物的综合效应有3种：相加作用，即两种以上毒物共存时，其总效果大致是各成分效果之和；协同作用，即两种以上毒物共存时，一种成分能促进另一种成分毒性急剧增加。如Cu、Zn共存时，其毒性为它们单独存在时的8倍；颉颃作用，两种以上的毒物共存时，其毒性可以抵消一部分或大部分。如Zn可以抑制Cd的毒性；又如在一定条件下Se对Hg能产生颉颃作用。

总之，除考虑有毒污染物的含量外，还须考虑它的存在形态和综合效应，这样才能全面深入地了解污染物对水质及人体健康的影响。

有毒污染物主要有以下几类：

重金属 如Hg、Cd、Cr、Pb、V、Co、Ba、Zn、As、Se和Cu等，其中Hg、Cd、Pb危害较大；As、Se和Ba的毒性也较大。重金属在自然界中一般不易消失，它们能通过食物链富集；这类物质除直接作用于人体引起疾病外，某些金属还可能促进慢性病的发展。

无机阴离子 主要是NO_2^-、F^-、CN^-离子。NO_2^-是致癌物质。剧毒物质氰化物（CN^-）主要来自工业废水排放。

有机农药、多氯联苯 目前，世界上有机农药大约6 000种，常用的大约有200种。农药喷在农田中，经淋溶等作用进入水体，产生污染。有机农药可分为有机磷农药和有机氯农药。有机磷农药的毒性虽大，但一般容易降解，积累性不强，因而对生态系统的影响不明显；而绝大多数的有机氯农药，毒性大，几乎不降解，积累性极高，对生态系统有显著影响。

多氯联苯（PCBs）是联苯分子中一部分氢或全部氢被氯取代后所形成的各种异构体混合物的总称。多氯联苯有剧毒，脂溶性强，易被生物吸收，化学性质十分稳定，难以和酸、碱、氧化剂等作用，有高度耐热性，在1 000～1 400℃高温下才能完全分解，因而在水体和生物体内很难降解。

致癌物质 致癌物质大体分3类：稠环芳烃类（PAHs），如3,4-苯并芘等；杂环化合物，如黄曲霉毒素等；芳香胺类，如甲、乙苯胺，联苯胺等。

氰和酚类化合物 这类物质广泛存在于冶金焦化、炼油、塑料、农药等工业废水中。酚类属于高毒性的化合物，能破坏细胞原浆，低浓度酚使蛋白质变性，高浓度酚能使蛋白质沉淀；对各种细胞有直接损害，对皮肤和黏膜有强烈的腐蚀作用。长期饮用含酚污染的水，可引起头昏、出疹、瘙痒、贫血和各种神经系统症状。

氰类化合物存在于农药、电镀、煤气、焦化、高炉等工业废水中。氰氢酸及有机氰化物都是剧毒物质，大多数氰的衍生物毒性更强，因为它们能在肌体内产生HCN，使细胞呼吸受到阻碍，甚至引起窒息和死亡。

氰与酚一样，虽是剧毒的污染物，但在水体中较易降解。pH值低，溶解氧高，水温高时，氰的降解较快。此外，某些细菌也能引起氰的分解。

4.4.2.5 石油类污染物

石油污染是水体污染的重要类型之一，特别在河口、近海水域更为突出。

每年排入海洋的石油估计高达数百万吨至上千万吨，约占世界石油总产量的0.5%。石油污染物主要来自工业排放，清洗石油运输船只的船舱、机件及油船事故、海上采油等均可造成石油污染。而油船事故属于爆炸性的集中污染源，危害是毁灭性的。

石油是烷烃、烯烃和芳香烃的混合物，进入水体后的危害是多方面的。如在水上形成油膜，阻碍水体复氧作用，油类粘附在鱼鳃上，可使鱼窒息；粘附在藻类、浮游生物上，可使其死亡。油类还可抑制水鸟产卵和孵化，严重时使鸟类大量死亡。石油污染还能使水产品质量降低。

4.4.2.6 放射性污染物

水体的放射性污染是放射性物质进入水体后造成的。放射性污染物主要来源于核动力工厂排出的冷却水，向海洋投弃的放射性废物，核爆炸降落到水体的散落物，核动力船舶事故泄漏的核燃料；开采、提炼和使用放射性物质时，如果处理不当，也会造成放射性污染。水体中的放射性污染物可以附着在生物体表面，也可以进入生物体蓄积起来，还可通过食物链对人产生内照射。

4.4.2.7 病原体微生物

生活污水、畜禽饲养场污水以及制革、洗毛、屠宰业和医院等场所排出的废水，常含有各种病原体，如病毒、病菌、寄生虫。水体受到病原体的污染会传播疾病，如血吸虫病、姜片虫病、阿米巴痢疾、钩端螺旋体病、霍乱、副霍乱、伤寒、副伤寒、痢疾、病毒性肝炎等。历史上流行的瘟疫，有的就是水媒型传染病。如1848年和1854年英国两次霍乱流行，死亡万余人；1892年德国汉堡霍乱流行，死亡750余人，均是水污染引起的。

受病原体污染后的水体，微生物激增，其中许多是致病菌、病虫卵和病毒，它们往往与其他细菌和大肠杆菌共存，所以通常规定用细菌总数和大肠杆菌指数及菌值数为病原体污染的直接指标。病原体污染的特点是：①数量大；②分布广；③存活时间较长；④繁殖速度快；⑤易产生抗药性，很难绝灭；⑥传统的二级生化污水处理及加氯消毒后，某些病原微生物、病毒仍能大量存活。

常见的混凝、沉淀、过滤、消毒处理能够去除水中99%以上病毒，如出水浊度大于0.5

度时，仍会伴随病毒的穿透。病原体污染物可通过多种途径进入水体，一旦条件适合，就会引起人体疾病。

4.4.2.8 热污染

热污染是一种能量污染，它是工矿企业向水体排放高温废水造成的。一些热电厂及各种工业过程中的冷却水，若不采取措施，直接排放到水体中，均会使水温升高，水中化学反应、生化反应的速度随之加快，使某些有毒物质（如氰化物、重金属离子等）的毒性提高，溶解氧减少，影响鱼类的生存和繁殖，加速某些细菌的繁殖，促使水草丛生，厌气菌发酵，水体恶臭。

鱼类生长都有一个最佳的水温区间。水温过高或过低都不适合鱼类生长，甚至会导致其死亡。不同鱼类对水温的适应性也是不同的。如热带鱼适于15～32℃，温带鱼适于10～22℃，寒带鱼适于2～10℃的范围。而鳟鱼虽生活在24℃的水中，但其繁殖温度则要低于14℃。一般水生生物能够生活的水温上限是33～35℃。

除了上述八类污染物以外，洗涤剂等表面活性剂对水环境的主要危害在于使水产生泡沫，阻止了空气与水接触而降低溶解氧，同时由于有机物的生化降解耗用水中溶解氧而导致水体缺氧。另外，高浓度表面活性剂还对微生物有明显毒性。

4.4.3 水污染主要特征

根据污水来源，一般可以将污水分为生活污水、农业污水、工业废水、海洋石油污染、地下水污染等，各种类型污水的主要特征及影响因素如下：

4.4.3.1 生活污水

生活污水一般是人们生产生活过程中所产生的污水，来自于家庭、商业、机关学校、医院、城镇公众设施及工厂等的厕所排水、厨房洗涤排水及淋浴、洗衣排水。主要含有人体排泄物及生活废物。其成分主要取决于人们的生活水平及生活习惯，与气候条件也有密切的关系。生活污水的特征是水质比较稳定、混浊、具有恶臭，呈微碱性，一般不含有毒物，但常含有植物营养物质，且含有大量细菌、病毒和寄生虫卵。这些污染物质进入水体，在好氧微生物的作用下，多分解为简单无机物质。在此过程中，消耗水体中的大量溶解氧。大量的有机物进入水体，势必导致水体中溶解氧急剧下降，影响鱼类和其他水生生物的正常生活。严重的还会引起水体发臭，鱼类大量死亡。

4.4.3.2 农业污水

农业污水其来源主要有农田径流、饲养场污水、农产品加工污水。污水中含有化肥、农药、各种病原体、悬浮物、不溶解固体物和盐分等。农业污水数量大、影响面广。污水随着地表径流，污水中N、P等营养元素进入河流、湖泊、内海等水域，可引起富营养化；农药、病原体和其他有毒物质能污染饮用水源，危害人体健康；造成大范围的土壤污染，导致地下水污染，破坏生态系统平衡。

4.4.3.3 工业废水

工业废水是指工业生产过程中产生的废水和废液，其中含有随水流失的工业生产用料、中间产物、副产品以及生产过程中产生的污染物。工业废水排放量大，污染范围广，排放方式复杂。由于工业产品品种繁多，生产工艺也各不相同，污染物种类繁多，浓度波动幅度大，污染物质毒性强，具有较大的蓄积性及较高的稳定性，有的废水含有易燃易爆、腐蚀性、刺激性强的物质。工业废水中含有大量的 N、P、K 等营养物，可促使藻类大量生长耗去水中溶解氧，导致水生生物死亡，造成水体富营养化。一般水体一旦受到工业废水的污染，即使减少或停止污染物的排放，要恢复到原来状态仍需要相当长的时间。但工业废水一般是点源污染，其污染物较易控制，因此工业废水需要处理达标后才能排入城镇排水系统中，是城镇污水有毒有害污染物的主要来源。

工业废水水质的主要影响因素有工业类型、生产工艺和生产管理水平等。

4.4.3.4 海洋石油污染

石油污染是海洋的第一污染。海洋石油污染是指石油及其炼制品（汽油、煤油、柴油等）在开采、炼制、储运和使用过程中进入海洋环境而造成的污染。海洋石油污染目前已经成为一种世界性的严重的海洋污染，如 2010 年墨西哥湾石油泄漏、尼日尔三角洲 50 年石油泄漏不断等重大事件。

入海石油首先在重力、惯性力、摩擦力和表面张力的作用下，在海洋表面迅速扩展成薄膜，进而在风浪和海流作用下被分割成大小不等的块状或带状油膜，随风漂移扩散。油膜减弱了太阳辐射透入海水的能量，会影响海洋植物的光合作用，影响海洋的自净能力。油膜沾污海兽的皮毛和海鸟的羽毛，溶解其中的油脂物质，使它们失去保温、游泳或飞行的能力。

石油污染物会干扰生物的摄食、繁殖、生长、行为和生物的趋化性等能力。受石油严重污染的海域还会导致个别生物种丰度和分布的变化，从而改变群落的种类组成。高浓度的石油会降低微型藻类的固氮能力，阻碍其生长，最终导致其死亡。海洋一旦受到石油污染，就会使许多海洋生物面临灭顶之灾。

石油对海洋生物的化学毒性，依油的种类和成分而不同。通常，炼制油的毒性高于原油，低分子烃的毒性大于高分子烃，在各种烃类中，其毒性一般按芳香烃、烯烃、环烃、链烃顺序而依次下降。石油烃对海洋生物的毒害，主要是破坏细胞膜的正常结构和透性，干扰生物体的酶系，进而影响生物体的正常生理、生化过程。如油污能降低浮游植物的光合作用强度，阻碍细胞的分裂、繁殖，使许多动物的胚胎和幼体发育异常、生长迟缓；油污还能使一些动物致病，如鱼鳃坏死、皮肤糜烂、患胃病以致癌变。

4.4.3.5 地下水污染

地下水是地球上储量丰富，分布广泛的淡水资源，对于人类的生活、生产和社会经济的发展具有十分重要的意义。曾经认为无害的各种人类活动，现在已经被证实是地下水污染的主要污染源。

地下水污染主要指人类活动引起地下水化学成分、物理性质和生物学特性发生改变而使地下水质量下降的现象。地表以下地层复杂，地下水流动极其缓慢，因此，地下水污染具有过程缓慢、不易发现和难以治理的特点。地下水一旦受到污染，即使彻底消除其污染源，也需要十几年，甚至几十年时间才能使水质复原。至于要进行人工的地下含水层的更新，问题就更复杂了。

地下水污染主要来源是：过度开采地下水资源，农业生产时大量使用的农药、化肥，地下储油罐渗漏，垃圾填埋场渗滤液，设计不当、维护不良的化粪池，地表污水径流等。

我国地下水污染问题较严重，主要表现在 300 多个城市由于地下水污染造成供水紧张；地下水中不仅检出的有害成分越来越多，越来越复杂，而且污染程度和深度也在不断增加，有些地区深层地下水中已有污染物检出；天然水质不良与水型地方病问题突出。据统计，全国饮用不符合标准的地下水的人数达数千万之多，其中因天然水质不良导致水型氟中毒者有 2 297 万人，患碘缺乏病、克山病者 567 万人，患大骨节病者 102 万人。目前，我国大中城市的地下水污染，又以北方城市污染更为严重，不仅污染物种类多，且超标率高。

地下水污染与地表水污染有一些明显的不同：由于污染物进入含水层，以及在含水层中运动都比较缓慢，污染往往是逐渐发生的，若不进行专门监测，很难及时发现。而发现地下水污染后，确定污染源也不如地表水容易。更重要的是地下水污染不易消除。排除污染源之后，地表水可以在较短时期内达到净化；而地下水，即便排除了污染源，已经进入含水层的污染物仍将长期产生不良影响。

4.4.4 水污染防治

多年来，我国政府对水污染防治工作高度重视。自中共中央第十七届全国代表大会以来，针对我国水污染的现状和国情，我国政府提出了树立和落实科学发展观、构建社会主义和谐社会的重大战略思想，将改善环境、实现人与自然和谐作为全面建设小康社会的一项重要任务，明确提出把污染防治作为环保工作的重中之重，把确保群众饮水安全作为首要任务，以解决危害群众健康和影响可持续发展的突出环境问题为重点，加快建设资源节约型、环境友好型社会。

4.4.4.1 水污染预防措施

加强水环境监测和监督 水环境系统的监测是贯彻水环境法规及进行技术仲裁的关键性依据，也是以后进行水环境评价、规划、开发利用及防治水污染、水灾害的主要前提，所以，选取合适的时间、地点和必要的监测项目，定期对国内主要河流、湖泊、水库等的水质状况进行监测，建立排污管理机制，对水污染可以起到良好的预防作用。

加大生活污水污染削减力度 加快推进城镇污水处理厂建设，监督污水处理厂严格执行排放标准，正常运转，达标排放，到 2010 年全国设市城市污水处理率达到 77.4%，城市污水处理能力达到 1.25×10^8 t/d。

加大重点流域区域城市海域的污染减排力度 抓紧实施重点流域、区域污染防治规划，督促加快规划治污工程项目的建设，尽早发挥效益。

加大重点行业的污染削减力度 以造纸行业为主攻方向，重点抓好化工、酿造、印染行业的水污染物削减工作。大力推进清洁生产，发展循环经济，鼓励工业园区进行生态化设计与改造，从生产的全过程削减污染。

严格执行环境影响评价 控制污染"增量"，将总量削减指标作为建设项目环评审批的前置条件，坚持"以新带老"，新上建设项目不允许突破总量控制指标。实施区域、行业限批，对未按期完成减排任务、超过总量指标，以及没有完成淘汰落后产能任务的地方或企业集团，暂停该地区或集团新增污染物项目的环评审批。严把项目验收关加强"三同时"管理，对不履行"三同时"的，责令停止生产；对不正常运行的，要停止试生产，并责令限期改正。

制订全国性水污染防治计划，完善相关的法律法规 法律制度的建设不容忽视，用有效的强有力的法规代替过时的立法和规定，依法施行统一管理，加强水忧患意识和节水意识教育，克服"水盲"。国家已重新修订《水污染防治法》，加大了处罚力度，正在研究制定《排污许可证管理条例》。查处污染农村饮用水水源和向城镇排水设施违法排污的企业，集中整治化工、冶炼、印染、造纸、制革等工业园区的违法排污问题。

4.4.4.2 水污染治理技术

废水处理就是利用物理、化学和生物的方法对废水进行处理，使废水净化，减少污染，以至达到废水回收、复用，充分利用水资源。根据水体的水质要求、处理厂所能达到的处理能力，并结合水体稀释和自净能力，确定相应的废水处理方法，可分为物理处理法、化学处理法、生物处理法。

物理处理法是通过物理作用分离、回收废水中不溶解的呈悬浮状态的污染物（包括油膜和油珠）的废水处理法，可分为重力分离法、离心分离法和筛滤截留法等。以热交换原理为基础的处理法也属于物理处理法。

化学处理法是通过化学反应和传质作用来分离、去除废水中呈溶解、胶体状态的污染物或将其转化为无害物质的废水处理法。在化学处理法中，以投加药剂产生化学反应为基础的处理单元是：混凝、中和、氧化还原等；而以传质作用为基础的处理单元则有：萃取、汽提、吹脱、吸附、离子交换以及电渗析和反渗透等，后两种处理单元又合称为膜分离技术。其中运用传质作用的处理单元，既具有化学作用，又有与之相关的物理作用，因此也称物理化学法。

生物处理法是通过微生物的代谢作用，使废水中呈溶液、胶体以及微细悬浮状态的有机污染物，转化为稳定、无害的物质的废水处理法。根据作用微生物的不同，生物处理法又可分为好氧生物处理和厌氧生物处理两种类型。废水生物处理广泛使用的是好氧生物处理法，又分为活性污泥法和生物膜法两类。活性污泥法本身就是一种处理单元，有多种运行方式；属于生物膜法的处理设备有生物滤池、生物转盘、生物接触氧化池及生物流化床等。生物氧化塘法又称自然生物处理法。厌氧生物处理法，又称生物还原处理法，主要用于处理高浓度有机废水和污泥。使用的处理设备主要为消化池。

以上的处理方法有各自的适用条件，在实际污水处理中，往往要相互结合使用。由若干不同的处理方法组合，共同形成的废水处理系统就是废水处理流程。

按照不同的处理程度，废水处理一般可分为3级：一级处理、二级处理和三级处理。

一级处理：又称为预处理，主要去除污水中呈悬浮状态的固体污染物质，物理处理法大部分只能完成一级处理的要求。经过一级处理的污水，悬浮固体的去除率为70%~80%，BOD一般可去除30%左右，达不到排放标准。

二级处理：又称生化处理，主要去除污水中呈胶体和溶解状态的有机污染物质，去除率可达90%以上，使有机污染物达到排放标准。一般可以达到农业灌溉水的要求，但在一定条件下仍可能造成天然水体的污染。

三级处理：又称深度处理，为进一步处理难降解的有机物、N和P等能够导致水体富营养化的可溶性无机物。主要方法有生物脱氮除磷法、混凝沉淀法、砂滤法、活性炭吸附法、离子交换法和电渗分析法等。

整个过程为通过粗格栅的原污水经过污水提升泵提升后,经过格栅或者筛滤器,之后进入沉沙池,经过砂水分离的污水进入初次沉淀池,以上为一级处理(即物理处理);初沉池的出水进入生物处理设备,有活性污泥法(其中活性污泥法的反应器有曝气池,氧化沟等)和生物膜法(生物膜法包括生物滤池、生物转盘、生物接触氧化法和生物流化床),生物处理设备的出水进入二次沉淀池,二沉池的出水经过消毒排放或者进入三级处理,一级处理结束到此为二级处理;三级处理包括生物脱氮除磷法,混凝沉淀法,砂滤法,活性炭吸附法,离子交换法和电渗析法。二沉池的污泥一部分回流至初次沉淀池或者生物处理设备,一部分进入污泥浓缩池,之后进入污泥消化池,经过脱水和干燥设备后,污泥最后又可被利用。

对于具体的废水而言,需要根据废水的水质、水量、回收价值、排放标准、处理方法的特点、经济条件及处理后水的用途,决定采用哪些处理方法和具体的处理流程,通过可行性研究才能做最后的定论。

【案例】

案例1 近年我国的十大水污染事件

据环境部门监测,全国城镇每天至少有 1×10^8 t 污水未经处理直接排入水体。全国7大水系中一半以上河段水质受到污染,全国1/3的水体不适于鱼类生存,1/4的水体不适于灌溉,90%的城市水域污染严重,50%的城镇水源不符合饮用水标准,40%的水源已不能饮用,南方城市总缺水量的60%～70%是由于水源污染造成的。

1994年7月,淮河上游因突降暴雨而采取开闸泄洪的方式,将积蓄于上游一个冬春的 2×10^8 m³ 水放下来。水经之处河水泛浊,河面上泡沫密布,顿时鱼虾丧失。下游一些地方的居民饮用了虽经自来水处理但未能达到饮用标准的河水后,出现恶心、腹泻、呕吐等症状。经取样检验证实,上游来水水质恶化,沿河各自来水厂被迫停止供水达54天之久,百万淮河民众饮水告急。在经过10年一共投入600亿元治污后,到2004年,淮河水质才又回到10年前的水平。

四川其名源于境内的四条河流。它们丰沛的水源,造就了四川这个天府之国。可是2004年2月到3月,这四条河流之一的沱江,却给天府之国带来了一场前所未有的生态灾难。当时,因为大量高浓度工业废水流进沱江,四川五个市区近百万老百姓顿时陷入无水可用的困境,直接经济损失高达2.19亿元。这起事件,被国家环境保护总局列为近年来全国范围内最大的一起水污染事故。造成此次特大水污染事故的原因,是川化股份公司在对其日产1000t合成氨及氨加工装置进行增产技术改造时,违规在未报经省环境保护局试生产批复的情况下,擅自于2004年2月11日至3月3日对该技改工程投料试生产。在试生产过程中,发生故障致使含大量氨氮的工艺冷凝液(氨氮含量在1000mg/L以上)外排出厂流入沱江。此外,川化股份公司在日常生产中忽视环保安全,在同年2月至3月期间,一化尿素车间、三胺一车间、三胺二车间的环保设备未正常运转,导致高浓度氨氮废水(氨氮含量在

1 000mg/L 以上) 外排出厂。而川化公司工业废水中氨氮的含量应执行的国家标准为 60mg/L 以内，其进入区污水处理厂的污水进水指标中氨氮含量要小于 75mg/L。因此，川化股份公司排放水氨氮指标严重超过强制性国家环境保护标准，且持续时间长，造成沱江干流特大水污染事故的发生。

自 2004 年 10 月以来，河南省濮阳市黄河取水口发生持续 4 个多月的水污染事件，城区 40 多万居民的饮水安全受到威胁，濮阳市被迫启用备用地下水源。据了解，自 1997 年以来，濮阳市黄河取水口已连续多年遭受污染，城市饮用水源每年约有 4～5 个月受污染影响。

北江是珠江三大支流之一，也是广东各市的重要饮用水源。2005 年 12 月 15 日北江韶关段出现严重镉污染，高桥断面检测到镉浓度超标 12 倍以上。韶关地处北江上游，一旦发生污染将直接影响下游城市数千万群众的饮水安全。经调查发现，此次北江韶关段镉污染事故，是由韶关冶炼厂在设备检修期间超标排放含镉废水所致，是一次由企业违法超标排污导致的严重环境污染事故。

因取水点被污染导致水厂停止供水，重庆綦江古南街道桥河片区近 3 万居民，从 2005 年 1 月 3 日起连续两天没有自来水喝，綦江齿轮厂也因此暂停生产。经卫生和环保部门勘测，河水是被綦河上游重庆华强化肥有限公司排出的废水所污染。綦江县有关部门立即在綦河水域的桥河段上游和下游开闸放水，加速稀释受污染水体，并责成华强化肥有限公司硫酸厂停止生产并整改。

2005 年 11 月 13 日，中石油吉林石化公司双苯厂苯胺车间发生爆炸事故。事故产生的约 100t 苯、苯胺和硝基苯等有机污染物流入松花江。由于苯类污染物是对人体健康有危害的有机物，因而导致松花江发生重大水污染事件。哈尔滨市政府随即决定，于 11 月 23 日零时起关闭松花江哈尔滨段取水口，停止向市区供水，哈尔滨市的各大超市无一例外地出现了抢购饮用水的场面。

2006 年 2 月和 3 月份，素有"华北明珠"美誉的华北地区最大淡水湖泊白洋淀，相继发生大面积死鱼事件。调查结果显示，水体污染较重，水中溶解氧过低，造成鱼类窒息是此次死鱼事件的主要原因。这次事件造成任丘市所属 6 400hm² 水域全部污染，水色发黑，有臭味，网箱中养殖鱼类全部死亡，淀中漂浮着大量死亡的野生鱼类，部分水草发黑枯死。

2006 年 9 月 8 日，湖南省岳阳县城饮用水源地新墙河发生水污染事件，砷超标 10 倍左右，8 万居民的饮用水安全受到威胁和影响。最终经核查发现，污染发生的原因为河流上游 3 家化工厂的工业污水日常性排放，致使大量高浓度含砷废水流入新墙河。

2007 年 5 月 29 日开始，江苏省无锡市城区的大批市民家中自来水水质突然发生变化，并伴有难闻的气味，无法正常饮用。无锡市民饮用水水源来自太湖，造成这次水质突然变化的原因是：入夏以来，无锡市区域内的太湖水位出现50年以来最低值，再加上天气连续高温少雨，太湖水富营养化较重，从而引发了太湖蓝藻的提前暴发，影响了自来水水源水质。无锡市民纷纷抢购超市内的纯净水，街头零售的桶装纯净水出现较大的价格波动。

2007年7月2日下午3时，江苏省沭阳县地面水厂监测发现，短时间、大流量的污水侵入到位于淮沭河的自来水厂取水口，城区生活供水水源遭到严重污染，水流出现明显异味。经过水质检测，取水口的水氨氮含量为28mg/L左右，远远超出国家取水口水质标准。由于水质经处理后仍不能达到饮用水标准，城区供水系统被迫关闭，城区20万人口吃水、用水受到不同程度影响。直至7月4日上午，因饮用水源污染而关闭的自来水厂取水口才重新开启，沭阳城区全面恢复正常供水，整个沭阳县城停水超过40小时。

日趋加剧的水污染，已对人类的生存安全构成严重威胁，成为人类健康、经济和社会可持续发展的重大障碍。据世界权威机构调查，在发展中国家，各类疾病有8%是因为饮用了不卫生的水而传播的，每年全球至少有2 000万人因饮用不卫生的水而死亡，因此，水污染被称作"世界头号杀手"。

案例2　紫金矿业污染事件

时间：2010年7月3日

地点：福建省上杭县紫金山（金）铜矿

公司：紫金矿业集团有限公司

事故原因：连续降雨造成厂区溶液池区底部黏土层掏空，污水池防渗膜多处开裂，渗漏事故由此发生。

污染水域：9 100m³ 的污水顺着排洪涵洞流入汀江，导致汀江部分河段污染及大量网箱养鱼死亡。

事故简介：

福建紫金矿业紫金山铜矿湿法厂发生铜酸水渗漏事故，事故造成汀江部分水域严重污染，紫金矿业直至12日才发布公告，瞒报事故9天。紫金矿业，靠压低成本提炼"低品位"金矿发家而闻名，然而伴随它一路的却是多次重大环境污染事故。而此次污染事件，对当地生态环境、居民的健康来说，都是一场不容忽视的灾难。

20世纪90年代，紫金矿业冒险用氰化钠溶液提炼黄金，使原先没有开采价值的低品位矿具有了开采价值，庞大的紫金矿业帝国也就此崛起。紫金矿业的采矿成本低在行业中是出了名的。2007年，紫金矿业每克矿产金的成本只有57.64元，仅为国内平均水平的45%。然而，紫金矿业创造的这一低成本奇迹，却使自己陷入污染的泥潭，不能自拔。

有相关人士指责紫金矿业在环保方面舍不得投入，尽量压低成本。最好的例子是2007年，紫金矿业收购湖北鑫丰矿业。鑫丰矿业主要利用氰化工艺和提纯工艺进行金矿冶炼。紫金矿业介入之后，很快停掉了上述两个工艺，将其工艺改为浮选，即根据不同的矿物特性加入不同药物,使所需矿物质与其他物质分离开。这一做法,正是为了减少环保投入。但是,含有大量残余水分的尾矿渣,却成为新的污染隐患。

事实上在紫金矿业发家史上,污染事件却也如影随形。2006年年底,位于贵州省贞丰县境内的紫金矿业贞丰水银洞金矿发生溃坝事故,尾矿库中约$20 \times 10^4 m^3$含有剧毒氰化钾等成分的废渣废水溢出,下游两座水库受到污染;2008年2月,紫金矿业便因存在不良环境记录而成为首批"绿色证券"政策中10家"未能通过或暂缓通过"的企业之一;2009年4月底,紫金矿业下属的、位于河北张家口崇礼县的东坪旧矿尾矿库回水系统发生泄漏事故,引起部分当地居民呼吁坚决取缔;同年年底,福建龙岩市环境保护局连收到两封投诉信,称"紫金矿业污染武平下村村矿区水源非常严重,连池塘的鱼都死了"。2010年5月,因为存在严重环保问题尚未按期整改的情况,紫金矿业再次被国家环境保护部点名批评。

事故发生后,紫金矿业试图将污水池发生渗漏的直接原因归咎于6月份以来的持续强降雨。然而近年来的世界气候剧烈变化,"百年一遇"的暴雨洪涝几乎年年都能遇到。特别是紫金山铜矿所在的福建省,年代并不久远的紫金矿区排污系统建造时理应考虑到这一点——这不得不让人担忧,企业在设计和施工时是否为了遵循"减少环保成本"而造成某些隐藏的漏洞。

此前,紫金矿业在矿区通往汀江三大沟(同康沟、二庙沟、下田寮沟)中构筑了防洪体系,使外围汇水不进入排土场、堆浸场、堆碴场等工业场地。在矿区水污染防治的环保方面,紫金矿业也建立了"三大沟"的环保处理系统:在源头设置污水拦截设施,中端设置废水处理设施,实行工业水闭路循环,在末端设置污染物排放监控设施。此外,紫金矿业还在排污口设置废水自动化检测监控系统,并与福建省环保自动监控中心联网,实现远程、连续和实时监控。然而,这一防治监控体系,未能遏止此次污染事故的发生。

思考题

1. 简述水资源定义及特征。
2. 我国水资源短缺的成因有哪些?
3. 简述水环境容量的定义及特征。
4. 水质指标的定义是什么?简述主要水质指标。
5. 简述水体的自净过程。
6. 什么是水污染?其危害有哪些?
7. 简述水的富营养化及其危害。
8. 水污染预防措施有哪些?

参考文献

郑度,谭见安,王五一,等. 2007. 环境地学导论 [M]. 北京:高等教育出版社.
高俊发. 2003. 水环境工程学 [M]. 北京:化学工业出版社.
高廷耀,顾国维,周琪. 2007. 水污染控制工程 [M]. 北京:高等教育出版社.

何强,井文涌,王翊亭. 2006. 环境学导论[M]. 北京:清华大学出版社.
黄儒钦. 2007. 环境科学基础[M]. 西安:西南交通大学出版社.
朱蓓丽. 2006. 环境工程概论[M]. 北京:科学出版社.
马光. 2006. 环境与可持续发展导论[M]. 北京:科学出版社.
刘宝珺,廖声萍. 2007. 水资源的现状、利用与保护[J]. 西南石油大学学报,29(6):1-11.
胡小松. 2010. 中国饮水环境与安全问题研究[J]. 食品研究与开发,31(1):190-192.
ELDON D. ENGER,BRADLEY F. SMITH,*et al.*. 2009. 环境科学:交叉关系学科[M]. 王建龙,等译. 北京:清华大学出版社.

大气环境

✦ ✦ ✦ ✦ ✦ ✦ ✦ ✦ ✦ ✦ ✦

本章提要

  大气是人类生存环境的重要组成部分，是满足人类生存的基本物质，是必不可少的重要资源。人与大气环境之间的这种经常的、连续不断的物质和能量交换，决定了大气环境在整个环境中的重要地位。本章主要介绍了大气结构，大气污染及危害，全球大气环境问题和大气污染的综合防治等内容。

✦ ✦ ✦ ✦ ✦ ✦ ✦ ✦ ✦ ✦ ✦

5.1 大气结构与组成

5.1.1 大气的结构

由于受地心引力的作用,大气的密度随高度的增加而显著下降,因此大气层中空气质量在垂直方向上的分布是不均匀的,总体看来,大气的主要质量集中在下部,其质量的50%集中在距地表5km以下的范围,75%集中于10km以下范围内,90%集中在离地面30km以下的范围内。根据大气气温的垂直分布、化学组成和运动规律,大气层被划分为5层:对流层、平流层、中间层、热成层、逸散层。

(1) 对流层

对流层(troposphere)处于大气圈的最底层,其厚度随纬度和季节而变化。在赤道低纬度区为17～18km;在中纬度地区为10～12km;两极附近高纬度地区为8～9km。对流层相对大气圈的总厚度来说是很薄的,但它的质量却占整个大气圈的3/4。

对流层具有两个特点:一是气温随高度升高而递减,每上升100m,温度约降低0.65℃。二是空气具有强烈的对流运动。贴近地面的空气受地面辐射增温的影响而膨胀上升,上层冷空气下沉,故在垂直方向上易形成强烈的对流,对大气污染物的扩散和传播起着重要的作用。对流层中存在着极其复杂的天气现象,如云、雾、雨、雪、雹的形成均出现在此层。因此,对流层是对人类生产、生活影响最大的一个层次,大气污染现象也主要发生在这一层,特别是靠近地面的1～2km范围内。

(2) 平流层

自对流层顶到55km左右的大气层为平流层(stratosphere)。平流层能大量吸收紫外线,使地球生物免受紫外线的照射,同时又对地球起保温作用。平流层的特点是温度先随着高度升高缓慢升高,从30～35km起,温度随高度增加升温迅速;平流层的空气没有垂直对流运动,水平运动占有显著优势,空气比对流层稀薄得多且干燥,水汽、尘埃的含量甚微,大气透明度好,很难出现云、雨等天气现象。

(3) 中间层

从平流层顶到80km高度的一层称为中间层(mesosphere),该层空气更为稀薄,有强烈的垂直对流,气温随高度增加而下降,该层顶部温度可降至-100℃。

(4) 热成层

从中间层顶到约800km处的范围称为热成层(thermosphere)。该层空气密度很小,仅占大气质量的0.05%。由于空气稀薄,在太阳紫外线和宇宙射线照射下,氧和氮的一部分分子分解成原子。该层的特点为:①气温随着高度增高而普遍上升;②空气十分稀薄,分子和原子可获得很高的动能,声波在这层不能传播;③空气处于高度电离状态,具有导电性,能反射无线电波,从这一特征来说,又称为电离层。电离层能将地面发射的无线电波返回地面,对全球的无线电通信具有重要意义。

(5) 散逸层

散逸层(exospere)是大气圈的最外层,高度达800km以上。这一层的空气极为稀薄,几乎全部电离,且空气粒子的运动速度很快,可以摆脱地球引力而逸散到太空中,所以称其为散逸层。

5.1.2 大气的组成

大气是多种气体的混合物,其组成应包括以下3个部分:

(1) 干洁空气

干洁空气即干燥清洁的空气,其主要成分为氮气(N_2)78.09%、氧气(O_2)20.95%、氩(Ar)0.93%和二氧化碳(CO_2)0.03%,前三者共占气体总体积的99.97%,同时还含有微量的氦(He)、氖(Ne)、氪(Kr)、氙(Xe)、臭氧(O_3)等次要成分,见表5-1。干洁空气中除CO_2外,其他组成在对流层的大气中是稳定的,甚至在平流层以至中间层,这些气体组分的含量几乎可以认为是不变的。

表5-1 干洁空气的组成

气体	体积分数(%)	相对分子质量	气体	体积分数(%)	相对分子质量
氮(N_2)	78.09	28.01	氖(Ne)	1.8×10^{-3}	20.18
氧(O_2)	20.95	32	氦(He)	5.2×10^{-4}	4.003
氩(Ar)	0.93	39.94	氪(Kr)	1.1×10^{-4}	83.7
二氧化碳(CO_2)	0.03	44.01	氢(H_2)	5.0×10^{-5}	2.016
臭氧(O_3)	4.0×10^{-6}	48	氙(Xe)	8.7×10^{-6}	131.3

大气中的可变组分主要是指大气中的CO_2和水蒸气等,这些气体的含量由于受地区、季节、气象,以及人们生活和生产活动等因素的影响而有所变化,在通常情况下,水蒸气的含量为0~4%,CO_2的含量为0.033%。CO_2在大气中的含量虽然很低,但它是随季节和气象条件的改变而变化的,特别是在人类活动影响下引起的含量增加,正在作为一个重要的环境问题越来越引起人们的关注。

(2) 水汽

大气中的水蒸气主要来自海水蒸发,少量来自江河、湖泊水的蒸发以及生物圈土壤和植物的蒸散作用;大气中的水又可以通过凝结成降水而离开大气回到生物圈和水圈。因此,水汽含量也因为空间位置和季节的变化而改变,在热带地区高达4%,而在南北极则不到0.1%。大气中的水汽含量不大,但对天气变化却起着重要的作用,因而也是大气中的重要组分之一。

(3) 悬浮颗粒

大气中也含有一些固体及液体杂质,其密度大约为$10\sim100\mathrm{mg/cm^3}$,它们主要来源于土壤、岩石风化、火山爆发、宇宙尘埃、植物花粉以及海水飞沫等,形成自然界的尘埃及凝结核。

以上为大气的自然组成,或称为大气的本底。有了这个组成就可以很容易地判定大气中的外来污染物。若大气中某个组分的含量远远超过这个标准含量时,或自然大气中本来不存在的物质在大气中出现时,即可判定它们是大气的外来污染物。

5.2 大气污染及危害

5.2.1 大气污染及其类型

5.2.1.1 大气污染的定义
按照国际标准化组织（ISO）做出的定义：大气污染通常是指由于人类活动或自然过程引起某种物质进入大气中，呈现出足够的浓度，达到足够的时间，并因此危害了人体的舒适、健康和福利或环境污染的现象。

造成大气污染的原因有两个方面。一方面，由于人类活动的结果、工业的发展、城市人口的增加、人们的生活以及运输等因素，使大气中增加了多种有害气体和悬浮微粒，是造成大气污染的主要原因；另一方面，森林火灾、火山爆发、海啸、地震等自然现象也能引起大气污染，一般说来这种情况占大气污染的很小一部分，并且超出了人们所能控制的范围。我们重点研究人为活动造成的大气污染问题。

5.2.1.2 大气污染的类型
（1）按照大气污染影响所及的范围分类

局部性大气污染　由某个污染源如工厂烟囱排放造成的较小范围的污染。

区域性大气污染　一些工业区及附近地区或整个城市的大气污染。

广域性大气污染　是指超过行政区域的广大地域的大气污染，如比一个城市更大区域范围的酸雨危害。

全球性大气污染　是指某些超越国界乃至涉及整个地球大气层，具有全球性影响的大气污染，如温室效应、臭氧层破坏等。

（2）按照燃料性质和大气污染物的组成和反应分类

燃煤型　燃煤型污染的主要污染物是由煤炭燃烧时放出的烟尘、SO_2等构成的一次污染物，以及由这些污染物发生化学反应而生成的硫酸、硫酸盐类气溶胶等二次污染物。造成这类污染的污染源主要是工业企业烟气排放，其次是家庭炉灶等取暖设备的烟气排放。

石油型　石油型污染的主要污染物来自汽车尾气排放、石油冶炼以及石油化工厂。主要污染是NO_2、烯烃、链状烷烃、醇、羰基化合物等，以及它们在大气中形成的O_3、各种自由基及其反应生成的一系列中间产物与最终产物。

混合型　混合型污染的主要污染物来自以煤炭为燃料的污染源排放，以石油为燃料的污染源排放，以及从工厂企业排出的各种化学物质等。例如，日本横滨等地区发生的污染事件就属于此类污染类型。

特殊型　特殊型污染是指有关工厂企业排放的特殊气体所造成的污染。这类污染常限于局部范围之内。如生产磷肥的工厂企业排放的特殊气体所造成的氟污染，氯碱厂周围形成的氯气污染等。

（3）按污染物的化学性质及其存在的大气环境状况分类

还原型（煤炭型）　这种大气污染厂发生在以使用煤炭为主，同时也使用石油的地区，它的主要污染物是SO_2、CO和颗粒物。在低温、高湿度的阴天，风速很小，并伴有逆温存在的情况下,一次污染物受阻,容易在低空聚积,生成还原性烟雾。著名的伦敦烟雾事件就属于这类还原型污染,故此类污染又称为伦敦型污染。

氧化型（汽车尾气型） 这种类型的污染多发生在以使用石油为燃料的地区,污染物的主要来源是汽车尾气、燃油锅炉以及石油化工企业。主要的一次污染物是 CO、NO_x 和碳氢化合物。这些大气污染物在阳光照射下能引起光化学反应,生成 O_3、醛类、过氧乙酰硝酸酯等二次污染物。这类物质具有较强的氧化性,对人的眼睛黏膜有强烈的刺激作用。洛杉矶光化学烟雾就属于这种类型的污染。

5.2.2 大气污染源

5.2.2.1 大气污染源的概念

大气污染源通常是指向大气环境排放有害物质而对大气环境产生有害影响的场所设备和装置。大气中的污染物质来自两个方面:一是天然污染源,像森林火灾、台风、地震、火山喷发等产生的烟尘、SO_2 等;另一是人为污染源,即由于人类生产、生活过程产生的。人为污染源造成的大气污染是大气污染的主要来源,环境科学领域所研究的大气污染主要是针对这一类问题展开的。

5.2.2.2 大气污染源的分类

根据不同研究目的以及污染源的特点,人为污染源的类型有 5 种划分方法。

(1) 按照污染源的存在形式分

固定污染源 排放污染物的装置、处所位置固定,如火力发电厂、烟囱、炉灶等。

移动污染源 排放污染物的装置、处所位置移动,如汽车等。

(2) 按照污染源的排放形式分

点源 集中在一点或可当作一点的小范围内排放污染物的污染源,如高烟囱。

线源 沿着一条线排放污染物的污染源,如汽车、火车等。

面源 在一个大范围内排放污染物的污染源,如低烟囱、民用锅炉等。

(3) 按照污染物排放空间分

高架源 在距地面一定高度上排放污染物的污染源,如烟囱。

地面源 在地面上排放污染物的污染源,如煤炉、锅炉等。

(4) 按照污染物排放时间分

连续源 连续排放污染物的污染源,如火力发电厂的排烟。

间断源 间歇排放污染物的污染源,如某些间歇生产过程的排气。

瞬时源 无规律地短时间排放污染物的污染源,如事故排放。

(5) 按照污染物发生类型分（最常用的方法）

工业污染源 主要包括工业用燃料燃烧排放的废气及工业生产过程的排气等。

农业污染源 主要包括农用燃料燃烧的废气、农业大量使用化肥分解产生的 NO_x,某些有机氯农药通过风、挥发而进入大气中以及农田产生的 CH_4 等气体对大气的污染。

生活污染源 民用炉灶及取暖锅炉燃煤排放污染物,焚烧城市垃圾的废气、城市垃圾在堆放过程中排出的二次污染物。

交通污染源 交通运输工具燃烧燃料排放污染物。

5.2.3 大气污染物

排入大气的污染物种类很多,据不完全统计,目前被人们注意到或已经对环境和人类产生危害的大气污染物大约有 100 种左右。其中,影响范围广,对人类环境威胁较大、具有普遍性的污染物有颗粒物、SO_2、NO_x、CO、碳氢化合物、氟化物(即光化学氧化剂)等。

依据与污染源的关系,可将其分为一次污染物与二次污染物。若大气污染物是从污染源直接排出的原始物质,进入大气后其性质没有发生变化,则称其为一次污染物,如颗粒物 SO_2、CO、NO_x、碳氢化合物等;若由污染源排出的一次污染物与大气中原有成分、或几种一次污染物之间,发生了一系列的化学变化或光化学反应,形成了与原污染物性质不同的新污染物,则所形成的新污染物称为二次污染物,如伦敦型烟雾中 H_2SO_4、光化学烟雾中过氧乙酰硝酸酯、酸雨中 H_2SO_4 和 HNO_3 等。二次污染物颗粒小,一般在 $0.01 \sim 1.0 \mu m$,其毒性比一次污染物还强。主要大气污染物的分类情况见表 5-2。

表 5-2 主要大气污染物的分类

形态	污染物	一次污染物	二次污染物
颗粒污染物	固体和液体粒子	尘粒、粉尘	MSO_4
气态污染物	含硫化合物	SO_2、H_2S	SO_3、H_2SO_4、MSO_4
	含氮化合物	NO、NH_3	NO_2、HNO_3、MNO_3
	碳氧化合物	CO、CO_2	无
	碳氢化合物	C_mH_n	醛、酮、过氧乙酰硝酸酯
	光化学烟雾	NO、O_3、CO	NO_2、醛、烃基硝酸盐
	其他	HF、HCl	无

注:MSO_4、MNO_3 分别表示一般的硫酸盐和硝酸盐。

5.2.3.1 颗粒污染物

进入大气的固体粒子和液体粒子均属于颗粒污染物。对颗粒污染物可作如下分类。

(1) 粉尘

粉尘(dust)是指悬浮于气体介质中的细小固体粒子,受重力作用能发生沉降,但在一段时间内能保持悬浮状态。它通常是由于固体物质的破碎、研磨、分级、输送等机械过程,或土壤、岩石的风化等自然过程形成的。颗粒的状态往往是不规则的。颗粒的粒径一般在 $1 \sim 200 \mu m$ 之间。属于粉尘类的大气污染物的种类很多,如黏土粉尘、石英粉尘、粉煤、水泥粉尘、各种金属粉尘等。

(2) 烟

烟(fume)是指在冶金过程中形成的固体颗粒气溶胶。它是熔融物质挥发后生成的气态物质的冷凝物,在生成过程中总是伴随有诸如氧化之类的化学反应。烟颗粒的粒径很小,一般为 $0.01 \sim 1 \mu m$ 左右。烟的产生是一种较为普遍的现象,如有色金属冶炼过程中产生的氧化铅烟、氧化锌烟和在核燃料后处理场中的氧化钙烟等。粉尘与烟的界限难以划分,常统称为烟尘。

(3) 飞灰

飞灰(fly ash)是指随燃料燃烧后,在烟道气中所悬浮呈灰状的细小粒子。以粉煤为燃料燃烧时排出的飞灰比较多。

(4) 黑烟

黑烟(smoke)是指在燃烧固体或液体燃料过程中所生成的细小粒子,在大气中漂浮出现的气溶胶现象。黑烟中含有煤烟尘和硫酸微粒。黑烟微粒成为大气中水蒸气的凝结核后可形成烟雾。在一些国家里,是以林格曼数、黑烟的遮光率、玷污的黑度或捕集沉降物的质量来定量表示黑烟的污染程度。黑烟微粒的粒径大约为 $0.05 \sim 1 \mu m$。

(5) 雾

雾(fog)是指气体中液滴悬浮体的总称。在气象中指造成能见度小于 1km 的小水滴悬浮体。

(6) 煤烟尘

煤烟尘(soot)俗称黑烟子。煤烟尘是指伴随燃料和其他物质燃烧所发生的黑色烟尘,粒径在 $1 \sim 20 \mu m$。一般来说,燃烧天然气,煤烟尘生成量少;燃烧煤或木材等碳化物,特别是燃烧其干馏生成物,如焦油(沥青)等一类燃料时,煤烟尘生成量较多。

在我国的环境空气质量标准中,还根据粉尘粒径的大小,将其分为总悬浮颗粒物和可吸入颗粒物。总悬浮颗粒物(TSP)指悬浮在空气中,空气动力学当量直径 $\leqslant 100 \mu m$ 的所有固体颗粒。可吸入颗粒物(PM_{10},$PM_{2.5}$)指悬浮在空气中,空气动力学当量直径 $\leqslant 10 \mu m$($2.5 \mu m$)的颗粒物。

5.2.3.2 气态污染物

气体状态污染物是以分子状态存在的污染物,简称气态污染物。气态污染物的种类很多,大部分为无机气体气态污染物又分为一次污染物(the primary pollutants)和二次污染物(the secondary pollutants)。一次污染物是指直接从污染源排放出的污染物质,如 SO_2、NO、CO、颗粒物等,它们又可分为反应物和非反应物,前者不稳定,在大气环境中常与其他物质发生化学反应,或者作催化剂促进其他污染物之间的反应,后者则不发生反应或反应速度缓慢。二次污染物是指由一次污染物在大气中互相作用经化学反应或光化学反应形成的与一次污染物的物理、化学性质完全不同的新的大气污染物,其毒性比一次污染物还强。最常见的二次污染物如 H_2SO_4 及硫酸盐气溶胶、HNO_3 及硝酸盐气溶胶、O_3、光化学氧化剂 O_x,以及许多不同寿命的活性中间物(又称自由基),如 HO_2、HO 等。

现对上述主要气态污染物的性质、来源及其危害性作简单介绍。

(1) 含硫化合物

含硫化合物主要指 SO_2、SO_3、H_2S 等。其中以 SO_2 的数量最大,危害也最大,是影响大气质量的主要污染物。含硫化合物大都是在燃烧含硫的煤和石油等燃料时产生的。黑色和有色金属冶炼、硫酸化工厂等的生产过程中也排放出大量的含硫化合物。在燃烧过程中,硫先被氧化产生 SO_2,其中约有 5% 在空气中又被氧化成 SO_3。它与大气中的水雾结合在一起,便形成硫酸烟雾。

(2) 氮氧化合物

氮氧化合物(NO_x)种类很多,它是 NO、N_2O、NO_2、N_2O_3、N_2O_4、N_2O_5 等的总称。造成大气污染的 NO_x 主要是 NO、NO_2。NO 的毒性不大,但进入大气中能缓慢被氧化为 NO_2,其毒性为 NO 的 5 倍。当 NO_2 参与大气中的光化学反应,形成光化学烟雾后,其毒性更强。自然生成的 NO_x 来自土壤和海洋中厌气有机物的分解。大气中的 NO_x 主要是人为污染源产生的。人类活动产生的 NO_x 主要来源于燃料的燃烧过程、机动车和柴油机的排气，其次是生产和使用硝酸的工厂、氮肥厂、有机中间体厂及黑色和有色金属冶炼厂等排放的尾气中均含有 NO_x。

（3）碳氧化合物

大气中的碳氧化合物主要是 CO 和 CO_2。CO 主要是由含碳物质不完全燃烧产生的，天然源较少。我国居民普遍采用小炉灶，排放的 CO 含量很高。工业炉窑，如高炉、平炉、转炉和冲天炉等，也排放一定量的 CO。国外则主要来源于汽车尾气，其中含有 4%～8% 的 CO。CO 又称"煤气"，是无色、无臭的有毒气体，其化学性质稳定，在大气中不易与其他物质发生化学反应，可以在大气中停留较长时间。虽然在一定条件下，大气中的 CO 可以转化为 CO_2，但其转变速率很低。人为排放大量的 CO，对植物等会造成危害；高浓度的 CO 可与血液中的血红蛋白结合，对人体造成致命伤害。

CO_2 是大气中一种"正常"成分，它主要来源于生物的呼吸作用和化石燃料等的燃烧。CO_2 参与地球上的碳循环，对碳平衡具有重要的作用。然而，由于当今世界上人口急剧增加，化石燃料的大量使用，使大气中的 CO_2 浓度逐渐增高，这将对整个地—气系统中的长波辐射收支平衡产生影响，并可能导致温室效应，从而造成全球性的气候变化。

（4）碳氢化合物

大气中的碳氢化合物主要指烷烃、烯烃和芳烃，其中有挥发性烃及其衍生物，也有多环芳烃等。挥发性烃由含碳燃料不完全燃烧、石油裂解等过程产生，在光化学反应中产生的衍生物有甲醛、丙醛等。碳氢化合物的主要危害是在 O_3 的存在下，与原子 O、O_2、NO 等能发生一系列复杂的光化学反应，生成诸如 O_3、过氧乙酰硝酸酯（PAN）等氧化物以及甲醛、酮、丙烯醛等还原性物质。这些污染物能在太阳光的照射下产生浅蓝色烟雾，称为光化学烟雾，它的毒性比 NO_2 要强烈得多。

（5）含卤素化合物

大气中以气态存在的含卤素化合物大致可分为以下 3 类：卤代烃，其他含氯化合物、含氟废气。

大气中卤代烃包括卤代脂肪烃和卤代芳烃。其中一些高级的卤代烃，如有机氯农药 DDT、六六六，以及多氯联苯（PCBs）等以气溶胶形式存在，两个或两个以下碳原子的卤代烃呈气态。卤代烃如三氯甲烷、二氯乙烷、四氯化碳、氯乙烯等是重要的化学试剂，也是有机合成工业的重要工业原料和中间体，在生产和使用过程中因挥发而进入大气。海洋也排放了相当多的三氯甲烷。

其他含氯化合物主要是氯气（Cl_2）和氯化氢（HCl）。Cl_2 主要是由化工厂、塑料厂、自来水净化厂等产生，火山活动也排放一定量的 Cl_2。HCl 主要来自盐酸制造、焚烧等。含氟废气主要是指含 HF 和 SiF_4 的废气，来源于炼铝工业、钢铁工业以及磷肥和氟塑料生产等化工过程。

（6）光化学氧化剂

大气中一类氧化能力特别强的氧化剂，如 O_3、过氧化物、过氧乙酰硝酸酯（PAN）等统称为氧化剂。大气中 O_3 浓度平均为 0.01～0.03μL/L，当发生光化学烟雾时，它的浓度可达 0.2～0.5μL/L，能危害人体的健康、生物的生存。O_3 主要伤害人的器官及肺部，对心脏及脑组织也有一定的影响。但低浓度 O_3 可杀灭某些病毒或原生动物，如链球杆菌在 O_3 为 $0.025\mu L/L$，相对湿度为 $60\%\sim80\%$ 时，经 30min 约 90% 死亡。PAN 强烈刺激眼睛，使之发生炎症，流泪不止。

5.2.4 大气污染的扩散

一个地区的大气污染程度，除取决于污染源排放污染物的数量、组成、排放方式、排放源的密集程度及位置等因素之外，还取决于该地区的气象条件和下垫面状况。

5.2.4.1 影响大气污染的气象因素

影响大气污染扩散的主要气象因素是风、湍流与大气稳定度。

(1) 风和湍流

风 空气的水平运动称为风。描述风的两个要素为风向和风速。风对污染物的扩散有两个作用。第一个作用是整体的输送作用，风向决定了污染物的传播扩散方向；第二个作用是对污染物具有冲淡稀释作用，对污染物的稀释程度主要取决于风速。风速越大，冲淡稀释的作用就越好。一般情况下，污染物在大气中的浓度与污染物的总排放量成正比，而与风速成反比，若风速增大 1 倍，则下风向污染物的浓度将降低 1/2。

湍流（turbulent flow） 大气除了整体水平运动以外，还存在着不同于水平方向上的无规则、杂乱无章的运动，这种极端不规则的大气运动称为湍流。其表现为气流的流速和方向随着时间和空间位置的不同而呈随机变化，并由此引起温度、湿度以及污染物浓度等气象属性的随机涨落。大气总是处于不停息的湍流运动之中，排放到大气中的污染物质，在湍流作用下被扩散和稀释。

归结起来，风和湍流是决定污染物在大气中扩散稀释最直接、最本质的因素。风速越大，湍流越强，污染物的扩散速度越快，污染物的浓度就越低。

(2) 温度层结与大气稳定度

大气的温度层结是指大气的气温在垂直方向上的分布，即垂直方向上的温度梯度。大气湍流状况在很大程度上取决于近地层大气的垂直温度分布，因而大气的温度层结直接影响着大气的稳定程度，稳定的大气将不利于污染物的扩散。对大气湍流的测量比较对相应垂直温度的测量要困难得多，因此常用温度层结作为大气湍流状况的指标，从而能够判断污染物的扩散情况。

气温垂直递减率 气温垂直递减率是指在垂直于地球表面的方向上高度每升高 100m 的气温变化值。通常用 γ 来表示，$\gamma=-dt/dz$。由于大气和下垫面的不同及各种物理过程的差异，气温垂直递减率随着时间、地点不同而有所变化。

干空气绝热垂直递减率 干空气团或未饱和的湿空气团绝热上升或下降单位高度（通常取 100m）时，温度降低或升高的数值称为干空气绝热垂直递减率，用 γ_d 表示。它是一个物理常数：$\gamma_d=0.98℃/100m$。

大气稳定度（atmospheric stability） 大气稳定度就是大气在垂直方向上的稳定程度，可根据气温垂直递减率 γ 和干空气绝热垂直递减率 γ_d 来判断。

当 $\gamma>\gamma_d$ 时，表示气团上升时温度随着高度降低速率比周围空气慢，因而气团将加速上升，故大气处于不稳定状态。在这种情况下，排入大气中烟气，上下左右波动很大，沿着主导风向流动扩散较为迅速，有利于大气中污染物的扩散，降低大气污染物的浓度。大气不稳定状态多出现在晴天中午或午后。

当 $\gamma < \gamma_d$ 时，大气处于稳定状态。这时，空气在垂直方向上的运动很弱，不利于大气污染物的扩散。这会使污染物在空气中集聚，使局部区域发生严重的大气污染。多出现在晴天的夜间或早晨。

当 $\gamma = \gamma_d$ 时，大气处于中性状态，这是介于大气稳定和不稳定状态之间的一种中间状态。

5.2.4.2 下垫面对污染物扩散的影响

下垫面是指大气底层接触面的性质、地形及建筑物的构成情况。地形或地面情况的不同及下垫面情况的不同，会影响到该地区的气象条件，形成局部地区的热力环流，表现出独特的局地气象特征。除此之外，下垫面本身的机械作用也会影响到气流的运动，如下垫面粗糙，湍流就可能较强，下垫面光滑平坦，湍流就可能较弱。因此，下垫面通过影响该地的气象条件以及本身的机械作用影响着污染物的扩散。

（1）山谷风

山谷风（mountain-valley breeze）是山风和谷风的总称。它发生在山区，是以 24h 为周期的一种局地环流。山谷风是山坡和谷底受热不均形成的，风向有明显的昼夜变化：白天受热的山坡把热量传递给其上面的空气，这部分空气比同高度的谷中空气温度高，比重轻，于是就产生上升气流。同时谷底中的冷空气沿着山坡爬升补充，形成由谷底流向山坡的气流，称为谷风。夜间山坡上的空气温度下降较谷底快，其比重也比谷底大。在重力作用下，山坡上的冷空气沿坡下沉形成山风。这种昼夜循环交替的风称为山谷风（图5-1）。山风和谷风的方向是相反的，但比较稳定。在山风与谷风的转换期，风向是不稳定的，山风和谷风均有机会出现，时而山风，时而谷风。这时若有大量污染物排入山谷中，由于风向的摆动，污染物不易扩散，在山谷中停留时间很长，特别是夜晚，山风风速小，并伴随有逆温出现，大气稳定，最不利于污染物的扩散，易造成严重的大气污染。

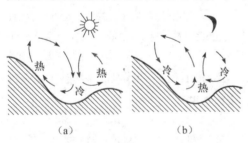

图 5-1　山风和谷风示意
(a) 谷风　(b) 山风

（2）海陆风

海陆风（sea-land breeze）是海风和陆风的总称。它发生在海陆界面地带，是以 24h 为周期的一种局地环流。它是由海洋和陆地之间的热力差异引起的，风向也有明显的昼夜变化：白天，由于太阳辐射，地表受热，陆地增温比海面增温快，陆地气温高于海面气温，热空气上升，使高空的气压增高，因此在海陆大气之间产生了温度差、气压差，使低空大气由海洋流向陆地，称为海风；夜晚，由于有效辐射发生了变化，陆地散热冷却比海面快，空气

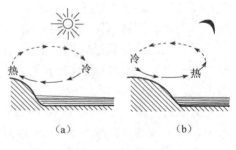

图 5-2　海陆风示意
(a) 海风　(b) 陆风

冷却，密度变大，空气下沉，上层气压减低，而此时海面上的气温较高，空气上升，上空气压增高，形成热力环流，上层风向岸上吹，而在地面则由陆地吹向海洋，称为陆风，如图5-2所示。海陆风的环状气流，不能把污染源排出的污染物完全扩散出去，而使一部分污染物在大气中循环往复，对大气污染扩散极其不利。

（3）城市热岛效应

气温除随高度变化外，还有水平差异。城市热岛效应就是气温的水平差异产生的局部环流。产生城乡温度差异的主要原因有：城市人口密集、工业集中，使得能耗水平高；城市的覆盖物（如建筑、水泥路面等）热容量大，白天吸收太阳辐射，夜间放热缓慢，使低层空气冷却变缓；城市上空笼罩着一层烟雾和CO_2，使地面有效辐射减弱。

因此城市净热量吸收比周围乡村多，城市气温比周围郊区和乡村高。人们把这个气温较高的市中心称为"城市热岛"。这种局地环流的气流从城市热岛上升而在周围乡村下沉，风从城市四周吹向城市中心，这种风称为"城市风"。它把郊区污染源排出的大量污染物输送到市中心，因此，若城市周围有较多产生污染物的工厂，就会使污染物在夜间向市中心输送，造成严重的污染。

5.2.5 大气污染的危害

5.2.5.1 大气污染对人体的危害

大气被污染后，由于污染物的来源、性质、浓度和持续时间的不同，污染地区的气象条件、地理环境等因素的差别，甚至人的年龄、健康状况的不同，对人体会产生不同的危害。

大气中有害物质主要通过下述3个途径侵入人体造成危害：第一，通过人的直接呼吸而进入人体；第二，附着在食物上或溶于水，随着饮食侵入人体；第三，通过接触或刺激皮肤而进入人体，尤其是脂溶性物质更易从皮肤渗入人体。大气污染对人体的影响，首先是感觉上受到影响，随后在生理上显示出可逆性反应，再进一步就出现急性危害的症状。大气污染对人的危害大致可分为急性中毒、慢性中毒、"三致"作用3种。

（1）急性中毒

存在于大气中的污染浓度较低时，通常不会造成人体的急性中毒，但是在某些特殊条件下，如工厂在生产过程中出现特殊事故，大量有害气体溢出，外界气象条件突变等，便会引起居民人群的急性中毒，使原来患有呼吸道慢性病和心脏病的人病情恶化甚至死亡。历史上曾发生过数起大气污染急性中毒的环境公害事件，最典型的是1948年的美国多诺拉事件和1952年的英国伦敦烟雾事件等。

（2）慢性中毒

大气污染对人体健康慢性毒性作用的主要表现是污染物质在低浓度、长期连续作用于人体后所出现的一般患病率升高。目前，虽然直接说明大气污染与疾病之间的因果关系还很困难，但是根据临床发病率的统计调查研究证明，慢性呼吸道疾病与大气污染有密切关系。根据研究，城市居民呼吸系统疾病明显高于郊区。另外据比较，城市地区支气管炎患者比没有受到污染的农村高1倍。如果大气受氟化物污染，可以使人鼻黏膜溃疡出血，肺部有增殖性病变，儿童的牙齿上形成斑釉，严重时导致骨质疏松，易发生骨折。

(3)"三致"作用

随着工业、交通运输业的发展,大气中致癌物质的含量和种类日益增多,比较明确有致癌作用的物质有数十种。例如,某些多环芳烃(如 3,4-苯并芘)、脂肪烃类、金属类(如 As、Be、Ni 等)。这种由于污染物长时间作用于肌体,损害体内遗传物质,引起突变。如果诱发成肿瘤,称致癌作用;如果是使生殖细胞发生突变,后代机体出现各种异常,称为致畸作用;如果引起生物体细胞遗传物质和遗传信息发生突然改变,称为致突变作用。

5.2.5.2 大气污染对器物的损害

大气污染物对器物的损害包括玷污性损害和化学损害两个方面。

(1)玷污性损害

玷污性损害是尘、烟等粒子落在器物表面造成的,有的可以通过清扫冲洗除去,有的很难清除。

(2)化学性损害

化学性损害是由于污染物的化学作用,使器物腐蚀变质。如 SO_2 及其生成的酸雾、酸滴等,能使金属表面产生严重的腐蚀,使纸制品、纺织品、皮革制品等腐蚀破碎,使金属涂料变质,降低其保护效能等。

5.2.5.3 大气污染对植物的影响

大气污染对植物的危害,随着污染物的性质、浓度和接触时间,植物的品种和生长期,气象条件等的不同而异。气体状污染物通常都是经过叶片的气孔进入植物体,然后逐渐扩散到海绵组织、栅栏组织,破坏叶绿素,使组织脱水坏死,或干扰酶的作用,阻碍植物的生长。颗粒状污染物能擦伤叶面,阻碍阳光,影响光合作用,影响植物的正常生长。

污染物对植物的危害也可分为急性危害、慢性危害和不可见危害 3 种。急性危害是污染物浓度很高的情况下,短时间内所造成的危害。植物出现明显的伤害症状,一般容易发现。慢性危害是污染物浓度较低的情况下,经长时间接触(几十天)后造成的危害。植物逐渐出现一些不良反应,表现生长不够茂盛,生育不良,受伤害症状不明显或逐渐表现出来。往往不易被人们注意。不可见伤害也称为隐性危害或生理危害,一般在污染物浓度特别低时,污染物对植物的生理生化过程产生一定的影响,但其影响程度未达到叶片表现受害症状的水平,而仅对生育有一定的抑制,对产量有轻微的影响,但在外观上看不出症状,需要有精密的方法、良好的对照和监测分析才能准确识别,一般常被忽视。

正确认识和区分植物受到各种大气污染物危害所产生的伤害症状,对于及时了解和掌握大气污染状态,采取有效的防治措施,积极地开展环境保护工作,具有十分重要的意义,现将上述各种大气污染物对植物叶片伤害的主要症状归纳于表 5-3,以供比较鉴别使用。

表 5-3 大气污染物对植物叶片的伤害症状

大气污染物	典型症状	敏感和抗性植物
二氧化硫(SO_2)	双子叶植物叶脉间出现土黄或红棕色大小不等的点、块状伤斑,与正常组织间界限分明。单子叶植物沿平行叶脉出现条状伤斑	敏感植物有紫花苜蓿、大麦、烟草、棉花等;抗性植物有马铃薯、玉米、高粱、洋葱等

(续)

大气污染物	典型症状	敏感和抗性植物
氟化物（MF）	对植物的危害症状表现为与叶片内的钙质反应,生成难溶性氟化钙,从而干扰酶的活性,阻碍代谢机制,破坏叶绿素和原生质。危害症状主要在幼嫩叶片的尖端和边缘出现,与正常组织间有一明显的暗红色界限	敏感植物有玉米、高粱、桃、杏、唐菖蒲等;抗性植物有小麦、棉花、番茄、柑橘、苜蓿等
氮氧化物（NO_x）	叶脉间出现不规则性状的白色、黄褐色或棕色伤斑,有时出现全叶点状斑	敏感植物有大豆、番茄、芝麻、烟草、甘薯等;抗性植物有黄瓜、水稻、玉米、西瓜、柿、石楠等
臭氧（O_3）	多在整个叶片上散布着棕色或黄褐色细密点状伤斑	敏感植物有烟草、番茄、马铃薯、花生、小麦、葡萄等;抗性植物有唐菖蒲、胡椒、银杏、甜菜等
过氧乙酰硝酸酯（PAN）	叶背变成白色、棕色、古铜色或玻璃状,不呈点、块状伤斑。有时在叶尖、中部或基部出现坏死带	敏感植物有番茄、扁豆、莴苣、芥菜、芹菜、马铃薯等;抗性植物有玉米、棉花、黄瓜、洋葱等
氯气（Cl_2）	多数在叶脉间出现点、块状伤斑,与正常组织间界限模糊或有过渡带,严重时整个叶片褪绿漂白	敏感植物有紫花苜蓿、玉米、烟草、苹果等;抗性植物有大豆、枣、臭椿、侧柏等
氨气（NH_3）	症状首先出现在成熟叶,叶脉间出现点、块状褐色或黑褐色伤斑,与正常组织间界限分明	敏感植物有棉花、芥菜、向日葵等;抗性植物有桃、花生、玉米、苹果、芋头等

注：MF 为氟化物。

5.3 全球大气环境问题

5.3.1 酸雨

5.3.1.1 酸雨的形成

所谓酸雨是指酸性的大气降水,它包括酸性雨、雪、雾、露等沉降,通常把 pH 值低于 5.6 的降水叫酸雨。酸雨（acid rain）是一个国家和地区大气污染的重要标志之一。实际上,大气环境酸化现象存在着两类互有密切联系的酸性物质大气沉降即湿沉降和干沉降。前者即通常说的酸雨,后者包括酸性气体、颗粒物及有关物质沉降,它们统称为酸沉降。近十几年来,酸沉降在世界许多地区频繁出现。早在 1852 年,在英国的一本科学杂志上,首次发表了曼彻斯特附近地区降雨中有硫酸的报道,而酸雨这个词是 1872 年英国化学家史密斯首次提出的。所以有关酸雨的研究已有 100 多年历史,但是从科学的角度看来,酸雨仍然是一个虽已确认但还搞得不太清楚的问题。

在欧洲和北美洲,酸雨成了主要的环境问题。在亚洲和拉丁美洲的部分地区,酸雨也成为了人们关注的环境问题。我国是继欧洲、北美洲之后的世界第三大重酸雨区。20 世纪 80 年代,我国的酸雨主要发生在以重庆、贵阳和柳州为代表的川贵两广地区,酸雨区面积为 $170 \times 10^4 km^2$。到 20 世纪 90 年代中期,酸雨灾害已发展到长江以南、青藏高原以东及四川盆地的广大地区,酸雨面积超过了 $100 \times 10^4 km^2$。以长沙、赣州、南昌、怀化为代表的华中酸雨区已成为全国酸雨污染最严重的地区,其中心区年降酸雨频率（一年内酸雨次数占总降雨次数的比例）高于 90%,几乎到了"逢雨必酸"的程度。以南京、上海、杭州、福州、青岛、厦门为代表的华东沿海地区也成为我国主要的酸雨区。华北、东北的局部地区也出现酸性降水。酸雨在我国已呈扩大之势，覆盖面积已占国土面积的30%以上。

酸雨的形成是一个极为复杂的大气物理和大气化学过程。降水在形成和降落过程中，会吸收大气中的各种物质，如果酸性物质多于碱性物质，就会形成酸雨。雨水的酸化主要是污染大气的SO_2和NO_x（主要指NO和NO_2），两者在雨水中分别转化成H_2SO_4和HNO_3，平均来讲，酸雨中有80%~100%是硫酸和硝酸成分，而其中又以硫酸为主。酸雨的形成过程大致分为云内成雨过程和云下冲刷过程。前一过程包括水蒸气冷凝在含有SO_4^{2-}、NO_3^-等的粒子上，在结核上或云滴吸收SO_2、NO_x以及气溶胶粒子在形成雨滴的过程中结合在一起。云下冲刷过程是将云下低层大气中的各种酸性微粒、气体，通过吸附、冲刷然后降落到地面。一般认为酸雨是工业和民用燃煤或燃油排放的SO_2和NO_x转化为H_2SO_4和HNO_3而成的。我国酸雨大都是硫酸型的，硝酸含量不足总酸量的10%，但随着城市汽车的增加，酸雨中硝酸的成分有增加的趋势。

5.3.1.2 酸雨的危害

酸雨有"空中死神"之称，危害极大，包括湖泊、河流、地表水的酸化以及对鱼类和其他水生生物的危害；森林生产力下降、土壤酸度增加；建筑物被腐蚀等。表现在以下方面。

（1）对水生生态系统的危害

酸雨对水生生态系统的危害最为严重。酸雨使水体酸化，一方面使鱼卵不能孵化或成长，微生物组成发生改变，有机物分解缓慢，浮游植物和动物减少，食物链发生改变，鱼的品种与数量减少，严重时使所有鱼类死亡；另一方面，由于水体酸化，许多金属的溶解加速，水体中金属离子的浓度增高，一旦超过了鱼类生存的环境容量，也导致鱼类大量死亡。

（2）对陆地生态系统的危害

酸雨对陆地生态系统的影响主要体现在以下几个方面。

土壤酸化　酸雨降落到地面后使土壤pH值降低，这种土壤酸化现象导致了一系列环境问题。首先是土壤贫瘠化。在土壤酸化过程中，土壤里的K、Ca、Mg等营养元素不断溶出、洗刷而流失；土壤中的微生物受到不利的影响，使微生物固氮和分解有机质的活动受到抑制，这都将导致土壤贫瘠化过程的加速。其次是土壤中有毒元素的溶出。土壤酸化的结果将使许多有毒元素进入土壤溶液，如Al、Cu、Cd等金属，其中有的伤害植物的根系，使树木不能吸收足够的水分和养料；有的对树干、树叶有伤害作用；还有的会降低植物抗病虫害的能力，减少陆生生态系统的生产量。

森林破坏　由于土壤酸化和酸雨的降落，陆地生态系统受到严重影响，其中最为严重的是森林。酸雨对森林的危害已经造成了无法挽回的损失。我国有代表性的例子是重庆万州地区的65 000 hm² 松林中已经有26%的松树死亡，还有55%的松树遭到严重危害；峨眉山山顶的冷松也因酸雨侵害有些死亡。

农作物的影响　土壤酸化影响农作物生长，酸雨直接降落到植物叶面也会使植物受害或死亡，造成减产。pH值越低，对作物影响越大。酸雨还会伤害植物的芽和叶，尤其是新生叶芽，影响植物的生长发育。

（3）对建筑物和艺术品的危害

酸雨能够通过直接化学腐蚀和电化学腐蚀破坏各种建筑物（包括历史和文化古迹、雕塑)、金属、油漆涂层等各种物料,特别是许多以大理石和石灰石为材料的历史建筑物和艺术品,耐酸性差,容易受酸雨腐蚀和变色。降水酸度越大,腐蚀速度越快。酸雨正在和其他污染物一起把古希腊建筑融化掉;法国里昂教堂表面受侵蚀,雕像的脸部已无凹凸感;我国重庆市江边的元代石刻佛像,曾经完好无损地保存了几个世纪,如今却因为酸雨而面目全非,成为"回归自然"的石头。

(4) 对人体健康的影响

酸雨对人体健康的影响是间接的。酸雨会造成地表水和地下水体的酸化,使水中重金属含量增高,饮用这类水或食用酸性河水中的鱼类,都会对人体健康有所危害。据报道,很多国家由于酸雨的影响,地下水中 Al、Cu、Zn、Cd 含量已经上升到正常值的 10~100 倍。

5.3.1.3 防治酸雨的措施和途径

随着对酸雨认识的不断加深,人们提出了越来越多的减缓对策。一般来说包括两类,主动地大幅度削减 SO_2 和 NO_x 等空气污染物的排放和被动地对被污染的环境进行改造恢复。从各国情况来看,控制酸性污染物排放和酸雨污染的主要途径有:对原煤进行洗选加工,减少煤炭中的硫含量;优先开发和使用各种低硫燃料,如低硫煤和天然气;改进燃烧技术,减少燃烧过程中 SO_2 和 NO_x 的产生量;采用烟气脱硫装置,脱除烟气中 SO_2 和 NO_x;改进汽车发动机技术,安装尾气净化装置,减少 NO_x 的排放。

为了综合控制燃煤污染,国际社会提倡实施系列的包括煤炭加工、燃烧、转换和烟气净化各个方面技术在内的清洁煤技术。这是解决 SO_2 排放的最为有效的一个途径。对已存在的酸雨,可以利用石灰处理,提高湖泊、河流和土壤的 pH 值,对它们进一步酸化能够起到缓冲作用。控制酸雨污染是大气污染防止法律和政策的一个主要领域,它主要包括两方面的措施:一是直接管制措施,其手段有建立空气质量、燃料质量和排放标准,实行排放许可证制度;二是经济刺激措施,其手段有排污税费、产品税(包括燃料税)、排放交易和一些经济补助等。西方国家传统上比较多地采用了直接管制手段,但从 20 世纪 90 年代初以来,开始注重经济刺激手段的应用。西欧国家较多应用了污染税(如燃料税和硫税)。

同时还要开展国际合作。酸雨在世界各地不断蔓延,各国与组织机构应联合行动,进行共同防治。为了更好地防范酸雨的危害,1979 年,欧洲及北美洲 35 个国家签订了《长程越界空气污染公约》,该公约于 1983 年 3 月生效,其中关于"至少减少 30%硫排放或跨国境流动"议定书,于 1987 年 9 月,有 17 个欧洲国家和加拿大批准。亚洲国家间的酸雨防治合作也很多,1987—1988 年,中日组织了联合调查,进行了与酸雨有关的气体、气溶胶等测定的科研工作;1989 年,日本、韩国和中国的研究人员还对日本海降水中的大气污染物进行了测定、解析。1992 年联合国环境规划署委托世界气象组织收集了世界范围内的有关酸雨的数据。这些行动都充分表明酸雨危害已引起全球范围的重视。

5.3.2 O_3 层破坏

5.3.2.1 O_3 层破坏的原因

在大气圈约 25km 的平流层底部,有一个 O_3 浓度相对较高的小圈层,即臭氧层。大气中的 O_3 浓度很低,平均浓度仅约 0.9×10^{-10} g/cm^3,若把其集中起来并校正到标准状况,平均厚度仅为 0.3cm。O_3 在大气中分布得不均匀,低纬度较少,高纬度较多。就是这样一

个 O_3 层却吸收了 99% 的来自太阳的高强度紫外线，保护了人类和生物免受紫外线辐射的伤害。

自 20 世纪 70 年代以来，全球 O_3 总量明显减少，O_3 层的损耗不只发生在南极，在北极上空和其他中纬度地区也都出现了不同程度的 O_3 层损耗现象。北极地区在 1~2 月间，16~20km 高度的 O_3 损耗约为正常浓度的 10%，北纬 60°~70°范围的 O_3 浓度的破坏约为 5%~8%。根据全球总 O_3 浓度的观测结果，除赤道地区外，O_3 浓度的减少在全球范围内发生，O_3 总浓度的减少情况随着纬度的不同而有差异，从低纬度到高纬度 O_3 的损耗加剧。

O_3 层破坏的原因十分复杂，有多种见解。但是大多数人认为，人类活动排入大气的某些化学物质与 O_3 发生作用导致了 O_3 的损耗，这是 O_3 层破坏的主要原因。可以引起 O_3 层破坏的物质，应该是具有光学活性，并可以分解出具有催化活性的物质，这些物质主要有 N_2O、CCl_4、CH_4、哈龙（Halons）以及氯氟烃类（CFCs）等，破坏作用最大的为 CFCs 与 Halons。

当 CFCs 和 Halons 进入平流层后，通常表现为化学惰性的形态（$ClONO_2$ 和 HCl），并无原子态的活性 Cl 和 Br 的释放。南极的科学考察和实验室研究证明，具有化学惰性的 $ClONO_2$ 和 HCl 在平流层云表面会发生化学反应：

$$ClONO_2 + HCl \longrightarrow Cl_2 + HNO_3$$
$$ClONO_2 + H_2O \longrightarrow HOCl + HNO_3$$

生成的 HNO_3 被保留在云滴相中。当云滴成长到一定的程度后将会沉降到对流层，与此同时也使 HNO_3 从平流层去除，其结果是造成 Cl_2 和 $HOCl$ 等组分的不断积累。

Cl_2 和 $HOCl$ 在紫外线照射下极易光解，释放出高活性原子态的 Cl 和 Br，Cl 和 Br 原子也是自由基。氯原子自由基和溴原子自由基就是破坏 O_3 层的主要物质。它们对 O_3 的破坏是以催化的方式进行的：

$$Cl + O_3 \longrightarrow ClO + O_2$$
$$ClO + O \longrightarrow Cl + O_2$$
$$总反应：O_3 + O \xrightarrow{Cl} 2O_2$$

这种连续反应的结果是一个 Cl 就可以破坏 10×10^4 个 O_3。而 O_3 被破坏的直接后果是导致地表紫外线辐射增强。

5.3.2.2 O_3 层破坏的危害

（1）对人体健康的影响

O_3 层耗损对人类健康及其生存环境的主要危害是大量紫外线直接辐射到地面，从而导致人类皮肤癌、白内障发病率增高，并抑制人体免疫系统功能。研究表明，如果平流层 O_3 浓度减少 1%，地面不同地区紫外线辐射将增加 1.9%~2.2%，由此皮肤癌发病率增加 1.5%~2.5%，白内障发病率将增加 0.2%~1.6%。

（2）对植物的影响

O_3 层耗损会使农作物受害减产，影响粮食生产和食品供应，严重时会导致地球上粮食出现危机。植物过多地暴露在紫外线照射下，也会有各种不良反应。研究结果表明：接收额外紫外辐射的植物，其生长速度下降 20%~50%，叶绿素含量减少 10%~30%，有害突变的频率增加 20 倍，幼苗受到的伤害更为严重。大豆在紫外线照射下更易受到杂草和病虫害的损害，减少产量。

(3) 对水生生态系统的危害

O_3 层耗损会破坏海洋生态系统复杂的食物链和食物网，使一些生物物种灭绝，导致生态失衡。处于海洋生物食物链最底部的小型浮游生物，大多在水的上层，紫外线太强，影响这些生物的光合作用，对水生生态系统造成破坏；另一方面，水中微生物的减少，会导致水体自净能力降低。单细胞藻类对光照十分敏感，有些藻类甚至在自然阳光下也只能暴露几小时。若紫外辐射加强，则预计存活时间要减少 1/2。此外，过强的紫外线还可能杀死幼鱼、小虾和小蟹。有研究表明，若 O_3 量减少 9%，由于紫外线的增强，约有 8% 的幼鱼死亡。

(4) 其他危害

此外，根据观测，平流层 O_3 含量虽然在减少，但对流层 O_3 含量有增加的趋势。光照可以引起许多化学反应，紫外线能量比可见光高，所以更容易引发各种化学破坏，这就造成建筑物涂层、包装材料、塑料制品等的老化；在大气污染中，光化学烟雾的形成与阳光有密切的关系。臭氧层破坏，紫外光长驱直入，可能会加重光化学烟雾污染。

5.3.2.3 防止 O_3 层破坏的国际对策

大气中 O_3 层的损耗主要是由消耗 O_3 层的化学物质引起的，因此对这些物质的产生量及消费量应加以限制。减少或停止这些物质向大气的排放，将是防止 O_3 层损耗的有效措施。

1985 年 2 月 22 日联合国环境规划署通过《保护臭氧层维也纳公约》，1987 年签订的《消耗臭氧层物质的蒙特利尔议定书》（以下简称《议定书》），对 CFCs 及 Halons 两类中的 8 种物质进行了限控，并于 1989 年 1 月 1 日生效。由于该议定书的不完善又于 1990 年对《议定书》进行了修正。受控物质增加到 6 类几十种，把 CCl_4、$HCCl_3$ 等都列为限控物质，并规定发达国家到 2000 年完全停止使用这些物质，发展中国家在 2010 年完全停止使用这些物质。在进行这样的限定后，预计 2050 年北极 O_3 减少速率低于现在，而到 2100 年以后南极 O_3 层空洞将消失。保护 O_3 层也是近十几年才形成的环境热点问题。1997 年世界环境日的主题是"关注 O_3 层破坏、水土流失、土壤退化和滥伐森林"。这说明臭氧层破坏的问题虽然涉及面较小，没有全球变暖那样复杂和直接影响国民经济的各个方面，但是这个问题也已经引起了各界的广泛关注。

在发达国家，出于对消耗臭氧层物质（ODS）的替代品和替代技术的准备比较充分，因此完成限控指标比较容易。而在发展中国家，有的虽有一定的生产 CFCs 的能力，但缺乏发展其替代品和替代技术的能力，因而《议定书》规定的限制条款，必将给这些国家带来一定的经济损失。

我国在 1991 年宣布加入修正后的蒙特利尔议定书，为了履行公约，1993 年国务院批准了《中国消耗臭氧层物质逐步淘汰国家方案》和《中国淘汰哈龙战略》，并已进入实施阶段。"九五"期间，我国继续与有关国际组织密切合作，认真实施淘汰计划，按照规定的期限，控制和禁止消耗臭氧层物质（ODS）的生产、进口和使用，并陆续发布了在使用灭火器和在气溶胶行业、泡沫塑料行业中禁用和淘汰 ODS 的通知，并发布了禁止新建生产、使用 ODS 设施的通知，认真履行《议定书》的规定。除此之外，我国还积极开展了 ODS 的替代品及替代技术的开发和研究工作。

5.3.3 全球气候变暖

5.3.3.1 全球气候变暖的原因

所谓全球气候变化问题，主要是指世界范围内平均气温的变化。目前，全球气候变暖的说法已经被大多数人接受，成为困扰全球的大气环境问题。根据国内外现存气象观察资料的研究表明，近100年来，全球平均地面气温增加了0.3~0.6℃，气候确有变暖的趋势。全球平均海平面上升了14cm，也是全球变暖的有力证据。但是地球上不同纬度、不同区域、不同季节，其气候变化的趋势和幅度是存在明显差异的。通过对近40年来我国气象台站的年平均气温分析表明：东北、华北、新疆北部等地区有变暖趋势，但我国南部地区变暖不明显。

气候变暖的原因是错综复杂的，既有自然因素的作用，也有人为因素的影响。国内外大多数科学家认为，温室效应是造成全球变暖的主要原因。大气中温室气体含量逐年增加，每年增加约0.4%，它好像能够日益加厚的透明薄膜，太阳短波辐射可以透过大气层射入地面，但地面向外放出的长波热辐射却被大气中的温室气体所抑制或吸收，这样就使地面与低层大气温度增高，因其作用类似于栽培农作物的温室，故称为温室效应。

能产生温室效应的气体是大气中存在的许多含量较少或极少的气体，它们统称为温室气体。温室气体种类繁多，在已知的39种温室气体中，CO_2是产生温室效应的最主要的温室气体，它起55%的作用；其次是氟利昂（CFCs）占17%，CH_4占15%，N_2O占6%；其他温室气体仅起7%的作用。温室效应加强，地球温度就会上升。大气中CO_2浓度增加的人为原因主要有两个：①化石燃料的燃烧。目前全世界矿物能源的消耗大约占全部能源的90%，排放到大气中的CO_2主要是燃烧化石燃料产生的。据估算，化石燃料燃烧所排放的CO_2占排放总量的70%。②森林的破坏。一方面森林的破坏使光合作用减少，则植物吸收的CO_2减少，这意味着大气中温室气体的CO_2含量增高，致使气温升高；另一方面在毁林过程中，人类大量燃烧树木，也致使CO_2的排放量增高，进而使大气中CO_2浓度升高。如果大气中CO_2含量增加一倍，地球表面温度将升高4~6℃。氟利昂是一类人工合成物质，是石油碳氢化合物的卤素衍生物。由于CFCs化学性质稳定，具有不燃、无毒、介电常数低、临界温度高、易液化等特性，因而广泛用作冷冻设备和空气调节装置的制冷剂。CFCs不仅作为温室气体引起人们关注，其破坏臭氧层的作用更加令人担忧。CH_4对温室效应的影响比同样量的CO_2大20倍，因此它在大气含量中的增长也引起人们的关注。人类活动中，稻田耕作、家畜饲养、煤矿和天然气的开采等都会引起CH_4的排放。这就是说，人口的增多，人类活动的增加都致使大气中CH_4含量的增加。N_2O也是一种温室气体。N_2O浓度增加有两个主要人为原因：一是农田化肥用量的增加，导致大气中NO_x浓度增加；二是燃烧过程中NO_x的排放。据研究，煤燃烧过程中，低温燃烧时，N_2O的排放量较高。例如，沸腾燃烧炉在燃煤过程中排放的N_2O量比较大。

进入21世纪以来，这些被称为温室气体的物质在大气中的浓度都有所上升，全球变暖的事实与此联系起来，大气污染导致气温上升的看法绝不是"杞人忧天"。为了阻止全球变暖趋势，1992年联合国专门制订了《联合国气候变化框架公约》，该公约于同年在巴西里约热内卢签署生效。依据该公约，发达国家同意在2000年之前将他们释放到大气层中的CO_2及其他"温室气体"的排放量降至1990年时的水平。1997年，《联合国气候变化框架公约》第三次缔约方大会在日本京都举行，会议通过《京都议定书》，为发达国家设定强制性减排目标。2009年12月，来自190多个国家和地区的代表参加联合国哥本哈根气候变化大会，旨在寻求达成《京都议定书》第一承诺期到期后新的减排协议。

5.3.3.2 全球气候变暖的影响

尽管对全球气候变暖的成因还有激烈的争论，但科学家已在研究全球气候变暖对世界的影响，有的结论很乐观，有的很悲观，这些研究和预测则都是具有科学价值的。科学家们估计，全球变暖对世界的影响集中在这样几点。

（1）海平面上升

海平面上升是温室效应的必然结果，由于全球变暖将使海水受热膨胀，地球南北两极的冰川融化，造成海平面上升。当前，世界大气温度正以每年0.1℃的速度上升，全球海平面在过去的百年里上升了14.4cm，我国沿海的海平面也平均上升了11.5cm。海平面的升高将严重威胁低地势岛屿和沿海地区人民的生产、生活和财产安全。首当其冲的是数十个小岛国家，如马尔代夫；其次是沿海城市，包括国际化大都市上海、曼谷、伦敦、纽约等。海平面上升，除了失去领土外还可能产生海水倒灌、洪水排泄不畅、土地盐渍化等问题，航运和水产养殖业也可能受到影响。

（2）气候变化

全球气候变暖将引起世界温度带的移动，大气运动也会产生相应的变化，降水情况也会发生改变。气候变化明显特点如下：①大部分地区温度上升（但也有例外）。远离赤道的地区最为明显；②全球降雨量增加，全球陆地降雨量增加了1%；③沿海岸的亚热带地区会出现更潮湿的季风；④台风的强度增强；⑤飓风更频繁、更强大，并向高纬度地区发展。

（3）对生物多样性的影响

全球气候的变化必然会给生物圈造成多种冲击。生物群落纬度分布和生物带会有相应的变化，很可能有部分植物、高等真菌物种处于濒临灭绝和物种变异的境地，植物的变异也必然会影响到动物群落。气候变暖会使森林火灾更为频繁和严重。

（4）对全球人类的影响

全球气候变暖导致自然界的变化，这也必将影响到人类，这种影响是很难估计的。目前，已经出现的一些问题可以列举如下：①对农业的影响。地球增温将出现更多的气候反常，如干旱、洪水、酷热或严寒、暴风雨雪或飓风必将会导致更多的自然灾害，造成农作物歉收、病虫害流行、鱼类和其他水产品减少。如许多鱼米之乡（长江三角洲）将被海浪殃及。②传染性疾病可能扩大分布范围。随着气候的变暖和反常，被称为"传病媒介"的那些动物、微生物和植物可能扩大分布范围，造成更多的致病病毒和细菌向人类进攻，出现全球性流行性传染病，如登革热、黄热病、疟疾等。③改变水资源分布和水量。全球气候变暖可能引起水量的减少和洪水的泛滥。当今世界水资源缺乏的国家日益增多，如果气候继续变化，很可能造成更多的缺水国家和缺水地区，由此而引起的冲突将会增多，环境安全将成为国际性问题，甚至引发战争。

5.3.3.3 全球变暖控制对策

全球气候变暖是由于温室效应引起的，而温室效应又是由于温室气体的排放造成的，因而控制和防治温室效应的根本途径是减少大气中温室气体的含量，特别是 CO_2 的含量。

（1）调整能源结构，发展低碳经济

"低碳经济"是指在可持续发展理念指导下，通过技术创新、制度创新、产业转型、新能源开发等多种手段，尽可能地减少煤炭石油等高碳能源消耗，减少温室气体排放，达到经济社会发展与生态环境保护双赢的经济发展形态。全球气候变暖及其对人类生存造成的损害和威胁已为世人公认。中国政府在哥本哈根会议上阐述了应对气候变化问题的原则立场，即必须保持成果的一致性、坚持规则的公平性、注重目标的合理性、确保机制的有效性。中国发展低碳经济的当务之急，是转变经济发展模式，调整产业结构，实现从重化工业向高新技术型工业的转变，依靠科学发展观和先进的科学技术，走低碳高效发展的中国之路。应改变能源结构、控制化石燃料使用量、增加核能和可再生能源使用比例；提高发电和其他能源转化部门的效率；提高工业生产部门的能源使用效率，降低单位产品能耗；提高建筑采暖等民用能源效率等。

（2）开展植树造林

森林通过光合作用吸收 CO_2，放出 O_2，把大气中的 CO_2 转化为碳水化合物，并以生物量的形式固定下来，这个过程国际上把它称作碳汇。从一定意义上讲，森林具有以最低成本实现最大固碳效益的特性，是固态的碳，是地球碳循环的重要载体，是陆地上最大的"储碳库"和最经济的"吸碳器"。科学研究表明：森林每生长 $1m^3$ 的蓄积量，平均能吸收 1.83t CO_2，释放 1.62t O_2。

（3）加强环境意识教育，促进全球合作

缺乏环境意识是导致环境灾害发生的重要原因，为此，应通过各种渠道和宣传工具，进行危机感、紧迫感和责任感的教育。使越来越多的人认识到温室灾害已经开始，气候有可能日益变暖，人类应为自身和全球负责，建立长远规划，防止气候恶化。必须把地球环境作为整体统一考虑、合作治理，认真对待地球变暖问题，否则各国的发展进步都是无法实现的。

5.4 大气污染与防治

5.4.1 控制大气污染的原则和措施

5.4.1.1 大气污染综合防治的基本原则

一般区域的大气污染综合防治，是相对于单个污染源治理而言的。此处所指的区域是指某一特定区域（包括某一地区或城市，或更广大的特定区域），把区域大气环境看做一个统一的整体，经调查评价、统一规划，综合运用各种防治措施，改善大气环境质量。由工业污染源的单项治理（如工业废气），到城市大气污染综合防治，再到区域、全球大气污染综合防治。大气污染防治的概念是随着人类防治环境问题的漫长历程而发展变化。

大气污染综合防治是区域环境污染综合防治的重要组成部分。从区域大气环境的整体出发，以改善大气环境质量为目标，制定大气污染综合防治规划。综合防治应抓住主要问题，把各种有效措施组合成多种方案，经综合分析、整体优化，达到经济效益、社会效益与环境

5 大气环境

效益的统一。

开展大气污染综合防治必须遵循以下几条基本原则。

(1) 推行清洁生产，控制污染源头

联合国环境规划署对清洁生产的定义是：清洁生产是指将综合预防的环境策略持续应用于生产过程和产品之中，以期减少对人类和环境的风险。对生产过程，清洁生产包括节约原材料和能源，淘汰有毒原材料并在全部排放物和废物离开生产过程以前，减少它们的数量和毒性。对产品而言，清洁生产策略旨在减少产品的整个生命周期，从原料的提炼到产品的最终处置对人类和环境的影响。清洁生产的定义涉及两个全过程控制，即生产过程和产品整个生命周期循环过程。清洁生产是对污染实行源头控制的重要措施，推行清洁生产不但可避免排放废物带来的风险和降低处理、处置的费用，还会因提高资源利用率、降低成本，带来经济上的好处。

(2) 合理利用环境自净能力与人为措施相结合

在环境调查研究和环境预测的基础上，编制环境经济规划和区域环境规划；进行环境区划和环境功能分区，按环境功能分区的要求对工业企业按类型进行合理布局。了解和掌握区域环境特征（如风向、风频、逆温、热岛效应等）、污染物的稀释扩散等自净规律，使污染源合理分布，并控制污染源密度。因此，只有全面规划、合理布局，才能合理利用环境自净能力。其次，依据区域环境特征和自净能力，确定经济合理的污染物排放标准和排放方式。最后，在进行大气污染治理时，不要仅从单个污染源的治理来考虑，而要对环境自净能力与人工治理措施综合考虑，组合成不同的方案，然后选择最优（或较优）的方案。

(3) 综合防治与分散治理相结合

区域污染综合防治以污染集中控制为主，谋求区域环境质量的改善和提高污染治理的经济效益。如改变城市燃料构成和供热方式，发展城市燃气和集中供热，替代民用燃煤炉灶和分散供热锅炉；逐步淘汰燃烧效率低、污染严重的陈旧锅炉和机动车产品等。此外，区域的污染综合防治要以污染源分散治理为基础，各主要污染源采取治理措施后能达到总量控制的指标，才能实现区域污染综合防治的目标。

(4) 按功能区实行总量控制

按功能区实行总量控制是指在保持功能区环境质量符合要求的前提下，所能允许的某种污染物的最大排污总量。环境功能区的环境质量主要取决于区域的污染物排放总量，而不是单个污染源的排放浓度是否达标。如某一功能区大气污染源的密度大，即使单个污染源都达标排放，整个功能区的污染物排放总量仍会超过环境容量。反之，在大气污染源规模小、数量少，气象条件有利于扩散稀释的情况下，虽单个污染源未达标排放，但排污总量也不会超出环境容量。因此，必须实施污染物排放浓度控制与污染物排放总量控制相结合的原则。

(5) 技术措施与管理措施相结合

污染综合防治一定要管治结合，污染治理固然十分重要，但在我国财力有限、技术条件落后的现实条件下，通过加强环境管理来解决环境问题就显得更为重要。根据工业污染源调查的资料，由于粗放经营、管理不善造成的污染物流失约占污染流失总量的50%，因而有许多环境污染问题通过加强管理就可得到解决。另外，运用管理手段，坚持实行排放申报登记、排污收费、限期治理等各项环境管理制度，可以促进污染治理。而污染治理工程建成投入后，也必须建立严格的管理制度，才能保证污染治理实施持续地正常运行。

5.4.1.2 大气污染的综合防治措施

大气污染综合防治是指为了达到区域环境空气质量控制目标，对多种大气污染控制方案的技术可行性、经济合理性、区域适应性和实施可能性等进行最优化选择和评价，从而得出最优的控制技术方案和工程措施。大气污染综合防治的基本点是防与治的结合，这种结合立足于环境问题的区域性、系统性和整体性的基础之上。大气污染作为环境污染的一个方面，也只有纳入区域环境综合防治之中，才能较好地得到解决。

（1）加强大气环境管理，制定防治规划

进行大气环境质量管理，要严格执行国家大气质量标准、大气污染物排放标准和工程设计标准，积极开展大气质量监测和大气质量评价工作。这些标准和法规，规定了居民区和工矿企业区不致引起居民急性和慢性中毒的空气中各种污染物的最高容许浓度，适合目前经济条件和科学技术水平下，规定的排放废气中有毒有害物质的最高容许浓度以及相应的工业企业设计要求。这些标准及法规的执行，限制了污染物的排放，调整和控制了污染物排放总量，使其不超过大气环境的净化能力，从而使大气污染问题得到解决。

由于影响大气环境质量的因素很多，因此要控制大气环境污染，无论是对一个国家，还是对一个地区或城市，都必须进行全面而长远的大气环境保护规划。所谓大气污染综合防治规划是指从区域大气环境整体出发，针对该地域内的大气污染问题，根据对大气环境质量的要求，以改善大气环境质量为目标，抓住主要问题，综合运用各种措施，组合、优化确定大气污染防治方案。制定大气污染综合防治规划，是在新形势下实施可持续发展战略、全面改善城市大气质量环境的重要措施。

（2）调整工业结构，推行清洁生产

工业结构是工业系统内部各部门、各行业间的比例关系，是经济结构的主体。工业部门不同、产品不同、生产规模不同，则单位产值污染物的产生量、性质和种类也不同。因此在经济目标一定的前提下，通过调整工业结构可以降低污染物排放量。实践证明，因地制宜地优化工业结构，可削减工业排放量10%~20%。合理、适宜地调整地区的工业结构，进而改善该地区的生态结构，促进良性循环。在调控工业结构的同时，必须实施清洁生产。所谓清洁生产包括清洁的生产过程和清洁的产品两个方面。对生产工艺而言，节约资源与能源、避免使用有毒、有害原材料和降低排放物的数量和毒性，实现生产过程不危害生态环境、人体健康和安全，使用寿命长，易回收再利用。清洁生产把综合预防的环境策略持续地应用于生产过程和产品中，从而减少排放废物对人类和环境带来的风险，可以提高资源利用率，降低成本并可降低处理、处置费用，是减少排污、实现污染物总量控制目标、促进经济增长方式转变的重要手段。

（3）改善能源结构，大力节约能源

目前，我国城市空气质量仍处于较严重的污染水平，这主要是由于能源仍以煤为主，且能耗大，浪费严重，而汽车尾气的污染又日益突出。因此有效地解决城市大气污染问题，必须要改善能源结构并大力节能，可采取如下一些措施：①改变燃料构成，开发新型能源。在有条件的城市，要逐步推广使用天然气、煤气和石油液化气，努力改变目前我国以煤为主的燃料构成，选用低硫燃料，对重油和煤炭进行脱硫处理，改善燃料品质，开发和利用太阳能、氢燃料、地热等新型能源，也是防治和降低 SO_2、烟尘等对大气污染的有效途径。②区域集中供暖供热。设立大的电热厂和供热站，实行区域集中供暖供热，尤其是将热电厂、供热站设在郊外，对于矮烟囱密集、冬天供暖的北方城市来说，是消除烟尘的十分有效的措施。集中供暖供热烟囱高大，有利于烟气的高空排放和高效率除尘设备的使用，而且有能够提高热能利用率、降低燃料消耗，减少燃料运输等优点。据推测，同样 1t 煤，工业集中使用产生的烟量仅是居民分散使用的 1/3～1/2，飘尘是 1/5～1/4。③对燃料进行预处理。原煤经过洗选、筛分、成型及添加脱硫剂等加工处理，不仅可大大降低含硫量，减少 SO_2 的排放量，而且有可观的经济效益。实践表明，民用固硫型煤与燃用原煤相比，可节煤 25% 左右，CO 排放量减少 70%～80%，烟尘排放量减少 90%，CO_2 排放量减少 40%～50%。④改革工艺设备、改善燃烧过程。通过改革工艺及改造锅炉、改变燃烧方式等办法，以减少燃煤量来相应减少排尘量。诸如通过改革工艺，力争把某一生产过程中产生的废气作为另一生产过程中的原料加以利用，这样就可以取得减少污染的排放和变废为宝的双重经济效益。

（4）综合防治汽车尾气污染

随着经济持续高速地发展，我国汽车的保有量急剧增加，特别是在大城市，表现得更为明显。交通运输工具排出的废气是形成光化学烟雾的一次污染物的重要来源之一。光化学烟雾数量虽小，危害却很大，且分布广泛，又由于目前治理光化学烟雾尚无有效的直接方法，所以从控制污染源入手，改善汽车、火车、轮船等排气状况就成了治理光化学烟雾的主要手段。要解决这一问题，一是限制机动车辆使用数量，开辟新道路，改善交通管理设施，如有可能使用无轨电车、蒸汽机车、电瓶车代替燃料汽车；二是提高交通运输工具发动机的燃油质量，改进内燃机，使油料得到充分燃烧，以减少氮氧化物、碳氧化物等污染物的排放量。

（5）绿化造林

植物具有美化环境、调节气候、截留滞尘和吸收大气中有害气体等功能。森林和绿地也因此被誉为天然的除尘器、消毒器、空调器和制氧厂，是个巨大的节能器。绿化造林能在大面积的范围内、长时间、连续地净化大气，尤其是在大气中污染物影响范围和浓度比较低的情况下，森林净化是行之有效的办法。在城市和工业区有计划、有选择地扩大绿地面积可以使大气污染综合防治具有长效性和多功能性，而且对美化环境、调节空气温度和小气候、保持水土、防风防沙也有显著作用。

5.4.2 大气污染控制标准

大气污染控制标准是为了维护生态平衡，保护人体健康，控制和改善大气质量，制定的大气环境中污染物的最大容许含量和污染源排放污染物的数量及浓度的技术规范。大气污染控制标准按其用途可分为：大气环境质量标准、大气污染物排放标准、大气污染控制技术标准、大气污染警报标准等。

5.4.2.1 大气环境质量标准

大气环境质量标准是大气环境中污染物质的最大容许浓度的法定限制。它是环境管理的目标和手段，是评价大气环境质量，制定大气污染排放标准和防治大气污染规划的依据。标准制定的原则首先是为保障人体健康和维护生态系统平衡，其次要考虑平衡实现标准的经济代价和所取得的环境效益之间的关系，以及不同区域功能、生态结构和技术经济水平等的差异性。因此,制定了不同水平等级的国家标准和地方标准。目前多数国家依据世界卫生组织(WHO)1963年提出的四级标准作为判断空气质量的基本依据。

第一级:处于或低于所规定的浓度和接触时间内,观察不到直接或间接反应(包括反射性或保护性反应);

第二级:达到或高于规定的浓度和接触时间时,开始对人的感觉器官有刺激,对植物有损害,对人的视距有影响或对环境产生其他有害作用;

第三级:达到或高于规定的浓度和接触时间时,开始引起人的慢性疾病,使人的生理机能发生障碍或衰退,从而导致寿命缩短;

第四级:达到或高于规定的浓度和接触时间时,开始对污染敏感的人引起急性中毒或导致死亡。

我国的大气环境质量标准是依据《中华人民共和国环境保护法》及我国大气污染的状况和特征,并参照WHO提出的四级标准而制定的。1982年颁布《中华人民共和国大气环境质量标准》(GB 3095—1982),并于1996年修订为《环境空气质量标准》(GB 3095—1996)。该标准规定了SO_2、总悬浮颗粒物(TSP)、可吸入颗粒物(PM_{10})、NO_2、CO、O_3、Pb、苯并[a]芘和氟化物9种主要污染物的浓度限值,并根据空气环境质量要求的不同,将空气环境质量标准划分为三级:一级标准是为保护自然生态和人群健康,在长期接触情况下,不发生任何危害影响的空气质量要求;二级标准是为保护人群健康和城市、乡村的动、植物,在长期和短期接触情况下,不发生伤害的空气质量要求;三级标准是为保护人群不发生急、慢性中毒和城市一般动、植物(敏感者除外)正常生长的空气质量要求。

标准还根据各地区的地理、气候、生态、政治、经济和大气污染程度把环境空气质量分为3个类区:一类区为国家规定的自然保护区、风景游览区、名胜古迹和其他需要特殊保护的地区;二类区为城市规划中确定的居民区、商业交通居民混合区、文化区、一般工业区和农村地区;三类区为特定的工业区。上述的一类区执行一级标准,二类区执行二级标准,三类区执行三级标准。

5.4.2.2 大气污染物排放标准

大气污染物排放标准以实现环境空气质量为目标,限制污染物的排放,直接控制污染源排出的污染物浓度和排放量,以防止大气污染。制定大气污染物排放标准是控制大气污染物的排放量和进行净化装置设计的依据,应综合考虑控制技术的可能性、经济合理性和区域的差异性。制定污染物排放标准的方法主要有:按最佳实用技术水平制定排放标准;按污染物扩散规律制定排放标准和按环境总量控制法制定排放标准。

5.4.2.3 大气污染控制技术标准

大气污染控制技术标准是根据大气污染物排放标准引申出来的辅助标准。它根据大气污染物排放标准的要求,结合生产工艺特点,明确规定必须采取的污染物控制措施。例如,燃料、原料的使用标准,净化装置选用标准、排气筒高度标准及卫生防护距离标准等。制定该标准有利于实施环境保护措施和检查造成大气污染的原因,同时它还可以作为技术设计标准,使生产、管理和设计人员易于掌握和执行。

5.4.2.4 大气污染警报标准

大气污染警报标准是为保护大气环境质量不致恶化或根据大气污染发展趋势,预防污染事故发生而规定的大气中污染物含量的极限值。达到这一极限值时就发出警报，以便采取必要的措施。这类标准在防止污染事故、减少公众受损方面起到一定的作用。

5.4.3 大气污染治理技术

5.4.3.1 颗粒污染物的治理技术

从废气中将颗粒物分离出来并加以捕集、回收的过程称为除尘。实现上述过程的设备称为除尘器。全面评价除尘装置的性能包括技术指标和经济指标两项内容。技术指标常以气体处理量、净化效率、压力损失等参数来标识，而经济指标则包括设备费、运行费、占地面积等内容。

除尘器的除尘效果和烟尘的浓度有关。根据含尘气体中含尘量的大小、烟尘浓度可表示为以下2种形式：一是烟尘的个数浓度，即单位气体体积中所含烟尘颗粒的个数，单位为个/m^3，在粉尘浓度极低时用此单位；二是烟尘的质量浓度，即每单位标准体积含尘气体中悬浮的烟尘质量数，单位为g/m^3。

在除尘过程中，除尘器的处理量标识的是除尘装置在单位时间内所能处理烟气量的大小，这是表明装置处理能力大小的参数，烟气量一般用标准状态下的体积流量标识，单位为m^3/h、m^3/s。此外，除尘器的除尘效率是表示装置捕集粉尘效果的重要指标，也是选择、评价装置的最主要参数。在实际应用的除尘系统中，为了提高净化效率，往往把两种或多种不同规格或不同形式的除尘器串联使用，这种多级净化系统的总效率称为多级除尘效率。另外，除尘器的压力损失也是一个重要的指标，有时也称为压力降，它表示除尘装置消耗能量的大小，常用除尘装置进出口处气流的全压差来表示。

除尘器种类繁多，根据不同的原则，可对除尘器进行不同的分类。按照除尘器除尘的主要机制可将其分为机械式除尘器、过滤式除尘器、湿式除尘器、静电式除尘器4类。根据在除尘过程中是否使用水或其他液体可分为湿式除尘器、干式除尘器。此外，按照除尘效率的高低还可将除尘器分为高效除尘器、中效除尘器和低效除尘器。近年来，为提高对微粒的捕集效率，还出现了综合几种除尘器机制的新型除尘器。如声凝集器、热凝集器、高梯度磁分离器等。但是目前大多仍处于试验研究阶段，还有些新型除尘器由于性能、经济效果等方面原因不能推广应用，因此下面主要介绍几种常用的除尘器。

（1）机械式除尘器

机械式除尘器是通过质量力的作用达到除尘目的的除尘装置。质量力包括重力、惯性力和离心力，主要除尘方法有重力沉降室、惯性除尘器和旋风除尘器。

重力沉降室是利用粉尘与气体的密度不同，使含尘气体中的尘粒依靠自身的重力从气流中自然沉降下来，达到净化目的的一种装置。重力沉降室是各种除尘器中最简单的一种，只能捕集粒径较大的尘粒，只对50μm以上的尘粒具有较好的捕集作用，因此除尘效率低，只能作为初级除尘手段。

惯性除尘器是利用粉尘与气体运动中的惯性力不同，使尘粒从气流中分离出来的方法，常用方法是使含尘气流冲击在挡板上，气流方向发生急剧改变，气流中的尘粒惯性较大，不能随着气流急剧转弯，便从气流中分离出来。一般情况下，惯性除尘器中的气流速度越高，气流方向转变角度越大，气流转换方向次数越多，则对粉尘的净化效率越高，但压力损失也会越大。惯性除尘器适于非黏性、非纤维性粉尘的去除，设备结构简单，阻力较小，但其分离效率较低，约为50%~70%，只能捕集10μm以上的粗尘粒，故只能用于多级除尘的第一级除尘。

旋风除尘器是使含尘气流沿着某一方向作连续的旋转运动，尘粒在随气流旋转中获得离心力，使尘粒从气流中分离出来的装置，也称为离心式除尘器。在机械式除尘器中，旋风除尘器是效率最高的一种。它适用于非黏性及非纤维性粉尘的去除，对5μm以上的颗粒具有较高的去除效率，属于中效除尘器，可用于高温烟气的净化，因此是应用广泛的一种除尘器。它多用于锅炉烟气除尘、多级除尘及预除尘。它的主要缺点是对细小尘粒（<5μm）的去除效率较低。

(2) 过滤式除尘器

过滤式除尘是使含尘气体通过多孔滤料，把气体中的尘粒截留下来，使气体得到净化的方法。按照滤尘方式有内部过滤与外部过滤之分。内部过滤是把松散多孔的滤料填充在框架内作为过滤层，尘粒是在滤层内部被捕集，如颗粒层过滤器就属于这类过滤器。外部过滤是用纤维织物、滤纸等作为滤料，通过滤料的表面捕集尘粒，故称为外部过滤。袋式防尘器就是最典型的外部过滤装置，它是过滤式除尘器中应用最广泛的一种。

(3) 湿式除尘器

湿式除尘也称为洗涤除尘。该方法是用液体（一般为水）洗涤含尘气体使尘粒与液膜、液滴或雾沫碰撞而被吸附，凝集变大，尘粒随着液体排出，气体得到净化。由于洗涤液对多种气态污染物具有吸收作用，因此它既能净化气体中的固体颗粒物，又能同时脱除气体中的气态有害物质，这是其他类型除尘器所无法做到的。某些洗涤器也可以充当吸收器使用。湿式除尘器种类很多，主要有各种形式的喷淋塔、离心喷淋洗涤除尘器和文丘里式除尘器等。

湿式除尘器结构简单、造价低，除尘效率高，在处理高温、易燃、易爆气体时安全性好，在除尘的同时还可去除气体中的有害物。湿式除尘器的不足是用水量大，易产生腐蚀性液体，产生的废液或泥浆需要进行处理，并可能造成二次污染，在寒冷的地区和季节易结冰。

(4) 静电除尘器

静电除尘是利用高压电场产生的静电力（库仑力）的作用实现固体粒子或液体粒子与气流分离的方法。常用的除尘器有管式与版式两大类型。含尘气体进入除尘器后，通过以下3个阶段实现尘气分离。

粒子荷电　在放电极与集尘极间施以很高的直流电压时，两极间形成一不均匀电场，放电极附近电场强度很大，集尘极附近电场强度很小。在电压加到一定位时，发生电晕放电，故放电极又称为电晕极。电晕放电时，生成的大量电子及阴离子在电场力作用下，向集尘极迁移。在迁移过程中，中性气体分子很容易捕获这些电子或阴离子形成负气体离子，当这些带负电荷的粒子与气流中的尘粒相撞并附着其上时，就使尘粒带上了负电荷，实现了粉尘粒子的荷电。

粒子沉降　荷电粉尘在电场中受库仑力的作用被驱往集尘极，经过一定时间到达集尘极表面，尘粒上的电荷便与集尘极上的电荷中和，尘粒放出电荷后沉积在集尘极表面。

粒子清除　集尘极表面上的粉尘沉积到一定厚度时，用机械振打等方法，使其脱粒集尘极表面，沉落到灰斗中。

静电除尘器是一种高效除尘器,对细微粉尘及雾状液滴捕集性能优异,除尘效率达99%以上,对于<0.1μm的粉尘粒子,仍有较高的去除效率;由于静电除尘器的气流通过阻力小,所消耗的电能是通过静电力直接作用于尘粒上,因此能耗低;静电除尘器处理气量大,又可应用于高温、高压的场合,因此被广泛用于工业防尘。静电除尘器的主要缺点是设备庞大、占地面积大,因此一次性投资费用高。

5.4.3.2 气态污染物的治理技术

工农业生产、交通运输和人类生活活动中所排放的有害气态污染物质种类繁多,依据这些物质不同的化学性质和物理性质,需采用不同的技术方法进行治理。

(1) 吸收法

吸收法是采用适当的液体作为吸收剂,使含有有害物质的废气与吸收剂接触,废气中的有害物质被吸收于吸收剂中,使气体得到净化的方法。吸收过程中,依据吸收质与吸收剂是否发生化学反应,可将吸收分为物理吸收和化学吸收。在处理以气量大、有害组分浓度低为特点的各种废气时,化学吸收的效果要比单纯物理吸收好得多,因此在用吸收法治理气态污染物时,多采用化学吸收法进行。

吸收法具有设备简单、捕集效率高、应用范围广、一次性投资低等特点。但由于吸收过程是将气体中的有害物质转移到了液体中,因此对吸收液必须进行处理,否则容易引起二次污染。此外,由于吸收温度越低吸收效果越好,因此在处理高温烟气时,必须对排气进行降温预处理。

(2) 吸附法

吸附法治理废气就是使废气与批表面多孔性固体物质相接触,将废气中的有害组分吸附在固体表面上,使其与气体混合物分离,达到净化目的;具有吸附作用的固体物质称为吸附剂,被吸附的气体组分称为吸附质。当吸附进行到一定程度时,为了回收吸附质以及恢复吸附剂的吸附能力,需要采用一定的方法使吸附质从吸附剂上解脱下来,谓之吸附剂的再生。吸附法治理气态污染物应包括吸附及吸附剂再生的全过程。

吸附法的净化效率高,特别是对低浓度气体仍具有很强的净化能力。因此,吸附法特别适用于对排放标准要求严格或有害物浓度低,用其他方法达不到净化要求的气体净化。因此,常作为深度净化手段或联合应用几种净化方法时的最终控制手段。吸附效率高的吸附剂如活性炭、分子筛等,价格一般都比较昂贵,因此必须对失效吸附剂进行再生,重复使用吸附剂,以降低吸附的费用。常用的再生方法有升温脱附、减压脱附、吹扫脱附等。再生的操作比较麻烦,这一点限制了吸附法的应用。另外由于一级吸附剂的吸附容量有限,因此对高浓度废气的净化,不宜采用吸附法。

(3) 催化法

催化法净化气态污染物是利用催化剂的催化作用将气态污染物转化为无害物或易于去除物质的一种方法。

催化法净化气态污染物效率较高,净化效率受废气中污染物浓度影响较小,而且在治理过程中,无须将污染物与主气流分离,可直接将主气流中的有害物转化为无害物,避免了二次污染。但所用催化剂价格较贵,操作上要求较高,废气中的有害物质很难作为有用物质进行回收等是该法存在的缺点。

(4) 燃烧法

燃烧法是对含有可燃有害组分的混合气体进行氧化燃烧或高温分解，从而使这些有害组分转化为无害物质的方法。燃烧法主要应用于碳氢化合物、CO、异味物质、沥青烟、黑烟等有害物质的净化处理。实用中的燃烧法有三种：直接燃烧、热力燃烧与催化燃烧。直接燃烧是把废气中的可燃有害组分当作燃料直接烧掉。热力燃烧是利用辅助燃料燃烧放出的热量将混合气体加热到要求的温度，使可燃有害物质进行高温分解变为无害物质。直接燃烧与热力燃烧的最终产物均为 CO_2 和 H_2O。催化燃烧是在催化剂的作用下将混合气体加热到一定温度使可燃的有害物质转化为无害的物质。

燃烧法工艺比较简单，操作方便，可回收燃烧后的热量；但不能回收有用物质，并容易造成二次污染。具体来讲，直接燃烧是有火焰的燃烧，燃烧温度高（>1100℃），一般的炉窑均可作为直接燃烧的设备，因此只适用于净化含可燃组分浓度高或有害组分燃烧时热值较高的废气。热力燃烧也为有火焰燃烧，燃烧温度较低（760~820℃），燃烧设备为热力燃烧炉，在一定条件下也可用一般锅炉进行，因此热力燃烧一般用于可燃有机物含量较低的废气或燃烧热值低的废气治理。催化燃烧只适用于某些特殊的场合。

(5) 冷凝法

冷凝法是采用降低废气温度或提高废气压力的方法，使一些易于凝结的有害气体或蒸汽态的污染物冷凝成液体并从废气中分离出来的方法。

冷凝法只适用于处理高浓度的有机废气，常用作吸附、燃烧等方法净化高浓度废气的预处理方法，以减轻这些方法的负荷。冷凝法的设备简单，操作方便，并可以回收到纯度较高的产物，因此也成为气态污染物治理的主要方法之一。

5.4.3.3 汽车排气的治理技术

汽车发动机排放的废气中含有 CO、碳氢化合物、NO_x、醛、有机铅化合物、无机铅、苯并[a]芘等多种有害物质。控制汽车尾气中有害物质排放浓度的方法有两种：一种是改进发动机的燃烧方式，使污染物的产量减少，称为机内净化；另一种是利用装置在发动机外部的净化设备，对排出的废气进行净化治理，称为机外净化。从发展方向上说，机内净化是解决问题的根本途径，也是今后应重点研究的方向。机外净化采用的主要方法是催化净化法。

(1) 一段净化法

一段净化法又称为催化燃烧法，即利用装在汽车排气管尾部的催化燃烧装置，将汽车发动机排出的 CO 和碳氢化合物，用空气中的 O_2 氧化成 CO_2 和 H_2O，净化后的气体直接排入大气。显然，这种方法只能去除 CO 和碳氢化合物，对 NO_x 没有去除作用，但这种方法技术比较成熟，是目前我国应用的主要方法。

(2) 二段净化法

二段净化法是利用两个催化反应器或在一个反应器中装入两段性能不同的催化剂，完成净化反应。由发动机排出的废气先通过第一段催化反应器（还原反应器），利用废气中的 CO 将 NO_x 还原为 N_2；从还原反应器排出的气体进入第二段反应器（氧化反应器），在引入空气的作用下，将 CO 和碳氢化合物氧化为 CO_2 和 H_2O。这种先进行还原反应后进行氧化反应的二段反应法在实践中已得到了应用。但该法的缺点是燃料消耗增加，并可能对发动机的操作性能产生影响。

(3) 三元净化法

三元净化法是利用能同时完成CO、碳氢化合物的氧化和NO_x还原反应的催化剂，将3种有害物质一起净化的方法。采用这种方法可以节省燃料、减少催化反应器的数量，是比较理想的方法。但由于需对空燃比进行严格控制以及对催化性能的高要求，从技术上说还不十分成熟。

【案例】

案例1　全球气候变暖带来的不利影响

有关研究资料表明，1961—2007年，西藏地区年平均气温大约以每10年0.32℃的速率上升，明显高于全国和全球的增温速率，尤其是海拔4 000m以上地区升温最快，1998—2007年西藏连续出现暖冬。与此同时，西藏地区平均每10年降水量增加8.9mm；喜马拉雅地区气温升高，冰川退缩；藏北阿里一带气温升高而降水减少，那曲一带降水呈增加趋势。

全球气候变暖在西藏地区的主要表现有雪线上升，冰川退缩，积雪融水加快，导致湖泊水面上涨；气象灾害发生频率和强度增加。

案例2　低碳经济为发展突破口

当前，世界各国已着手为后金融危机时代谋篇布局，面对气候变化日益严峻，走低碳之路既是未来发展的必然趋势，也是实现"绿色复苏"和可持续发展的战略选择。2009年8月全国人大通过的《关于积极应对气候变化的决议》，表明了中国将进一步把应对气候变化纳入经济社会发展规划，并继续采取强有力的措施，发展绿色低碳经济、循环经济，努力推动经济社会向低碳社会转型。2010年4月10日举办的中国低碳经济论坛，以"低碳城市、低碳产业、低碳金融"为主题，共同探讨"哥本哈根会议"及中国两会后低碳金融、低碳经济的现状与未来。只有把低碳经济与金融结合，才能创新低碳技术，更好地树立全社会的低碳意识，发展低碳的产业，壮大低碳经济。

思考题

1. 简述大气的结构和组成。
2. 简述大气污染的危害。
3. 全球气候变暖的主要根源及危害有哪些？
4. 简述控制大气污染的措施。
5. 简述主要的大气污染治理技术。

参考文献

朱鲁生. 2005. 环境科学概论 [M]. 北京：中国农业出版社.
赵景联. 2005. 环境科学导论 [M]. 北京：机械工业出版社.
徐炎华. 2004. 环境保护概论 [M]. 北京：中国水利水电出版社.
王淑莹，高春娣. 2003. 环境导论 [M]. 北京：中国建筑工业出版社.
莫祥银. 2009. 环境科学概论 [M]. 北京：化学工业出版社.

土壤环境

本章提要

　　本章重点讲述土壤的组成及基本性质；土壤污染的基本类型；农药、化肥、重金属在土壤中的迁移；并提出对土壤污染的防治及修复措施。要求掌握土壤的吸附、酸碱和氧化还原特性，重金属离子和农药在土壤中的迁移原理与主要影响因素，以及主要重金属离子在土壤中的转化规律与效应。了解土壤的组成与性质，土壤的胶体与吸收交换特性；了解污染物在土壤中迁移的特点、影响因素及作用机制，以及土壤污染的防治修复技术。

土壤具有天然肥力，可提供植物生长营养物质的能力，是人类生存和农业生产的基础条件。土壤保证了人类生存所必需的生活资料和生产原料，同人类的生产生活联系紧密。在长期的生产过程中，人类利用和改造土壤的同时，也不可避免的改变了影响土壤发育的生态环境，使土壤遭到破坏。目前，大规模现代化农业生产的实现、化肥的大量使用、农药和杀虫剂等，使土壤遭受到不同程度的污染。

本章着重讨论由于各种污染物对土壤环境造成的污染问题。

6.1 土壤的基本特性

6.1.1 土壤的组成

土壤是由固体、液体和气体组成的三相复合系统。土壤固相包括土壤矿物质、有机质和微生物等。土壤液相主要指土壤水分。土壤气相是存在于土壤孔隙中的空气。每个组分都有自身的理化性质，相互间处于相对稳定或变化状态。每种土壤都有特定的生物区系，如细菌、真菌、放线菌等土壤微生物以及藻类、原生动物、软体动物和节肢动物等动植物组成。

6.1.1.1 土壤矿物质

土壤矿物质是岩石经物理风化作用和化学风化作用形成的，占土壤固相部分总重量的90%以上，是土壤的骨骼和植物营养元素的重要供给来源。按成因分为原生矿物、次生矿物和可溶性矿物。

原生矿物是岩石经风化作用被粉碎后形成的碎屑，其原来化学成分没有改变。它们主要分布在土壤的砂粒和粉粒中。图6-1所示是土壤中主要原生矿物组成。

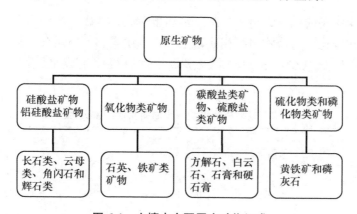

图 6-1 土壤中主要原生矿物组成

次生矿物是原生矿物质经过化学风化作用后形成的新矿物，其化学组成和晶体结构均有所改变，主要有高岭石、蒙脱石、伊利石类（粒径<0.001mm）。

可溶性矿物是盐渍土和含盐沉积岩的特征，在土壤中有广泛的分布，其中最典型的是钙、镁、钾、钠的碳酸盐，可溶性矿物类和次生矿物类对土壤的形成作用起着非常重要的影响。

土壤矿物绝大部分为结晶质固态无机物（即晶体），具有比较固定的化学成分和晶体构造，表现出一定的几何形态和物理化学性质，并以各种形态（多为固态）存在于自然界中。

也有极少数的矿物为非晶质的液态、气态和胶态存在。

6.1.1.2 土壤有机质

土壤有机质是土壤固相部分的重要组成成分，尽管土壤有机质的含量只占土壤总量的很小一部分，但它对土壤形成、土壤肥力、环境保护及农林业可持续发展等方面都有着极其重要的意义。

土壤有机质是指土壤中含碳的有机化合物。主要来源于动、植物及微生物的残体，其中高等植物为主要来源。不同的生物气候条件下，土壤有机质的积累数量有很大的差异（表 6-1）。

表 6-1　不同植被条件下进入土壤的有机物数量

来　源	数量 [t/ (hm^2·a)]	备　注
森林植被	4～5	以枯枝落叶为主
草原植被	10～25	以根为主
一年生农作物	3～4	以根为主
小动物、微生物	—	耕地
有机肥料	—	耕地

土壤有机质的基本元素组成是 C、O、H、N，含量分别占 52%～58%、34%～39%、3.3%～4.8%、3.7%～4.1%，其次是 S 和 P，C/N 在 10%～12% 之间。

土壤有机质按其分解程度分为新鲜有机质、半分解有机质和腐殖质。腐殖质是指新鲜有机质经过微生物分解转化所形成的黑色胶体物质，一般占土壤有机质总量的 85%～90% 以上。

土壤有机质中主要的化合物组成是木质素和蛋白质，其次是半纤维素、纤维素以及乙醚和乙醇等可溶性化合物。与植物组织相比，土壤中木质素和蛋白质含量显著增加，而纤维素和半纤维素含量则明显减少（表 6-2）。大多数土壤有机质组成是不溶于水的，但可溶于强碱。

表 6-2　成熟植物组织与土壤有机质的部分组成

成　分	植物组织（g/kg）	土壤有机质（g/kg）
纤维素	200～500	20～100
半纤维素	100～300	0～20
木质素	100～300	350～500
粗蛋白质	10～150	280～350
油脂、蜡质等	10～80	10～80

6.1.1.3 土壤空气

土壤空气是土壤的三相物质的重要组成部分，它和土壤水分共同存在于土壤孔隙之中，是土壤肥力的四大要素之一，对作物的生长发育、土壤微生物的活动和各种营养物质的转化都有重要的甚至决定性的作用。

土壤空气主要来源于大气，部分是土壤中生物、生物化学和纯化学过程产生的气体。所以土壤空气与近地表的大气在组成和数量上既相似，又有显著差异（表 6-3）。

6 土壤环境

表6-3 土壤空气与大气组成的差异　　　　　　　　　　　　单位：体积%

气体成分	氧气	二氧化碳	氮气	水汽（相对湿度）	惰性气体
近地表的大气	20.99	0.03	78.05	69~90	0.9389
土壤大气	18.00~20.03	0.15~0.65	78.08~80.24	100	—

　　大气成分相对比较稳定，而土壤空气的成分常随土壤深度、季节、土壤含水量和生物活动等情况不断发生变动。一般来说，随着土壤深度增加（表6-4），土壤空气中CO_2含量增加，O_2含量减少，其含量在土壤中是互为消长的，两者总和维持在19%~22%之间。在耕层土壤中，CO_2含量以冬季最少，夏季含量最高；降雨或灌水后CO_2含量有所减少，O_2含量有所增加。

表6-4 土壤空气成分随深度的变化　　　　　　　　　　　　单位：体积%

空气成分	土壤深度（cm）			
	30.5	61	91.5	122
CO_2	2.01	3.43	5.75	9.06
O_2	18.47	11.33	9.74	9.77

6.1.1.4 土壤溶液

　　土壤水分是土壤的最重要液相组成部分，但也有固态、液态和气态3种形态，固相水（冰）只有在低温下（如我国北方冬季）才出现，而在常温下的状态常是液态和气态。土壤液相部分不是纯水，而是稀薄的溶液，不仅溶有各种溶质，而且还有胶体颗粒悬浮或者分散于其中，在盐碱土中，土壤水分所含盐分的浓度相当高。

　　土壤水是地表水、地下水、大气水、土壤水转化的纽带。但是，随着我国人口增长、现代农业发展、工业化、城市化进程加快，以及生态环境改善和现代旅游业的发展，我国将长期面临着水资源消耗持续增长、水资源短缺与需求增长的矛盾。

6.1.1.5 土壤剖面形态

　　土壤剖面是一个具体土壤的垂直断面，一个完整的土壤剖面应包括土壤形成过程中所产生的发生学层次，以及母质层次。

　　依据土壤剖面中物质累积、迁移和转化的特点，土壤剖面从上到下一般分为：有机层（O）、腐殖质层（A）、淋溶层（E）、淀积层（B）、母质层（C）和母岩（R）6个主要发生层。

　　O层由枯枝落叶组成，在森林土壤中常见。厚度大的枯枝落叶层又可根据枯枝落叶的分解情况分为若干亚层。O层虽不属于土体本身，但对土壤腐殖质的形成、积累以及分化有重要的作用。

　　A层形成于表层或位于O层之下的矿质发生层。土层中混有有机物质，或具有因耕作、放牧或类似的扰动作用而形成的土壤性质。它不具有B、E层的特征。

　　E层中硅酸盐黏粒、铁、铝等单独或一起淋失，是石英或其他抗风化矿物的砂粒或粉粒相对富集的矿质发生层。E层一般接近表层，位于O层或A层之下，B层之上。有时字母E不考虑它在剖面中的位置，而表示剖面中符合上述条件的任一发生层。

B层位于A、E或O之下，是由物质沉积作用而造成的。根据发育程度不同又分为B_1、B_2和B_3亚层。一个发育完全的土壤剖面必须具备这一个重要的土层。

C层母质层。处于土体最下部，是没有产生明显的成土作用的土层，多数是矿质层，但有机的湖积层也划为C层。

R层即坚硬基岩，如花岗岩、玄武岩、石英岩或硬结的石灰岩、砂岩等都属坚硬基岩。

上述各发生层中，A、B、C层是土壤的基本发生层，由于自然条件和发育时间、发育程度的不同，所以土壤剖面结构差异很大。

6.1.2 土壤的基本性质

土壤孔性、结构性和耕性是土壤的基本性质。常因自然因素或人为因素的影响而改变，易于人为调控，研究土壤肥力、培肥土壤应首先探索了解土壤的基本性质。

6.1.2.1 土壤的物理性质

（1）土壤孔性

土壤孔性指土壤孔隙的性质。土壤孔隙的数量用孔隙度表示，是指土壤中孔隙的容积占土壤总容积的百分数。土壤孔隙度一般不直接测定，可根据土壤容重和比重计算而得。其式为：

$$土壤孔隙度(\%) = 100 - \frac{土壤容重}{土壤比重} \times 100 = \left(1 - \frac{土壤容重}{土壤比重}\right) \times 100 \quad (6-1)$$

式中，土壤比重指单位体积固体的质量与同体积水的质量之比；土壤容重指单位体积的原状土体（包括固体和孔隙）的干土重与同体积水的质量之比。

土壤孔性的调节方法是：①改良土壤质地状况；②建立良好的土壤结构体；③增施有机肥料、种植绿肥；④加强土壤有效管理。

（2）土壤结构性

土壤结构是指土粒相互排列、胶结在一起而成的团聚体，也称结构体。土壤的许多特性，例如，水分运动、热传导、通气性、容重以及孔隙度等都受土壤结构的影响，而许多农业措施，如耕作、种植、灌排和施肥等，所感受的土壤物理性质的重大变化也多来自土壤结构。

土壤结构的类型，通常是根据结构体的大小、外形以及与土壤的关系划分的。即按土壤结构体的形态分为3大类，板状（片状）、柱状和棱柱状、块状、核状和团状；然后再按结构体大小细分；最后根据土壤结构体与土壤的关系划分（有些结构对作物生长不利，农业上称为不良的结构体；有些则有利，称为良好的结构体）等。

创造和提高土壤结构的质量是农业生产的重要增产措施。改善土壤结构的途径和措施很多，主要是增加土壤有机质含量，多施有机肥料，合理耕作和合理轮作，间作，套作或施加土壤结构改良剂。

（3）土壤耕性

土壤耕性指土壤在耕作时所表现的性状，包括耕作难易，宜耕期长短及耕作质量等，它是土壤各种理化特性在耕作上的综合表现。土壤质地、结构、含水量、黏结性、黏着性、可塑性、胀缩性等，都可以直接或间接影响土壤的耕性。

土壤耕作的难易主要指耕作时土壤对农具阻力的大小，这种阻力如抗压力、抗楔入、抗位移等。耕性好的土壤一般是耕作阻力小，质地轻，有机质含量多。结构性良好者易耕、省力。适耕期的长短、耕作质量的好坏，也与这些性质成正相关，另外，还与土壤含水量和耕作技术有关。土壤结构性与土壤耕性的关系见表6-5。

表6-5　土壤结构性与土壤耕性的关系

土壤水分含量	土壤结持状态	耕作阻力	耕作质量	宜耕性	主要性状
干燥	坚硬	大	成硬土块	不宜	具有固体性质，不能捏合成团
湿润	酥软	小	成小土块	宜	松散无可塑性，易成团但不成块
潮湿	可塑	大	成大土垡	不宜	有可塑性，但无黏着性
泞湿	黏韧	大	成大土垡	不宜	有可塑性和黏着性
多水	浓泥浆	大	成浮泥浆	不宜	成浓泥浆，可受重力影响而流动
极多水	薄泥浆	小	成泥浆	宜稻田耕作	成悬浮体，如液体一样容易流动

不同的土壤，其耕性的差异主要是由土壤的黏结性、黏着性、可塑性、胀缩性等土壤物理机械性不同造成的。因此，改良土壤耕性要从调节影响土壤物理机械的因素着手，主要措施有增施有机肥料，改良土壤质地，创造良好的结构，合理灌排，适时耕作。

6.1.2.2　土壤胶体及土壤吸收交换性

(1) 土壤胶体

胶体是物质存在的一种状态，是一种分散体系。土壤胶体是细小土粒分散在土壤溶液和土壤空气中形成的分散系统，一般指大小在1～100nm（在长、宽和高的3个方向，至少有一个方向在此范围内）的固体颗粒。

土壤胶体从形态上可分为无机胶体（也称矿质胶体）、有机胶体和有机-无机复合胶体。

无机胶体　又称矿质胶体，主要是由层状铝硅酸盐矿物和无定形氧化物组成。不同质地的土壤，无机胶体的含量差异很大，沙土中无机胶体的含量要比黏土少得多。无机胶体的数量和组成对土壤的理化性质影响较大。

土壤无机胶体主要包括：

- 含水氧化硅胶体，游离态无定型 $SiO_2 \cdot H_2O \longrightarrow H_2SiO_3$（带负电）

$$H_2SiO_3 \rightleftharpoons H^+ + HSiO_3^- \rightleftharpoons H^+ + SiO_3^{2-}$$

- 含水氧化铁、铝，指两性胶体

$$Al(OH)_3 + H^+ \longrightarrow Al(OH)_2^+ + H_2O \quad pH<5$$
$$+$$
$$OH^-$$
$$\downarrow$$
$$Al(OH)_2O^- + H_2O$$

- 层状硅酸盐，包括黏土矿物硅氧片和铝氧片。硅四面体可以共用氧原子而形成一层，氧原子排列成为中空的六角形，称硅氧片或硅氧层。铝氧八面体由6个氧原子（或氢离子）环绕着1个中心铝离子排列而成，氧原子排列成2层，铝原子居于2层中心孔穴内。

有机胶体　土壤中的有机物质，尤其是腐殖质（胡敏酸、富里酸等），是土壤中含有的一类相对分子质量大、结构复杂的高分子化合物，具有明显的胶体性质，故称为土壤有机胶体。

土壤腐殖质是土壤有机胶体的主体，此外，还有少量的蛋白质、多肽、氨基酸以及木质素、纤维素等高分子化合物，它们具有胶体的性质。值得注意的是，土壤中还有大量的微生物，它们本身也具有胶体的性质，是一种生物胶体。土壤中大量的微生物对增加土壤的表面积和吸附性，促进土壤结构的形成有很大的作用。有机胶体的特点是颗粒极小，巨大的比表面积，带有电荷，高度的亲水性，负电荷量比黏粒矿物大。

有机—无机复合体 在土壤中有机胶体一般很少单独存在，绝大部分与无机胶体紧密结合在一起形成有机-无机复合胶体，有机胶体与无机胶体的连接方式是多种多样的，但主要是通过二价、三价等多价阳离子（Ca^{2+}、Mg^{2+}、Fe^{3+}、Al^{3+}等）作为媒介把腐殖质与黏土矿物连在一起，或者通过腐殖质表面的功能团，如—COOH、—OH 以氢键的方式与黏土矿物连在一起。

土壤胶体的性质很多，但是最能体现胶体性质并对土壤性质产生巨大影响的主要有以下几个方面。

● 土壤胶体比表面和比表面能。比表面指单位质量或单位体积物体的总表面积（cm^2/g，cm^2/cm^3）。2∶1 型黏土矿物及腐殖质具有巨大的比表面。

吸附能力产生的主要原因是物体内部分子处在周围分子之间，在各个方向上受到吸引力相等而相互抵消，表面分子则不同，由于它们与外界的液体或气体介质相接触，因而在内、外方面受到的是不同分子的吸引力，不能相互抵消，所以具有多余的表面能，这种能量产生于物体表面。

● 土壤胶体的带电性。土壤胶体上的电荷根据其稳定性可分为永久电荷和可变电荷。永久电荷（内电荷）指黏土矿物晶格的同晶置换所产生的电荷。电荷数量取决于同晶置换的多少。由于 2∶1 型矿物带负电，所以内电荷不受 pH 值的影响。可变电荷指电荷的数量和质量随介质的 pH 值而改变的电荷。可变电荷的数量和符号取决于可变电荷表面的性质、介质 pH 值和电解质浓度等。

● 土壤胶体的凝聚和分散。胶体微粒分散在水中成为胶体溶液称为溶胶；胶体微粒相互凝聚呈无定形的凝胶体称为凝胶。溶胶和凝胶并不是永久不变的，在一定条件下，可以相互转化。由溶胶变成凝胶的过程称为胶体的凝聚；反之，由凝胶转化为溶胶的过程，称为胶体的分散。

胶体的凝聚或分散取决于电动电位的高低：越高，排斥力越强，处于溶胶状态。越低，当吸引力大于排斥力时，处于凝胶状态。土壤中常见的阳离子按其对胶体的凝聚力大小，可排成如下顺序：$Fe^{3+} > Al^{3+} > Ca^{2+} > Mg^{2+} > H^+ > NH_4^+ > K^+ > Na^+$。

（2）土壤吸收交换性

土壤的吸收性是指土壤能够吸收和保持土壤溶液中的分子和离子，悬液中的悬浮颗粒、气体及微生物的能力。土壤吸收作用按其作用机理可分为机械吸收、物理吸收、化学吸收、生物吸收性和离子交换吸收 5 种类型。

土壤胶体吸附阳离子，在一定条件下，与土壤溶液中的其他阳离子发生交换，这就是土壤阳离子的交换过程。能够参与交换过程的阳离子，称为交换性阳离子。

$$\boxed{土壤胶体}\ Ca^{2+} + 2KCl \longleftrightarrow \boxed{土壤胶粒}\begin{matrix}K^+\\K^+\end{matrix} + CaCl_2$$

图 6-2　离子的吸附、解吸

土壤中的阳离子交换作用的特点是：①可逆反应，任何一方的反应都不能进行到底，反复浸提（交换性阳离子测定），才能把胶体表面上的钙离子和钾离子全部交换出来；②进行离子交换时，是以原子价为依据的等量交换，等摩尔交换，也就是说 $20gCa^{2+}$ 可以和 $39.1gK^+$ 交换；③符合质量作用定律。对于任何一个阳离子交换反应，在一定温度下，当反应达到平衡时，按质量作用定律有 $K=$［产物1］［产物2］/［反应物1］［反应物2］（K 为平衡常数）；④反应迅速，能迅速达到平衡。

影响阳离子交换能力的因素：①电荷的数量 $Fe^{3+}>Al^{3+}>H^+>Ca^{2+}>Mg^{2+}>NH_4^+>K^+>Na^+$；②离子半径和离子水化半径；③离子半径大水化半径小，交换性能强；④离子浓度。

土壤中带正电荷的胶体吸附的阴离子与土壤溶液中阴离子的相互交换作用，称为土壤阴离子的交换作用。

土壤中的阴离子，吸附能力的大小可分为 3 类：第一类是易于被土壤吸附的阴离子，最重要的是磷酸根（$H_2PO_4^-$、HPO_4^{2-}、PO_4^{3-}），其次是硅酸根（$HSiO_3^-$、SiO_3^{2-}）及某些有机酸的阴离子，此类阴离子常和阳离子起化学反应产生难溶性化合物；第二类是不易被吸附甚至发生负吸附的阴离子，如 Cl^-、NO_3^-、NO_2^- 等；第三类是介于上述两者之间的阴离子，如 SO_4^{2-}、CO_3^{2-}、HCO_3^- 及某些有机酸的阴离子，土壤吸收它们的能力很弱。

不同阴离子代换吸收顺序如下：

$F^->$ 草酸根 $>$ 柠檬酸根 $> H_2PO_4^- > HCO_3^- > H_2BO_3^- >$
$CH_3COO^- > SCN^- > SO_4^{2-} > Cl^- > NO_3^-$

6.1.2.3　土壤的酸碱性和氧化—还原性

（1）土壤的酸碱性

土壤酸碱性反应是土壤的重要化学反应，是指土壤溶液的反应，它反映土壤溶液中 H^+ 浓度和 OH^- 浓度比例，同时也决定土壤胶体上致酸离子（H^+ 或 Al^{3+}）或碱性离子（Na^+）的数量及土壤中酸性盐和碱性盐类的存在数量。

土壤酸性，一方面与溶液中 H^+ 浓度相关；另一方面更多的是与土壤胶体上吸附的致酸离子（H^+ 或 Al^{3+}）有密切关系。

土壤中酸性的主要来源是胶体上吸附的 H^+ 或 Al^{3+}、CO_2 溶于水所形成的碳酸、有机质分解产生的有机酸、氧化作用产生少量无机酸以及施肥加入的酸性物质等。

土壤酸可分为活性酸和潜性酸。活性酸是由土壤溶液中游离的 H^+ 直接引起的，常用 pH 值表示，即溶液中氢离子浓度的负对数。潜性酸指土壤胶体上吸附的 H^+ 或 Al^{3+} 所造成的酸性。

当土壤溶液中 OH^- 浓度超过 H^+ 浓度时便表现出碱性。土壤中 OH^- 的主要来源是弱酸强碱盐的水解，碳酸及重碳酸的钾、钠、钙、镁等盐类，如 Na_2CO_3、$NaHCO_3$、$CaCO_3$ 等；其次是吸附性盐基离子（Na^+、Ca^+）水解作用。

酸性土的调节方法是改良酸性土壤，通常施用石灰、石灰石粉和碱性、生理碱性肥料。碱性土的调节方法是改良碱性土，可施用石膏、明矾、硫酸亚铁和硫黄等。此外，改良碱土还需要采取与灌溉、排水、植物栽培以及土壤耕作等相结合。

（2）土壤的氧化还原性

土壤氧化还原作用是土壤中的主要化学反应或生化反应。土壤中存在的氧化态与还原态物质之间的土壤化学或生化反应。土壤是一个复杂的氧化还原体系，存在着多种有机、无机的氧化、还原态物质。一般土壤空气中的游离氧、高价金属离子为氧化剂，土壤中的有机质及其厌氧条件下的分解产物和低价金属等为还原剂。土壤氧化还原条件不仅包括纯化学反应，且很大程度上是在生物（微生物、植物根系分泌物等）参与下完成的。

土壤氧化还原状况的调节重点在水田土壤，核心是处理好水、气的关系。

第一，水分过多的下湿田、深脚烂泥田，排水不畅，渗漏量过小，还原性强，土壤氧化还原电位（Eh）为负值，还原性物质大量积累，导致作物低产。加强以排水、降低地下水为主的水浆管理，改善土壤的通气条件。

第二，缺水、漏水的水稻田，氧化性过强，对水稻生长不利，应蓄水保水和增施有机肥，促进土壤适度还原。

影响土壤氧化还原状况的因素包括：①土壤通气性，在通气良好的土壤中，土壤空气与大气中的气体交换迅速，致使土壤中氧浓度较高，Eh值较高；②土壤中的易分解有机质，在淹水条件下施用新鲜的有机物料，土壤Eh值急剧下降；③土壤中易氧化物质或易还原物质；④植物根系的代谢作用；⑤微生物的活动；⑥土壤的pH值。

6.2 土壤污染

6.2.1 土壤污染和土壤净化

6.2.1.1 土壤污染

在生态系统中，土壤子系统是人类赖以生存的最重要的自然资源之一。首先土壤是连结自然环境中无机界和有机界、生物界和非生物界的重要环节；其次土壤环境依靠自身的组成和功能，对进入土壤的外源物质有一定的缓冲、净化能力；另外，土壤在全球水循环、地表热量调节以及与生态平衡密切相关的C、N、P、S循环中，都起着不可替代的作用与深远影响。

环境中的物质和能量，不断地输入土壤体系，并在土壤中转化、迁移和积累，从而影响土壤的组成、结构、性质和功能。同时，土壤也向环境输出物质和能量，不断影响环境的状态、性质和功能，正常情况下，两者处于一定的动态平衡状态。在这种平衡状态下，土壤环境是不会发生污染的。然而由于人类大规模生产、生活活动改变了影响土壤发育的生态环境，使土壤本身的自然循环状态受到影响或破坏。例如，由于人类对森林、草原等天然植被的破坏引起土壤侵蚀、水土流失、土地沙化和贫瘠化，而引发的干旱、沙尘暴等生态环境问题；同时在现代化农业生产中，施入土壤的肥料、农药，其数量和速度超过了土壤环境的自净速度，打破了污染物在土壤环境中的自然动态平衡，使污染物的积累过程占据优势，亦可导致土壤环境正常功能的失调和土壤质量的下降；另外，随着现代工业化的进程加快，大量的废气、废水和废渣中的各种污染物，也常常通过不同途径污染土壤。

土壤污染与大气和水污染相比，比较隐蔽，不易被发现，判断也较复杂，因此，土壤的污染很难用其化学组成的变化来衡量，即便是净土，其组成也不是固定的。而某些物质含量的变动，也并不意味着土壤功能的障碍。土壤组成、结构、功能的破坏，最明显的是体现在作物产量和质量的下降，即土壤生产能力降低。但是，某些污染物进入土壤到影响作物生长，往往有一段积累过程，并不会及时反映出来。

因此，可以说，一旦土壤环境中所含污染物的数量超过土壤自净能力或当污染物在土壤环境中的积累量超过土壤环境基准或土壤环境标准时，导致土壤生态功能降低，进而对土壤动植物产生直接或潜在的危害，即为土壤环境污染。

6.2.1.2 土壤净化

土壤净化，又称土壤的自然净化作用，是指土壤利用自身的物理、化学及生物学特性，通过吸附、分解、迁移、转化等作用，使污染物在土壤中的数量、浓度或毒性、活性降低的过程。土壤自净能力一方面与土壤自身理化性质如土壤黏粒、有机物含量、土壤温湿度、pH值、阴阳离子的种类和含量等因素有关；另一方面受土壤系统中微生物的种类和数量制约。按其作用机理的不同，土壤的自净作用包括物理净化作用、化学净化作用、物理化学净化作用和生物净化作用。

（1）物理净化作用

土壤物理净化作用是指土壤通过机械阻留、水分稀释、固相表面物理吸附、水迁移、挥发、扩散等方式使污染物固定或使其浓度降低的过程。

土壤的物理净化能力与土壤质地、结构、土壤孔隙、土壤含水量土壤温度等因素有关。例如，砂性土壤的空气迁移、水迁移速率都较快，但表面吸附能力较弱。因此，增加砂性土壤中黏粒和有机胶体的含量，可以增强土壤的表面吸附能力，以及增强土壤对固体难溶污染物的机械阻留作用；却因为土壤孔隙度减小，使空气迁移、水迁移速率下降。此外，增加土壤水分，或用清水淋洗土壤，可使污染物浓度降低，减小毒性；提高土温可使污染物挥发、解吸、扩散速度增大等。

值得注意的是，物理净化作用只能使污染物在土壤中的浓度降低，而不能从整个自然环境中消除，其实质仅仅是污染物的迁移。土壤中的农药向大气的迁移，是大气农药污染的重要来源。如果污染物大量迁移入地表水或地下水层，将造成水源的污染，同时，难溶性固体污染物在土壤中被机械阻留，导致污染物在土壤中的累积，将产生潜在的威胁。

（2）化学净化作用

化学净化作用是指污染物进入土壤以后，经过一系列的化学反应，从而将污染物转化成难溶性、难离解性物质，使其毒性和危害程度减小，或者分解为无毒物质，甚至是营养物质为植物利用的过程。

重金属轻度污染的土壤，通过添加某些能与重金属发生化学反应的物质，改变重金属在土壤中的存在形态，进而形成土壤中重金属的难溶化合物，或者被土壤吸附固定，使作物减少对其的吸收，间接降低植物体内的重金属含量。常用的化学改良剂有石灰性物质（熟石灰、碳酸钙、硅酸钙等）、磷酸盐和硫化物等。

如在酸性污染土壤上施用石灰，可以提高土壤的pH值至7以上，使土壤溶液中存在的大多数重金属形成氢氧化物沉淀，从而降低其活性。

施用钙镁易溶的磷酸盐，可使土壤中某些重金属，如镉、铅、锌、铜、砷等呈难溶性的磷酸盐沉淀。特别是在镉与砷复合污染或在不能引起硫化镉沉淀的还原条件下，形成难溶性磷酸砷、磷酸镉，对于消除或减轻土壤中镉、砷污染具有重要意义。

(3) 物理化学净化作用

土壤的物理化学净化作用，主要是通过土壤胶体对污染物的阳、阴离子的交换吸附作用。如图 6-3 所示。

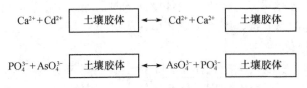

图 6-3 阳、阴离子的交换吸附作用

这种净化作用为可逆的离子交换反应，其净化能力的大小可用土壤阳离子交换量或阴离子交换量的大小来衡量。污染物的阳、阴离子被交换吸附到土壤胶体上，降低了土壤溶液中这些离子的浓度，相对减轻了有害离子对植物生长的不利影响。

同时，由于物理化学净化作用也只能使污染物在土壤溶液中的离子浓度降低，只是相对地减轻危害，并没有从根本上将污染物从土壤环境中消除。若对土壤本身来讲，会引起污染物在土壤环境中的不断积累过程，将产生严重的潜在威胁。

(4) 生物净化作用

土壤中含有数量巨大、种类繁多的土壤微生物，如细菌、真菌、放线菌等。它们对进入土壤的有机物质具有强大的氧化分解能力。此外，还有蚁类、蚯蚓、线虫等土壤动物的存在。一旦污染物进入土体后，首先是土壤动物将其破碎，接着在微生物体内酶或分泌酶的催化作用下，发生各种各样的分解反应，统称为生物降解作用。这是土壤环境自净作用净化途径的重要部分之一。

例如，淀粉、纤维素等糖类物质最终转变为 H_2O 和 CO_2；氨基酸、蛋白质等含氮化合物转变为 NH_3、CO_2 和 H_2O；有机磷化合物释放出无机磷酸等。此类降解作用是维持自然系统碳循环、氮循环、磷循环等所必经的途径。

土壤中的微生物可以将各种有机污染物在不同条件下以各种形式分解。主要有水解、氧化还原反应、脱卤、脱烃、异构化、芳环羟基化等过程，并最终转变为对生物无毒的残留物和 CO_2。

土壤环境中的污染物质，被生长在土壤中的植物所吸收、降解，并随着茎、叶和种子离开土壤，或者被土壤中众多的蚯蚓等土壤动物所食用，污水中的病原菌被一些微生物所吞食等，都是土壤环境的生物净化作用。当今土壤生物修复的研究热点是选育栽培对某种特定污染物吸收、降解能力特别强的植物，尤其是对重金属超积累吸收的植物。

6.2.2 土壤污染源

工业和城市废水和固体废弃物、化肥和农药、畜禽排泄物、大气沉降物和生物残体等是土壤污染的主要来源。

首先，人类把土壤作为农业生产的劳动对象，为了提高农产品的数量和质量，每年都不可避免地将大量化肥、有机肥、化学农药施入土壤，由此带来了某些重金属、病原微生物、农药及其分解残留物的污染。另外，利用未作任何处理的或虽经处理而未达标排放的城市生活污水和工矿企业废水直接灌溉农田，也是土壤有毒物质的重要来源。同时，畜禽排泄物和生物残体多为禽畜饲养场的厩肥和屠宰场的废物。若利用这些未经过必要的前处理的废弃物作肥料，其中的病菌、病毒和寄生虫等亦可引起土壤污染。

其次，土壤环境是个开放的系统，土壤和其他环境要素之间不断地进行着物质与能量的交换。因此，由大气、水体或生物体中污染物质的迁移转化，进入土壤，使土壤环境遭受的二次污染，成为土壤环境污染的重要来源。例如，由于人类活动向大气排放的酸性物质（SO_2、NO_x 等），随着大气的酸沉降而影响到土壤环境，造成土壤酸化、土壤营养状况失调，最终造成土壤污染。

第三，土壤历来都被视作废弃物的处理场所。随着城市化的扩大和工农业生产的发展，固体废弃物的类别和数量、组成日益增多和复杂化，例如，生活垃圾、污泥、工矿业废渣、塑料废弃物等，这些废弃物不仅侵占和污染土壤资源，而且导致大量有机和无机污染物随之进入土壤，化学成分复杂并难于降解，最终成为土壤环境污染的主要途径和污染来源。

6.2.2.1 工业污染源

工业污染源是指工矿企业排放的废水、废气、废渣，其浓度都较高，一旦进入农田导致土壤污染，在短期内就可对作物造成危害。一般直接由工业"三废"引起的土壤环境污染仅仅局限于工业区周围数十千米范围内，是典型的点源污染。

工业"三废"引起的大面积土壤污染往往是间接地，并经长期作用使污染物在土壤环境中过量积累而造成的。例如，大量的工业废渣得不到处理，就被排放到附近农田，使土壤被严重污染；使用污水进行农田污水灌溉时，若污染物在土壤中积累并超过土壤自净能力时，就会产生土壤污染。污灌虽能为农业生产带来一定的收益，但若控制不当，将发生严重的土壤污染问题，影响农产品的产量和质量，进而影响人体健康；大气污染物一旦进入土壤后，会改变土壤的物理化学性质，使土壤受到污染。如二氧化硫、重金属及核爆炸的尘埃、原子能工业的废弃物，这些污染物使土壤环境在短期内很难得以恢复。

6.2.2.2 农业污染源

农业污染源主要是指由于农业生产本身的需要，而施入土壤的化学农药、化肥、有机肥，以及残留于土壤中的农用地膜等。这些物质的使用范围在不断扩大，数量和品种在不断增加。喷洒农药时，有相当一部分直接落于土壤表面，一部分则通过作物落叶、降雨而进入土壤。农药的经常大量施用是土壤中污染物的一个重要来源。

6.2.2.3 生物污染源

含有致病的各种病原微生物和寄生虫的生活污水、医院污水、垃圾，以及被病原菌污染的河水等生物污染源，也是造成土壤环境生物污染的主要污染源。

6.2.3 土壤污染物质

6.2.3.1 有机物类

土壤中的有机污染物主要来自工业"三废"，较常见的有酚、石油类、多氯联苯、苯并芘等有机化合物。此类污染物由于其独特的热稳定性能、化学稳定性能和绝缘性能，在生活和生产中用途很广泛，因此更容易造成严重的积累后果，特别是某些有激素效应的种类，对动物的生殖功能有干扰作用或负面影响，对其毒害影响的消除治理是人类面临的一大环境课题。

6.2.3.2　重金属污染物

在环境科学领域相关研究中提及的重金属元素主要是指一些相对密度等于或大于5的微量金属（含个别半金属）元素，较常见的重金属污染物有Hg、Cd、Pb、Cu、Zn、Ni、Cr、Co、Se和As等。重金属不能为土壤微生物所分解，而且可被生物所富集。因此，土壤一旦被重金属污染，就难以彻底消除，对土壤环境造成长期潜在的威胁。重金属主要通过以下几条途径进入土壤：使用含重金属的农药制剂；使用含重金属的废水进行灌溉；使用含重金属的废渣、污泥作为肥料；含重金属的粉尘沉降进入土壤。

6.2.3.3　放射性物质

放射性物质主要是大气层中核爆炸后形成的裂变产物和部分原子能科研机构排放出的液体和固体的放射性废弃物随同自然沉降，雨水冲刷和废弃物的堆放而污染土壤。它们能被土壤无机胶体吸附，能与土壤中的胡敏酸形成结合物。

6.2.3.4　化学肥料

农业生产中，合理施用化学肥料既可提高农产品产量，还有利于改善土壤结构，提高土壤肥力。相反化学肥料使用不当或用量过多也可能造成土壤污染。化肥类主要包括氮肥类和磷肥类。这类合成有机污染物主要通过农业生产活动进入土壤，除一部分发挥作用之外，另一部分因其固有的稳定、不易分解特性而在土壤中累积，长此以往造成土壤污染。

6.2.3.5　致病的微生物

土壤中的致病微生物，主要来源于人畜的粪便以及用于灌溉的污水（未经处理的生活污水及医院等特殊部门的废水），当人与污染的土壤接触时可传染各种细菌及病毒。

6.2.4　土壤污染的发生类型

6.2.4.1　水体污染型

生活污水和工业废水未经处理，不实行清污分流，直接盲目排放，使水体遭到污染。尤其是缺水地区利用这些污染水体作为灌溉水源，常使土壤受到重金属、无机盐、有机物和病原体的污染。污水灌溉中的土壤污染物质一般集中于土壤表层，但随着污灌时间的延长，污染物质也会由土体表层向下部主体扩散和迁移，以致达到地下水深度而对地下水造成污染。水体污染型的特点是沿河流或干、支渠呈枝状或片状分布。

6.2.4.2　大气污染型

污染物质来源于被污染的大气，其主要特征是以大气污染源为中心呈椭圆状或带状分布，长轴沿盛行风的下风向伸展。而其污染的面积、程度和扩散的距离，取决于污染物质的种类、性质、排放量、排放形式及风力大小等。大气污染型造成土壤污染的污染物质主要集中在土壤表层，其主要污染物是通过沉降和降水作用携带而降落于地面。例如大气中的酸性氧化物（SO_2、NO_x）形成的酸沉降，引起土壤酸化，破坏土壤的肥力与生态系统的平衡；各种大气颗粒物中含有的有机、无机有毒有害物质及放射性物质（含重金属、放射性物质和有毒有机物的颗粒物等），加上火山爆发降落的火山灰均可造成土壤不同程度的污染。

6.2.4.3 农业污染型

此类污染物是由于农业生产本身的需要，采取的各种农业措施引起的土壤环境污染，主要来自施入土壤的化学农药和化肥，其污染程度与化肥、农药的数量、种类、施用方式及耕作制度等有关。有些农药如有机氯杀虫剂DDT、六六六等在土壤中会长期停留。过分依赖化学肥料，偏施氮素化肥，氮、磷等化学肥料，凡未被植物吸收利用和未被根层土壤吸附固定的会在根层以下积累，成为潜在的污染物或转入地下水参与循环。而残留于土壤中的农药和氮、磷等化合物在地面径流、地下水迁移或土壤风蚀时，会向其他环境转移，扩大污染范围。防治病虫害，主要依靠化学防治，过量滥施化肥会对土壤造成污染；随着畜牧业集约化生产程度的不断提高，畜牧业的养殖规模日益递增，大量畜禽粪便成为废弃物，堆放不当就成为污染物。

6.2.4.4 固体废弃物污染型

固体污染物主要是指工矿企业排出的废渣、污泥和城市垃圾在地表堆放或处置过程中通过扩散、降水淋滤等直接或间接地影响土壤。由于大量固体废物的堆放，不仅占用了大量土地资源，而且在堆放或处置过程中，潜在的污染物会发生从一种介质，转入另一种介质的迁移，使土壤或多或少地受到污染。例如，固体废物中的农用塑料薄膜，包括地膜和棚膜，由于风吹日晒导致其塑料老化、破碎及回收不当，会残留于土壤中，危害极大。一方面由于薄膜的聚烯烃类结构，在土壤中抗机械破碎性强，难以分解，其残落于土壤中会阻碍土壤水分、空气、肥料的流动和转化，进而使土壤物理性质变差，导致养分输送困难。另一方面大量农膜残留在土壤中，不仅不利于土壤的翻耕和作物根系的伸展；而且由于农膜中的增塑剂（邻苯二甲酸-2-异丁酯），随水渗入土壤中，会严重损害作物种子的萌芽、种子和幼苗的生长。

6.3 土壤重金属污染

6.3.1 土壤中重金属元素的来源

土壤中的化学污染物主要分为无机污染物和有机污染物两大类。其中，无机污染物中以重金属的污染较为严重。因此，土壤中重金属的污染问题一直是环境和土壤科学研究者关注的热点问题。

一般来说，重金属是指相对密度等于或大于5.0的金属元素。在自然情况下，土壤中重金属主要来源于成土母岩和残落的生物物质，成土母岩中重金属元素的组成和含量，决定着土壤重金属元素的组成特征。它们在土壤剖面各层次的分布及在土壤各组成成分之间的分配也反映着成土过程的综合特征。随着近代工农业的发展，人为活动加剧了土壤重金属的污染，污染程度越来越重，范围越来越广，完全未受影响的土壤基本不存在。

土壤重金属污染来源广泛，主要包括大气降尘、污水灌溉、工业固体废弃物的不当堆置、矿业活动、农药和化肥的施用等。其中，人类活动对土壤环境造成的污染十分严重，如电镀、冶炼、染料、炼油、纺织及电子电器等工业"三废"的排放，农田灌溉中使用的污水灌溉，垃圾填埋以及某些农药（如含汞农药、含铜农药等）进入到土壤当中，都会增加土中重金属的含量。

随着人为活动向大气中排放的重金属污染物的增多，通过沉降导致的土壤重金属污染也表现得越来越严重，特别是化工燃料的燃烧，汽车尾气的排放等。

6.3.2 土壤中重金属元素的背景值

土壤环境背景值是指在不受或很少受人类活动影响和不受或很少受现代工业污染与破坏的情况下，土壤原来固有的化学组成和结构特征。

土壤环境中重金属元素背景值是指一定区域内自然状态下未受人为污染影响的土壤中重金属元素的正常含量。土壤是由岩石风化而来，不同的岩石含有各种重金属元素，成土母岩的化学元素决定了土壤中化学元素的最初含量，影响着土壤中重金属元素的环境背景值。同时母岩在形成土壤过程中的影响因素也影响着土壤中的重金属含量，如抗风能力强的石英质岩石对发育于其上的土壤中重金属含量起控制作用，然而抗风能力弱的碳酸盐类岩石对其上发育的土壤中重金属含量控制作用则不强。大气中重金属降尘也是影响土壤中重金属含量的主要自然因素之一。在岩石圈深部，由于岩浆作用、变质作用等复杂的地球化学过程可能形成重金属富集的工业矿床，在矿床附近地层上发育的土壤，由流经矿床的富含重金属的地下水流动过程中形成的分散晕上发育的土壤，及以被搬运的矿化物质为母岩所发育的土壤中重金属含量往往异常高。

为了确定土壤环境背景值，往往在非污染区的代表性土壤类型中采样和分析，首先确定各种代表性土壤和母质中重金属元素的自然含量，以便在成土条件相似，而污染状况不同的土壤上进行对比。

在确定土壤环境中重金属元素的背景值时，除了要在采样时注意避开污染源，还必须对样品分析数据做必要的检验，以找出和剔除可能遭受污染的样品，从而使得出的背景值更符合实际值。

6.3.3 土壤中重金属元素的迁移转化

土壤重金属污染物的迁移转化过程分为物理迁移、化学迁移、物理化学迁移和生物迁移。其迁移转化是多种形式的错综结合，形式复杂多样，并受重金属本身的性质、土壤物理化学性质和环境条件等多种因素的影响。

重金属与土壤中的其他物质结合后以一定的形态存在，它的迁移与传输就是在一定的形态下进行的。当重金属进入土壤后与土壤中的矿物质（主要是黏土矿物和硅酸盐矿物）、有机物（主要是植物生理代谢的产物，如腐殖酸等）及微生物发生吸附、络合和矿化作用，伴随着能量的变化，导致了重金属元素存在形式的改变以及时空的迁移变化。

6.3.3.1 物理迁移

土壤溶液中的重金属离子或络合物离子在土壤中可随水分从土壤表层运移至土壤下部，从地势高处运移到地势低处，甚至随水流流出土壤剖面而进入地表水体或地下水体。包含于土壤颗粒中的重金属或吸附在胶体表面上的重金属可以通过多种途径随水流冲刷而被机械搬运，特别是在多雨地区的坡地土壤。在干旱地区，这样的矿物颗粒或土壤胶粒也会以尘土的形式随风发生机械迁移。

6.3.3.2 化学迁移

重金属在土壤中的化学迁移主要是通过沉淀—溶解、氧化—还原、吸附—解析和其他一些化学反应来进行。

(1) 沉淀—溶解反应

沉淀和溶解反应是重金属在土壤环境中迁移的重要途径。重金属元素迁移能力的大小可直观地以重金属化合物在土壤溶液中的溶解度来衡量。溶解度小者，其迁移能力小，溶解度大者，其迁移能力大。溶解反应时常是各种重金属难溶化合物在土壤固相和液相间的多相离子平衡，其变化规律遵守溶度积原则，并受土壤环境条件的显著影响。

土壤 pH 值直接影响重金属的溶解度和沉淀规律，通常当 pH 值降低时，重金属溶解度增加，在碱性条件下，它们将以氢氧化物沉淀析出，也可能以难溶的碳酸和磷酸盐形态存在。例如，土壤中 Pb、Cd、Zn、Al 等金属氢氧化物的溶解度直接受土壤 pH 值所控制。在不考虑其他反应条件下，可有如下平衡反应式：

$$Cu(OH)_2 \longrightarrow Cu^{2+} + 2OH^- \quad K_{sp} = 1.6 \times 10^{-19}$$
$$Pb(OH)_2 \longrightarrow Pb^{2+} + 2OH^- \quad K_{sp} = 4.2 \times 10^{-15}$$
$$Zn(OH)_2 \longrightarrow Zn^{2+} + 2OH^- \quad K_{sp} = 4.0 \times 10^{-17}$$
$$Cd(OH)_2 \longrightarrow Cd^{2+} + 2OH^- \quad K_{sp} = 2.0 \times 10^{-14}$$

根据溶度积能求出它们的离子浓度与 pH 值的关系。现以 $Cd(OH)_2$ 为例说明：

$$[Cd^{2+}] \cdot [OH^-]^2 = 2.0 \times 10^{-14}$$
$$[Cd^{2+}] = 2.0 \times 10^{-14} / [OH^-]^2$$

由于 $[H^+][OH^-] = 1.0 \times 10^{-14}$，所以 $[OH^-] = 1.0 \times 10^{-14}/[H^+]$ 并代入上式，则得：

$$[Cd^{2+}] = 2.0 \times 10^{-14} / (1.0 \times 10^{-14}/[H^+])^2$$

两边取对数，则可获得金属离子浓度与 pH 值的关系式为：

$$\log_{10}[Cd^{2+}] = 14.3 - 2pH$$

用以上方法也可以获得其他金属离子浓度与 pH 值的类似关系式。从以上关系可以看出，$[Cd^{2+}]$ 的浓度随 pH 值的升高而减小；反之，pH 值下降时，土壤中的重金属则可以溶解出来。这也是当土壤 pH 值低时作物更容易受害的原因之一。

(2) 氧化—还原反应

从化学性质看，重金属大多属于周期表中过渡性元素，其原子具有特有的电子构型，在土壤中重金属的价态变化和反应受氧化—还原电位的影响很大。氧化—还原反应改变了金属元素和化合物的溶解度，从而使各种重金属在不同的氧化或还原条件下迁移能力差异很大。如在富含游离氧，Eh 值高的土壤环境中，Hg、Pb、Co、Sn、Mn、Fe 等重金属常以高价存在，高价金属化合物一般比相应的低价化合物溶解度小，迁移能力低，对作物危害也轻。而呈高氧化态的重金属 Cr、V 则形成了可溶性盐，具有很高的迁移能力。

(3) 吸附解析

从土壤环境化学角度看，土壤具有吸附解吸的特性，因此能吸附和固定重金属，土壤吸附容量的大小决定其对重金属吸附率的高低。土壤吸附是重金属离子从液相转到土壤固相的重要途径之一，它在很大程度上决定着土壤中重金属的分布和富集。同时，因各种土壤胶体所携带的电荷极性和数量的不同，土壤胶体对重金属离子吸附的种类及其吸附交换容量也不相同。应当指出被吸附到固相表面的离子在一定条件下会发生解吸，重新进入到土壤溶液中，这种离子交换作用处于动态平衡之中。土壤中的无机与有机配位体多种多样，它们能与重金属生成稳定的配合和螯合物，对重金属在土壤中的迁移有很大的影响。

此外，羟基配位作用和氯离子的配位作用是影响一些重金属难溶盐类溶解度的重要因素，重金属的这种羟基配位及氯配位作用，减弱了土壤胶粒对重金属的束缚，并可提高难溶重金属化合物的溶解度，从而大大促进重金属在土壤中的迁移。

6.3.3.3 生物迁移

生物迁移主要是指植物通过根系吸收土壤中某些重金属，并在植物体内积累的过程。这种迁移既可认为是重金属通过土壤对植物的污染，也可认为是植物对土壤中重金属污染物的净化作用。当植物富集的重金属通过食物链进入人体后，污染危害将更为严重。微生物对土壤重金属的吸收以及土壤动物啃食和搬运土壤等过程是重金属在土壤中生物迁移的另一种途径，但生物残体最终又将重金属归还于土壤中。

土壤中一些微生物，如硫酸盐还原菌、蓝细菌以及某些藻类，能够产生多糖、脂多糖、糖蛋白等胞外聚合物，这些聚合物具有大量的阴离子基团，可与重金属离子结合；某些微生物产生的代谢产物，如柠檬酸、草酸等均是有效的重金属配位、螯合剂。有研究证明，Cd可通过与微生物或它们的代谢产物配位而被土壤固定。

土壤中的植物根系也可以显著影响重金属在土壤环境中的生物效应及其活性。实验表明，根系分泌物是重要的配位体，与重金属形成的配合物可以直接制约重金属在土壤中的存在形态和化学行为。研究指出，Al可以胁迫土壤环境中许多作物根系分泌大量柠檬酸，在pH<3.6时，Al与柠檬酸形成的螯合物能够降低土壤溶液中85%的Al。小麦根系分泌物可以使红壤对Cd、Pb的吸附作用增强。通常，重金属比其他金属更易为生物所富集，而高价态的金属比低价态金属对生物的亲和力更强，因此，生物迁移作用对重金属的转化起着重要的作用。

6.4 土壤污染防治与修复

土壤是人类赖以生存的物质基础，是人类环境的重要组成部分，与人类健康有着密切的关系。随着人类社会对土壤的利用强度越来越大，土壤面源污染的日益严重，土壤污染防治与修复已经是土壤学和环境科学领域中的重要研究方向。土壤污染防治与修复应该抓住"源头控制"、"清洁生产"、"绿色化学"和"污染预防"4个方面。

6.4.1 控制和消除土壤污染源

控制和消除土壤污染源的最基本原则就是采取有效的措施切断污染源。在控制污染物进入土壤的数量和速度的基础上，利用土壤的自净能力来消除污染物，这是最有效最根本的方法。

6.4.1.1 控制和消除工业"三废"排放

"工业三废"中含有大量有毒、有害物质，若其排放量超过环境自净能力的容许量，就对环境产生污染。"三废"引起的土壤大面积污染往往是经过复杂的、间接的、长期的作用使污染物积累的结果。

控制和消除工业"三废"排放，需要建立废气、废水、废渣等污染物的排放标准，并运用除尘装置和改进能源结构减少废气、废水的排放。严格执行相应的法规制度，全面监控"工业三废"的排放，使其低于国家污染物排放标准。全面推广清洁工艺和闭路循环，减少和消除污染物质的排放。总体来说，对"三废"的处理应该遵循"减量化、资源化、无害化"3个原则。

6.4.1.2 加强土壤污灌区的监测和管理

污灌是指使用工业废水和生活污水对农田进行灌溉，目前污灌已经成为我国北方地区的主要灌溉形式，如果使用得当能起到增产的效果，因为污水中有很多植物生长需要的营养元素。但是工业废水和生活污水成分复杂，含有很多有毒有害物质，如果污水直接灌溉农田会造成严重的土壤环境污染。

在利用污水和污泥时要时常对其成分、污染物含量和动态进行监测，控制好灌溉次数和污泥用量。根据土壤的环境容量，制定区域性农田灌溉水质标准和农用污泥施用标准以免引起土壤污染。

6.4.1.3 合理施用化肥和农药

化肥和农药的使用是现代农业必不可少的技术手段，由于其具有特殊的化学性质，技术上使用不合理或者是过分使用就会对农作物、人、畜、土壤环境造成不可估量的危害。化学肥料使用过多也会造成减产的现象，严重时还会使农作物中的硝酸盐含量增加而危害人类身体。

不同的土壤结构需要不同的化肥，要区分好化肥的组成成分，合理施肥。应该加大力度研发绿色的、高效农药，禁止或限制使用剧毒、高残留农药。根据病虫害的抗药能力控制农药的使用范围、用量和次数。根据农药的化学特性，制定科学的间隔期；最根本的原则就是控制农药用量在农、畜产品所能承受的范围内。

6.4.1.4 增加土壤容量和提高土壤净化能力

土壤净化作用的强弱在取决于土壤生物和作物的生物学特征的同时还与环境、气候条件有关。主要体现在环境的机械阻留、吸附、沉淀溶解等方面。

土壤中带负电的胶体比较多，一般土壤对阳离子或带正电荷的污染物净化能力比较强。增大土壤的pH值能加强其对带有阳离子污染物的净化能力；培养、发现、分离新的微生物品种，以增强生物降解作用，可以提高土壤的净化能力。例如，细菌、真菌、放线菌有较强的氧化分解能力，微生物所释放出的酶能催化生物降解反应。

土壤的净化能力也与自身的性质和物质组成有关。例如，富含碳酸钙的石灰性土壤对酸性污染物的净化能力很强。某些土壤中的生物也能起到消除污染物的作用。例如，蚯蚓能降解农药、重金属等。改良砂性土壤，增加土壤中的有机质含量，增加土壤中胶体含量和种类，增加土壤对污染物的吸附能力可以减少污染物的活性，从而提高土壤对污染物的净化能力。

6.4.2 土壤污染修复

目前土壤修复的方法技术很多，主要技术包括：物理修复、化学修复、植物修复、微生物修复等，这些技术已经进入应用阶段并取得了较好的治理效果，其中植物和微生物修复方法近年来得到了重视并取得了显著的进展。

6.4.2.1 物理修复

污染土壤的物理修复是指运用物理手段将污染物从土壤胶体中分离出来的技术，主要分为重金属污染土壤的物理修复和有机污染土壤的物理修复两大类。

(1) 重金属污染土壤的物理修复

重金属污染土壤的物理修复方法主要有翻土、客土、电动力修复、热处理法等。

翻土 翻土就是深翻土壤使聚集在表层的污染物分散到深层土壤中达到稀释污染物的作用，该方法在实施的时候最好施加肥料以避免影响作物正常生长。

客土 客土最好选择黏性较强、有机质含量较高的土壤，以增加土壤的环境容量。其主要原理就是在受污染的土壤中加入干净的土壤来降低污染物的浓度，达到减轻危害的目的。该方法需要大量的人力、物力且会降低初级生产力，应注意施加肥料，防止二次污染。

电动力修复 电动力修复主要应用在原位土壤修复方面，在污染土壤两端加上低压直流电场，由于污染物所带电荷不同而向不同电极方向运动从而产生分离。电动力修复对环境几乎没有负面影响而且不需要化学试剂。特别是在处理点源污染和突发性事故等方面有非常好的应用前景。

热处理 热处理是将污染土壤加热，使具有挥发性的重金属如 Hg、As 等从土壤中挥发出来并进行回收处理。虽然该方法工艺简单，但只适用于易挥发污染物并且操作费用高。

重金属污染土壤的物理修复工艺简单，费用低但其选择性差，适合小面积污染的修复，处理效果不理想，易引起土壤肥力降低，工作量较大。

(2) 有机污染土壤修复

有机污染土壤的主要修复方法有蒸汽浸提修复、土壤淋洗、玻璃化、吸附、浓缩等技术。

土壤蒸汽浸提技术 土壤蒸汽浸提就是降低土壤空隙内的蒸汽压从而把土壤介质中的化学污染物转化为气态而加以除去的技术，该技术适用于高挥发性污染土壤的修复，如被汽油、苯、四氯乙烯等污染的土壤。土壤蒸汽浸提技术具有很大的商业价值，其操作性强，不破坏土壤结构，处理的污染物范围较宽。

土壤淋洗技术 土壤淋洗是运用含有某些能够促进污染物迁移或溶解的化合物的水溶液注入污染土壤中，然后再从土壤中提取含有污染物的溶液的过程。土壤淋洗适用于面积小污染重的土壤治理，但易引起二次污染，如导致某些营养元素的淋失和沉淀，破坏土壤微团聚体结构，容易导致地下水污染，所以要科学谨慎使用该技术。

玻璃化技术 玻璃化技术是固化技术的一种，向污染物中插入电极，将污染土壤的固体成分高温加热，使易挥发的有机物挥发，一些不易挥发的污染物融化冷却后形成稳定的玻璃态物质。该技术对一些特殊的废弃物是非常有用的，但是其需热量大、成本高限制了该技术的应用。

有机污染土壤的物理修复技术通常修复较为彻底，但其工作量较大，投资大，易降低土壤肥力，目前只适合小面积污染的处理。

6.4.2.2 化学修复

土壤的化学修复是利用化学修复剂与土壤中的污染物发生化学反应从而降解污染物或降低污染物的毒性,目前该技术已经发展的相对成熟。

(1) 重金属污染土壤的化学修复

土壤改良技术 土壤改良技术是向土壤中添加无机钝化剂和改良剂,该技术主要是针对重金属污染而言,部分措施也适合有机污染的土壤修复。在土壤中施加石灰性物质如熟石灰、碳酸钙、硅酸钙等可以提高土壤的 pH 值,利于重金属形成氢氧化沉淀物,降低重金属污染物的浓度和活性。无机钝化剂的作用很多,除了起到调节 pH 值沉淀、吸附等作用修复土壤外还可以通过颉颃作用降低植物对污染物的吸收。例如,施 Si 可以降低植物对 Mn 的吸收,增加植物对 Mn 的抗性,减少 Mn 对水稻的危害。向土壤中施加有机质增加土壤对污染物的吸附能力;也可以施加一些可以与重金属发生沉淀反应的物质,改变重金属离子的形态和生物效应。

调节土壤的氧化—还原电位 该技术可以控制重金属的迁移,影响重金属在土壤中的活性。例如,向土壤中添加 H_2O_2 不仅可以起到氧化降解的作用,还可以为土壤中的降解微生物提供氧气。此方法已经广泛应用于苯类化合物污染的治理。

化学淋洗技术 化学淋洗是指用淋洗剂去除土壤中污染物的过程。主要手段就是向污染土壤中加入溶剂或者化学辅助剂,关键在于提高污染物溶解性和迁移性,然后把包含污染物的液体从土壤中抽取出来,进行分离和污水处理技术。施加的淋洗剂应具有增溶效果,或者能改变污染物的化学性质。淋洗剂的选择是该技术的关键,如一些螯合剂(EDTA 等)对重金属污染(Cr、Fe 等)的淋洗效果较好;淋洗剂还可以用一些氧化剂和还原剂。

该技术有很多优点,如操作简单,费用低,长期有效等,并且可以大范围修复土壤。但是要注意,原位处理被认为是最为实用的,并且主要用于地下水位线以上、饱和区的吸附态污染物。

(2) 有机物污染土壤的修复

化学浸提技术 化学浸提是用化学溶剂将有害化学物质从污染土壤中提取出来而去除的技术,一般是用于异位修复。主要原理是将污染土壤放置于提取箱中,然后加入化学溶剂,使污染物与溶剂充分接触。提取箱是密封的罐子,排出口用来浸提土壤内的污染物。在污染物完全溶解于浸提剂中时,需借助泵将浸出液排出。表 6-6 是运用化学浸提法修复农药污染土壤的情况。

化学浸提技术不适合修复无机污染土壤,主要用于 PCBs、氯代碳氢化合物、有机物类碳氢化合物、多环芳烃等形成的土壤污染。最佳处理土壤的条件是黏粒含量低于 15%,湿度低于 20%。与其他修复方法相比,化学浸提技术的优势在于操作快捷,处理费用低,浸

表 6-6 化学浸提技术修复效率　　　　　　　　　单位:mg/kg

项目	DDT	DDE	DDD
未处理土壤	12.2	1.5	80.5
处理后土壤	0.024	0.009	0.093
去除效率(%)	98	99.4	98.8

提液可以循环利用。

化学氧化技术 主要是通过向受污染的土壤中加入化学氧化剂与污染物发生化学反应，从而降解污染物或使其成为低毒性、低移动性的物质。在修复过程中，污染土壤不需要全部挖出，只需通过钻井向污染地带不同深度施加化学氧化剂，通常一个井注入氧化剂，另一个抽取废液。

经常使用的氧化剂是 K_2MnO_4 和 H_2O_2，在施加氧化剂的同时可加入催化剂，加快化学反应速率。常用的还原剂主要包括 SO_2、H_2S 等。

光化学降解 光化学降解主要是针对土壤表层中的有机污染物效果显著。该技术可以破坏有机分子的结构，断开长链分子，有利于微生物对有机物的降解，提高最终的降解效率。光化学降解主要针对农业化学药品，主要过程包括光氧化、光还原、光水解、分子重构和光异构。

光化学降解所需费用很高，还受周围环境条件限制，所以该技术最适合于面积小、污染严重、污染物较浅的地区。

化学修复技术的优点在于无二次污染，一般只在源污染区留下 H_2O 和 CO_2 等产物，不但可以进行原位修复，也可以用来修复其他处理方法无效的污染土壤。

6.4.2.3 植物修复

污染土壤的植物修复就是指利用植物的新陈代谢活动来对土壤中的污染物进行固定、降解、吸收，这是近年来才发展起来的环境污染处理技术。

（1）重金属污染土壤的植物修复

重金属的植物修复主要类型包括植物提取修复、植物挥发修复、植物稳定修复。

植物提取修复技术 是利用超积累植物从污染土壤中超量吸收、积累一种或者几种重金属元素后通过收获而去除。其修复效率主要取决于植物重金属含量和植物生长量。目前植物提取修复是应用最多且最有发展前景的植物修复技术。

植物挥发修复技术 主要是指植物将土壤中的一些挥发性较强的污染物吸收到体内然后转化为气态物质释放到大气中的过程。这种方法应用范围很小，主要针对挥发性较强的元素如 Hg 和 Sn、As。由于此技术最终将污染物挥发到大气中所以对环境和人类可能造成二次污染。

植物稳定修复技术 是指植物利用根系分泌的物质使重金属沉淀或固定，以减少污染物的移动性，防止污染物进入水体或者食物链危害生物。在这一过程中，重金属的数量并不减少只是存在形态发生变化。因此，植物稳定修复并不能彻底根除污染物。

（2）有机污染土壤的植物修复

植物对有机污染物污染的修复主要跟植物的类型、有机物性质、土壤环境条件有关。其修复过程就是利用植物自身的生长转化、吸收从而达到修复土壤的目的。植物释放酶和分泌物到土壤中，可以降解有机化合物并且降解速度很快，植物死后所释放的酶也可继续分解有毒物质。植物可以直接吸收污染物，在体内发生同化作用或释放酶将有毒物质转化为无毒物质。也可以通过根系及周围微生物的活动，把有机物转化为小分子化合物或转化为 CO_2 和 H_2O 释放到环境中。

植物修复的优点很多，如操作简单，适合在大范围内实施，成本低，并且其修复过程也使绿化过程更容易被人接受，植物也可以增加地表的稳定性防治水土流失和沙尘。但植物修复也有相应的缺点，植物生长的周期很长，不能满足污染快速治理的需要；由于气候条件因素，世界范围内引种植物比较困难；综上所述，虽然植物修复有着美好的应用前景，但也同时存在优、缺点，我们有必要因地制宜地运用多学科协作不断地完善植物修复技术。

6.4.2.4 微生物修复

土壤中的微生物对污染物有超强的敏感性，它是降解农药等有机污染物和重金属污染物的先锋。微生物修复是指利用天然存在或经过培养的功能微生物群，在适宜的环境条件下，促进或强化微生物吸收代谢功能，而达到降低有毒污染物活性或将其降解成无毒物质的修复技术。微生物修复的实质是微生物对物质（特别是环境污染物）的分解作用。

（1）重金属污染土壤的微生物修复

重金属的微生物修复通过以下途径：利用微生物化学有效性和微生物活性把重金属转化为低毒性产物；或利用重金属与微生物的亲合性进行吸附，降低重金属的毒性和迁移能力。重金属污染的微生物修复包含两方面的技术：

生物吸附　这是重金属被活的或死的生物体所吸附的过程；要重视具有专一吸附能力微生物的筛选和降低微生物的培养成本。

生物氧化—还原　是利用微生物改变重金属离子的氧化—还原状态来降低环境和土壤中的重金属水平。微生物可以把一些金属还原成可溶性的或挥发性的形态。如一些微生物可把难溶性的 Pu^{4+} 还原成可溶性的 Pu^{3+}。一些微生物可把 Hg^{2+} 还原成挥发性的 Hg。

微生物对重金属转化最明显的例子是某些金属的甲基化和脱甲基化，其结果往往会增加该金属的挥发，改变其毒性。微生物能够改变金属存在的氧化—还原形态，随着金属价态的改变，金属的稳定性也随之变化。有些微生物的分泌物可与金属离子发生络合作用，如产 H_2S 细菌又可使许多金属离子转化为难溶的硫化物使之被固定。

（2）有机污染土壤的微生物修复

微生物通过自身的吸收、代谢等反应将环境中的有机污染物转化为稳定无害的无机物。目前所利用的微生物有土著微生物、外源微生物和基因工程菌3种类型：

土著微生物　现今生态系统的微生物修复主要依靠土著微生物，土著微生物降解能力较大，在环境中比外源微生物更容易保持活性。

外源微生物　虽然在微生物修复中土著微生物起主要作用，但土著微生物生长速度慢，且由于污染物的存在会影响土著微生物的数量，这时就需要引进外源微生物。接种大量的高效菌能加快生物修复的速度，特别是在环境恶劣、不适合微生物生存的条件下，外源微生物起了主要作用。

基因工程菌　构建基因工程菌主要包括原生质体融合、质粒分子育种、组建带有多个质粒的菌株等技术，这些技术可以使多种降解基因转入一个生物体中，增加生物的降解能力。

（3）农药的微生物降解

由于微生物个体小、繁殖快、适应性强、可随环境变化产生新的自发突变，也可能通过形成诱导酶产生新的酶系，具备新的代谢功能以适应新的环境，从而降解和转化那些"复杂"的化合物。在环境中农药的清除主要使用细菌、放线属、棒杆菌属、诺卡氏菌属等降解；五氯硝基苯可被链霉菌属降解，敌百虫可被曲霉、青霉等降解。残留于土壤内的农药，经过复杂的转化、分解，最终被分解为 CO_2 和 H_2O。

污染土壤的微生物修复技术，具有其他修复技术难以比拟的优势。它不受污染面积大小的限制，而且操作简单对环境干扰小，它既经济又无二次污染，是一项非常有应用前景的环保新技术。但这项技术也存在一定的限制条件，如微生物的生长受阳光、湿度、营养条件、pH值等约束；微生物的专一性较强，特定微生物只能修复一种或几种污染物；微生物修复的周期也较长。综上所述，微生物比较适合污染物的初期处理，当把污染物修复到一定浓度后，再采用资金耗费较大的物理、化学修复。

土壤污染具有隐蔽性、潜伏性和长期性，短时间内不易被人们察觉。因此，应从根本上改善生态环境，保证土壤质量，控制与修复土壤污染，减少农药、化肥等污染物进入环境，以促进良好的生态循环，进而保障人类健康，促进农业的可持续发展。

【案例】

浏阳 Cd 泄露事件

2009年8月6日上午，湖南省浏阳市镇头镇双桥村。以湘和化工厂为圆心向外500m延伸，周围田野里的庄稼渐次呈现出深黄色、黄绿色、绿色3种不同颜色，稻谷谷壳透着黄褐色。这就是湖南浏阳镉污染事件表面所能看到的景象。但是污染所造成的伤害远不止这些，在已出具的2888人的有效检测结果中，尿镉超标509人，体检中符合住院条件的有数十人。双桥村村民的房子都在离化工厂仅数百米远的地方，他们种植的水稻和蔬菜都变成了黄绿色，喂养的猪和鸭因为吃了受 Cd 污染的农作物，开始不断地生病。专家已经确认了湘和化工厂是造成 Cd 污染的直接来源。工厂厂区周边 500~1 200m 范围正属于 Cd 污染区域。作为世界八大污染物之一，Cd 污染在重金属污染中排名第二，大面积的 Cd 污染源于一种稀有贵金属——铟的提炼，这种贵金属价格高昂，广泛应用于电子工业、航空航天、合金制造等高科技领域，对环境的破坏性也很大。湘和化工厂正是由于非法生产这种贵金属而导致大面积的镉污染。

纯金属镉其实毒性并不大，但当它在冶炼或工业生产中与其他物质产生化学反应时，变成有机的镉化物，就会具有很大的毒性。目前在中国的一些地方，由于泄漏或不当的工业废水废气的排放等因素，出现当地的土壤中含有较高浓度的镉，导致种植的稻米、蔬菜、水果等农产品受到污染，当地人群吃了有毒的农产品出现中毒的现象。由食物引起的镉中毒多为慢性发作，它会引起消化道黏膜的刺激，出现恶心、呕吐、腹痛、腹泻等症状，这种消化道吸收引起的镉中毒会引起人的肾、脾等器官的损害，还会造成贫血、生殖功能下降等。20世纪40~60年代，日本富山县神通川发生的"骨痛病"（又称之为"痛痛病"）。经调查发现，正是因为当地的土壤受到了镉污染，污染土壤所产稻米含镉量超过1mg/kg，远远超过对人体健康产生影响的米镉含量0.4mg/kg。当地居民长期服用受镉污染的"镉米"直接饮用被镉污染的饮用水，才造成了骨痛病的流行。

思考题

1. 土壤胶体对土壤性质产生怎么样的影响？
2. 土壤污染的定义？土壤污染物主要有哪几类，列表比较，并说明各污染物在污染程度和后果方面的特点。
3. 农药在土壤中的降解途径？
4. 重金属在土壤中的生物迁移途径？
5. 珠三角菜田重金属污染严重，通过查阅资料，制定出对重金属污染的土壤具体的治理措施和修复技术？

参考文献

王果. 2009. 土壤学 [M]. 北京：高等教育出版社.

易秀，杨胜科，等. 2008. 土壤化学与环境 [M]. 北京：化学工业出版社.

关连珠. 2007. 普通土壤学 [M]. 北京：中国农业大学出版社.

赵其国，史学正，等. 2007. 土壤资源概论 [M]. 北京：科学出版社.

李法虎. 2006. 土壤物理化学 [M]. 北京：化学工业出版社.

李志洪，赵兰坡，等. 2005. 土壤学 [M]. 北京：化学工业出版社.

林大仪，黄昌勇. 2002. 土壤学 [M]. 北京：中国林业出版社.

熊顺贵. 2001. 基础土壤学 [M]. 北京：中国农业大学出版社.

黄昌勇. 2000. 土壤学 [M]. 北京：中国农业大学出版社.

张辉. 2006. 土壤环境学 [M]. 北京：化学工业出版社.

刘兆荣，等. 2003. 环境化学教程 [M]. 北京：化学工业出版社.

王绍笳，等. 2009. 环境保护与现代生活 [M]. 北京：化学工业出版社.

左玉辉. 2002. 环境学 [M]. 北京：高等教育出版社.

王红旗，刘新会，李国学. 2007. 土壤环境学 [M]. 北京：高等教育出版社.

周启星，宋玉芳. 2004. 污染土壤修复原理与方法 [M]. 北京：科学出版社.

孙铁珩，李培军，周启星. 2005. 土壤污染形成机理与修复技术 [M]. 北京：科学出版社.

陈怀满. 2005. 环境土壤学 [M]. 北京：科学出版社.

夏立江. 2003. 环境化学 [M]. 北京：中国环境科学出版社.

朱鲁生. 2005. 环境科学概论 [M]. 北京：中国农业出版社.

张从，夏立江. 2000. 污染土壤生物修复技术 [M]. 北京：中国环境科学出版社.

王焕校. 2000. 污染生态学 [M]. 北京：化学工业出版社.

7 物理环境

本章提要

与生物污染、化学污染不同，物理性污染是能量的污染，因其具有看不到、摸不着、闻不到、环境中无残余物的特点，所以这种污染很容易被忽略。但它已经成为现代人尤其是城市居民的公害。本章主要介绍了噪声污染、电磁污染、光污染及热污染等的基本概念、类型及其特征，并对这些污染的危害及其防治措施进行了介绍。

7.1 噪声污染

7.1.1 噪声和噪声源

声音在人们生产和生活中意义重大。声音是人类传递信息、交流感情的工具，正是因为声音的存在人类的知识和文明才得以传播，才能听广播，欣赏欢快的乐曲。随着科学技术的发展，声音的用途逐渐被挖掘出来，人们将声音应用在工业、农业、国防、医学、气象、探矿等领域，人们无法想象没有声音的世界。

但是，有些声音（如机器运转时发出的声音、汽车的鸣笛声以及各种器物敲打、碰撞时所发出的声音）并不是人们所需要的，纵然是美妙的音乐，但对于需要安静的人来说也是一种不需要的声音，这种声音不能给人们带来益处，相反会损害人们的健康，影响人们的正常工作、学习和生活，这就是我们常说的噪声。

怎么判定一个声音是否为噪声？按照物理学观点，噪声是指声波的频率和强弱杂乱断续、毫无规律的一种声振动。按照环境保护的说法，噪声的确定与时间、地点、环境及人们的心理和生理等因素有关。由此可见，噪声仅根据声音的物理特性来定义是不全面的。一般认为，凡是人们不需要的，影响人们工作、学习和休息的声音统称为噪声。当噪声超过人们所能容忍的程度，就形成了噪声污染。

随着科学技术的发展，工业和交通运输业不断进步，噪声的种类也越来越多，几乎没有一个城市居民不生活在繁杂的噪声中。汽车、飞机和各种机器的运转声已被列为城市的第三大公害。据不完全统计，近年来向环保部门投诉的污染事件中，噪声污染事件列为首位，由此可见，降低噪声污染是环境保护的重要内容之一。

为此，我国制定了《中华人民共和国环境噪声污染防治法》，把超过国家规定的环境噪声排放标准，干扰他人正常生活、工作和学习的现象称为环境噪声污染。按照国家标准规定，住宅区的噪声，白天和夜间分别不能超过 50dB 和 45dB。同时国家《城市区域环境噪声测量方法》对室内环境中的噪声也有明确规定，在室内进行噪声测量时，室内噪声限值应低于所在区域标准值 10dB。

噪声作为声音的一种，具有声波的一切特征，其主要来源于固体、液体及气体的振动。通常将能够发声的物质就是声源，按此说法，能够产生噪声的物质就是噪声源。噪声源可以分为自然噪声源和人为噪声源。前者一般难以控制，所以噪声的防治主要指后者。

7.1.2 噪声污染的分类

（1）按噪声源的时间特性分类

按声强随时间变化的规律，噪声大致可分为稳定噪声、非稳定噪声两种。如电机、织布机等发出的强度不随时间的变化而变化的噪声称为稳定噪声；交通噪声、冲床的撞击声等发出的强度随时间而变化的噪声称为非稳定噪声。

（2）按噪声源的物理特性分类

按产生的机理，噪声可以分为 3 种：机械噪声、气体动力噪声、电磁噪声。

机械噪声　锻锤、机车、织机等产生的声音是由于物体间的撞击、摩擦、交变的机械力作用下的金属板、旋转的动力不平衡而产生的声音，称为机械噪声。

气体动力噪声 通风机、压缩机、发动机、鼓风机等迫使气体通过进、排气口时发出的声音是由于电机叶片高速旋转，使叶片两侧的空气压力发生突变，激发声波，产生的声音，被称为气体动力噪声。

电磁噪声 发动机、变压器运转过程中由于电流和磁场的交变力相互作用产生的声音，称为电磁噪声。

（3）按噪声源发声的场所分类

现代城市中环境噪声主要来源于交通、工业、建筑施工以及社会活动等方面。

交通噪声 城市环境噪声的 70% 来自交通噪声。交通噪声主要是汽车、飞机、火车和轮船等交通工具在启动、运行、停止鸣笛时发出的声音，是移动的噪声源，如公交车、拖拉机等重型车辆行进时发出的噪声约 90dB。汽车电喇叭鸣笛发出的噪声约 90~110dB，是我国城市中影响最为严重的噪声。交通噪声具有流动性大、污染面广、控制难等特点。

工业噪声 是室内噪声污染的主要来源，也是造成职业性耳聋、年轻人脱发的主要原因。主要指工业生产过程中产生的噪声。一般来自机器的高速运转、摩擦及振动，如空压机、电动机、冲床等高速运转设备，这些噪声的强度一般在 90~120dB 之间。因工业噪声源比较固定，因而具有一定的局限性，为此降低了防治难度。

建筑施工噪声 主要来自建筑施工现场产生的噪声，其主要包括打桩机、搅拌机、升降机等产生的噪声，以及运输材料和构件等产生的噪声，这些噪声的强度一般在 90~130dB 之间。它虽然具有短暂性的特点，但随着城市化进程的加快，维修和兴建工程的数量和范围不断扩大，影响也越来越大。

社会生活噪声 主要来自商业活动中心、娱乐场所、运动场等各种社会活动中产生的喧闹声，以及影碟机、电视机、洗衣机等家庭生活过程中使用的各种家电产生的嘈杂声，这类噪声的强度一般不高于 80dB，如洗衣机、电风扇、电冰箱、空调机、电视机的噪声强度分别为 50~80dB、30~65dB、34~50dB 及 70dB，但这类噪声会直接造成室内噪声污染，影响人们正常的工作、学习和休息。

7.1.3 噪声污染的特点及危害

7.1.3.1 噪声污染的特点

噪声污染不同于水污染和大气污染，一般噪声污染具有如下特点：①噪声判断具有主观特性。噪声是人们不需要的声音的总称，在界定噪声时不仅需要考虑其本身的物理特性，而且还与判断者的主观感觉有关，声音给予不同倾听者的感触是不同的，如优美的音乐于思考问题的人来说却是噪声。由此可见，任何声音都可能成为噪声；②噪声污染具有不确定性。噪声污染的范围可大、可小，从几米到几千米的距离均有可能；③噪声污染具有隐蔽性。噪声的危害不是快速的和直接的；④噪声污染具有瞬时性。噪声污染在环境中不残留、不累积，噪声随着噪声源发声的停止而消失。此外，由于噪声的声能仅是噪声源能量中很小的一部分，为此声能的回收再利用问题尚未引起人们的重视。

7.1.3.2 噪声的危害

噪声对人和物质结构均有一定影响，其中对人的影响主要表现在影响听力和语言交流、

7 物理环境

引起烦恼、干扰睡眠、影响工作效率等方面。噪声危害的具体表述如下：

(1) 损伤听力

听力损伤是噪声对人体危害的最直接表现，人耳暴露在噪声环境前后的听觉灵敏度的变化被称为听力损失。从专业角度而言，听力损失指人耳在不同频率下的听力阈值偏移，以声压级 dB 为单位。听力损失既可能是暂时的，也可能是永久性的。例如，当你从较安静的环境进入较嘈杂的环境中，马上会感到刺耳和不舒服，离开后的短时间内仍感到耳鸣，马上（一般不超过 2min）进行听力测试发现，在某一频率下听力降低了约 20dB，此时称听力阈值提高了 20dB。

(2) 干扰睡眠

睡眠是人们恢复体力必不可少的行为，人类在睡眠中度过的时间接近 1/3。在安静的环境下，睡眠使人大脑和身体得到休息，从而消除疲劳和恢复体力。在嘈杂的环境中，强烈的噪声会使人无法入睡，心烦意乱。长期干扰睡眠会造成失眠、健忘、记忆力减退甚至出现疲劳无力及产生神经衰弱综合征等。研究发现，连续噪声和突然噪声对人睡眠的影响程度不同，前者可以加快熟睡到轻睡的回转，使人多梦，并缩短熟睡时间；后者可以使人惊醒。一般来说，40dB 连续噪声和突发噪声分别使 10% 的人的睡眠受到影响和干扰；当噪声达到 70dB 时，使 50% 的人的睡眠受到影响；而突发噪声在 60dB 时，惊醒的人达 70%。

(3) 影响人们的交谈和思考

在嘈杂的环境中，噪声妨碍人们之间的交流。这种妨碍，轻则降低人们的交流效率，重则损伤语言听力。研究表明，噪声小于 30dB、40dB、50～60dB 分别属于非常安静的环境、正常环境及较吵的环境。在较吵的环境中，人们的脑力劳动将受到影响，谈话也受到干扰。如果噪声数高于 65dB 时，谈话会进行得很困难，随着噪声数的增加甚至出现听不清和不能对话的现象，可见噪声对人们交流的危害之大。

(4) 影响人体生理机能

噪声长期作用于人的中枢神经系统，可导致大脑皮层的兴奋和抑制功能失调，出现头晕头痛、失眠多梦、耳鸣、心慌、记忆力减退、注意力不集中等症状，严重者可产生精神错乱，在日本，曾有过因为受不了火车噪声的刺激而精神错乱，最后自杀的例子。此时，一般不采取药物治疗（疗效很差），而是让患者脱离噪声环境，上述症状会明显好转；噪声影响胃肠功能，表现为胃蠕动缓慢，胃液分泌量降低，从而引发食欲不振，胃溃疡；噪声可引起植物神经系统功能紊乱，表现为血压异常、心率改变、心脏病发病率增加等；噪声影响人的内分泌机能，如：导致女性月经失调，导致孕妇流产、早产等；噪声对儿童的智力发育也有不利影响，据调查，在噪声环境下生活的儿童，智力发育水平要比安静条件下的儿童低20%；噪声影响人的心理，使人产生烦恼、易怒、激动，甚至失去理智等情绪。

(5) 噪声对视力的损害

噪声影响听觉器官为我们大家所熟知，但噪声同样也影响视觉系统。我们知道，耳朵与眼睛之间存在着内在联系，当噪声作用于听觉器官时，也会通过神经系统"波及"视觉器官，进而影响人的视力。实验发现，随着噪声强度的增加，人的视力受影响程度逐渐增加，当噪声强度为 90dB 时，人的视觉细胞敏感性下降，对弱光的反应时间延长；当噪声强度达到 95dB 时，有 2/5 的人瞳孔放大，视觉模糊，所以长期处于噪声环境中的人很容易产生眼痛、眼疲劳、眼花和流泪等症状。

7.1.4 噪声的控制

从前面的叙述中可以看出，噪声在人们的生产和生活中具有很大的危害，为此人们需要采取一系列措施尽可能降低、消除噪声产生的破坏作用。

7.1.4.1 噪声控制的一般原则

噪声控制设计时一般应坚持以下原则：

科学性原则 首先正确分析噪声的发生机理和声源特性，然后采取具有针对性的控制措施。

先进性原则 在能够实施的基础上，尽可能选择先进性的控制技术，但该技术不能对设备的正常运转和技术性能造成影响。

经济性原则 在达到允许控制的目标时，尽可能降低经济成本，实现环境效益和经济效益双赢的局面。

7.1.4.2 噪声控制的基本途径

噪声的传播过程分为噪声源、传播途径及接受者3个基本要素，只有这三者同时存在时，才可能产生影响，为此，应针对上述3个要素，提出相应的控制措施。

（1）声源控制

声源是噪声能力集中的地方，是形成噪声的关键部分。控制噪声最基本和最有效的方法是从噪声源处降低噪声。包括加工材料的选择（选用内阻尼大、内摩擦力大的低噪声新材料）、改进机械设计工艺、改进生产工艺、提高加工精度和装配精度、优化操作过程，尽量降低系统各环节对激发力的产生及其响应。此外，"有源消声"也是消除噪声的有效方法：声音由一定频谱的波组成，如果找到一种与所要消除噪声的频谱完全相同，只是相位刚好相反的声音，两者叠加后就可以将这种噪声完全抵消掉。具体做法为从噪声源本身出发，设法通过电子线路将噪声源的相位倒过来，将两相位相反的噪声叠加，即可起到降噪效果，所谓"以噪降噪"。该技术在低频范围、软件可行性及成本等方面有着其他方法无可比拟的优势，已成为噪声控制领域研究的新热点。

（2）传播途径控制

虽然从声源处控制最有效，但由于技术和实施条件的限制，从声源上降低噪声难以实现。此时，最常用的控制措施是在传播途径上进行控制。包括合理布局，利用闹、静分开的方法降低噪声；充分利用地形、高大建筑物、绿化带等自然屏障降低噪声；利用声源的指向性降低噪声；利用声学控制方法降低噪声，是噪声控制的方法，主要包括吸声、消声和隔声。

吸声 是常用的控制室内噪声的技术，多用于办公室、会议室等室内空间。通过能够吸收较高声能的吸声材料和吸声结构来降低噪声，这项技术称为吸声降噪，简称吸声。其降噪原理为：声波传播到某一界面时，一部分声能被界面反射或散射回来，一部分声能被转化为热能消耗掉或是转化为振动能沿边界构造传递转移而消损，其余部分则直接透射到边界另一面的空间，对于入射声波来说，后两部分可以看作被边界面吸收，只有反射到原来空间的反射（散射）声能传播出去。由于吸声材料只能降低反射噪声，故该方法的效果很有限。常用的吸声材料有：塑料泡沫、玻璃棉、吸声砖、毛毡等。

消声 利用消声器控制噪声。消声器是一种允许气流通过,又能有效阻止或阻碍声能向外传播的装置。该方法主要用于降低空气动力性噪声,一般安装在气流通过的管道中或进、排气口上,如在通风机、压缩机等设备的进出口管道中安装消声器,可降噪20～40dB。一个理想的消声器应具有良好的吸声性能;良好的空气动力性能;体积小、质量轻、构造简单、安装和维修方便;经久耐用、价格低廉等特点。

隔声 多用于控制机械噪声,是一般工厂控制噪声的最有效措施之一。用隔声材料把发声的物体,或把需要安静的场所封闭在一定空间内,使其与周围环境隔绝。隔声原理为:声波在空气中传播,碰到一匀质界面时,由于特性阻抗的改变,一部分声能被界面反射回去,一部分声能被界面吸收,还有一部分声能透过界面到另一空间去,由此可见,大部分声能无法传播出去,透过的声能仅是入射声能的一部分,进而起到降噪作用。常用的隔声措施有隔声罩(将声源封闭,可降噪20～30dB)、隔声间(可防止外界噪声侵入,能降噪20～40dB)及隔声屏(用于露天场合)3种。上述3种隔声措施所用材料的质量较大,要求材料密封性好,无孔洞,一般采用钢筋混凝土、砖、钢板及厚木板等。

(3) 接收点控制

当采用上述两种方法仍存在噪声污染问题时,应该对处于噪声环境中的工作人员进行自身防护。实际上,在很多场合都采用个人防护的方法,个人防护用品包括耳罩、耳塞、防声头盔、防声蜡面等防护用具。为了达到隔声效果,这些防护用具一般要求不透气。个人防护存在如听不到报警信号,交流困难等问题。为此,实际设计成允许部分低频声通过的方法,达到既能降噪又不妨碍交流的目的。

7.1.4.3 噪声控制的程序

噪声控制的基本程序:①调查噪声源及其物理特性,通过对噪声进行测量、数据处理,分析噪声的频率和时空分布特征;②根据基础材料选择控制标准;③根据降噪量和噪声的频谱特性,选择适宜的控制措施,设计控制方案;④进行包括控制效果、经济性、适应性评价,论证方案的可能性;⑤对控制措施实施监控,综合分析控制效果,提出改进措施,直至达到相关标准。

7.2 辐射污染

7.2.1 电磁辐射及辐射污染

随着科技的发展和人们生活水平的提高,各种各样的电子产品、家用电器走入人们的生活,这些产品和设备提高了人们的工作效率、改善了人们的生活质量。但是随着这些产品和设备的增多,在我们住房周围的高压电、发射塔也越来越多,现在几乎很难找到没有电子产品的家庭,人们在享受便利的同时,也受到这些电子设备产生的电磁辐射污染的侵害。目前电磁辐射污染已成为继水污染、大气污染、噪声污染之后的又一大环境污染要素。那么,什么是电磁辐射?什么是电磁辐射污染?

所谓电磁波辐射是以电磁波形式向空间环境传递能量的现象或过程,简称电磁辐射。所谓电磁辐射污染就是电磁辐射强度超过人体所能承受的或仪器设备所允许的限度,对人体机能或仪器设备产生的影响。

7.2.2 电磁辐射源

电磁污染源有两大类：一类为自然污染源（又称天然污染源）；另一类为人工污染源。

(1) 自然污染源

自然电磁污染源是包括热辐射、太阳辐射、宇宙射线、雷电等自然现象引起的，其辐射的频带范围为几千赫兹至几百赫兹，虽然其频带范围很宽，虽一般对人类的影响不大，但同时也存在瞬间致死的可能性。其中以雷电辐射污染最为常见，雷电不但对仪器设备、飞机、轮船等直接造成伤害外，而且会在广大地区产生严重的电磁干扰。此外，地震、火山喷发和太阳黑子活动引起的磁暴等都会产生电磁干扰。表7-1列出了自然电磁污染源的分类和来源。

表7-1 自然电磁污染源

分 类	来 源
宇宙电磁场源	宇宙间电子转移、银河系恒星的爆发等
太阳电磁场源	太阳的黑子活动及黑体放射等
大气与空气污染源	自然界的火花放电、台风、雷电、火山喷烟等

(2) 人工污染源

人工电磁污染源是由人工制造的电子设备与电气装置产生的（见表7-2）。主要来自电视、广播、雷达、通信站及工作、学习和生活中用到的仪器、设备。人工电磁污染源主要有以下3种：①脉冲放电，因电流强度段时间内波动较大，以致产生很强的电磁干扰。如切断大电流电路时产生的火花放电。②工频场源，主要是大功率输电线路所产生的电磁污染，其他放电型的污染源也包括在内，频率变化范围为数十至数百赫兹，如大功率变电器、发电机及输电线附近的电磁场。③射频场源（0.1～3 000MHz），主要指射频设备或无线电设备工作过程中产生的电磁感应和电磁辐射，射频设备有焊接、淬火、熔炼等，无线电设备有广播、电视、通信等。射频场源由于所涉频段宽，影响范围广，已成为环境中电磁污染的主要因素。

表7-2 人工电磁污染源

污染源类型		污染源设备名称	污染来源
放电污染源	电晕放电	电力线（送配电线）	由于高电压、大电流而引起静电效应、电磁效应、大地漏泄电流所致
	辉光放电	放电管	高压汞灯、放电管等
	弧光放电	开关、电气铁路、放电管等	
	火化放电	电气设备、发动机等	整流器、发电机、放电管、点火系统等
工频辐射场源		大功率输电线、电气设备、电气铁路等	高电压、大电流的电力线、电气设备等
射频辐射场源		无线电发射机、雷达等	广播、电视与同设备的电路与振荡系统等
		高频加热设备、热合机、微波干燥机等	工业用射频利用设备的电路与振荡系统等
		理疗机、治疗仪等	医学用射频利用设备的电路与振荡系统等
建筑物反射		高层楼群以及大的金属构件	墙壁、钢筋、吊车等

7.2.3 电磁辐射污染的危害与控制

电磁辐射不仅对仪器设备具有干扰和破坏作用,还对人体健康和生态环境产生影响。

7.2.3.1 电磁辐射对装置、物质和设备的干扰

(1) 干扰电气设备

射频设备、电源线天线等向外辐射的电磁能,可以干扰一定范围内的各种电子设备的正常工作,造成通信信息、信号失误或中断。电磁辐射干扰电气设备的例子很多,如使电子仪器、精密仪器无法正常工作;使无线电通信、雷达导航、电视、电子计算机及电器医疗设备等电子系统等信号失误,图像失真;使飞机、轮船等运输工具的自动控制系统失灵。当我们看电视时,电视机受到电磁设备的干扰后,引起电视机屏幕上出现活动波纹、斜线,甚至图像消失,影响收看效果。

(2) 引燃或引爆某些特殊物质

电磁辐射可以引起挥发性液体或气体如酒精、煤油、液化石油气、瓦斯等易燃物质意外燃烧,可以引发燃烧能点低的物质如火药、炸药及雷管等发生爆炸。

(3) 危害通信电子设备

高强度的电磁辐射会使通信电子设备造成物理性损害。如经常发生继电器触点、电线偶合器等元件因感应电压过高引起电弧和电晕放电而损坏固体电路;因电磁感应温度过高引起晶体管、半导体元件及集成电路的损坏等。

7.2.3.2 危害人体健康

(1) 电磁辐射对人体健康的作用机理

高强度电磁辐射以热效应、非热效应和累积效应3种方式作用于人体,导致身体发生机能障碍和功能紊乱,进而造成危害。

热效应　人体内的水分子受到电磁波辐射后相互摩擦,引起机体温度升高,从而影响体内器官的正常工作。如人长期处于电磁辐射功率高于 $10\mathrm{mW/cm^2}$ 的环境中,当人体吸收的辐射能转化为热能,超出了人体体温的调节能力时,会引起人体温度明显升高,从而对人体造成影响,长时间打电话引起耳朵发热或头痛就是很明显的例子。

非热效应　人体内本身存在微弱的电磁场,在没有外加电磁场的条件下,这些微弱的电磁场是稳定和有序的,但受到外界电磁场的干扰后,平衡状态遭到破坏,人体也会遭受损伤。人长期处于电磁辐射功率小于 $1\mathrm{mW/cm^2}$ 的环境中,也会引起人体温度升高,从而引发头晕、烦躁、记忆力减退、植物神经紊乱等症状。

累积效应　当两次热效应和非热效应作用于人体的时间过短,以致对人体的伤害尚未来得及自我修复,此时对人体的伤害程度就会发生累积。

(2) 电磁辐射对人体的危害

电磁辐射对人体健康的危害与设备功率、辐射频率、辐射时间、距离、作业人员的年龄和性别及周围环境有关,一般设备输出功率越大,辐射能的波长越短,离辐射源越近,连续辐射时间越长,周围环境温度越高,对人体的影响就越大;比较而言,脉冲波对机体的不良影响,比连续波严重;儿童、女性和老人对射频辐射的刺激敏感性更大。

电磁辐射尤其是微波对人体健康的影响主要表现在以下几个方面。

诱发癌症并加速人体的癌细胞增殖　调查发现，当人体长期处于 2mGs（1Gs＝10^{-4}T）以上的电磁波照射中，人体患白血病和肌肉癌的可能性分别增加 1.93 倍和 2.26 倍；在高压线附近居住的居民，患乳腺癌的概率比常人高 7.4 倍。

影响视觉系统　眼睛对电磁辐射很敏感，眼组织中含有大量的水分，易吸收电磁辐射，且眼组织中的血液流通量较少，温度自我调节能力有限，故在电磁辐射作用下，眼球的温度很容易升高。眼球温度升高是产生白内障的主要条件。若长期受到低强度电磁辐射可诱发视觉疲劳、眼睛不舒适及眼睛干涩等症状；强度在 $100\text{mW}/\text{cm}^2$ 的微波照射眼睛几分钟，就可以使晶状体出现水肿，诱发白内障；更高强度的微波则会使人失明，可见电磁辐射对视觉系统危害之大。

影响血液系统和免疫能力　在电磁辐射的作用下，常发生血液动力学失调，血管通透性和张力降低，人体内会出现红血球和白血球下降的倾向，白血球吞噬细菌的百分率和吞噬的细菌数均降低，从而导致人体免疫力降低。主要表现为失眠、心悸、部分女性经期紊乱、窦性心律不齐、心动过缓、心搏血量减少、白细胞数量减少等。

危害神经系统　神经系统对电磁辐射的作用比较敏感，长时间的微波辐射能够破坏脑细胞，使大脑皮质细胞活动能力减弱，已经形成的条件反射受到抑制，从而危害神经系统。长期在微波辐射强度较高的环境中工作的人，常表现出疲惫、头痛、头晕、记忆力减退、食欲不振、工作效率低、手发抖、心电图和脑电图变化、血清蛋白增加、脱发、性功能衰退、睡眠障碍（失眠、多梦或嗜睡），尤其是入睡困难，一般这些症状不会太严重，休息一段时间后即可恢复。

影响生殖系统和遗传　长期接触超短波辐射的男人会出现性机能下降、阳痿等状况；对应的女人会出现月经失调。我国某省对 16 名女电脑操作员进行追踪调查，结果发现，8 人 10 次怀孕中，有 4 人 6 次出现异常妊娠。

影响儿童发育能力　据最新调查显示，中国每年出生的 2 000 万儿童中，缺陷儿占 1.75%，其中智力残缺儿占 1.25%，有专家认为电磁辐射也是其中的影响因素之一。

7.2.4　电磁辐射防护措施

为了消除电磁辐射对环境的影响，要从根本上防止电磁辐射污染，就要控制污染源和电磁能量的传播途径。

要减少和控制污染源　通过开发新产品和改进工艺，合理降低辐射源强度，尽量避免泄漏现象。

制定并执行电磁场环境质量标准　从国家的实际出发，制定切实可行的电磁场环境质量标准，严格限制产生电磁波的工业设备产品的设计指标，针对目前我国各行业已有的，产生电场、磁场或电磁场的设施，以及对这些设施产生的相应电磁场进行管理和监督，为防护电磁辐射提供法律依据。

采取防护措施　为减少电子设备的电磁泄漏，防止电磁辐射污染环境，危害人体健康，必须采取一定的防护措施，如屏蔽、吸收、接地、合理布线、搭接、频率划分、滤波等。

加强宣传教育，提高公众意识　电磁辐射的危害看不见、摸不着、闻不到，不易为人们察觉，很容易被人们忽视，因此应广泛开展宣传教育，唤起人们的防护意识。我们应当重视电磁辐射可能对人体产生的危害，多了解有关电磁辐射的常识，加强安全防范措施。如严格按照应用电器的手册规范操作、保持安全操作距离、家用电器合理布局等。

7.3 光 污 染

随着生活水平的日益提高，人们的日常活动也变得越来越丰富，活动范围从室内扩大到室外，活动时间也从白天延长到夜晚。在这转变的过程中，人们借助光源获得了更为舒适和美好的生活环境。但是人们在享受灯火辉煌的同时，却发现眼睛如果长期处于强光和弱光的条件下，视力就会受到损伤。而光源的不恰当使用或者灯具的光线欠佳也会对人们的生活和生产环境产生不良的影响。之前我国的一项研究结果表明，导致学生近视率普遍提高的主要原因是由于视觉环境受到污染，而并不是通常所说的用眼不当造成的。因此，本章以环境光学为依据，从光度学、色度学、生理光学、物理光学、建筑光学等学科的角度来研究适宜人类生存的光环境，分析光污染的产生原因、存在类型、危害和防治方法，以避免光污染对人类的危害。

7.3.1 光环境与人的视觉

光是人们视觉感知的基本条件，没有光就谈不上视觉。光反映自然界中一切事物的形态、质感、色彩和轮廓，使空间与形态发生联系，从这一点上来说光是一切视觉信息的载体。

光环境是由光照射于其内外空间所形成的环境，包括室内光环境和室外光环境。其中室内光环境是指在室内由光与颜色建立而形成的环境，该环境要满足物理、生理、心理及美学等方面的要求。室外光环境是在室外空间由光照射而形成的环境，它既要满足与室内光环境相同的要求，也要满足照明和节能等社会方面的需求。光的照度和亮度、光色、周围亮度、视野外的亮度分布、眩光和阴影等是光环境的基本影响因素。

视觉是人类获取信息的主要途径，人在生活中75%以上的外界信息来自视觉，75%~90%的人体活动是由视觉引起的，而光是正常人产生视觉必不可少的外界条件，没有充足的光线，适当的对比度和背景亮度，人就不能发挥正常的视觉功能，无法识别环境，从而影响人的判断和活动。

人的视野范围也受到身体结构的限制，主要由于各种感光细胞在视网膜上的分布不均所致。视网膜中央一个很小的区域，布满感光细胞，分辨本领最高，视网膜边缘，分辨本领急剧下降。因此，人双眼直视时的视野范围是：水平面180°，垂直面130°左右，其中上仰角度为60°左右，下倾角度为70°左右。在这个范围内存在一个最佳视觉区域，即从人的视野范围中心向30°左右的区域是人的视觉最清楚、观察物体的最佳位置。同时人的视觉具有向光性，即人总是对视野范围内最明亮的、色彩最丰富的或者对比度最强的区域最敏感。人的视觉活动和人的其他所有知觉一样，外界环境对神经系统进行刺激，更主要的是大脑对刺激进行分析同时进行判断并产生反馈，因此人们的视觉不仅是"看"的问题同时也包含着"理解"的成分。所以光环境与人的视觉关系是通过对人的生理和心理同时作用的结果。

7.3.1.1 光环境和生理反应

眼睛对物体的识别主要是由目标物体的亮度（$B_{目标物}$）和目标物所处环境背景的亮度差

（ΔB）与环境背景亮度（$B_{背景}$）的比值 C 决定的，见式（7-1）和式（7-2）。

$$\Delta B = B_{目标物} - B_{背景} \tag{7-1}$$

$$C = \frac{\Delta B}{B_{背景}} \tag{7-2}$$

C 值越大，环境背景亮度越小，目标物越容易识别。所以在白纸上书写不同颜色的字，在相同的亮度条件下，黑字是最清晰的。这是因为白纸的反射率极高，而黑色的反射率低，与其他颜色在白纸上所产生的亮度差相比较，白纸黑字的亮度差是最大的，因而字体也最清晰。

用亮度识别阈值表示在该亮度下识别物体的难易程度，其定义为在不同的亮度下人眼睛所能识别的最小亮度差 ΔB_{min} 与 B 的比值（$\Delta B_{min}/B$），比值越小越容易识别，而亮度不同亮度识别阈值也不同。

7.3.1.2 光环境与视觉心理

从视觉心理角度讲，不同的光环境影响人的注意力，在人们的工作环境中，目标物体上的光对人的工作效率产生直接影响。当人们进入一个色彩斑斓的环境时，由于装饰绚丽夺目，物体和图形引人注目，这样就会产生强烈的对比，人会不自觉的将注意力投向这些地方，在这种光环境下进行注意力集中的工作比如说看书学习就比较困难，会影响学习工作的效率。一般来说，休闲的场所像舞厅夜总会等地方，灯光要尽量绚丽多彩，从而分散人们的注意力，放松精神。而在图书馆阅览室，以及乒乓球和台球室等地方，周围环境应该注意朴素恬静，不能设计得太豪华，如此可以使精力集中。

光线的好与坏影响人主动探索信息的过程，进而会影响人对外界环境的认识。人每到一个新环境，总要环顾周围，明确自身所在的位置，外界是否对自己有不良的影响。如果由于光线的影响这些信息不能获得，人就会烦躁不安，因此在环境设计中要创造使人注意力集中的光环境。一般通过改变目标物体周围的亮度，使人能够明确自己的所处位置，看清周围的物体。所以房间的墙一般都是白色或者明亮的颜色，而不是用深颜色或者黑色的。通过以上光与生理和心理关系的分析，在我们生活的空间中应尽可能地创造既能满足生理视觉需要的光环境以提高视觉和识别能力，同时又要创造适合不同工作需要的心理因素的光环境以满足人的视觉心理。这样才保障人的生理健康和心理健康，提高工作效率。

7.3.2 光源及其类型

光源指自身正在发光，且能持续发光的物体。生活中的光源分为天然光源和人工光源。有些物体，比如月亮，本身并不发光，而是反射太阳光才被人看见的，所以月亮不是光源。

7.3.2.1 天然光源

天然光源指太阳光、闪电、萤火虫等。太阳光是天然光源的主要组成部分，其由两部分组成。一部分称为直射光，这部分光是一束平行光，光的方向随着季节及时间作规律的变化；另一部分是整个天空的扩散光。太阳光的波长范围在 $0.2\sim3\mu m$ 之间，其中 $0.20\sim0.38\mu m$ 为紫外线，$0.38\sim0.78\mu m$ 为可见光，$0.78\sim3\mu m$ 为红外线。这部分光中红外线所占能量比例最大为 53%，紫外线最少为 3%，可见光居于二者之间为 44%。

直射阳光也能促进人的新陈代谢、杀菌，因而能带来生气，感受阳光明媚的大自然，给人增添情调。所以在一些特定的场所,像学校、医院、住宅、幼儿园、度假村等建筑通过修建阳光大厅来对直射光加以利用。但由于直射阳光强度高,变化快,容易产生眩光或使室内过热,因此,在一些车间、计算机房、体育比赛场馆及一些展室中往往需要遮蔽阳光。多变的直射光也可以表现建筑的艺术氛围,材料的质感,对渲染环境气氛有很大的作用。

7.3.2.2 人工光源

在人们长期的生活中,天然光是人们习惯的光源,充分利用天然光可以节约能源,但是目前人们对天然光的利用还受到时间及空间的限制,天然光很难到达的地方,还需要人工光源来补充。人工光源按其发光原理来说主要包括热辐射光源和气体放电光源等。

光的产生是由于物质分子热运动的结果,所有的物质都发射电磁辐射,这种混有不同波长的辐射,称为热辐射。当物体温度达到300℃时,最强辐射的波长在红外区,波长为5 000nm;温度达到800℃时,物体发射足够的可见辐射能而成为自发光并呈"赤热"状态(绝大部分仍然属于红外波);加热到3 000℃时,即近于白炽灯丝的温度,辐射能包含足够多的400~700nm间的"可见光"波长,因此,热辐射光源是指依靠电流通过灯丝发热到白炽程度而发光的电光源。另一类气体放电光源是电极在电场作用下,电流通过一种或几种气体或金属蒸气而发光的电光源,也称为冷光源。

下面将主要的几种人工光源加以介绍。

白炽灯 最简单的白炽灯就是给灯丝导通足够的电流,灯丝发热至白炽状态,就会发出光亮。该光源灯丝为细钨丝线圈,为减少灯丝的蒸发,灯泡中充入氩气作为保护气。白炽灯因其显色性好,价格低廉,使用方便,得到了广泛的应用。但具有能量转换效率低,使用寿命短等缺陷。近些年来新出现的涂白白炽灯和氪气白炽灯等使发光效率提高,寿命延长。

弧灯 弧灯是通常实验所选用的光源。两根钨丝电极密封在玻璃管或者石英管的两端,阴极周围为一池水银(汞)。当两个电极接上一电源,再将管子倾斜,直至水银与两电极接触,一些水银开始蒸发;当管子回复到原来直立位置时,电子和水银正离子保持放电。水银在低压时,水银原子发射一种只有黄、绿、蓝和紫色的特征光。用滤光器吸收黄光,并用黄玻璃滤光器吸收蓝光和紫光,剩下的是很窄的波带所组成的强烈绿光,它的平均波长为546nm。由于汞弧灯的绿光由极窄的波带组成,所以发出的光近似于单色光。

碳弧灯 碳弧灯是利用两根接触的碳棒电极在空气中通电后分开时所产生的放电电弧发光的电光源。将碳棒接到110V或者220V的直流电源上,使两根碳棒短暂接触,然后拉开,这时正极碳棒上强烈的电子轰击使其端部形成极为炽热的陷口,其光源温度可达4 000℃左右。碳弧灯的工作电流大约为50A到几百安培。碳弧灯的光谱含有很强的紫外辐射,应注意防护,还需常调节距离,操作强度大,光色不理想。除原有的大功率探照灯外,现几乎都为短弧氙灯和金属卤化物灯取代。

钠弧灯 钠弧灯是利用钠蒸气放电发光的电光源,电极密封在管内,其灯管用特种玻璃制成,不会受钠的侵蚀。每一电极是一发射电子的灯丝,以通过惰性气体来维持放电。当管内温度升高到某一数值时,钠蒸气压升高到足以使相当多的钠原子发射出钠的特征黄光,这种黄光对眼睛没有色差,视敏度也较高。钠灯经济耐用,可以作为路灯使用。

荧光灯 即低压汞灯,它是利用低气压的汞蒸气在放电过程中辐射紫外线,从而使荧光粉发出可见光的放电灯。荧光灯是由一根充有氩气和微量汞的玻璃管构成的,灯内装有两个灯丝，灯丝上涂有电子发射材料三元碳酸盐（碳酸钡、碳酸锶和碳酸钙），在交流电压作用下，灯丝交替作为阴极和阳极。灯管内壁涂有荧光粉，通电后灯管内液态汞蒸发成汞蒸气。在电场作用下，汞原子不断从原始状态被激发成激发态，继而自发跃迁到基态，并辐射出波长 253.7nm 和 185nm 的紫外线，这些紫外线被涂在玻璃管内部的荧光粉所吸收，荧光粉吸收紫外线的辐射能后发出可见光。荧光粉不同，发出的光线也不同，这就是荧光灯可做成白色和各种彩色的原因。例如，红光可由硼酸镉为磷光剂；绿光对应硅酸锌等；混合物可以发出白光。由于荧光灯所消耗的电能大部分用于产生紫外线，因此，荧光灯的发光效率远比白炽灯和卤钨灯高，是目前最节能的电光源。

7.3.3 光污染的危害和防治

7.3.3.1 光污染的产生

光污染问题最早出现于20世纪70年代，由国际天文界提出，认为是城市夜景照明使天空发亮造成对天文观测的负面影响。后来英、美、澳等国将其称为干扰光，日本称为光害。我国理解的光污染是过量的光辐射（包括可见光、红外线和紫外线）对人类生活和生产环境造成不良影响的现象。

尽管不同国家对光污染的定义表述不同，但现代意义上的光污染有狭义和广义之分，狭义的光污染指干扰光的有害影响，其定义是"已形成的良好照明环境，由于溢散光而产生被损害的状况，又由于这种损害的状况而产生的有害影响"。广义光污染指由"人工光源导致的违背人的生理与心理需求或有损于生理与心理健康的现象"。广义光污染与狭义光污染的主要区别在于狭义光污染的定义仅从视觉的生理反应来考虑照明的负面效应，而广义光污染不仅包括了狭义光污染的内容，而且从美学方面以及人的心理需求方面做了拓展。

光污染的主要类型包括：眩光、溢散光、反射光、光入侵和天空辉光。

眩光 由于视野中亮度分布或亮度范围不适宜，或存在极端的对比，以致引起不舒适感觉或降低观察细部或目标的能力的视觉现象，称为"眩光"。眩光污染是指各种光源（包括自然光、人工直接照射或反射、透射而形成的新光源）的亮度过量或不恰当地进入人的眼睛，对人的心理、生理和生活环境造成不良影响的现象。眩光会使行人或者驾驶员短暂性"视觉丧失"从而引发交通事故。

溢散光 从照明装置散射出并照射到照明范围以外的光线。

反射光 室外照明设施的光线通过墙面，地面或其他被照面反射到周围空间，并对周围人与环境产生干扰的光线。

光入侵 指光投射到了不需要照明的地方，影响了人们的正常生活。例如，夜间的灯光让人难以入睡。目前世界各国已经有相关的法律来保护人民免受侵害。

天空辉光 大气中的气体分子和气溶胶的散射光线，反射在天文观测方向形成的夜空光亮现象。

虽然光污染的形式多样，但其都具有两个特点，一是光污染是局部的，随距离的增加而迅速减弱；二是环境中不存在残余物，光源消失，污染即消失。

7.3.3.2 光污染的危害

光污染按照光波波长不同分为可见光污染、红外线污染和紫外线污染三大类，其对人体产生的危害也各不相同。

(1) 可见光危害

可见光是自然光的主要部分,也就是常说的七色光组合,其波长范围在390～760nm。当可见光的亮度过高或过低,对比度过强或过弱时,长期接触会引起视疲劳,影响身心健康,从而导致工作效率降低。

激光具有指向性好,能量集中,颜色纯正的特点,其光谱中大部分属于可见光的范围。但是由于激光具有高亮度和强度,会对眼睛产生巨大的伤害,严重时会破坏机体组织和神经系统。所以在激光使用的过程中要特别注意避免激光污染。

来自于建筑的玻璃幕墙,建筑装饰(高级光面瓷砖、光面涂料)的杂散光也是可见光污染的一部分,由于这些物质的反射系数比一般较暗建筑表面和粗糙表面的建筑反射系数大10倍。所以当阳光照射在上面时,就会被反射过来,对人眼产生刺激。此外来源于夜间照明的灯光通过直射或者反射进入住户内的杂散光,其光强可能超过人夜晚休息时能承受的范围,从而影响人的睡眠质量,人点着灯睡觉不舒服就是这个原因。

在可见光的污染中过度的城市照明对天文观测的影响受到人们的普遍重视,国际天文学联合会就将光污染列为影响天文学工作的现代四大污染之一。各种光污染直接作用于观测系统的结果是观测的数据变得模糊甚至做出错误的判断。

(2) 红外线危害

自然界中的红外线主要来源于太阳,生活环境中的红外线来源于加热金属、熔融玻璃等生产过程。物体的温度越高,其辐射波长越短,发射的热量就越高。随着红外线在军事、科研、工业等方面的广泛应用,其对人类产生的危害也越来越大。人体受到红外线辐射时会在体内产生热量,造成高温伤害。此外,红外线还会对人的眼睛造成损伤,波长在750～1 300nm时会损伤眼底视网膜,超过1 900nm时就会灼伤角膜,长期暴露于红外线下可引起白内障。

(3) 紫外线危害

自然界中的紫外线来自于太阳辐射,而人工紫外线是由电弧和气体放电所产生。紫外线辐射的波长范围在10～390nm的电磁波。长期缺乏紫外线辐射对人体不利。比如儿童佝偻病发生最主要的原因就是维生素D缺乏症和由于P和Ga的新陈代谢紊乱所致。但过量的紫外线将使人的免疫系统受到抑制,从而导致各种疾病的发生。当波长范围在220～320nm时,会导致眼睛结膜炎的出现及白内障的发生,皮肤表面产生水泡和皮肤表面的损伤,类似一度或者二度烧伤。此外,当紫外线作用于大气的污染物HC和NO_x时,就会发生光化学反应产生光化学烟雾,也会对人体健康造成间接危害。

(4) 光污染的防治措施

光污染已经成为现代城市的公害之一,引起了政府及专家的足够重视,为了更好地控制和预防光污染的出现,应从光源入手,预防为主,以改善城市环境。一般从以下几个方面来解决城市光污染。

夜景照明光污染防治 夜景照明主要指广场、机场、商业街和广告标志以及城市市政设施的景观照明。夜景照明的防治主要通过合理的设计照明手法,采用截光、遮光、增加遮光隔栅等措施以及应用绿色照明光源等措施来进行污染防治。

交通照明光污染防治 交通照明光污染包括道路照明光污染和汽车照明光污染。针对道路照明光污染要实行灵活限制开关制度，选择合适的灯具和布灯方式；汽车照明光污染要规范车灯的使用，以强化环境保护意识，尽量减少光污染。

工业照明光污染防治 要加强施工现场管理，处理好各方面的矛盾，对有红外线和紫外线污染的场所应采取必要的安全防护措施，以保护眼部和裸露皮肤不受光辐射的影响。

建筑装饰光污染防治 建筑装饰光污染主要来源于玻璃幕墙和建筑物装修材料。玻璃幕墙反射引起的光污染，可通过控制玻璃幕墙的安装地区，限制安装位置和安装面积，并且玻璃幕墙的颜色要与周围环境相协调。选择建筑物装修材料时也要服从环境保护要求，尽量选择反射系数低的材料，减少玻璃、大理石、铝合金等反射系数高的材料使用。

彩光污染防治 彩光污染主要来源于商业街的夜间照明，因此夜间照明不能太多，要关闭夜间广场和广告牌等设施的照明。此外，加强对各娱乐场所等的管理，减少彩光污染。

其他防治措施 通过提高市民素质，加强城市绿化，尽量使用"生态颜色"以减轻城市光污染的危害。

7.4 热 污 染

7.4.1 热环境

适于人类生产、生活及生命活动的温度范围相对而言是较窄的，人类主要依靠衣物及良好的居室环境来获得生存所需要的热环境，否则人类的生命将会受到威胁。所谓热环境就是指提供给人类生产、生活及生命活动的良好的生存空间的温度环境。太阳能量辐射创造了人类生存空间的大的热环境，而各种能源提供的能量则对人类生存的小的热环境作进一步的调整，使之更适宜于人类的生存。同时人类的各种活动也在不断地改变着人类生存的热环境。

地球是人类生产、生活及生命活动的主要空间，太阳是其天然热源，并以电磁波的方式不断向地球辐射能量。环境的热特性不仅与太阳辐射能量的大小有关，同时还取决于环境中大气同地表之间的热交换的状况。太阳表面的有效温度为 5 497℃，其辐射通量又称太阳常数，是指在地球大气圈外层空间，垂直于太阳光线束的单位面积上单位时间内接受的太阳辐射能量的大小，其值大约为 1.95cal*/(cm² · min)。太阳辐射通量分配状况如图 7-1 所示。

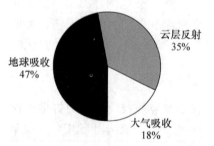

图 7-1 太阳辐射通量分配状况图

自然环境的温度变化较大，而满足人体舒适要求的温度范围又相对较窄，不适宜的热环境会影响人的工作效率、身体健康以至生命安全。舒适的热环境有利于人的身心健康，从而可以提高其工作效率。为了维系人类生存较为适宜的温度范围，创造良好的热环境，除太阳辐射的能量外，人类还需要各种能源产生的能量。可以说人类的各种生产、生活和生命活动都是在人类创造的热环境中进行的。

---

* 1cal＝4.186 8J。

7.4.2 环境热污染及其防治

随着科技水平的不断提高和社会生产力的不断发展,工农业生产和人们的生活都取得了巨大的进步,其中大量的能源消耗(包括化石燃料和核燃料),不仅产生了大量的有害及放射性的污染物,而且还会产生CO_2、水蒸气、热水等污染物,它们会使局部环境或全球环境增温,并形成对人类和生态系统的直接或间接、瞬时或潜在的危害。这种日益现代化的工农业生产和人类生活中排放出的废热所造成的环境污染,即为热污染。

7.4.2.1 热污染的形成

热环境的改变基本上都是由人类活动引起的。人类活动主要从以下 4 个方面影响热环境。

(1) 大气中 CO_2 含量不断增加

据测定,在 19 世纪,大气中的浓度为 $299mL/m^3$,而到 1995 年大气中 CO_2 浓度已达到 $358mL/m^3$。1991 年联合国向国际社会披露了 CO_2 排放量占全球总排放量最多的 5 个国家:美国 22%、苏联 18%、日本 4%、德国 3%、英国 2%,并强调指出:"地球气温上升,五大国要负责。"而事实上年的调查表明,美国对全球气温变暖应负最大责任的比例远不止 22%。

(2) 大气中微细颗粒物大量增加

大气中微细颗粒物质对环境温度是有双重效应:颗粒物一方面会加大对太阳辐射的反射作用,使温度降低同时另一方面也会加强对地表长波辐射的吸收作用,使温度升高。究竟哪一方面起到关键性的作用,主要取决于微细颗粒物的粒度大小、成分、停留高度、下部云层和地表的反射率等多种因素。

(3) 对流层中水蒸气大量增加

这主要是由日益发达的国际航空业的发展引起的。对流层上部的自然湿度是非常低的,亚声速喷气式飞机排出的水蒸气在这个高度形成卷云。凝聚的水蒸气微粒在近地层几周内就可沉降,而在平流层则可存在 1~3 年之久。当低空无云时,高空卷云吸收地面辐射,降低环境温度,夜晚由于地面温度降低很快,卷云又会向周围环境辐射能量,使环境温度升高。早在 1965 年就已发现对流层卷云遍布美国上空,近年来,随着航空业的飞速发展,在繁忙的航空线上已发现越来越多卷云,且云层正不断加厚。

(4) 臭氧层的破坏

臭氧是一种淡蓝色具有特殊臭味的气体,是氧气的同素异形体,化学式为 O_3。它具有净化空气和杀菌的作用,并可以把大部分有害的紫外线都过滤掉,减少对地球生态和人体的伤害,因而臭氧是地球生命的"保护神"。臭氧层的破坏导致紫外线 UV-B 到达地面数量增加,通常臭氧浓度降低 1%,UV-B 辐射量增加 1.5%~2%,从而导致大气和地表吸收的热量增加。

(5) 直接"人为热"释放

工业生产过程中的动力、化学反应、高温熔化等,居民生活中照明、取暖、降温、煮食等,向环境排放了大量的废热水、废热气和废热渣,并且散失了大量热能。工业生产过程中,与热过程有关的工业热灾害,如火灾、爆炸和毒物泄漏也是热污染的来源。

7.4.2.2 节能技术与设备

(1) 热泵

热泵即将热由低温位传输到高温位的装置，是一种高效、节能、环保技术，其理论基础源于19世纪关于卡诺循环的论文。它利用机械能、热能等外部能量，通过传热工质把低温热源中无法被利用的潜热和生活生产中排放的废热，通过热泵机组集中后再传递给要加热的物质。其工作原理如图7-2所示。热泵设备的开发利用始于20世纪二三十年代，直到70年代能源危机的出现，热泵技术才得以迅速发展。目前热泵主要用于住宅取暖和提供生活热水，在北美洲和欧洲的应用最广。在工业中，热泵技术可用于食品加工中的干燥、木材和种子干燥及工业锅炉的蒸汽加热等。

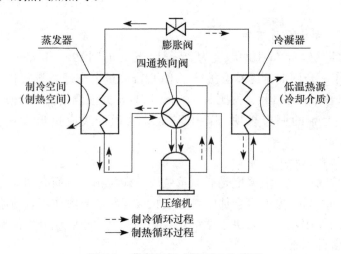

图7-2 典型压缩式热泵工作原理

热泵的热量来源可以是空气、水、地热和太阳能。其中以各种废水、废气为热源的余热回收型热泵不仅可以节能，同时也可以直接减少人为热的排放，减轻环境热污染。采用热泵与直接用电加热相比，可节电80%以上；对100℃以下的热量，采用热泵比锅炉供热可节约燃料50%。

(2) 热管

美国Los Alamos国家实验室的G. M. Grover于1963年最先发明了热管，它是利用密闭管内工质的蒸发和冷凝进行传热的装置。常见的热管由管壳、吸液芯（毛细多孔材料构成）和工质（传递热能的液体）3部分组成。热管一端为蒸发端，另外一端为冷凝端。当一端受热时，毛细管中的液体迅速蒸发，蒸气在微小的压力差下流向另外一端，并释放出热量，重新凝结成液体，液体再沿多孔材料靠毛细作用流回蒸发段（图7-3）。如此循环不止，便可将各种分散的热量集中起来。

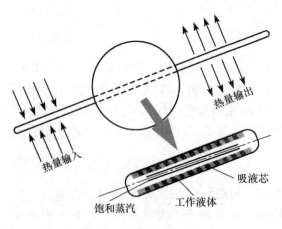

图7-3 热管的工作原理

与热泵相比，热管不需从外部输入能量，具有极高的导热性、良好的等温性，而且热传输量大，可以远距离传热。目前，热管已广泛用于余热回收，主要用作空气预热器、工业锅炉和利用废热能加热生活用水。此外，在太阳能集热器、地热温室技术应用等方面也取得了很好的效益。

（3）空冷技术

工业过程中的冷却问题，如火电厂的冷凝器、冷却塔、化工设备中的洗涤塔、大型活塞式压缩机的中间冷却器等，大多采用水冷方式。而冷却水排放正是造成水体热污染的主要污染源，采用空冷技术可以显著节约水资源，同时也有助于控制水体热污染。但空冷技术耗电量大，会提高燃料消耗，因此，在能源丰富而水源短缺的地区比较适用。

7.4.2.3 生物能技术

（1）生物能的特点及开发现状

生物能即以生物质为载体的能量，是太阳能以化学能形式储存在生物体内的一种能量形式。生物能的载体是有机物，是以实物形式存在的，也是唯一一种能够储存和运输的可再生资源。以生物资源替代化石燃料，不仅可以减少化石燃料的消耗，同时也可减少 CO_2、SO_2 和 NO_x 污染物的排放量。另外，生物能分布广，不受天气和自然条件的限制，经过转化后几乎可应用于人类工业生产和社会生活的各个方面，因此，生物能的开发和利用对常规能源具有很大的替代潜力。

生物质包括植物、动物及其排泄物、有机垃圾和有机废水几大类。目前对生物能的开发利用主要集中在 3 方面：一是建立以沼气为中心的农村新能源；二是建立"能量林场"、"能量农场"和"海洋能量农场"，以植物为能源发电，常用的能源植物或作物有绿玉树、续随子等；三是种植甘蔗、木薯、海草、玉米、甜菜、高粱等，发展食品工业的同时，用残渣制造酒精来代替石油。

（2）生物质压缩成型技术

由于植物生理方面的原因，生物质原料的结构通常比较疏松，密度较小，利用各种模具，可制成不同规格尺寸的成型燃料品。成型燃料的固体排放量、对大气的污染和锅炉的腐蚀程度、使用费用及其他性能都优于煤和木屑。其工艺流程如图 7-4 所示。

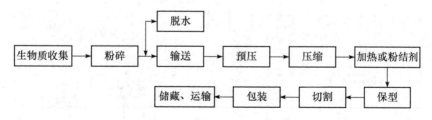

图 7-4　生物质压缩成型工艺流程图

（3）生物质气化技术

生物质气化是在一定的热力条件下，将组成生物质的碳氢化合物转化为含 CO 和 H_2 等可燃气体的过程。其工艺系统见图 7-5。生物质经气化后排出的燃气中常含有一些杂质，称为粗燃气，直接进入供气系统会影响供气、用气设施和管网的运行，因此，必须进行净化。整个系统的运行和启停均由燃气输送机控制，同时提供使燃气流动的压力。

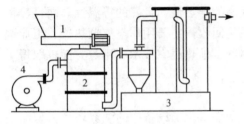

图 7-5　燃气发生的工艺系统
1. 加料器；2. 气化器；3. 净化器；4. 燃气输送器

国内采用生物质集中供气系统的投资与天然气基本相当，但其环境效益和社会效益高得多，因此更具应用前景。此外，生物质气化后还可用于发电，由于供气系统具有技术灵活、环境污染少等特点，其综合发电成本已接近典型常规能源的发电水平。目前，中型气化发电系统已经成熟。

(4) 生物质燃料酒精

含有木质素的生物质废弃物是生产燃料酒精的主要原料来源。燃烧酒精放出的有害气体比汽油少得多，CO_2 净排放量也很少。汽油中掺入 10%～15% 的酒精可使汽油燃烧更完全，并减少 CO 的排放，因此又也可以作为添加剂使用。

(5) 生物质热裂解液化技术

生物质热裂解是生物质在完全缺氧或有限氧供给的条件下热降解为液体生物油、可燃气体和固体生物质炭 3 个组成部分的过程。控制热裂解条件（主要是反应温度、升温速率等）可以得到不同的热裂解产品。生物质热裂解液化则是在中温（500～600℃）、高加热速率（$10^4 \sim 10^5$ ℃/s）和极短气体停留时间（约 2s）的条件下，将生物质直接裂解，产物经快速冷却，使中间液态产物分子在进一步断裂生成气体之前冷凝，得到高产量生物质液体油的过程，液体产率（质量比）可高达 70%～80%。气体产率随温度和加热速率的升高及停留时间的延长而增加，而较低的温度和加热速率会导致物料碳化，使固体生物质炭的产率增加。

快速热裂解液化对设备及反应条件的要求比较苛刻，但因产品油易存储和运输，不存在就地消费问题，从而得到了广泛关注。现以引流床液化工艺为例介绍其主要过程（图 7-6）。物料干燥粉碎后在重力作用下进入反应器下部的混合室，与吹入的气体充分混合。丙烷和空

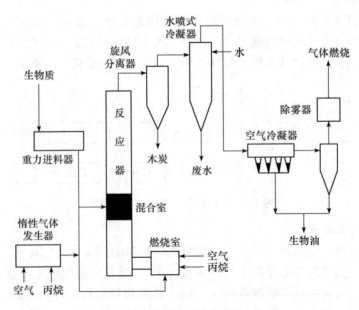

图 7-6　引流床反应工艺流程

气燃烧产生的高温气体与木屑混合向上流动穿过反应器，发生裂解反应，生成的混合物有不可冷凝的气体、水蒸气、生物油和木炭。使用旋风分离器分离掉大部分的炭颗粒，剩余气体进入水喷式冷凝器中快速冷凝，随后再进入空气冷凝器中冷凝，冷凝产物由水箱和接收器收集。气体则经除雾器后，燃烧排放。该工艺生物油产率60%，没有分离提纯的生物油是高度氧化的有机物，具热不稳定性，温度高于185～195℃就会分解。

7.4.2.4 CO_2 固定技术

CO_2 在特殊催化体系下，可与其他化学原料发生许多化学反应，从而固定为高分子材料。该技术的关键是利用适当的催化体系使惰性 CO_2 活化，从而作为碳或碳氧资源加以利用。目前，CO_2 的活化方式主要有生物活化、配位活化、光化学辐射活化、电化学还原活化、热解活化及化学还原活化等。我国研究表明，在稀土三元催化剂或多种羧酸锌类催化剂的作用下，利用 CO_2 生产出的 CO_2 基塑料具有良好的阻气性、透明性和生物降解性等特点，而且生产成本比现有万吨级生产的聚乳酸（一种由玉米淀粉发酵制备的全生物分解塑料）低30%～50%，有望部分取代聚偏氟乙烯、聚氯乙烯等医用和食品包装材料。

【案例】

案例1　光污染给人类带来的典型事例

2001年8月7日，美国一家研究机构公布了一个令世人为之哗然的数据：夜晚的华灯造成的光污染已使全世界1/5的人对银河系视而不见。研究人员之一埃尔维奇说："许多人已经失去了夜空，而正是我们的灯光使夜空失色。"他认为，现在世界上约有2/3的人生活在光污染里。而在目前，我国的一项研究结果也表明，光污染对人眼的角膜和虹膜造成伤害，引起视疲劳和视力下降。我国高中生近视率达60%以上的主要原因，并非不良的用眼习惯所致，而是视觉环境受到污染。

案例2　热污染给人类带来灾害的典型事例

按照热力学定律，人类使用的全部能量终将转化为热，传入大气，飘向太空。这样，使地面反射太阳热能的反射率增高，吸收太阳辐射热减少，沿地面空气得热减少，上升气流减弱，阻碍云雨形成，造成局部地区干旱，影响农作物生长。如20世纪60年代末和80年代初，非洲撒哈拉地区发生两次持续几年的大旱，由于缺少粮食和牧草，大量牲畜被宰杀，饥饿而致死者达数百万人，有1000多万人沦为环境难民。仅60年代末持续6年的干旱，因饥饿致死者超过150万人。1988年，美国、意大利、希腊和埃及等国遭受热浪袭击，数以千计的人中暑死亡。1997年夏，我国北方地区持续高温干旱，有3亿多亩农作物遭旱灾，导致粮食减产。城市里酷热难耐，一时间人们谈"热"色变，这些都是由热污染带来的灾害。

思考题

1. 噪声的来源、特性及其分类？
2. 噪声有哪些危害？试列举1～2个你周围噪声污染环境的事例。

3. 电磁辐射污染对人体有哪些危害？
4. 光污染有哪些危害？
5. 热污染有哪些危害？

参考文献

任连海，田媛. 2007. 环境物理性污染控制工程 [M]. 北京：化学工业出版社.
陈亢利，钱先友，许浩瀚. 2006. 物理性污染与防治 [M]. 北京：化学工业出版社.
陈杰瑢. 2007. 物理性污染控制 [M]. 北京：高等教育出版社.
洪宗辉. 2002. 环境噪声控制工程 [M]. 北京：高等教育出版社.
潘仲麟，翟国庆. 2006. 噪声控制技术 [M]. 北京：化学工业出版社.
何强，井文涌，等. 2004. 环境学导论 [M]. 3版. 清华大学出版社.
程发良，常慧. 2002. 环境保护基础 [M]. 清华大学出版社.
孙兴滨，闫立龙，张宝杰. 2010. 环境物理性污染控制 [M]. 2版. 北京：化学工业出版社.

8 固体废物处理与资源化

本章提要

固体废物的危害早已得到大家的共识。本章从固体废物的基本概念讲起，较全面的叙述了其性质、污染途径及危害、处理处置方法等。其中较详细的讲述了分选、破碎、压实、固化等预处理方法，焚烧、热解、生物处理等综合利用方法，陆地处置与海洋处置等最终处置方法等；并对粉煤灰、煤矸石、钢铁产业等工业固体废物，建筑垃圾，农业固体废物及生活垃圾等几种比较典型的固体废物的综合利用进行了较详细的讲述与应用举例。本章最后对危险固体废物的概念、处理处置与综合利用进行了较全面的讲述。

8.1 固体废物概述

8.1.1 固体废物的概念及分类

作为生产生活中的一类产物，固体废物的产生是必然的，一般对固体废物的定义是指在社会生产、流通和消费等一系列活动中产生的相对于占有者来说一般不具有原有价值而被丢弃的以固态和泥状赋存的物质。2005年4月1日起施行的《中华人民共和国固体废物污染环境防治法》中规定，固体废物是指在生产建设、日常生活和其他活动中产生的污染环境的固态、半固态废弃物质。生产建设泛指国民经济建设大范围中的生产建设活动，包括基本建设、工农业，以及矿山、交通运输、邮政电信等各种工矿企业的生产建设活动；日常生活包括居民的日常生活活动，以及为保障居家生活所提供的各种社会服务及设施，如商业、医疗、园林等；其他活动包括国家各级事业及管理机关、各级学校、各种研究机构等非生产性单位的日常活动。

固体废物有多种分类方法，按其化学组成可分为有机废物和无机废物；按其危害性可分为一般废物和有害废物；按热值高低可分为高热值废物和低热值废物；按废物的来源可分为：城市生活垃圾、工业固体废物和农业固体废物。

城市生活垃圾又称为城市固体废物，指在城市日常生活中或为城市日常生活提供服务的活动中产生的固体废物以及法律、行政法规规定视为城市生活垃圾的固体废物，主要包括居民生活垃圾、商业垃圾和建筑垃圾。城市生活垃圾主要成分有：厨余物、废纸、废塑料、废织物、废金属、废玻璃陶瓷碎片、砖瓦渣土、粪便、废家具、废旧电器、庭院废物等，其特点是成分复杂，有机物含量高，生活垃圾的产生量及组成受居民生活水平、生活习惯、季节、气候、气化率等因素的影响。工业固体废物是指来自冶金、煤炭、电力、化工、交通、食品、轻工、石油等工业的生产和加工过程的固体废物，又称为工业废物。农业固体废物是指在农业生产、畜禽和水产养殖过程产生的废物，主要包括农作物秸秆、谷壳、蔗渣等植物纤维性的废物和畜禽粪便两大类。表8-1列出了3类固体废物的主要来源及组成。

表 8-1 固体废物的来源及主要组成

分类	来源	主要组成物
城市生活垃圾	居民生活	厨余物、废纸、塑料、玻璃、木料、木头、金属、陶瓷、燃料灰渣、废器具、废砖瓦等
	商业、机关	废纸、废器具、废电器、碎砌体、沥青及其他建筑材料
	市政维护	碎砖瓦、树叶、金属、污泥、灰渣等
工业固体废物	矿业	煤矸石（18%~22%）、废石、尾矿、金属、废木等
	冶金工业	钢渣、赤泥、高炉渣、金属、砂石、涂料、塑料等
	能源工业	粉煤灰（14%~18%）、粉尘、金属、水泥等
	石油化学工业	铬渣、硫铁矿渣、废催化剂、白土渣等
	轻工业	废纸、纤维、塑料、碎木、锯末、废玻璃等
	其他工业	电子废物、具有放射性的废渣、污泥、器具等
农业固体废物	农业生产	秸秆、谷壳、蔗渣、地膜等
	畜禽养殖	畜禽粪便、腥臭死畜禽、栏圈垫物、畜禽加工污泥等
	水产养殖	腐烂的鱼、虾、贝壳，水产品加工污泥等

8.1.2 固体废物的特点

(1) 固体废物具有资源性

某一物质被称为"废物"是相对而言的，在不同的条件下，固体废物能变成宝贵的资源，因此有人称其为"时空错位的资源"。固体废物品种繁多、充分复杂，尤其是工业废渣，具有某些天然原料所具有的物理、化学特性，比废水、废气易于收集、运输、加工和再利用。因此，固体废物已成为"二次资源"，替代天然资源作为可持续发展战略的重要组成部分。

(2) 固体废物是各种污染物的终态和源头

固体废弃物往往是许多污染成分的终极状态。例如，一些有害气体或飘尘，通过最终富集成为固体废弃物；一些有害溶质和悬浮物，通过治理最终被分离出来成为污泥或残渣；一些含重金属的可燃固体废物，通过焚烧处理，有害金属浓集于灰烬中。但是，这些"终态"物质中的有害成分，在长期自然因素作用下，又会转入大气、水体和土壤，故又成为大气、水体和土壤的污染"源头"。

(3) 固体废物污染的潜在性、长期性和灾难性

固体废弃物呆滞性大、扩散性小，它对于环境的影响主要通过水、气和土壤进行。其中污染成分的迁移转化，如浸出液在土壤中的迁移，是一个比较缓慢的过程，其危害可能在数年甚至数十年后才能发现。从某种意义上讲，固体废物，特别是有害固体废物对环境造成的危害可能比水、气造成的危害严重得多。

8.1.3 固体废物污染途径及危害

固体废物对环境的危害很大，其污染是多方面的，其污染途径如图 8-1 所示。具体的危害有如下 6 方面。

大量堆放固体废物，侵占土地 固体废物不像废气、废水那样到处迁移和扩散，必须占有大量的土地，据估计，1×10^4 t 固体废物，将侵占 $1/15 hm^2$ 土地。随着我国工农业生产的

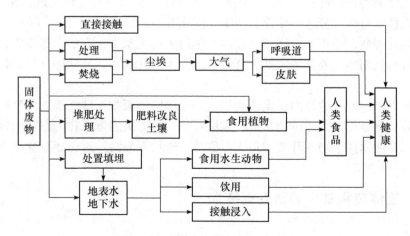

图 8-1 固体废物的主要污染途径

发展和城乡人民生活水平的提高，城市垃圾占地的矛盾日益突出，例如，根据北京市高空远红外探测的结果显示，北京市区几乎被环状的垃圾群堆所包围。

污染土壤 废物堆放或没有适当的防渗措施的垃圾填埋，其中的有害组分很容易经过风化、雨雪淋溶、地表径流的侵蚀，产生高温和有毒物质渗入土壤，能杀害土壤中的微生物，破坏微生物与周围环境构成的生态系统，导致草木不生。例如，在20世纪80年代，我国内蒙古包头市的某尾矿堆积如山，造成坝下游的大片土地被污染，使一个乡的居民被迫搬迁。

污染水体 有不少地区直接将废渣、垃圾倾倒至河流、湖泊、海洋，使地表水体受污染，堆积在陆地的固体废物也会经风吹雨冲进入水体导致污染。此外，废物堆的渗沥还会污染地下水。

污染大气 固体废物中细粒状存在的废渣和垃圾，在大风吹动下会随风扩散到很远的地方；运输过程中产生的有害气体和粉尘；一些有机固体废物在适宜的温度和湿度下被微生物分解，能释放出各种有害气体；固体废物本身或在处理（如焚烧）时散发的毒气和臭味等。

大量固体废物的不恰当堆放会形成地质灾害 堆放较高的固体废物在外力作用下会形成渣石流等灾害，尤其是尾矿库的超量堆存，可能引发溃坝，山西省襄汾县某矿业公司尾矿库在2008年曾发生溃坝事故，下泄尾砂量约 $19 \times 10^4 m^3$，淹没面积约 $35.9 hm^2$，共造成277人死亡、4人失踪、33人受伤，直接经济损失达 9 619.2 万元。

影响市容环境卫生 固体废物在城市里大量堆放而又处理不妥，不仅妨碍市容，而且有害城市卫生。城市里堆放的生活垃圾，非常容易发酵腐化，产生恶臭，招引蚊蝇、老鼠等孳生繁衍，容易引起疾病传染；在城市下水道的污泥中，还含有几百种病菌和病毒。堆放的工业固体废物有毒物质潜伏期较长，会造成长期威胁。

8.2 固体废弃物的处理方法

8.2.1 固体废物预处理、处理及处置概述

对于固体废物的处理，最终原则是进行综合利用或无害化处置。为了使其便于运输、储存或满足对固体废物进行进一步综合利用或安全处置的要求，需要对其进行必要的预处理。常见的预处理技术包括：分选、破碎、压实、固化等。

固体废物处理通常是指通过物理、化学、生物、物化及生化方法把固体废物进行综合利用的过程。目前采用的主要方法包括焚烧、热解、生物处理等。其目标是最大程度对固体废物资源化。

对于因技术原因或其他原因还无法利用或处理的固体废物，即终态固体废物，需进行最终处置。最终处置是控制固体废物污染的末端环节，是解决固体废物的归宿问题。处置的目的和技术要求是使固体废物在环境中最大限度地与生物圈隔离，避免或减少其中的污染组分对环境的污染与危害。

8.2.2 固体废物常见的预处理技术

（1）分选

固体废物分选是实现固体废物资源化、减量化的重要手段，通过分选可充分利用有用物

质，分离出有害物质；或将不同粒度级别的废物加以分离。

分选基本原理是利用物料的某些物理、化学或其他性质的差异将其分开，如利用废物的大小、比重、电磁性质等。目前已有各种机械设备可对固体废物进行分选。分选包括人工捡选、机械筛选、重力分选、磁力分选、涡电流分选、光学分选等。

（2）破碎

为了使进入焚烧炉、填埋场、堆肥系统等的废物外形尺寸减小，必须预先对固体废物进行破碎处理。经过破碎处理的废物，由于消除了大的空隙，不仅尺寸大小均匀，而且质地也均匀，在填埋过程中更容易压实。固体废物的破碎方法很多，常见的主要有冲击破碎、剪切破碎、挤压破碎、摩擦破碎等。针对一些特殊的较难破碎的废物，还有较先进的低温破碎和湿式破碎等技术。

（3）压实

压实是一种通过对废物实行减容化，降低运输成本、延长填埋场寿命的预处理技术，是一种普遍采用的固体废物预处理方法。适用于压实减少体积处理的固体废物，如汽车、易拉罐、塑料瓶、垃圾、松散废物、纸带、纸箱及某些纤维制品等。对于那些可能使压实设备损坏的废物或某些可能引起操作问题的废物，如焦油、污泥等一般不宜作压实处理。

（4）固化

固化是通过向废物中添加固化基材，使有害固体废物固定或包容在惰性固化基材中的一种无害化处理技术。固化技术通常较多应用于对危险废物进行处置前的预处理。

理想的固化产物应具有良好的抗渗透性，良好的机械特性，抗浸出性，抗干湿、抗冻融特性。这样的固化产物可直接在安全土地填埋场处置，也可用做建筑基础材料或道路的路基材料。

固化处理根据固化基材的不同可以分为水泥固化、沥青固化、玻璃固化、自胶结固化等。

8.2.3 固体废物常见的处理技术

（1）焚烧

焚烧法是固体废物高温分解和深度氧化的综合处理过程。焚烧过程获得的热能可用于发电、供居民取暖等。其优点有占地少，处理量大，可以使固体废物大幅度减容，把大量有害废料分解变成无害物质等；缺点有投资较大，焚烧过程排烟造成二次污染，设备锈蚀严重等。

欧洲国家较早采用焚烧方法处理固体废物，焚烧厂多设在 10 万人口以上的大城市，并设有能量回收系统。日本由于土地空间紧张，焚烧法应用逐渐增多。目前，日本及瑞士每年对超过 65% 的城市垃圾进行焚烧并使能源重新利用。

（2）热解

热解是将有机物在无氧或缺氧条件下高温（500~1 000℃）加热，使之分解为气、液、固 3 类产物的过程。

热解与焚烧是完全不同的两个过程：焚烧是放热的，热解是吸热的；焚烧的产物是 CO_2 和 H_2O，热解的产物主要是可燃的低分子化合物，气态的有 H_2、CH_4、CO，液态的有甲醇、丙酮、醋酸、乙醛等有机物及焦油、溶剂油等，固态的主要是焦炭或碳黑。

随着社会能源危机的加剧，热解法应是更有前途的处理方法。

(3) 生物处理

生物处理是利用微生物对有机固体废物的分解作用使其资源化与无害化的过程。生物处理技术可以使有机固体废物转化为能源、食品、饲料和肥料，还可以用来从废品和废渣中提取金属等。

目前应用比较广泛的有：堆肥化、沼气化、废纤维素糖化、废纤维饲料化、生物浸出等。

8.2.4 固体废物常见的最终处置技术

(1) 海洋处置

海洋处置主要分为海洋倾倒与远洋焚烧两种方法。

海洋倾倒是将固体废物直接投入海洋的一种处置方法。进行海洋倾倒时，首先要根据有关法律规定，选择处置场地，然后再根据处置区的海洋学特性、海洋保护水质标准、处置废物的种类及倾倒方式进行技术可行性研究和经济分析，最后按照设计的倾倒方案进行投弃。

远洋焚烧，是利用焚烧船将固体废物进行船上焚烧的处置方法。废物焚烧后产生的废气通过净化装置与冷凝器，冷凝液排入海中，气体排入大气，残渣倾入海洋。这种技术适于处置易燃性废物，如含氯的有机废物。

对海洋生态系统的进一步研究表明，海洋处置对海洋环境的影响存在很大的不确定性，所以现在很多国家已经禁止。

(2) 陆地处置

陆地处置的方法有多种，包括土地填埋、土地耕作、深井灌注等。

土地填埋是从传统的堆放和填地处置发展起来的一项处置技术，是目前处置固体废物的主要方法之一。按法律规定可分为卫生填埋和安全填埋。

卫生土地填埋主要用来处置城市垃圾。其操作过程通常是把运到土地填埋场的废物在限定的区域内铺撒成一定厚度的薄层，然后压实以减少废物的体积，每层操作之后用土壤覆盖并压实。压实的废物和土壤覆盖层共同构成一个单元。具有同样高度的一系列相互衔接的单元构成一个升层。完整的卫生土地填埋场是由一个或多个升层组成的。在进行卫生填埋场地选择、设计、建造、操作和封场过程中，应该考虑渗滤液的渗漏控制、降解气体的释出控制、臭味和病原菌的消除、场地的开发利用等问题。

安全土地填埋法是卫生土地填埋方法的进一步改进，对场地的建造技术要求更为严格，主要用来处置危险废物。安全土地填埋的填埋场必须设置人造或天然衬里；最下层的填埋物要位于地下水位之上；要采取适当的措施控制和引出地表水；要配备渗滤液收集、处理及监测系统，采用覆盖材料或衬里控制可能产生的气体，以防止气体释出；要记录所处置废物的来源、性质和数量，并且把不相容的废物分开处置。

土地耕作通常用于处置含较多可生物降解有机物的废物。对含重金属有毒有害物质绝不可使用。是利用现有耕作土地将固体废物分散在其中，在耕作过程中由生物降解、植物吸收及风化作用等使固体废物污染指数逐渐达到背景程度的方法。其特点是工艺简单、操作方便、投资少，对环境影响小，并能改善某些土壤的结构和增加肥力。

深井灌注方法主要用来处置那些难于破坏、难以转化，不能采用其他方法处置或采用其他方法费用昂贵的废物，如高放射性废物。深井灌注是将固体废物液化，形成真溶液或乳浊液，用强制性措施注入到地下与饮用水和矿脉层隔开的可渗透性岩层中，从而达到安全处置的方法。它要求适宜的地层条件，并要求废物同岩层间的液体、建筑材料及岩层本身具有相容性。适宜的地层主要有石灰岩层、白云岩层和砂岩层。有些人认为这种处置缺乏远见，一旦产生裂隙，可能导致蓄水层的污染。

8.3 固体废物的综合利用及资源化

8.3.1 固体废物资源化的原则

① 资源化技术必须可行；
② 资源化的经济效果比较好；
③ 尽可能在固体废物排放源附近处理利用，以减少固体废物在储放、运输等方面的投资；
④ 资源化产品应符合国家相应产品的质量标准，以具有市场竞争力。

8.3.2 固体废物资源化的基本途径

固体废物资源化的途径很多，其基本途径归纳起来有 5 方面。

(1) 提取各种有价组分

把最有价值的各种有价组分提取出来是固体废物资源化的重要途径。如从有色金属废渣中可提取 Au、Ag、Co、Sb、Se、Te、Tl、Pd 等，其中某些稀有贵重金属的价值甚至超过主金属的价值。

(2) 生产建筑材料

利用工业固体废物生产建筑材料，是一条较为广阔的资源化途径。目前主要有以下几个方面：

① 利用高炉渣、钢渣、铁合金渣等生产碎石，用作混凝土集料、道路材料、铁路道渣等；
② 利用粉煤灰、经水淬的高炉渣和钢渣等生产水泥；
③ 在粉煤灰中掺入一定量炉渣、矿渣等集料，再加石灰、石膏和水拌合，制成蒸汽养护砖、砌块、大型墙体材料等硅酸盐建筑制品；
④ 利用部分冶金炉渣生产铸石，利用高炉渣或铁合金渣生产微晶玻璃；
⑤ 利用高炉渣、煤矸石、粉煤灰生产矿渣棉和轻质集料。

(3) 生产农肥

可利用固体废物生产或代替农肥。如城市垃圾、农业固体废物等经堆肥化可制成有机肥料；粉煤灰、高炉渣、钢渣和铁合金渣等，可作为硅钙肥直接施用于农田；而钢渣中含磷较高的可生产钙镁磷肥。

(4) 回收能源

很多工业固体废物热值较高，如粉煤灰中碳含量达 10% 以上，可加以回收利用。德国

拜尔公司每年焚烧 2.5×10^4 t 工业固体废物用以生产蒸汽。有机垃圾、植物秸秆、人畜粪便等经过发酵可生产沼气。

(5) 取代某种工业原料

工业固体废物经一定加工处理后可代替某种工业原料，以节省资源。如煤矸石代替焦炭生产磷肥；高炉渣代替砂、石作滤料处理废水，还可作吸收剂，从水面回收石油制品；粉煤灰可作塑料制品的填充剂，还可作过滤介质，如可过滤造纸废水，不仅效果好，而且还可以从纸浆废液中回收木质素。

8.3.3 常见工业固体废物的资源化

8.3.3.1 粉煤灰的资源化

粉煤灰主要来自以煤粉为燃料的发电厂和城市集中供热锅炉的除尘器。我国是世界上最大的煤炭生产国和消费国，目前粉煤灰年排量约 1.8×10^8 t，且随着今后新建和扩建燃料发电、城市集中供热工程增多，粉煤灰的产生量也必将随之增多。发达国家已将它作为一种新能源来利用，粉煤灰利用率已高达 70%～80%，而我国目前的利用率仅为 30%左右。

粉煤灰外观类似水泥，呈粉状，颜色从乳白色到灰黑色，一般为银灰色和灰色。颜色的变化在一定程度上反映其细度和含碳量。粉煤灰属火山灰类物质，主要是由玻璃微珠、海绵状玻璃体、石英、氧化铁、碳粒、硫酸盐等矿物组成。粉煤灰中硅含量最高；其次是铝，以复杂的复盐形式存在，酸溶性较差；铁含量相对较低，以氧化物形式存在，酸溶性好。粉煤灰中的有害成分是未燃尽炭粒，其吸水性大、强度低、易风化，不利于粉煤灰的资源化。

我国已经进行了有关粉煤灰的资源化技术研究工作，并进行了应用。目前，粉煤灰主要应用在建材、建工、筑路、填筑、农业、化工、环保、高性能陶瓷材料等多个领域。

(1) 建材

制取粉煤灰水泥和作为混凝土基本材料 粉煤灰是一种理想的混凝土掺和料。在常温有水存在的情况下，粉煤灰的主要成分——不定型 SiO_2 和 Al_2O_3 能与碱金属和碱土金属发生"凝硬反应"，因此粉煤灰可作为一种优良的水泥和混凝土的掺和料使用。

制砖 用粉煤灰制砖工艺简单，制砖速度快，吃灰量大。粉煤灰制砖与普通砖的性能相比，其强度相同，但重量约轻 20%，导热系数小，能改善房屋物理性质，降低能耗，节约能源。

工程和其他建筑材料 利用粉煤灰可以制成各种大型砌块和板材，还可用于烧结制品、铺筑道路、构筑坝体、工程回填等方面。在高速公路中主要用于水泥混凝土路面和路面基层。国内许多电厂采用粉煤灰作为坝基，采用多级子坝，降低灰场造价，减少环境污染。

以粉煤灰为原料，加入一定量的胶结料和水，经成球、烧结而成的粉煤灰陶粒，是性能较好的人造轻骨料，用灰量大，还可以充分利用粉煤灰中的热值。

(2) 农业

通过使用粉煤灰制作的农肥、农药载体，可使土壤的容重、比重、孔隙度、通气性、渗透率、三相比关系、pH 值等理化性质得到改善，起到增产的作用。粉煤灰中含有大量农作物所需的营养元素，如 Si、Ca、Mg 等，可用于制造多种复合肥和微量元素化肥。其价格低廉，用量少，增产效果好。

（3）化工

制备催化剂　国外很早就采用粉煤灰、纯碱和氢氧化铝为原料制备4A分子筛，作为化学气体和液体的分离净化剂和催化剂载体，节约原料，工艺简单。

制备4A沸石　工业中多采用亚高岭石制备沸石，粉煤灰的主要成分是SiO_2和Al_2O_3，两者含量在70%以上，和亚高岭石的结构相似，因此可用粉煤灰来合成4A沸石。但在使用粉煤灰时必须先除碳后进行活化，从而增加白度和溶解玻璃并破坏石英和莫来石晶体的结构，释放无定形的SiO_2、Al_2O_3，使其合成的沸石吸附能力强，性能优良。

提取Al_2O_3或$A(OH)_3$　用于生产铝合金或作阻燃剂和高温耐火材料的添加剂等。

从粉煤灰中回收有用金属　据报道，可从富含Ga的粉煤灰中提取回收贵金属Ga。英国某公司采用还原熔炼—萃取法及碱溶—碳酸化法成功从粉煤灰中提取了金属Ga。我国湘潭大学等单位也开展过从粉煤灰中回收Ga的项目研究。

用作高分子填料　粉煤灰具有密度与导热容小、硬度与热稳定性高、流动性好、易分散均匀等优点，因此，作为填料广泛应用于橡胶和塑料工业中。由于粉煤灰具有粒径分布宽、吸油率低、有一定放射性、与高分子相溶性较差等缺点，需对其表面进行活化处理，以改善其与高分子材料的黏接性，提高复合材料的强度。此外，粉煤灰中还含有10%~20%的未燃尽炭粒，也具有炭黑的一些特性，如低比表面积和低碘值等。

（4）在环境保护领域的应用

粉煤灰在烟气脱硫方面的应用　粉煤灰中主要成分SiO_2、Al_2O_3、Fe_2O_3和CaO在常温有水存在的情况下，细粉末状的粉煤灰能够与碱金属和碱土金属发生"凝硬反应"，这被认为粉煤灰循环利用过程中提高钙基吸收剂利用率的原因所在。有试验证明，用粉煤灰制成的脱硫剂脱硫效果要高于纯的石灰脱硫剂，这是因为气—固反应中吸收剂比表面积的大小是反应速率快慢的主要决定因素。在适当的灰/石灰比和反应温度时，脱硫率可达80%以上。

粉煤灰在污水处理方面的应用　粉煤灰由于多孔、比表面积大，具有一定的活性基团，其吸附作用主要包括物理吸附和化学吸附。粉煤灰能够吸附污水中的悬浮物、脱除有色物质、降低色度，吸附并除去污水中的耗氧物质。粉煤灰中的CaO、Al_2O_3等活性组分，能够与F生成络合物或生成对F有絮凝作用的胶体离子，因此具有较好的除F能力。粉煤灰还具有一定的除臭能力。据报道，粉煤灰对采油废水COD和氨氮的去除率超过20%，经过工业运行充分混合长时间吸附、沉降过滤及生化处理，效果更佳。

8.3.3.2　煤矸石的资源化

煤矸石是在成煤过程中与煤层伴生的一种含碳量低、比较坚硬的黑色岩石，在煤炭生产过程中成为废物。它是由碳质页岩、碳质砂岩、砂岩、页岩、黏土等岩石组成的混合物。

煤矸石的矿物成分主要有高岭土、石英、蒙脱石、长石、伊利石、石灰石、硫化铁、氧化铝等，不同地区的煤矸石由不同种类矿物组成，其含量相差也很悬殊。煤矸石的产量约占煤炭产量的10%，年产量达$1.4×10^8$t，全国累计堆放量多达$30×10^8$t，占地约$1.4×10^4$$hm^2$。

根据煤矸石的组成特点，目前我国煤矸石主要用作燃料、化工原料、建筑材料、肥料等。

一般煤矸石中可燃物含量较少，灰分含量较高，利用煤矸石发电是利用其蕴涵热量的主要形式。煤矸石作为一种低热值燃料，利用其发电时一般采用沸腾炉燃烧技术。

煤矸石中所含的元素种类较多,其中 SiO_2 和 Al_2O_3 含量最高,其他还有一些 Fe_2O_3、CaO、MgO、SO_3 等。煤矸石的主要化工用途就是通过各种不同的方法提取煤矸石中某一种元素或生产硅铝材料。对于含铝较高的煤矸石,其开发的化工产品主要有结晶氯化铝,聚合氯化铝,硫酸铝,4A 沸石等。

用煤矸石制作建筑材料在我国比较普遍,主要有制砖瓦、生产水泥、混凝土空心砌块、加气混凝土、轻骨料等。它制成的建材重量轻、强度高、吸水率小、化学稳定性好。

煤矸石含有 15%～20% 的有机质以及多种植物所需的 B、Zn、Cu、Mn、Mo 等微量元素。某些煤矸石中的 N、P、K 和微量元素含量是普通土壤的数倍,经过加工可生产有机肥和微生物肥料。煤矸石有机肥一般用化学活化法制成,即把有机质含量较高的煤矸石破碎成粉末后与过磷酸钙按一定比例混合,然后加入适量的活化添加剂,充分搅拌,再加入适量水,堆沤活化即成。在此基础上还可以掺入 N、K 和微量元素等制成全养分矸石肥料。

8.3.3.3　钢铁工业固体废物的资源化

钢铁生产流程中产生的废弃物数量大、种类多,对其进行资源开发、循环利用具有极大的经济和社会效益。

(1) 钢渣的综合利用

钢渣是炼钢过程中排出的废渣,品种多、数量大,其排出量约占粗钢产量的 15%～20%。钢渣的综合利用途径主要有:

用作冶金原料　钢渣中含有 10%～30% 的 Fe,40%～60% 的 CaO,2% 左右的 Mn,将钢渣回收作冶金原料,既可以利用渣中钢粒、Fe_2O_3、CaO、MgO、MnO、稀有元素(V、Nb)等有益成分,降低生产成本,又显著提高了钢铁生产的质量和产量。钢渣作冶金原料主要用作烧结溶剂、高炉或化铁炉溶剂和回收废钢铁。

用于建筑材料　钢渣中含有 C_3S、C_2S 及铁铝酸盐等活性矿物,因此可用来生产水泥、水泥掺和料、钢渣砖、空心砖等墙体材料。钢渣碎石具有容重大、强度高、稳定性好等优点,广泛用于公路、铁路工程回填。利用钢渣的硅酸盐成分,制造微晶玻璃等陶瓷产品,可以提高钢渣的利用率和附加值。除此之外,钢渣还可用于制造人造花岗石,生产铸造砂,作流态砂硬化剂、钢渣纤维材料、水泥膨胀剂等。钢渣与矿渣的混合配料可用来制造棉絮状钢渣纤维材料,具有质轻、保温、隔声、隔热、防震等性能,可制成各种规格的板、毡、管、壳等建材。

在环境工程中的应用　由于钢渣具有一定的碱性和较大的比表面积,具有化学沉淀和吸附作用,可用作吸附剂处理废水。

在农业上的应用　钢渣中富含 P、Si 等矿物质,可用来生产磷肥、硅肥,也可作为酸洗土壤的改良剂。

在医学上的应用　可充分利用钢渣中 S、Ca、Mg、Fe 等化合物含量较高的特性,用来治疗风湿性关节炎、皮肤病以及神经痛等疾病。

(2) 高炉渣的综合利用

高炉渣是冶炼生铁时产生的废渣,也是冶金行业中产生数量最多的一种废渣,其排放量随矿石品位和冶炼方法的不同而变化。一般而言,炉料品位达到 60%～66% 时,每炼出 1t 生铁即产渣 250～300kg。

高炉渣的综合利用途径主要有：

用作建筑材料 如矿渣水泥、石膏、高炉渣微粉、混凝土掺和料、空心砖、矿渣刨花板、矿渣棉等。

显热回收 炉渣的显热回收方法大致分为两类：一类是利用循环空气回收炉渣显热，然后通过余热锅炉以蒸汽的形式回收显热；另一类是将高温炉渣注入容器内，在容器周围用水循环冷却，以蒸汽形式回收炉渣显热。我国的大多数钢铁厂采用水淬法，冬季利用冲渣水取暖，其热利用率仅为10%左右。

提取有价组分 通过冶金工艺可以从复合矿高炉冶金渣中提取Ti、Al、Fe、SiO_2等有价组分。

制备复合材料 因高炉渣含有合成Ca-a-Sialon的成分，可利用高炉渣为原料采用碳热还原氮化的方法合成Ca-a-Sialon-SiC复合材料，该材料可作为新一代耐火材料用于诸如反向凝固炉底夹缝材料等领域，以提高高炉渣的附加值。

在农业上应用 可用来生产硅肥等新型肥料。

其他应用 高炉渣可用来改善海底环境，防止赤潮的发生。研究人员发现，将高炉渣覆盖在海底污泥上，对于促进底泥污染物的分解和海水水质的净化起到积极作用。一是抑制硫化氢产生，防止青潮发生。二是向海水供给硅酸盐，防止赤潮爆发。三是提高海底栖生物多样性。四是吸收海水中的磷酸盐，治理海水富营养化。

（3）含铁尘泥的综合利用

含铁尘泥是品种最多、成分最复杂的一类废弃物，主要产生于烧结、炼铁、炼钢和轧钢等工艺。其产生量随原料条件、工艺流程、设备配置、管理水平的差异而不同，在传统的高炉—转炉钢铁生产工艺中一般为钢产量的8%~12%。

主要几种含铁尘泥的综合利用途径有：

● 轧钢铁磷是铁含量较高的一类尘泥，可用来生产粉末冶金铁粉，国内还原冶金粉末铁粉中90%以上是以铁磷为原料生产的。铁磷经清洗、分选去除杂质后可用来生产高附加值的磁性材料。

● 高炉污泥主要成分为36%TFe、12%C、2.1%CaO，用于烧结矿生产最为合适。转炉污泥主要化学成分为59%TFe、7.3%CaO、1.06%C，可用于球团矿的生产。

● 高炉瓦斯泥等含锌尘泥是一类对环境危害较大的尘泥，直接返回冶炼易造成设备中锌的富集，影响冶炼生产。此类尘泥经脱锌后可作为废钢的代用品或转炉炼钢的冷却剂用于炼钢，也可作为优质铁料用于炼铁。

● 冷轧酸洗氧化铁红是一类重要的工业原料，主要成分是Fe_2O_3，最低含量达96.78%，广泛应用于建材、陶瓷、涂料、油漆等领域。经提纯后，Fe_2O_3含量达到98%以上，可用于磁性材料的生产。

（4）废旧耐火材料的综合利用

据统计，我国钢铁工业每年消耗约$308×10^4$t耐火材料，同时产生$150×10^4$t左右的废旧耐火材料。废旧耐火材料主要来源于钢铁生产过程中的炼钢厂和炼铁厂。

各种废旧耐火材料综合利用途径为：

废滑板 其品种包括大包滑板、中间包滑板、电炉滑板，材质为Al_2O_3与C。利用方法是生产再生滑板作为铁沟料和主沟料的再生原料。

钢包砖 其品种包括镁碳砖（材质为 MgO、C）、铝镁碳砖（Al_2O_3、MgO、C）、蜡石砖（SiO_2、Al_2O_3）、蜡石—碳化硅（SiO_2、SiC）及高铝砖（SiO_2、Al_2O_3）。利用方法是：利用废弃镁碳砖制备再生镁碳砖，再生镁碳砖中，废弃镁碳砖料的比例达到 80%，其产品性能达到和优于新镁碳砖；利用铝镁碳砖制备浇注料和相应定型制品进行使用；废弃蜡石砖和蜡石碳化硅砖作为相应的再生原料进行使用。

废大沟料 其品种包括主沟料、铁水沟料、渣沟料、摆动流嘴料，材质为 Al_2O_3、SiC、C。利用方法是：①利用主沟料、铁水沟料、渣沟料提取原料中的致密刚玉、棕钢玉；②利用主沟料、铁水沟料作为原料，制备铁沟料和渣沟料产品。

鱼雷罐车 其品种为铝—碳化硅—碳砖，材质为 Al_2O_3、SiC、C。可作为冶金辅料的原材料使用，也可作为浇注的颗粒原料使用。

废镁铬砖 品种较多，材质为 MgO，Cr_2O_3，可作为生产新镁铬砖的再生原料和 RH 喷补料的原材料。

废钢包浇注料 材质为 Al_2O_3，可作为钢包修补料的原材料。

8.3.4 建筑垃圾的资源化

根据《城市建筑垃圾管理规定》中第 2 条的规定："建筑垃圾是指建设单位、施工单位新建、改建、扩建和拆除各类建筑物、构筑物、管网等以及居民装饰装修房屋过程中所产生的弃土、弃料及其他废弃物。"

建筑垃圾的来源主要是旧城改造和危房拆除、道路拓宽、新建项目、装修行业等。建筑垃圾对生态地质环境的影响主要表现在以下几方面：占用土地，降低土壤质量、影响空气质量、污染水体、破坏市容，恶化市区环境卫生及安全隐患等。

行业上按照可再生性和可利用价值，通常将建筑垃圾分为可直接利用的材料、可作为材料再生或可用于热回收的材料以及没有利用价值的废料 3 类。

由于可直接利用的材料还可再次进行利用，故称为建筑余料，本书不作讨论；

可作为材料再生或可以用于热回收的材料，包括废钢筋、废电线、废竹木料、废旧板材等。废钢筋、废电线可以重新回炉，再加工制造成各种规格的钢材；废竹木料和板材可用于制造人造木材（日本做法），也可作为热电厂发电原料（美国做法）。但是很多时候以上两类建筑垃圾经常与其他建筑垃圾掺杂在一起，比如钢筋混凝土块等，因此处理与综合利用前需对其进行粉碎，分选等预处理。

砖、石、混凝土、沥青混凝土等废料，过去视为没有利用价值的废料，可以通过以下 4 种方式进行再生利用：

● 如果废料中不存在有毒有害物质，可以作为回填材料代替部分级配砂石、土方回填基础；如果含有有毒有害物质，需要经过中和、融解等措施处理后再使用。

● 可经粉碎后代砂，用于砌筑砂浆、抹灰砂浆、打混凝土垫层等；还可粉碎后制作砌块、铺道砖、花格砖等建材制品。

● 建筑垃圾中的砼块还可替代粗骨料用于制作混凝土，有试验结果证明，当采用建筑垃圾中的过筛砼碎块替代混凝土材料中粗骨料的比例在 0~40% 之间时，混凝土的强度不仅没有降低, 甚至在砼碎块的掺入率在20%左右时混凝土的强度有所提高; 而且由于砼块与碎石或者卵石相比, 空隙率大、吸水率高、表面粗糙、外表面积大等, 可以降低混凝土的塌落度。由于砼块的表观密度较碎石和卵石要低, 这样有益于减轻混凝土的自重, 从而提高混凝土的抗震性能。

● 现在无论国外还是国内均有成熟技术和机械将废沥青混凝土处理回收继续铺设沥青混凝土路面, 利用率可达到100%。

8.3.5 农业固体废弃物资源化

8.3.5.1 植物纤维性废弃物的资源化

农业废弃物中植物纤维性废弃物是一种丰富的、可再生和再利用的资源, 包括农作物秸秆、谷壳、果壳及甘蔗渣等农产品加工废弃物等。目前, 植物纤维废弃物的资源化利用技术主要有废物还田、加工饲料、固化炭化、气化、制复合材料、制化学品等。

(1) 废物还田技术

秸秆等植物纤维性废弃物退还土壤后, 可以大量补充和更新土壤有机质, 提供丰富的N、P、K、Si等元素。同时, 农作物秸秆中含有大量的木质素和纤维素, 腐烂分解后可使土壤腐殖质增加, 孔隙度提高, 通气透水, 理化性状大为改善。

秸秆等植物纤维性废弃物还田的方法主要有整株还田、根茬粉碎还田和传统沤肥还田3种方法。

(2) 饲料化利用

植物纤维性废弃物往往因其营养价值低或不易消化, 不能直接用作饲料。但如果将它们适当处理, 即可大大改善其营养价值和可消化性。具体处理方法一般有微生物处理技术、青贮法、氨化法、热喷法等。

(3) 气化技术

气化是指含碳物质在有限供氧条件下产生可燃气体的热化学转化过程。农业植物纤维性废弃物由C、H、O等元素和灰分组成, 当它们被点燃时, 供应少量空气, 并且采取措施控制其反应过程, 使其变成CO、CH_4、H_2等可燃气体, 生物质中大部分能量都被转化到气体中。气化后的可燃气体可作为能源使用。

(4) 固化、炭化技术

固化、炭化技术是将松散的植物纤维性废弃物原料压制成棒(块)状, 放入炭化设备中炭化后制成生物质碳。生物质碳质量能可达3.16~3.36kJ/kg。

(5) 制备复合材料技术

利用农业植物纤维性废弃物可生产纸板、人造纤维板、轻质建材板等包装和建筑装饰复合材料。如以硅酸盐水泥为基体材料, 玉米秆、麦秆等农业废弃物(经表面处理剂处理后)作为增强材料, 再加入粉煤灰等填充料后可制成植物纤维水泥复合板, 产品成本低、保温、隔音性能好; 以石膏为基体材料, 农业植物纤维性废弃物为增强材料, 可生产出植物纤维增强石膏板, 产品具有吸音、隔热、透气等特性, 是一种较好的装饰材料。

另外, 以秸秆、稻壳、甘蔗渣等农业植物纤维性废弃物为原料, 通过粉碎, 加入适量无毒成型剂、黏合剂、耐水剂和填充料等助剂经搅拌混合后成型制成可降解快餐具, 以替代一次性泡沫塑料餐具；以农业植物纤维性废弃物为原料还可制成可降解植物纤维素薄膜，替代不可降解性塑料薄膜。

（6）制备化学品技术

以农业植物纤维性废弃物为原料制取化学制品，也是综合利用农业废弃物、提高其附加值的有效方法。

（7）作食用菌栽培基质

利用农作物秸秆、棉籽皮、树枝叶等废弃物按一定比例粉碎混合可用来栽培食用菌，栽培效果好，栽培出的食用菌营养价值高。

（8）作为治理污染的材料

农业植物纤维性废弃物还可作为治理污染的材料，如美国某公司开发了利用棉子加工废弃物清洁油污地面的方法；甘蔗渣经化学改性后可迅速吸附废水中的酸性物质；利用棉秆皮、棉铃壳等含有酚式羟基化学成分的废弃物经过简单的化学处理后，可制成聚合阳离子交换树脂，对重金属有明显的吸收作用。

8.3.5.2 畜禽粪便的资源化

畜禽粪便资源化技术目前主要有肥料化技术、饲料化技术和燃料化技术等。

（1）肥料化技术

畜禽粪便的肥料化技术可分为堆肥化技术和制复合肥技术。

堆肥化技术：利用微生物在一定温度、湿度、pH 值条件下，使畜禽粪便和秸秆等农业有机废物发生生物化学降解，形成一种类似腐殖质土壤的物质，这种方法称为堆肥化。根据处理过程中微生物对 O_2 要求的不同，堆肥化可分为好氧堆肥化和厌氧堆肥化。

制复合肥技术：将高温堆肥产品经杀灭病原菌、虫卵和杂草种子等无害化处理和稳定化处理后与粉碎后的 N、P、K 化肥混合，经筛分、干燥可制成颗粒化复合肥。颗粒化的复合肥具有能同时提供多种营养成分、养分均衡、施用方便、便于运输等特点，因而得以迅速发展。

（2）饲料化技术

畜禽粪便含有丰富的营养成分，最适合于反刍动物。畜禽粪便可经适当处理，杀死病原菌，改善适口性，提高蛋白质的消化率和代谢能。国外畜禽粪饲料化早已商品化，我国畜禽粪便饲料化技术也已开展多年，积累了一些经验。畜禽粪便饲料化方法主要有干燥法、青贮法、需氧发酵法等。

（3）燃料化技术

以畜禽粪便、秸秆等农业废物为原料，经厌氧发酵产生以 CH_4 为主要成分的沼气，可作为燃料；沼液可直接肥田，沼渣可用来养鱼，形成养殖、种植和渔业紧密结合的物质循环生态农业模式。

8.3.5.3 塑料地膜的资源化

目前我国对废塑料的回收处理主要有 3 种方式：填埋、焚烧、再生利用。

研究表明，废弃塑料在填埋后 200 多年才能完全分解，且分解过程中会溶出有毒物质，破坏土质。

焚烧会使有害气体释放到空气中，造成空气污染。有专家介绍，中国废塑料的回收利用率只有20%左右，80%填埋或焚烧。发达国家中，德国和日本的废塑料回收利用率达到70%。

塑料回收后再生方法有熔融再生、热裂解、能量回收、回收化工原料、生物降解等。

中国农村地区广泛应用的农用地膜，由于采用超薄塑料的标准，以前无法回收。残留的地膜，影响作物根系的发育，最终造成农业减产。如今，在农用地膜回收与综合利用方面的研究与应用也取得了显著的成就。

(1) 废弃农用地膜经催化裂解制燃料技术

采用该项技术设备在连续生产的情况下，日处理废弃农用地膜能力强，出油率可达40%~80%，汽柴油转化率高，符合车用燃油的标准和环境排放标准。

(2) 可生物降解聚乙烯地膜

经过多年的努力，我国在可生物降解聚乙烯地膜研究项目上已取得初步成功，开发出了可生物降解地膜试样，并进行了小面积的试用，但从其技术成熟性方面看来，尚未达到大面积推广应用的程度。

8.3.6 生活垃圾的资源化

生活垃圾一般可分为4大类：可回收垃圾、厨房垃圾、有害垃圾和其他垃圾。

(1) 可回收垃圾

包括纸类、金属、塑料、玻璃等，通过综合处理回收利用，可以减少污染，节省资源。如每回收1t废纸可造好纸850kg，节省木材300kg，比等量生产减少污染74%；每回收1t塑料饮料瓶可获得0.7t二级原料；每回收1t废钢铁可炼好钢0.9t，比用矿石冶炼节约成本47%，减少空气污染75%，减少97%的水污染和固体废物产出。

(2) 厨房垃圾

包括剩菜剩饭、骨头、菜根菜叶等食品类废物，经生物技术就地处理堆肥，每吨可生产0.3t有机肥料。

(3) 有害垃圾

包括废电池、废日光灯管、废水银温度计、过期药品等，这些垃圾需要特殊安全处理。

(4) 其他垃圾

包括除上述几类垃圾之外的砖瓦陶瓷、渣土、卫生间废纸等难以回收的废弃物，采取卫生填埋方法进行处置，可有效减少对地下水、地表水、土壤及空气的污染。

目前常用的垃圾处理处置方法主要有焚烧、堆肥、综合利用、卫生填埋。各种垃圾处理方法各有其适用范围和优缺点，就我国国情来讲，大多数城市垃圾处理刚刚起步，有些城市由于燃料结构所限，垃圾热值不符合焚烧适用条件，或是垃圾可堆腐物达不到垃圾堆肥条件。由于卫生填埋方式处理生活垃圾技术成熟，运行投资低，管理维护最易，目前卫生填埋已经成为多数城市生活垃圾处理起步阶段的主要处理方式。然而采取单一填埋方法处理垃圾，资源利用率为零，不能兼顾资源利用率以及垃圾处理率的提高。因此，上海、北京、南宁、乐山在国内率先采取复合式、多元化的垃圾处理方法，即堆肥+填埋、焚烧+堆肥+填埋、焚烧+填埋，这种多元化、复合式生活垃圾处理方式处理率可达100%，资源利用率最高可达55%。

8.4 危险废物的管理与处置

8.4.1 概述

8.4.1.1 危险废物的定义及鉴别

在我国《固体废物污染防治法》中,危险废物是指列入国家危险废物名录或者根据国家规定的危险废物鉴别标准和鉴别方法认定的具有危险特性的废物。在《危险废物鉴别标准》中是指具有腐蚀性、急性毒性、浸出毒性、化学反应性、传染性、放射性等一种及一种以上危害特性的废物。危险废物在操作、储存、运输、处理和处置不当时会对人体健康及环境带来重大威胁。

我国将危险废物分为47大类共600多种,包括工业危险废物、医疗废物和其他社会源危险废物。其中编号为HW01～HW18的废物名称具有行业来源特征,是以来源命名的,主要有医院临床废物、医药废物、废药品、农药废物、木材防腐剂废物、感光材料废物等;编号HW19～HW47具有成分特征,是以危害成分命名的,主要有含金属羰基化合物废物、含有毒重金属废物、含有机溶剂废物、废酸、废碱等。

随着工业的发展,工业生产过程排放的危险废物日益增多。据估计,全世界每年的危险废物产生量为$3.3×10^8$t。危险废物的危害具有长期性和潜伏性,一旦其危害性爆发,将造成长久的、难以恢复的后果。

8.4.1.2 危险废物相关的法规和标准

(1) 政策法规

环境保护法律

主要有《中华人民共和国环境保护法》《中华人民共和国固体废物污染环境防治法》《中华人民共和国水污染防治法》《中华人民共和国大气污染防治法》《中华人民共和国海洋环境保护法》。

环境保护部门规章、规范性文件

主要有《危险废物转移联单管理办法》《危险废物污染防治技术政策》《关于限制电池产品汞含量的规定》《废物进口环境保护管理暂行规定》《关于废物进口环境保护管理暂行规定的补充规定》《关于增补国家限制进口的可用作原料的废物目录的通知》《国家环保局关于印发〈关于严格控制从欧共体进口废物的暂行规定〉的通知》《关于严格控制从欧共体进口废物的暂行规定》《化学品首次进口及有毒化学品进出口环境管理规定》《关于修订〈中国禁止或严格限制的有毒化学品目录(第一批)〉的通知》《关于加强化学危险物品管理的通知》《危险化学品安全管理条例》《危险化学品包装物、容器定点生产管理办法》《危险化学品登记管理办法》《危险化学品经营许可证管理办法》《进出口电池产品汞含量检验监管办法》此外,还有一些地方人大常委会制定的地方性环保法规、规章、规范性文件。

(2) 环境标准

环境标准主要有:《危险废物鉴别标准》(GB 5085.1～7—2007)、《国家危险废物名录》《危险废物焚烧污染控制标准》(GB 18484—2001)、《危险废物填埋污染控制标准》(GB 18598—2001)、《危险废物贮存污染控制标准》(GB 18597—2001)、《医疗废物焚烧环境卫生标准》

(GB/T 18773—2008)、《医疗废弃物焚烧设备技术要求》(CJ/T 3083—1999)、《进口可用作原料的固体废物环境保护控制标准》(GB 16487.1～13—2005)、《禁止进口货物目录》(共六批)、《含多氯联苯废物污染控制标准》(GB 13015—1991)、《工业固体废物采样制样技术规范》(HJ/T 20—1998)。

(3) 其他

主要有《中国 21 世纪议程——中国 21 世纪人口、环境与发展白皮书》《国家环境保护"十二五"计划》。

8.4.2 危险废物处理、处置技术

国外发达国家在危险废物污染控制方面起步较早，处理处置技术比较先进、成熟，根据危险废物污染控制的"3C"原则——避免产生 (clean)、综合利用 (cycle)、妥善处理 (control)，注重对废物的源头控制，使其减量化；注重废物的循环再利用，提高综合利用率；采取无害化处理处置技术，妥善处理危险废物，强化对危险废物的污染控制，对危险废物的处理处置效果较好。

国外的处理处置技术途径主要有：其一，采取减量化技术，推行无废、低废、清洁生产。采用无毒原料、杜绝危险废物产生；改革生产工艺，减少危险废物产生量。其二，采取资源化技术。对于生产过程排放出的废物推行系统内的回收利用和系统外的废物交换、物质转化、再加工等措施，实现其综合利用。目前，欧盟国家、美国、日本等许多发达国家都建立了废物交换组织，推行废物交换制度。其三，采取无害化处理处置技术，强化对危险废物的污染控制。目前国外危险废物的无害化处理以安全填埋为主，并逐渐从"填埋"转向"焚烧"。

8.4.2.1 危险废物的预处理技术

危险废物在最终处置之前可采用多种不同的技术进行预处理，以改变废物的理化性质，减少或消除其危害。目前的预处理方法主要包括化学处理、物理处理、生物处理等。

(1) 物理/化学处理法

物理/化学处理的作用：主要体现在解毒（如将毒性较大的 CN^-、Cr^{6+} 转化成无毒或毒性小的 CO_2、N_2 和 Cr^{3+} 等）、减容分离（如将废液处理后分成废水和泥渣）和减轻后续处理设施的负荷（如大幅度减少稳定化/固化处理废物的含水、废水处理设施进水中重金属、COD 等污染物的浓度和含量）。

适用物理/化学处理的危险废物有酸碱废液、有机废液、需单独处理的毒性较大的废液等。

(2) 稳定化/固化法

稳定化/固化就是将有害废物固定或包封在惰性固体基材终产物中的处理方法。经稳定化/固化处理后的有害废物毒性和迁移性会大大降低，能安全运输，方便地利用和最终处置。主要是对不能直接进安全填埋场填埋的含重金属污泥、酸碱污泥和焚烧灰渣的处理。

稳定化/固化技术有一定局限性，不适用于所有的危险废弃物，最早被用来处理放射性污染物和蒸发浓缩液，现在被用于处理电镀污泥、铬渣等危险废弃物；稳定化/固化不是危险废弃物的最终处置方法，不能从根本上铲除危险废物的毒性，在长时间雨水侵蚀等条件下，

固化产物可能会产生泄漏，形成二次污染。

稳定化/固化技术按所用稳定剂、固化剂的不同可分为：水泥稳定化/固化、石灰稳定化/固化、沥青稳定化/固化、塑料稳定化/固化和玻璃稳定化/固化等技术。

8.4.2.2 危险废物处理技术

(1) 焚烧处理技术

焚烧是利用高温使危险废物中可燃成分分解氧化，产生最终产物 CO_2 和 H_2O。危险废物的有害成分在高温下被氧化、热解，重金属成分被浓缩并转移到稳定的灰渣和飞灰中。焚烧产生的热量用余热锅炉回收，用来发电或供热。因此，焚烧法是一种可以同时实现危险废物处理减量化、无害化和资源化的技术。经过焚烧，固体废物的体积可减少 80%～90%，新型的焚烧装置甚至可使焚烧后的废物体积减少到原体积的 5% 甚至更少。

焚烧可在专用的焚烧炉（如旋转焚烧炉、液体喷射焚烧炉、多层焚烧炉、热解焚烧炉、流化床焚烧炉等多种炉型）中进行，还可利用其他工业炉窑（如水泥窑、石灰窑等）进行焚烧处理。但不管采用何种焚烧设施，均要考虑二次污染的问题。

焚烧法主要用于处理热值较高和毒性较大的危险废物，如废矿物油、废有机溶剂、医药废物、医疗废物、精（蒸）馏残渣、农药废物、废漆渣、有机氰化物等。适于焚烧的危险废物主要有：具有生物危害性的废物；难于生物降解及在环境中持久性强的废物；易挥发和扩散的废物；不可安全填埋的废物；含有卤素、Pb、Hg、Cr、Zn、N、P、S 的有机废物。易爆废物则不宜进行焚烧处理。

根据《危险废物污染防治技术政策》（环发［2001］199号）规定，在焚烧过程中要有足够高的温度（>1 100℃）、足够长的停留时间（烟气停留时间>2s）和足够强的湍流（即空气与危险废物在焚烧炉内的充分混合）。

焚烧炉烟气基于危险废物组分而不同，常见主要污染物有烟尘、HF、HCl、NO_x、SO_x、CO_x 和二恶英等，它们对人类的健康以及环境具有潜在的威胁。针对此类气体的排放标准是资源保护及恢复法案（RCRA）中有关危险废物焚烧设备标准的侧重点。烟气净化工艺主要有干法、半干法和湿法。

为提高有毒、有害有机物的破坏去除率，还可采用富氧焚烧、催化焚烧、高温热解、等离子体电弧分解等方法进行处理。

(2) 热解/气化技术

热解/气化技术基本方法是在炉内无氧的条件下，加热危险废物，并将温度控制在100～600℃范围内。危险废物中的有机物质和挥发物被分解，产生可燃气体排出热解炉。热解炉分内热和外热两种：内热式一般是在炉内加辅助燃烧器或通入高温气体，外热式是用电加热或高温气体与炉外表面进行热交换来实现。

热解/气化技术相比于焚烧技术，其优点表现在：①热解/气化法与焚烧法相比更有利于能源的高效再利用。②热解/气化法对环境更加友好。

8.4.2.3 危险废物最终处置技术

危险废物最终处置通常有安全填埋、有控共处置、土地处理（土地耕作）、永久储存或储留地储存、地下处置（深井灌注、液体废物废矿井处置和深地层埋藏）、海洋处置等方法，目前我国危险废物的最终处置方法主要是安全填埋。

（1）安全填埋

处置危险废物的安全填埋场属全封闭型填埋场。该技术采用"先地下，后地上"的方法，当地下填埋库全部填满后再实施地上部分的填埋。

废物经预处理后由装载车运至填埋区，经卸料斗用溜槽输送至填埋部位，再用推土机摊开推平，压路机分层压实，单层的压实厚度为 1.0～1.5m，中间覆盖土层的厚度为 0.1～0.3m。我国已建成数个城市垃圾填埋场和简易危险废物填埋场，但绝大多数达不到国际卫生填埋标准和安全填埋标准，大部分危险废物处置水平较低，非常容易对环境造成二次污染。

（2）海洋处置

可分为海洋倾倒与远洋焚烧两大类。海洋倾倒的原理是利用海洋的微生物环境和海洋内的化学过程将危险废物的毒性冲淡或驱散，使得危险废物的毒性降低到相对于大环境可以忽略不计的程度。远洋焚烧则是用专门设计制造的焚烧船将危险废物进行船上焚烧的处置方法。废物焚烧后产生的废气通过净化装置与冷凝器，冷凝液排入海中，气体排入大气，残渣倾入海洋。

一般液态有机化合物或其他相对能量较高的危险废物可用来焚烧，含有大量毒性的金属和超量非毒金属的废物不适合海上焚烧。

【案例】

案例1 煤矸石在路基填筑中的应用

青（岛）兰（州）高速公路邯（郸）涉（县）段二期建设规模为 99.944km，路基工程为高速公路投资建设的重中之重，而其中填方路基占比重较大。经施工现场调查，沿线煤矿众多、煤矸石资源丰富且性能合格可满足施工需求。其施工过程（图1）介绍如下：

1 煤矸石路基填筑施工工艺
1.1 施工工艺
1.2 施工测量及施工机械准备
1.3 包边土施工
1.4 煤矸石运输、摊铺
1.5 含水量控制
1.6 碾压
1.7 施工过程中注意事项
2 煤矸石路基填筑的检测
2.1 现场试验
2.2 压实度、标高检测
（1）采用灌沙法进行压实度检测

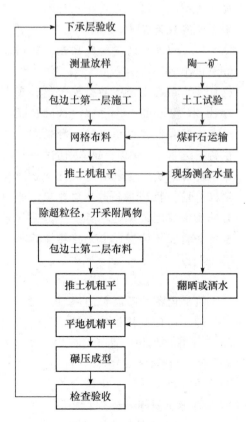

图1 施工工艺流程图

(2) 沉降法检测

2.3 标准击实及现场压实度试验检测

2.4 一般质量标准

2.5 基底处理

2.6 防水处理

2.7 顶面封层

3 煤矸石路基施工容易出现的问题

(1) 颗粒粒径过大

(2) 压实度超百

案例2 危险废物水泥固化工艺的工程设计

以江苏省内某危险废物处置场固化工段为例，采用水泥固化为主，药剂稳定化为辅的工艺技术路线进行工艺设计，需固化废物种类包括：焚烧飞灰、物化残渣、重金属废物和污泥类废物等。

由于水泥固化和药剂稳定化技术，对不同废物所确定的工艺均须以混合与搅拌为主要工程实现手段，因此考虑将几种处理工艺在一条生产线上实现。即设置一套混合搅拌设备，具体工艺流程为：

(1) 需固化的废料及水泥、药剂采样送实验室进行试验分析，并将最佳配比等参数提供给固化车间。

(2) 需固化处理的含重金属和残渣类废物运至固化车间，送入配料机的骨料仓，并经过卸料、计量和输送等过程进入混合搅拌机；污泥类废物通过无轴螺旋输送机进行输送、计量后进入混合搅拌机；水泥、粉煤灰、焚烧飞灰、药剂和水等物料按照实验所得的比例通过各自的输送系统送入搅拌机，连同废物物料在混合搅拌槽内进行搅拌。其中水泥、粉煤灰和焚烧飞灰由螺旋输送机输送，称量后进入搅拌机料槽；固化用水、药剂计量后通过泵进入到搅拌机料槽。物料混合搅拌均匀后，开闸卸料，通过皮带输送机输送到砌块成型机成型。成型后的砌块通过叉车送入养护厂房进行养护处理。养护凝固后取样检测，合格品用叉车直接运至安全填埋场填埋，不合格品由养护厂房返回固化车间经破碎后重新处理。固化工艺流程见图8-2。

(1) 设备的防腐蚀问题

(2) 固化搅拌机的选择

① 搅拌机的分类

② 搅拌机的比选

(3) 物料的计量输送

① 水的计量

② 粉状物料的计量输送

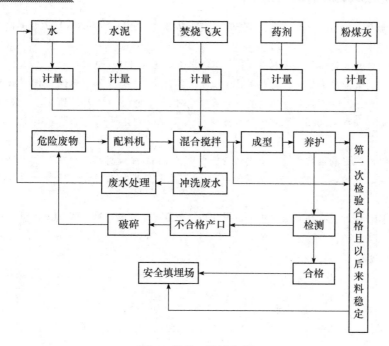

图 2　固化工艺流程图

③ 渣状物料的计量输送
④ 药剂的计量
（4）搅拌顺序和搅拌时间
（5）物料的储存方式
（6）药剂的选用
（7）二次污染的防止
（8）固化体成型问题

思考题

1. 什么叫固体废物？
2. 固体废物的处理、处置及综合利用的主要方法是什么？
3. 主要的工业固体废物、农业固体废物、生活垃圾的综合利用途径是什么？
4. 危险废物的概念是什么？
5. 危险废物的处理、处置及综合利用的主要方法是什么？

参考文献

张平萍，孙传敏. 2006. 我国煤矸石的综合利用现状及存在问题 [J]. 国土资源科技管理（6）：95-98.
侯浩波，周雅琳. 2006. 粉煤灰的资源化利用 [J]. 消费导刊（11）：514-515.
赛汉胡尔，姚婕. 2004. 粉煤灰的处理与综合利用 [J]. 内蒙古环境保护，16（4）：21-23.
谢德瑜，张凤辰. 2004. 煤矸石及其综合利用 [J]. 中国资源综合利用（10）：20-23.

李明哲，唐加福，刘阳. 2007. 钢铁生产中主要固体废物重用方式综述［J］. 中国控制与决策学术年会论文集. 861-864.

马溪茵. 2008. 建筑垃圾的再生利用［J］. 华中建筑（26）：118-119.

张承龙. 2002. 农业废弃物资源化利用技术现状及其前景［J］. 中国资源综合利用（2）：14-16.

丛春林，唐乃超. 2008. 危险废物的处理处置措施研究［J］. 黑龙江环境通报，32（2）：30-38.

郝海松，谢毅，杨林. 2009. 危险废物的处置技术及综合利用［J］. 安全与环境工程，16（2）：36-39.

蒋学先. 2009. 浅论我国危险废物处理处置技术现状［J］. 金属材料与冶金工程，37（4）：57-60.

高波，刘淑玲，王敏，王琦. 2010. 危险废物水泥固化工艺的工程设计与探讨［J］. 环境工程，28（3）：95-98.

王虎良. 2010. 煤矸石在路基填筑中的应用［J］. 公路交通科技（1）：52-54.

9

农业污染与农产品质量安全

◆ ◆ ◆ ◆ ◆ ◆ ◆ ◆ ◆ ◆ ◆ ◆

本章提要

农业面临污染主要来源于农田化肥、农药、农膜等化学品的过量使用和不合理施用,以及现代规模化畜禽养殖场的畜禽用药(添加剂)、畜禽粪便和污水排放。农业环境的污染物除影响生态系统外,更直接关系到农产品的质量安全,直接表现为农产品的农(兽)药残留、食品添加剂残留、环境污染物残留、生物污染等。农产品的质量安全是涉及产前、产中和产后各个环节的系统工程,其保障措施主要有保护农业生态环境,防治农业环境污染,加强农业标准化工作,加强农产品质量安全管理。无公害农产品、绿色食品和有机食品是我国质量安全农产品的基本类型,生态农业遵循"整体、协调、循环、再生"的生态学原理,通过配置合理的生态农业模式,使用与环境友好的生态农业技术,从而避免或减少农业化学品的副作用,有效防控农业环境的面源污染。

◆ ◆ ◆ ◆ ◆ ◆ ◆ ◆ ◆ ◆ ◆ ◆

9.1　农田面源污染

9.1.1　现代集约化农业（农业化学化）与农业面源污染源

9.1.1.1　现代集约农业与环境问题

农业的本质是人类利用农作物转化太阳能生产食物和纤维的自然生态与经济生产过程。从刀耕火种的原始农业到精耕细作的传统农业，再发展到高产高效的现代集约化农业，人类对农业生态系统的干预与投入强度不断增强。围绕作物生长所需要的养分，人类在农业生产实践中，无意识地提高土壤肥力的活动可以追溯到5000万年至1万年以前，为了恢复地力，人们完全依赖自然本身的"创伤愈合"能力，让弃耕的迹地进行次生演替。在次生演替期间，深根性树种把淋溶到深层的养分重新带到表层，共生与自生固氮生物逐步恢复土壤的含氮水平，植被的覆盖减少了高温和暴雨对土壤的不良影响，使水土流失减轻，有机质储备增加。而人们有意识地施用某些有机或无机物质，以提高土壤肥力、促进作物生长，则相对要晚些，距今约3000年前。古代文明发达的地区，如尼罗河流域，两河（幼发拉底河和底格里斯河）流域，印度半岛、南美和中国等地，可能已经开始应用一些天然物质作为肥料如人畜粪肥、堆肥、动植物的废弃物（包括秸秆、畜血等）、江河湖沼的淤泥、林地枯枝落叶和表土层、海草、绿肥、草木灰、骨灰和石灰等。在西欧实行"三圃制"这种传统农业的地力维持仍靠休耕，而以中国农业为代表的东方农业，则以耕作、施肥为主维持地力，形成了"地力常新壮"的精耕细作模式。总之，土壤养分水平成为原始农业和传统农业产量的最主要生态限制因子。

从20世纪40年代以来，以遗传育种理论、动植物营养理论和农（兽）药合成理论为基础的不断完善的良种、化肥、农药、配合饲料和抗生素及疫苗等形成的现代农业技术体系，使人类调控干预农业的能力达到了一个新的高度，成为推动农业发展的强大动力。第一次绿色革命（Green revolution）就是以墨西哥矮秆小麦等作物高产品种的选育和推广，以及与之相适应的高投入（化肥农药、灌溉、农业机械和农业产业化）来实现现代的高产和高劳动效率的，因此又被称为"石油农业"。最近四十年来，这类农业投入更是大幅度增长。从1959年到1998年，世界农用化肥使用量年平均增速达5.5%，总量已达1.35×10^8 t，预计到2030年农用化肥量将达$1.67\times10^8\sim1.99\times10^8$ t。

不过，按照生态学限制因子原理和生态平衡理论，人工干预农业生态系统特别是农业投入品的使用也存在适时和适度的问题。不恰当的农用物质与能量投入，往往会事倍功半甚至劳而无功或适得其反。"石油农业"大量地使用化肥、农药和机械，并片面依赖少数几种遗传背景简单的农业生物品种，企图以结构简单的工业化农业系统全面替代农业的生态经济过程。越来越多的自然过程为人工过程所替代，越来越多的自然投入被人工投入所继承，自然界微妙复杂的关系大量被人类工业化思维的规格化、简单化和直线关系所主导（表9-1）。

表 9-1　工业化农业替代传统农业的方式

项　目	传统农业做法	工业化办法
地力维持	有机肥、耕作制	化肥输入
作物生长环境	田间：土壤、阳光、雨水	温室：人工基质、人工光照、人工控温、激素施用
土地耕作	小规模人力、畜力	大规模机械化翻耕
农业生物	多样化的农家种	单一化品种
病虫害控制	品种、轮作、多样性、生物制剂、物理控制、栽培控制	农药施用
作物收获	人力、畜力	机械化
畜禽养殖	分散、开放、自由采食	集约、封闭、人工饲料、人工受精、人工孵化、机械挤奶
动物免疫	自然免疫	人工免疫、抗菌素
主要效应	农业生态良性循环，环境污染较少，但生产力水平较低	劳动效率和土地生产力等较高，但高能量消耗、面源污染和食品安全隐患多

注：根据骆世明等（2008）整理。

这样虽然促进了农业生产力特别是劳动生产率和单位土地生产率的提高，但一方面出现投入的报酬递减，或增产不增收；另一方面又造成农产品、大气、水体和土壤等环境污染和生态破坏，加大了农业生态成本，并使"石油农业"陷入不可持续的困境，出现下列主要的环境安全和生态安全的问题。

（1）过度依赖化石燃料

2007年1月中英科学家在"改进养分管理，减少非点源氮污染，改善农户生计"的合作项目研究报告中称，中国农业生产和农业化学品工业消耗的化石能源占全国化石能耗总量的15%。化肥农药和农机等的大量和过量投入，不但增加了生产成本，使农业更多地依赖补贴，而且加速了各种农业资源的耗费，特别是在当今化石能源日益紧缺、低碳社会呼声日紧的形势下，以"石油"（工业辅助能）换"粮食"的农业发展模式是不可持续的。

（2）食品安全问题

化肥和农药使用不当，其中的有害化学物质残留成为食品的直接污染源，也是通过食物链影响畜禽鱼质量下降的原因，有时甚至成为影响社会稳定的重要因素。当前农药的痕迹已无所不至，从人迹罕至的世界屋脊珠穆朗玛峰到冰封终年的南北极，甚至在冰雪极地的企鹅体内，在格陵兰人身上也都检验出了有机氯农药 DDT 等持久性污染物。

（3）大气污染

大气中的氮污染物有多种来源，化肥是很重要的一方面。最近研究表明，包括化肥使用、豆科作物固氮和燃料燃烧等人类活动几乎使全球固氮量翻了一番，这也增加了大气中氮氧化物的浓度，从而加重了温室效应、臭氧层破坏和酸雨。此外，农业机械排放的烟尘、农药的挥发和粉剂的污染，都会使大气中有害成分增加。

（4）水环境问题

由于大量使用农药和化肥，造成地表水和地下水的污染，大量江河湖海发生富营养化，特别是饮用水污染，不仅危及水生动植物的生长，更危及人体的健康。此外，农业的过度开发和使用水资源特别是淡水资源和地下水资源，加剧了水资源紧缺问题，也间接导致了其他环境问题。

(5) 土壤退化

化肥和农药均能抑制土壤动物和微生物的繁殖和其他正常功能。据国外报道，长期施用有机肥的农田，每英亩*可以有蚯蚓、菌类等微生物11t左右；而长期使用无机物（化肥）的农田，每英亩耕地只有微生物2t。偏施化肥还会造成营养元素的比例失调，影响农作物的生长。过多施用化肥，还有可能造成土壤的板结和酸化，破坏土壤的理化性状，直接降低土壤质量。据中国农科院土壤肥料研究所近年来在全国的田间定位实验与调查显示，我国各主要农区广泛存在的不合理耕作、过度种植、农用化学品地大量投入和沟渠设施老化已经导致农田土壤普遍性的耕层变薄，养分非均衡化严重，土壤板结，土壤生物性状退化，土壤酸化、潜育化、盐渍化增加，防旱排涝能力差，耕地土壤基础地力不断下降。例如，山东、云南等地一些蔬菜、花卉产区的农民不得不采取深翻底土、客土，甚至更换地块等方式减缓产量下降。

(6) 农区生物多样性减少，农业生态系统服务功能削弱

现代工业化农业片面依赖工业辅助能，尽管给农业生产带来了高产和高效率，但也给人类和环境带来了危害。为了克服工业化农业的弊端，有识之士提出并探讨了生态农业、循环农业、自然农业等注重农业的生态效益、经济效益和社会效益的可持续农业，当前人们在三个方面进行着探讨和实践。一是对传统农业精华的继承，通过利用物种多样性和遗传多样性重建农业生态系统的和谐格局，通过农业内部物质的充分循环利用，实现农业生态系统的结构和谐与功能高效；二是对现有农业技术的改进，例如，通过制造能够缓慢释放的缓释肥、能够控制释放速度的控释肥和有机无机复合肥等，减少化肥的流失，提高养分利用率；三是充分应用信息技术等现代科技成果，发展精确农业，例如通过测土配方施肥和专用肥技术，通过"3S技术"对农田系统准确定位、实况快速测定、操作精确控制来进行肥、药、水的施用。

表9-2　各种基本农业方式的比较

项目	刀耕火种	传统农业	工业化农业	争取的未来农业
社会经济基础	十分低下、自给自足环境	农业社会、地方市场	工业化社会、市场经济发达	社会信息化、经济全球化
追求主要目标	稳定食品供应	社会效益	经济效益	多重目标
主要手段	砍林、火烧、转移、恢复	人力、畜力	化肥、农药、机械、激素	信息、智慧
土地生产率	低、稳	中、稳	高、不稳	高、稳
劳动生产率	低	低	高	高
产品商品率	低	低、中	高	高
资源消耗量	森林消耗多，其他少	开垦农田时干扰大、其他时间少	不可再生资源消耗大	减少
环境污染量	少	少	大	减少
生物多样性	高	高	低	高

---

* 1英亩=4046.86m²。

9.1.1.2 集约农业与面源污染源

农业生产集约化程度的不断提高,化学品在农业生产中的不断投入以及农业生产技术的不合理使用,导致农业对生态环境和人类生存产生了重大的负面影响。其中突出的一个问题就是农业面源污染,即由于化肥、农药、农膜和畜禽粪便等造成的污染,这类由于农用生产资料长期大量或单一的大面积使用,导致出现随机性大、分布范围广、危害规模大、监测管理控制困难的污染形式被称为面源污染。

农业面源污染已成为我国环境特别是水环境的主要污染源。我国农业生产用了世界20%以上的农业劳动力、30%的化肥、25%的农药和25%的灌溉水。从1990—2005年,我国化肥投入量从2590.3×10^4 t增加到4766.2×10^4 t(折纯量),农药从76.1×10^4 t增加到145.9×10^4 t,农膜从64.2×10^4 t增加到135.2×10^4 t,农机总动力从5919.1×10^4 kW增加到12620.2×10^4 kW。2005年每公顷化肥施用量是1983年的2.79倍;每公顷农药使用量(纯量)为1983年的1.6倍。据第一次全国污染源普查公报(环境保护部 等,2010),我国农业源污染物排放对水环境的影响较大,农业源(不包括典型地区农村生活源,下同)中主要水污染物排放(流失)量:化学需氧量1324.09×10^4 t,占全国化学需氧量排放总量的43.7%;总氮270.46×10^4 t,总磷28.47×10^4 t,分别占排放总量的57.2%和67.4%;铜2452.09 t,锌4862.58 t。其中种植业总氮流失量159.78×10^4 t(其中:地表径流流失量32.01×10^4 t,地下淋溶流失量20.74×10^4 t,基础流失量107.03×10^4 t),总磷流失量10.87×10^4 t。种植业地膜残留量12.10×10^4 t,地膜回收率80.3%。可见,农业面源污染分布面广排污量大,其治理难度远远超过点源污染,解决农业面源污染已成为一个不容忽视的问题。要从根本上解决我国的污染问题,必须把农业源污染防治纳入环境保护的重要议程。

9.1.2 化肥面源污染与防控

9.1.2.1 化肥施用的形势

化肥对农业的贡献是众所周知的,现代化农业的一个重要特征就是使用化肥。据测算,现代化农业产量至少有1/4是靠化肥获取的。据联合国粮农组织(FAO)统计,化肥在农业增产份额中的贡献约占40%~60%。化肥在我国粮食增产中的作用也与此相似(图9-1),据有关资料统计,中国化肥施用总量从1949年的0.6×10^4 t(纯养分)增加到2005年的

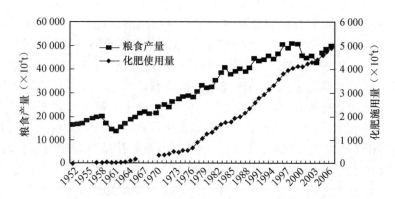

图9-1 我国粮食产量与化肥施用总量的动态变化图

$5\,538\times10^4$ t，单位面积的化肥施用量从 1952 年的 $0.75kg/hm^2$ 增加到 2001 年的 $327.0kg/hm^2$。与此同时，粮食产量也大幅度提高，单位面积粮食产量达 $4\,620kg/hm^2$。正是由于化肥在作物增产中的重要作用，才使化肥的生产和使用有惊人的增长，才保证了我国以不足世界 10% 的耕地养活占世界 22% 的人口。目前，度过了温饱阶段的中国人民正向小康和中等发达国家水平迈进，化肥仍将在相当长时间内发挥不可替代的作用。

尽管化肥在促进我国农业生产和保障粮食安全中发挥了巨大的作用，但是化肥用量的增加与粮食增长之间的关系并不理想。据统计，20 世纪 70 年代以后，每投入 1kg 氮肥，粮食的增加量已由 20 世纪五六十年代的 20kg 和 30kg 下降到 10kg 以下，不合理地过量施肥而导致肥料利用率降低，报酬递减，无疑是其中的重要原因。我国每年农田养分的作物利用效率普遍很低，目前氮肥的利用率仅为 30%～35%，磷肥为 10%～20%，钾肥 35%～50%。出现这一现象的原因是多方面的。我国 2002 年施用化肥 $4\,339\times10^4$ t，平均每公顷播种面积化肥施用量 277kg，是世界化肥平均用量的 2.5 倍。并且我国化肥使用量地域差距十分悬殊，淮河流域平均用量 $415kg/hm^2$，太湖流域为 $600kg/hm^2$ 以上，如浙江省 1997 年的化肥施用水平达 $614kg/(hm^2\cdot a)$。我国大部分地区每季作物的施氮水平超过 $200kg/(hm^2\cdot a)$，东部地区每季作物施氮量更普遍超过 $250kg/hm^2$。蔬菜、水果和花卉由于有较高的经济收益，其施肥量是普通大田作物的数倍甚至数十倍。一些蔬菜基地高达 $2\,000kg/hm^2$，远远超过发达国家水平。

9.1.2.2 化肥导致的面源污染

正如原农业部副部长路明所说，我们常自豪地说中国用世界上 7% 的耕地养活了 22% 的人口，但是我们却用了世界上 35% 的化肥，与此同时我们付出了沉重的环境代价。过量的化肥投入致使 N、P 等营养盐流失加重，研究表明，通过农田排放的 N、P 和通过农田渗漏进入地下水的氮以及从农田排放到大气的 N_2O、NO_x、NH_3 等，已成为水体和大气污染源之一。剩余的养分通过各种途径，如径流、淋溶、反硝化、吸附和侵蚀等进入环境。这些过量施用的化肥流入水中造成水体富营养化，使水中藻类迅速生长繁殖，消耗大量的溶解氧，导致水体丧失应有功能，水色变绿、变黑，严重时会散发出臭味；氮肥在土壤中的硝化作用所产生的硝酸盐还是土壤酸化的主要原因；氮肥还会改变原有土壤的结构和特性，造成土壤板结，有机质减少。另外，化肥特别是磷肥生产过程中伴生有重金属和有毒元素，化肥中的重金属等若被农作物吸收，会影响食品安全。

化肥的过量使用导致地表水和地下水产生严重的硝酸盐污染。据陈红卫综述（2009），美国环境保护署经大量调查后确认，农业是地表水的最大非点污染源。在美国，硝酸盐污染是全国最普遍的地下水污染问题。美国科学院曾估算过农田生态系统可给地表水提供氮素达 550×10^4 t，相当于氮素施用量的 10%～15%；据调查，农业活动对非点源污染的贡献份额高达 57%～75%；对全美调查中，美国农业地区 22% 的水井硝酸盐含量超过联邦标准。国际 NGO 环保组织——绿色和平（2009）曾邀请温铁军教授团队，对目前中国氮肥的环境和经济负外部性的相关资料进行收集、整理，分析我国氮肥使用量和肥效，表明 1997 年我国氮肥生产已自给自足，到了 2007 年氮肥过剩近 $1\,000\times10^4$ t；1960 年我国氮肥使用量在 50×10^4 t 左右，2005 年氮肥施用量已达到近 $3\,000\times10^4$ t，约为 1960 年的 55 倍。中国北方地区每公顷农田每年所使用的氮肥约为 588kg，每公顷约 277kg 过剩的氮释放到环境中。江苏省水稻的氮肥吸收利用率仅 19.9%。对山东省小麦氮肥施用状况调查发现，小麦氮肥利用率仅为 10% 左右，70% 以上的农户超量施用氮肥，仅小麦每年超量施用的氮肥就达 40×10^4 t。据统计，中国每年因不合理施肥造成 $1\,000\times10^4$ t 的氮素流失到农田之外，直接经济损失约 300 亿元。每年我国有 123.5×10^4 t 氮通过地表水径流进入江河湖泊，49.4×10^4 t 进入地下水，299×10^4 t 进入大气。长江、黄河和珠江每年输出的溶解态无机氮达到 97.5×10^4 t，其中 90% 来自农业，而氮肥占了农业源的 50%。自 1994 年以来在北京、山东、陕西、河北、天津等地 20 个县 600 多个点位的抽样调查显示，在北方集约化的高肥用量地区 20% 地下水中硝酸盐含量超过 89mg/L（我国饮用水硝酸盐含量限量标准），45% 地下水硝酸盐含量超过 50mg/L（主要发达国家饮用水硝酸盐含量限量标准），个别地点硝酸盐含量超过 500mg/L。江苏、云南、山西等地也报道在高化肥用量农区地下水硝态氮含量超标。此外，典型的温室气体排放也因盲目施肥而增加，如过量氮会加剧土壤有机质的微生物矿化，增加二氧化碳排放，中国农业生产和农业化学品工业消耗化石能源所排放的温室气体占到总排放的 20%。而 2000 年农业源排放甲烷占我国甲烷排放总量的 80%，排放 NO 占我国排放总量的 90% 以上，NO 占到了世界化肥排放 NO 总量的 27%。在氮肥使用过量和使用效率低下的情况下，中国占世界农业排放 NO 总量的比例将可能超过 50%。

据环境保护部南京环境保护科学研究所（2009）总结归纳肥料施用后的去向及流失途径，肥料施入土壤后有 3 种去向：①被植物吸收利用；②直接残留或被土壤胶体等吸附及微生物等吸收，得以保留土壤中；③流失，未被植物利用也未留在土壤中，即直接进入大气、水体和耕层下的土层等环境。不同土壤、不同作物及其不同生育期、不同肥料品种及其不同施肥方法，肥料在 3 种去向间的分配比例不同，从而决定了养分利用率和面源污染的强度。

（1）氮肥的损失途径

从我国平均情况来看，化肥氮损失率约为 45% 左右。氮的损失有 3 种途径：

氮随地表径流的损失 天然降雨和不适当的灌溉产生地表径流。影响氮的径流损失的因素有：降雨的强度、频率，降雨距施肥的间隔时间，地形地貌条件，植被覆盖状况，施肥量及施肥方式等。径流损失与降雨强度、降雨频率、地面坡度呈正相关；降雨同施肥时间间隔短，肥料损失量高；植被覆盖度高，可有效地减少径流损失；一次施肥量大且采用表层撒施方式，一旦发生地表径流，则带走的氮素量多。

氮的气态损失 农田氮素的气态损失主要是氨的挥发作用和土壤反硝化作用引起的。

氨挥发：影响氨挥发损失的因素涉及环境条件、土壤特性和农业措施三个方面：温度和风速的升高促进氨挥发。升高温度能增加液相中氨态氮（NH_4^+）在（铵＋氨）总量中的比例和氨分配在气相中的比例，氨和铵的扩散速率都随温度的上升而增加，对尿素来说，脲酶活性还随温度的升高而增强，也促使氨的产生和挥发；土壤质地对铵的吸附有很大影响进而影响氨挥发。一般认为，质地黏重的土壤吸附力强，其阳离子交换量大，故其氨挥发损失较质地粗松的土壤要小一些。土壤 pH 值随碳酸钙含量增加，氨挥发增加。pH 值<7 时，液相中氨态氮（NH_4^+）占（氨＋铵）总量的 1% 以下，随 pH 值升高，氨态氮的比例升高，氨挥发的潜力随之增大；土壤中碳酸钙或其他缓冲物质的存在，消耗了氨挥发产生的 H^+，因而使土壤 pH 值能维持在较高的水平上，氨挥发得以持续进行。农田的水分状况也影响氨挥发。在旱作土壤上，氮肥的溶解与尿素的水解都需要水的存在，当土壤水分很低时，氨挥发

损失受阻。但另一方面，土壤水分太高会稀释土壤溶液中的 NH_4^+，降低氨分压和氨挥发。因此，土壤水分适中时，氨的挥发最高。所谓适中的土壤含水量也因土而异。对水稻田来说，浅水层比深水层的铵态氮浓度和水温高，因而氨挥发较强。农业措施对氨挥发亦有一定的影响。化肥深施或撒施后翻耕覆盖能降低氨的挥发。

反硝化作用：反硝化作用是使土壤中的氮进入大气的主要生物过程。影响土壤中反硝化作用的主要因素：一是土壤有机碳的供应。有机质含量高的土壤，由于提供了较充足的能源和电供体，利于反硝化作用的进行，形成较多的 N_2O；二是氧化-还原条件。氧是控制反硝化作用的主要因素，反硝化作用与氧分压呈负相关。水分含量是通过影响土壤含氧量而影响反硝化作用的。硝态氮的存在是反硝化作用发生的前提条件，硝态氮的浓度影响反硝化细菌的生长量，而与反硝化作用呈正相关；硝态氮浓度越高，反硝化反应越明显。

施肥与全球变暖的关系已成为引人关注的重大问题。因全球氮肥的投入增加，使得 N_2O 排放量增加。据报道，农田是 N_2O 重要的排放源，其中施肥、浇水是影响 N_2O 排放的主要因素。此外，施肥还增加 CH_4 和 CO_2 等气体的排放。据林而达报道（2001），与农业有关的甲烷排放源包括家畜饲养、动物粪便、稻田、生物质燃烧、施肥，排放量占人为甲烷排放总量的 57%。化肥排放 N_2O 量占到农业土壤排放总量的 1/3 多。

氮的淋溶损失 土壤中的氮随水向下移动至根系活动层以下，从而不能被作物根系吸收造成氮素流失。由于硝态氮不被土壤胶粒所吸附，易随水向下移动而淋失，铵态氮本身由于土壤的吸附作用不易淋失，但它施入土壤后可以转化为硝态氮而淋失。

影响土壤氮素淋失的因素：①降雨量、灌溉方式和土壤质地。在平均降雨量远低于平均蒸发量的情况下，硝酸盐的淋溶相对较少。硝态氮的淋溶损失与土壤水的渗漏量呈明显的正相关。渗漏量的大小除取决于降雨量或灌溉量外，还取决于土壤的质地，土壤砂性越强，硝态氮淋失的潜在可能性越大，黏重土壤淋溶较慢。只有饱和水流才能引起氮的渗漏，所以滴灌和喷灌比大水漫灌更利于减少氮的淋失。②氮肥品种。通过 ^{15}N 标记技术和田间大型原位土柱试验表明，淋失量顺序为尿素＜碳铵＜硝铵，因为淋失的氮以硝态氮为主。钙肥、镁肥、尿素复合配施处理中，铵的淋失量比单施尿素的处理更多。其原因可能是，铵的淋失不仅仅缘于高浓度铵的存在，还由于土壤中的其他阳离子（特别是半径与 NH_4^+ 相当的 K^+）可通过代换作用，使原本被固定的 NH_4^+ 游离出来，从而易于淋失。③氮肥施用量。氮的淋失量与氮肥施用量呈正相关。④土层深度。20cm 土层界面的淋失量明显高于 40cm 和 60cm 土层界面。⑤土壤 pH 值。砖红壤中含有大量的 Al^+ 和 H^+，对 NO_3^- 有较强的吸附作用，从而可减少 NO_3^- 的淋失。⑥土壤养分状况。根据土壤养分状况合理配施其他种类的化肥，使作物协调吸收养分，可使氮的流失比单施氮肥时少。⑦耕作方式与植被覆盖度。耕作方式影响土壤的扰动程度和残留物的存在，进而影响土壤水分运动。土壤耕作能加速作物残体和土壤中氮素的矿化，增加土壤中硝态氮的累积。少耕或免耕减少土壤侵蚀和促进水分下渗，地表径流减少但渗漏会增强。栽种植物由于根系的吸收、阻截作用，也能减少硝酸盐的淋失。

（2）磷肥的流失途径

磷的损失以土壤侵蚀和地表径流为主要方式，在特定情况下也会发生渗漏淋溶。国内外许多研究者发现径流中的磷浓度和表层土壤的含磷量直接相关。磷肥施用的量、施肥时间和其他肥料的配方、施肥方式都会影响径流中的磷流失量。磷肥用量对稻季发生的径流中的总磷（TP）和颗粒态磷（PP）浓度有非常显著的影响（$P<0.01$），都随磷肥用量的增加而增加，其中 PP 占 TP 的 80%～85%。表面撒施处理的径流 DP 浓度比注射施肥平均高 100 倍；施肥时间是通过与影响径流形成的因素（降雨、灌溉等）发生的一致性来影响磷流失量的。

虽然下层土壤对磷有较强的固定能力，但一般认为仅有少量的磷会通过渗漏淋失掉。但畜牧业发达、有机肥施用较多时，有机肥中的磷由于有较强的溶解性，会造成土壤磷的渗漏；土壤质地较粗、磷最大吸附量较低、地下水位较高使不溶的 Fe^{3+} 转化为可溶性的 Fe^{2+} 并促使有机磷的矿化，有地下排水暗管易产生大孔隙优势流，这些情况下土壤磷的渗漏淋溶也会加强。

（3）水体富营养化

氮肥磷肥的过量施用，加之农业上氮肥磷肥利用率低，未被吸收的肥料可随着农田排水，流入池塘、河流、湖泊、海湾，造成地表水的面源污染。同时，由于 NO_3^- 的溶解性极高，一部分 NO_3^- 随水渗入地下，造成地下水的污染。氮与磷共同作用可造成水体富营养化问题，破坏天然水体的生态平衡，引起蓝藻、原生动物和其他藻类的种群大爆发，其死体的分解消耗大量氧，从而造成鱼类等其他水生生物大量死亡，有些种类还产生毒素，污染空气，引发疾病。淡水的富营养化可导致藻类大量繁殖，形成"水华"现象。海洋和海湾的海水富营养化，会引起海洋有害藻类的大量繁殖，并形成一般呈红色的"赤潮"。水体富营养化可导致一些水生生物的死亡和灭绝，降低生物多样性，降低水的使用价值，破坏自然景观。

9.1.2.3 化肥面源污染的防控

提高肥料的利用率与防止其流失到耕作层土壤外，是化肥面源污染的防控核心。应在发展农牧结合的生态农业基础上，调整种植业结构，充分利用豆科作物的固氮，减少化肥使用量，同时重点在调整施用肥料的结构、普及平衡施肥技术、实行精确农业（配方施肥）。推广科学施肥技术方法，合理灌溉，减少化肥流失。

国家环境保护部《化肥使用环境安全技术导则》（HJ 555—2010）中对化肥污染控制提出了管理策略和技术措施，现摘录如下。

（1）适量适时施用化肥

提高作物与土壤对肥料的吸收吸附是提高养分利用效率的有效途径。施肥要按照作物需肥规律和劳动力等资源条件确定最经济高效的施肥次数和具体时间，尽量做好化肥的及时供应与合理分配，按作物生育期的特点与低产缺肥地区的需求，及时提供肥料是科学用肥提高肥料利用率的关键，也是提高单产与总产，实现均衡增产的重要措施。并尽量避开雨季以减少径流流失和排水引起的渗漏；氮肥应重点施在作物生长旺盛期。

化肥的挥发、随径流的损失、渗漏淋失在一定程度上都与施肥量正相关，所以减少化肥流失的关键是源头控制，即减少化肥用量。要综合考虑作物种类、产量目标、土壤养分状况、其他养分输入情况、环境敏感程度确定施肥量。

根据最小养分律确定施肥量与产量的关系，优化推荐施肥量，提高肥料利用率与增产效益，包括以下确定最佳施肥量与合理的氮、磷、钾等养分的比例，以及科学施用技术。

减少氮素的流失必须首先降低氮素在土壤中的累积量，其最根本的途径在于减少氮肥的

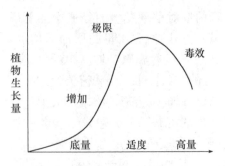

图 9-2　在最小养分律支配下施肥量与产量的关系

施用。20 世纪 80 年代，欧洲发达国家逐渐出台了控制氮肥污染的一些政策和法规。例如，发达国家为防止化肥污染而设置的化肥施用量安全上限为 225kg/hm²，作物收获后 1m 土层的氮素残留量不超过 50kg/hm²。欧洲国家近年来每季作物的施氮量普遍降低到 120kg/hm² 左右，把防止氮肥污染的年施氮量的安全上限确定为 225kg/hm²。针对我国人口多，粮食压力大的国情，确定我国目前适宜的化肥用量要综合考虑环境效益、经济效益和社会效益。从国内在一些地区主要作物上的长期肥料试验结果来看，朱兆良院士认为每季作物上施用 150～180kg/hm² 可以作为当前大面积生产中氮肥推荐适宜用量。张维理等（1995）提出蔬菜年施氮肥的限量指标为 500kg/hm²。张志剑等（1999）认为水稻一季的施氮量不宜超过 180kg/hm²，水田全年施磷量不宜超过 60kg/hm²，这样可在保证产量目标的前提下把负面环境影响降到最低。崔玉亭等（2000）利用农业技术经济学的边际收益分析原理，求得水稻经济效益最佳的施肥量（X_1）和产量（Y_1），利用环境经济学的高斯（Coase）原理求得水稻产量和生态效益兼顾的施肥量（X_2）与产量（Y_2），X_1-X_2 即为生产、经济、生态三效益兼顾的适宜施肥量，相应的产量（Y_1-Y_2）即为三效益兼顾的适宜产量。根据此方法计算得出，222～261kg/hm² 为苏南太湖流域当前生产条件和技术条件下水稻生产、生态和经济效益兼顾的适宜氮肥用量，相应的产量为 7 380～7 549kg/hm²。如果考虑到施肥间产量差异的不显著性，可选择 222～261kg/hm² 的下限为目前水稻生产、生态和经济效益兼顾的适宜氮肥用量。

农业生产中若存在除养分以外的限制因子（如缺水）应少施肥；土壤养分含量较高的应少施或不施；施有机肥时要适当减少化肥施用量。环境敏感区要减少或禁止化肥使用，环境敏感区包括：①在石灰坑和溶岩洞上发育有薄层土壤的石灰岩地区；②靠近水源保护区的土地；③强淋溶土壤；④土壤侵蚀严重的地区；⑤易发生地表径流的地区；⑥地下水位较高的地区；⑦水源保护区。禁止在一级水源保护区使用化肥，其他类别水源保护区农田应尽量减少施肥，不得违背《饮用水源保护区污染防治管理规定》。

（2）合理选择化肥品种

根据土壤特点、作物种类、肥料特性合理选择氮肥品种。小麦、玉米等禾谷类作物施用铵态氮、硝态氮同样有效，但在多雨地区，为防止硝态氮淋失，仍以施用铵态氮肥为宜；稻田宜选用尿素、氯化铵，而不宜选用硫酸铵和硝态氮肥，因为硫酸根在水田中易还原为硫化氢，使稻根发黑甚至腐烂，硝酸根在水田易随水淋失及发生反硝化作用造成氮的损失；甘薯、马铃薯等碳水化合物含量高的作物适于施用铵态氮肥；棉、麻类作物宜选用氯化铵，铵离子可增加纤维的韧性和拉力，但在忌氯作物上如甘薯、烟草、葡萄等不宜用氯化铵；烟草以硝态氮和铵态氮配合效果好，硝态氮可提高烟草的燃烧性，而铵态氮能促进烟叶内芳香族挥发油的形成，增加烟草的香味；硫酸铵宜施在缺硫的土壤上。若农田土壤渗漏风险较大，不宜使用硝态氮肥而适宜使用铵态氮肥；若土壤温暖湿润，则适宜使用缓效肥；若使用铵态氮肥，需加施硝化抑制剂，抑制铵态氮硝化为硝态氮；气温较高的地区或时期，不宜使用铵

9 农业污染与农产品质量安全

态氮肥，施用尿素时应加施脲酶抑制剂以延缓尿素的水解，减少氨挥发，或在稻田加施水面分子膜降低氨挥发速率；适当增加有机肥使用比例，提倡施用复合肥、缓释或控释肥料。

（3）提高化肥利用率

化肥的利用率提高也就相应地减少了养分的损失，减轻了施肥对环境的压力。尽管氮肥利用率受许多因素的影响，变幅很大，但是，通过农艺措施和工艺措施，适度提高氮肥利用率还是可能的。

提高化肥利用率的农艺措施　一是氮肥磷肥混合集中施用。铵态氮肥或尿素和水溶性磷肥混合后集中施用，常常得到比把氮、磷肥分开施用时更高的肥效。

- 在一个轮作周期统筹施肥。在一个轮作中，把磷肥重点施在对磷敏感的作物上，其他作物利用其后效。如在水旱轮作中，把磷肥重点施在旱作上；在小麦-玉米轮作中，将磷肥重点施在冬季作物上；在禾本科-豆科轮作中，将磷肥重点施在豆科作物上。

- 化肥尽量施在作物根区以提高作物利用率，减少流失。在当前各种施肥技术（包括不同施用方法、不同氮肥剂型，以及添加各种生物活性抑制剂等）中，粒肥深施（一般以5cm左右为宜）是提高氮肥利用率、减少损失率效果最显著的一种。氮肥采用深施覆土的方法，可以通过土壤胶粒对铵离子的吸附作用，减少氨的挥发损失，从而提高氮肥的利用率。磷肥深施可减少磷随地表径流损失的量。但在渗漏性较强的土壤上，氮肥深施有增大淋失的可能而不宜采用。

- 通过适宜的轮作制度提高化肥的利用率，减少流失。如豆科作物与其他作物轮作，可节省化肥用量；深根作物与浅根作物轮作可充分利用土壤中的化肥。

- 推广配方施肥。适宜的氮磷比例是提高肥料利用率，减少养分流失的必要措施。我国和国外的一些机构曾对我国2000年前后化肥适宜的氮磷比有过估计：农业部提出的我国适宜的氮磷比（$N：P_2O_5$，下同）在1：0.4左右；我国化肥网在进行全国化肥区划中提出的氮磷比为1：0.4～1：0.5；世界银行的估计为1：0.4；美国IMCglobol公司估计为1：0.4。根据以上各家建议，专家认为我国化肥消费中的氮磷比控制在1：0.4～1：0.45较为适宜，可依此比例指导化肥使用和化肥生产。

- 推广稻田加施水面分子膜。该方法能够大大降低氨挥发速率，提高氮肥利用率。试验证明碳铵肥料加施稻田水面分子膜的增产效果好于尿素施膜效果。此外，使用脲酶抑制剂以延缓尿素的水解，减少氨挥发。使用硝化抑制剂抑制或延缓土壤中铵的硝化作用，有可能减少氮的淋洗和反硝化损失。

不同损失途径之间存在着一定的内在联系，如铵是氨挥发和反硝化作用这两种损失途径的氮"源"，当添加硝化抑制剂以抑制铵的硝化作用时，将可能在一定程度上促进氨的挥发；反之，在旱作条件下，增强铵的硝化作用，则可能降低铵挥发。因此，当以其中一个损失机制和途径作为控制对象来制定技术对策时，应考虑到它对另一些损失机制和途径可能产生的影响。

提高化肥利用率的工艺措施

- 碳铵改性生产长效碳铵。长效碳铵是在普通碳铵生产过程中，以溶液形式定量加入铵离子稳定剂（双氰胺）而形成共结晶的新型肥料。它既保持了普通碳铵的优点，如速效、无副成分、兼有CO_2营养等，同时还克服了其原有的缺点，如挥发损失大，肥效短和储存时易结硬块等。中国科学院沈阳应用生态研究所的研究结果表明，长效碳铵的氮素利用率比普通碳铵约提高10%。

- 生产涂层尿素。涂层尿素也是一种新型氮肥。它是在普通尿素的表面喷涂一层特殊的涂层溶液，经干固氧化而成。中国科学院石家庄农业现代化研究所的研究资料表明，涂层尿素与普通尿素相比，氮素利用率平均提高5.9%，具有缓效、长效和高效等特点。
- 发展复混肥。发展复混肥符合世界化肥的发展方向。据统计，发达国家复混肥生产量约占化肥总量的70%以上，而我国复混肥生产起步较晚，目前所占比例不足10%，差距很大。把氮磷钾肥按照科学配方加工制成的复混肥，有利于把平衡施肥技术带给农民使用。生产实践证明，施用复混肥能增加产量，提高化肥利用率，增进施肥的经济效益。

（4）选择适宜的耕作措施和灌溉方式

在坡度较大的地区，易发生侵蚀和径流，应采取保护耕作（免耕或少耕）以减少对土壤的扰动，还可利用秸秆还田减少土壤侵蚀和化肥随径流的流失；在以渗漏为化肥主要流失方式的平原地区，可采取耕作破坏土壤大孔隙，或通过控制排水保持土壤湿度，避免土粒干燥产生大孔隙。在旱作上提倡采用滴灌、喷灌等先进灌溉方式，尽量减少大水漫灌，因大水漫灌易形成一边过分灌溉一边又灌溉不足的情形，且用水量大，浪费水资源，又易形成径流和渗漏。

（5）控制化肥流失的工程措施

严禁农田退水直接排入河流及饮用水源水体。农业生产区水体排入外部水体应满足相关环境质量标准要求。

在农田和受保护的水体之间，应利用自然生态系统建立缓冲带，或在河滨、湖滨人工设置保护带以拦截过滤从农田流出的养分，有条件的地区利用靠近农田的水塘、沟渠接纳富营养的农田排水，实现循环利用，防止农田排水对外围水域的污染。

（6）化肥中的重金属和放射性污染控制

化肥中的重金属污染和放射性污染可在化肥的生产环节通过对化肥生产原料的检测监控来实现。

（7）减少化肥流失的行政法律措施

- 完善相关的政策框架和配套制度，并进行宣传普及。对于我国政府来说，解决化肥污染问题的关键既不在于缺乏了解相关知识，也不在于缺少控制污染的技术。问题的关键在于缺少政策框架和配套制度，同时缺乏相应的机构向农民宣传化肥污染的原因和防治方法，以及鼓励和推动农民采用有效的技术和管理经验，所以有必要建立和恢复农业技术推广服务机构，向农民或农业企业推荐有利于环境保护的化肥使用技术及方式，从源头上减少化肥流失。
- 通过财税政策鼓励扶持生态农业。通过鼓励农民从事清洁的生态农业生产方式，从经济上补偿因从事生态农业生产而造成的产量产值损失。又如，规定单位面积施肥量，对超量使用部分交纳罚金作为对环境不良影响的补偿。生态农业重视地力维持，也就是注重提高土壤的养分供应能力和维护土壤健康。最重要的渠道就是利用（腐熟的）有机肥。腐熟的有机肥能够改善土壤结构，提高土壤供肥能力，优化肥料代谢与转化的微环境，使得土壤养分的利用效率显著提高，氮肥使用需求量和有害物质产量显著降低。如"猪—沼—果（菜）"模式的沼液和沼渣不仅产量增加，口感提升，还显著减少氮肥使用量。稻鸭共作（稻田养鱼、蟹）的立体种养殖模式具有除草、除虫、防病、中耕浑水、施肥、改善水稻植株群体环境、刺激水稻生长等方面作用。稻鸭共作模式显著减少稻田氮肥使用量和 CH_4 气体产生量

● 加强农业生产区域的环境监测，及时掌握农田化肥流失后的环境风险。在各级政府的农业发展规划中引入农业环境评价体系，实行区域化肥使用总量控制，尤其对于生态省、生态市或生态县，把化肥减量使用的指标完成情况作为政绩考核的内容。

● 逐步淘汰流失较大的化肥品种，发展缓释化肥，并完善化肥标识管理等，强制规定化肥产品包装，要表明推荐的使用方法和施用量（南京环境科学研究所，2009）。

9.1.3 农药污染

9.1.3.1 化学农药发展简况

农药的发展有一段漫长曲折的过程。早先人类用天然药物驱除灭杀害虫，到了17世纪人们用除虫菊、烟草、鱼藤、松脂、矿物等物质经过加工制成药剂便可当杀虫剂使用，例如，1763年有报道法国人用烟草及石灰粉灭除蚜虫取得良好效果。19世纪70年代，美国人喷洒砒霜制剂杀灭马铃薯地里的甲虫。但直到1939年9月美国的米勒先生合成滴滴涕（DDT）及首次发现其生物活性触杀作用后，现代农药工业才得到快速发展。DDT化学名为双对氯苯基三氯乙烷，化学式 $(ClC_6H_4)_2CH(CCl_3)$，它在20世纪上半叶防止农业病虫害、减轻疟疾伤寒等蚊蝇传播的疾病危害起到了不小的作用。为此，1948年度的诺贝尔医学奖授予了米勒。

农药是现代农业防治有害生物不可或缺的重要生产资料，据林玉锁等（2000）介绍，全世界因病虫草害导致水稻、小麦、玉米和土豆损失各为47.1%、35.7%、24.4%和32.3%。有关资料表明，如果农业生产上不使用杀虫剂，而用非化学防治方法来代替，估计由害虫引起的作物损失还要增加5%，停止使用杀菌剂，作物的损失将增加3%；如果限制使用除草剂，作物损失将增加1%。但是，农药的环境污染和食品安全问题使其成为人们又恨又爱的"双刃剑"。

20世纪60年代科学家们发现滴滴涕在环境中非常难降解，并可在动物脂肪内蓄积，甚至在南极企鹅的血液中也检测出了滴滴涕，鸟类体内含滴滴涕会导致产软壳蛋而不能孵化，处于食物链顶极的食肉鸟，如美国国鸟——白头海雕几乎因此而灭绝。

1962年，美国科学家蕾切尔·卡逊（Rachel Carson）出版《寂静的春天》，书中关于农药危害人类环境的惊世骇俗的预言，虽然受到了与之利害攸关的生产与经济部门的猛烈抨击，却也强烈震撼了社会广大民众，引发了空前的环保浪潮，从而成为环保运动的里程碑而被公认为二十世纪最具影响力的书籍之一。人们开始对化学农药有害的一面予以高度关注，科学家在全球范围内对DDT所产生的副作用进行广泛监测，结果发现几乎在地球的每一个角落都查到了DDT的踪迹，DDT的分子结构中含有非常稳定的苯环，即使暴晒或在高温下也较难被分解，从而造成土壤、水体和大气的严重污染。据20世纪60年代末期的初步估计，自然环境中已积存了10亿磅*的DDT。

在我国，1951年首个DDT生产车间建成，产量113t，拉开了农药工业的序幕。我国农

---

* 1磅=0.453 6kg

药产量自 2005 年突破百万吨后，连续多年保持较快增长，已居世界第一位。2008 年规模以上企业农药总产量达 190.2×10^4 t，农药品种的更新换代大致经历了三大发展阶段：第一阶段是解放初期至 20 世纪 80 年代初以有机氯农药为主的发展阶段，此类农药在该阶段曾经占到我国农药总产量的 80% 左右；第二阶段是 20 世纪 80 年代至 21 世纪初期以有机磷农药为主的发展阶段，此类农药产量最多时占到总产量的 70% 以上；第三阶段是 21 世纪以杂环类农药和生物农药为主的发展阶段，此类农药高效、安全、经济、环保，目前已占到我国农药总产量的 60% 左右。我国已成为全球主要农药出口国，2008 年共出口农药 48.5×10^4 t，价值 20.2 亿美元。2010 年我国约需农药 30.27×10^4 t（折纯计），其中杀虫剂 12.95×10^4 t，杀螨剂 0.97×10^4 t，杀菌剂 7.07×10^4 t，除草剂 8.91×10^4 t。长期以来，我国农药产品结构不合理，产品中杀虫剂约占 60%~70%，杀虫剂中有机磷农药占 70% 左右，有机磷农药中高毒品种占 70%，再加上由于农药在使用上的单一性和过量以及使用方法的不当等，高毒、高残留农药的活性成分对人畜的毒性，对非靶标生物的伤害，对水体、土壤及农产品的污染十分严重。

农药指人们为杀灭或抑制对农业有害的生物而使用的各种化学药剂。按化学类群分为无机农药和有机金属农药，有机农药如有机氯、有机磷、有机氮（氨基甲酸酯类、脲类—$R_1N=CH-R_2$、硫脲类—$R_1R_3N-C\overset{=}{}S-NR_3R_4$、硫代氨基甲酰、取代脲）、植物源农药（拟除虫菊酯、鱼藤酮、木烟碱与烟碱）。按作用对象分，包括杀虫剂、除草剂、杀细菌剂、杀真菌剂、杀螨剂、杀鼠剂。

我国于 2011 年正式实施的《农药使用环境安全技术导则》（HJ 556—2010）标准，根据农药用途进行分类，常用农药根据不同的用途一般可分为 7 种类型。

杀虫剂 是用来防治各种害虫的药剂，有的还可兼有杀螨作用，如敌敌畏、乐果、甲胺磷、杀虫脒、杀灭菊脂等农药。它们主要通过胃毒、触杀、熏蒸和内吸 4 种方式起到杀死害虫的作用。

杀螨剂 是专门防治螨类（即红蜘蛛）的药剂，如三氯杀螨砜、三氯杀螨醇和克螨特农药。杀螨剂有一定的选择性，对不同发育阶段的螨防治效果不一样，有的对卵和幼虫或幼螨的触杀作用较好，但对成螨的效果较差。

杀菌剂 是用来防治植物病害的药剂，如波尔多液、代森锌、多菌灵、粉锈宁、克瘟灵等农药。主要起抑制病菌生长，保护农作物不受侵害和渗进作物体内消灭入侵病菌的作用。大多数杀菌剂主要是起保护作用，预防病害的发生和传播。

杀线虫剂 适用于防治蔬菜、草莓、烟草、果树、林木上的各种线虫。杀线虫剂由原来的有兼治作用的杀虫、杀菌剂发展成为一类药剂。目前的杀线虫剂几乎全部是土壤处理剂，多数兼有杀菌、杀土壤害虫的作用，有的还有除草作用。按化学结构分为四类，卤化烃类、二硫代氨基甲酸脂类、硫氰脂类和有机磷类。

除草剂 是专门用来防除农田杂草的药剂，如除草醚、杀草丹、氟乐灵、绿麦隆等农药。根据它们杀草作用可分为触杀性除草剂和内吸性除草剂，前者只能用于防治由种子发芽的一年生杂草，后者可以杀死多年生杂草。有些除草剂在使用浓度过量时，草、苗都会被杀死或对作物造成药害。

杀鼠剂 杀鼠剂按作用方式分为胃毒剂和熏蒸剂。按来源分为无机杀鼠剂、有机杀鼠剂和天然植物杀鼠剂。按作用特点分为急性杀鼠剂（单剂量杀鼠剂）及慢性抗凝血剂（多剂量抗凝血剂）。

杀软体动物剂　是专用于防治有害软体动物的药剂。有害软体动物，主要是指危害农作物的蜗牛（俗称水牛儿、旱螺蛳）、蛞蝓（俗称鼻涕虫、蜒蚰）、田螺（俗称螺蛳）、钉螺（系血吸虫的中间寄主）等。杀软体动物剂按物质类别分为无机和有机杀软体动物剂2类。无机杀软体动物剂的代表品种有硫酸铜和砷酸钙，现已停用。有机杀软体动物剂按化学结构分为下列几类：①酚类，如五氯酚钠、杀螺胺、B-2；②吗啉类，如蜗螺杀；③有机锡类，如丁蜗锡、三苯基乙酸锡；④沙蚕毒素类，如杀虫环、杀虫丁；⑤其他，如四聚乙醛、灭梭威、硫酸烟酰苯胺。

植物生长调节剂　是专门用来调节植物生长、发育的药剂，如赤霉素、萘乙酸、矮壮素、乙烯剂等农药。这类农药具有与植物激素相类似的效应，可以促进或抑制植物的生长、发育，以满足生长的需要。

9.1.3.2　化学农药导致的生态环境污染

农药一经使用进入环境，将会在生态系统各组分之间迁移转化（图9-3），并可能造成生态环境问题。

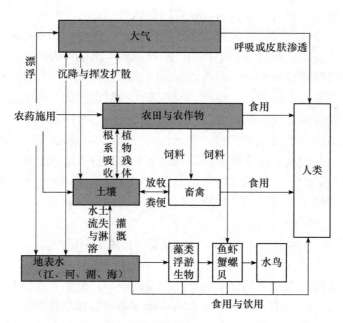

图9-3　农药在生态系统中的转移（引自骆世明等，2009）

（1）农药的"3R"问题

化学农药导致的直接生态环境问题主要是农业生态系统的"3R"问题，即化学农药导致农业生态系统中有害生物抗性（resistance）增加、病虫害再增猖獗（resurgence）和污染物残留（residue）（简称"3R"）。抗性指的是生物长期接受药剂处理使其后代产生抗药性，长期使用单一品种的农药，抗药性问题尤为突出。在同一生物种群中，个体间对农药的敏感程度有差异；使用一次农药，把敏感个体杀死了，存活下来的是相对抗药的个体，它们的后代也是相对抗药的,如果继续使用同样的农药,这一种群的抗药水平将越来越高。生活周期短的,如蚜虫每年可繁殖10多代,抗药性的发展更快。这是生物以大量的牺牲来取得保存自己的能力的对策。

再增猖獗一是指因用农药防治有害生物而同时杀伤了该种群的天敌,亦即消除了该种群的自然控制因素,使该有害生物种群不受控制,从而快速重新增长,以致猖獗为害。二是次要病虫草害上升为主要病虫草害,即对非靶标生物的毒性造成使用某些农药后,在农田生物群落中原来占次要地位的有害生物,由原来的少数上升为多数,成为为害严重的有害生物。如世界上各大苹果产区中的叶螨,在20世纪果园普遍使用DDT防治蛀果的食心虫,DDT虽然杀虫广谱但对螨类却无效,而原来控制螨类发生的天敌却被DDT大量杀伤,使叶螨一跃而成为苹果园的头号害虫。施用农药后对杂草群落也可能会有类似的影响,如我国麦田常年用2,4-D丁酯,控制了麦田的刺儿菜,但对2,4-D丁酯不敏感的麦瓶草却由少到多发展起来。因有害生物产生抗药性,导致用药量加大,进一步杀伤了天敌,导致有害生物更大的再增猖獗,形成恶性循环。

残留指的是农药在环境和农产品上的残留,影响环境安全和人类健康。特别是可能导致人畜急性中毒事故和"三致性"(即致畸性、致癌性和致突变性)的发生。一些化学性稳定、不易自然降解或生物降解的内吸性农药,残留问题尤为严重。农产品中的农药污染主要来自作物对土壤中农药的吸收或过作物表面叶面等的吸收。作物对农药吸收的能力与土壤理化性质、农药品种与使用方式、作物种类等有关,一般说来,水溶性农药比脂溶性的农药容易被吸收,根菜类和薯类作物吸收土壤中农药的能力要比叶菜类和果菜类能力强。筛选低累积污染物的作物种类及其基因型品种,是当前研究与应用的热点。此外,农药残留还通过食物链传递与浓缩作用影响各营养级生物,例如,用农药污染的秸秆和粮食喂牛,牛奶、牛肉会有农药残留;用被污染的农产品作鸡饲料,鸡蛋、鸡肉会有农药残留;农药还可以通过蜜蜂采蜜出现在蜂产品中;残留在土壤中的农药,通过水的流失进入水域,再由水草进入鱼类,还可再进入食鱼的鸟类体内。农药随食物链逐级富集,所含浓度越来越大,因而越来越具有危险性。我国农产品、蜂产品出口因残留农药超标被退货的事时有发生,已严重影响我国外贸声誉。

事实上,"3R"问题常常互相关联、互为因果,必须统一解决。

(2) 农药面源污染

化学农药还间接影响农田外的环境安全。化学农药一经施用,很容易扩展到大气、水体及土壤中而造成环境污染。进入环境的农药在环境各要素间进一步分配、迁移、转化并通过食物链富集,最后对生物和人体造成危害(樊德方 等,1982)。

农药对大气的污染　大气中农药的污染主要来自为各种目的而喷洒农药时所产生的药剂漂浮物和来自农作物表面、土壤表面及水中残留农药的蒸发、挥发扩散。此外,农药厂排出的废气(农药配制)、加工运输、农作物废弃物燃烧也是农药污染大气的原因之一。

迁移:农药因气流输送作用也可以在局部大气中消失。多数农药可因雨水洗涤及沉降而落入地面和水中,但适当条件下又可由地面挥发或风蚀重返大气。大气中的农药漂浮物在风的作用下可跨山越海,到达世界每个角落。据报道,在地球的南、北极圈内和喜马拉雅山最高峰上都发现有机氯农药的存在。大气中农药的污染具有以下特点:大气中农药的污染情况取决于农药的使用情况,例如,普遍使用 DDT 农药时,大气污染就以 DDT 为主;大气中的农药污染程度因地而异;大气中农药的残留量随施药时间而有规律地增减。

农药对水体的污染 农药是水体面源污染的主要污染物之一。农药除自身的毒性污染外,也包括其降解中间产物的次生污染,还包括其降解最终产物,如氮磷元素可能加重水体富营养化等。农药面源污染主要包括农药喷洒时,农药微粒随风降入水体;大气和土壤中的残留农药经降雨流入水体;农药容器和工具的洗涤废水排入水体等几种途径。其环境迁移主要包括附于颗粒沉降于底泥、随水流海流迁移,或被水生生物摄入沿食物链进行生物传递和富集。美国、英国、日本等国家在 20 世纪 60 年代就已经发现,在使用有机氯杀虫剂 10 年后,所有的主要河流都已受到污染。我国也有类似的情况。

由于各种水体的理化性质不同,因此被农药污染的程度也不同。一般情况下,受农药污染最严重的农田水,浓度最高时可达每升数十毫克数量级;随着农药在水体中的移动扩散,污染范围扩大,污染程度得到弱化;自来水和深层地下水因经过净化和土壤的吸附作用,污染程度较轻,海水因其巨大水域的稀释作用,污染最轻。根据日本对自然界不同水体中有机氯的农药检测结果,其污染顺序为:雨水>河水>海水>自来水>地下水。

农药对土壤的污染 土壤中的农药主要来自:①直接的施用;②通过浸种、拌种等施药方式进入土壤;③漂浮在大气中的农药随降雨和降尘落到地面进入土壤。

农药对土壤的污染程度取决于农药及土壤的种类和性质。据研究,所使用农药的 80%~90% 将最终进入土壤,农药对土壤的污染与使用农药的基本理化性质、施药地区的自然环境条件以及农药使用历史等密切相关。不同的农药因其理化性质不同,在土壤中的降解速率不一样,从而决定了在土壤中残留时间的差异。

农药在土壤中的残留与土壤的类型、有机质含量、酸碱度、金属离子的种类和数量、水分含量、通气性、植被种类和覆盖率、微生物种类和数量等因素有关。

据国家环境保护总局南京环境科学研究所(2008)的资料,农药在土壤中的消失机制一般与农药的气化作用(物质从液态转化为气态的过程,有蒸发和蒸腾两种形式)、地下渗透、氧化水解和土壤微生物的作用有关。土壤质地、有机质含量、土壤胶体和土壤 pH 值都是影响农药污染的因素。农药在壤土和黏土中的降解一般比沙土中慢,由于吸附性强的农药在黏土和壤土中的移动性差,对水环境影响小。农药在土壤中的移动性决定了农药污染地下水的可能性。农药的移动性除与其性质和土壤质地有关外,也受到土壤有机质含量、土壤胶体所带电荷性质,以及降雨情况的影响。通常,水溶性农药极易在土壤剖面中下渗,易污染地下水。土壤有机质富有疏水性化学基团,它们对非极性农药有很大吸附作用。土壤吸附分子型有机农药随土壤有机质的增加而增加。农药吸附率随土壤有机质含量的减少而下降。土壤胶体所带电荷类型、在土壤中的含量和土壤 pH 值等性质影响农药污染。土壤中蒙脱土、高岭土和活性有机质等具有胶体性质,带有负电荷,可吸附土壤中的阳离子农药,如百草枯和矮壮素等。我国南方酸性土壤中胶体的主要成分是铁、铝氧化物,它们的胶体带正电荷,在酸性条件下它们将吸附阴离子农药。

我国水溶性农药生产量和需求量较大,这些农药在防治水稻虫害中应用很广。水溶性农药进入稻田后,随着稻田水渗漏而进入地下水环境。农药稻田渗滤流失主要与单位稻田面积一次用药量、施药时期、稻田水中的降解速度、稻田水日渗漏量和农药的土壤渗滤率有关。

根据试验结果估算，对于直播单季稻至分蘖初期进入稻田水的农药量为用药量的80%以上，分蘖中期为60%～80%，后期为30%～60%，拔节孕穗期后为＜40%。稻田水中农药降解速度是决定渗滤时稻田水和渗漏水中农药浓度的重要因素之一。农药在稻田水中的半衰期越长，稻田水中农药浓度高现象延续的时间就越长。

水溶性农药的渗滤流失和主动排水流失具有必然性，排水流失很大程度上受到操作人员的人为影响。水溶性农药的径流流失与降雨过程有关，具有一定偶然性，但在稻作期多雨地区的径流流失几率还是比较大的。随着水稻的生长发育，其生物量和施药时稻株对农药的截留量也不断增加，继而减少进入稻田水的农药量。

农药的稻田渗滤流失取决于渗漏水的农药浓度和渗漏水量，渗漏水农药又取决于稻田水农药浓度、农药的土壤剖面渗滤系数，而渗漏水量又取决于土壤剖面性质。任何土壤类型，田间水分的渗透能力都取决于渗漏率最低的土层，一般为犁底层。农药的土壤剖面渗滤系数可经试验获得，通常水溶性农药高于脂溶性农药，沙质土高于壤质土和黏质土。

(3) 农药对生物多样性的影响

在农用化学品中，农药是影响生物多样性的最直接和最重要因素。农药的不合理使用，对生物群落的结构与功能产生了严重影响，降低了生物多样性。无论是昆虫、土壤中无脊椎动物还是水生动物、鸟类等动物，还是微生物和植物，农药均直接产生影响。吴春华和陈欣(2004)曾就农药对农业区域生物多样性的影响作过详细的综述。农药污染对生物的影响超出了公众甚至科学家的想象。如除草剂阿特拉津(atrazine)已成为美国地表水和地下水的第二号污染物(Kolp et al., 1998)，极低浓度(0.1μg/L)就会致两栖类动物生殖发育异常(Hayes T B et al., 2002)；除草剂还会使杂草产生抗药性，使人类与杂草间的斗争无止无休，有的会使大量野生动植物死亡，对生物产生"3R"效应和生殖发育毒性等，如广大农区丰富多样的生物多样性的锐减，包括原来常见的蛙、鱼、贝类、鸟类和昆虫等逐渐难觅踪影，就与除草剂等农用化学品的使用密切相关，阿特拉津等许多除草剂也与人类的乳腺和前列腺癌症等有关。除草剂的安全使用及其生态毒理等研究引起了农学家、环境学家和卫生学家的极大重视，成为国际上的科研热点，近年来在 Nature、Science 和 PNAS 等权威刊物上都先后报道了化学除草剂的环境污染问题(Dalton R, 2002；Hayes T B, et al. 2002a；2002b；2002c；Tavera M et al., 2002)。Science 周刊和网站还以"老问题，新麻烦"为标题报道了除草剂阿特拉津对一种两栖类动物 Tiger salamander 的危害，除草剂在动物体内有类雌性激素的作用，长期暴露于极低浓度(如0.1μg/L)下，青蛙等两栖类动物会出现生殖器畸形和鸣囊缩小，从而导致发情无力和无法生育等问题，再次为人们敲响了比想像中严重得多的警钟(Amy Coombs, 2006)。

农药对鸟类发生危害的途径有：鸟类饲料和生活地受到农药污染；食用含有农药的昆虫、蚯蚓、植物种子和果实；通过食物链发生农药慢性中毒而影响鸟类。例如，高毒农药呋喃丹(克百威)属高毒农药，对鸟的危害巨大，对鹌鹑、野鸽、野鸭、家雀、金翅雀、猫头鹰和美国茶隼的急性毒性LD_{50}为0.37～4.15mg/kg，均为高毒级。美国规定，在秃鹰巢穴1英里*范围内及鹰类迁息地10英里范围内不得飞机喷施呋喃丹，若施用颗粒剂必须立即用

---

* 1英里＝1.609km。

土覆盖；土壤沙性、地下水位浅、降雨量大的地区不得施用呋喃丹，防止对地下水污染。为保护鸟类和野生生物安全，美国已于1997年8月31日起全面禁止使用呋喃丹颗粒剂。

农药对水生生物影响研究较多。水体直接施药是水中农药的重要来源。为防治蚊子幼虫、清理鱼塘，施用敌百虫等杀虫剂；为杀灭血吸虫寄主钉螺施用无氯酚钠；为消灭渠道、水库和湖泊中的杂草而施用水生型除草剂，如敌草隆、西玛津和草甘膦等。农药直接施入水体的特点使绝大部分农药进入水环境，水中的农药起始浓度高，可达 mg/L 级；施药时农药集中于水膜和表层水，随后农药向下层水、水生生物和底泥中迁移。农药对鱼类的危害是水生生物影响研究中的最重要问题。农药对鱼类的急性毒性用 LC_{50} 表示，指在一定试验条件下试验鱼种死亡50%的农药浓度，单位为mg/L。按照我国毒性分级标准对鱼类高毒的农药主要是有机氯类农药、许多杀螨剂、一些含重金属的农药、部分有机磷杀虫剂、部分氨基甲酸酯类农药，以及少数除草剂和杀菌剂。

对鱼高毒的农药不能直接喷于水面，以免发生严重的死鱼事件和危害其他水生生物，也不宜用作水田和稻田农药，因稻田排水和降雨径流均能发生农药流失而导致对鱼和其他水生生物的危害，其中包括虾、蟹、蛙、水中浮游动物、水蚤、藻类和其他水生生物。

9.1.3.3 农药面源污染的防治

（1）农药使用基本原则

科学用药原则 遵守《农药合理使用准则（一）—（九）》（GB/T 8321.1～3—2000，GB/T 8321.6～7—2000，GB/T 8321.4～5—2006，GB/T 8321.8—2007，GB/T 8321.9—2009）的规定，按照农药产品标签和说明书，在有效防治病、虫、草害的同时，科学合理用药，选择使用高效、低毒、低残留农药，减少使用高毒农药。农药使用量要严格遵照说明书的推荐用量，不可随意增减。通过合理使用和改进农药使用方式、剂型，选择合适的用药时期，控制用药间隔期，减少用药次数、用量及药物残留。

保护环境原则 按照有害生物防治的"预防为主，综合防治"原则，不使用剧毒、残留期长的农药，多用绿色农药。在河网地区地下水位较高、土壤持水量大，宜用非水溶性农药或控释型农药，减少稻田渗漏进入水系。地下水作为饮用水源地区，水源地周围一定区域内禁止使用水溶性强、土壤半衰期较长的农药品种。土壤质地较轻（砂性强），或土壤持水量较大，或降水量较大，或地下水埋深较浅的地区，应少施或不施水溶性强、土壤半衰期较长的农药品种。

保护生态原则 尽量选用生物防治和物理防治、农业防治措施，慎用化学药物，注意生态平衡和生物多样性保护。禁止或限制使用对鸟类危害较大的农药品种，如呋喃丹、涕灭威、灭多威、久效磷、特丁硫磷、二嗪磷、毒死蜱、乙拌磷、甲拌磷、对硫磷等。特别禁止在鸟类自然保护区及其临近地区使用以上品种。需要保护鸟类的地区尽量不用种子包衣剂或颗粒剂。严禁使用毒性较大且降解较慢的农药消毒蚕室、蚕具及蚕病防治。桑园临近田块尽量使用颗粒剂，以减少粉剂或水剂农药随气流飘移对临近桑田的影响。禁止或限制使用对水生生物危害较大的农药品种。如氟氯氰菊酯、氟胺氰菊酯、溴氰菊酯、溴氟菊酯、氟氰戊菊酯、甲氰菊酯、氯氰菊酯、氰戊菊酯、硫丹、三唑锡、林丹、地乐酚、福美锌、敌菌灵等。特别禁止在鱼塘及其临近地区使用以上品种。

(2) 农药环境污染防治措施

● 农药污染地下水的防治措施：①强化农药管理，对于毒性高、淋溶性强的农药，在包装及其说明中应注明其适用地区与禁用地区。②加强水井管理，饮用水井应与农田有一定的安全距离，防止饮用水农药污染。③加强地下水农药污染跟踪检测，及时发现与严格控制易致地下水污染农药品种，确保地下水环境安全。④对水溶解度（Sw）>30mg/kg；或土壤吸附系数（Koc）<300~500（或Kd>5）；或土壤降解半衰期>2~3月；或水解半衰期>180天；或光解半衰期>3天的农药品种，如涕灭威、呋喃丹、特丁硫磷、苯线磷、环嗪酮、咪唑乙烟酸、莠灭净、莠去津、灭草烟、灭草喹酸等，应严格限制在灌水作物（水稻、甘蔗）上的使用。

● 农药污染地表水的防治措施：①对易造成地表水污染的农药品种，根据农药在水体中的持留性，分别采取不同的限制使用措施，见表9-3。

表9-3 地表水农药污染防治措施

持留性等级	限制性措施
非持留性农药（残留时间3~5d）	按一般使用即可
弱持留性农药（残留时间6~10d）	在集水地区限制使用，并规定最大的农药用量和使用次数
持留性农约（残留时间11~30d）	在地表水网稠密地区禁止使用，在土壤受水侵蚀条件下，规定水域卫生保护带等
很稳定性农药（残留时间>30d）	在集水区和地表水网地区禁止使用，禁止在生活用水及渔业水域直接使用

②根据土壤特性选择农药品种。在渗水性强的砂土或砂壤土地区稻田，减少使用水溶性农药，选用脂溶性或控释性剂型，保持农药药效的同时防止农药渗漏进入水域；或将渗水田改种旱作物。

③科学用药，优化用药品种，选用控释剂型。河网地区地下水位较高，土壤持水量大，应使用非水溶性农药或控释剂型以减少稻田渗漏。优化灌水频繁作物（水稻、甘蔗等）的用药品种结构，减少水溶性农药或选用控释剂型并控制用药量。避免雨前用药，或筑高田埂，减少农药径流流失。

④合理灌溉与排水。因地制宜实施节水灌溉措施，如采取定额灌水、湿润灌溉、勤灌浅灌、前水后干等，减少田间水层、存水时间和排水量。当田水较丰时，在施药前先行排出过量的水；施药后需要排水时，则力求施药后3天内不排水，减少含药浓度较高的田水排入水体。

● 防止污染土壤的技术措施

一是合理用药。根据土壤类型、作物特征和生长状况、生态环境及气象特点，合理选择农药品种，减少农药在土壤中的残留。

二是节制用药。结合病虫草害发生情况，科学控制农药使用量，使用频率，使用周期。

三是改变农田生物多样性，完善复种轮作制度，提高土壤自净能力。利用不同生态特性，特别是对病虫害相生相克作用的不同作物或品种实现有害生物生态控制，采取多施用有机肥料等农业措施，提高土壤对农药的环境容量。鼓励使用生物有机肥特别是接种有效降解

农业污染与农产品质量安全

菌微生物肥,加速土壤中杀虫剂和除草剂的降解速度。采用轮作特别是水旱轮作、深耕暴晒或露冬晒白的耕作措施。

四是采取生物药污染技术,如采用南方稻区冬种黑麦草,既可获得饲料和绿肥,又可利用黑麦草及其微生物强化修复稻田除草剂残留污染。又如,施用具有农药降解功能的微生物菌剂,科学利用生物技术,加快农药安全降解。

● 实施良好农业规范,推行农药减量增效使用技术。

鼓励施药器械,施药技术的研发与应用,提高农药施用效率,鼓励农业技术推广服务机构开展统防统治行动,鼓励专业人员指导农民科学用药。加强农药使用区域的环境监测,及时掌握农药使用后的环境风险。加强宣传教育和科普推广,提高公众对不合理使用农药所产生危害的认识。

● 加强农药废弃物的管理措施。

据联合国世界卫生组织统计,世界每年约22万人死于农药污染事件。防止废弃农药和包装污染问题刻不容缓。我国是农业大国,每年都要生产和消耗大量农药,我国目前废弃农药的总量大约有4 000~6 000t。这些废弃农药经过日晒雨淋,或自然挥发,或随雨水冲刷渗入地下,污染大气、水质与土壤,直接危害人体健康,或通过食物链的逐级累积传递,最终威胁到人们的身体健康。

要按照法律、法规的有关规定,加强农药废弃物的管理,防止农药废弃物流失、渗漏、扬散或者其他任何方式的污染。农药废弃物不应擅自倾倒,堆放。要加强对农药废弃物的容器和包装物的收集和储存。

在以个体经营为主的我国广大农村,由于缺乏健全的回收处理机制和渠道,许多农民习惯于将使用完的农药瓶或袋子随手丢弃在田边、池塘、河沟,废弃农药和包装物得不到回收处理。农药药液配制点的遗弃药瓶和其他包装物,降雨后会产生径流污染,施药工具的随意清洗也会造成水质污染。农药废弃物处理的基本原则可参照我国相关法律法规,如国家《农药管理条例》等。

农药生产企业应在农药使用说明中,注明随便丢弃农药包装的危害性和简易有效的处理办法,提醒农药使用者不要随意丢弃农药包装。同时要加大农药安全使用与防护知识的宣传力度,切实提高广大农民群众使用农药的水平与安全防范能力。

我国一些地区根据实际情况,设立农药包装专门回收站,指定有关人员统一回收农民使用过的农药包装,彻底解决了农药包装被随便丢弃的问题。例如,湖北等地根据国家《农药安全使用规定》,在加强行业管理的基础上,结合当地实际情况,设立农药废弃物回收箱,将装过农药的空箱、瓶、袋等集中处理,改善了当地生态环境。

目前,国际上普遍采用高温焚烧和水泥生产过程中的协同处理技术处置农药废弃物。欧盟国家超过70%的农药废弃物是采用水泥窑协同处理技术进行处置。

9.1.4 农膜污染

20世纪80年代以来,塑料薄膜、遮阳网、防虫网等现代农用覆盖材料,穴盘、苗盘、水稻育秧钵体软盘等育苗容器,以及塑料节水灌溉器材,在我国农业生产上的应用越来越广泛。我国的棚膜覆盖栽培技术是从20世纪50年代后期开始应用的。起初是塑料小拱棚,1969年出现塑料大棚，80年代棚膜开始大面积取代玻璃用作温室透明覆盖材料。据不完全统计，1985—1986年度，全国设施园艺面积为$618×10^4 hm^2$，1995—1996年度达到$69\,191×10^4 hm^2$，1999—2000年度已达$160×10^4 hm^2$，目前全国各种棚膜的年使用量$140×10^4 t$，年需求量$70×10^4 t$左右。近20年来，我国的农膜用量和覆盖面积已居世界首位。大棚设施农业和地膜栽培的普及，使农膜污染不断加剧。我国科技人员从20世纪60年代后期开始利用废旧棚膜进行地面覆盖试验，并取得了较好的增温、保墒和早熟效果。但是，由于当时没有专用的地面覆盖材料，无法大面积推广。1979年，我国正式从日本引进专用地膜的生产工艺和覆盖栽培技术，目前已推广到$1\,000×10^4 hm^2$，地膜的年需求量已达$50×10^4 t$。地膜最初的厚度为$15\mu m$，目前已减薄到$5\sim 8\mu m$，覆盖成本很低，但给人工清除废旧地膜带来很大困难。

目前，我国塑料消费量已突破$3\,000×10^4 t$，同时石油的供应压力也越来越大。如何合理回收废弃塑料，同时大力推广生物降解塑料制品，已成为塑料行业不得不面对的一个严峻问题。废旧塑料还原成颗粒后，只是改变了外观形状，并没有改变其化学特性，质量方面与原材料相比，再生颗粒依然具有良好的综合材料性能，可满足吹塑、拉丝、拉管、注塑、挤出型材等技术要求，能够大量应用于塑料制品的生产。我国每年大约有$1\,400×10^4 t$废旧塑料没有回收利用，回收利用率只有25%，直接资源浪费高达280亿元。再生的塑料颗粒还可以使得相关企业大幅降低原料成本，增加利润。

9.1.4.1 废塑料制品的化学特性及其对污染的影响

农用塑料薄膜主要有用作地膜的聚乙烯膜和用于温室或塑料大棚的聚氯乙烯膜，在自然条件下极难降解，在土壤中可存在200～400年。目前，我国的农用地膜的残留量相当大，每年残存于土壤中的农膜占总量的10%以上。据农业部组织的塑料地膜残留污染调查表明，污染较严重的地区有上海、北京、天津、新疆、黑龙江和湖北等地，农田土壤中的残留塑料地膜在$90\sim 135 kg/hm^2$，最严重者高达$270 kg/hm^2$。

(1) 塑料薄膜的化学组成、毒性及微生物降解性

塑料薄膜的化学成分大多是烯烃类的高分子（相对分子质量$10^4\sim 10^6$）聚合物，除塑料本体组分外，尚含抗氧化剂、紫外稳定剂、阻燃剂和增塑剂等多种添加剂，其中增塑剂含量及比例仅次于塑料本身。尽管塑料聚合物自身不表现出生物毒性，但其中的增塑剂特别是其中含有的邻苯二甲酸酯类化合物（PAEs）等常见的有机污染物对生物有严重危害，还少量存在于香料、涂料、化妆品、油漆等化工生产中，因此也是环境中常见的环境激素类有机污染物。

塑料薄膜的光解特性和微生物降解性能对其环境行为和生态毒理起决定性作用。烯烃类塑料薄膜高聚分子和PAEs增塑剂分子仅以氢键和范德华引力联结而成，彼此保留各自独立的化学性质，加之环境中仍有不依附于塑料本体而存在的PAEs。因此，其在环境中的存在、表现性质和微生物对其降解性能均是不同的。

(2) 农田残膜的污染影响

塑料农膜在环境中不易分解，特别是埋在土壤中缺乏光降解作用的残膜，有的留在土壤中100年也不会烂掉。而且塑料农膜厚度过薄，难以清除或使用后未能及时加以清除等，特别是一些地区因劳动力紧张，在植物收获后不注意回收，导致残留地膜在土壤中积累。随着地膜的积累，对农业环境会造成长久的危害，从而成为"白色污染"。农田残膜的影响主要

有下列几方面：

第一，影响土壤结构和土壤养分的转化和迁移，影响正常灌溉，对于作物种子萌芽和种子幼苗生长有抑制作用。

第二，影响土壤的物理化学性状，影响农田机械耕作。聚烯烃类薄膜在土壤中具有抗机械破碎性强，气、热和肥等肥力因素的功能发挥，导水性能变差，物理性能变差，养分运输困难等；

第三，耕性变差，大量的农膜残留在土壤中不利于土壤的耕翻。

第四，不利于作物根系的伸展，影响作物生长。残膜在耕地中形成了阻隔层，影响作物的生长发育和对水肥的吸收，影响农作物根系的伸展，容易造成作物倒伏、死苗、弱苗和减产。

第五，膜残片容易随作物秸秆进入饲料或进入水体，可造成农畜或鱼类等误食农膜残片而受伤害甚至死亡；

第六，影响水生生态环境。部分残膜会随着地表径流或随风飘移进入水体，对水生生态系统产生污染和影响。

第七，增塑剂等对水体的污染影响。邻苯二甲酸酯类物质（PAEs）主要用作增塑剂，增大产品的可塑性和提高产品的强度。随时间的推移，PAEs 可由塑料中迁移到外环境，造成对空气、水和土壤的污染。过去一直认为 PAEs 的毒性低，因而毫无限制地生产。但近年来的研究结果表明多种 PAEs 具有一般毒性和特殊毒性。有研究表明，环境中微量 PAEs 可产生多种扰乱动物内分泌的生化和整体效应，于是将多种 PAEs 归入内分泌扰乱化学品中的环境雌激素，美国和我国等均将 PAEs 确定为环境优先控制污染物。

9.1.4.2 农用薄膜污染控制技术

中华人民共和国环境保护部颁布的《农业固体废物污染控制技术导则》（HJ 588—2010），从农用薄膜的选用、污染控制技术措施和污染控制管理措施等方面对农用薄膜污染控制提出了要求。

(1) 农用薄膜选用

农用薄膜选用应该根据安全性、经济性、适用性的原则，提倡选用厚度不小于 0.008mm、耐老化、低毒性或无毒性、可降解的树脂农膜，增加农膜使用寿命和减少农膜用量，并大力支持研发、生产和推广应用天然纤维制品或其他可降解的绿色（生态）薄膜替代塑料农膜。

(2) 优化覆膜技术及其相应的栽培管理技术措施

如选用适宜的覆膜栽培种植方式，推广侧膜覆盖技术和适时揭膜技术，提高回收利用率。

(3) 农用薄膜重复使用技术

在手工收集基础上，合理采用清膜机械收膜。收集得到的废农用塑料薄膜中残留污物较多，经晾晒并反复翻抖后，再清洗晾晒，可以重复使用。先晾晒抖土后，再进行清洗，可以节约用水量。可以实现资源的重复利用，减少废物量。

(4) 再生造粒技术

再生造粒是废旧农膜再利用中最经济和最方便的方法，产品需求量大，是适合中国国情的最主要的农膜回收技术。利用废旧塑料熔融造粒，可以缓解塑料原料供需矛盾。适用于我国的广大农村地区地膜和棚膜的回收利用，尤其是有工业基础的农村地区。废旧农膜再生造粒可采用两种工艺：湿法造粒工艺和干法造粒工艺。前者是对收集到的废旧农膜，首先进行破碎与清洗，之后进行农膜脱水处理，最后送入熔融装置，获取二次母粒。其中破碎和清洗是湿法工艺中两个关键的环节。而干法造粒工艺是对收集到的废旧农膜，首先进行破碎，之后进行分离除杂处理，最后送入熔融装置，获取二次母粒。分离方法有手工分离、磁力分离、静电分离、风筛分离、重力分离和温差分离等。

（5）直接塑化再生技术

直接塑化再生技术不消耗水，没有废水产生，大部分是物理化学过程，几乎没有二次污染，适于我国农村中缺水地区地膜和 PE 类棚膜的回收利用。对收集到的废旧农膜，依次进行晾晒抖土、热挤拉条、破碎加色、塑化分坯等处理，最后送入模具中制作盆、桶等塑料用具。各处理阶段的技术要求分别为：

晾晒抖土：被回收的废农膜，经晾晒反复翻抖，使泥土、水分减少到 30% 以下，并尽可能地除去一切杂物。

热挤拉条：将经过晒选的废农膜放入挤出机中，加热塑化（180～220℃），从孔径为 0.5cm 的一组出口中强行挤出长条，并置于盛满清水的水箱中冷却硬化，即成再生料条。

破碎加色：用破碎机将料条打碎，即成塑料再生颗粒。因料条中含有 20%～40% 的泥土，在塑化挤出时部分聚乙烯分子被碳化，故再生塑料色泽灰黑，进行加工必须加色。一般压制做桶、罐类加钛红或碳黑，制硬塑料管类加蓝灰。

塑化分坯：将混合色料的颗粒料加入出糊机中，加热糅合挤出糊状大条，称重分坯。趁热送入模具中。

模压成型：制作硬塑料管用出管机，制作盆、桶等，可采用压力为 300t 以上的油压机。

（6）燃料资源化技术

各类农用薄膜均可直接焚烧，产生蒸汽等热能资源，可用于供热或发电。废旧农膜的生热值与相同种类的燃料油相当，产生的热量可观。采用燃烧法回收热能时，应采取有效措施防止塑料燃烧后产生二噁英类致癌物质污染大气环境。

（7）集中填埋技术

废旧农膜无法再利用时，应该集中填埋，填埋是处理废旧农膜的最后方法，但是由于其所需成本最低，这仍将是一些地方进行废物处理的一种可选方案。适用于土地资源丰富，尤其是山地、凹地较多的地区。和生活垃圾一起填埋，做好防渗处理。处理成本较低；处理技术相对简单，利于推广普及；无须对垃圾进行预处理。短时期内虽然无害，但最终会因积累过多而严重妨碍水的渗透和地下水的流通等。

（8）加强农膜固体废物污染控制管理

从绿色覆膜产品研发与政策扶持、公众教育、农膜使用技术培训与推广、农膜回收与再生等生命周期的各个环节，建立农膜固体废物污染控制管理的系统工程。特别是建立废膜回收制度，针对废旧的农膜要进行及时回收，回收后的废膜应进行统一收购和处理，努力做到废旧农膜的二次利用。同时从价格和经营体制上优化和改善对废塑料制品的回收与管理，以利于废塑料的循环利用。

9.1.5 秸秆的资源化

9.1.5.1 农作物秸秆资源

据联合国环境规划署（UNEP）报道，世界上种植的各种谷物每年可提供秸秆 $17\times 10^8 t$，其中大部分未加工利用。我国的各类农作物秸秆资源十分丰富，总产量达 $7\times 10^8 t$，其中稻草 $2.3\times 10^8 t$，玉米 $2.2\times 10^8 t$，豆类和秋杂粮作物秸秆 $1.0\times 10^8 t$，花生和薯类藤蔓、甜菜叶等 $1.0\times 10^8 t$。一般情况下，作物秸秆中碳占绝大部分，主要粮食作物水稻、小麦、玉米等秸秆的含碳量约占40%以上，其次为钾、硅、氮、钙、镁、磷、硫等元素。秸秆是以有机成分以纤维素、半纤维素为主，其次为木质素、蛋白质、氨基酸、树脂、单宁等。我国是一个农业大国，随着农业的发展，副产品的数量也不断增加，如农作物秸秆、藤蔓、皮壳、饼粕、酒糟、甜菜渣、蔗渣、废糖蜜、食品工业下脚料、禽畜制品下脚料、蔗叶及各种树叶、锯末、木屑等数量极大。据统计，我国2005年，主要农作物产量约为 $5.1\times 10^8 t$，按草谷比计算秸秆产量约 $6\times 10^8 t$，除用于肥料、饲料、基料以及造纸等工业原料外，约有 $3\times 10^8 t$ 农作物秸秆可作为能源使用，2011年我国粮食作物总产量 $5.7\times 10^8 t$，农作物秸秆产量约为 $7\times 10^8 t$。因此，把数量巨大的农业废弃物（特别是农作物秸秆）加以充分开发利用，变废为宝，不仅可以产生巨大的经济效益，还会收到重要的环境效益和社会效益。

秸秆就其物质属性来说，是属于很好的可利用物质，从古至今，被广泛利用，可归纳为"五料"，即燃料、饲料、肥料、基料、原材料。

(1) 用作燃料

这是秸秆的主要用途。目前，就全国来说，秸秆仍然主要直接用作燃料，占全国秸秆产量的50%以上，秸秆作燃料，仍然以直接燃烧为主，烟熏火燎，不卫生，能源利用率仅为13%。近几年出现了秸秆能源新技术，包括秸秆气化制气、秸秆压块成型制炭、生活燃料等形式。秸秆气化技术，通过对秸秆不完全燃烧或干馏，获得可燃气作燃料。也有将秸秆通过生物发酵产生沼气作燃料。这些生物质能转化技术可提高能源利用率2～4倍，但应用还不普遍。秸秆气化可以改善农村的能源结构，减轻因秸秆随意焚烧造成的环境污染，是一项生态节能型的工程。另外，利用秸秆生产沼气可产生无毒无味高热值可再生的能源气体，每 $1m^3$ 沼气相当于 $0.5kg$ 石油液化气。

(2) 秸秆做饲料

以秸秆为主要成分的粗饲料在草食家畜日粮中占很大比例，随着人民生活水平的提高，动物性食品的需求量不断增加，畜牧业的迅猛发展，农作物秸秆加工饲料的应用前景将更广阔。

我国年产秸秆 $6\times 10^8 \sim 7\times 10^8 t$，折合鲜重达 $18\times 10^8 \sim 21\times 10^8 t$，按照"十分之一"法则，可以支撑的动物鲜重达 $1.8\times 10^8 \sim 2.1\times 10^8 t$；再按照40%的保守屠宰率计算，则可收获的牛羊肉 $0.72\times 10^8 \sim 0.84\times 10^8 t$；再按照"5kg粮 1kg肉"比率估算，则相当于从秸秆中收获了 $3.6\times 10^8 \sim 4.2\times 10^8 t$ 粮食，等于全国的粮食产量翻番。

(3) 制造有机肥

如果将废弃的秸秆资源有效利用，那么牛羊这些流动的"肥料厂"所"制造"的有机肥量是巨大的。取肉牛和奶牛之间的粪便平均值（鲜重）25kg/(头·d)计算，如利用全国50%的秸秆可以支撑 3.6~4.2 亿头，全国可增加牛粪 32.8×10^8~38.3×10^8 t。这些肥料均为有机肥，约含有 567×10^4~662×10^4 t 纯氮（取 10kg 鲜粪 1kg 干重保守数字计算），折合 2835×10^4~3310×10^4 t 硫酸铵，接近全国化肥的需求量（3390×10^4 t）。且大量使用有机肥对土壤不会形成破坏，也不会造成环境污染。根据山东农业大学实验，如果土壤有机质由目前的 1% 提高到 5% 的话，即使减少一半的化肥用量，玉米产量也高于施常规化肥的产量。

目前我国人均粮食占有量不足 400kg，难于拿出更多的粮食满足畜牧业发展的需要。必须扩大饲料来源，开发新的饲料资源，提高饲料质量和饲料效率。一些植物残体（纤维性废弃物）往往因营养价值低，不能直接用作饲料，但如果将它们进行适当处理，即可大大提高其营养价值和可消化性。具体处理方法一般有微生物处理和饲料化加工两类。

(4) 用作养殖基料

目前主要用于养植食用菌，也有用于蚯蚓养殖和无土栽培的基床，目前基料所消耗的秸秆量微乎其微。

(5) 秸秆做原材料

主要用于造纸。还有少量用于制帘栅、餐盒、包装板、隔音板、保温材料、人造炭、活性炭等；用作化工原料就更少了，做原材料所消耗的秸秆量仅占全国产生量 3% 左右。秸秆较多地应用于造纸和编织行业，食用菌生产等，近年又兴起了秸秆制炭技术，纸质地膜，纤维密度板等。利用农作物秸秆等纤维素废料为原料，采取生物技术的手段发酵生产乙酸、糠醛、苯酚、燃料油气、单细胞蛋白、工业酶制剂、纤维素酶制剂等，在日、美等发达国家已有深入研究和一定生产规模（秦光蔚 等，2001）。

9.1.5.2 秸秆利用中存在问题

近年来，由于劳动力短缺和耕作制度变化等多种原因，如何"消化"农作物秸秆已成为令农民和农业管理部门"头痛"的问题。农作物秸秆的随意弃置，乱堆乱弃不仅污染了水体，而且影响着村容镇貌；或在田间地头随意焚烧秸秆等，也严重污染了环境。秸秆利用中存在的主要问题：

(1) 土壤有机质降低与秸秆废弃的矛盾

我国大量的农作物秸秆资源焚烧，未能归还土壤或进行开发利用，造成养分损失。由于过多地施用化肥尤其是化学氮肥，造成了土壤板结，地力下降，并导致农作物病虫害增多，作物产量和品质下降等。

(2) 秸秆还田等阻力较大

秸秆降解是一个复杂的过程，涉及的问题很多。首先，农作物秸秆主要由纤维素、半纤维、木质素三大部分组成，均难被微生物所分解，所以秸秆在土壤中被微生物分解转化周期较长。其次，秸秆还田数量、土壤水分、粉碎程度等也影响到秸秆还田的数量和效果，第三，还田后，使害虫呈增多趋势。第四，由于秸秆含氮量低 C/N 值一般在 (60~100)/1，而分解秸秆时自然需要吸收一定的氮素，直接还田时需添加一定的氮、磷、钾肥料，加速有机质分解和避免发生微生物与农作物争氮影响苗期生长。

(3) 露天燃烧秸秆严重污染

农村露天燃烧秸秆的行为禁而不止，农村地区每年收获季节，都会有大量的秸秆堆放在田间地头、路边树旁，除了一部分作饲料或燃料运回家，其余大部分秸秆采用就地集中焚烧的办法处理。秸秆燃烧产生浓烟，污染大气环境，危害人民群众的身体健康；浓烟也会影响农田附近的机场、公路、铁路的正常交通运输，同时也是产生森林火灾的隐患。

（4）秸秆资源的开发利用率低

稻草、麦秸等这类纤维素副产品少量用于编织、造纸、沤肥或秸秆还田，相当大的部分没有被利用。据不完全统计，世界上被利用的秸秆不足2%，我国目前的秸秆利用率为33%，其中大部分未加处理，经过技术处理利用的仅占2.6%。综合利用的潜力很大。

9.1.5.3 作物秸秆利用技术

（1）秸秆热解气化工程技术

该技术是将玉米秸、玉米蕊、棉柴、麦秸等干秸秆粉碎后作为原料，经过气化设备（气化炉）热解、氧化和还原反应转换成可燃气体，经净化、除尘、冷却、储存加压，再通过输配系统送往一家一户，用作燃料或生产动力。秸秆气化的过程是秸秆在气化炉进行不完全燃烧，实际上是缺氧的状态下加热反应的过程，其中的碳、氢元素就会变成含一氧化碳、氢气、甲烷等可燃气，秸秆中所含有的能量也就转移到可燃气里，秸秆气像天然气一样，燃烧后无尘无烟无污染，在广大农村这种燃气更具有优势。目前在北方广大农村正在大力推广。

（2）秸秆还田养地技术

稻草、麦草、玉米秆、油菜秆、菜籽壳等是一种优质的有机肥资源，秸秆直接还田或腐熟或过腹还田，均具有培肥改良土壤和促进作物增产增收的良好效果。还田可补充和更新土壤有机质，归还土壤部分养分，保持土壤水分和改善土壤物理性状，是一项集节水农业、有机农业、覆盖农业和生态农业于一体的综合性实用农业新技术。据资料显示，每公顷地还田3 000kg干稻草相当于90kg标准氮肥、30kg过磷酸钙和120kg钾肥，增产率10%以上，中低产田效果尤其显著。直接还田可谓"当年增产，常年改土，灾年保苗，切实可行，简便有效"（周波，2003）。秸秆还田的方式包括秸秆高留桩还田、秸秆翻压还田、秸秆覆盖还田等。

（3）秸秆作为食用菌栽培基质技术

秸秆中的有机成分以纤维素、半纤维素为主，其次为木质素、蛋白质、氨基酸、树酯、单宁等，可作为食用菌培养基的主要成分。食用菌可以分解纤维素、半纤维素和木质素并合成为自身的植物蛋白和氨基酸。栽培过食用菌的残余物即菌糠含有更多的粗蛋白，具有清香味，适口性好，可用作饲料，也是优良的有机肥。

（4）作物秸秆的饲料转化技术

农作物秸秆也是牲畜的主要饲料之一。如玉米秸秆含有30%以上的碳水化合物、2%~4%的蛋白质和0.5%~1%的脂肪，2kg的玉米秸秆增重净能相当于1kg的玉米子粒。稻秆特别是经氨化处理后是牲畜的优质"干粮"。

秸秆作为饲料除了直接饲喂外，还有多种加工方法，以提高秸秆的饲料价值，如青贮、黄化、氨化及糖化等，利用窖、池或塑料袋等，都可以实现集中规模化加工。现在利用专门的机械设备或秸秆饲料生产线，把秸秆加工成颗粒或块状干饲料，秸秆加工熟化后，具有熟香味，提高采食率。将秸秆转化为饲料的技术有很多，如物理法（粉碎等）、化学法（碱化、氨化）、生物法（青贮、酶发酵）等，运用这些技术可以显著提高秸秆的营养价值和适口性、消化率。目前适宜我国广泛推广的主要是青贮和氨化法。氨化处理技术现多采用简便的堆垛式，即用液氨或尿素、碳铵的水溶液（用量液氨占秸秆干重的3%左右，尿素占3%~5%，碳铵占8%~10%），保持秸秆含水量20%~50%，经1~8周，可使粗蛋白含量增加1~1.5倍，消化率提高20%以上。青贮有壕贮、窖贮、塔贮等形式，青绿秸秆经切碎、压紧、密封，30~45d后使用可减少营养损失20%以上，尤其能保持蛋白质和纤维素。如玉米秸秆的青贮加工有塑料袋青贮和窖式青贮两种，即将腊熟期玉米通过青贮收获机械一次性完成摘穗、秸秆切碎、收集，或人工收获后将青玉米秸秆铡碎至1~2cm长，使其含水量一般为67%~75%，即刻装入塑料袋或窖中，压实排除空气后密封保存，40~50d即可饲喂。青贮技术的关键程序是适时收割、切碎和填装并排出窖内空气、压实密封，以及掌握适宜的水分含量为乳酸菌繁殖提供良好条件。青贮专用玉米可采用全株青贮，方法类同，其干物质的营养价值比使用单纯玉米秸秆青贮高出3倍左右，且适口性更好，消化率高达73%以上，特别适喂草食家畜。青贮对纤维素的消化性影响甚微，现人们正试图寻找某些纤维分解菌以提高青贮饲料的消化率。

此外，近年来发明的制作膨化饲料的热喷技术和复合化学处理后的秸秆压块饲料新技术，可使各种植物秸秆由低粗饲料变成色、香、味俱佳、营养价值高的优质饲料。沂蒙山区的平邑县试验证明，热喷麦糠饲喂奶牛可完全代替青干草，每头牛年降低饲料成本256元，产奶量提高1.1%。还有秸秆熟化商品化颗粒饲料技术，主要是在秸秆晒干后，应用秸秆粉碎机粉碎秸秆，加入其他添加剂后拌匀，倒入颗粒饲料机料斗后，由磨板与压轮挤压加工成颗粒饲料。由于在加工过程中摩擦加温，秸秆内部熟化程度深透，加工的饲料颗粒表面光洁，硬度适中，大小一致，其粒体直径可以根据需要调整加工规格。应用颗粒饲料加工成套设备，可以自动循序完成秸秆粉碎、提升、搅拌和进料功能，并随时添加各种有效添加剂，全封闭生产，生产效率高。目前中小规模的秸秆颗粒饲料加工企业都采用这种技术。还有适合大规模饲料生产企业的秸秆精饲料成套加工生产技术，自动化控制水平更高。秸秆水解生产酵母饲料是近年来秸秆饲料化的又一新技术。

（5）秸秆的工业化利用技术

秸秆的工业化利用也有多种途径，如造纸、造板；加工汽车内装饰件、植物地膜；生产餐饮具、包装材料、育苗钵等绿色环保型产品；做建材等；秸秆还可制酒精、淀粉等，玉米棒皮还是编织品的主要原料，当前最有发展前景的是生产纤维板材制品技术。后者主要以玉米秸、麦秸、棉花秆等各种秸秆为原材料，综合物理、化学、电气、机械、液压等加工技术原理，利用高压模压机械设备，经辗磨处理后的秸秆纤维与树脂混合物在金属模具中加压成型，制成各种高质量的低密度、中密度和高密度的纤维板材制品，再在其表面进行加压和化学处理，可用于制作装饰板材和一次成型家具。秸秆板材制品具有强度高、耐腐蚀、防火阻燃、不变形、不开裂、美观大方及价格低廉等特点。秸秆板材的开发，对于缓解木材供应量不足和供求趋紧的矛盾、节约森林资源、发展人造板产业具有十分重要的意义。利用作物秸秆生产中密度纤维板质量达到《麦（稻）秸秆刨花板》（GB/T 21723—2008）。

9.1.6 农田面源污染的防控

化肥农药等农用化学品滥用带来的副作用和潜在危机，已经逐渐为世人认识，无论是中国还是国际上的无公害食品、绿色食品、有机食品、生态农业等，都要求减少对工业化学品的依赖和对环境造成的污染和生态破坏,这也是现代农业面临的最大难题。充分研发和推广应用精确农业等现代农业科技和高效防污治污的环境科学技术,是农田面源污染防控今后发展的主要方向。同时,中国历史上长期以来在没有现代农用工业的支撑下,能够在较少甚至不用化肥、农药等化学品的情况下维持土壤对植物营养的供应,控制有害生物的危害,这便是精耕细作传统农业循环经济的精华所在。中国农业是世界农业文明的发祥地之一,在几千年漫长的时间里,农业一直在扩展和延续,并在长期传统农业实践过程中形成了一系列适应复杂的相互关系,提高资源利用效率,与自然能够长期协调的农业生物品种、农业技术和农业生态系统模式。这些传统农业产生的哲理和成果备受国内外众多学者的推崇,也与现代生态农业理论在不少方面有共同点,不依赖化肥农药是传统农业的基础,也应该是今后农业可持续发展要继承和发扬的传统,将之与现代农业进行有机结合,应该是未来农业的基本特征和方向(图9-4)。

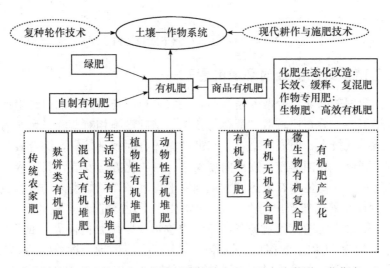

图9-4 传统农业对现代生态农业肥料选择的启示(引自骆世明、黎华寿,2002)

农田面源污染的防控是一个复杂的系统工程,其核心是农用化学品的减量化和农田资源的循环利用。现以"十一五"国家科技支撑计划《农田循环高效生产模式关键技术研究与集成示范》项目为例,介绍其通过循环经济"3R"(Recycle、Reduce、Reuse)指导思想和原则实现农业经济高效和农业面源污染防控的思路和做法。该项目在2008—2010年期间,围绕发展循环农业技术需求,以农田生产系统为基础,重点进行农田复合生物共生循环模式、农田秸秆资源直接还田模式、秸秆农牧链循环生产模式以及农田菌业循环产业模式的技术集成研究与示范,在基于物质循环的肥料减量化技术、基于有害生物防控的农药减量化技术、基于节能节劳的循环生产机械化技术以及解决农田循环生产中的污染物控制技术等循环过程急需的接口型关键技术上获得突破,优化农田生态系统生物结构,促进农田生产的物质和能量的多级循环利用,提高种植业整体经济效益,有效控制和消解农田有害物质的发生,最大程度地减轻农田环境污染,初步建立了中国特色的"农田资源-产品-废弃物-再利用"的农田循环生产技术体系(图9-5)和区域典型模式,为推动我国现代循环农业的发展提供了技术支撑。

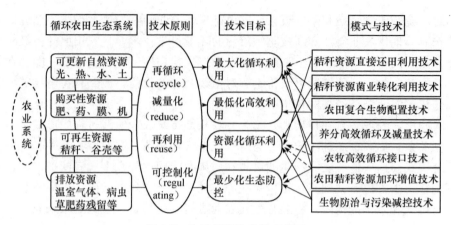

图 9-5 农田循环生产技术体系

9.2 集约化养殖污染

9.2.1 养殖模式的变迁对环境的影响

长期以来，我国养殖业以分散养殖为主，一家一户小规模散养的传统生产方式，规模不等、品种、饲料不齐、分布比较散、资金与技术、基础设施相对薄弱、生产力水平低，饲养点常与民宅混杂、低投入，但农牧结合生态良性循环方面表现较好，综合效益较佳。近三十年来，随着改革开放，我国养殖业逐渐向规模化、集约化方向发展，我国人均肉类占有量已经超过世界平均水平，禽蛋占有量达到发达国家平均水平，但奶类人均占有量仅为世界平均水平的 1/13，规模化养殖业产出的肉、蛋、奶的比重已占全国总产量的 17%、54% 和 31% 左右，但随之却带来了集约化养殖场畜禽粪便排放量急剧增长的问题。据 2009 年的不完全统计，全国饲养 1 000 头以上的猪场、饲养 100 头以上的牛场、饲养 10 万只以上的鸡场共计近 15 000 家，这些养殖场每年排放畜禽粪便超过 17×10^8 t，有机物排放量约 700×10^4 t，比全国工业废水有机物排放高 100×10^4 t；若加上冲洗水，估计每年实际排放污水总量超过 200×10^8 t，相当于全国工业和城镇生活污水排放量总和的一半多。规模化养殖导致许多大中城市的近郊或城乡结合部的畜禽粪便环境污染问题；同时，在人为控制的逆境下以高生产性能和高饲料回报率生产出的畜禽产品风味下降、饲料添加剂的滥用带来的药物残留等，也成了制约养殖业发展和区域生态环境保护的焦点和难点，从而导致了规模化养殖场向山区转移，和发展标准化养殖小区和推广生态养殖模式等的探讨和实践。

以我国畜牧业的主导产业养猪业发展为例，有人认为传统的千家万户养猪模式生产效率低，先进的科学技术难以普及应用，形不成规模，难以管理，不能适应市场经济的需要，从而主张我国养猪业最终还应走全盘规模化的道路。也有另一种观点认为："千家万户的养猪业不能丢"，因为这种养种模式虽然生产效率低，但是，可以充分利用农村过剩的劳力以及构不成商品的农家饲料资源，既增肉、又增收，是构成我国农区养殖业的主体，畜禽粪肥可以通过农田自然消化，既可节约化肥用量，降低农业生产成本，又可维护土壤肥力，保证生态农业的可持续发展。养殖业的发展应该在传统的农牧结合型生态农业上寻求出路。当前养殖业中出现的排污治理问题应着眼于农牧结合的生态农业，使之良性循环，回归自然。发展

农业污染与农产品质量安全

高密度、高能耗、集中排污、饲养规模无限扩大的舍饲畜牧业不一定适合我国，特别是广大农区，今后的发展应是生产（饲养）方式多样化的畜牧生态产业，加快环保配方和环境友好型添加剂研发，尤其是注意区域环境容量特别是养分平衡措施，进行合理布局规划，发展以大户、小区、养殖场为重点的规模化、集约化经营，走产销一体化的路子。

9.2.2 集约化养殖的污染源分析

9.2.2.1 畜禽养殖业的污染

集约化养殖场近80%集中分布在大中城市周围，大量排放的污水经过长时间的积累在各大城市周边地带形成了庞大的污染源。由于有机物含量多、浓度高、含有大量的悬浮物和病菌，因此造成了非常严重的环境污染，在不少地区已成为城镇周边地带和人口稠密地区的主要污染源，部分地方已经严重影响到畜禽养殖业自身发展和当地人民群众的生活。

根据对国内同类地区畜禽养殖污染物产生量的类比调查，各种畜禽粪、尿及污水的产生系数详见表9-4和表9-5。

畜禽养殖场废水中的污染物浓度因畜种、饲养管理水平、气候、季节等情况会有很大差异，不同统计资料提供的数值不尽相同，一般情况下的废水水质可参考表（9-6）。

表9-4　畜禽养殖业污染物产生系数　　　　单位：kg/[年·头（只、羽）]

畜禽种类	粪产生量	尿产生量	污水产生量
猪	390	870	4 000
奶牛	9 000	2 100	12 000
蛋鸡	45	—	360
肉鸡	30	—	90
鸭	45	—	360
鹅	90	—	450

表9-5　畜禽粪尿污染物平均含量　　　　单位：kg/t（鲜粪尿）

粪尿类别	COD_{Cr}	BOD_5	$NH_3\text{-}N$	TP	TN
牛粪	31.0	24.53	1.71	1.18	4.37
牛尿	6.0	4.0	3.47	0.40	8.0
猪粪	52.0	37.03	3.08	3.41	5.88
猪尿	9.0	5.0	1.43	0.52	3.3
鸡粪尿	45.0	47.87	4.78	5.37	9.84
鸭、鹅粪尿	46.0	30.0	0.80	6.20	11.0

表9-6　畜禽养殖场废水中的污染物浓度和pH值

养殖种类	清粪方式	COD_{Cr}	$NH_3\text{-}N$	TN	TP	pH值
猪	水冲粪	$1.56 \times 10^3 \sim 4.68 \times 10^3$	$1.27 \times 10^2 \sim 1.78 \times 10^3$	$1.40 \times 10^2 \sim 1.97 \times 10^3$	$3.21 \times 10 \sim 2.93 \times 10^2$	6.3～7.5
	干清粪	$2.51 \times 10^3 \sim 2.77 \times 10^3$	$2.34 \times 10^2 \sim 2.88 \times 10^3$	$3.17 \times 10^2 \sim 4.23 \times 10^3$	$3.47 \times 10 \sim 5.24 \times 10$	

(续)

养殖种类	清粪方式	COD_{Cr}	NH_3-N	TN	TP	pH 值
肉牛	干清粪	$8.87×10^2$	$2.21×10$	$4.11×10$	5.33	
奶牛	干清粪	$9.18×10^2$~$1.05×10^3$	$4.16×10$~$6.04×10$	$5.74×10$~$7.82×10$	$1.63×10$~$2.04×10$	
蛋鸡	水冲粪	$2.74×10^3$~$1.05×10^3$	$7.0×10$~$6.01×10^2$	$9.75×10$~$7.48×10^2$	$1.3×10$~$5.94×10$	6.5~8.5
鸭	干清粪	$2.7×10$	1.85	4.70	$1.39×10^{-1}$	7.39

引自：环境保护部，《畜禽养殖业污染治理工程技术规范》(HJ 497—2009)。

9.2.2.2 规模化水产养殖场的污染

传统的水产养殖是靠投饵料或施肥来获得尽可能多的水产品。生产中产生的残饵、残骸、鱼体排泄物等使水产养殖产生自污染，尤其是随着养殖方式向集约化、工厂化发展，养殖密度和投饵量大大增加，残饵量和鱼体排泄物也相应增加，养殖污染更趋严重。据报道，玉筋鱼养殖中，其代谢产物为投饵量的20%~35%，残饵为投饵量的10%~40%；鲑鳟鱼和斑点叉尾鱼的总固体排泄物分别占投饵量的40%~52%和18%~69%。养殖过程中的残饵、部分养殖生物死亡后的残骸及排泄物都要在水体中分解并消耗溶解氧。分解的产物主要成分为氨氮。从而使水中溶解氧减少，氨氮、亚硝酸盐氮、硝酸盐氮增加，水中孳生积累大量的病毒、细菌、浮游生物等。引起水体自净能力降低，导致水体富营养化或水质恶化，严重影响水产养殖。

同时，水产养殖中经常使用多种化学药物，用于治病、清除敌害生物、消毒、抑制污损生物和养殖排放水的处理。1987年挪威一年的水产养殖业就使用了48.5t的抗生素类药物，Gowen（1992）发现在5个养鱼网箱的下面，底泥的四环素残留量为2.0~6.3μg/g，并可持续达7个月。据初步估算，我国每年水产养殖用各类水体消毒剂近万吨，其中被广泛使用的优氯净、强氯精等有机氯消毒剂，其有毒中间产物"氰尿酸"在鱼体中的残留期长达1年。因此，人们非常关心这些物质的生态毒理学方面的影响以及生物富集、放大和微生物产生的抗药性等。

9.2.3 畜禽养殖业的污染防治

畜禽养殖业的污染防治应以"资源化利用、容量化控制、减量化处置、无害化处理、生态化发展、低廉化治理"为原则，以管促治，化害为利，变废为宝，将畜禽养殖产生的废物转化为种植业可利用的资源，最终实现种养结合、互为促进的良性生态农业生产链，促进农业生产与生态环境的协调发展。探索符合当地实际的畜禽养殖污染综合防治措施，结合生态农业建设及无公害农产品、绿色食品和有机食品的发展，实行综合利用优先，资源化、无害化和减量化的原则，推行清洁生产，不断提高畜禽养殖管理和污染防治水平；有利于当地生态环境改善。根据国家有关法规标准和地方的环境规划，对畜禽养殖区域进行划分，具体如划定禁养区、限养区和非禁养区，在此基础上，采取综合措施进行养殖业的污染防控：

（1）合理布局，源头控制

畜禽粪便的土地使用是解决粪便污染的有效措施；并且为了安全使用畜禽粪便，规定应根据当地土壤性质、肥力状况、水文条件，制定该地区具体的畜禽粪便使用方法、使用量、使用次数和使用时期，以求达到在种植业与养殖业之间的氮磷养分平衡。坚持以土地定养殖规模的方针，制定规划畜禽养殖及其污染治理规划，控制养殖规模；划定禁养区、限养区和适养区，主城区范围内禁止畜禽养殖；新建的规模化畜禽养殖场必须选择在远离村庄、饮用水源地和居民点的地方，并严格执行环境影响评价制度和排污许可制度，对布局不合理、污染严重的养殖场，要责令其限期搬迁或关闭。

(2) 适度规模，种养平衡

开展"抓小区、带农户、促进农民增收"活动。引导分散的养殖户进入养殖小区，实现人畜分离，改进畜舍结构，推进村庄整治和房屋整修，改变村容村貌，为建设较高标准的新农村创造条件。鼓励小规模、散养畜禽建设生态养殖场和养殖小区，在养畜、粪污收集处理、有机肥料、种植业等多方面实现种养平衡。散养畜禽应逐步推进集中喂养和进入养殖小区，避免人畜混居。生态养殖场和养殖小区污染物防治可参考 HJ/T 81—2001 规范，排放标准执行《畜禽养殖业污染物排放标准》(GB 18596—2001)。

针对畜禽生产由分散经营向规模化发展的特点，结合农业产业结构调整和农村城镇化建设要求，建设一批与土地肥料消纳量相配套的畜牧养殖小区，按生态农业发展的要求，进行统一规划，明确环境敏感区，如城镇、风景区、饮用水源头区周围不宜建设规模化畜禽养殖场（小区），把畜牧场与农田、鱼塘、园地一并规划，并合理调整畜牧业产业布局。养殖场（或小区）建设提倡与农田（水田、旱地）、茶（果、桑）园、养殖水面和山林进行结合规划，统一布局，力争粪尿全部就近消化的农牧结合的生态模式。原则上按 1 亩（耕地、园地、水塘）2 头猪（0.2 头牛、4 只羊、60 只肉禽、40 只蛋禽、30 只兔）的标准配套规划建设现代化畜牧场（畜牧小区）。这样能就近利用田、园、塘消化处理畜牧场粪肥水，就近利用畜牧场粪肥水解决田、园、塘有机肥。

小规模养殖场和家庭养殖应结合如沼气池建设、生产有机肥，采取"猪—沼—果"等农业生态模式。畜禽粪尿宜采用沼气池或堆肥处理，沼液、沼渣或堆肥产物可就地农田施用。对传统农户养殖，应以畜禽粪便为基本原料，建成"简便适用、造价低廉、运行费低"的小型沼气池，通过初步发酵，产生的沼气用于燃烧、照明和保暖等综合利用。在周边有相当规模的农田、鱼塘和果园的规模场，采用种养结合的生态循环模式，利用管道、储存池，把经过发酵的污水直接用于农田、果园和鱼塘，种植优质果树，林下种草，发展畜禽养殖，提高经济效益；在周边没有农田、鱼塘和果园的规模场，可采用干湿分离法进行排泄物处理，干的粪便进行干燥，打包销往果园，污水经沉淀消化处理，使其达到排放标准。

(3) 强化环境管理，严格执行"三同时制度"

加强对畜禽养殖污染防治工作的领导和监管，严格执行"三同时制度"即建设项目中防治污染的措施，必须与主体工程同时设计，同时施工，同时投产使用。对未经治理或治理不达标，严重污染环境、污染人畜水源的养殖场，应实行限期治理。对新开办的养殖场实行准入制度，做到设计与治污同步。结合新农村建设，加快生态养殖小区建设。

加强畜禽养殖污染防治措施的建设和投入。如在养殖场的圈舍、粪堆、粪坑中喷洒微生物制剂可以有效减少臭气的发生；对养殖场的地面进行硬化处理，建设并完善排水设施，避免污水溢流；建立病死畜禽尸体收集点，对于因疾病或不明原因死亡的家禽、牲畜处置，应依照地方的动物防疫条例及国家相关规定处理，不得随意丢弃、掩埋。加强养殖废水处理设施的建设，通过微生物技术，使养殖废水达标排放、循环使用。

（4）清洁生产，生态养殖

清洁生产是将畜禽养殖污染预防战略持续应用于畜牧生产全过程，通过不断改善管理和技术，提高资源利用率，减少污染物排放。通过采用科学合理的饲料配方、先进的清粪工艺和饲养管理技术，可大幅度降低污染物产生量。如环保型饲料应用现代营养学原理，通过生物制剂、微生物酶制剂、饲料颗粒化、饲料膨化或热喷等技术处理，在不降低畜禽生产水平的基础上，从源头上控制各种营养物质的摄入，提高畜禽的饲料利用率，尤其是提高饲料中氮的利用率，并抑制、分解、转化排泄物中的有毒有害成分，从而降低氮、磷和各种金属物质的排泄量和有害气体排放量。同时，通过对畜牧场区的绿化、立体养殖等措施，可实现畜牧养殖业无废物排放，资源再生利用的绿色畜牧产业。

推广生态养殖模式，从源头上解决污染问题。如大力推广发酵床生态养猪法，即用锯末、秸秆、稻壳、米糠等配以益生菌来垫圈养猪，垫料里的特殊有益微生物能够迅速降解猪的粪尿排泄物。这样，不需要冲洗猪舍，没有任何废弃物排出猪场，而猪出栏后，清除出圈舍的垫料又可以作为优质有机肥料使用，从而创造出一种无臭味、零排放、无污染的生态养猪模式。相对于目前大多数在水泥地上养猪的传统模式，发酵床养殖不仅可以节省10%的饲料及80%的用水，实现了养猪无臭味、零排放、无污染，还可节省大量劳力，更主要的是还利于生猪提高免疫力，使生猪毛色红润，提前出栏5~7d，经济效益更加可观，成为生猪养殖模式的新变革。

（5）污染治理，综合利用

对畜禽粪便进行集中后，经过干燥、除杂、膨化等处理，或按一定比例混合青草、糠麸等用青贮法发酵或堆肥。生产出的有机饲料可用于猪、牛、鱼等畜禽养殖，有机肥可应用于作物，用于农田、绿地或无土栽培等，降低水体富营养化的风险。

集约化养殖产生的畜禽粪便，经过干清粪工艺后，如果含水量低则直接生产有机肥或饲料，含水量高则需进行厌氧发酵。含水量的部分先进行鸟粪石沉淀，出水分两部分，即下层渣液和上层清液。下层渣液进入厌氧发酵池进行厌氧发酵，产生的沼渣用于饲料或栽培食用菌；沼液用于肥田、养鱼、作添加剂喂猪；沼气用于照明等日常生活、贮粮、防虫、贮藏水果。上层清液回流至养殖场作为冲洗用水。

畜禽粪便与污水的处理，一般有下述3种方法。①自然堆沤处理。即通过简单的沉淀、人工分离将粪便中干物质进行自然堆沤，发酵后作有机肥返田，分离后的污水集中储存，经自然耗氧处理后，部分用作农田肥料，其余外排。粪便堆沤这种方式造成恶臭熏天、蚊蝇满天、病菌孳生；同时由于农业生产用肥的季节性，一年中有8~9个月粪便废水直接外排。目前全国90%以上的集约化养殖场畜禽粪便是通过这种方式进行处理的。②好氧生物处理。即利用好氧微生物活动将有机物分解成二氧化碳和水。这种方式一般只适用于处理有机物含量为300mg/L左右的低浓度污水（如城市生活污水），而且处理费用平均约为1元/t左右，要处理超过标准十倍的畜禽粪便污水，需要更高的成本，实现达标排放的难度也非常大。③厌氧生物处理（大中型厌氧沼气工程）。即利用厌氧微生物活动将有机物分解为甲烷、二氧化碳和水。一般通过建设厌氧消化工艺的大中型沼气工程，对高浓度污水进行集中处理。

这种处理方式一般不需消耗能源，处理后废水也可达标排放，更重要的是可实现废弃物的综合利用，变废为宝、化害为利。利用沼气工程处理畜禽粪便污水，每去除 1kg 有机物可获得一定的清洁沼气燃料（可发 0.6kWh）；沼液是可用于生产绿色食品的优质农田有机肥；沼渣经处理后可制成商品化的有机肥料，部分还可作为饲料用于养鱼等。

目前，集约化养殖污水的处理主要分下列两种情况。

一是对城市近郊、周边没有足够的土地资源可利用、处理出水须达标排放或回用的经济发达地区，畜禽养殖场粪污处理工程应采用强化工程处理的工艺，即养殖场废水经格栅拦截去除水中较大的杂物后进入调节池，由泵送入固液分离机，之后固体粪渣进入堆肥系统，污水进入初次沉淀池，沉淀池上清液进入集水池，由泵送进厌氧反应器的布水系统。经厌氧反应器处理后的水，依处理目标的不同或进入城镇排水管网，或经好氧处理系统、自然处理系统处理后，达标排放或回用。工艺基本流程如图 9-6 所示。

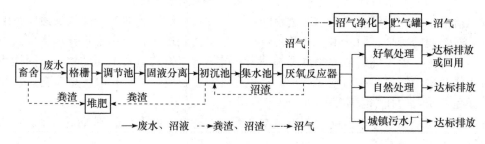

图 9-6　达标排放处理工程工艺基本流程

二是对养殖场周围环境容量大、环境不敏感、远离城市、周围有充足的农田可利用的经济欠发达地区，或以生产沼气能源为目的的畜禽养殖场粪污处理工程，在经环境影响评价批准后，可采用综合利用为主的工艺，工艺基本流程如图 9-7 所示。其工艺说明如下：养殖场废水经格栅拦截去除水中较大的杂物后进入调节池，粪水搅拌均匀后进入计量池，由泵定时定量的将混合液送进厌氧反应器，计量池的容积根据厌氧反应器的要求确定。厌氧反应器内的温度一般控制在 35℃ 左右（通常在计量池内设有加热系统）。计量池和厌氧反应器内设有温度传感器，用于对温度的调节。产生的沼气经脱硫、脱水净化后进入贮气柜，作为生产或生活用能源。沼渣根据实际情况定期排出，经进一步固液分离并干化后，作为有机肥使用。沼液作为液态有机肥或鱼饲料使用。

各地的实践经验表明，大中型沼气工程是实现集约化养殖粪便污染防治、对畜禽粪便污水进行工程化治理的一条主要途径。

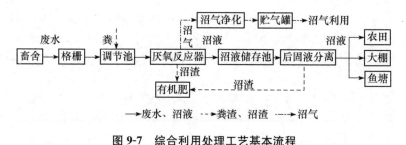

图 9-7　综合利用处理工艺基本流程

9.2.4 水产养殖污染的防控

（1）合理确定养殖容量调整优化养殖结构

养殖容量受地域、环境、生态、经济、社会等因素的制约，由于环境条件的不同和管理水平的高低等而发生变化，还受到养殖生物间互补效应的影响。因此，要根据养殖容量确定网围、网箱面积和网箱密度。

单一品种养殖容易造成污染，也不能充分利用环境容量，一般采用多品种混养、间养、轮养等立体养殖和生态养殖，使饵料得到进一步利用和转化，从而减少对环境的污染。如对虾与滤食性贝类或鱼类混养，鱼、鳖混养，鱼、珠混养，还有稻田养鱼、基塘系统等。海水养殖中的对虾与滤食性贝类或鱼类混养显示出可减少排放水悬浮颗粒、溶解性营养盐和BOD等作用。

（2）实行水产养殖清洁生产，减少药物使用量，避免残留

按照清洁生产的原理，要把生产过程的每一个环节可能产生的污染削减到最低程度。因此，应从养殖业的各个方面入手，使其污染物产生量达到最小。应用生物技术培育高产、优质、抗逆新品种，提供优良苗种。重视基础饵料的培育，发展适合不同动物、不同幼体阶段的开口饵料及育幼饵料。放养健康苗种，提倡合理放养密度，科学投喂优质饵料，加强养殖管理，提高养殖者的技术素质。

根据水质要求和水体承载能力，确定水产养殖的种类、数量，合理控制水库、湖泊网箱养殖规模，不得化肥养鱼。

近年来，各国医学家和药物专家纷纷把眼光盯在药用植物身上，研究出新一代的药品，即"绿色药品"。国家权威部门认定，绿色药品指的是安全无害的药品，又称自然药品，是农业科学、环保科学、营养科学、卫生科学等相结合的产物，代表着药品发展的未来趋势。绿色药品把人的安全与健康视为最高目标。利用现代先进制药技术生产的用于水产养殖动物所患疾病的防治和改善水产动物所处恶劣环境的药品，称为"绿色水产药品"。它既不破坏水产动物的生态平衡，也不会产生药物残留，而且防治效果较佳，是较为理想的既能防治疾病又能保护生态环境的药品。

（3）加强水产养殖排放水处理技术研究

普通的养殖排放水处理方法有生物滤池、生物转盘、生物转筒和过滤装置，目前正在研究应用的渔业养殖水质净化新技术有臭氧水处理新技术、高分子重金属吸附剂等。我国对集约化养殖排放水处理的研究取得了一定进展，如贝类养殖处理污水工程技术、植物净化工程技术、生物净化工程技术、鱼菜共生工程技术和系统工程技术等。

（4）强化法制，提高管理水平

加大治污力度和执法力度，将治污成本纳入水产养殖业生产成本当中，引进先进设备和工艺，增强治污能力；水产养殖污染物较为分散，应实行有偿排放，统一管理。发达国家对养殖水向沿岸的排放大多颁布了限制法令，制定了排放标准。（赵安芳 等，2003）

9.3 农产品质量安全

农产品在生产（包括：种植、饲养与兽医治疗）、加工、包装、储存、运输、销售等环

节混进（非故意加入）的有毒有害物质，是导致农产品质量安全问题的根源所在。这些有毒有害物质可以来自环境污染和生产加工过程，也可以来自食品本身。根据污染物的性质，食品污染可分为3个方面。

生物性污染 有微生物及其毒素，主要是细菌及细菌毒素，真菌及真菌毒素等；病毒对食品的污染也正受到重视；寄生虫及其虫卵，如囊虫、绦虫、蛔虫、肝吸虫、肺吸虫、姜片虫等，通过病人病畜的粪便或经过环境中转化，最后通过污染食品造成危害。

化学性污染 危害最严重的是化肥、农药等农业化学品的污染和工矿业造成的有害金属、二噁英等工业化学品，多环芳烃类如苯并[a]芘、N-亚硝基化合物等污染物，以及人们日常生活过程中排放的有机污染物和无机污染物，而滥用于农产品生产、加工过程中的工具、容器、食品添加剂（调味品和色素等）、动植物生长促进剂等也是农产品化学污染的因素。

物理性污染 主要指放射性污染，农产品可以吸附或吸收外来的放射线核素，存在于动植物体内的放射性核素，构成了食物的天然放射性本底时，则称为食物的放射性污染。放射性核素主要来源于大气中核爆炸的沉降物、原子能工业和核工业的放射性核素废物的排放、核动力舰船和同位素实验装置的排出物等。放射性核素进入生物圈后，可以通过多种方式沉积在食物中，危害动物。通过食物链蓄积在动物体内的放射性核素所产生的潜在危害，主要是小剂量的内辐射。其危害的大小取决于食物中核素含量及其加工方法等。动物通过食物摄入小剂量放射性核素引起的放射病，潜伏期长，且多以癌肿形式呈现。放射性污染危害控制，必须从预防着手。

食品安全问题突出表现在农药、抗生素、激素、重金属、有机污染物等的残留上，可能源于从种苗选择、田头生产到储运加工直至烹调上餐桌的每一个环节和过程，而种养业可能引发的食品安全问题无疑是最重要的方面之一。为了降低生产成本，部分种植园使用未经处理的垃圾肥和工业废物，部分养殖户使用添加激素的劣质饲料或腐烂变质的饲料，有的怕动物吃了出问题，又在饲料中加上各种抗生素以及自制的添加剂。此外，南方高温高湿的气候和高密度集约化专业化种植或养殖的环境，为病虫害发生制造了有利的环境，为了防病治病，长期反复和超量使用药物，造成产品药物残留严重的现象普遍存在。如香蕉使用呋喃丹防治线虫和香蕉象甲、使用"丰满剂"催熟、整形和增重；韭菜使用有机磷农药防治韭蛆；龙眼荔枝一年内反复多次使用有机磷有机氯或菊酯类农药防治蒂蛀虫、蚧壳虫；甲鱼一般是在含抗生素、硫酸铜的药液中长大；高位池养虾从放苗到收获都在用药；个别养殖户运输户为保持水产品"生猛"和好的色相，将出水后的水产品放入氯霉素药液中浸泡……因此，控制种养业生产过程中带来的污染物残留是食品安全中关键的第一道"门槛"。

具体来说，农产品安全主要受农药残留、硝酸盐和重金属的影响。其中，农药残留主要是剧毒、高毒有机磷、氨基甲酸酯、有机氯超过规定标准；不合理使用化肥造成硝酸盐和亚硝酸盐在农产品中的含量超标；重金属污染主要包括汞、镉、铅、铬及类金属砷等生物毒性显著的元素以及有一定毒性的锌、铜、钴、镍、锡等物质含量超标。这些超标物质进入人体后，易引起急性中毒、血液疾病、致畸、致癌、致基因突变。污染对农产品质量安全性的影响可以归结为：①影响农产品的感官性状；②造成急性食物中毒；③引起人体健康的慢性危害；④对人类的致畸、致突变和致癌作用。

联合国粮农组织和世界卫生组织（FAO/WHO）联合专家委员会曾多次指出，由于食物污染造成的疾病可能是当今世界上最广泛的卫生问题，而且也是经济生产率降低的主要原因。1980年全球人类死亡原因统计，全球当年死亡人数为5091万人，死于多种感染的高达1686万人，居各种死亡原因的首位，而其中至少有1/3的人为食源性疾病，即大约有560多万人死于食源性疾病。其中包括人们常说的食物中毒及与饮食有关的肿瘤、高血压糖尿病和心血管等疾病。农用化学品投入越来越多，加上环境中或外源输入的重金属和持久性有机污染物，构成了种植业可能引发的主要食品安全问题的根源，这也是恶性肿瘤成为当今世界一种严重威胁人们生命和健康的常见病、多发病的主要原因。

近年来，危害人民身体健康甚至危及生命的食品安全方面的重大事件在我国也频频发生，其数量和危害程度呈日益上升的趋势。如2001年广东省劣质大米案件；内蒙古死因不明羊肉案件；另有广东省中山市78人因食用残留有甲胺磷农药的"蔬菜"而食物中毒案件；因食用含有"瘦肉精"（即盐酸克伦特罗）的猪肉，致使杭州市60多人食物中毒和广东省信宜市百余人食物中毒案件；涉及因假酒、农药残留、食品或饲料中添加违禁物质造成的食物中毒，导致人员死亡和大批人员集体住院的事件时有发生。我国每年食物中毒报告涉及的总人数为2万~4万人，但估计这一数字尚不到实际发生数的10%，即我国每年急性食物中毒人数大约为20万~40万人，潜伏的慢性中毒或受污染物影响的则难以计数。食品安全问题不但严重影响了中国每年几百亿美元出口的农产品贸易，更重要的是事关13亿多人民的健康和安全，必须时时刻刻高度重视。

9.3.1 影响农产品质量安全的污染因子

9.3.1.1 重金属污染与农产品质量安全

重金属污染在第6章已经介绍，其对农产品质量安全的危害非常严重，它主要通过作物根系从土壤中吸收并积累，然后可沿食物链传递和富集到人体内。农田被重金属污染后很难消除。

据广东省有关部门初步调查，广东省的耕地土壤质量有恶化趋势。在珠江河口周边约$1\times10^4 km^2$范围内，高镉异常区超过$6 000 km^2$，受人为污染导致土壤中有毒有害重金属元素异常得高，Cd、Hg、As、Cu、Pb、Ni、Cr等8种元素污染面积达$5 500 km^2$，其中仅Hg污染便达$1 257 km^2$，污染深度达40cm。经对蔬菜、水果、大米抽样分析测试，对照食品卫生标准，发现这些元素均不同程度超标，说明重金属污染已对农产品质量安全和人体健康构成潜在威胁。

农田使用未经净化的污泥、畜牧业废弃物也可能导致重金属对农产品的污染。为此，江苏省无公害农产品生产技术规范中要求这一类商品有机肥或有机无机肥，每年每亩施用量不得超过200kg，而且其中主要重金属（As、Cd、Pb）含量要控制在一定的指标。而未受污染的堆肥、沤肥、沼气肥、绿肥等可以大量施用。

9.3.1.2 有机污染物与农产品质量安全

农产品的有机污染物主要包括农业生产使用的抗生素、农药、动植物生长调节剂等有机物，以及来自其他途径的有机污染物（包括持久性有机污染物和环境激素等）。

我国农用化学物残留、环境污染影响食物安全的形势严峻。据农业部1999年调查，8

9 农业污染与农产品质量安全

个省 500 多家饲料与养殖企业的违禁药品检出率高达 19.8%。另据 2000 年对北京、广东等 11 个省（自治区、直辖市）30 种果、蔬中 17 种农药残留污染的抽样检测，农药总检出率为 32.28%，总超标率达 25.28%，其中北京、天津、上海、广州、南宁、昆明 6 个城市蔬菜中农药残留超标率超过 50%。

由于农业集约化、化学化程度的不断提高，生物多样性日趋减少，有害生物对农业的危害不断加剧。为了控制病虫害的发生和蔓延，农业对农药的依赖程度日增，单位面积农药使用量和使用频率呈上升态势。调查显示，20 世纪 80 年代以来，由于普遍大量使用有机磷和菊酯类等农药，很多病虫都产生抗性，从而使施药次数增多，药量加大，一般每 $667hm^2$ 承受 2.4～4kg 农药，保护地多者可达 6kg 以上。随着化学农药种类的不断增多，滥用、误用农药问题日趋严重，造成蔬菜、水果产品中的农药残留大大超出国家或国际规定的标准，致使农药急性中毒和慢性中毒的事件频发，农产品安全问题突出。如蔬菜中残留的有机磷中毒。蔬菜中残留的有机磷被人体吸收后，通过血液输送到全身各个脏器，其中毒症状主要表现为出汗、肌肉颤动、心跳加快、瞳孔缩小等，严重的可导致中枢神经系统失常。我国农产品中有机磷残留量超出国家标准的现象较为突出。

据统计，我国已有农药企业 2 600 多家，原药生产能力达 $78×10^4 t$，每年使用量高达 $100×10^4 t$（有效成分 $20×10^4$～$40×10^4 t$），其中约 60% 为高毒农药。2003 年全国农药使用量为 $131.2×10^4 t$。

我国农药的生产、管理所存在的主要问题有：一是我国农药产品结构不合理，剂型不配套。据统计，全世界农药市场的组成（以销售额计）为：杀虫剂占 28%、杀菌剂占 19%、除草剂占 48%、其他占 5%。而我国农药产品组成为：杀虫剂占 72%、杀菌剂占 11%、除草剂占 15%、其他占 2%；杀虫剂中有机磷农药占 70%，有机磷农药中高毒农药占 70%，剧毒有机磷农药占整个农药产量的 35%，占杀虫剂产量的 48%。剧毒、高毒杀虫剂产量过大是造成农产品残留量超标而引起中毒的客观原因。此外，在我国生产的所有农药制剂中，乳油、可湿性粉剂等剂型占到 60% 以上，成为影响环境质量和人体健康的潜在因素。二是农药产品质量差，农药名称和包装不规范，造成农民误用，也增加了市场监督管理的难度。因使用不当和农药质量问题，对土壤、水和空气自然环境污染日趋严重，农药中毒事故时有发生。20 世纪 90 年代以来，平均每年有 5 万多人农药中毒。三是农民为了获得短期的经济效益，在蔬菜上施用大量的农药，有的甚至使用在蔬菜上禁用的剧毒农药，致使蔬菜的农药残留量严重超标，大大危害了人们的身体健康，食用蔬菜后产生的中毒现象时有发生。据资料统计，只有 10% 左右的农药附着于植物上，而有 90% 左右的农药散落在大气、土壤和农用水中，直接造成了农业环境污染和农药长期残留污染。

当然，农药污染也是世界性难题，据联合国粮农组织（FAO，2004）资料显示，亚洲、非洲、拉丁美洲、中东和东欧等地区遭受农药的有毒残留物威胁的情况十分严重：亚洲各国有 6 000t 农药的有毒残留物，非洲有 $5×10^4 t$，中东和拉美共有 $10×10^4 t$，乌克兰有近 $2×10^4 t$，波兰有 $1×10^4 t$。

农药除了可造成人体的急性中毒外，环境中的农药可以通过空气、水、土壤、食物链等多种途径经消化道、呼吸道和皮肤进入人体，不断地接触使人体内蓄积较高浓度的农药，影响人体和子孙后代的健康，绝大多数农药对人体产生的慢性危害，多是通过污染食品的形式造成；某些农药对人和动物的遗传和生殖造成影响，产生畸形和引起癌症等方面的毒素作用。目前世界各国的化学农药品种约 1 400 多个，作为基本品种使用的有 40 种左右，按其用途分为杀虫剂、杀菌剂、除草剂、植物生长调节剂、粮食熏蒸剂等；按其化学组成分为有机氯、有机磷、有机氟、有机氮、有机硫、有机砷、有机汞、氨基甲酸酯类等。此外，还有氯化苦、磷化锌等粮食熏蒸剂。

杀虫剂已经被国际癌症研究中心（IARC）定为致癌物。很多人群研究表明某些恶性肿瘤发病、死亡与农药的职业暴露有密切关联。特别是有机磷农药和有机氯农药，有机磷农药是造成动物和人体急性或慢性中毒的主要污染物，有机磷农药是一种神经毒剂，它抑制体内胆碱酯酶，造成乙酰胆碱聚积，导致神经功能紊乱，临床上表现出恶心、呕吐、出汗、肌肉颤动、心跳加快、呼吸困难、瞳孔缩小、肌肉痉挛、神志不清等，严重的可导致中枢神经系统失常和死亡。慢性中毒主要表现为神经衰弱症候群如头痛、头晕、乏力、食欲不振、恶心、气短、胸闷等，我国农产品中有机磷残留量超出国家标准的现象较为突出。有机氯农药慢性中毒类似有机磷农药中毒症状，并伴有腰痛、肝肿大、肝功能异常等症候。有机氯具有脂溶性的特点即不溶或微溶于水，易溶于脂肪而在人体脂肪组织中蓄积，还可以对人或动物造成内分泌系统、免疫功能、生殖机能等损害，经动物实验证明具有致突变、致畸、致癌作用。

农民没有遵守国家的有关规定，超量施用农药、在上市前喷药或是用了国家禁止使用的高毒农药，是引起食物中毒等食品安全事故的主要原因。我国在植保工作上面临的主要问题有：农林生态系统中的生物多样性下降和结构脆弱；生物灾害的监测预警体系不健全，技术手段与装备落后；抗病虫资源短缺与品种抗性不能持续；药剂防治对环境的污染和有害生物抗药性增加；对外来有害生物入侵的防范与控制能力薄弱。在过去几十年中，人们对农作物病虫害的防治单纯依赖化学农药，忽视综合治理措施，尤其是生物防治和其他无公害的防治技术，影响病虫害防治技术整体水平的提高，并且使得生物多样性下降、生态系统结构简单和脆弱，自然控制能力降低，这些都是盲目用药和大量用药导致污染严重的根本原因。

包括历史上和当今仍在使用的难降解农药等通过多种途径带来的 POPs（持久性有机污染物）污染，是当今世界特别是我国面临的最紧迫的环境难题之一，也是威胁食品安全的重要因素。六六六（六氯环己烷、HCH、BHC）、DDT（滴滴涕）、多氯联苯（PCBs）等杀虫剂及灭螺药五氯酚钠（Na-PCP）是一类有机氯的 POPs。我国政府虽已于 1983 年开始限制和禁止使用该类化合物，但部分人仍在偷偷使用，如广东有人在使用五氯酚钠（Na-PCP）灭杀福寿螺、控制果树新梢等；又如三氯杀螨醇类农药（以 DDT 为主要中间体，由于残留提炼不过关，大批成品中 DDT 含量超标）仍在使用，广州市发现有的农药虽未贴上三氯杀螨醇的标签，但其主要成分还是三氯杀螨醇，其中一种的 DDT 含量竟高达 19.6%，而 90% 有效成分的三氯杀螨醇，DDT 含量的国家标准是不能超过 0.5%。由于这类物质化学性质稳定、降解十分缓慢，残留时间长，能造成环境和动植物体内的大量积累，且可通过生物富集和食物链作用，蓄积于人体内。已有众多的报道表明有机氯农药在环境介质、人类食物和人体生物样品中都有所残留。动物实验表明有机氯对鼠类致癌率很高，流行病学上也已经将有机氯和乳腺癌、子宫内膜癌、肝癌、胰腺癌、非何杰金氏淋巴瘤、胃癌的发生联系在一起。

现代人类社会释放到环境中的污染物，POPs 是其中最危险的高毒污染物质，可造成一系列负面影响，特别严重的可导致动物以及人类的死亡、疾病、畸形。POPs的特殊影响还包括癌症、过敏、超敏感、中枢及周围神经系统损伤等。其中一些POPs还可通过改变荷尔蒙引起动物内分泌失调而其破坏生殖与免疫系统，它们不仅危害暴露于POPs的个体，还影响他们的后代。部分POPs可直接或间接成为环境激素。环境激素是指一系列化学结构与生物体内激素类似，可模拟和干扰体内内分泌系统稳定性的环境化学物质，这些物质对动物体内的激素类物质或抗激素类物质发生作用。以下是主要的环境雌激素来源：①烷基苯酚类，主要用于塑料的黏合、以及表面活性剂等；②双酚A，是聚碳酸酯的原材料；③邻苯二甲酐酸类，是聚氯乙烯的可塑剂；④多氯联苯类物质，主要用于机电工业、润滑油等；⑤农药及其代谢物，如二恶英、氯丹等。

根据目前的研究，认为当今环境激素对人体健康的可能危害有：①乳腺癌和肠癌等多种激素相关疾病的发病率增加，与雌激素相关的人类肿瘤如乳腺癌、子宫肿瘤、卵巢肿瘤以及肠癌的发病率持续升高，估计与该类污染物有一定的关系。②生殖功能下降，主要包括人类男性精子数量减少和精子质量下降、先天性隐睾和尿道下裂发生率增加、不孕症发生率增加等。③对生长发育的影响，环境激素可干扰生长发育的正常过程，导致儿童发育的异常。

POPs还具有发展性与致癌性的特征，这些高度稳定的化合物可持续存在数年至数十年，通过一种叫作"蝗虫作用"的过程在全球循环。POPs可通过生物富集过程在生物体内聚集，易被脂肪组织吸收而放大到原始值的7万倍。鱼类、猛禽、哺乳动物包括人类等由于处于食物链顶端，会吸收大量POPs。POPs已在远离主要源地千里之外的生活在北极等地区的人类与动物体内发现，北极熊、北极狐以及生活在北极圈附近的爱斯基摩人正在受到食物链中残存的多氯联苯等POPs的严重危害，近年来在该地区已发现雌北极熊身上居然同时长着雌性和雄性生殖器官，尽管目前还没有证据表明这种化学物质会同样引起人类的"雌雄同体"，但是它会导致人类患上癌症却是已经公认的事实。

据傅家谟院士等人的研究，珠江三角洲地区POPs污染等环境问题已相当严重，广州河段和澳门内港表层沉积物中多氯联苯含量已经接近或高于报道的全球近岸表层沉积物中含量范围（0.2～400ng/g）的最高值，说明污染已相当严重；广州河段沉积物DDT含量均明显高于报道的全球近岸表层沉积物中总DDT含量范围（0.1～44ng/g）；洞庭湖底泥中五氯酚最高含量显著高出全国用药区底泥中五氯酚含量的中位数4.62ng/g的上千倍。长江和辽河沉积物中检测出多环芳烃化合物17种，其中属于美国环境保护署优先控制的多环芳烃有11种，属于我国环境优先污染物"黑名单"的多环芳烃有6种。又据中科院南京土壤所研究，长三角地区土壤重金属、持久性有机污染物、持久性有毒物的污染已初步显现，一些观测点的土壤标本中检验出的多氯联苯竟达100多种，多环芳烃也在20种左右。在POPs污染调查、监测及生态效应研究方面，我国总体上已远远落后于发达国家。为了保护中国的生态环境，保障人民身体健康，对中国散布广、危害大的POPs污染物实行污染控制和环境治理已迫在眉睫（吴文忠，2004）。

又据香港浸会大学教授黄铭宏（2002）在《环境污染毒物学》(*Enviromental Contamination Toxicology*) 杂志上发表的研究报告提到，在1999年6月到2000年7月，他的研究组在香港和广州两地的医院里随机调查了115位22～46岁的香港女子和54位同年龄段的广州女子，在婴儿出生后的3～5个星期内，提取了母乳进行相关检测。检测结果表明，随着年龄增大，母乳中POPs的含量也在上升，25岁以下的女性比39岁以上女性差不多低一半。另一方面，在广州，2000年的水平是每克母乳含0.70μg DDT，在香港，1999年是每克母乳含0.39μg DDT。对比起来，这个数据在1998年的北京是不到0.25μg。而在德国、英国、加拿大等发达国家，这个数据在0.03μg以下。以广州、香港为代表的珠三角地区，母乳中DDT的含量较高，大气污染、海洋鱼类污染和其他食物中残留可能是居民摄入DDT的主要途径。DDT自从1939年被瑞士化学家米勒发现，曾在世界范围内广泛使用。1962年，美国科学家卡逊在其著作《寂静的春天》中怀疑，DDT进入食物链，是导致一些食肉和食鱼的鸟接近灭绝的主要原因。最终，这种曾获诺贝尔化学奖的药物于1972年在美国被禁用。我国20世纪六七十年代曾大量使用这种农药，在1983年停止了DDT的使用。2001年的《流行病学》杂志提到，科学家通过抽查24名16~28岁墨西哥男子的血样，首次证实了人体内DDT水平升高会导致精子数目减少的假设。除此以外，新生儿的早产和初生时体重的增加也和DDT有某种联系，已有的医学研究还表明它对人类的肝脏功能和形态有影响，并有明显的致癌性能。

多氯联苯类是工业上广泛用作增塑剂、热传导体、绝缘导体和液压流体的一类有机化合物，不易为生物降解，主要积存在脂肪组织中，几乎所有地区的淡、海水生物均存在这种有机物，鱼粉和鱼油是饲料受污染的主要来源。过度使用含氯化物的农药，含氯塑料垃圾在焚烧时温度低于800℃，纸浆漂白、工业冶炼过程中使用含氯清洁剂及汽车尾气都可产生二恶英，二恶英微粒会污染农作物进而累积于饲料中。控制有机化合物污染的措施关键要减少环境污染，研制和使用可降解材料，减少汽车尾气排放。

目前，全球抗生素年产量为 10×10^4 ~ 20×10^4 t，美国和欧盟每年仅兽用抗生素的使用量就分别达9 000t和5 000t。我国是最大的抗生素消费国，并且滥用抗生素的情况十分严重。有关抗生素在土壤—水—植物系统内的吸附、迁移、转化已经成为全球环境学家关注的热点。

影响抗生素吸附、迁移、降解和植物吸收等行为的因素较多，包括：①药物的物理化学性质（如相对分子质量、疏水性、电离性）；②土壤和环境条件（如pH值、黏土矿物、有机质、离子强度、温度、坡度）；③作用时间；④药物浓度；⑤微生物种群结构；⑥畜禽粪便的施用等。

多种作物可吸收抗生素，例如，大麦、玉米、马铃薯、莴苣、豌豆、菜豆、萝卜、胡萝卜、黄瓜等。其中部分植物对抗生素的富集系数见表9-7。

表9-7 不同植物对抗生素的富集系数

植物类型	抗生素类型	富集系数/生长基质中抗生素浓度
豌豆	磺胺地索辛	0.59（根部）/300mg/L
大麦	磺胺地索辛	4.11（根部）/300mg/L
玉米	磺胺地索辛	0.89（根部）/300mg/L
黄瓜	恩诺沙星	2.22/50μg/L
莴苣	恩诺沙星	0.62/50μg/L
菜豆	恩诺沙星	0.25/5 000μg/L
萝卜	恩诺沙星	0.68/50μg/L
胡萝卜	甲氧苄啶	0.08/1mg/kg

作物对抗生素的吸收和富集会直接对人和动物的安全构成威胁。一般而言，作物根部对许多疏水性有机物都能吸收，但对抗生素的吸收表现出一定的选择性。Kumar 研究发现，玉米、洋葱、甘蓝可吸收金霉素，而不吸收泰乐菌素。生菜和胡萝卜均可吸收土壤中的氟苯尼考和甲氧苄啶，但生菜吸收左旋咪唑，而不吸收恩诺沙星；胡萝卜却相反。

有些研究尝试探讨了农业植物吸收富集抗生素的机理。如 Boxall 等认为抗生素的疏水性与胡萝卜对兽药抗生素的吸收无相关性，说明兽药抗生素的植物吸收行为并非依赖于疏水性。Kong 等对紫花苜蓿吸收土霉素的机理进行研究，发现吸收过程需要能量，为主动吸收；在 pH 值较高时吸收较强，且金属 Hg^{2+} 对吸收有抑制作用。植物对兽药的吸收富集研究还较少，其影响因素和吸收富集机理还有待进一步研究（张学政等）。

9.3.1.3 有害生物污染与农产品质量安全

对农产品的生物污染主要是由某些致病生物导致，包括细菌、真菌、寄生虫和病毒等。食品的原料和加工程度决定了它具备一定的微生物生长条件，食品加工制造过程和包装储运过程中稍有不慎就会发生微生物的大量繁殖。我国发生的集体食物中毒大多由微生物引起。在我国，易造成食物中毒的病原微生物主要有：致病性大肠杆菌、金黄色葡萄球菌、沙门氏菌等。病原微生物引起的食物中毒事件每年都有发生，尤其在气温较高的夏、秋季节更容易发生。

施入菜园中的有机肥如未经腐熟，其中大量的有害微生物，如大肠杆菌等，使蔬菜感染以至发病，或直接被进食，危害人类健康。

肉品的生物污染主要指微生物、寄生虫、昆虫对肉类食品的污染，可分为微生物污染（如细菌、病毒、霉菌污染）和寄生虫污染（如猪囊虫、旋毛虫等污染，如蝇蛆、甲壳虫等昆虫污染）。生物污染的途径包括生前感染疾病的内源性污染和宰后污染带来的外源性污染，内源性污染如沙门氏菌的传播，一些家畜如雏鸡、火鸡、牛、猪、羊等动物的肠道是自然界沙门氏菌的主要来源；其传播途径为饲料→动物→食品原料→人。内源性污染多发生在炎热的季节，细菌易于生长繁殖；主要污染肉类和乳制品。如患有化脓性感染的食品加工者很可能成为葡萄球菌的污染源，葡萄球菌的污染可以引发食物中毒。而真菌污染导致食品安全也是重要问题，如黄曲霉素（AFT）是某些黄曲霉和寄生霉素菌株所产生的毒性代谢产物。其他曲霉、青霉、毛霉、镰孢曲霉也是产生黄曲霉素的菌种，这些化合物分成两个系列：黄曲霉素 B_1 及其衍生物；黄曲霉素 G_1 及其衍生物。花生、玉米、小麦和大米最易受黄曲霉素感染。食用被黄曲霉素感染的粮食、食品、饲料都可引起中毒。哺乳动物、鱼类和鸟类等产生包括肝脏损害在内的典型毒性综合征。黄曲霉素是一种剧毒的致肝癌物质，其中 AFTB1 可引起细胞错误地修复 DNA，导致严重的 DNA 诱变，有强烈的致癌性。另外，$AFTB_1$ 还可以抑制 DNA 和 RNA 的合成，从而抑制蛋白质的合成。

宰后污染带来的外源性污染主要是通过水源、土壤、空气、加工流通环节、包装等造成污染。

除了有害生物直接污染农畜产品外，生物污染还可以通过污染动物饲料来影响动物产品质量。如微生物（包括细菌、霉菌、病毒、弓形体等）引起的饲料污染和有害动物造成的饲料污染包括：

霉菌 霉菌和霉菌毒素对饲料污染在我国的饲料生物污染中占据十分重要的位置。霉变过程中产生的代谢产物,可使饲料感官性状恶化,如刺激性气味、颜色异常、黏稠、结块等,使饲料适口性下降。动物摄入受霉菌污染的饲料后,在肝、肾、肌肉、乳汁以及禽蛋中可以检出霉菌毒素及其代谢产物,因而导致动物性食品污染。饲料水分过高、储存过久、存放条件恶劣及饲料原料中含有发霉成分是产生霉菌的主要原因。所以,控制措施是降低饲料水分、改善存放条件、推陈储新、在饲料中添加适量防霉剂。

沙门氏菌 沙门氏菌是细菌中危害最大的人畜共患病原微生物。沙门氏菌可以进入消化道,引起消化道感染而发生感染型中毒疾病。易受沙门氏菌污染的饲料有鱼粉、肉骨粉、羽毛粉等。在我国对畜禽威胁较大的沙门氏菌病为猪霍乱、牛肠炎、鸡白痢等。

虫害、螨害与鼠害 饲料在储藏过程中常受到虫害的侵蚀,造成营养成分的损失或毒素的产生。常见的虫害有:玉米象、谷象、米象、大谷盗、锯谷盗等。它们不仅使原料中的营养成分损失高达69.9%,而且还以粪便、结网、身体脱落的皮屑、怪味及携带微生物等多种途径污染饲料。有些昆虫还会分泌毒素,给畜禽带来危害。对此污染平时要加强饲料原料的管理,做到推陈储新,必要时采取药物熏蒸(要注意药物的挥发期,以免带来新的污染)的办法杀灭虫害。螨害:在温度适宜、湿度较大的地区螨类对饲料的危害较大。因螨类喜欢在阴暗潮湿的环境下寄生,其大量存在加剧了饲料中碳水化合物的新陈代谢,形成二氧化碳和水,使能值降低、水分增加,导致饲料发热霉变、适口性差、动物的生长性能下降。可以采取通风和控制水分的办法来控制螨害。鼠害:鼠的危害不仅在于它们吃掉大量的饲料,还会咬死雏禽、仔禽、仔猪等而造成饲料的污染,对饲料厂包装物、电器设备及建筑物产生危害,引发动物和人类疾病的传播。饲料生产企业应加强灭鼠,但不能轻易使用烈性鼠药,最好采用器械灭鼠,避免鼠药造成新的饲料污染。

9.3.1.4 转基因农产品的质量安全

生物技术产品的出现同样带来了安全性问题。转基因食品是通过基因技术加入了外来基因或去除原有基因的食品。动物、植物或微生物之间的基因可以相互转移产生新的转基因生物。如今转基因食品早已摆上了人们的餐桌,比如,人们大量食用的玉米、番茄、甜椒、大豆粉、大豆油等大豆制品。中国科学院《科学新闻》发表的一篇文章,将转基因食物"可能"对人类健康的危害总结为:一是转基因作物中的毒素可引起人类急、慢性中毒或产生致癌、致畸、致突变作用;二是作物中的免疫或致敏物质可使人类机体产生变态或过敏反应;三是转基因产品中的主要营养成分、微量营养成分及抗营养因子的变化,会降低食品的营养价值,使其营养结构失衡。对于转基因安全性的问题见第10章的详细介绍。

9.3.2 农业生产过程对农产品质量安全的影响

在许多情况下,食品安全问题是由"食品生产、加工过程、包装、储藏与运输过程不符合食品安全控制要求"导致的。我国食品生产经营企业规模化、集约化程度不高,自身管理水平仍然偏低,农产品加工、包装、储藏与运输过程中的不规范和管理滞后,可直接造成农产品质量安全问题。分散的农户和手工作坊式加工厂很少遵守管理部门规定的各项生产操作规范,加工厂商大多不具备生产条件,据国家质量监督检验检疫总局的调查,2000年,我国共有食品加工企业17.18万个,其中有64%不具备生产条件。中国大量小规模经营的农户的分级和包装技术水平低,包装过程中使用不合格包装物,过量使用保鲜剂的现象比较普

9 农业污染与农产品质量安全

遍。在储运方面，中国的第三方物流企业能提供的综合性全程服务尚不足总体需求的5%，而且溯源管理困难，也是食品质量安全问题层出不穷的原因之一。食品加工过程形成的有害物质（如氯丙醇、丙烯酰胺、亚硝胺、多核芳烃等），也会影响食品质量安全。

加工过程中违规使用添加物是影响农产品质量的直接原因之一。国家有关部门认定了可供食品加工用的添加剂品种及其用量和在产品中的残留限量，超量使用可能对人体造成危害。经质量技术监督部门检测，曾发现在面粉中超限量5倍添加增白剂"过氧化苯甲酰"；在腌菜中和月饼中超标量20多倍使用苯甲酸；在饮料中成倍超标使用的化学合成甜味剂等。滥用非食品加工用化学添加物也是影响农产品质量的主要原因。在食品加工制造过程中，非法使用和添加超出食品法规允许适用范围的化学物质（其中绝大部分对人体有害）。例如，使馒头、包子增白用二氧化硫；使大米、饼干增亮用矿物油；用甲醛浸泡海产品使之增韧、增亮，延长保存期；改善米粉、腐竹口感使用"吊白块"（一种化工原料，学名甲醛次硫酸氢钠）等。

加工食品使用劣质原料也给食品安全造成极大隐患。如：用病死畜禽加工熟肉制品；用"地沟油"加工油炸食品等。食品基本都以动植物生物组织作为主要成分，这些物质在一定条件下会发生一系列的化学和生物变化，产生各种对人体有害的物质。比如，变质的鲜奶、酸奶、鲜肉，超过保质期的糕点、果汁饮料等。毒素污染也是目前较为严重的食品安全问题。毒素主要来源于自然界，如贝类毒素和真菌毒素。真菌存在于大多数的农产品中，真菌毒素直接或间接进入食物链导致动植物食品受到毒素污染，近年来我国频繁出现"毒大米"事件，即为黄曲霉毒素污染。

此外，假冒伪劣食品和腐败变质的食物上市流通，也影响人体健康。近年来假冒伪劣食品在一些地区，特别是广大农村地区肆意横行。如：用化学合成物质掺兑的酱油、食醋；粗制滥造的饮料、冷食品；水果表面用染料涂色；用工业酒精制造假酒、甲醇假冒白酒等。

兽药残留在动物疫病防治当中，兽药的不合理和非法违禁生产和使用，使得畜禽产品中抗生素等兽药残留超标。为了预防和治疗家禽、畜和水产品患病而大量使用抗生素、磺胺类等化学药物，往往造成药物残留于动物组织中。兽药残留既包括原药，也包括药物在动物体内的代谢产物。在食品中由于药物本身的副反应或耐药性细菌种群的增长，将增加潜在健康安全问题。目前氯霉素等抗生素兽药残留量是欧盟各国对我国出口肉食品检验检疫的重点。近年，在我国由于盐酸克伦特罗（俗名"瘦肉精"的一种，现已禁用）兴奋剂可以使禽、畜生产足够的瘦肉而被大量使用，从而使更多食用残留有"瘦肉精"食品的消费者引起中毒反应，严重者甚至死亡。现代化养殖业由于高度集约化，不可避免地带来大量的疫病问题。另外，为了提高饲料报酬和满足人们对畜禽产品的需要，也需要使用大量饲料药物添加剂，这是产生兽药残留的基础。但在另一方面，由于不合理用药，非法用药的现象十分严重，以致造成我国畜禽产品中兽药和添加剂残留超标。

9.3.3 农产品质量安全的标准

中华人民共和国农产品质量安全法明确了从农田到餐桌全过程监管的基本原则，规定国家建立健全农产品质量安全标准体系。农产品质量安全标准是强制性的技术规范，是农产品质量安全评价的重要依据，也是农产品质量安全管理的重要手段。农产品质量安全标准通常是指规定农产品固有质量和安全要求的标准，以及与农产品质量和安全有关的标准。农产品的固有质量要求，包括外观、内在品质，如营养成分、色香味和口感、加工特性以及包装标识等方面的要求；农产品的安全要求，包括诸如农药残留、兽药残留、重金属污染等对人体健康和动植物以及环境存在危害与潜在危害因素的要求。

农产品质量安全标准体系是以产品、过程、服务、管理为中心，将生产或工作的全过程中所涉及的全部标准综合组成的，它涉及农产品产前、产中、产后的各个环节，贯穿于农产品生产的整个过程。农产品的种类品种繁多，而每一个种类品种又有其自身的生产技术、产品质量特性和储藏加工技术等特点，它们之间有着一定的内在联系，是一个综合性的整体。该标准体系可以分为安全卫生标准、农业投入品类标准、农业资源环境类标准和动植物防疫检疫类标准等。

9.4　农产品质量安全保障

9.4.1　农产品质量安全的保障体系

农产品质量安全保障体系包括标准、监测、认证、追溯四大体系。在我国，《中华人民共和国农产品质量安全法》（以下简称《农产品质量安全法》）、《中华人民共和国食品安全法》（以下简称《食品安全法》）是农产品质量安全保障的基本法律，以《食品安全法》和《农产品质量安全法》为核心，统一领导、分工负责的管理体制和统分结合、上下联动、整体推进的农产品质量安全监管格局已初步建立，形成了国家法律和行政法规为主体、部门规章相配套、地方法规为补充的法律法规体系；构架了部、省、县相互配套、互为补充的检验检测体系和涵盖全国主要大中城市、涉及主要食用农产品的监测网络；形成了无公害农产品、绿色食品、有机农产品、地理标志农产品和名牌农产品"三品一标一名牌"为主要内容的认证体系；以农药、兽药为重点的农资打假力度逐年加大，农业投入品市场不断净化；农产品质量安全管理措施与国际接轨步伐不断加快。强化标准、检测、认证、风险评估、应急处置、执法监督体系建设，全面提升农产品质量安全保障能力。形成标准化生产、田头监测、批发市场监测和农贸市场（超市）监督抽查4道安全防线，基本上实现了从生产源头至市场的全程监管。

农产品质量安全保障工作是一个复杂的系统工程，需要全社会共同努力和参与才能做好。经过近几年的建设，我国已基本建立起以农业国家标准为龙头、农业行业标准为主体、地方农业标准为基础、企业标准为补充的全国农产品质量标准体系框架。围绕农产品质量安全，构筑包括农产品质量安全标准、动植物防疫标准、有毒有害物质检测标准、农业投入品安全控制标准、农产品生产加工良好操作规范和深加工、高附加值农产品质量标准等组成的农产品质量安全标准体系正不断健全，并形成了政策法规（社会）保障、生产过程控制（系统从土地到餐桌的全程控制）、检测与认证护航、市场监控与溯源体系监控的保障体系工程。

9.4.1.1　政策法规（社会）保障

在政府管理方面，我国已分别于2006年和2009年颁布实施了《农产品质量安全法》和《食品安全法》，前者从农产品质量安全标准、农产品产地、农产品生产、农产品包装和标识、监督检查和法律责任等方面对农产品质量安全提出了严格的规定，并特别明确了政府农业行政主管部门应当制定保障农产品质量安全的生产技术要求和操作规程。国家对可能影响农产品质量安全的农药、兽药、饲料和饲料添加剂、肥料、兽医器械，依照有关法律、行政法规的规定实行许可制度。省级以上政府农业行政主管部门应当定期对可能危及农产品质量安全的农药、兽药、饲料和饲料添加剂、肥料等农业投入品进行监督抽查，并公布抽查结果。县级以上政府农业行政主管部门应当加强对农业投入品使用的管理和指导，建立健全农业投入品的安全使用制度。农产品生产企业和农民专业合作经济组织应当建立农产品生产记录并至少保存2年，如实记载动物疫病、植物病虫草害的发生和防治情况，以及使用农业投入品情况。

9.4.1.2　生产过程控制

农产品质量安全强调生产过程控制，主要是因为生产过程较易受污染或影响质量的其他因素干扰，特别是相关的农用化学物质使用限量的控制及替代过程是其重点。生产过程必须按有关生产规程和规范进行，无公害农产品、绿色食品、有机农产品的重点生产环节是栽培（养殖）技术规程的落实，特别是农（兽）药和肥（饲）料的使用，病虫害防治要以不用或少用化学农药为原则，强调以预防为主，综合防治。肥料施用强调以有机肥为主，以底肥为主，按土壤养分库动态平衡需求调节肥量和用肥品种，在生产过程中制定相应的无公害生产操作规范，建立相应的文档、备案待查。

9.4.1.3　检测与认证护航

以标准化为核心，构建农产品质量安全体系标准与认证监控机构，是检测与认证工作的基础。"统一标准、统一标志、统一认证、统一管理、统一监督"是认证工作科学规范的具体表现。

农产品质量安全体系标准指相关部门或系统为完成农产品质量安全目标进行分工合作所形成的一体化工作网络，包括质量标准体系、检验检测体系、认证体系、科技支持体系、示范推广体系、法律法规体系、信息服务体系、市场营销体系等。而质量标准体系是其中最主要的内容，国际上一般把标准分为强制类和推荐类两种。前者为政府部门法律、法规，具有强制性，必须严格遵守。后者则由政府委托标准制定机构或行业协会制定和管理，由社会自愿采用。许多发达国家为了提高农产品品质，促进本国农产品在国际市场的竞争地位，制定了一系列详细的农产品质量标准。

美国的农产品标准包括由联邦农业部、卫生部、环境保护署等政府机构和经联邦政府授权制定的国家标准，由民间组织制定的标准和由农场主、贸易商制定的企业操作规范（企业标准）。

欧盟的标准体系分欧盟指令和包含具体技术内容的可自愿选择的技术标准两类，前者为涉及产品安全、职业安全、人体健康、消费者权益保护的标准，通常以指令的形式发布，后者包括以标准形式发布的技术性强的规定或规范。欧盟的标准体系以深入到食品（农产品）生产全过程的法律法规为主，辅之以严密的食品标准，具有强制性、实用性和修订及时的特点。技术法规是对企业行为起到指引作用的一个主要法律规范，技术法规具有立法性，在保证产品的安全性及环保要求方面具有强制性和权威性，整个标准体系中的技术法规包括强制执行的食品卫生标准、食品试验检验检疫方法标准、食品安全控制与管理技术标准、食品包装标签标识标准、特定食品产品标准和其他标准等部分。

日本的农业标准体系也分为国家标准（JAS标准）、行业标准和企业标准3个层次。国家标准即以农产品、林产品、畜产品、水产品及其加工制品和油脂为主要对象。行业标准多由行业团体、专业协会和社团组织制定，主要是作为国家标准的补充或技术储备。企业标准是由各株式会社制定的操作规程或技术标准。日本还于 2006 年 5 月全面实施"食品中农业化学品残留肯定列表制度"，对目前世界上通用的农药、兽药、饲料添加剂等农业化学品制定新的残留限量标准，涉及的农业化学品达 734 种，残留限量标准 5 万余项，涵盖绝大多数世界上正在使用的农业化学品，它是目前世界上制定残留限量标准值最多、涵盖农药和食品品种最全的管理制度。该制度几乎对所有用于食用农产品上（包括部分加工食品）的农用化学品制定了残留限量标准，包括："暂定最大残留限量标准"、"一律限量标准"、"沿用现行限量标准"和"豁免物质"以及"不得检出"5 个类型，共有限量标准 57 000 多项，其中农药和农药残留限量数量分别为 579 种和 51 600 多项，分别占总数的 70%、90% 以上，其"一律限量标准"非常严格，即对于未制定最大残留限量标准的农业化学品，其最大残留量一律不得超过 0.01mg/kg，并禁止销售含有"肯定列表"中未列出的农业化学品以及农业化学品含量超过暂定标准或一律标准的食品。

我国也已初步形成一个以国家标准为主体，行业标准、地方标准、企业标准相互补充的食品（含农产品）安全标准体系，具体可分为农产品产地环境质量标准（环境空气质量标准、农田灌溉水质量标准、生活饮用水卫生标准、保护农作物的大气污染物最高允许浓度、渔业水质标准、土壤环境质量标准等）、农产品生产技术规范（规程）、绿色食品标准和农产品安全质量标准、食品中农药最大残留限量卫生标准、食品中霉菌与霉菌毒素限量卫生标准、食品中环境污染物限量卫生标准、食品中激素（植物生长素）及抗菌素的限量卫生标

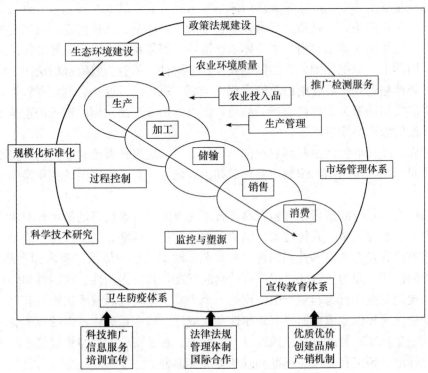

图 9-8　农产品（食品）质量安全标准体系与支撑系统（引自周云龙，2006）

准、食品容器与包装材料卫生标准、食品企业生产卫生规范、食品标签标准、辐照食品卫生标准。

我国农产品质量安全标准体系正不断健全。至 2006 年 9 月，全国已组织制定农业国家标准 700 多项、农业行业标准近 2 000 项、地方标准 7 000 多项。国家卫生部和国家标准化管理委员会颁布实施了新的《食品中农药最大残留限量》（GB 2763—2005）、《食品中污染物限量》（GB 2762—2005）和《食品中真菌毒素限量》（GB 2761—2011）。初步建立以农兽药残留、有害重金属、真菌毒素、有害微生物和食品添加剂使用为基础的横向食品安全标准体系，而且每年将及时补充完善《食品中农药最大残留限量》标准，同时建立转基因农产品相关标准等。

9.4.1.4 市场监控与溯源体系监控

可追溯制度通过确定产品的身份、历史和来源，增强依据生产和销售链追踪产品的能力，是产品质量安全管理体系成功的要素之一。一般来说，建立可追溯制度有 3 个方面的原因，即当有问题的产品对人类健康或环境构成危险时，可以及时有效的从市场上撤出；促进对危害环境和人类与动物健康的无意识的、长期的影响进行识别与监测；有助于对标识管理进行统一控制。农产品质量的可追溯制度的意义在于通过一个覆盖农产品（食品）从初级产品到最终消费品各个阶段资料的信息库，一旦发现农产品（食品）质量问题就能立即找到是什么地方出了问题，是谁出了问题，从而有利于控制农产品（食品）质量，并可及时、有效地处理质量问题，追究责任，最终提高安全水平。

食品安全溯源系统是依托现代数据库管理技术、网络技术和条码技术，将整个食品链，从生产、加工、包装、储运、流通和销售所有环节进行信息记录、采集和查询的系统，可以溯源查询到食品源头和流向，当食品发生问题时，可以追溯查询到每个环节，为食品的安全保障提供了有效的监管。

农产品和食品溯源的根本目的是追溯污染源，以便在食品安全事件中明确责任，并果断采取措施，尽可能缩小召回范围，最大限度地降低风险和经济损失。食用农产品溯源技术是建立于食用农产品生产、加工、储运、销售和消费过程的信息记录和信息追溯体系，即从农田到餐桌的过程跟踪或从餐桌到农田的危害物源头追溯技术；污染物溯源技术是指以调查危害物来源或取证为目的的追溯技术。食用农产品及污染物溯源技术是食品安全风险管理的一项有效措施。食用农产品及污染物溯源技术可以满足食品安全管理的召回、责任事故调查和生产过程监管，以及消费者对知情权和生产过程透明度的要求，支撑国家食品安全监管、打击假冒伪劣、保护公平交易的技术需求。食用农产品及污染物溯源技术可应用于食用农产品生产企业生产过程跟踪；食品安全管理部门对食品生产信息、原产地保护产品和"问题食品"召回的监管；食品安全管理部门对食品安全事故的调查、取证和责任判别；刑事案件侦破或取证；消费者的查询与知情服务。

近年来，我国食用农产品及污染物溯源的技术研究已居于国际领先水平，但我国食用农产品及污染物溯源体系的实际建设还相当薄弱。我国现有农产品溯源系统因开发目标和原则不同，溯源信息内容不规范、信息流程不一致、系统软件不兼容，造成了溯源信息不能资源共享和交换的问题，标准化已成为快速溯源系统建立的关键技术和基础，亟须开展标准化的多网络农产品质量快速溯源系统研究（金海水 等，2009）。

由中国农业科学院农产品加工研究所主持，与东南大学和中国农业科学院生物技术研究所合作完成的食用农产品及污染物溯源课题，在食用农产品产地溯源研究方面，建立了牛羊肉的同位素指纹、矿物元素指纹溯源技术和溯源数据库，以及茶叶产地的近红外光谱指纹溯源技术；在大型动物个体溯源方面，建立了牛、羊、猪个体虹膜识别与溯源技术以及猪个体的DNA指纹识别与溯源技术；在电子标签溯源方面，建立了包括食品分类技术、食品代码技术、条码技术、计算机技术、电子标签技术、网络技术为一体的食用农产品全程电子标签溯源技术体系，并在上述技术开发的基础上，建立了包括原产地溯源、污染物溯源、大型动物个体溯源和电子标签溯源的食品污染溯源系统与查询平台。这些成果可为我国食用农产品及污染物溯源体系的建立提供坚实的技术支持。

9.4.2 质量安全的健康食品及其认证体系

绿色农产品是指从生产、加工、运输、储藏到销售过程中无有毒有害物质污染，无毒、安全、优质，能提供人类生活所需的各种农产品的总称，即安全、营养、无毒、无污染农产品的总称。通过农产品基地环境的选择与控制、农业投入品的控制、生产过程的监控和储运加工等过程的控制，实现从土地到餐桌每一个环节的全程质量管理，保障农产品质量安全。通常所说的无公害（食品）农产品、绿色食品、有机食品和清洁食品、天然（野生）食品、自然食品、无污染（食品）农产品、安全（食品）农产品、放心食品、生态食品、健康食品等均可归入绿色农产品范围。目前在国内已形成一定规模和效益的绿色食品、有机食品、无公害农产品和GMP认证、GAP认证、QS认证和HACCP体系管理的农产品，均是这类产品的成功例子。

无公害农产品、绿色食品和有机食品是现阶段我国绿色农产品认证的基本类型，是农产品质量安全工作的重要保障，目前已形成了无公害农产品、绿色食品和有机食品"三位一体、整体推进"的发展格局。其共同点是，它们均有相同的产生背景和目的，即都是在食品受到农药、化肥、饲料添加剂等化学物质和工业"三废"严重污染，人类社会、经济和环境的可持续发展受到威胁的情况下产生的，最终目的是要解决经济发展与生态环境保护和资源永续利用之间的矛盾。无公害农产品突出安全因素控制，满足大众对食品安全的基本要求，绿色食品既突出安全因素控制，又强调产品优质与营养。有机食品注重对影响生态环境因素的控制，强调不使用任何人工合成化学物质。目前，我国的无公害农产品、绿色食品和有机食品是相互衔接，互为补充，各有侧重，共同发展的。

9.4.2.1 无公害农产品

无公害农产品是指产自良好生态环境，按照无公害生产标准组织生产或加工，农药、重金属、硝酸盐及激素等有害物质含量（或残留量）控制在允许的安全范围内，符合国家、行业和地方（一般为省级）有关强制性标准，经认证合格获得认证证书并允许使用无公害农产品标志的安全、营养的农产品及其加工品。

无公害农产品产品质量达到我国强制性农产品标准要求，保障基本安全，满足大众消费。其质量标准要求则比绿色食品低一些，它是针对我国当前农产品市场上各种食品的农药、亚硝酸盐、重金属等有毒物质超标严重的情况下提出来的，其宗旨是为了保障老百姓的食品安全，更大众化，适合中国的现实国情。

无公害农产品的管理主要是通过对产地环境和农业投入品生产资料进行监管,使之符合国家标准和法规要求,推行农业标准化生产,实施无公害农产品生产技术规程,并通过检测控制产品质量安全指标,建立市场准入制度来实现的,具体生产管理内容遵从有关无公害农产品标准和认证的内容。

无公害农产品认证经历了 2 个发展阶段,2005 年以前分为产地认定和产品认证,产地认定由省级农业行政主管部门组织实施,产品认证由农业部农产品质量安全中心组织实施,获得无公害农产品产地认定证书后方可申请产品认证。2006 年开始,将产地认定和产品认证合一进行,将原产地认定的"县级—地级—省级"和产品认证的"县级—地级—省级—部直分中心—部中心"两个工作流程 8 个环节整合为"县级—地级—省级—部直分中心—部中心"一个工作流程 5 个环节。无公害农产品标志的使用期为 3 年,经复检合格后方可继续使用。无公害农产品认证是政府行为,认证不收费。

无公害农产品标准体系由产品类和通则类两大类标准构成。前者涉及常见的农产品类型,包括种植业产品、畜牧水产业产品及它们的初级加工品。后者包括按行业和生产环节进行的环境质量、生产规程和农业投入品要求和认证管理规范等。

我国的无公害食品行业标准和农产品安全质量国家标准,二者同时颁布。无公害食品行业标准由农业部制定,是无公害农产品认证的主要依据。无公害农产品的标准体系包括产品标准和通则标准。以产品标准为主线,分为大类、类、小类和种类 4 个层次。按行业产品分为种植业产品、畜牧业产品和渔业产品 3 大类,3 大类包括 23 类产品,再按产品特性和安全指标细分为 102 小类,其中种植业产品大类包括 7 类产品、45 个小类和 6 个种类。畜牧业产品大类包括 6 类产品和 16 个小类;渔业产品大类包括 10 类产品和 41 个小类。产品标准的范围为农产品及其初加工产品(即经脱壳、干燥、磨碎、冷冻、分割、杀灭菌等初级加工工艺,基本不改变化学组分,仅改变物理性状的加工产品)或简单加工品(如豆腐、粉丝、腌制品、糖渍品等)。

9.4.2.2 绿色食品

(1) 绿色食品概念与分类

绿色食品是无污染的安全、优质、营养类食品的统称。由于与环境保护有关的事物通常都冠名"绿色",为了更加突出这类食品出自良好的环境,因此定名为绿色食品。它是以环保、安全、健康为目标,在农作物生长过程中严格限制,甚至禁止使用人工合成农药、化肥、生长调节剂的食品,是一种遵循可持续发展原则,按照特定生产方式生产,经专门机构认定,许可使用绿色食品标志的、无污染的、安全、优质、营养类食品。

绿色食品按照生产技术要求不同,分为 A 级和 AA 级。A 级绿色食品:指在生态环境质量符合规定标准的产地,生产过程中允许限量使用限定的化学合成物质,按特定的生产操作规程生产、加工,产品质量经过指定有资质的检验机构检验合格后,由中国绿色食品发展中心认定,许可使用 A 级绿色食品标志的产品。AA 级绿色食品指生产、加工过程不使用任何化学合成物质的绿色食品。AA 级绿色食品从 2003 年起并入有机食品,由中绿华夏有机食品认证中心受理申报与管理。目前在产品认证过程中,AA 级绿色食品和有机食品可以同时申请认证,称为双认证。AA 级绿色食品虽然也要求禁止使用化学合成物质,但由于其他标准与国际上标准仍有一些微小的差别,绝大多数产品还不是国际上承认的有机产品。

绿色食品根据为人们提供食用的农牧业产品的生产加工方式不同和产品质量控制的难易程度，把申请使用标志的农牧业产品及其加工品划分为 4 大类：即初级产品、初加工产品、深加工产品和酒类。

(2) *绿色食品的标准体系*

绿色食品标准是在绿色食品生产中必须遵守、认证时必须依据的技术性文件，属于国家行业标准，对经认证的绿色食品生产企业来说，则是强制性标准，必须严格执行。

绿色食品的标准体系包括产地环境质量，生产管理技术规程，农药、化肥、化学激素、添加剂使用准则，产品质量标准，产品加工、包装、运输和标志使用技术规范，企业产品质量管理程序文件，等等。概括起来可以用图 9-9 表示。

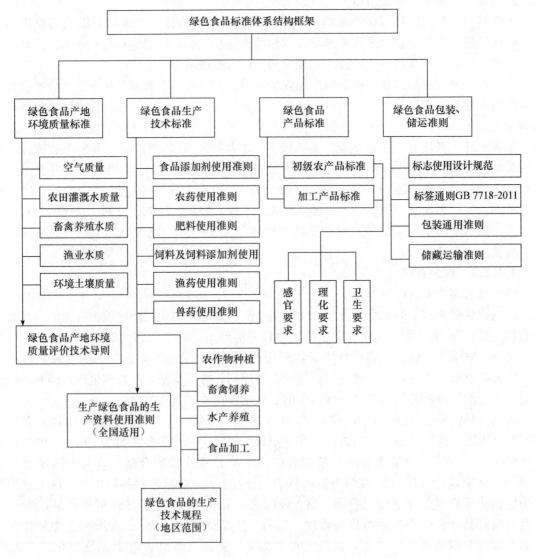

图 9-9　绿色食品的标准体系结构图（引自中国绿色食品中心，2000）

制定绿色食品标准依据主要包括：《欧共体关于有机农业及其有关农产品和食品条例》（第2092/91）；《IFOAM有机农业和食品加工基本标准》；《联合国食品法典委员会（CAC）标准》；我国相关法律法规；我国国家环境标准；我国食品质量标准；我国绿色食品生产技术研究成果等绿色食品的标准。绿色食品标准的要点是：

● 产品或产品原料的产地，必须符合农业部制定的绿色食品生态环境标准；要求绿色食品初级产品和加工产品主要原料的产地，其生长区域内没有工业企业的直接污染，水域上游和上风口没有污染源对该区域直接构成污染威胁，从而使产地区域内大气、土壤、水体等生态因子符合绿色食品产地生态环境质量标准，并有一套保证措施，确保该区域在今后的生产过程中环境质量不下降，有效控制了有毒化学物质等残留污染。

● 农作物种植、畜禽饲养、水产养殖及食品加工各个环节，必须符合农业部制定的绿色食品生产操作规程。核心内容是：在总结各地作物种植、畜禽饲养、水产养殖和食品加工等生产技术和经验的基础上，按照绿色食品生产资料使用准则要求，指导绿色食品生产者进行生产和加工活动，特别是能有效控制农业投入品可能带来的食品安全风险。

● 产品必须符合农业部制定的绿色食品质量和卫生标准；指最终产品必须由定点的食品监测机构依据绿色食品产品标准检测合格。绿色食品产品标准是以国家标准为基础，参照国际标准和国外先进技术制定的，其突出特点是产品的卫生指标高于国家现行标准。

● 产品外包装，必须符合国家食品标签通用标准，符合绿色食品特定的包装、装潢和标签规定。标准规定了产品包装必须遵循的原则、包装材料的选择、包装标识内容等要求，目的是防止产品遭受污染，资源过度浪费，并促进产品销售，保护广大消费者的利益，同时有利于树立绿色食品产品整体形象。

（3）绿色食品质量管理

绿色食品按有关标准组织和进行生产管理。将优良的传统农业技术与现代常规农业技术相结合，从选择改善农业生态环境入手，通过生产、加工过程中特定的生产操作规程限制或禁止使用化学合成物及其他有毒有害生产资料，并把食品生产从"土地"到"餐桌"的全过程，用一系列经过国家标准化管理部门审定的质量安全标准严格的控制起来，即为当前普遍强调的农业标准化生产在绿色食品生产、加工、包装、储运、销售过程的具体实践，常称为"从土地到餐桌的全程质量控制"。

绿色食品质量的管理主要通过下列程序实现：

● 农业部所属中国绿色食品发展中心在全国各省、市、自治区及部分计单列市成立了42个委托管理机构，有的省、自治区的管理机构延伸到市、县；

● 把绿色食品标志作为一种特定的产品质量证明商标注册，以技术标准为依据、检查、检验机构的全部质量控制；

● 根据"商标法"、"产品质量法"，各级政府管理机构加强市场监督。依据标准、实施全过程的质量控制。

绿色食品认证按政府推动、市场拉动、企业自愿的方式进行。绿色食品认证只有产品认证，基地检测认证只是产品认证不可缺少的部分。企业申报绿色食品认证要按照规定的程序、质量标准要求进行。绿色食品的认证基本的程序如图9-10所示。

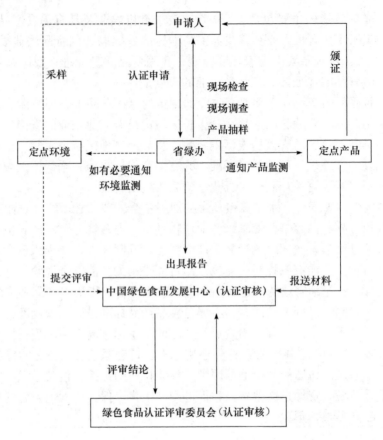

图 9-10　绿色食品认证程序图（引自中国绿色食品中心，2000）

9.4.2.3　有机食品生产

（1）有机食品的概念与特征

有机食品（organic food），是指在生产、加工过程中，按照有机农业的基本标准，不使用任何人工合成的化肥、农药、生长调节剂和饲料添加剂，并经有机农业颁证组织检测，确认为纯天然、无污染、安全营养的食品，也称作生态食品或生物食品。国际有机农业运动联盟（IFOAM）给有机食品下的定义是：根据有机食品种植标准和生产加工技术规范而生产的、经过有机食品颁证组织认证并颁发证书的一切食品和农产品。国家环境保护部有机食品发展中心（OFDC）认证标准中有机食品的定义是：来自于有机农业生产体系，根据有机认证标准生产、加工、并经独立的有机食品认证机构认证的农产品及其加工品等。

有机食品的生产需要建立全新的生产体系，采用相应的替代技术。有机食品的主要特征：①有机农业完全禁止或限制使用化学合成物质；禁止使用转基因、胚胎移植和辐射技术；②强调生产操作对生态环境无不良影响；③应通过第三方认证；④产品需符合国家对产品的质量要求；⑤土地从生产其他食品到生产有机食品的需要两到三年的转换期，有机食品还要求有严格的生产档案原始记录，要求定地块、定产量，生产其他食品没有如此严格的要求。

根据联合国食品法典委员会的定义，有机农业是一种改善和增强农业生态系统健康（包括生物多样性、生物循环和土壤生物活动)的整体性的生产管理系统。有机食品生产过程中不使用任何人工合成的化学品，其含义有两层：首先，有机农业的生产方式解决了常规农业生产中严重的环境污染和生态破坏的问题，是可持续的农作方式；其次，才是产品没有或污染物尽可能低，对人类健康有益。这两层含义的次序不能颠倒。

有机食品生产强调优先利用农场内部材料和物质，并在可能的情况下采用农业、生物和机械的方法，反对采用化学合成物质，在生产过程中尽量减少外部投入物，主要依靠自然规律和法则提高生态循环效率，在系统内部实现农业的各种综合功能。有机农业生产是建立在生态平衡、生态预防基础之上的可持续生产系统，其主要特征包括：①以自然资源特别是可再生资源为基础；②有效利用太阳能和生物系统的生产潜力；③维持土壤肥力；④最大限度实现植物养分和有机物质的循环；⑤不使用自然以外的物质，禁用人工合成化学物质；⑥维持生产系统和农业景观的基因多样性；⑦向畜禽提供适应其行为本性的生活条件。

(2) 有机食品标准

目前，国际有机农业和有机农产品的法规和管理体系主要分为3个层次，分别是联合国层次、国际非政府组织层次和国家层次。其中联合国层次的有机农业和有机农产品标准以及非政府组织国际有机农业运动联盟的标准属于基本标准，使其他国家和组织制定标准时参考使用。

有机农业的国际基本标准由国际有机农业运动联盟制定，基本要点如下。

目标（即基本标准的框架） ①生产足够数量具有高营养的食品。②维持和增加土壤的长期肥力。③在当地农业系统中尽可能利用可再生资源。④在封闭系统中尽可能进行有机物质和营养元素方面的循环利用。⑤给所有的牲畜提供生活条件，使它们按自然的生活习性生活。⑥避免由于农业技术带来的所有形式的污染。⑦维持农业系统遗传基质的多样性，包括植物和野生动物环境的保护。⑧允许农业生产者获得足够的利润。⑨考虑农业系统较广泛的社会和生态影响。

根据上述框架各国组织必须制定发展自己的标准。采用的方法和技术可参考自然生态平衡的某些技术，强调指出禁止使用农用化学品，如合成肥料、杀虫剂等。

如何使产品成为有机产品 在一定时期内按标准要求进行产品的有机转换，由有机农业颁证机构确定转换过程的时间，并定期（每年）进行评价，转换计划包括：①增强土地肥力的轮作制度；②适当的饲料计划（养殖业）；③合适的肥料管理方法（种植业）；④建立良好的环境，以减少病虫害转换周期时间，如果产品在两年之内满足所有标准，则第三年可以作为有机产品出售。

对种植业强调如下几方面：①环境条件（由颁证组织审查无污染）；②作物品种选择，应选适应当地土壤，气候对病虫有抵抗能力的品种；③实施轮作（包括豆科作物）；④肥料政策：有机肥返回土壤，保持土壤肥力，禁止焚烧稻草，氮肥必须是有机，颁证组织应对产品的硝酸盐含量加以限制，引进的肥料要审查，人粪要进行病虫害防治等；害虫管理：要保护天敌，提倡生物综合防治，禁止使用合成杀虫剂；⑤在畜牧生产中禁止使用人工激素和其他增产剂，从非有机农业组织购入的饲料不得超过10%~20%（根据牲畜的种类而异），另外，不得采取虐待牲畜的生产方式；⑥杂草的处理：用预离栽培技术来防治，限制生长（如合理的轮作、种植绿肥、平衡施肥管理等)，使用物理除草方法，禁止使用除草剂，生长刺激剂。

对养殖业、畜牧业强调禁止使用饲料添加剂、生长素、开胃药、防腐剂等。

各国的有机产品标准大都是按照国际有机农业运动联盟的基本标准的要求，结合本国实际进行具体化规定。

(3) 有机食品的认证

有机食品在全球范围内无统一标志，各国标志正显现多样化，同一国家不同认证机构的标志也不同，但其基本要求是一致的。有机产品认证与其他认证的不同之处在于，它是由独立的第三方认证机构承担完成。需每年至少一次现场检查，检查员检查的重点在于确认生产过程的符合性，追溯体系的有效性，并要严格保持检查员的独立性，以便公正判断。认证的有机产品必须使用国家统一或规定的有机产品标识，消费者可以通过该有机产品标识来识别有机产品。

有机食品认证的核心是注重生产过程的管理和控制，十分强调农场（农户）的生产档案记录。

有机食品的生产资料和原料必须是同一生产体系内部循环的自然物质。禁止采用基因工程获得的生物及其产物，不允许使用化学合成的农药、化肥、生长调节剂、饲料添加剂等物质，充分考虑动物福利以及环境的可持续发展。在认证机构监督下按有机生产方式生产1～3年即被确认为有机农场，并可在其商品上使用认证机构标志和"有机"字样上市。

有机种植标准的核心问题是土地的转换，农用物资的使用，生产环境（包括水，土壤，大气）必须达到相应的国家标准。一般情况下转换期从提交认证申请之日起开始，一年生作物为24个月，多年生作物为36个月。需选择抗性强，未受过禁用物质处理，非转基因的有机种子，鼓励通过作物轮作与间套作，土地休闲或免耕，种植豆科绿肥等方式增加土壤肥力，采用物理、生物等综合防治的方法控制病虫害，以保证有机农业的产量与常规农业相当。有机与常规生产区域之间要有有效的缓冲带，以避免禁用物质的污染。在我国有机标准中规定，直接与常规农田毗邻的露天食用菌栽培区必须设置至少30m的缓冲带。对于野生采集区域则要求至少3年未受过禁用物质的污染。有机畜禽养殖则不允许有断喙、烙翅、仔猪断牙等行为。在有机蜜蜂养殖过程中，抗生素严禁用于病害的控制。

9.4.2.4 无公害食品、绿色食品和有机食品的异同

(1) 标志鉴别

我国的无公害食品、绿色食品和有机食品标志如图9-11所示。

一些国外认证机构在我国也有从事农产品认证的情况，它们的有机产品质量标志如图9-12所示。

图 9-11　我国绿色食品、无公害食品和有机食品标志

日本农林水产品标志

美国联邦有机产品标志

欧洲有机食品标志

新西兰（IFOAM认可）有机食品标志

加拿大有机食品标志

澳大利亚有机标志
Australia certified organic

澳大利亚有机标志
Australia certified organic

图 9-12　国外一些国家的有机食品标志

（2）无公害食品、绿色食品和有机食品的法律标准与认证

无公害农产品、绿色食品、有机食品法律及标准归纳比较见表 9-8。

表 9-8　无公害农产品、绿色食品、有机食品法律及标准

项　目	绿色食品	有机食品	无公害食品
法律法规	农业部"绿色食品标志管理办法"，国家"商标法"、"产品质量法"等有关证明商标注册、管理条文	我国"有机产品"标准（GB/T 19630.1～4—2011），欧盟 2092/91 条例，美国联邦"有机产品生产法"，日本"农林产品品质规范"（JAS法）等有关国家或地区的有机产品法规	农业部、国家认监委令"无公害农产品管理办法"，国家认监委"无公害农产品标志管理办法"，农业部、国家认监委"无公害农产品认证与产地认证程序"等有关文件及法规

(续)

项 目		绿色食品	有机食品	无公害食品
标准	性质	推荐性的国家农业行业标准	以国际有机农业运动联盟（IFOAM）的基本标准为代表的民间组织和各国政府推荐性标准共存	行业标准和农产品安全质量国家标准。产品标准、环境标准和生产资料使用准则为强制性国家及行业标准，生产操作规程为推荐国家行业标准
	结构	环境质量、生产技术、产品质量、包装储运等全质量控制标准	生产加工、储运技术标准，无环境和产品质量标准	环境质量、生产技术、操作规程、产品质量标准
	制定发布情况	截至2002年底，发布了52项标准，其中7项通用性标准，45项产品质量标准	国际有机农业运动联盟（IFOAM）的"有机农业和产品加工标准"；欧盟、美国、澳大利亚、加拿大、韩国、墨西哥、日本、中国等都已制定了有机产品的生产加工标准	国家质量监督检验检疫总局发布了4类农产品的8个强制性标准；农业部2001年制定发布了73项无公害农产品标志，2002年又制定了126项、修订了11项无公害农产品标准（NY500等条例）
	水平	AA级等效采用欧盟和IFOAM的有关标准的原则；A级产品标准参照联合国粮农组织和世界卫生组织食品法典委员会（CAC）标准，欧盟质量安全标准，高于国内同类标准的水平	强调生产过程的自然与回归，与传统所指的检测标准无可比性	部分指标等同于国内普通食品标准；部分指标略高于国内普通食品标准
认证管理机关		中国绿色食品发展中心负责全国绿色食品的统一认证和最终认证审查，各省（自治区、直辖市）绿色食品办公室协助认证	第三方认证，在中国为国家认证认可监督管理委员会批准设立，如中绿华夏有机食品认证中心和环境保护部的南京国环有机产品认证中心，国际相关认证机构及其授权的NGO组织	省级（自治区、直辖市）农业部门审查后，报送农业部农产品质量安全中心审查、评定

9.5 生态农业

9.5.1 生态农业的含义与特点

生态农业是在"整体、协调、循环、再生"的生态学原理和生态与经济统一的生态经济学原理指导下，不断优化农业系统结构、功能与配套技术，实现合理高效利用资源、保护生态环境相结合的农业体系。中国生态农业是按照生态学原理和生态经济规律，因地制宜地设计、组装、调控管理农业生态经济系统的可持续农业模式。它强调利用传统农业精华和现代科技成果，通过农业生态工程，协调农业发展与环境保护及资源利用的矛盾，形成生态与经济良性循环。生态农业能够实现农业持续发展的三大目标：一是增加粮食生产，妥善解决粮食问题，实现农业的社会效益；二是促进农村综合发展，消除农村贫困状况，实现农业的经济效益；三是合理利用、保护与改善自然资源，提高环境质量，实现农业的生态效益。

中国生态农业具有综合性、多样性、高效性和可持续性等显著特点，其主要特征包括：

① 强调以提高第一性生产力作为活化整个农业生态系统的前提，为此不但不排斥，而

且积极应用新技术（包括常规增产技术）和合理投入；强调物质的适当投入，不排斥化肥、农药等投入品的合理使用。

② 以追求安全、优质、高产、高效为目的，强调发挥农业生态系统的整体功能，保障农产品质量安全。

③ 部分实现稀缺资源的替代和弥补，一方面充分挖掘系统内部资源潜力，另一方面高效利用商品性农业投入。

④ 将传统农业的精华和现代科学技术相结合，通过改善系统内部结构和投入产出，在不增加其他投入的情况下提高农业综合效益。

⑤ 通过物质循环、能量多层次综合利用和系列化深加工实现经济增值，实现废弃物资源化利用，提高农业效益，降低成本。

⑥ 改善农村生态环境，提高林草覆盖率，减少水土流失和污染，提高农产品的安全性等。如在南方，针对高温土壤有机质分解快、土壤缺磷少钾、酸性高、养分容易流失等症结，采取了果园生草栽培、农田秸秆和城镇有机废物回田、农（林）牧结合、农地间套作等复种轮作制度。

9.5.2 生态农业实践及其模式

当前，我国生态农业作为农业发展、农民小康、农村和谐建设的重要方式和内容进行推广，生态农业与农业结构调整、改善农业生产条件和生态环境、发展无公害农产品有机结合起来，有效促进了农业增效、农民增收和农村生态环境的改善，受到广大农民群众的普遍欢迎。

生态农业建设实践的核心是选择能协调农业社会效益、经济效益和生态效益的农业模式，并以此为基础合理组配各项生产，协调各项技术，促进农业向高效和可持续方向发展。所谓生态农业模式，是在生态农业实践中形成的、结构相对稳定的良性农业生态系统，即农业生态系统单元和农业生产单元。

9.5.2.1 生态农业模式的类型

按照农业生态系统中各种组分特别是农业生物的组合方式，结合农业生产经营方式的不同，具体可将生态农业模式分下列类型：

(1) 部门（或子系统）结合型

根据当地农业自然特点，安排农林牧渔等产业，或再加上加工业，并将各部门按生态学关系联成一物质、能量或价值运转整体，在整个系统目标指导下，充分发挥互相促进、补充、协同作用，不断优化结构和功能，提高三大效益。

(2) 布局配置型

合理布局，适地适作，安排好第一性生产，是环境与生物以及生态位理论的具体应用。合理布局配置除了空间安排外，时间配置也很重要，如珠江三角洲等地区针对传统稻、菜田耕作制度存在片面追求当年稻田、菜田单一产出最大化，忽视以农田持续综合效益最大化的问题，实行稻菜年内轮作的"123模式"即蔬菜（花卉）—水稻—蔬菜种植模式，即将部分水稻种植时段先种植蔬菜等高效作物，在不利于高效作物生长的时段可以种植水稻获得高产，从而实现了利用不同作物对气候资源优势的时段差和土壤养分利用与生态环境的互补作用，提高稻、菜田的综合效益。

（3）农林型

农林系统是一种多年生植物和一年生作物互利共存的结构模式。北方有在林带和格子形林网保护下的农作物，形成农林系统。南方因林木种类多样化，凡乔木、果树、茶、四边桑等均可以就近与农作物组成块状穿插或是带状排列的农林系统，农林系统的林果与作物在生态上互利互补，充分利用自然资源；在经济上以短养长，长短兼顾，持久不衰。如胶茶间作、香蕉花生间作、柑橘芝麻间作等。

（4）立体利用型

根据具体条件采用各种垂直布局。充分利用资源和空间的立体农业生态模式包括多物种共存、多层次配置、多级物质能量循环利用的立体种植、立体养殖或立体种养的农业经营模式。立体种植、立体养殖或立体种养是在半人工或人工环境下模拟自然生态系统原理进行生产种植。它巧妙地组成农业生态系统的时空结构，建立立体种植和养殖业的格局，组成各种生物间共生互利的关系，合理利用空间资源，并采用物质和能量多层次转化手段，促使物质循环再生和能量的充分利用，同时进行生物综合防治，少用农药，避免重金属污染物或有害物质进入生态系统。依靠农学上的精湛技术投入，通过高技术与劳动密集相结合的途径，使农业结构处于最优化状态，最终实现生态效益与经济效益的结合，发挥系统的整体性与功能整合性。

在热带亚热带丘陵山区，山顶阔叶林或松杉针叶林或针阔叶混交林"戴帽"，山腰果树等经济林果"缠腰着裙"，同时在果园进行间作套种绿肥或牧草或豆类、薯类、蔬菜等作物，山脚坡耕地种植豆类、薯类、蔬菜等作物，山脚谷地为水稻田，低洼处挖成基塘系统养鱼和种植作物，这种立体布局的利用形式十分普遍。广东潮州市官塘区秋溪乡的农业生产布局，在丘陵坡顶种植以松树为主的用材林，坡腰种植橄榄、杨桃、三华李等果树为主的经济林，坡脚种植香蕉、芭蕉等，村落建在坡脚。旱地种植蔬菜、甘薯，水田种植双季稻，低洼地做鱼塘，河堤草坡用于放牧和种植果树图9-13。至于农田的立体利用，如高矮作物间作，耐荫与喜光作物间作，乃至在高杆或高架作物之下鹅鸭培殖食用菌等。在广东高州、广西恭城、江西赣州、湖北京山等地的生态农业试点基地，这类立体农业的生态模式得到了普遍推广应用。

（5）互利互济型

依照自然生态系统进行演替规律形成的群落，人为创造多种互利互济系统。例如，海南、云南等地推广以宽行双株种植的橡胶树中间配置若干带茶树的胶茶间作模式，克服了橡胶单作不能充分利用光热资源，对风害、低温等自然灾害抵御能力差，而强光照对单作茶叶的产量和品质均不利。间作的优点，一是为茶树创造适宜生长的良好环境，有利于提高茶叶品质；二是增强抵御自然灾害的能力，使橡胶高产、早产；三是具有良好的生态效益，比单胶林更接近热带雨林多层结构的特征，雨水受到层层阻截，延长与减缓了雨水降落地面的时间和速度，起到了减小对地面土壤冲击的作用；茶树根密而多，胶茶林的土壤孔隙因而增多，有利于地面水下渗保蓄，土壤流失量降低，土地肥力提高；四是提高了土地利用率（50%～70%）和光合利用率。

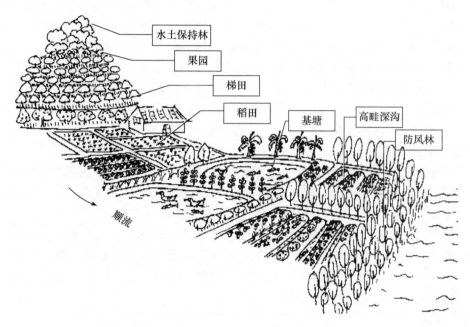

图 9-13　华南地区典型小流域综合布局模式的结构示意图（引自骆世明，2000）

（6）同居共生型

利用生物间互利关系，如稻田养鱼、稻田养鸭。稻田养鱼，古已有之，2005 年被选为联合国粮农组织首批 5 个"全球重要农业文化遗产"试点之一的浙江青田传统稻鱼共生系统，从古延续至今已有 1200 多年历史。稻鱼共生系统的鱼类取食杂草、浮游生物、水稻害虫（稻虱、叶蝉）等，将其储藏能量转化为鱼产品；鱼在稻田中搅动，能疏松土壤，增加稻田的氧气，有利于有机物的分解，促进水稻根系的呼吸和发育；鱼类的排泄物可肥田。稻田养鱼使得稻、鱼相辅相成、相得益彰。水稻增产一成左右，产鱼 1 500 kg/hm² 左右。而另一模式是稻田养鸭，利用水稻与鸭在共生过程中产生的协同关系，稻田在为水稻提供生长空间的同时为鸭提供捕食栖息的空间，鸭在捕食、运动过程中优化水稻生长发育环境并影响稻田环境，鸭稻共作模式则强调鸭子全天候在水稻中生长，是普通稻田养鸭的改进。

（7）边际利用型

陆地和水域，陆地上山地和平坝，乃至沙漠和农用地的边界地区，都是生态过渡带（ecotone），过渡地带既有其不利的一面，即具有脆弱和不稳定性；然而，这些地方如得到妥善的生态治理，又是环境因子以及生物和微生物种类多样化的地域。应用生态学上"边缘效应"机理，用技术调节边际地区食物链营养物质的联系、交换、转换、补偿等关系，从而提高生态效率而带来较高的经济效益。

（8）食物链型

将生物物质、能量多层次多途径利用的食物链型生态模式，是一种按照农业生态系统的能量流动和物质循环规律而设计的一种良性循环的农业生态系统。生物之间相互依存又相互制约，一个生态系统中往往同时并存着多种生物，它们通过一条条食物链密切地联系在一起。按照食物链的构成和维系规律，合理组织生产，最大限度地发掘资源潜力，节省资源且减少环境污染。如粮—猪—沼—鱼模式，在这个循环中，废弃物被合理利用，可减少环境污染。食物链型模拟生态系统中的食物链结构，在农业生态系统中实行物质和能量的良性循环与多级利用，系统中一个生产环中的产出（或废弃物）即是另一个系统的投入。使得系统中的废弃物多次循环利用，从而提高能量的转换率和资源利用率，获得较大的经济效益，并有效地防止农业废弃物对农业生态环境的污染。具体有种植业内部物质循环利用模式、养殖业内部物质循环利用模式、种养加三结合的物质循环利用模式等。食物链模式设计可采用"依源设模，以模定环，以环促流，以流增效"方法，通过链环的衔接，使系统内的能流、物流、价值流和信息流畅通，从而提高经济、生态和社会三大效益。

把不同营养层次的类型生物种群按食物链原理组成一个食物链循环系统进行生产，这类模型在我国生态农业建设实践中得到最广泛的运用。南方最普通的是鸡—猪—沼—鱼模式。

（9）多能互补型

从本质上看，农业生态系统的生产也是能量的生产。如何控制人工辅助能的过多投入，减少能量消耗，增加单位投能的相对产出效率，这不仅关系到经济效益的提高，更关系到减轻农业生产活动对环境的污染和自然资源的充分利用。所以，农村能源是全球共同面临的问题，也是我国建设生态农业的重要内容。

（10）环保净化型

强调通过生态综合利用技术解决农业内源污染和生活产生的废弃物，如沼气生态农业模式、畜牧湿地生态工程模式等。在能源短缺的地方，农民为了取暖、做饭，不仅焚烧作物秸秆和骡马粪，甚至还要砍树木、铲草根，生态系统处于极度恶化的状态。如何帮助农民解决能源问题，就成为发展生态农业的重点。目前，全国行之有效的生态农业典型多是以沼气发酵为纽带把养殖业和种植业联系起来的模式。沼气作能源，沼液、沼渣作肥料，使生态系统走上良性循环。如"一池三改"农村户用沼气池建设的生态模式，沼气池与改厨、改厕和改圈有机结合起来，大中型养殖场及养殖小区和比较发达富裕的农村的能源环境沼气工程模式，使畜禽粪便和农作物秸秆得到转化及综合利用，达到能源、环境、经济和社会效益综合协调发展的目的。以沼气模式为例，20世纪80年代以来，我国各地以沼气为纽带的生态农业得到了较大的发展，其中南方出现了以江西赣州、广西恭城和广东梅州为代表的"猪—沼—果"模式，该模式以沼气为纽带、以养殖为龙头、以种植为重点的"三位一体"的生态模式。广西部分地方还在此基础上，推广"猪＋沼＋果＋灯＋鱼＋捕食螨＋生物有机肥"、"猪＋沼＋菜＋灯＋鱼＋黄板"、"稻（免耕抛秧）＋灯＋鱼"等新模式。在北方，由于冬天气温太低等，造成沼气池无法正常发酵，人们探索出了"四位一体"模式，即以沼气技术为核心，以土地资源为基础，以太阳能为动力，以沼气为纽带，把种植业和养殖业相结合的典型庭园生态模式。"四位一体"模式既解决了北方沼气池安全越冬和猪的冬季生长问题，又在冬季提供了产量和质量都比普通大棚高的农产品。沼气生态农业模式可以有效解决农村燃料不足问题；改善土壤肥力和土壤结构，减少肥料及农药的使用量，降低农业生产成本；增加农产品的产量，确保农产品的质量，并有利于缓解农村日益恶化的环境污染问题。

（11）生态恢复与治理工程模式

主要根据生物与环境相互影响的原理，特别要利用绿色植被保持水土、净化空气、净化水质的功能，恢复或治理生态环境。例如，水土流失治理生态工程、盐碱地治理工程等。其中一个主要观点是，要使大面积的生态环境得以恢复或保护，必须先建立一小块高效的生态"绿洲"，这个"绿洲"能够解决当地人民的吃饭和能源等问题。只有这样人类才可能不再去破坏大面积的、脆弱的生态环境。在一定条件下，自然植被可以利用自身的更新、再生能力，形成一个良好的生态环境。

9.5.2.2 生态农业技术体系

我国生态农业强调发展生态技术，把传统农业技术精华与现代农业科技组装配套，形成以下技术构成的具有系统综合性特征的生态农业技术体系：生物共生共惠及充分利用时间、空间和营养生态位技术；生物措施与工程措施相结合的农业环境综合整治技术；农业资源保护和农业生产自净与增殖技术；水土流失综合治理与小流域综合利用开发技术；物质与能量的良性循环与再生技术；立体种养与庭院资源综合利用技术；资源多层分级综合利用与开发再生能源的生态工程技术；多能互补的农村能源综合建设；农业副产物循环再利用技术和有害生物综合防治技术；生态农业综合评价技术等。

9.5.2.3 生态农业在农业生态环境保护中的作用

生态农业的出发点是把农业的发展和资源合理利用及生态环境保护结合起来，把它们协调在一个整体里，并且不断优化。生态农业注意环境保护，即有助于提高农产品质量安全和农民生活与健康水平，又促进了农村环境的绿化、美化，促进了农村的和谐发展。

（1）生态农业遵循"整体、协调、循环、再生"原理，调控系统的平衡关系，通过减少农业投入品使用，保障农业生态安全

生态农业通过生态工程的系统方法，协调农业资源的利用、保护和增值，优化农业和农村的结构与布局，以产生高效的整体效应。即通过优化调控系统内部结构和功能，尽量利用生态系统的时间、空间、营养生态位，充分发挥生物和环境迁移、转化、再生物质和能量的潜力，提高整个系统以太阳能利用为基础的能量转化和物质循环速度及效率，达到燃料、肥料（有机肥）、饲料的充分利用，缓解有机肥缺乏和养殖业废弃物等污染环境之间的矛盾，保护环境自净能力，创造优美景观，形成生态与经济良性循环，从而减少化肥等的使用和由之带来的副作用。

生态农业建设强调以提高初级生产力作为基础，以能量转化，物质循环的高效、合理性及物质多层次多级利用、资源循环再生产、持续协调发展等生态学原理作为指导理论来促进农业生态系统的发展，即重视森林等自然植被质量的提高，重视农田水土保持耕作体系的建设，重视农业的无废弃物少废弃物生产和农业面源污染的有效控制。

生态农业在农业综合开发中具有重要意义。农业综合开发是根据区域的自然、经济条件和农业资源特点，通过规划，对当地资源全面开发利用，既有对未开发资源的开发利用，又有对利用不当的调整，也有综合治理。农业综合开发必须遵循生态学原理，处理好资源开发利用与生态环境治理之间的关系，而这正是生态农业的内容。

（2）生态农业通过推广对环境友好的生态农业技术，实现农村资源可持续利用和减少污染的环保目标

生态农业建设在技术措施上强调因地制宜地建立多种产业部门的大农业结构，强调通过人工设计的生态工程实现生产过程中资源开发、环境保护、生态调节和生态循环；强调采用节能、节水、节省资源投入、用养结合的保护性技术措施，实现农业资源可持续利用，提高

生态效益，增强生产后劲。在方法上，注重把我国传统农业精华和现代科技相结合，要求采用系统工程手段，合理组织农业生产，发挥系统整体功能，各地生态农业实践中常用的生态技术主要包括农业环境综合整治技术体系（如水土保持耕作和集水生态农业技术）、农业资源的保护与增殖技术（如生物养地技术、小流域综合利用技术、多维用地技术、物质能量多级利用）及有机废弃物转化再生技术、物质良性循环技术、有害生物综合防治技术、生物能及再生能源的开发利用技术、生产自净技术等。

（3）生态农业通过开发推广新型肥料、农药、薄膜与精准施用技术，减少农业投入品对环境和农产品的污染

生态农业强调对传统的化学肥料、农药、薄膜进行生态化改造，近年已开发有机无机复合肥、微生物肥料、控释肥料、生物农药、可降解地膜、有效微生物菌群调节剂等产品，测土配方施肥技术，以及应用现代信息技术（即"3S"技术，GIS、RS、GPS）和现代农业资源监测技术的精确农业技术。

（4）生态农业加强了生物多物性保护，维持了农区良好生态功能

生态农业通过保护和充分利用生物多样性，在以尽量少的干预和投入的条件下，实现稳定和高效的农业生产力和经济效益，并维持农区生物多样性和良好的生态服务功能。生态农业促进了资源高效利用，实现经济社会的可持续发展。

（5）生态农业促进资源高效利用，实现经济社会可持续发展

生态农业是一种以资源高效利用和循环利用为核心，以减量化、再使用、再循环（即"3R"）为原则，以低消耗、低排放、高效率为基本特征，以生态产业链为发展载体，以清洁生产为重要手段，达到实现物质资源的有效利用和经济与生态的可持续发展的循环经济模式。

生态农业模式与技术是农业循环经济的主要措施和途径，具体可包括：

① 在广大农村推行节水、节地、节能技术，特别是大力发展以农业废弃物循环利用，如畜牧业及农产品加工业废弃物的循环利用、秸秆综合利用和沼气生态农业，这是农业循环经济的主要内容。

② 推行农业清洁生产，实行化肥农药减量化，有效控制农业面源污染。进行种植业结构调整与布局优化，结合农业产业结构调整，大力发展生态农业、有机农业和节水农业，积极发展有机食品、绿色食品和无公害食品。在高污染风险区优先种植需肥量低、环境效益突出的农作物。推行田间合理灌排，发展节水农业。综合采取技术、工程措施，控制农业面源污染。在做好农业污染源普查工作的基础上，着力提高农业面源污染的监测能力。加强农药和化肥环境安全管理，推广高效、低毒和低残留化学农药，禁止在蔬菜、水果、粮食、茶叶和中药材生产中使用高毒、高残留农药。防止不合理使用化肥、农药、农膜和超标污灌带来的化学污染和面源污染，保证农产品安全。大力推广测土配方施肥技术，积极引导农民科学施肥，在粮食主产区和重点流域要尽快普及。积极引导和鼓励农民使用生物农药或高效、低毒、低残留农药，推广病虫草害综合防治、生物防治和精准施药等技术。通过平衡施肥、合理灌溉、合理轮作、间套种等技术保护耕地，防治水土流失。同时以生产要素为纽带，将具有上下游共生关系的农副产品加工企业集中在一个相对封闭的园区内，实现有害污染物主要在园区内的闭路循环，从而使农副产品质量安全和农业环境安全得到保障。

③ 积极推进以沼气为主的农村新能源工程，重点实施规模养殖场大中型沼气建设工程、

秸秆气化集中供气工程和"三位（四位）一体"（即温室大棚—种植—养殖—沼气）等农村能源建设项目，推广小水电、太阳能和风能发电，如广西贺州在农村电气化的过程中坚持走"以地造林、以林蓄水、以水发电、以电促工、以工生财、以财补林"的循环发展路子。广西恭城等地以沼气池建设为中心，把沼气池建设与改圈、改厕、改厨结合起来，大力发展养猪业，充分利用沼液、沼渣发展无公害农业，建立"猪—沼—果—灯—鱼"等生态农业模式，促进了农户生产与生活、农田与庭院的紧密联系和良性循环，实现了家居清洁化、庭院经济高效化、农业生产无害化，实现了能源、经济、生态和社会效益的统一。

④ 实施生态家园富民行动是发展生态农业和推动农业循环经济的有效载体。我国从2000年提出并组织实施的生态家园富民计划，主要是结合我国农村农业经营和农户实际，通过各类成熟的可再生能源技术的优化组合，因地制宜地建设推广各类成功的能源生态模式，形成以沼气为纽带的一整套生态种植、养殖技术，同时把沼气建设与改厨、改厕、改圈、改路、改水、改庭院相结合，引导农民改变落后的生产、生活方式，达到解决温饱、实现增收和保护生态环境的目的，实现家居温暖清洁化、庭院经济高效化和农业生产无害化的目标，成为深受农民群众欢迎的生态农业成功模式。

【案例】

案例1　太湖蓝藻爆发导致无锡饮用水危机

2007年5月，太湖蓝藻大面积爆发，这些低等生物在水面上漂浮着厚厚的一层，就像棉被一样覆盖着水体，并产生腥臭味，随风飘散。蓝藻致使无锡市城市饮用水取水口被污染，自来水出现臭味，引发了一场严重的饮用水生态安全危机。由于问题的严重性，温家宝总理对此作了重要批示，曾培炎副总理出席相关会议并讲话。为此，江苏省计划在5年内投资1085亿元，用于全面改善太湖流域的水环境质量。另外，从2008年起，太湖地区各市、县从新增财力中划出10%~20%专项用于水污染治理。

蓝藻是太湖病症的表象，真正源头是遭污染的水体。太湖水质不断恶化的趋势虽然和近年来异常的高温少雨天气，以及太湖水位的降低有关，但最根本的原因还是排入太湖的污染物远远大于太湖的环境容量，营养物质累积，致使水体产生富营养化。太湖的外部污染源主要有工业污染、农业面源污染和城市生活污染3大类。其中，工业污染主要集中在纺织印染业、化工原料及化学品制造业、食品制造业等领域。虽然近年来太湖流域实施达标排放，但由于经济高速发展，污染排放量迅速增加。同时，随着产业转移加快，一些技术含量低、污染严重的工业企业转移到了监管相对薄弱的农村，大量工业污染沿着河网进入太湖，使太湖工业污染控制更加困难。此外，农业生产中化肥的大量使用所产生的面源污染，也加重了太湖水体的恶化。据统计，太湖流域每年耕地平均化肥施用量（折纯量）从1979年的24.4kg/hm^{2}增加到目前的66.7kg/hm^2，而一些发达国家规定每年耕地平均化肥施用量不得超过22.5kg/hm^2。还有，太湖地区人口密度已达每平方千米1000人左右，是世界上人口高密度地区之一。城市化进程加快、外来人口增多使得城市生活污水排入量迅速增大，成为太湖河网地区氮指标过高的重要原因。同时，过度围网养殖使太湖走向沼泽化。中国科学院南京地理与湖泊研究所的专家通过卫星遥测图测算，东太湖面积131km^2，围网养殖面积达 54km²，约占东太湖总面积的 41%。据测算，目前东太湖湖底平均沉积速率为每年 1.24cm 左右，照此发展，50 年后湖底沉积将达 3m，东太湖将因严重沼泽化而逐渐消亡。过度围网养殖还严重阻隔、减缓了湖区水流，致使水流不畅，湖泊淤积加剧，大大削弱了太湖的泄洪调蓄功能。由于水体严重富营养化，太湖流域的饮用水日益受到威胁。监测数据显示，目前，太湖流域的饮用水源地水质以 II 类、III 类为主，有 32% 的水体水质达不到饮用水要求。其中，局部地方的饮用水源地水质全部劣于 IV 类水体。

太湖蓝藻事件只是危及我国水生态安全的一个缩影。从滇池、巢湖到其他大江大河，都面临着日益严重的水污染问题。长江流域的一些淡水湖也正在面临水位下降、水质恶化的危险。

经济水平提高了，生活富裕了，但喝不到纯净的水，这样的发展又有什么意义？太湖的例子值得我们深思。

案例 2 埃及的农业环境污染问题

和多数发展中国家一样，埃及过去对环境保护不够重视，加之日益增加的大量人口，使得一些地区的水污染问题越来越严重。一方面，很大一部分污水未经处理就被直接排放到尼罗河；另一方面，由于下水道年久失修，造成大量粪便、农药以及其他有害物质外溢，使地下水受到污染。这个问题已经引起埃及社会的普遍关注，因为这是关系到几千万埃及人生活用水的一件大事。有专家指出，如果对水污染的问题不及时采取对策，埃及以后将因此在经济上和国民健康上付出巨大的代价。目前，埃及政府开始重视对水资源的保护，埃及全国环境行动计划确认曼扎拉湖（Manzalah）和埃尔巴卡尔湖（EL-Baqar）为该国的两个"黑盆"，它们已成为受到重金属及其他排泄物污染的典型重灾区。有关专家指出，鉴于这里的情况十分严重，政府必须立刻采取行动，否则后患无穷。

现在，有很多埃及人对市场上出售的那些来自污染区的鱼类持怀疑态度，担心其有害身体健康。亚历山大这个埃及西部港口城市正受到极其严重的污染，但该市人口的恶性膨胀和居民对生活垃圾的任意倾倒，又使政府改善环境状况的工作步履维艰。令人欣慰的是，在埃及有越来越多的人开始接受下述观点：如果不加约束，那么农药、化肥的使用及其他许多的工业生产活动，必将使埃及环境的污染越演越烈，危及所有人的切身利益。

由于农业污水的长期排放和积存，在埃及的瓦迪拉扬（Wadi El Raiyan）地区已经逐渐形成了两个肮脏的"湖泊"，成为两个巨大的二次污染源。人们担心，形形色色的污染物会传入生态系统的生物基因，从而产生难以预测的后果。长期以来，由于化学药物的残留、生物品种的退化及其畸变倾向在生物系统内的积存，许多无机污染物一直损害着生态系统。在埃及公路和城市工业用地周围种植农作物会造成农作物体内的重金属蓄积，如蔬菜能将土壤中的污染残留积存，并将其传递到食物链中。在受污染的土壤或大气环境中生长的蔬菜，可以显现出所受到的严重损害。在埃及，有关空气污染对植物生长的影响以及受损植物外在特征的研究工作已开展数年，利用植物作为早期污染的观测工具的研究也在进行。最近，空气污染对植物生长的影响和利用高大植物作为城市工业区的监测器，已经引起各国环保专家的注意。例如，人们发现杧果树对空气污染具有敏感性，印度已将其作为工业区的环境监测器。埃及北部的舒卜拉（Shnubra Elkheima）地区是埃及最大的工业区之一，这里使用了各种类型的矿物性燃料，并向大气中排放了大量污染物。开罗的空气污染引起重金属对土壤的污染，那里的土壤中受到几种重金属的污染，在该地区生长的苔梧、胡萝卜以及其他蔬菜中，都已发现含有铅（Pb）的成分。当地种植的锦葵属植物莴苣的表面上，可以看到受污染的明显特征——叶子枯萎并有红斑状的色素沉着。人们发现，这些症状与这一地区流行的污染物有直接关系。卡麦尔·辛迪的报告说，近来埃及的耕地广泛引进和使用了植物营养剂和农药，这将导致重金属对土地的污染。有研究报告提出，采用锌铜化合物作为无机农药，已引起农业土地中出现有毒成分，城乡地区出现了有害尘埃的蓄积。

案例3 三聚氰胺污染及其影响

2008年9月，中国爆发三鹿婴幼儿奶粉受污染事件，导致食用了受污染奶粉的婴幼儿产生肾结石，其原因是奶粉中含有三聚氰胺。继三鹿后，蒙牛、伊利、光明、雅士利等22家企业的奶制品也被检出含有三聚氰胺。截至11月27日8:00时，全国累计报告因食用三鹿牌奶粉和其他个别问题奶粉导致泌尿系统出现异常的患儿29万余人，其中6名婴儿不幸死亡，引起全世界高度关注。2010年10月，香港市场鸡蛋被检测出含有三聚氰胺，之后全国多个牌子鸡蛋检出三聚氰胺，进而事态扩展到饲料产业及养殖产业。

此前，有关三聚氰胺造成动物毒害事件已有发生，台湾于2004年许多犬、猫因肾衰竭死亡，发病犬、猫皆食用同一家的P牌饲料，引发一连串消费者求赔偿事件，P牌饲料公司出面自称饲料原料来自泰国，受霉菌污染造成。

2007年美国发生多起犬、猫肾衰竭病例，其病变及疫情与台湾2004年发生时雷同，经由研究分析结果确诊为饲料中污染三聚氰胺所致。

2007年深圳检验检疫局从台湾进口的3批"爱族牌"观赏鱼饲料中检出三聚氰胺，且三聚氰胺含量较高，分别为0.35g/kg、0.47g/kg、0.51g/kg。这3批鱼饲料共846kg。

三聚氰胺（melamine），分子式$C_3N_6H_6$，相对分子质量126.12，三嗪类含氮杂环有机化合物，是一种用途广泛的基本有机化工中间产品，主要用于生产三聚氰胺甲醛树脂（MF）的原料，还可作阻燃剂、减水剂、甲醛清洁剂等。含高比例的氮原子，被人为添加在食品中以达成食品蛋白质含量较高的假象，造成严重的食品安全事故。蛋白质平均含氮量为16%左右，而三聚氰胺的含氮量为66%左右，被当成"蛋白精"来用。常用的蛋白质测试方法"凯氏定氮法"是通过测出含氮量乘以6.25来估算蛋白质含量，因此，添加三聚氰胺会使得食品中的蛋白质测试含量虚高，从而使劣质食品和饲料在检验机构只做粗蛋白质简易测试时蒙混过关。有人估算在植物蛋白粉和饲料中使测试蛋白质含量增加1个百分点，用三聚氰胺的花费只有真实蛋白原料的1/5。三聚氰胺作为一种白色结晶粉末，没有什么气味和味道，所以掺杂后不易被发现。

当三聚氰胺在尿液中的浓度超过阈值时，会形成结晶；浓度低于阈值时则不会。毒奶事件中，许多受害的婴儿在肾脏、膀胱及尿道发现结石，结石的成分经分析后证实为尿酸（尿液中正常产物）及三聚氰胺。

人类接触到三聚氰胺的来源有2种，一种是环境，另一种是食物。环境中的三聚氰胺来自杀虫剂cyromazine，分解后会产生三聚氰胺。食物中的三聚氰胺则可分为包装及制造过程中非故意产生的"基准"水平（baseline levels）以及蓄意添加的"掺假"水平（adulteration levels）两种。由于目前常规使用的测定方法不能辨别非蛋白氮（non-protein nitrogen sources）及蛋白质中的氮分子，且部分非蛋白氮较蛋白质含有更高比例的氮原子（如三聚氰胺），所以被造假者利用，添加在食品中以造成食品蛋白质含量较高的假象，从而造成严重的食物安全事故。

人类三聚氰胺的每日容许摄取量（tolerable daily intake，TDI）是根据对大鼠的研究所制定出来的，将大鼠会产生临床症状的最低每日摄取量除以200，计算出人的TDI为0.2mg/kgBW，此值适用于所有年龄层，包括婴儿。

根据中国疾病预防及控制中心提供的数据，三聚氰胺毒奶事件中受害婴儿的平均每日暴露量为$8.6\sim23.4$mg/kg，相当于TDI的$40\sim120$倍。事件中成人的平均每日暴露量保守估计为TDI的$0.8\sim3.5$倍，因此受害较轻。食品中基准水平的三聚氰胺含量则远小于TDI，约为$13\mu g/kg$。

致病机理 犬及啮齿类的毒物学研究中，单独摄入三聚氰胺并不会造成肾衰竭，但是食品或饲料在加工过程中的某些原因（如劣质三聚氰胺原料或衍生物等）使得三聚氰胺中常常混有三聚氰酸（cyanuric acid），同时被吃入时，三聚氰胺可能会与三聚氰酸转化为不可溶的复合物。这种复合物可能形成晶体并造成对组织的伤害。具弱酸性的三聚氰酸在碱性环境下容易离子化，而与尿中含量丰富的一价及二价离子结合，同样也可能会形成晶体而伤害组织。这些机制受到非常多化合物及药物的影响，因此种别间对三聚氰胺-三聚氰酸复合物具有不同感受性且造成肾脏及肾小管组织伤害的程度也不同。

对犬猫的影响 宠物饲料造成犬猫肾衰竭的事件分别在2004年及2007年爆发，其中2004年的事件发生在台湾，造成许多犬在食用特定品牌饲料后发生肾衰竭，2007年美国发生多起因饲料引起急性肾衰竭而造成犬猫死亡的事件。组织学检查发现13只猫的肾小管内结晶，肾小管坏死伴随增生，肾包膜外围血管炎。毒理学检查发现在猫饲料、呕吐物、尿液及肾脏中皆可侦测到三聚氰胺及三聚氰酸。在误食三聚氰胺及三聚氰酸的猫中，最一致的病变发生在泌尿道，特别是肾小管坏死及尿结晶症。

对猪的影响 猪同时喂饲三聚氰胺400mg/kg及三聚氰酸400mg/kg，3天后给予安乐死，剖检可见肾脏边缘水肿、苍白并有红色的小斑点。肾产生黄褐色、辐射状的结晶，与猫的病变类似。血中BUN及creatinine上升。而单独喂饲三聚氰胺或三聚氰酸的猪则没有明显病变，显示将两种物质单独摄入毒性都很低，但同时摄入则可能造成弥漫性肾小管结晶，进而继发肾衰竭，与人类急性尿酸中毒造成的肾病很相似。

对禽类的影响 在禽类方面，由于2007年美国先后发生宠物饲料造成大量犬猫死亡及印第安纳州发生鸡饲料遭三聚氰胺污染事件后，美国食品和药品监督管理局旋即对"人食入遭三聚氰胺污染的鸡肉是否危害健康"问题作了一系列的评估，在风险评估报告中指出，体重60kg的成人每天需吃进360kg遭三聚氰胺污染的鸡肉或其他食品，才可能造成对健康的危害，并且认为已流入市面上的鸡肉产品没有回收的必要。令人费解的是：犬猫在吃进遭三聚氰胺污染的饲料后死于肾衰竭而鸡却依然健康，关于这部分仍需进一步研究。

对反刍动物的影响 三聚氰胺对于反刍动物毒性的报告很少，根据一篇1966年的文献指出，对麦利诺绵羊（merino sheep）进行试验，每头动物每天分别投予100g、50g、25g三聚氰胺，在投予至11天绵羊全部死亡，剖检可见肾病与肾小管结晶；另外3只绵羊投予每天每只10g三聚氰胺，其中2只分别在第16天及31天死亡，剖检可见肾小管结晶及肺水肿，此外在死亡前三天血检显示BUN及creatinine急剧升高的现象；而每只绵羊每天投予7g三聚氰胺的量，绵羊可存活超过7周且未发生BUN升高、瘤胃pH值改变或蠕动异常以及任何肝毒性的征兆。

对水生动物的影响 75只鱼分别喂饲①三聚氰胺400mg/(kg·d)；②三聚氰酸400mg/(kg·d)；③三聚氰胺及三聚氰酸各400mg/kg，共喂3天，在第1、3、6、10及14天投药后安乐死。肾脏分别以新鲜、冷冻及福尔马林固定方式保存以检查结晶。其中对鱼可食用部位的肌肉进行药物残留检查。晶体则进行LC/MS及光谱分析，结果表明：同时吃入三聚氰胺及三聚氰酸的组别皆产生黄褐色、辐射状的结晶，光谱分析发现此结晶为三聚氰胺及三聚氰酸复合物。在鱼肉中也检出三聚氰胺及三聚氰酸。

饲料污染与转移 世界卫生组织/联合国粮农组织于三聚氰胺的毒理学专家会议中，确认三聚氰胺会从污染的饲料转移到动物组织（包括鱼）、牛奶和蛋。这个事实说明了：即使三聚氰胺污染的是动物饲料，仍然不容忽视。各国政府都应该重视这个问题，并进行适当的监测。国际食品安全当局网络（INFOSAN）监控各地三聚氰胺污染饲料事件，其中在意大利发现动物饲料（大米浓缩蛋白）中的三聚氰胺污染高达21 000mg/kg，这是有记录以来最高的污染程度。

奶粉的转移 南非卫生部指出雀巢公司生产的婴儿配方奶粉之三聚氰胺含量为1.6mg/kg和3.0mg/kg。这些在南非生产的产品并未使用进口的任何食品原料。雀巢公司已确定污染的来源最有可能来自南开普地区（southern Cape），该地区的部分鲜奶供货商使用的动物饲料遭三聚氰胺污染。南非的动物饲料制造商协会已经调查了这个案件，并发现2007年饲料污染事件的饲料仍然流通在市场，可能是造成本次事件的原因。

水生动物的转移 Andersen等人使用LC-MS/MS来检测实验投予三聚氰胺后，鱼及虾肌肉中之残留。三聚氰胺回收率可达63.8%（21.5%相对标准差，$n=121$），其检验的最低侦测值可达到3.2μg/L。当鱼饲料中的三聚氰胺污染达6.7mg/kg时，在鱼可食用部位侦测到的残留量超过50μg/L（美国食品和药品监督管理局的标准为50μg/L）。作者也针对市面上的鱼虾做检验，检出结果发现接近10%样本之三聚氰胺残留量超过50μg/L。

猪肉的转移 根据Baynes等人2007年在药物动力学研究中的发现，三聚氰胺在猪体内的半衰期为4.07±0.39h。单次静脉注射三聚氰胺之后，经过28h血液中99%的三聚氰胺都会被排出。作者根据实验结果推断，当猪意外吃入含大量三聚氰胺的饲料，经过28h之后，血中三聚氰胺的浓度最高也仅有10μg/mL。Buur等人2008年进一步研究猪在口服三聚氰胺之后，血液、肌肉、肝脏及肾脏中的三聚氰胺含量需要多久时间才会低于美国食品及药品监督管理局的残留标准（50μg/L），发现即使在残留时间最长的肾脏中，也只需要20.9h就会低于这个标准。另外Burr等人还进行另一个实验，研究猪在连续口服5.12mg/kg三聚氰胺7天、1天2次，需要多久时间才会被排出，结果显示平均21.3h后，肾脏的残留量就会低于50μg/L。

2008年毒奶粉事件的发生，对全世界食品安全规范投下了一颗重磅炸弹，任谁也料想不到化工原料三聚氰胺竟会被添加至乳制品中，并且造成如此重大的危害。综观三聚氰胺对动物的毒性，其中犬、猫、鱼及猪单独摄入三聚氰胺或三聚氰酸时毒性都很低，但同时摄入时则毒性增加，可造成弥漫性肾小管结晶，进而继发肾衰竭。绵羊即使每天食入7g三聚氰胺，仍可存活超过7周无异状。鸡只吃入遭三聚氰胺污染的饲料，亦未发现任何症状。因此，动物单独食入含三聚氰胺的饲料时，除非剂量极高，一般而言不会对健康造成危害。

在饲料污染与转移方面，WHO/FAO于三聚氰胺的毒理学专家会议确认三聚氰胺会从污染的饲料转移到动物组织（包括鱼）、牛奶和蛋。在鱼类的研究发现当饲料含三聚氰胺6.7mg/kg，鱼肉中的残留量为50μg/L。而猪的研究则显示三聚氰胺在猪肉之残留时间甚短，在停止投与污染饲料后一天猪肉中的三聚氰胺含量就会低于50μg/L。虽然目前的研究显示三聚氰胺由污染饲料转移至畜牧产品的残留量不高，残留时间也短，但是另一方面，除鱼、猪外，其他畜产品之研究阙如，且动物食入污染饲料不会产生临床症状，长期食用造成的风险不明，因此监控饲料中是否含有三聚氰胺，实为维护人畜健康之重要课题。

（案例3摘自李淑慧 等，2009. 文献探讨：三聚氰胺对动物的危害. 家畜测试所研报，44：1-9.）

思考题

1. 有什么方法可以减少化肥的使用量和防控肥料的面源污染？
2. 秸秆有什么循环利用的方式？禽畜粪便又有什么循环利用的途径？
3. 如何推行农业清洁生产，实行农用化学品减量化，有效控制农业面源污染？
4. 无公害农产品、绿色食品、有机食品有何异同？
5. 简述生态农业在农业生态环境保护中的地位与作用。

参考文献

陈红卫. 2009. 我国农业集约制条件下的化学化技术应用分析 [J]. 安徽农业科学，37 (21)：10073-10074，10174

中华人民共和国环境保护部. 2010. HJ 555—2010 化肥使用环境安全技术导则 [S]. 北京：中国环境科学出版社.

中华人民共和国环境保护部. 2010. HJ 556—2010 农药使用环境安全技术导则 [S]. 北京：中国环境科学出版社.

胡晓宇，张克荣，孙俊红，等. 2003. 中国环境邻苯二甲酸酯类化合物污染的研究 [J]. 中国卫生监测杂志，13 (1)：9-14.

金海水，刘俊华. 2009. 农产品质量快速溯源系统的现状、问题及对策 [J]. 商业时代（23）：66-70.

黎华寿. 2009. 生态保护导论 [M]. 北京. 化学工业出版社.

李淑慧，许伟诚，张仁杰，等. 2009. 文献探讨：三聚氰胺对动物的危害 [J]. 家畜测试所研报，44.

李文华. 2003. 生态农业——中国可持续农业的理论与实践 [M]. 北京，化学工业出版社.

李元. 2009. 农业环境学 [M]. 北京：中国农业出版社.

林而达. 2001. 气候变化与农业可持续发展 [M]. 北京：北京出版社.

林玉锁，龚瑞忠，朱忠林. 2000. 农药与生态环境保护 [M]. 北京：化学工业出版社.

林玉锁. 2000. 农药与生态环境保护 [M]，北京：化学工业出版社.

刘连馥. 1998. 绿色食品导论 [M]. 北京: 企业管理出版社.
刘文强. 2004. 我国集约化养殖污染治理现状、问题及建议 [J]. 中国经贸导刊.
骆世明, 黎华寿. 2006. 广东沼气农业模式的典型调查与思考 [J]. 生态环境, 15 (1): 147-152.
骆世明. 2009. 农业生态学 [M]. 第2版. 北京: 中国农业出版社.
吴春华, 陈欣. 2004. 农药对农业区域生物多样性的影响 [J]. 应用生态学报, 15 (2): 341-344.
吴星卫, 单正军. 2008. 农业面源有毒有机污染物现状与防治对策 [J]. 环境污染与防治 (网络版) (6).
武宗信, 解红娥, 任平合, 等. 1995. 残留地膜对土壤污染及棉花生长发育的影响 [J]. 山西农业科学, 23 (3): 27-30.
肖军, 赵景波. 2005. 农田塑料地膜污染及防治 [J]. 四川环境, 24 (1): 102-105.
张维理, 武淑霞, 冀宏杰, 等. 2004. 中国农业面源污染形势估计及控制对策 I. 21世纪初期中国农业面源污染的形势估计 [J]. 中国农业科学, 37 (7): 1008-1017.
张学政, 李帷, 李艳霞, 等. 2008. 抗生素环境行为及特征研究进展 [A] // 持久性有机污染物论坛2008暨第三届持久性有机污染物全国学术研讨会论文集 [C].
赵安芳, 刘瑞芳. 2003. 水产养殖对水环境的影响与污染控制对策 [J]. 平顶山工学院学报, 12 (4): 15-17.
中华人民共和国国家质量监督检验检疫总局, 中国国家标准化管理委员会. 2000. GB 8321.1～3—2000 农药合理使用准则 [S]. 北京: 中国标准出版社.
中华人民共和国卫生部, 中国国家标准化管理委员会. 2005. GB 2762—2005 食品中污染物限量 [S]. 北京: 中国标准出版社.
中华人民共和国卫生部. 2005. GB 2761—2011 食品中真菌毒素限量 [S]. 北京: 中国标准出版社.
中华人民共和国环境保护部. 2011. HJ 588—2010 农业固体废物污染控制技术导则 [S]. 北京: 中国环境科学出版社.
中华人民共和国环境保护部, 中华人民共和国国家统计局, 中华人民共和国农业部. 2010. 第一次全国污染源普查公报 [R].
张子仪. 2001. 我国养殖业在新世纪中的若干难题与对策刍议 [J]. 国外畜牧科技, 28 (1): 1-4.
R·卡逊. 1997. 寂静的春天 [M]. 北京: 科学出版社.
WONG M H, AOW L, JKY CHAN et al. 2005. A review on the usage of POP pesticides in China, with emphasis on DDT loadings in human milk [J]. Chemosphere, 60: 740-752.

10

生态退化与恢复

本章提要

近半个世纪以来,人类活动对大自然的干扰在强度和广度上已经远远超过了自然变化,使许多生态系统的原有平衡被打破,结构功能发生变化和障碍,形成破坏性波动或恶性循环,从而导致生态系统破坏与退化。典型的生态退化包括:森林退化、草地退化、湿地退化、水土流失、土地荒漠化、生物多样性锐减等。减缓和防止自然生态系统的退化,恢复重建退化的生态系统,越来越受到国际社会的广泛关注与重视。本章简述了生态退化与生态恢复的相关内容、主要生态退化类型与恢复方法以及生物安全问题。

10 生态退化与恢复

10.1 生态退化概述

生态退化现象由来已久,它伴随着人类社会发展与进步的历史。许多文明古国或古文明的消亡与衰退均证实了这一点。曾经供养罗马帝国的北非粮仓因风蚀沙化已不复存在,取而代之的是 $900\times10^4 km^2$ 的撒哈拉沙漠。世界四大农业文明诞生地之一的底格里斯-幼发拉底河流域由于不合理的灌溉,已经变为盐碱荒漠,随之毁灭的还有古巴比伦王国的辉煌文明。中美玛雅文明因统治者过于追求眼前利益,掠夺水土资源而衰亡。在我国,位于古丝绸之路上的楼兰古城、伊顿遗址、且末古城、精绝古城、喀拉墩古城、卡拉当格古城、园沙古城等所有这些曾经在丝绸之路上繁荣过、喧闹过、骄傲过、闪烁过迷人色彩的西域古城,如今,连同他们创造的绚丽文化,已统统被无情的流沙抹掉。黄土高原的水土流失,西北干旱、半干旱地区土地荒漠化,以及南方丘陵山地的"红色沙漠"、"白色沙岗"等皆是生态环境恶化的重要例证。

人们对生态退化的关注和研究也不是近期的事情。早在古希腊、罗马以及中国春秋战国时代就有关于土壤侵蚀、毁林及其他环境问题的记述和关注。我国南宋时期的陈傅在《农书·粪田之宜篇》中就提出土地退化问题。随着人口的增加和工业化的发展,人类对自然资源的不合理利用,导致许多类型的生态系统出现严重退化,形成大量退化的生态系统,继而引发了一系列的生态环境问题,如水土流失、森林消减、土地荒漠化、环境污染加重、生物多样性锐减、淡水资源短缺等。这些问题对人类的生存环境以及经济社会的可持续发展构成了越来越严重的威胁,生态退化问题已日益成为困扰全球持续发展的重要制约因素,各国政府和科学家均给予了极大的关注。

10.1.1 生态退化的概念

生态退化是与生态进化截然相反的生态演化过程,生态退化是指在一定的时空背景下,在自然因素、人为因素,或二者共同作用下,导致生态要素和生态系统发生的不利于人类和生物生存的量变和质变的过程或结果,具体表现为生态因子或生态系统的基本结构和功能的破坏或丧失,稳定性和抗逆能力减弱,系统生产力下降(图10-1)。生态退化是生态系统的一种逆向演替过程,是生态系统在物质、能量匹配上存在着某一环节上的不协调或达到发生生态褪变的临界点,此时生态系统处于一种不稳或失衡状态。

10.1.2 生态退化的成因

干扰是自然界中很普遍的一种现象,各种类型的干扰是自然生态系统演替过程中一个重要的组成部分,干扰打破了原有的生态系统平衡,使生态系统的结构和功能发生变化和障碍,形成破坏性波动或恶性循环,从而导致生态系统的破坏,是造成生态系统退化的主要原因。自然干扰和人为干扰是生态破坏的两大触发因子。自然干扰是一些天文因素变异而引起的全球环境变化(如冰期、间冰期的气候冷暖波动),以及地球自身的地质地貌过程(如火山喷发、地震等自然灾害)和区域气候变异(如大气环境、洋流及水分模式的改变)。人为因素主要包括人类社会中所发生的一系列的社会、经济、文化活动或过程(如工农业活动、城市化、旅游和战争等)。人为干扰往往叠加在自然干扰之上,共同加速生态系统的退化。

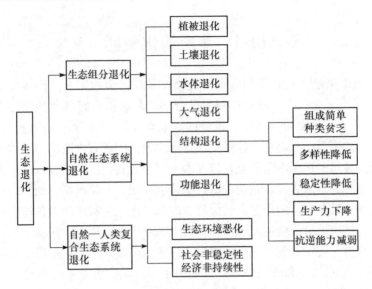

图 10-1　生态退化的内涵与层次（引自章家恩，1997）

生态退化是生态系统运动的一种形式，它是由生态基质、内在的动能因素和外在干扰共同作用的结果，是生态系统内在的物质与能量匹配结构的脆弱性或不稳定性，以及外在干扰因素共同作用的产物。自然因素和人为干扰是生态系统退化的两大驱动力。

10.1.2.1　生态退化的自然因素

自然因素主要包括地质、地貌、气候因素和水文因素等。自然因素的不同组合决定了生态系统发育的基点，而且它们时刻作用于生态系统，对生态系统进行着长期不断的"雕饰"，并控制着生态系统发育的基本方向和模式。自然因素的稳定变化一般不能视为生态退化的诱发因子，只有当自然因素发生较高强度的不稳定的波动或无规则的异常变化时，才会打断生态系统正常的运行过程或节律，导致生态退化的发生。

不稳定的地质地貌结构，偶发性的或突发性的地质灾害可诱发生态退化的发生。常见的地质灾害包括地震、火山、滑坡、崩塌、泥石流等，它们可在短时间内由纯粹的一种地质作用转化为一种生态灾害。地质灾害的发生，可干扰或破坏生态系统中生物群落生存所需的地貌空间、土壤肥力、水文和气候等主要生态因子，造成水土流失、土壤退化等，毁坏生物群落尤其是绿色植物所需的生境条件，最终导致物种数量减少，人类和动物迁移，生态平衡破坏与瓦解。

气候和水文因素的异常变化也是导致生态退化的原因。也就是说，这些因素的能量特征及传输转化在空间和时间上与其他因素不协调时，便导致生态退化的发生。气候因素的异常变化主要包括温度、降雨、风的波动或巨变等。

10.1.2.2　生态退化的人为干扰

生态退化除自然因素的驱动外，人为活动往往起着主导的诱发作用。人类对生态退化的推动是多方面的、全方位的、深远的。人为活动对生态系统的影响往往是不断累加的，它可直接和间接地破坏生态系统。

（1）人口增长与生态退化

全球人口数量的超常增长与地球资源的有限与匮乏之间的矛盾是导致生态退化的重要诱

10 生态退化与恢复

因。人类—自然复合生态系统各组分之间具有相互协调的发展比例与颉颃关系，地球上的各种资源总量特别是对不可再生资源而言是有限的，地球具有一定的环境容量和人口承载能力，因此，一旦人口数量超过区域和全球的承载能力，势必引起人地关系的失调和人均占有资源的减少，结果导致土地过垦、过牧及对资源的掠夺性开发利用和环境的破坏，出现生态危机和生态灾难。

(2) 农业活动与生态退化

人类对生态环境的作用和破坏首先是从农业活动开始的。土地的农业利用使大范围的自然生态系统被人为生态系统所代替，森林变为农田、牧场或荒地，自然植被被作物和人工经济林、撂荒地所取代，从而改变了地球的被覆状况和下垫面性质，导致区域水热循环模式和气候的异常变化。同时，人类不合理的土地利用方式直接深刻地影响着环境。刀耕火种、陡坡耕垦、边际土地的开发、弃耕等是造成水土流失、土壤侵蚀和退化的重要原因之一。人类的栽培管理筛选和驯化了物种，引进了新的品种，改变了原有生物群落的组成和丰度，降低了生物多样性。农业生态系统结构简化，物种单一贫乏，适应环境的能力弱，是一个较为脆弱的易退化的生态系统。

(3) 工业化、城市化与生态退化

人类进入工业时代，标志着人类对自然干预范围的扩大和干扰强度的加深。工业化彻底改变了人类的生活和生产方式，直接或间接对自然环境形成冲击，扰乱了生物和人类自身的生存环境和秩序。同时，工厂和城市本身也是一个重要的污染源，它通过"三废"物质的排放给环境带来沉重的环境压力和负荷，强烈地影响着生物圈、水圈、大气圈和土壤圈的结构与功能，继而影响生物的生长发育。当今世界面临的全球变化与环境污染问题在很大程度上要归结于人类的工业活动。

(4) 政治、战争与生态退化

国家的政治经济政策决定着土地的所有关系和使用权，以及劳动产品的分配关系，国家经济调控、投资倾向、产业布局等都会影响人们的劳动态度和价值取向，以及人类的生产与生活行为，形成不同的土地利用模式和生产方式，这些均会产生不同的生态后果。在我国，"大跃进"时期，乱砍滥伐、围湖造田等破坏了大量的植被，造成至今尚未恢复的生态劫难，这是政治经济运动导致生态退化的一个有力例证。战争是人类对自然生态和人类生态系统最无情、最具有毁灭性的一种政治行为。战争的直接生态后果就是对生物和人的杀灭及对土地的破坏和严重的环境污染。核武器、化学武器和生物武器对生态环境、生物和人类的危害极大。这些武器的不合理试验和使用可毁坏一个国家、地区乃至整个地球和所有的生物。

(5) 贫困与生态退化

贫困与生态环境退化常常是一对儿伴生现象。贫困之所以与生态环境恶化密切相关，如影随形，既有先天性生态脆弱的原因，更有人口增加过快、人类生产活动对生态环境造成破坏的原因，其实质是人类活动超过了生态系统可以承受的极限，是人类发展和环境关系的失调。在一些贫困地区，常常是越穷越生，越生越穷，越易导致对自然资源的过度利用和对环境的破坏，形成"贫困—人口增长—资源环境破坏—贫困加剧"的恶性循环。因此，发展经济、消除贫困是防止生态环境恶化以及维护区域可持续发展的一个必不可少的战略要素。

10.1.3 退化生态系统的特征

生态系统退化后，原有的平衡状态被打破，系统的结构、组分和功能都会发生变化，随之而来的是系统的稳定性减弱、生产能力降低、服务功能弱化。从生态学的角度分析，与正常生态系统相比，退化生态系统表现出如下特征。

（1）生物多样性变化

系统的特征种类、优势种类首先消失，与其共生的种类也逐渐消失，接着依赖其提供环境和食物的从属性依赖种相继消失。而系统的伴生种迅速发展，种类增加，物种多样性的数量可能并没有明显的变化，多样性指数可能并不降低，但多样性的性质发生变化，质量明显下降，价值降低，功能衰退。

（2）层次结构简单化

生态系统退化后，反映在生物群落中的种群特征上，常表现为种类组成发生变化，优势种群结构异常；在群落层次上表现为群落结构的矮化，整体景观的破碎。

（3）食物网结构变化

由于生态系统结构受到损害，层次结构简单化以及食物网的破裂，有利于系统稳定的食物网简单化，食物链缩短，部分链断裂和解环，单链营养关系增多，种间共生、附生关系减弱，甚至消失。例如，随着森林的消失，某些类群的生物如鸟类、动物、微生物等也因失去了良好的栖居条件和隐蔽点及足够的食源而随之消失。由于食物网结构的变化，系统自我组织，自我调解能力减弱。

（4）能量流动出现危机和障碍

由于退化生态系统食物关系的破坏，能量的转化及传递效率会随之降低。主要表现为系统总光能固定的作用减弱，能流规模降低，能流格局发生不良变化；能流过程发生变化，捕食过程减弱或消失，腐化过程弱化，矿化过程加强而吸储过程减弱；能流损失增多，能流效率降低。

（5）物质循环发生不良变化

由于系统退化，层次结构简单化，食物网解链、解环或链缩短、断裂，甚至消失，使得生物循环的周转时间变短，周转率降低，因而系统的物质循环减弱，活动库容量变小，流量变小，生物的生态学过程减弱。因生物难以滞留较多的物质于活动库中，导致储存库容量增大，生物地球化学循环加强。总体而言，物质循环由闭合向开放转化，同时由于生物多样性及其组成结构的不良变化，使得生物循环与地球化学循环组成的大循环功能减弱，对环境的保护和利用作用减弱，导致环境退化。不良变化中最明显的莫过于系统中的水循环、氮循环和磷循环，由生物控制转变为物质控制，系统由关闭转向开放。例如，森林的退化，导致其系统内土壤和养分被输送到毗邻的水生系统，进而引起富营养化等新的问题。当今全球范围内的干旱化，局部的水灾原因也就在于此。

（6）系统生产力下降

由于竞争和对资源利用的不充分，光效率降低，植物为正常生长消耗在克服环境的不良影响上的能量（以呼吸作用的形式释放）增多，净初级生产力下降；生产者结构和数量的不良变化也导致初级生产力降低。

（7）生物利用和改造环境能力弱化及功能衰退

生物利用和改造环境能力弱化及功能衰退主要表现在：固定、保护、改良土壤及养分能力弱化；调节气候能力削弱；水分维持能力减弱，地表径流增加，引起土壤退化；防风、固沙能力减弱；净化空气、降低噪声的能力弱化；美化环境等文化环境价值降低或丧失，这导致系统生境的退化，在山地系统中这种现象尤为明显。

（8）系统稳定性下降

稳定性是系统最基本的特征。在退化系统中，由于结构成分的不正常，系统在正反馈机制驱使下使自身远离平衡，其内部相互作用太强，以致系统不能保持稳定。

10.2 生 态 恢 复

如何保护现有的自然生态系统，整治与恢复退化的生态系统，重建可持续的人工生态系统，成为当今人类面临的重要任务。在此背景下，一门新的学科——恢复生态学（restoration ecology）应运而生，成为当今生态学科的前沿领域。恢复生态学是研究生态系统退化的原因、退化生态系统恢复与重建的技术与方法，以及生态学过程与机理的科学。

10.2.1 生态恢复的概念

生态恢复是人们有目的地把一个地方改建成明确的、固有的、历史上的生态系统的过程，这一过程的目的是竭力仿效那种特定生态系统的结构、功能、生物多样性及其变迁的过程。轻度、中度和强度退化生态系统的恢复和重建技术以及付出的代价是不同的。如果外部的干扰作用小于生态系统的自我调节能力，生态系统就可以通过自我调节能力恢复和保持稳定的状态。如果外部的干扰超过生态系统的最大抗干扰能力，生态系统就会发生逆向演替或退化，恢复难度增大。人为恢复和重建可在一定程度上改变和控制生态演替的进程和速度，缩短恢复时间。对于退化生态系统实施人工恢复与重建是生态系统恢复重要的手段和方法。

生态恢复与重建是根据生态学原理，通过一定的生物、生态以及工程技术与方法，人为地改变和切断生态系统退化的主导因子或过程，调整、配置和优化系统内部及其与外界的物质、能量和信息的流动过程及其时空秩序，使生态系统的结构、功能和生态潜力尽快地、成功地恢复到正常的或原有的乃至更高的水平。

生态恢复的目的是提高生态系统的生产力或服务功能，保护、改善和恢复良好的生态环境，为社会经济发展提供持续的资源和环境基础。因此，无论对什么类型的退化生态系统，生态恢复与重建的基本目标或要求是：①实现生态系统的地表基底（地质地貌）稳定性；②恢复植被和土壤，保证一定的植被覆盖率和土壤肥力；③合理优化配置动植物物种，增加生态系统的种类组成和生物多样性；④实现生物群落的恢复，提高生态系统的生产力和自我维持能力减少或控制环境污染，防止因污染引起的生态系统退化；⑤增加视觉和美学享受。

10.2.2 生态恢复的原理

(1) 演替理论

演替可以在地球上几乎所有类型的生态系统中发生。演替分自然演替和人为演替，其中自然演替又分为原生演替和次生演替。原生演替是指生物群落在特定的环境和条件下逐步发育至稳定的顶极群落的过程，而次生演替则指生物群落在遇到自然灾害的破坏以后，逐步演替恢复至顶极群落的过程。如果生物群落破坏严重，仅靠天然次生演替则无法使生物群落恢复。但是生物群落演替的理论仍可指导进行人工的生态重建而逐步演替恢复。

生态恢复工程是在生态建设服从于自然规律和社会需求的前提下，在群落演替理论指导下，通过物理、化学、生物的技术手段，控制待恢复生态系统的演替过程和发展方向，恢复或重建生态系统的结构和功能，并使系统达到自维持状态。

(2) 限制因子原理

生物的生存和繁殖依赖于各种生态因子的综合作用，其中限制生物生存、生长、繁殖或扩散的关键因子就是限制因子。任何一种生态因子只要接近或超过生物的耐受范围，它就会成为这种生物的限制因子。当一个生态系统被破坏之后，要进行恢复会遇到许多因子的制约，但是在进行生态恢复时必须找出该系统的关键因子，找准切入点，才能进行恢复工作。如在干旱沙漠地带，由于缺水，植物不能生长，因此必须从水这一限制因子出发，先种一些耐旱性极强的草本植物，同时利用沙漠地区的地下水，营造耐旱灌木，一步一步地改变水分这一因子，从而逐步改变植物的种群结构。

(3) 生态系统结构理论

生态系统的结构包括物种结构、时空结构和营养结构3个方面。生态结构是否合理体现在生物群体与环境资源组合之间的相互适应，充分发挥资源的优势，并保护资源的持续利用。从时空结构的角度，应充分利用光、热、水、土资源，提高光能的利用率。从营养结构的角度，应实现生物物质和能量的多级利用与转化，形成一个高效的、无"废物"的系统。从物种结构上，提倡物种多样性，有利于系统的稳定和持续发展。

(4) 生态适宜性原理

生物由于经过长期的与环境的协同进化，对生态环境产生了生态上的依赖，其生长发育对环境产生了要求。因此，生态恢复工程中必须要考虑其生态适宜性，让最适应的植物或动物生长在最适宜的环境中。

(5) 生态位理论

生态位是生态学中一个重要概念，主要指在自然生态系统中一个种群在时间、空间上的位置及其与相关种群之间的功能关系。根据高斯竞争排斥原理，生态位相同的物种，不能共存于一个生物群落内。因此，在生态恢复工程中要避免引进生态位相同的物种，尽可能使各物种的生态位错开，使各种群在群落中具有各自的生态位，避免种群之间的直接竞争，保证群落的稳定。

(6) 物种相互作用原理

一个完整的生态系统，生物之间存在着各种以食物、空间等资源为核心的种间关系。如何选择匹配好这种关系，发挥生物种群间的互利机制，使生物复合群体"共存共荣"，是生态恢复工程中人工生态系统建造的一个关键。

(7) 生物多样性原理

越复杂的生态系统越稳定，其主要特征就是生物组成种类繁多而均衡，食物网纵横交织。其中一个种群偶然增加或减少，其他种群就可以及时抑制或补偿，从而保证系统具有很强的自组织能力。相反，处于演替初级阶段或人工生态系统的生物种类单一，其稳定性就很差。为了保证人工生态系统的稳定和提高系统的效应，必须投入大量的能量和物质来维持。自然生态系统由于其生物的多样性原因，往往具有较强的稳定性和较高的生产力。在生态工程设计过程中，必须充分考虑人工生物群落的生物多样性问题。

(8) 景观生态学理论

景观生态学的理论能广泛地应用于生态恢复工程中。对生态系统的恢复在大、中尺度上，必须考虑土地利用的整体规划，考虑生境的破碎化，恢复与保持景观的多样性和完整性。在保护区的规划设计时，应用岛屿生物地理学理论，在物种保护时考虑它们所生存的生态系统和景观的多样性和完整性。

10.2.3 生态恢复的类型

按照生态退化程度由轻至重排序，生态恢复应包括以下几个主要类型。

(1) 生态预防与自然保护区

对人为干扰较小或无直接人为影响，生态退化较轻，生态系统可进行自我调节，生态良好的区域及重要生态功能区，采取生态预防，充分保护和利用生态系统的抵抗力。建立自然保护区是最有效的保护形式，此外还可建立自然公园或生态功能保护区。

(2) 自然恢复与封育

自然生态系统受到人为干扰的影响，只要不超过其生态阈值，当干扰被解除后，可以依靠其自身恢复力逐步恢复其结构和功能。对于这样的区域，主要进行自然封育，充分利用系统的自然恢复力。如海域和江湖的"休渔制度"、林区的"封山育林"、退化草场的"围栏封育"，都是典型的自然恢复方法。

(3) 生态修复与补播、放流

当生态系统受损超过生态阈值时，在解除干扰和减轻干扰的情况下，只靠自然恢复，将是一个十分漫长的过程。这时必须采取人工措施帮助系统恢复组织结构和功能，主要措施是人工更新或人工促进更新。如草原补播、林地的飞播补植和沿海及江湖的人工放流。

(4) 生态重建与人工生态工程

当自然生态系统的结构和功能均受到严重干扰和破坏，依靠自然生态演替恢复和生态修复都不能使生态系统恢复到原始状态时，就必须进行人工生态设计，实行生态重建。如在宜林荒山、荒坡、荒滩营造人工林；人工湿地营建及人工绿洲营建等。

10.2.4 生态恢复的过程

退化生态系统实施修复重建的过程中，必须遵循生态学原理，循序渐进，一般可分为以下几个步骤。

(1) 诊断

必须了解和掌握需要修复生态系统的退化特征，包括退化生态系统的生物群落结构及功能特征、非生物因子特征等。根据原位调查观测，对退化生态系统进行系统的诊断分析，阐明退化系统缺失的主要物种及其限制因子，剖析引起系统退化的主要原因。

(2) 制定修复方案

根据初步诊断分析结果，对生态系统退化的主导机制、过程、类型、退化阶段和强度进行综合评判，确定正确的恢复目标，制定详细的恢复与重建方案，并对制定的方案进行生态的、经济的、社会的、技术的可行性分析。修复方案制定后，要开展充分的论证，并制定实施方案。

(3) 实施修复

在生态恢复中，对于轻度退化的生态系统，通常采取消除胁迫压力，辅以生态系统关键生物保育，促进生态系统的自我恢复。对于严重退化的生态系统，除了消除胁迫压力外，还需要实施一系列工程技术措施，修复退化的生态因子，引种缺失的关键物种，重建生物群落。

(4) 维护与稳定

生态系统恢复与重建是一项长期的系统工程，修复和重建初期的生态系统十分脆弱，需要跟踪监测，掌握其动态变化情况，并根据生态系统的变化，及时采取必要的维护措施，以保障修复重建的系统向预期的方向发展和演替。

10.2.5 生态恢复的途径与方法

生态恢复包括对退化生态系统的生物因子和非生物因子的恢复与重建，其方法包括采用物理法、化学工程与技术，以及生物法、生态工程与技术。

(1) 物理法

物理方法可以快速有效地消除胁迫压力、改善某些生态因子，为关键生物种群的恢复提供有利条件。例如，对于退化水体的恢复可以通过调整水流改变水动力条件、通过暴起改变水体溶解氧等，为鱼类等重要生物种群的恢复创造条件。

(2) 化学工程与技术

通过添加化学物质，改善水土等基质的性质，使其适于生物生长，进而达到生态系统恢复的目的。例如，向受污染的土壤、水体中添加螯合剂、络合剂等物质，以稳定其中重金属等有毒、有害物质，使污染物不能对生物产生毒害作用。

(3) 生物法

利用生物的生命代谢活动减少环境中有毒、有害物质浓度或使其无害化，从而使环境部分或全部恢复到正常状态。微生物常用于污染退化的水体与土壤的生态恢复。植物不仅可以吸收利用污染物，还可以改变生境，为其他生物的恢复创造条件。动物在生态系统构建、食物链结构完善和生态平衡方面均有重要作用。

(4) 生态工程与技术

生态退化对生态系统的影响是多方面的，在生态恢复中必须综合考虑实际情况，充分利用各种技术，通过研究和实践，尽快恢复生态系统结构，进而恢复其功能，实现经济、生态、社会和美学效益的统一。表 10-1 总结了退化生态系统恢复的一些常用基本技术。

表 10-1 退化生态系统的恢复与重建技术体系

恢复类型	恢复对象	技术体系	技术类型
非生物环境因素	土壤	土壤肥力恢复技术	少、免耕技术；绿肥与有机肥施用技术；生物培肥技术；低产田改良技术；土壤熟化技术等
		水土流失控制与保持技术	坡面水土保持林；生物篱笆技术；护土工程技术；等高耕作技术；复合农林技术；生物覆盖技术
		土壤污染与恢复技术	土壤生物自净技术；调控土壤环境技术；增施有机肥技术；废弃物资源化技术；植物修复技术等
	大气	大气污染控制技术	绿色植物防污技术；新兴能源控制技术；生物吸附技术；烟尘控制技术等
		全球变化控制技术	可再生能源技术；温室气体控制技术；无害化产品开发与生产技术，土地优化利用与覆盖技术等
	水体	水体污染控制技术	污水物理处理技术；化学处理技术；生物处理技术；生态处理技术；富营养化控制技术等
		节水技术	节水灌溉技术；旱地节水技术；地膜覆盖技术等
生物因素	物种	物种选育与繁殖技术	基因工程技术；种子库技术；野生生物引种技术等
		物种引入与恢复技术	先锋种引种技术；土壤种子库引入技术；乡土种苗库重建技术；天敌引入技术；林草植被再生技术等
		物种保护技术	就地保护技术；迁移保护技术；自然保护区建设技术等
	群落	种群动态控制技术	种群规模、年龄结构、密度、性别比等调节技术
		种群行为控制技术	种群竞争、捕食、寄生、共生、他感等行为控制技术
		种群结构优化配置与组建技术	林、灌、草搭配技术；群落组建技术；生态位技术；林分改造技术等
		群落演替与恢复技术	原生与次生快速演替技术；水生与旱生演替技术；演替方向调控技术
生态系统	结构功能	生态评价与规划技术	土地资源评价与规划；环境评价与规划；景观生态评价与规划技术；"3S"辅助技术等
		生态系统组装与集成技术	生态工程设计技术；景观设计技术；生态系统构建与集成技术
景观	结构功能	生态系统间连接技术	生物保护网络；城市农村规划技术；流域治理技术等

注：引自任海、彭少鳞，2002。

10.3 生态退化的主要类型及恢复

10.3.1 森林生态系统退化及恢复

森林是由乔木或灌木组成的绿色植物群体，森林与其中的动物、微生物及其所处空间的土壤、水分、大气、阳光、温度等组成森林生态系统。

10.3.1.1 森林生态体统的服务功能

森林生态系统比地表其他生态系统具有更加复杂的空间结构和营养链式结构，它在维持自身结构和功能的同时也支撑和维持了地球生命支持系统，给人类提供了自然资源和生存环境两个方面的多种服务功能。其主要功能包括：提供产品、调节气候、固定碳素、调节径流、涵养水源、保持水土、净化环境、防风固沙、文化功能及种质基因库等。

10.3.1.2 世界森林退化现状

根据《2005年全球森林资源评估报告》，2005年全球森林面积 $39.52 \times 10^8 \text{hm}^2$，占陆地面积（不含内陆水域）的 30.3%，人均森林面积 0.62hm²，单位面积蓄积 110m³/hm²。世界各国森林面积分布不均衡。全球 2/3 的森林集中分布在俄罗斯（20.5%）、巴西（12.1%）、加拿大（7.8%）、美国（7.7%）、中国（5.0%）、澳大利亚（4.1%）、刚果民主共和国（3.4%）、印度尼西亚（2.2%）、秘鲁（1.7%）和印度（1.7%）10 个国家，其中前 5 个国家森林面积占全球的 50% 以上。每年近 4% 的森林受到各种灾害的影响。全球每年平均有 $1.04×10^8 hm^2$ 的森林受到林火、有害生物（包括病虫害）以及干旱、风雪、冰和洪水等气候事件影响，其中受森林病虫害和林火影响的面积较大，分别占 65.3% 和 26.7%。全球森林面积总体上继续呈下降趋势，但减少的速度变缓。2000—2005 年全球年均净减少森林面积 $730×10^4 hm^2$。原始林面积迅速减少，受毁林开荒、择伐及其他人类活动影响，2000—2005 年全球年均净减少原始林面积 $702×10^4 hm^2$。

10.3.1.3　我国森林退化现状

中国历史上曾经是一个多林的国家。经有关专家考证，在 4 000 年前的远古时代，中国森林覆盖率高达 60% 以上；到 2200 年前的战国末期降为 46%；1100 年前的唐代约为 33%；600 年前的明代之初为 26%；1840 年前后约降为 17%；民国初期降为 8.6%。2008 年国家林业局第七次全国森林资源清查结果显示：全国森林面积 $1.95×10^8 hm^2$，森林覆盖率 20.36%，森林蓄积 $137.21×10^8 m^3$。我国森林资源保护和发展面临着以下突出问题：一是森林资源总量不足。我国森林覆盖率只有全球平均水平的 2/3，排在世界第 139 位。人均森林面积 $0.145hm^2$，不足世界人均占有量的 1/4；人均森林蓄积量 $10.151m^3$，只有世界人均占有量的 1/7。二是森林资源质量不高。乔木林每公顷蓄积量 $85.88m^3$，只有世界平均水平的 78%。三是林地保护管理压力增加。第七次清查林地转为非林地的面积虽比第六次清查有所减少，但依然有 $831.73×10^4 hm^2$，征占用林地有所增加，个别地方毁林开垦现象依然存在。四是造林质量不高，造林难度越来越大。目前我国造林保存率不到 30%，现有宜林地质量好的少，质量差的多。

10.3.1.4　森林退化的后果

森林退化不但给当地生态环境造成巨大破坏，而且对整个地球生态环境造成各种各样的影响，其影响归纳为以下 4 个方面。

（1）使自然灾害在更大的范围内更加频繁地发生

在大江大河的中上游地区，森林被砍伐，使陡峭坡地上没有保护的表土加速侵蚀，水库淤塞，水力发电站工程的使用年限大大缩短。同时引起下游地区的洪水泛滥。如近几年来，孟加拉国、印度、苏丹、泰国以及中国相继发生严重的水灾。非洲大陆的森林目前已减少一半，使长达十几年的持续干旱更加严重。干旱使 20 多个国家出现饥荒，夺去了上百万人的生命，成千上万的人背井离乡，1.5 亿人的日常生活受到威胁。

（2）可能引起全球性气候变化

在森林减少过程中，至少有 $3 000×10^8 t$ 干物质被烧掉，耗氧 $4 000×10^8 t$，向大气释放 CO_2 $5 500×10^8 t$，其中，10%～20% 通过光合作用被植物固定，40% 进入海洋，40% 左右停留在大气中，大气中 CO_2 浓度增加产生"温室效应"。

（3）引起物种变化和绝迹

森林是一个复杂的生态系统，在森林内部有各种各样的生态环境，蕴藏着丰富多彩的动植物种群，如果森林遭受破坏，栖息繁衍于林间的大小动物、微生物、昆虫及林内各种植物难免同归于尽。据统计，地球上约有1 000万个物种，由于森林破坏，目前热带雨林每天至少消失一个物种，热带雨林基因库的破坏，是人类最大的无法弥补的损失。

(4) 引起强烈的水土流失

热带地区、雨量多，且多暴雨，风化层疏松，热带森林一旦破坏，极易造成大量水土流失。例如，亚马孙河流域，毁林地区土壤流失每公顷达34t；秘鲁由于山区森林遭破坏，泥石流和山洪危害十分严重。

10.3.1.5　森林保护与生态恢复

缔结森林公约既可唤醒各国人民更加珍惜弥足珍贵的森林资源，加倍爱护森林爱护树木，又可强化各国对林业工作的重视，同时还可利用国际立法的方式来规范林业活动特别是伐木行为，以拯救日益减少的森林资源。改变非持续的生产与消费方式（如一次性筷子消费）；加强立法执法；规范国际木材交易；开发研究木材产品的替代品等，都可有效地保护森林资源。

对于已退化的森林生态系统，可采取生态工程技术措施加以恢复。天然林养护一般采取封山育林技术；人工林一般采取改造、抚育技术；对水土流失严重的耕地，沙化、盐碱化、石漠化严重的耕地以及粮食产量低而不稳的耕地，实施退耕还林生态工程。

10.3.2　草地退化与恢复

天然草地在干旱、风沙、水蚀、盐碱、内涝、地下水位变化等不利自然因素的影响下，或过度放牧与割草等不合理利用，或滥挖、滥割、樵采破坏草地植被，引起草地生态环境恶化，草地牧草生物产量降低，品质下降，草地利用性能降低，甚至失去利用价值的过程称为草地退化。

10.3.2.1　草地的主要服务功能

草地生态系统是地球上仅次于森林的第二大陆地生态系统，其面积约占全球陆地面积的24%，而生物量则约为全球植被总生物量的36%，对人类社会具有重要的服务功能。其主要功能包括：草地的碳汇功能；草地的生态保护屏障功能；草地的土壤保持功能；草地的物种多样性维持功能；草地的气候调节功能以及草地生态系统的水源涵养功能。

10.3.2.2　我国草地退化现状

我国拥有草地$4 \times 10^8 hm^2$，占世界草地面积的12.5%，占国土面积的41.7%，是我国农田面积的3倍多。草地是我国农业自然资源中面积最大、最为重要的国土资源，不仅是人类进行草地畜牧业生产的基本生产资料和农牧民的主要劳动对象，也是陆地生态系统中物质循环和能量流动的重要枢纽之一。近年来由于人类活动和全球气候变化的影响，草地生态系统失衡，环境日益恶化。

我国90%以上的天然草地都处于不同程度的退化，并且每年以草地可利用面积2%的速度加速退化，这就意味着草地每年减少$65 \times 10^4 \sim 70 \times 10^4 hm^2$，其中重度和中度退化草地占退化草地面积50%以上。据统计，青海中度以上退化草地有$730 \times 10^4 hm^2$，占全省草地总面积的19.9%。内蒙古草地退化、沙化面积已达$3 533 \times 10^4 hm^2$，约占可利用草地面积的55%。西藏退化草地面积已达$2 305 \times 10^4 hm^2$，占可利用草地面积的28%，并且平均每年退

化面积达 $40 \times 10^4 \text{hm}^2$,以日喀则、那曲的退化最为严重。

10.3.2.3 草地退化的原因

(1) 超载过牧

畜草平衡是维持草地健康的基础。目前我国天然草地平均超载 20%~30%,荒漠和高寒地区季节牧场超载 50%~120%,局部高达 300%。由于牲畜的超载过牧,草地牧草生长受到抑制,加之牲畜的践踏和草地建设投入匮乏,日久天长,导致草地退化。

(2) 滥垦、滥挖、滥采

1949 年以来,为了解决粮食问题,在草原区兴起多次开垦浪潮,目前,我国由于盲目开垦、撂荒导致草地沙化占草地沙化总面积的 25.4%。尽管《草原法》明确禁止草地的盲目开垦,但仍然没有杜绝,因为土地管理部门可以从中收取大量草地征用费。同时,大量长期对野生药材如甘草、麻黄、知母、黄芪等的滥挖、滥采活动,严重破坏草地植被、土壤、地表结构,从而引起草地退化。资料显示,我国由于过度樵采引起草地沙化占草地沙化总面积的 31.8%。

(3) 鼠虫害严重

草地是鼠类的栖息地,草地退化与鼠害互为因果,相互作用,使鼠害的危害程度日益加重。近年来,我国草地鼠害发生的面积近 $3400 \times 10^4 \text{hm}^2$,每年损失牧草达数百亿千克。

(4) 人口增长

人口的急剧膨胀引发大量资源的消耗,甚至出现资源的大肆掠夺式利用,人均占有资源数量大幅度减少,质量随之下降,资源匮乏。研究报道,在干旱、半干旱草原地区仅依靠自然界本身的物质生产,人口承载力为每公顷 5~7 人,而我国长城沿线已达每公顷 72 人。

(5) 全球气候变化

气候是影响草地退化的主要自然原因。近年来,全球气候变化体现在:一是随大气 CO_2 浓度升高的全球平均温度增高;二是水分、温度等气候因子变异率加大。对于草地来说,气候的干旱化,以及有限的降水量在空间与季节之间的分布不均,造成草地植被的生长受到不同程度的限制。在降水减少的同时,气温的升高又使土壤的蒸发量加大。所以,草地植被的水循环,以及与之相关的其他营养物质循环受到影响。草地植被不仅正常生长受到限制,而且出现退化演替过程。

10.3.2.4 草地保护与退化草地恢复

退化草地恢复的首要条件是排除施加给草地的超负荷利用压力,使之降低到草地生态系统恢复功能的阈限。也就是说草地退化具有可逆性,一般情况下当消除过度的利用压力后,退化草地都具有恢复的潜在功能,但有些恢复过程是非常漫长的。

(1) 封育禁牧是退化草地恢复最经济的技术方法。

解除放牧压力,使草地自然恢复,作为一种低投入、经济的措施在退化草地恢复中得到广泛应用。如内蒙古典型草原,冷蒿、针茅、羊草为主的退化草地,经过 7 年封育后,地上生物量由每公顷 1 100 kg 提高到 1 900 kg,羊草比例由 9% 增加到 35.7%,冷蒿等为主的菊科比例由 31% 下降到 9%。

(2) 农业改良措施人工促进恢复。

利用农业措施进行人工促进恢复退化草地是较为普遍的方法,它包括松土、轻耙、浅耕翻、补播等，均能取得很好的效果。如在羊草退化草地进行的松土试验结果显示，羊草地上生物量增加了49%，其他禾草比例由43%上升到57.2%，豆科比例由6.2%上升到12.3%，而菊科由41.14%下降到16.6%。在退化羊草草地上补播羊草能使其生产力在2~3年内达到与自然恢复的羊草草原一样，是实现快速恢复的有力措施。

（3）建植人工草料地

提高人工饲草料生产能力是退化草地恢复和重建的强有力支撑。超载过牧、草畜不平衡是引起草地退化的主要动因。矛盾的焦点是草少畜多且严重失衡。只有通过人工草料生产能力的扩大，增强家畜生产的物质基础，才有可能提高牲畜个体生产性能，加快牲畜周转，实现"退牧还草"，以休养生息，促进草原畜牧业从传统的粗放经营向集约、半集约化经营转变。中国科学院植物研究所在内蒙古浑善达克沙地试验示范研究，提出"1/10递减治理模式"，即种$1hm^2$人工草地，可使$10hm^2$天然草地得以合理利用，从而使$100hm^2$沙化退化草地得以恢复重建。

（4）法律与政策保障

1985年颁布实施2002年修订的《中华人民共和国草原法》（以下简称《草原法》），在近30年来对草地建设和经营管理发挥了重要作用。2002年修改的《草原法》，不仅增加了维护生物多样性的内容，而且在草地利用标准、处罚力度上都有了突破。

10.3.3 湿地生态系统退化及恢复

湿地是指不管其天然或人工、长久或暂时之沼泽地、湿原、泥炭地或水域地带，带有静止或流动、咸水或淡水、半咸水或咸水水体者，包括低潮时水深不超过6m的水域。因此，湿地不仅仅是我们传统认识上的沼泽、泥炭地、滩涂等，还包括河流、湖泊、水库、稻田以及退潮时水深不超过6m的海水区。湿地是地球上三类最重要的生态系统（森林、海洋和湿地）之一。湿地生态系统具有陆地生态学和水域生态学所无法涵盖的特征和特性，其独特性在于它特殊的水文状况、陆地和水域生态系统交错带作用以及由此而产生的特殊的生态系统功能。

10.3.3.1 湿地的生态服务功能

湿地的生态服务取决于系统本身的结构和功能，同时与区域经济发展水平密切相关。总结国内外对湿地生态系统服务的研究，总的来说，湿地生态系统所提供的服务主要包括以下几方面：物质生产、能量转换、水分供给、调节气候、气体调节（N、S、CH_4和CO_2的循环）、调蓄水量、水质净化、生物多样性保护以及社会服务功能。

10.3.3.2 我国湿地退化现状

根据《湿地公约》的分类体系和我国湿地的现状，中国湿地的类型包括沼泽湿地、湖泊湿地、河流湿地、河口湿地、海岸滩涂、浅海水域等自然湿地，水库、池塘、稻田等人工湿地。据2003年全国湿地资源调查，我国现有湿地面积$3848×10^4 hm^2$，居亚洲第1位，世界第4位。天然湿地和库塘湿地面积分别为$3620×10^4 hm^2$、$228×10^4 hm^2$，占全国湿地总面积的94%和6%。在天然湿地中，沼泽湿地、湖泊湿地、河流湿地、沿海湿地面积分别为$1370×10^4 hm^2$、$835×10^4 hm^2$、$820×10^4 hm^2$、$594×10^4 hm^2$。从寒温带到热带、从沿海到内陆、从平原到高原山区都有湿地分布，而且还表现为一个地区内有多种湿地类型和一种湿地类型分布于多个地区的特点，构成了丰富多样的组合类型。

过度的开发利用和耕作管理不当使得我国湿地资源数量减少，质量退化，生态环境功能和生物多样性降低。主要表现为：①超强度开发，湿地面积减少。目前开垦农田和城市发展是湿地面积减少的主要原因。长江中下游的湖泊面积，如按大于 $0.5km^2$ 湖泊计算，20 世纪 80 年代与 50 年代相比，湖泊面积缩小了 43.5%。沿海滩涂湿地是湿地中开垦与面积减少最大的地区，因水产养殖、围海造田，使大面积红树林被砍伐，滩涂湿地减少超过 50%。②湿地减退，质量下降。湿地退化的影响因素主要有湿地围垦与开发、生物资源利用、湿地环境污染、湿地水资源利用与水利工程建设、泥沙淤积与海岸侵蚀及破坏以及城市建设与旅游业发展等。由于人为干预，生物的适生环境遭到破坏，生物种群的组成、结构和数量发生改变，严重地造成生物数量的减少或灭绝、生物种群的简化和重组、优势种群的变化和逆向演替，最终导致生物多样性的减少或丧失。如湖北洪湖地区围湖造田，导致洪湖约 70 种鱼类绝迹，鸟类栖息空间紧缩，鸟类种群数量大幅下降。中国有 98 块湿地正面临污染威胁，有 2/3 的湖泊存在不同程度的富营养化，有 10% 的湖泊严重富营养化。

10.3.3.3 湿地保护与恢复

湿地所面临的问题不仅仅是生态环境问题，还有人口、经济问题。湿地保护需要放在经济—社会—环境这个大系统中考虑。湿地退化有着深刻的社会经济根源。我国政府在湿地保护和利用方面采取了一系列的措施，取得了巨大的成绩。中国建立的湿地自然保护区有 353 处，其中 30 块湿地被列入《湿地公约国际重要湿地名录》，湿地保护区总面积达 $550 \times 10^4 hm^2$，40% 的天然湿地和 33 种国家重点珍稀水禽得到了有效保护。我国湿地保护工作得到国际社会高度认可，2004 年湿地国际将世界上首个"全球湿地保护与合理利用杰出成就奖"授予我国。

湿地保护应注重以下几个方面的工作：①全流域生态管理。由于水的流动性和水生态系统的整体性，决定了湿地保护应以流域为单元进行统一管理。为了从根本上解决流域中下游湿地利用面临的问题，实现湿地资源的可持续利用，解决区内上下游用水的供需矛盾，实现水资源的优化配置，只有按照湿地的流域分布规律，运用流域生态学理论与实践成果，进行流域生态管理，才能从根本上协调好方方面面的关系，从而推动区域湿地保护工作顺利、有效地开展。②科研支持与环境监测评估。湿地科学是研究湿地形成、发育、演化、生态功能与生态过程的科学，涉及湿地生物多样性、退化湿地恢复与重建、湿地生态系统健康评价等，因此需要运用新技术、新手段与新方法，为湿地保护提供科技支撑。③加强立法执法。中国目前尚没有一部保护湿地的专项法律，这给湿地的科学管理与合理利用带来困难。加快立法步伐、为湿地保护提供法律依据已迫在眉睫。

我国的湿地恢复研究起步较晚，进入新世纪后，我国湿地生态恢复工作有了较大发展，在不同地区建立了湿地生态恢复示范区。湿地生态系统恢复工程与技术是应用生态工程的原理和方法对湿地进行保护、构建、恢复和调整，以达到湿地正常功能的运行和生态系统服务功能的可持续性发挥的综合技术体系，一般可简称湿地生态工程。实际上，湿地生态系统恢复工程与技术主要包括自然湿地恢复和人工湿地构建。前者是指通过生态技术或生态工程对退化或消失的湿地（主要是沼泽、湖泊、河流）进行修复或重建，再现干扰前的结构和功能，以及相关的物理、化学和生物学特性，使其发挥应有的作用。主要包括提高地下水位来养护沼泽，改善水禽栖息地；增加湖泊的深度和广度以扩大湖容，增加鱼的产量，增强调蓄功能；迁移湖泊、河流中的富营养沉积物以及有毒物质以净化水质；恢复泛滥平原的结构和功能以利于蓄纳洪水，提供野生物栖息地，同时也有助于水质恢复。后者主要指由人工建造和监督控制，充分利用湿地系统净化污水的能力，利用生态系统中的物理、化学和生物的三重协同作用，通过过滤、吸附、沉淀、离子交换、植物吸收和微生物分解等来实现对污水的高效净化。湿地恢复及关键技术见表 10-2。

表 10-2 湿地生态恢复类型与关键技术

湿地生态恢复类型		关键技术	
自然湿地	湿地生境恢复	湿地基底恢复技术	湿地基底改造技术
			水土流失控制技术
			清淤技术
			水利工程技术
		湿地水体恢复技术	污水处理技术
			水体富营养化控制技术
			土壤污染控制技术
			土壤肥力恢复技术
	湿地生物恢复技术	物种选育和培植技术	
		物种引入技术	
		物种保护技术	
		种群动态控制技术	
		群落结构优化配置与组建技术	
		群落演替控制与恢复技术	
	生态系统结构与功能恢复	生态系统总体设计技术	
		生态系统构建与集成技术	
人工湿地	污水处理	微生物修复技术	
		植物修复技术	

10.3.4 水土流失及水土保持

水土流失是指在水力、重力、风力等外营力作用下，水土资源和土地生产力的破坏和损失，包括土地表层侵蚀和水土损失，亦称水土损失。

10.3.4.1 水土流失类型

根据造成水土流失的外营力及其发生的外部形态，可分为水蚀、风蚀、重力侵蚀和冻融侵蚀等类型。其中，水力侵蚀分布最广泛，在山区、丘陵区和一切有坡度的地面，特点是以地面的水为动力冲走土壤。重力侵蚀主要分布在山区、丘陵区的沟壑和陡坡上，在陡坡和沟的两岸沟壁，其中一部分下部被水流淘空，由于土壤及其成土母质自身的重力作用，不能继续保持在原来的位置，分散地或成片地塌落。风力侵蚀是由风力造成的土壤侵蚀，在我国主要分布于西北、华北和东北的沙漠、沙地和丘陵盖沙地区，风力侵蚀为主的类型区又可分为：三北戈壁沙漠及沙地风沙区和沿河环湖滨海平原风沙区。冻融侵蚀为主的类型区包括冻融土侵蚀区和冰川侵蚀区两个二级类型区。

10.3.4.2 水土流失现状

全球的水土流失问题十分严峻，而且还在向恶化的方面发展。在干旱和半干旱地区，由于垦殖和过度放牧导致严重的水土流失，世界上有1/3以上可耕地面临着这样的威胁。另外，风力侵蚀刮起大量的土壤粉尘沉积于海洋。据联合国粮农组织的专家估算，全世界约有$2500×10^4 km^2$土地遭受水土流失，占陆地总面积的16.7%，每年流失土壤$260×10^8 t$。

我国是世界上水土流失最严重的国家之一。全国几乎每个省都有不同程度的水土流失，其分布之广、强度之大、危害之重，在全球屈指可数。据1985年、1995年和2005年3次水土流失普查的成果显示，全国水力侵蚀面积，分别为$179.42×10^4 km^2$、$164.88×10^4 km^2$和$161.22×10^4 km^2$，全国水力侵蚀面积下降、强度减小，但成效不大。"边治理、边破坏，一家治理、多方破坏"仍是水土保持工作的老问题。

全国七大流域和内陆河流域都有不同程度的水土流失，黄河中上游的黄土高原区$64×10^4 km^2$面积中，严重水土流失面积达$45×10^4 km^2$，可以说黄土高原是世界水土流失最严重的地区，黄土高原水土流失量$3700 t/(km^2·a)$，最严重的地区高达$5×10^4 \sim 6×10^4 t/(km^2·a)$，每年从黄土高原输入黄河三门峡以下的泥沙达$16×10^8 t$，其中$4×10^8 t$淤积在下游河床，造成黄河下游河床每年淤高10cm。目前，下游河床高出地面$4\sim 10 m$，最高达13m，成为有名的地上悬河。黄土高原水土流失最严重、生态环境最脆弱的特点就在于：①水土流失面积广，全区普遍存在水土流失现象。②流失程度严重，有大小沟道27万多条。③流失量大（黄河水的含沙量为多年平均$35 kg/m^3$，居世界之首）。④水土流失类型复杂，治理难度大。

北方土石山区水土流失面积达$54×10^4 km^2$，年平均侵蚀模数为$1130\sim 1750 t/(km^2·a)$。东北三省和内蒙古部分旗盟的水土流失达$18.5×10^4 km^2$。其中黑土区虽属缓坡，但多为长坡（$1000\sim 2000 m$），雨量集中，雨强大，土壤也容易流失，土壤侵蚀模数达$6000\sim 10000 t/(km^2·a)$。内蒙古、新疆与东北西部的风蚀面积达$130×10^4 km^2$，沙漠与戈壁东西绵延近万里，气候干旱。因风沙危害，土壤沙化、碱化，危及西北、东北及华北各省。

南方红壤丘陵区，同样也存在严重的水土流失问题。长江流域以南的红壤丘陵地区水土流失面积达$67.48×10^4 km^2$。这些地区，由于人多耕地少，山大坡陡，雨量充沛，特别是暴雨多，植被一旦遭到破坏，在高雨量的冲击下，很容易产生严重的水土流失，特别是有深厚花岗岩风化壳的红壤地区，严重者土壤侵蚀模数也在$1000 t/(km^2·a)$以上，使土壤肥力下降，造成大幅度减产。仅长江上游$35.2×10^4 km^2$水土流失区的土壤流失量可达$15.6×10^8 t$，年均侵蚀模数达$4432 t/(km^2·a)$。由于长江流失的泥沙颗粒粗，只有1/3细泥沙进入干流，2/3的粗沙、石砾淤积在上游水库、支流和中小河道，给小河道流域的防洪和水库灌溉、供水、发电带来很大危害。

10.3.4.3 水土流失的成因

（1）自然因素

主要有地形、降雨、土壤（地面物质组成）、植被4个方面，易于发生水土流失的地质地貌条件和气候条件是造成我国发生水土流失的主要自然原因。

地形 地面坡度越陡，地表径流的流速越快，对土壤的冲刷侵蚀力就越强。坡面越长，汇集地表径流量越多，冲刷力也越强。我国是个多山国家，山地面积占国土面积的2/3；我国又是世界上黄土分布最广的国家。山地丘陵和黄土地区地形起伏。黄土丘陵区、地面坡度大多在15°以上，有的达30°；坡长一般100～200m甚至更长。每年每公顷流失75～150t，甚至225t以上。

降雨 产生水土流失的降雨，一般是强度较大的暴雨，降雨强度超过土壤入渗强度才会产生地表（超渗）径流，造成对地表的冲刷侵蚀。我国大部分地区属于季风气候，降水量集中，雨季降水量常达年降水量的60%～80%，且多暴雨。

地面物质组成 质地松软，遇水易蚀，抗蚀力很低的土壤，如黄土、粉砂壤土等是产生水土流失的对象。

植被 达到一定郁闭度的林草植被有保护土壤不被侵蚀的作用。郁闭度越高，保持水土的能力越强。黄河中游黄土高原地区的植被稀少，土壤疏松，暴雨较多，地形破碎，产生了强烈的土壤侵蚀。

(2) 人为因素

人类对土地不合理的利用、破坏了地面植被和稳定的地形，以致造成严重的水土流失，最主要的有两个方面。一是毁林毁草、陡坡开荒，破坏了地面植被。在人地矛盾突出的地区，为了生存，农民们在坡地甚至大于25°的陡坡上毁林毁草开荒，水土流失严重，土壤肥力下降，以致出现越穷越垦、越垦越穷的恶性循环状态。二是开矿、修路等基本建设不注意水土保持，破坏了地面植被和稳定的地形，同时，将废土弃石随意向河沟倾倒，造成大量新的水土流失。我国仅长江流域每年因开矿、修路、建厂等生产建设活动，破坏地貌、植被后不能及时恢复，随意倾倒废土弃石等造成水土流失面积就在1 200km^{2}左右，新增水土流失量约1.5×10^{8}t。

10.3.4.4 水土流失的危害

(1) 毁坏土地资源

水土流失导致耕地减少，土地贫瘠，干旱频繁，有些山区（如贵州的纳雍县）现山地土层被冲光，成为裸石山地，也就是将几十万年形成的有生产能力的山地变成毫无生产力的不毛之地。

(2) 导致土壤肥力下降

水土流失可使大量肥沃的表层土壤丧失。据统计，我国每年流失土壤约50×10^{8}t，损失N、P、K元素约4 000×10^{4}t，由此造成土壤瘠薄，基础肥力低，有效养分缺乏，农作物产量低。

(3) 库湖塘河淤积

水土流失使水库、池塘、湖泊、河床严重淤积，降低了蓄洪、行洪能力，减少了灌溉面积，增大了江河泛滥的威胁。如长江流域，由于水土流失，使其中下游的"悬湖"增多。

(4) 水环境质量下降

由于洪水增大，发生次数增加，表层土壤以泥沙形式进入水体，水体中含沙量增加，增加了水的浊度。同时，流失的土壤中含有大量的有机质及残存的农药、肥料等物质，这些物质随土壤一起进入水体，使水体的面源污染更加严重。

(5) 威胁工矿交通设施安全

在高山深谷，水土流失常引起泥石流灾害，危及工矿交通设施安全。

10.3.4.5 水土流失的防治

水土流失防治措施的基本原理是：减少坡面径流量，减缓径流速度，提高土壤吸水能力和坡面抗冲能力，并尽可能抬高侵蚀基准面。

在采取防治措施时，应从地表径流形成地段开始，沿径流运动路线，因地制宜，步步设防治理，实行预防和治理相结合，以预防为主；治坡与治沟相结合，以治坡为主；工程措施与生物措施相结合，以生物措施为主的策略。

(1) 坡面治理工程——梯田工程

梯田是山区坡面治理效果最理想的一种水土保持工程措施，也是农业生态工程措施的重点，是农田基本建设的主要形式。一般坡度在20°以下且土层较厚的坡耕地，均应修成梯田。

(2) 沟道治理工程

沟道的治理，要根据沟道的发育程度、水源情况，采取自沟头至沟口，自上而下，先毛沟后支沟，最后干沟的顺序，节节修建拦沙蓄水的工程。

沟头防护工程 沟头防护工程是为了制止沟头因径流冲刷而发生的沟头前进和扩张，有蓄水式和排水式2种类型，以蓄水式为主。蓄水式沟头防护工程多修在距分水岭较近，集水面积较小，暴雨径流量不大的沟头，或虽坡面集水面积较大，但坡面治理已基本控制了坡面径流的沟头，要求把水土尽可能挡蓄。如不能采用蓄水式，则应用排水式沟头防护工程把径流导至集中地点，通过泄水建筑物有控制地把径流排泄入沟。

沟底工程 沟底工程，从本质上讲，就是修坝，修各种不同形式的坝，主要修建在山区水土流失严重地区的支、毛和冲沟的上游，为防止沟底下切，制止沟岸扩张和抬高侵蚀基点；拦截泥沙，减少流入河川的固体径流量，减轻石洪危害，为利用沟底土地资源创造条件；所拦蓄的部分径流量，可降低沟道中的水流速度，削减下游洪峰流量。

主河道工程 以保护田坝、村庄为主修建防洪堤，保证河道两侧的农田和村庄不致遭到洪水的威胁，便当地农民安居乐业，发展生产；在河道上游选择适当的位置修造滞洪水库，以控制洪峰集中通过河道，避免山洪暴涨暴落而引起水土流失，同时还可以把储蓄的地表水用于坝地农田灌溉；在河道中下游或两条河流的汇合处修建拦沙坝，拦洪留沙，使河道的泥沙流而不失；对河床比降较大、水流很急、冲刷很大的河床地段，视其具体情况，修建若干小型沙堤，以降低河床比降，防止河床变迁而引起防洪堤倒塌，同时也避免因洪水掏空沟壁引起山体产生重力下滑。

(3) 小型蓄水工程

小型水库 在溪沟河谷地形条件较好、集水面积较大的地段，修建小型水库对防洪、灌溉、发电、养鱼、保持水土、促进农业增产等方面都有重要作用。

蓄水池 蓄水池用于拦蓄径流、防止冲刷、保水抗旱和供人畜饮水。一般修建在沟头、梁顶、路旁、村边等处。土质要求坚硬、不易漏水。其容量大小要根据其上部的径流而定。

水窖 在黄河中游的干旱和枯水区，为解决人畜饮水问题，通常在坡地适当位置，修建水窖。

引洪漫地 引洪漫地就是把河流、山沟、坡面村庄和道路流下来的洪水漫淤在耕地或低洼河滩。

（4）生物工程

在流域内，为涵养水源、保持水土、改善生态环境和增加经济收入，采用人工造林（草）、封山育林（草）等技术，建设生态经济型防护林体系，提倡多林种、多树种及乔灌草相结合。

分水岭防护林　丘陵或山脉的顶部通常称为分水岭，它是地表径流和泥沙的发源地，水蚀和风蚀较为严重，水土流失首先从顶部开始。山脊分水岭一般是高寒、风大、土壤瘠薄，山脊以内应布设水源涵养林，以含蓄降水，在起点控制径流产生，削弱风、寒等不良气候因子的影响。营造山脊分水岭防护林实行乔、灌草结合，选择耐旱、抗风、根系发达、保土能力强的深根性树种，林带宽度可依山脊分水岭宽度、风害和侵蚀程度而定。

坡面水土保持林　坡面水土保持林是指梁顶或山脊以下，侵蚀沟以上的坡面上营造的林木。北方黄土高原区造水土保持林、草多以带状或块状形式配置，水平梯田建设或坡度较缓的农田可采用镶嵌方式排列，具体位置根据斜坡断面形式和坡度差异来决定。坡面水土保持林应沿等高线布设，与整地工程设施相结合，可采用单一乔木或灌木树种，以乔灌混交型为佳。南方山地丘陵坡地营造水土保持林，一般均辅以相应的工程措施。对坡度25°以上的陡坡，可采用环山沟、水平沟、鱼鳞坑等整地方式。沟内栽种阔叶树，沟埂外坡种植针叶乔木和灌木。对坡度15°～25°的斜坡，可采用水平梯田、反坡梯田整地，沿等高线布设林带，林带实行乔、灌、草混交和针阔混交。坡度在15°以下时，可挖种植壕，发展经济林和果树、茶叶，并套种绿肥。在石质山地或土层浅薄的坡面，可围筑鱼鳞坑或坑穴，营造灌木林，或与草带交替配置。有岩石裸露的地方可用葛藤等藤本植物覆盖地面。

侵蚀沟防护林　侵蚀沟防护林是各类地貌中水土流失量最大、危害程度最深的地方。侵蚀沟分为沟头、沟坡、沟底3部分。沟头由于径流冲蚀作用激烈，土体崩塌严重，不断扩张；沟坡集水面积大，植被稀少，遇到大雨经常发生滑坡和崩塌；沟底径流集中，流速快，泥沙多，径流常常导致沟底加宽加深。根据侵蚀沟这些特点，营造侵蚀沟防护林的目的是控制沟头扩张前进，防止坡面滑坡崩塌，保护沟谷和促进水土淤积。

沟头造林须采取生物措施和工程措施相结合的办法，具体做法是在距沟筑围堰，围堰外密植灌木，围堰内栽植乔灌混交林。沟坡造林应在侵蚀沟的两侧，沿等高线整成50～80cm宽的水平条带，栽植根系发达、郁闭早的乔灌木。坡面支离破碎，采取鱼鳞坑整地方式，栽植乔灌混交林。沟底造林应视沟底状况，采取不同的措施和方法，如沟底部坡度比较小，下切不严重，可全面造林；沟底较缓、土壤条件较好，集水面积不大，可营造块状林和小片丰产林；沟底坡度比降大、水流急、下切严重，必须采取修筑小型拦水坝和栽植乔灌混交林相结合的方法来治理。

（5）农业技术

水土保持的农业技术主要指水土保持的耕作技术。一般来说，我国的水土保持耕作技术可分为两大类：一类是以改变地面微小地形，增加地面粗糙度为主的耕作技术，如等高带状种植、水平沟种植等；另一类是以增加地面覆盖和改良土壤为主的耕作技术，如秸秆覆盖，少耕免耕，间、混、套、复种和草田轮作等。

10.3.5　荒漠化

当今世界人类面临的诸多问题中，土地荒漠化已成为最为严重的环境与社会经济问题，严重威胁到当地甚至其他地区人们的生存环境，被称为地球的"癌症"。

在1994年通过的《联合国关于在发生严重干旱和/或荒漠化的国家特别是在非洲防治荒漠化的公约》中，荒漠化定义为包括气候变异和人类活动在内的种种因素造成的干旱、半干旱和亚湿润干旱地区的土地退化。

该定义明确了3个问题：①"荒漠化"是在包括气候变异和人类活动在内的多种因素的作用下产生和发展的；②"荒漠化"发生在干旱、半干旱及亚湿润干旱区（指年降水量与可能蒸散之比在0.05～0.65的地区，但不包括极区和副极区），这就给出了荒漠化产生的背景条件和分布范围；③"荒漠化"是发生在干旱、半干旱及亚湿润干旱区的土地退化，将荒漠化置于宽广的全球土地退化的框架内，从而界定了其区域范围。

10.3.5.1 荒漠化的现状

荒漠化主要集中分布在干旱与半干旱地区。目前全球有近1/2的陆地表面、110多个国家和10亿以上人口受荒漠化影响。尽管各国人民都在进行着同荒漠化的抗争，但是世界荒漠化现象仍在加剧，每年有$5\times10^4\sim7\times10^4\ km^2$的土地变为荒漠。其中非洲和亚洲是土壤荒漠化现象最严重的地区。在非洲，46%的土地和4.85亿人口受到荒漠化威胁；亚洲一半以上的干旱地区已受到荒漠化的影响，其中中亚地区尤为严重。从受荒漠化影响的人口分布情况来看，亚洲也是世界上受荒漠化影响的人口分布最集中的地区。

我国荒漠化沙化公报称"截至2004年，全国沙化土地面积为$173.97\times10^4\ km^2$，占国土总面积的18.12%，分布在除上海、台湾及香港和澳门特别行政区外的30个省（自治区、直辖市）的889个县（旗、区）"。我国荒漠化土地中，由大风造成的风蚀荒漠化面积最大，占$160.7\times10^4\ km^2$。国家林业局组织开展了第4次全国荒漠化和沙化监测工作，获得了2005年初至2009年底5年间我国荒漠化和沙化土地现状及动态变化信息。监测结果显示，截至2009年底，全国荒漠化土地面积$262.37\times10^4\ km^2$，沙化土地面积$173.11\times10^4\ km^2$，分别占国土总面积的27.33%和18.03%。5年间，全国荒漠化土地面积年均减少$2\ 491\ km^2$，沙化土地面积年均减少$1\ 717\ km^2$。监测表明，我国土地荒漠化和沙化整体得到初步遏制，荒漠化、沙化土地持续净减少，但局部地区仍在扩展。塔克拉玛干沙漠每年以5～100m的速度往东南方向移动着；内蒙古在20世纪60年代曾有草原$8\ 200\times10^4\ hm^2$，如今只剩下$3\ 867\times10^4\ hm^2$。内蒙古西部的乌兰察布草原、科尔沁草原和鄂尔多斯草原已基本沦为沙地。在江河源头的青海省，草场退化问题对长江、黄河水量的负面作用正日益显现出来。因土地沙化每年造成的直接经济损失高达500多亿元，全国有4亿人受到荒漠化、沙化的威胁，贫困人口的一半生活在这些地区。全国有5万多个村庄、超过$1\ 300\ km$铁路、$3\times10^4\ km$公路、数以千计的水库、超过$5\times10^4\ km$的沟渠常年受荒漠化影响。造成荒漠化的，自然因素仅起较小作用，主要还是由于人为的活动，我国过度农垦形成的荒漠化土地占23.3%，过度放牧占29.4%，过度樵采占32.4%，水资源利用不当占8.6%，公路建设占0.8%。荒漠化是我国北方，特别是西北地区最严重的环境问题，不断扩展的沙化土地、不断加剧的沙尘暴给国民经济和社会发展造成了极大危害。

第4次全国荒漠化和沙化监测结果显示近年来荒漠化治理工作去取得了显著成效，表现为：①荒漠化和沙化土地面积持续净减少。5年间，全国荒漠化土地减少$1.25\times10^4\ km^2$，沙化土地减少$8\ 587\ km^2$。我国有荒漠化土地分布的18个省（自治区、直辖市），荒漠化土地均有所减少；有沙化土地分布的30个省（自治区、直辖市），绝大部分省（自治区、直辖市）沙化土地有所减少。②荒漠化和沙化程度持续减轻。5年间，中度、重度和极重度3种类型的荒漠化土地分别减少1.69×10^4、6 800和$2.34 \times 10^4 \, km^2$；中度、重度和极重度3种类型的沙化土地面分别减少9 906、1.04×10^4和$1.56 \times 10^4 \, km^2$；流动沙地、半固定沙地减少7 084 km^2。③沙区植被状况进一步改善。5年间，沙化土地植被平均盖度由17.03%提高到17.63%，植被盖度50%以上的沙化土地面积增加$1.03 \times 10^4 \, km^2$，盖度小于10%的沙化土地面积减少$1.36 \times 10^4 \, km^2$。荒漠化和沙化重点保护治理区植物种类明显增加，植被群落稳定性增强。④重点治理区生态环境明显改善。重点治理的科尔沁沙地、毛乌素沙地、浑善达克沙地、呼伦贝尔沙地和京津风沙源治理工程区等区域生态明显改善。以京津风沙源治理工程为例，与2001年相比，工程区土壤风蚀总量减少$5.2 \times 10^8 \, t$，土壤水蚀总量减少$2.87 \times 10^8 \, t$，地表释尘量减少1 352$\times 10^4 \, t$，分别减少了44%、82%和43.3%，有效减缓了沙尘天气对京津地区的影响。

我国荒漠化和沙化土地防治工作依然面临着许多问题。①我国沙化土地面积还很大，土地荒漠化和沙化的趋势尚未得到根本改变。我国是世界上荒漠化、沙化面积最大的国家，荒漠化发生率居于高位，现在还有$173 \times 10^4 \, km^2$的沙化土地，可治理面积有$53 \times 10^4 \, km^2$，按照现在每年缩减1 717 km^2的速度，大概需要300年。全国还有$31 \times 10^4 \, km^2$具有明显沙化趋势的土地。②人口、经济压力与生态承载能力的矛盾很大。我们国家生态的承载能力只及世界平均水平的1/3，现在人口、牲口、灶口这"三口"问题还十分突出，引得一些地方还在滥开垦、滥放牧和滥樵采。③气候变化导致的持续干旱等极端气象灾害频繁发生，对植被建设和恢复影响甚大，土地荒漠化、沙化的危险性增大。④荒漠化地区植被总体上仍处于初步恢复阶段，自我调节能力较弱，稳定性、抗逆性较差，极易反弹、退化。

10.3.5.2 我国荒漠化类型、分布及成因

目前我国是世界上荒漠化最严重的国家之一，土地荒漠化分布范围在东经74°~119°，北纬19°~49°。由于我国地域辽阔，气候类型及地貌类型复杂多样，加之不合理的开发活动，荒漠化的类型也多种多样（图10-2）。

图10-2 我国主要的土地荒漠化类型及典型分布区

(1) 沙质荒漠化

沙质荒漠化主要分布在我国的西北干旱、半干旱地区，在各类型的荒漠化土地中，是面积最大、分布范围最广的荒漠化类型。西北地区土地荒漠化成因：①地质时期自然过程形成的原生沙质荒漠和砾质荒漠。由于西北地区深居内陆，周围受高山、高原阻挡，形成了典型的温带大陆性气候，气候干旱、风速大、降水少，加剧了荒漠化的自然形成过程，如塔克拉玛干沙漠。温带大陆性气候，降水变率大，气候异常，使脆弱的生态环境更易失衡，荒漠化进一步加剧。②现代发展的荒漠化土地中90%以上是人类活动造成的。如过度樵采占32.7%，过度放牧占30.1%，过度农垦占26.9%，水资源利用不当占9.6%，工矿交通建设和其他占0.7%，如乌兰布和沙漠、科尔沁沙地是人类活动不当造成的。

(2) 石漠化

土地石漠化现象分布典型地区是云贵高原。在我国贵州、广西石灰岩分布地区水土流失严重，由于石灰岩上面的土壤比较浅薄，受侵蚀后基岩裸露地面，导致石漠化现象。实际上，石漠化现象是在现代气候、地形条件下，夏秋季节降水集中、强度大；地形崎岖，坡度大；加之人类过度的经济活动，如过度开垦、植被破坏等促使喀斯特地貌加速发育的水蚀荒漠化过程。贵州省石灰岩裸露区占全省土地面积的62%，导致农业经济发展与水土资源矛盾日趋突出。

(3) 红漠化

土地红漠化现象分布典型地区是江南丘陵。地质历史上，江南丘陵气候干热，干、湿交替明显，沉积在地势低洼盆地中的碎屑物，经过强烈氧化，富集红色的氧化铁，岩体呈现红色，形成了红色的砂岩。现在红色砂岩经长期风化剥离，在流水侵蚀作用下，人们过度坡地开垦、樵采，加剧了水土流失，红色砂岩裸露，形成土地红漠化现象。人们也将土地红漠化现象称为"丹霞地貌"。

(4) 盐漠化

土地盐漠化现象也称土地盐碱化，当土壤表层30cm以内含盐量太高（超过0.3%）时，即形成盐漠化现象。中国盐漠土有$9\,913\times10^4 hm^2$，大部分分布在西北，主要有新疆、甘肃的河西走廊，青海的柴达木盆地，内蒙的河套平原，宁夏的一些低洼地区，黄淮海平原，东北平原的西部及滨海地区，其中对农业影响大，具有代表性的是黄淮海平原及滨海地区。土地盐漠化现象形成原因与当地自然条件有关：一是气候干旱，蒸发强烈；二是地势平坦低洼，地下水位高，蒸发作用使土壤、成土母质和地下水中的可溶性盐分积聚地表而形成；也与人类活动有关，当人类大水漫灌农田或修建水库、水利工程（南水北调）等，会提高地下水位，易导致盐漠化现象，这种由人类活动引起的土地盐漠化，称为"次生盐漠化"。

(5) 寒漠化

高山及高原地区，因低温引起干燥，而形成的植被贫乏地区，称为寒漠化现象。土地寒漠化分布典型地区是青藏高原。青藏高原是中国最大的高原，面积$240\times10^4 km^2$，平均海拔$4\,000\sim5\,000km$，也是世界上最高的大高原，有"世界屋脊"之称。这里是高寒气候，有些地区气温常年很低，植被难以生存；有些地区又由于人类过度放牧等不合理的生产活动，使脆弱生态环境破坏，形成寒漠化现象。

10.3.5.3 荒漠化的危害

（1）制约经济发展

我国因荒漠化，每年损失土壤有机质 $5\,590\times10^4$ t，折合 2.7×10^8 t 化肥。使土壤贫瘠、粮食产量大减，不少地方呈现种一坡、打一箩、煮一锅，剩下也不多的境况，年均减少的草产量相当于 5 000 万只羊单位一年的饲料。据专家分析，我国每年因荒漠化造成的直接经济损失达 1 200 亿元。

（2）恶化生存环境

全国有近 4 亿人受荒漠化影响，沙埋农舍、铁路、公路、淤积水库、堤坝等现象屡见不鲜。地处塔克拉玛干沙漠南部的皮山、民丰两县因荒漠化危害，县城两次搬家，策勒县城 3 次搬家。

（3）威胁生态安全

表现形式是：沙尘暴步频发，据统计，20 世纪 60 年代我国共发生特大沙尘暴 8 次，70 年代 13 次，80 年代 14 次，90 年代 23 次。1993 年的"5·5"特大沙尘暴，席卷我国西北大部，沙尘暴过境面积约 110×10^4 km^2，造成 85 人死亡，兰新铁路中断 31h，乌吉线中断 4 天，直接经济损失近 6 亿元，并严重影响华北、华东地区的航空交通和京津等城市的空气质量。自 2000 年以来，年均发生沙尘暴、强沙尘暴 9 次，并多次影响北京。生物多样性变差，造成种群、群落破坏，生产力下降，生存能力降低，许多物种日趋濒危或消亡；每年进入黄河的泥沙达 16×10^8 t，导致中下游河床抬高，成为悬河，严重威胁人们的生命财产安全。

（4）影响区域协调

荒漠化加剧贫困，使东西部、边疆与内地、民族之间贫富差距进一步加大，据统计资料分析，2005 年全国、东部地区、西部地区人均 GDP 分别是 13 493 元、23 042 元、9 536 元，西部相当于东部地区的 41.4%。由于生态恶化，沙尘暴频发，一些地方的地方性疾病高发。如某一少数民族地区矽肺病发病率高达 95%。

（5）加剧气候变化

有学者提出，气候变化与陆地生态系统互为反馈，荒漠生态系统遭到破坏，导致地表反射增加，引起局部气候恶化。植被丧失破坏了碳平衡，形成了碳源。2003 年，美国麻省理工技术研究院专家研究估算，我国 20 个世纪因荒漠化造成的碳流失达 42×10^8 t。

（6）影响社会文明进程

社会文明的兴起、发展离不开生态环境的支持，良好的生态环境，充裕的生态环境资源是社会文明进步的重要支持。专家研究，人类历史上四大文明古国的出现和其三大文明的消失，无不与生态环境的优、劣密切相关。如，现今的伊拉克，曾经诞生过一个古代文明，这里曾经林木葱郁、沃野千里、富饶的自然资源孕育了辉煌的巴比伦文化，但巴比伦人在创造灿烂文化、发展农业的同时，却无休止的垦耕，肆意砍伐森林，破坏了生态环境的良性循环，最终化为一片荒漠，文明消失。我国甘肃民勤，在 20 世纪 50 年代水草丰美，林茂粮丰，曾被周总理称赞为治沙先进典型，几十年的垦殖，致使生态退化，以致温家宝总理多次强调，"决不能让民勤变成第二个罗布泊"。

10.3.5.4 荒漠化的防治

荒漠化造成的严重后果及扩展的趋势，引起了国际社会极大的关注。20 世纪 60 年代末和 70 年代初，非洲西部撒哈拉地区连年严重干旱，造成空前灾难，使国际社会密切关注全球干旱地区的土地退化。1977 年，联合国在肯尼亚首都内罗毕召开世界荒漠化会议，提出了全球防治荒漠化行动纲领。1992 年 6 月世界环境和发展会议，把防治荒漠化列为国际社会优先发展和采取行动的领域，并于 1993 年开始了《联合国关于发生严重干旱或荒漠化国家（特别是非洲）防治荒漠化公约》的政府间谈判。1994 年 6 月 17 日，《国际防治荒漠化公约》文本在巴黎通过，该《条约》要求世界各国，"动员足够的资金开展防沙化斗争"。1994 年 12 月，联合国大会通过决议，决定从 1995 年起，把每年的 6 月 17 日定为"世界防治荒漠化和干旱日"，旨在进一步提高各国人民对防治荒漠化重要性的认识，唤起人们防治荒漠化的责任心和紧迫感。1996 年 12 月，《联合国防治荒漠化公约》正式生效，为世界各国和各地区制定防治荒漠化纲要提供了依据。如今加入这一公约的国家已达 170 多个。这标志着国际社会已充分认识到防治荒漠化和缓解干旱灾害在实施可持续发展战略中的重要地位。

世界各国积极开展了荒漠化的研究和防治工作。如美国荒漠化防治的策略体现在"以防为主，恢复为辅"和"保护与开发并重，确保荒漠生态系统资源的可持续利用"。成功的经验有：重视生态学原理的应用；确立和执行严厉的土地政策和合理的放牧法规；加大联邦财政投入，促进荒漠化地区的经济发展，开发畜牧优良品种，推广围栏放牧，建设灌溉设施和引水工程；强调高新技术的开发和应用；动员各级政府、民间团体和土地经营者共同参与；采用防治荒漠化和保护土地经营者利益一起抓的"双赢措施"。其他国家也都进行了一些努力。

防治荒漠化事关中华民族的生存与发展，既需要全社会的广泛参与，更需要从制度、政策、机制、法律、科技、监督等方面采取有效措施，处理好资源、人口、环境之间的关系，促进荒漠化防治工作的有序发展。2007 年 3 月，国务院召开了全国防沙治沙大会，会议树立了治沙的精神：即"胡杨精神"；确立了治沙工作方针：即"科学防治、综合防治、依法防治"；分析了当前防沙治沙形势，提出当前"沙化危害依然突出，局部扩展依然严重，治理难度依然很大，治理成果依然脆弱，人为隐患依然较多"。明确下一步防沙治沙"三步走"的思路，这就是，到 2010 年，重点治理地区生态状况明显改善；到 2020 年，全国一半以上可治理的沙化土地得到治理，沙区生态状况明显改善；到 21 世纪中叶，全国可治理的沙化土地基本得到治理。

（1）依靠政策、法规防治

2002 年 1 月 1 日起实施了《防沙治沙法》。这是我国乃至世界上第一部防沙治沙的专门法律。该法确立了地方行政领导防沙治沙目标责任考核奖惩制度、规划制度、定期监测制度、以草定畜制度、沙区建设项目环境影响评价制度、封禁保护制度、封禁保护区内修建铁路、公路等建设活动审批制度、单位治理责任制度、营利性治沙申请制度等，对防沙治沙的组织领导、责任主体、土地沙化预防、沙化土地治理以及保障措施等都做出了明确的规定。2005 年 8 月，国务院第 102 次常务会议审议通过了《国务院关于进一步加快防沙治沙工作的决定》（国发 [2005] 29 号），这是我国第一个专门部署全国防沙治沙的决定。《决定》对防沙治沙的地位、性质、部门职责、防沙治沙的指导思想、战略布局、奋斗目标、防治措施等都予以了明确。提出要在财政投入、税收优惠和信贷支持、生态补偿、鼓励社会主体参与、保障治理者合法权益等方面加大国家政策支持，为防沙治沙事业快速健康发展提供了强大的政策支撑。

(2) 实行规模治理。

在科学研究的基础上，国务院于2005年批复了《全国防沙治沙规划（2005—2010年）》。规划对全国防沙治沙的整体布局、防治目标和任务等进行了谋划，做出了具体安排。规划提出，全国防沙治沙分3个层次：一是国家级重点工程，包括封禁保护区建设、京津风沙源、三北四期、退耕还林、退牧还草、草原沙化防治等工程；二是区域性项目，如黄河故道项目等；三是试点示范区。试点示范区分省级示范区、地市级示范区和县级示范区三类。

(3) 实行工程防治战略。

国家启动实施三北防护林体系建设工程、全国防沙治沙工程；实施了退耕还林、天然林资源保护、京津风沙源治理和三北防护林、退牧还草及石漠化综合治理等一系列重大工程。实行农、林、水各种措施多管齐下，综合防治。其技术路线是：重点适宜地区的植树造林种草；大范围的封沙禁牧禁樵禁垦；流动沙丘网格压沙固沙；沙化耕地退耕还林还草，局部敏感地区的化学固沙。

(4) 综合治理

荒漠化的治理要从解决荒漠化土地上过重的人口压力出发，从经济学、生态学和荒漠学相结合的角度，把荒漠化治理与农村经济发展有机结合起来，形成荒漠化防治的生态经济模式。在这个模式中，荒漠化治理应该按照降低土地上的人口压力和形成稳定生态系统的总体目标，有层次、按时序进行。

首先，种树种草与提高农田产量同步进行。通过施用高新技术、改造生产要素组合条件，提高未荒漠化土地粮食产量，使荒漠化土地的承载力发生跃升，从而减缓或消除人口压力。与此同时，施行退耕还林还草，推广应用沙地造林和农田防护林带技术，初步建立起防沙体系，使沙漠化土地初步得到治理。值得注意的是，种树种草和沙漠化土地承载力的跃升应同步进行。前者离开了后者，沙漠化的治理由于没有去除沙漠化的根源，而效果不佳；后者离开了前者，在强烈风蚀下不可能实现。

随着科学技术的不断进步，人工可调节水肥因子在技术上具备了越来越大的可操作性，从而为荒漠化治理开发中新技术的使用，拓展了广阔的空间，对作物的优质高产提供了保障。例如，内蒙古乌兰察布盟后山地区地处农牧交错带，土地沙漠化严重。一些地方实行的地膜玉米技术，可使粮食产量由每公顷产1 500kg提高到9 000kg。粮食产量的增加，为农业内部的结构调整提供了可能空间。当地推行的"进一退三"措施，也就是种1hm^{2}地膜玉米，退耕3hm^{2}沙漠化土地，改种柠条等治沙牧草，使当地的沙漠化进程迅速得到遏止并开始逆转。

(5) 荒漠化治理方法

植物固沙　这是控制流沙最根本且经济有效的措施。固沙植物能为沙区人畜提供燃料和饲料，同时，又可以恢复和改善生态环境。其内容主要包括：建立人工植被或恢复天然植被；营造大型防沙阻沙林带，以阻截流沙对绿洲、交通线、城镇居民点的侵袭；营造防护林网，控制耕地风蚀和牧场退化；保护封育天然植被，防止固定半固定沙丘和沙质的沙漠化危害。

工程治沙　治理流沙时，采用柴草、黏土、卵石、网板等材料设置障碍物或铺压遮蔽，借以阻沙固沙；利用地形地物设置屏障，改变大风方向，输导流沙定向吹移；采取一定的工程措施，机械地进行干扰控制，以固定阻挡、输导搬运流沙，定向塑造风沙地貌，改变沙地条件，转害为利。

化学固沙　在流动沙地上通过喷洒化学胶结物质，使其在沙地表面形成有一定强度的保护壳，隔开气流对沙面的直接作用，提高沙面抗风蚀性能，达到固定流沙的目的。

旱地节水　水资源匮乏，是制约荒漠化地区土地综合整治与开发的主要难题。因此，引进和开发节水技术，发展灌溉农业就显得至关重要。一般采取渠道防渗、低压管道输水、喷灌微灌、田间节水等技术。

10.4　生物安全

生物安全是指在特定的时空范围内，由于自然或人类活动引起的某种生物数量的急剧变化，并由此对当地其他物种和生态系统造成改变和危害，进而对人类的正常生存和发展构成影响。包括：第一，人类引起生态环境变化导致外来生物的大量侵入，即外来生物入侵问题；第二，人为破坏和影响造成环境的剧烈变化而对生物产生影响和威胁，即生态生物多样性锐减问题；第三，在科学研究、开发和应用中对人类健康、生存环境和社会生活产生有害的影响，主要指的是转基因生物安全问题。

10.4.1　生物多样性锐减

10.4.1.1　生物多样性的定义

生物多样性是指地球上所有植物、动物、微生物和它们拥有的基因以及由这些生物和环境构成的生态系统。其含义包含广义和狭义两个方面，广义上的生物多样性包含遗传多样性、物种多样性、生态系统多样性和景观多样性4个层次；狭义上的生物多样性包括遗传多样性、物种多样性和生态系统多样性。

遗传多样性也称基因多样性是指生物体内决定性状的遗传因子及其组合的多样性，遗传变异造成了种内个体之间的差异；物种多样性是生物多样性在物种上的表现形式，可分为区域物种多样性和群落物种（生态）多样性，它是用一定空间范围内物种数量和分布特征来衡量的，物种多样性是生物多样性的基础；生态系统多样性是指生物圈内生境、生物群落和生态过程的多样性，生境主要指无机环境，包括地貌、气候、土壤、水文等，生境的多样性是生物群落多样性形成的基本条件，群落的组成、结构和动态方面的多样性就构成了生物群落多样性；景观格局多样性是指景观类型空间分布的多样性，各类型之间以及斑块与斑块之间的空间关系和功能联系，景观多样性多考虑不同景观类型的空间分布，同一类型间的连接度和连通性，相邻斑块间的聚集与分散程度。

10.4.1.2　生物多样性对人类的价值

生物多样性通过直接提供生活必需品、调节功能和文化生态系统服务功能以及间接的通过支持生态系统服务功能，对人类福祉起到了至关重要的作用，主要表现在以下几个方面。

（1）生物多样性在医学上的价值

人类健康和幸福直接依赖于生物多样性，大部分与人类生存有关的药物是来自于植物、动物和微生物。在全世界25万种显花植物中，科学家仅对具有潜在药物学属性的5 000种植物进行了分析,其他大量物种潜在医疗价值仍处于未知状态。据世界卫生组织统计,发达国家40%的药物来源于自然资源或依靠从自然界中发现的化合物进行化学合成,而发展中国家80%的人口依靠传统药物进行治疗,在中国有记载的药用植物大约5 000种,其中,常用的约1 000种。目前,较多的动物也已经作为主要的药物来源,如水蛭素是珍贵的抗凝剂,某些毒蛇能控制高血压,蜂毒治疗关节炎等。另外,作为医药研究的实验动物对医药业的发展做出了巨大贡献,如犰狳对抗麻风病疫苗的研制,猴类对小儿麻痹疫苗研制,都起过重要作用。

(2) 生物多样性在农业生产上的价值

据热带生态学家Norman Meyer估计,地球上可供人类食用的植物大约有8万种,但是得到开发、驯化和普遍种植的物种极少。世界上90%的食物仅来源于20个物种,其中,75%的粮食来自小麦、水稻、玉米、马铃薯、大麦、甘薯和木薯7种作物,而小麦、水稻和玉米又占总产量的70%以上。现代农业的发展与野生植物息息相关,经过人类千百年的驯化、筛选、培育,使小麦、玉米、水稻、大豆等比野生近亲的产量要高得多。然而,经过几年至几十年的自繁后,优质高产的农作物的丰产性、抗病性会随之下降。但可通过杂交手段从其野生近缘吸取新的基因,调整其遗传结构,使它们的优良性状得以保持或提高。美国和加拿大两大世界农业出口国,它们保持粮食高产的秘诀就在于经常利用野生植物的种质以改良作物品种。

科学家希望用害虫的天敌来控制虫害,便开始在大自然中寻找和繁育害虫的天敌,目前,应用最多的是各种捕食性、寄生性天敌昆虫。要在自然界中找到800多种农作物害虫的天敌,需要做大量的野生昆虫的搜集、筛选和繁育工作,但是,由于大量的野生物种的灭绝,人类需要的那些基因有可能在被发现之前就永久地从地球上消失了。

(3) 生物多样性的生态效益

生物多样性提供生态服务功能,主要包括:气候调节功能;气体调节功能;土壤形成与保护功能;水源涵养功能;废物处理功能等,在生物所提供的这些服务中,多数还不为人所知,1997年由美国科学家Costanza等人对全球生态系统服务功能的价值进行了估算,计算结果为每年全球生态系统服务的总价值为$16\times10^4 \sim 54\times10^4$亿美元,平均为$33\times10^4$亿美元。

(4) 生物多样性对工业生产的价值

木材、纤维、橡胶、造纸原料、天然淀粉、油脂等这些人类从事工业生产所需的原料主要是由生物提供的,而煤、原油和天然气其本质也都是由森林储藏了几百万年的太阳能,现代工业生产还需要开发更多可更新的生物资源以提供各种工业生产中必需的原材料和新型的能源。

(5) 生物多样性为重要的游憩资源

打猎、钓鱼、露营、远足、野生动物的观察及其他以自然为基础的旅游及娱乐活动,大都依赖于生物多样性。天然植被增加了旅游与户外娱乐环境的吸引力,提高了人们的生活质量与健康水平。在拥有独特自然珍品(如大熊猫、雉鸡、稀有树种、花卉和鱼类)的地方都是主要的旅游目的地。

10.4.1.3 生物多样性锐减的驱动力

根据千年生态系统评估项目(简称MA)编写的《生态系统与人类福祉:生物多样性综

合报告》，生物多样性的锐减是由自然因素和人为因素在内的多种驱动力共同作用的结果。这些因素大致可以分为直接驱动力和间接驱动力2种类型。直接驱动力主要包括栖息地转化、过度开发、生物交换、养分负荷和人为气候变化等；间接驱动力主要包括人口、经济、社会政治、文化与宗教及科学与技术因素。

（1）栖息地的丧失与破坏对生物多样性的影响

栖息地的丧失和退化是生物多样性锐减的直接驱动力。土地利用变化是导致生物物种栖息地改变的主要原因，包括农业发展、林木砍伐、大坝建造、采矿和城市发展等。人类为发展经济砍伐森林、围湖围海造田、过度放牧等，直接造成了野生动物栖息地丧失，间接导致了野生动物的濒危。在1950年之后的30年里，全球转化为耕地的土地面积超过了1700—1850年150年的转化总和。目前，垦殖系统已经占到了全球陆地面积的1/4，而且预计到2050年还将有10%～20%的草地和森林被开垦（主要用于农业生产）。陆地自然生态系统向垦殖系统的大规模转化直接导致了生物多样性的大量丧失。由最近的全球调查可知，栖息地的减少是影响83%的濒危哺乳动物和85%的濒危鸟类数量的主要因素。

（2）乱捕滥猎对生物多样性的影响

人类的乱捕滥猎活动是许多物种濒危的直接原因。如龟鳖类、蛇类、鹰隼类、藏羚羊、观赏鸟类和蛙类是目前猎捕最为严重的几类动物。过度捕捞是海洋生态系统变化的最重要的直接因素。目前，人类对鱼产品和水产养殖饲料的需求仍在持续增长，这将进一步增加区域海洋渔业资源出现长期严重崩溃的危险，世界上的许多地区，渔业目标鱼种的生物量同工业化捕捞前的水平相比已经降低90%；商业化海洋渔业品种，大约50%已被完全开发，大约25%已被过度开发。水库和拦河闸坝的建设，阻断了一些鱼虾、蟹类的洄游通道，致使它们不能正常洄游、产卵和繁殖，因而数量锐减。植物方面，肉苁蓉、锁阳等名贵中药材日渐稀少，也是由于过采所致。有些植物，如三尖杉属和红豆杉（紫杉）属植物自从被发现为新型抗癌药物后，立即遭到大规模的采伐破坏，使资源急速减少。近年来，虽然国家严禁捕杀和随意采集珍稀濒危动、植物，但偷猎偷采现象仍然存在。

（3）外来物种的入侵对生物多样性的影响

外来物种的入侵对生物多样性造成了严重影响，随着贸易和旅行活动的增长，外来入侵物种和病原生物体的传播不断增加，外来物种的侵入已成为本地物种的主要威胁。比较典型的如紫茎泽兰广泛蔓延于西南地区（仅云南就达$2\,470\times10^4\,hm^2$）；外来有害动物松突圆蚧于20世纪80年代侵入广东沿海地区，扩展成灾，使$40\times10^4\,hm^2$松林受害；法属波利尼西亚地区由于引进食肉的蜗牛而使许多本地蜗牛品种减少；新西兰由于引进澳大利亚的刷尾负鼠而使本地鸟类减少。

（4）养分负荷对生物多样性的影响

自1950年以来，由人为造成的N、P、S和其他养分的相关污染物的增长（养分负荷）已经成为陆地、淡水及海滨生态系统发生变化的最重要的驱动因素，而且这一驱动因素还将大幅增长。氮肥的生产是过去50年中粮食产量显著增长的主要动力。目前，人类生产的活性氮已经超过了所有自然途径产量的总和。通常情况下，通过大气沉降进入自然陆地生态系统（特别是温带草地、灌丛和森林生态系统）的活性氮，会直接导致植物多样性减少；而水体中的活性氮含量过高，常常导致内陆水域和沿海地区出现富营养化和藻类泛滥，并因养分耗竭而形成所谓的"死亡带"。同时，磷也存在类似问题，1960—1990年期间，全球磷的使用量增加了2倍。今后，养分负荷问题将会日益严重，尤其是在发展中国家以及东亚和南亚更是如此。

(5) 人为气候变化对生物多样性的影响

以区域性气候变暖为主要特征的气候变化，对生物多样性已经产生了显著影响，如物种分布、种群大小、繁殖或迁徙活动发生了明显变化。目前，由于生长海域的海水温度上升，许多珊瑚礁已经出现了严重的白化现象。根据政府间气候变化专门委员会（IPCC）的预测，至2100年，全球地表的平均气温将比工业化前高$2.0 \sim 6.4 ℃$，因此，预计21世纪由于化石燃料的燃烧和毁林等原因造成的人为气候变化将会成为导致全球生物多样性丧失的最主要的直接驱动力。气候变化将加快生物多样性丧失的速度并增加许多物种灭绝的风险，特别是那些由于种群数量低，位于限制性或小片分散栖息地或气候承受范围有限等因素本身已面临灭绝风险的物种。

(6) 人类活动的影响

生物多样性的锐减，除自然因素之外，主要是由于人类方面的间接驱动力作用的结果。首先是人口的快速增长，1960—2000年期间，全球人口增长了1倍，2011年10月3日的全球人口已达70亿人，预计2050年全球人口将会增至81亿~96亿人。其次，全球的经济活动的迅速发展，1950—2000年期间，全球的经济活动增长了近7倍，而且预计至2050年将会再增长3~6倍。随着人口的快速增长和经济的迅速发展，人类对生态系统服务的消费急剧增加，对化石燃料的使用显著增长，使生物多样性承受的压力持续增大。此外，在过去的几十年里，世界上的社会政治因素也发生了重大变化，中央集权制的减弱，而民主选举日益兴起，这一变化为实施新的生态系统管理模式创造了条件。文化与宗教的发展，尤其是生物多样性保护意识的提高、消费偏好的变化及对生物多样性的内在价值的认识转变，对生物多样性的持续利用和保育起到了一定的促进作用。最后，科学与技术的发展和普及一方面可以提高资源的利用效率，降低生物多样性的压力；另一方面也会为过度开发自然资源提供新的手段，加速生物多样性的丧失。因此，导致生物多样性发生变化的间接驱动力往往具有保育和破坏的双重性质，至于最终出现何种作用，那将取决于人类采取的有关对策。

10.4.1.4 生物多样性的保护途径及种群的恢复

随着生态环境的不断恶化，生物多样性的丧失，相关组织和各国政府都采取了相应的保护生物多样性的措施。20世纪70年代，国际社会签署了诸如《濒危野生动植物种国际贸易公约》（CITES）、《关于特别是作为水禽栖息地的国际重要湿地公约》等一系列有关物种资源保护的条约。随着研究的不断深入，人们进一步认识到，保护物种需要首先保护物种的栖息生境，于是，20世纪80年代后期，国际社会开始酝酿制定一份对生态系统、物种和遗传资源3个层次实行全面保护的国际法律文书，因此，自1988年开始进行《生物多样性公约》（简称CBD或《公约》）的政府间谈判，并于1992年5月达成《公约》文本，1992年6月在巴西里约热内卢召开的联合国环境与发展大会（UNCED）上通过了1994—2003年为"国家生物多样性十年（international biodiversity decade）"的决议。同时通过了《生物多样性公约》，并于1993年12月29日正式生效。目前公约拥有191个缔约方，中国于1993年年初批准加入《公约》，是最早加入《公约》的国家之一。该公约有3个主要目标：保护生物多样性，可持续利用生物多样性中的要素，以公平的方式共享由利用遗传资源产生的利益。生物多样性保护的途径可从以下几个方面考虑。

(1) 建立自然保护区

建立自然保护区是应对生物多样性锐减的主要措施，其实质上就是实施就地保护的原则，是指某一物种在行使功能的生态系统中得到保护，是在物种原产地进行的生物多样性保护。自然保护区的建立能够较好地维持当地的经济生产以及可用当地的种子或芽等来恢复生态系统。根据世界自然保护联盟（IUCN）1992—2003年的统计数字，目前全世界拥有的国家保护区总数为63 478处，占陆地总面积的11.3%，其中：亚洲（中亚除外）3 655处、欧洲39 432处、中亚和北非561处、撒哈拉以南非洲1 486处、北美洲7 412处、中美洲和加勒比海地区1 476处、南美洲1 697处、大洋洲7 759处；发达国家为55 408处、发展中国家8 070处。据中国环境状况公报（2008），截止2008年年底，中国已建立各种类型、不同级别的自然保护区2 538个，保护区总面积约14 894.3×10^4 hm^2。其中，国家级自然保护区303个，面积9 120.3×10^4 hm^2，分别占全国自然保护区总数和总面积的11.9%和61.2%。有28处自然保护区加入联合国教科文组织"人与生物圈保护区网络"，有20多处保护区成为世界自然遗产地组成部分。

(2) 受威胁物种的保护和恢复

虽然采取"以栖息地为基础"即建立自然保护区的办法是生物多样性保护的重要方式，但这种方法不能取代"以物种为基础"的生物多样性保护方式，通过对受威胁物种采取更为有效的管理措施是实现生物多样性的保护和恢复的重要途径，从而达到可持续利用和保育生物多样性的目的。目前，此项工作已广泛展开。

(3) 异地保护

异地保护是指把某些单独或成群的生物个体从自然生境中移出，然后放到圈养环境里对其进行繁育，或保存其遗传繁殖群。异地保护主要是针对野生动物和野生植物的保护，包括建立植物园、动物园、种质收集、种子库、"试管基因库"、花粉库、野外基因库等多方面的措施。世界上最大的植物园——英国皇家植物园栽培了2.5万种植物，约占世界植物种类10%，其中2 700种植物是世界自然保护联盟（IUCN）红皮书上受威胁种类。美国国家种子种质库保存了8 700种植物的40万份种子，我国的国家作物种子库保存着各种作物的遗传资源30多万份。据中国环境年鉴（2008），到2007年，中国共建立野生动物种源繁育基地521个，珍稀野生植物培植基地411个，野生动物园24个。但是，植物园和动物园保护濒危动、植物方面的功能还有待加强。例如，在中国66%的濒危植物种仅种植在1/4的植物园中，而建立在植物多样性最丰富和特有生态系统的地区的植物园很少。而动物园在增加现存野生种群，拯救稀有濒危动物方面的作用还较弱。经调查发现只有10%的圈养种群（濒危物种中的比例更低）具有自我维持能力。且由于部门之间的矛盾和障碍，及基础种群较小，动物园之间的物种基因不能得到很好的交流。因此这些圈养动物很难重新引入自然栖息地。

(4) 生态系统恢复和重建

生态系统的恢复和重建对生物多样性的保护有着极其重要的作用，目前许多国家已普遍开展了生态系统恢复与重建的活动，包括恢复湿地、森林、草原、入海口、珊瑚礁和红树林在内的所有生态系统类型。由于人口的不断增加、人类社会的发展及对资源的强度利用，使土地利用形式发生改变以及动、植物赖以生存的环境发生转化，减少了生物的多样性。另外，大规模外来种的引进也导致了全球生物类群的单一化或均匀化。随着更多的退化生态系统的出现，以及对生态系统服务的需求日益增长，生态系统的恢复和重建显得越来越重要。但是，生态系统的恢复和重建比保护原生态系统花费更高，并且也很难将一个生态系统的所有生物和服务都得到彻底恢复。

退化生态系统恢复的主要任务是改善系统的环境，使生物多样性得以恢复。可通过两条途径实现：一条途径是建立保护区，如国家公园、自然森林保护区等，这种方法可使原始的生态系统在保护区里得以保留，并为其他退化土地的恢复提供自然定居者，这是一条自然恢复的途径，这一途径存在的主要问题是，要使发育（或成熟）的群落得到进一步发展需要跨越数十年或几个世纪的时间。另一途径是针对退化生态系统恢复需时较长而提出的，解决这个问题，可通过人为介入的方法，模拟自然恢复的过程，对已退化的工、农业用地进行恢复，以减少土地利用的压力，并能提供新的自然保护区，其特点是可缩短生态系统演变进程的时间。

10.4.2 生物入侵

千万年来，海洋、山脉、河流和沙漠为物种和生态系统的演变提供了天然屏障。在近几百年间，这些屏障受到全球变化的影响已荡然无存，一些物种远涉重洋到达新的生境和栖息地，并成为外来入侵物种。外来入侵种（alien invasive species, AIS）就是对生态系统、生境、物种、人类健康带来威胁的外来种。入侵物种常常表现出极强的适应能力，这是其成功入侵的原因。外来物种入侵主要是指某一生物物种从其自然分布区通过有意或无意的人类活动而被引入，在当地的自然或半自然生态系统中形成了自我繁殖能力，并在缺乏天敌等制约因素的新环境下繁殖、扩散，进而对当地生态环境、社会经济产生难以估量的负面影响，甚至带来灾难性的后果。

20世纪80年代以来，随着我国经济的高速发展，促进了外来物种的引入。从森林到水域，从湿地到草地，从郊外到城市居民区，都可以见到这些生物"入侵者"。外来物种入侵正成为威胁我国生物多样性与生态环境的重要因素之一。据统计，松材线虫、湿地松粉蚧、松突圆蚧、美国白蛾、松干蚧等森林入侵害虫严重发生与危害的面积在我国已达每年 $150 \times 10^4 hm^2$ 左右。稻水象甲、美洲斑潜蝇、马铃薯甲虫、非洲大蜗牛等农业入侵的害虫近年来严重发生的面积达到每年 $140 \times 10^4 \sim 160 \times 10^4 hm^2$。这些物种疯长成灾，侵入草场、林地和荒地，很快形成单种优势群落，导致原有植物群落的衰退。

应该注意的是，并非任何外来迁入者最后都能成为入侵者。事实上，从迁移者到入侵者的转化与多个方面的因素有关。在生物入侵过程中，外来种原产地种群中的少数个体越过地理屏障传播到新的生长区域，然后通过自身生物潜力的发挥来建立新的种群，因此从迁移者到入侵者的过渡通常有一个延迟或滞后时期。滞后时间长短与外来种本身的生物学特性、外来种与土著种的种间关系以及外来种与土著生物群落总体的关系、新生长区群落多样性及对入侵种的抵抗性、新生长区环境变化对入侵的影响等几个因素相关。一般地，生态环境破坏越严重，外来入侵问题就可能越突出。

10.4.2.1 外来物种入侵的主要途径

全球经济的快速发展,尤其是国际贸易的往来,为外来物种入侵提供了便利的渠道,也增加了有害生物存活的可能性。外来物种入侵主要有3种途径。

(1) 因农业生产、生态环境建设等目的的引种,后演变为入侵物种

人类为了实现对高产量饲料或牧草、环保性植物的需要,有意地将某一物种由其生产地转移至其他地区而引起的外来物种入侵。水葫芦作为观赏植物20世纪30年代由台湾引入中国大陆,50年代在中国南方各地作为动物饲料被推广种植。60年代以前云南滇池主要水生植物有16种,水生动物68种。但到了80年代,由于水质恶化水葫芦疯长成灾,大部分水生植物相继死亡,水生动物仅存30余种。水葫芦现已广泛分布在华北、华中、华东和华南的17个省(直辖市),每年全国总的水葫芦打捞费用至少超过1亿元,而水葫芦带来的农业灌溉、粮食运输、水产养殖、旅游等方面的经济损失更大。

(2) 随着贸易、运输、旅游等活动而传入的物种

国际贸易中商业船舶压载水的异地排放是外来物种的主要入侵途径。船舶通过压载水将种类繁多的动植物物种从一个地理区域运送到另一个地理区域。这些物种经常会成功侵袭它们新的栖息地,并给进口国造成巨大损失。

通过木材国际贸易及木质包装材料传入已成为我国外来物种入侵的主要渠道,并引发了严重的危害。通过木材国际贸易入侵的松材线虫、湿地松粉蚧、松突圆蚧、美国白蛾、松干蚧等森林害虫在我国境内传播迅速,危害面积每年已达 $1.5 \times 10^4 \, km^2$ 左右,给我国造成了巨大的经济损失。

随着国际旅游业日益兴旺,旅游者可能经常不知不觉地通过身体或者活体生物如水果、蔬菜或宠物等携带入侵物种。

(3) 靠物种自身的扩散传播能力或借助自然力量而传入

自然传入包括媒介传入、迁移传入、海洋漂移传入、寄生传入等途径。虽然外来物种可以借助自然力实现传入,但是,山川、海洋、沙漠、戈壁等自然屏障的阻隔,使物种单纯靠自然力实现入侵的概率微乎其微。如原产于中美洲的毒草紫茎泽兰,繁殖和生存能力强,一丛就能产生70万粒成熟的种子,其草籽千粒总重不到0.45g,20世纪40年代借助风力从中缅、中越边境沿公路、河道扩散到云南境内,传播速度很快,现已广泛分布于我国云南、贵州、四川、广西、重庆、湖北、西藏等地,并产生危害。

10.4.2.2 物种入侵的特点

外来物种既可能美化我们的生活环境,显著提高农产品产量,另外它们也可能导致巨大的损失,包括本地脆弱物种的灭绝、引起当地生态系统的结构和功能发生改变等。外来物种入侵主要有以下特点。

(1) 入侵行为具有隐藏性和突发性

一旦达成入侵,某些外来物种往往在短时间内形成大规模爆发之势,很难防范和监测。比如,1845年爱尔兰从南美引进的马铃薯带有晚疫病,导致境内马铃薯全部枯死,饿死150万人。许多外来入侵物种对生物多样性的影响一般具有5~20年的潜伏期。外来物种入侵是悄悄进行的,有一个从量到质的变化过程,在其入侵的初期往往难以被人察觉。1929年,一种非洲蚊子由飞机带到巴西,10年后疟疾大规模流行,几十万人被传染,1.2万人死亡,

可见非洲蚊子从引入到成为入侵物种前后经历了10年的动态过程。

（2）入侵过程具有阶段性特点

入侵一般分为4个阶段：引入和逃逸期、种群建立期、停滞期（或潜伏期）和扩散期。这些过程一方面是外来物种与新的生态环境适应、与本地物种竞争、最后爆发的过程，另一方面也是新的生态环境因物种的入侵而使原有的生态结构和生态功能发生变化的过程。

（3）入侵范围广泛

物种入侵涉及陆地和水体的几乎所有生态系统，后果难以估量和预见，并可能引发一系列的连锁反应，并具有不可逆性，防除的代价高昂。比如我国凉山州1 000多米海拔的草场，现在被紫荆泽兰大面积破坏，造成牧业的严重损失。我国从北到南、从东到西跨越了50个纬度，包含了5个气候带：寒温带、温带、暖温带、亚热带和热带，生态环境多样，很容易遭受外来入侵生物的危害。目前，我国所有的省、自治区和直辖市都能发现外来入侵物种。据初步统计，目前我国已知的外来入侵物种至少有400多种。其中包括300种入侵植物，40种入侵动物，11种入侵微生物。在国际自然保护联盟公布的全球100种最具威胁的外来物种中我国就有50种，是全球受外来生物入侵影响最严重的国家之一。我国几乎所有类型的生态系统都不同程度地受到外来入侵物种的危害，入侵的主要生境类型为农田生态系统，占到59.1%，其次是森林生态系统、海洋生态系统、内陆水域和湿地。

（4）入侵影响的长期性

外来物种一旦成为入侵物种，在引入地得以蔓延，进行补救是非常困难的，其危害将长期存在。

（5）入侵具有条件性或选择性特征

被入侵生态系统的特点多是物种单一，人为干扰严重，退化的、有资源闲置的、缺乏自然控制机制的生态环境，相比生态完整性良好的生态系统，外来物种入侵的概率较高，造成的影响普遍更大。

10.4.2.3 生物入侵的危害性

（1）生物入侵影响物种多样性

能够成功入侵的外来物种，往往具有先天的竞争优势，在入侵地摆脱了原来的制约，就会出现疯长现象，甚至分泌化学物质抑制排挤本地物种，形成单一的优势种群，最终导致入侵地物种多样性丧失。豚草原产北美洲，传入我国后，已经扩散到东北、华北、华中、华东、华南的15个地区，对禾本科、菊科等一年生草本植物有明显的排挤作用，在豚草发生区，昆虫的种类显著降低。大米草入侵福建等地沿海滩涂，导致红树林湿地生态系统遭到破坏，红树林消失，滩涂鱼虾贝类以及其他生物随后无法生存，原有的200多种生物减少到20多种。人们将北疆额尔齐斯河的河鲈引入南疆的博斯腾湖，从而导致原分布于该湖的新疆大头鱼的灭绝。愈演愈烈的外来物种入侵对生物多样性的危害往往是不可逆转的，加快了物种灭绝的速度。

（2）生物入侵影响遗传多样性

外来物种入侵导致入侵地局部野生、原始种群消失的同时，也伴随着遗传材料的减少，进而导致遗传多样性的丧失。外来物种入侵还使种群破碎化，导致遗传漂变和近亲交配，使个体适应性和生活力下降。例如，加拿大一枝黄花可与假蒈紫菀杂交；从美国引进的红鲍和绿鲍在一定条件下能和我国土著种皱纹盘鲍进行杂交。本地种与外来种杂交还易造成遗传污染，如我国北方自然海区虾夷扇贝的繁殖期是 2~4 月，土著栉孔扇贝是 4~6 月，在时间上，自然生态条件下的外来虾夷扇贝就有可能与土著栉孔扇贝杂交（实验室条件下已获得了杂交后代）。这样的后代若在自然生态环境中再成熟繁殖，与土著种更易于杂交，势必对我国这土著贝类造成严重的遗传污染。

(3) 生物入侵影响生态系统多样性

在自然界的长期进化过程中，生物与生物，生物与环境之间相互制约、相互协调，形成稳定的生态平衡系统。外来物种入侵对当地自然生态环境的改变，使生态系统内部能量流动和物质循环难以进行，导致生态失衡、生态系统紊乱。例如，薇甘菊在珠江三角洲一带大肆扩散蔓延，遇树攀缘，遇草覆盖，仅深圳市受薇甘菊危害的林地面积已达 2 667 hm^2；20 世纪 80 年代初从美国侵入我国的红脂大小蠹，于 1999 年在山西省大面积爆发，使大片油松林在数月之间毁灭，严重危及其他野生动植物赖以生存的生态环境。外来物种入侵的后果是导致不同生物地理区域生态系统的组成、结构和功能均匀化，并最终退化，失去其服务功能。

(4) 生物入侵造成经济损失

生物入侵最直接的危害是经济上的巨大损失，据统计，美国每年因外来物种入侵造成的经济损失高达 1 500 亿美元，印度每年的损失为 1 300 亿美元，南非为 800 亿美元。我国因外来物种入侵造成的损失也相当惊人，每年几种主要外来入侵物种造成的经济损失达 574 亿元人民币，于 1994 年进入我国的美洲斑潜蝇已蔓延了 $100 \times 10^4 hm^2$，仅每年对其的防治费用就需 4.5 亿元。有统计资料表明，水葫芦所造成的损失达 80 亿~100 亿元。生物入侵导致生态灾害频繁发生，对农林业造成严重损害。

(5) 生物入侵影响人类健康

外来生物入侵不仅对生态环境和国民经济带来巨大损失，还直接威胁到人类的健康。外来入侵种带来许多新的医学问题，而且全球化会使那些对人类有害病毒（如传染性疾病）的影响进一步扩大。南美洲的红蚂蚁是困扰美国人的"入侵者"，专门叮咬人畜，传播疾病。除了疯牛病、口蹄疫，古今中外由于有害生物入侵危害人类健康和农业生物的安全，给人类带来的巨大的灾难。5 世纪下半叶，鼠疫从非洲侵入中东，进而到达欧洲，造成约 1 亿人死亡；1933 年猪瘟在我国传播流行造成 920 万头猪死亡；1997 年，香港发生禽流感事件，不得不销毁 140 万只鸡，仅赔偿鸡农鸡贩的损失即达 1.4 亿港币；为了改良蜂种，巴西从非洲引进塞内加尔蜂王 35 只，不慎逃出 26 只，与欧洲蜂交配产生繁殖力强、毒性大的杀人蜂，已有 150~200 人遭蜂群袭击而死亡，甚至曾因蜂害而中止足球比赛。

(6) 生物入侵对国家安全的威胁

物种入侵的潜在影响是巨大的，美国生态学家斯托尔格林将其喻为 21 世纪最大的环境威胁。如美国小麦价格低，质量好，但携带一种名为小麦矮星黑穗病的病菌，如果传入我国，有可能导致我国小麦减产 50% 以上，将威胁到国内的粮食安全。

10.4.2.4 生物入侵的防治措施

(1) 化学防治

化学防治是指用杀虫剂、除草剂等化学农药对付入侵物种。虽然化学农药具有效果迅速、使用方便、易于大面积推广应用等优点；但其在消除外来入侵物种的同时，也会对许多本地生物造成损害，而且会污染当地环境，威胁到人体健康。

（2）机械或物理防治

利用一些机械设备或其他物理方法来防除有害生物，短时间内也可迅速杀灭一定范围内的外来生物，缓解其对环境安全的威胁或影响，称为机械控制。其控制方法主要有：依靠人力捕捉外来害虫或拔除外来植物；利用机械设备来防治外来生物，如利用黑光灯诱捕有害昆虫等；通过物理的各种途径防治外来有害生物，如用火烧和放牧方法控制有害植物；种树和覆盖地表也是控制外来杂草的好方法。

（3）生物防治

生物防治是指从外来有害生物的原产地引进能控制其种群密度的天敌对其控制的方法。生物防治的一般工作程序包括：在原产地考察、采集天敌；天敌的安全性评价；引入与检疫；天敌的生物生态学特性研究；天敌的释放与效果评价。生物防治具有控效持久、防治成本相对低廉的优点。但是，通常从释放天敌到获得明显的控制效果一般需要几年甚至更长的时间，因此对于那些要求在短时期内彻底清除的入侵，生物控制难以发挥良好的效果。另外，引进天敌防治外来有害生物也具有一定的生态风险性，释放天敌前如不经过谨慎的、科学的风险分析，引进的天敌很可能成为新的外来入侵生物，从而引发更严重的后果。

（4）综合防治

综合防治就是将化学、机械、生物控制等单项技术有机融合起来，发挥各自优势、弥补各自不足，达到综合控制生物入侵的目的，因此具有速效性、持续性、安全性和经济性等特点，是一种有发展前景的方法。

（5）提高公众防范意识

生物入侵在很大程度上是人为造成的，人类把种子、孢子、植物部分和整个有机体从一个地方运到另一个地方，特别是通过现代化的全球运输和旅行。一些外来物种是因为经济原因而被有意引进的。因此，加强对生物入侵危害性的宣传教育，提高社会的防范意识是非常必要的。

（6）加强国际合作

在国际贸易政策如何防止外来物种入侵方面，相关贸易政策的实施以及防止外来物种入侵费用的投入能够影响商品价格、产品产出、生产者及消费者福利。外来物种入侵是市场失灵的表现，入侵导致了外部负效应，因此应通过关税使外部成本内部化，根据不同的关税税率控制外来物种的入侵，入侵风险越高的物种应征收的关税就越高。

（7）健全法规体系

目前，面对外来有害生物入侵，各国纷纷出台法律措施。美国早在1990年就通过了《外来有害水生生物预防与控制法》，其后在1996年第104届国会上又通过了《国家入侵物种法》，强调了联邦及各级政府的责任。1996年，澳大利亚首先从总体上制定了《澳大利亚生物多样性保护国家策略》，旨在通过制定各种环境影响评价计划以及建立防治有害外来物种的生物学和其他方法，最大限度地减小外来物种引进的风险。新西兰、丹麦、芬兰、冰岛、挪威和瑞典等国家先后制定了外来物种防治的法律法规。

我国外来入侵物种立法多为综合性立法，缺乏一部外来入侵物种管理工作专项性法律，对外来入侵物种的引入、转移、预防、预警、监测、防治和利用等方面缺乏统一指导和管理。缺乏外来入侵物种专项法规，使各部门外来入侵物种管理缺乏有效的管理依据。外来入侵物种已是威胁我国生态安全的隐患，我们需要对外来物种入侵进行专项立法，从法律上对外来物种风险评估、引入、控制、消除、生态恢复和赔偿责任等都作出明确规定，对外来入侵物种入侵问题做到有法可依。

(8) 建立长期的系统的防范对策

生物入侵正以前所未有的速度改变着世界的自然群落和生态性状。因此，在全社会建立系统的防范对策是必要的。控制生物入侵的长期对策主要包括以下几个方面：

管理能力　加强对无意引进和有意引进外来入侵物种的安全管理。

监管能力　建立相应的监测系统，查明我国外来物种的种类、数量、分布和作用。

教育宣传能力　加强对生物入侵危害性的宣传教育，提高社会的防范意识。

阻击能力　积极寻找针对外来入侵物种的识别、防治技术，以对当前生物入侵的蔓延趋势加以有效遏制。

预警和信息处理能力　应对潜在入侵种进行风险评价，还应在掌握外来种包括潜在的外来种信息的基础上，建立外来种信息库与预警系统，完善世界、国家、区域生物安全体系。将外来物种对环境影响评估纳入成本—收益分析体系，会更加科学地指导引种实践。

10.4.3　转基因生物安全

21世纪是生命科学和生物技术的世纪，人类大规模开发利用生物资源和各种生物技术，产生了巨大的经济效益和社会效益。然而转基因生物技术在给人类社会带来福利的同时，也引发了社会对其涉及的经济、政治、法律、环境、健康和伦理道德等问题的广泛关注和争议。国际科学界和各国决策层已经认识到，转基因生物技术的失控和滥用，可能会给人类赖以生存和发展的自然生态环境造成灾难性的后果。

10.4.3.1　转基因生物的概念

转基因生物也称遗传修饰生物（genetically modified organism，GMO）或遗传工程生物（genetically engineered organism，GEO），指人类按照自己的意愿有目的、有计划、有根据、有预见地运用重组 DNA 技术将外源基因整合于受体生物基因组，改变其遗传组成后产生的生物及其后代。转入基因的生物个体成为受体生物，而提供目标基因的生物成为供体生物。按照所转移目的基因的受体类型可以把转基因生物分为转基因植物、转基因动物、转基因微生物和转基因水生生物 4 类。按照转移目的基因用途可以分为抗除草剂转基因植物、抗虫转基因植物、抗病性转基因植物（包括抗病毒、细菌、真菌、线虫等）、抗盐害转基因植物、抗病毒转基因家畜或禽类、生长激素转基因家畜等。

转基因生物从严格意义上来说，仍是自然的生物，只不过是改造了的自然生物。转基因生物本质上与常规育种和突变育种一样，都是一种基因操作，都在原有的品种基础上对其一部分基因进行修饰，或增加新特征，或消除原来的不利性状。所不同的是，有性杂交局限于同种或近缘种之间，而转基因突破了这一限制，其外源基因可来源于任何一种生物。在这种情况下，人们对可能出现的新组合、新性状是否会影响人类健康和生态环境还缺乏足够的认识和经验。从目前来说，人们还不能很精确地预测某一外源基因在新的遗传背景下会产生什么样的相互作用以及转基因植物对环境可能产生的影响。这就是人们所担心的生物遗传转化的安全性问题。

10.4.3.2 转基因技术的优越性

转基因技术跨越了自然界中天然的生物杂交屏障，基因可以在不同物种之间流动、表达和遗传。转基因技术在提高作物抗逆性、增加产量、改良作物品质、保障粮食安全、增加农民收入、提高农业综合生产能力方面发挥了重要作用。

(1) 提高经济效益

转基因作物可将抗病虫害机制引入植物中，提高植物的抗病性，通过基因修饰可以提高植物吸收养分的能力，增强植物在逆境中的生态适应性。转基因技术把优良的基因转入到转基因作物中，一定程度上改善了其品性，提高了其产量，减少了生产成本，所以转基因作物具有明显的经济效益。

在国际上，自1983年第1例转基因植物在美国问世以来，随着世界生物技术的迅速发展，全球转基因农作物种植面积和种植地区逐年扩大（图10-3）。2000年以来，在国际上对转基因作物的安全性问题争论不休的情况下，转基因作物的种植面积仍在继续增加，平均年增长率超过10%，全球转基因作物种植面积不断扩大，由1996年的$170 \times 10^4 \, hm^2$发展到2009年的$1.33 \times 10^8 \, hm^2$，14年间增长了79倍。1996—2007年，全球转基因作物的累计收益高达440亿美元。2008年，全球转基因产品市场价值达到75亿美元。我国的转基因作物主要是棉花，2007年中国转基因棉花生产面积达$380 \times 10^4 \, hm^2$，占全国棉花种植面积69%。

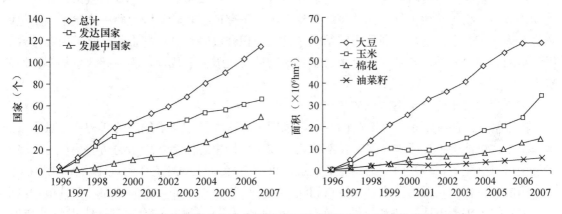

图10-3 全球转基因作物种植面积的国家类别与作物种类构成增长示意

(2) 一定的环境效益

种植传统的作物，需要喷洒大量的化学农药，这就给生态环境造成了较大的压力，严重影响到生态系统的健康发展。而抗虫、耐除草剂转基因作物的种植，减少了农药的使用，降低了环境影响指数，从而减轻了对生态环境的破坏。1996—2007年，累计减少杀虫剂使用$35.9 \times 10^4 \, t$，环境影响净减少了15.3%。

(3) 为保障粮食安全作贡献

要解决粮食问题，就必须提高粮食产量。而提高粮食产量只有两种途径：一是扩大耕地，二是提高单产。第一条途径因为各国的城市化、工业化、荒漠化、水土流失等原因，已经不可能实现。第二条途径即通过使用大量的肥料、农药和运用传统的植物培育技术提高单产,发展到现在,出现了很大的"瓶颈",很难再有大的突破。在这样的情况下,转基因技术的应用和转基因作物的种植在提高粮食单产上所具有的潜力使我们看到了一缕曙光。

10.4.3.3 转基因生物的安全问题

国际上,由于现代生物技术而产生的生物安全事件近年来也时有发生,包括墨西哥玉米基因污染事件、美国转基因玉米污染普通大豆事件等著名的转基因生物安全事件,为转基因生物安全敲响了警钟。就目前的科学技术水平而言,还难以完全准确地解释清楚转基因生物与其他生物能否和睦相处和相互适应。因此,转基因生物及其产品对人类健康与环境安全问题在国际上引发了激烈的争论。转基因生物的安全问题主要体现在以下几个方面:

(1) 转基因生物对生物多样性的威胁

生物多样性是人类赖以生存的生命支持系统。由于转基因生物通过基因的优化组合而具有比传统的物种更强的生命力和竞争力,在物种的生存竞争中必然占据优势地位,因而会逐渐淘汰原有的一些物种,特别是加快一些濒危物种的灭绝,从而使得生物物种多样性不断减少,对人类的生存与发展造成潜在的威胁。例如,一颗抗吃种子害虫的转基因松树会由于种子抗虫而大量保留下来,最终数量大大超过其他的物种,导致森林群落遭到破坏。在农业生产中,为了杀死环境中的有害生物,向环境中释放抗虫和抗病类转基因植物。但这些抗虫和抗病类转基因植物除了对害虫和病菌有毒害作用外,也会对环境中的其他非目标生物产生毒害作用,严重时能通过食物链、能量流动和附近植物交叉授粉等方式影响到益虫、益鸟、哺乳动物和微生物等其他生物,如"斑蝶事件"等。研究证实,转基因植物中病毒基因重组的风险大大高于普通植物,特别是当转基因作物大面积释放时,其所携带的病毒基因会导致难以预料的后果。此外,转基因微生物对于其他物种有很强的取代性,容易导致生物多样性的丧失。

(2) 转基因生物对生态环境的破坏

由于转基因品种不是自然产生的,科学家们担心这种经过科学处理的新物种一旦释放到环境中去,可能会干扰或破坏经过长期演化形成的自然生态体系。生物的功能是在与环境的对抗中得以进化的,转基因生物具有的抗虫性可能会加速昆虫对抗性的进化。如加入 Bt 杀虫基因的抗虫棉,其目的昆虫是棉铃虫和红铃虫等植物害虫,如果大面积和长期种植,昆虫有可能对抗虫棉产生适应性和抗性,而这会影响 Bt 农药制剂的防治效果,使用药量增加。另外,靶昆虫因部分或大部分死亡导致数量下降,一方面会降低它与对抗虫基因有抵抗力的非靶昆虫的竞争力,使其他害虫大量繁殖;另一方面也会影响以其为食的寄生虫或捕食者的数量,从而进一步影响区域生态平衡。如在转基因棉田里,棉铃虫天敌寄生蜂的种群数量大大减少,昆虫群落、害虫和天敌亚群落的多样性和均匀分布都低于常规棉田。诚然,使用农药也会带来一定程度的生态平衡问题,但从更广泛的风险评估角度来说,种植抗虫棉有可能比使用农药杀虫剂带来更多的生态问题。不仅如此,转基因的逃逸、泄露和产生天敌的抵抗,会破坏自然界原有的基因库,对生态环境造成严重的冲击。经过转基因处理的农作物基因通过花粉散播,使作物的近亲野草与之杂交。杂交野草经过遗传获得了转基因作物的防虫以及抗除草剂的特性,便会毫无节制地滋生蔓延,反过来影响农作物的正常生长,形成恶性循环,最终破坏生态平衡。

(3) 转基因生物及食品对人类健康的危害

首先是转基因食品的毒性。许多转基因生物食品本身就能产生大量的毒性物质和营养因子，如蛋白质抑制剂、溶血栓、神经毒素等以抵抗病原菌和害虫的入侵。由于生物在进化过程中，生物自身的代谢途径在一定程度上会抑制毒素表现，即所谓的"沉默代谢"，因此转基因生物食品中这些毒素含量并不一定会引起毒效应，但如果处理不当，某些食品（如木薯）也能引起严重的生理问题甚至导致死亡。在转基因食品加工过程中由于基因的导入使得毒素蛋白发生过量表达，从而产生各种毒性。从理论上讲任何基因转入的方法都可能导致遗传工程体产生不可预知的变化，包括多向效应。德国曾报道过转基因猪的情况，转基因猪虽然比正常猪大一倍，出肉量也多一倍，但都百病缠身，患有胃肿瘤、肺炎、心力衰竭和关节畸形，因此人食用后也存在患病的可能。Ewen 等研究了转雪花莲植物凝集素（galanthus nivalis agglutinin, GNA）抗虫马铃薯对大鼠胃肠道不同部分的影响，发现胃黏膜、腔肠绒毛及肠道的小囊长度均有不同的变化，说明对大鼠的内脏器官和免疫系统有一定的损害。Fenton 等的研究发现，GNA 能与人类白细胞结合，进一步说明转雪花莲植物凝集素抗虫马铃薯对人类健康具有潜在的风险。

其次是转基因食品的过敏性。转基因生物食品过敏是一个世界性的公共卫生问题。国外已有儿童饮用转基因大豆豆浆产生过敏反应的报道，美国报道过转基因西红柿导致厨师过敏的事件。据估计有近 2% 的成年人和 4.6% 的儿童患有食物过敏。转基因作物通常插入特定的基因片段以表达特定的蛋白，而所表达的蛋白如果是已知过敏源，则有可能引起人类的不良反应，即使表达蛋白为非已知过敏源，但只要是在转基因作物的食用部分表达，则也需对其进行评估。Nordlee 等评价了一种转巴西坚果 2S 清蛋白基因的食品安全性。研究发现，转基因大豆提取物可有效地与来自生巴西坚果的清蛋白提取物竞争性地结合过敏人群血清中的免疫球蛋白（IgEC），而用遗传上与之相对应的非转基因大豆的蛋白提取物则没有这种现象。因此，这种转基因大豆中肯定含有与巴西坚果相类似的过敏原。研究结果使得这种转基因大豆不能形成商品化生产。

最后是抗生素标记基因可能产生的抗药性。转基因食品对人类健康的另一个安全问题是抗生素标记基因。抗生素标记基因是与插入的目的基因一起转入目标作物中，用于帮助在植物遗传转化筛选和鉴定转化的细胞、组织和再生植株。标记基因本身并无安全性问题，有争议的一个问题是会有基因水平转移的可能性。在进行转基因作物实验时，一般使用抗生素抗性基因作为标志基因，人食用这种含抗性基因的作物也可能使人体对很多抗生素产生抗性，食用转入生长激素类基因的动植物可能对人体生长发育产生重大影响，而这些影响，一般需要经过很长时间才能表现和监测出来。另外，转基因微生物可能与其他生物交换遗传物质，产生新的有害的生物或增强有害生物的危害性，最终引起疾病的流行。例如，人们担心转基因植物的抗生素标记基因转移进入人或动物的病原菌中，从而引起这些病原菌对抗生素的抗性，使抗生素失去效力。英国药物协会的一份报告称，人会因食用抗生素抗性标记基因插入的某种转基因食品而导致病原微生物存留于体内，引起公众健康问题。

(4) 转基因生物对社会伦理的影响

转基因生物也可能对人类社会秩序产生不利影响。包括克隆技术、遗传工程在内的现代科学技术，不仅将一切自然物加以人化，也在将人予以物化。随着诸如克隆技术等现代生物技术的发展，特别是克隆人或人体器官技术，人体和动物之间的基因交换或移植技术。当代社会出现的人体器官移植、器官捐赠、精子买卖、代理母亲（代孕）等现象将人体的一部分作为物或商品，而克隆人的设计、生产、销售、储藏和买卖，则将人本身作为物或商品，这有可能引起新的种族歧视、性别歧视、人身商品化、侵犯人的尊严等新的伦理道德问题，严重的会造成新的社会伦理风险、经济风险和社会动荡。

（5）转基因生物对国家安全的影响

通过转基因技术制造特殊生物武器用于恐怖活动和战争工具，引起世界各国的高度重视，成为各国生物安全和国家安全的重要议题。2002 年 E. Wimmer 等人在《科学》杂志发表文章，他们用公开购买的化学试剂和互联网上获取的基因组序列信息，成功地合成了脊髓灰质炎病毒，这开创了该领域十分危险的先例。

10.4.3.4 转基因生物安全监管

目前与转基因生物密切相关的多边国际协定主要有 4 个，其中 WTO 框架下 3 个：《卫生和植物卫生措施协定》《贸易技术壁垒协定》及《知识产权协定》；非 WTO 框架下 1 个：《生物多样性公约》下的《卡塔赫纳生物安全议定书》。为防止现代生物技术产品对生物多样性造成的有害影响，《卡塔赫纳生物安全议定书》经过艰苦的谈判，终于在 2000 年获得通过，于 2003 年 9 月生效。中国于 2005 年 9 月 6 日批准了该议定书，成为缔约方。《议定书》的目的为根据预先防范的办法，采取充分的保护措施，协助确保经过遗传修饰的活体生物（LMOs）的安全转移、处理和使用，从而避免或尽可能减少 LMOs 越境转移、过境、处理或使用过程中，对生物多样性保护和可持续利用产生不利的影响。并特别侧重越境转移，同时考虑对人类健康构成的风险。

世界各国都在不同程度上加强了转基因生物安全的管理，美国作为生物技术研究大国和转基因农产品出口国，为保障公众消费和环境安全，保障转基因农产品输出的信誉，在原有法规体系的基础上补充制定了《转基因生物安全管理指南》。巴西于 2005 年 3 月由总统颁布《生物安全法令》，该法令赋予生物安全国家技术委员会评估生物技术产品的研究和商业化生产的权力。欧盟早在 20 世纪 90 年代已经制定了相关法规对转基因技术及其产品实施管理。2002 年，欧盟成立食品安全局，对转基因农产品实行统一管理。

近年来，我国在转基因生物安全管理方面颁布与实施的专项法律法规主要有 12 部（见表 10-3）。这些法规与部门规章，对农业与林业转基因生物的生产、进口、检验检疫、审批、标志与审查等做出了规范。

表 10-3　我国转基因生物安全管理法律法规

法律法规名称	颁布时间	颁布部门
基因工程安全管理办法	1993 年	科技部
农业生物基因工程安全管理实施办法	1996 年	农业部
新生物制品审批办法	1999 年	农业部
农业转基因生物安全管理条例	2001 年	农业部
农业转基因生物进口安全管理办法	2001 年	农业部
农业转基因生物标志管理办法	2001 年	农业部
农业转基因生物安全评价管理办法	2001 年	农业部
农业转基因生物进口安全管理程序	2002 年	农业部

(续)

法律法规名称	颁布时间	颁布部门
农业转基因生物标志审查认可程序	2002年	农业部
农业转基因生物安全评价管理程序	2002年	农业部
进出境转基因产品检验检疫管理办法	2004年	国家质量检验检疫总局
开展林木转基因工程活动审批管理办法	2006年	国家林业局
农业转基因生物加工审批办法	2006年	农业部
转基因棉花种子生产经营许可规定	2011年	农业部

目前我国在生物安全管理方面还存在一些问题：首先，缺乏生物安全管理专项性法律法规。我国现有的生物安全管理法律法规中，相关的法律不少，但它们很难在生物安全方面做出系统、全面的规定。由于缺乏牵头的专项性法律，我国现有生物安全立法多为零散的部门性规章，仅能对生物安全的某些方面进行规定，而在一些重点管理领域尚未建立规章，甚至缺乏必要的技术性标准与规范，从而使某些不法分子有机可乘。其次，法律法规体系不健全。我国在外来入侵物种防治、转基因生物安全管理与微生物安全管理3个方面的法律与法规体系显得很不完整，其特征是多以部门的内部管理规章为基础。这些规章仅能对生物安全管理的某一方面做出规定，若一旦出现重大生物安全问题，或者问题范围超出部门规章的管理范畴，相关部门则很难进行管理。再次，部门间信息交流与共享机制不完善。在我国多个部门共同管理的现有格局中，信息交流与协调机制是做好部门间生物安全管理的关键保证。由于该机制在我国生物安全管理格局中尚未完善，部门之间的工作容易出现重复管理与管理空白。另外，缺乏统一的监管机构与监管机制。由于各部门都各自立法并规定相应的立法机构，部门之间的工作缺乏有效协调，出现"谁都在管，谁又都管不了"的多头管理格局，这造成国内外被管理主体时间和经济成本的大量浪费，也容易使我国在进行国际交涉时出现麻烦。

10.4.3.5　控制转基因生物安全的措施

（1）完善转基因法律法规体系，协调部门关系

《卡塔赫纳生物安全议定书》建立了生物安全交换所，缔约方关于转基因生物越境转移的任何规定和修改都必须通知生物安全交换所。它也是一个缔约方了解其他缔约方转基因生物安全管理动态的窗口。中国可以借鉴其他国家的管理经验，结合本国实际，进一步完善现有的法规规定。

（2）加强农业转基因生物的安全性研究，为安全评价和管理提供技术支撑

转基因生物安全研究对提高安全评价的针对性、科学性至关重要，其所涉及的技术、检测方法和标准是安全性评价和依法管理的重要依据。转基因生物安全管理的核心是风险评估。尽管国际上采取通用的风险评估的原则和基本方法，但在开展风险评估的出发点、评估范围程度及其对评估的结果的分析上，因国家和地区而异。随着转基因生物技术的发展，新的转基因生物品种、性状不断涌现，风险评估和监测检测的技术和手段也需要不断地提高和更新。

（3）加强对公众的宣传和转基因生物安全管理人员的专业培训

人员的培训不仅要包括专家队伍建设、执法人员培训，而且也要包括从事转基因生物的企业、消费者和公众的培训。通过人员培训，强化转基因生物安全研究和管理队伍建设，提

高执法水平;加强法规宣传和安全知识普及,提高公众对转基因技术及其产品的认知水平;增强农业转基因生物研发、生产、经营单位的安全意识和法律意识;加强转基因生物安全信息的风险交流,充分尊重公众的知情权和选择权,科学稳妥地引导公众消费。

(4) 加强国际和区域性的谈判与合作

1994年1月1日生效的北美自由贸易协定(NAFTA)中的环境协定开创了在贸易协定中涉及环境问题的先河。由于环境问题的不断出现,各国都在贸易自由化进程中考虑环境因素,GMO贸易已被引入WTO所管理的框架。我国加入WTO后,国内市场准入条件降低,GMO及其制品的进口量还会有一个增长的过程。由于GMO潜在的环境生态安全的原因,要熟悉WTO环境条款和相关协议(如TBT),积极参加多边贸易谈判、增加话语权、提升说话的分量,争取主动。另外,在双边合作领域,进一步开展环境合作,相互吸收环境管理上的经验;GMO的潜在隐患是全球性的,国际间的合作是必须的。

(5) 积极慎重地做好转基因生物的商业化生产工作

由于农林牧渔业生产、生态环境建设及生态保护等工作的需要,适当地推广转基因生物的商业化生产是必要的,但要遵循无害利用原则、谨慎发展原则和风险预防原则。

【案例】

案例1　甘肃民勤荒漠生态退化

甘肃民勤县属于我国典型干旱荒漠化地区,甘肃河西三大内陆河流之一的石羊河下游,位于腾格里沙漠西缘,历史上曾有广阔的水域,自西汉以来生态环境逐渐退化。当地多年平均气温7.8℃,年平均风速2.8m/s,多年平均降水量115.9mm,蒸发量2 643mm,干燥度5.15,8级以上大风日数27.8d,沙尘暴日数37.3d。目前,境内沙漠、戈壁、低山残丘和盐碱地占据了总土地面积的91%,已成为我国荒漠化最为严重的地区之一。

调查结果表明,民勤县绿洲区地下水位正在急剧下降,天然植被面积逐年减少,盖度正在明显下降,随着水资源退化和植被退化,沙漠化土地面积正在扩大,沙漠化程度正在加剧。从1985—2001年,绿洲区26眼井平均水位下降了8.8m,平均每年下降0.55m。从1981—2002年,虽然人工造林面积增加了136 816.4hm^2,但天然植被面积减少了6 597.6hm^2,境内原有的胡杨林已经消失。从1998—2003年,轻度和中度沙化土地向重度和极重度沙漠化土地发展,极重度沙化耕地增加了5 498.52hm^2,重度沙化耕地增加了5 536.97hm^2。

民勤的生态环境退化和沙漠化是从汉代以来开始的,整个退化过程是伴随着水资源的退化开始和发展的,且越到后来退化的速度越快。汉代以前境内有约4 000km^{2}的水域,汉代末年在湖床出露地出现了最早的斑块状沙漠化;20世纪四五十年代,地表水渐渐消失;20世纪七八十年代以来,地下水位下降至植物无法吸收利用;目前,植物主要依靠降水生长,且植被在随年际降水量变化的波动过程中进一步退化。荒漠区水资源退化引起植被退化,植被退化进而导致沙漠化过程加快。

民勤的水资源退化过程是一个自然因素不断减弱和人为因素不断增强的过程,20世纪四五十年代是以自然过程为主向以人为过程为主的过渡时期,1958年红崖山水库和"跃进渠"建成以来，人为因素占据了主导地位，且作用越来越强。流域上游出山口径流量20世纪90年代与50年代比较，平均每年递减 $0.105×10^8 m^3$，而境内20世纪90年代地下水资源开采量平均每年为 $3.5×10^8 m^3$，是上游出山口径流量减少量的33倍以上，地下水位以每年 $0.6～1.0m$ 的速度急剧下降。农业种植业用水量约占国民经济各部门用水总量的87%，灌溉无节制，水资源浪费严重。20世纪六七十年代人工造林加速了沙漠化过程，研究结果表明，当地115mm的年降水量可供525～600株/hm^2密度的梭梭林正常生长。当梭梭造林密度达到2 400株/hm^2时，第12林龄出现植株枯死。

在西北内陆干旱地区大背景上，一旦水资源供给减少，湖盆、河道干涸，泥沙出露，形成沙漠和沙漠化则是必然结果。如何科学有效地延缓干旱内陆河流域水资源退化和生态环境退化的过程，显然是生态学面临的重大课题之一。过去几十年防沙治沙的实践证明，在干旱沙漠中造林，尤其是打井提取地下水造林，只会加快沙漠化和生态环境退化的过程。

案例2 超级杂草

超级杂草指转基因植物（主要是转抗除草剂基因）本身变成杂草，或者通过花粉传播以及受精导致某些外源基因漂入野生近缘种或近缘杂草，从而形成耐多种除草剂的野草化杂草。它的主要危害在于危害作物和破坏生态平衡，著名事件有加拿大"转基因油菜超级杂草"事件。

1995年，加拿大首次商业化种植了通过基因工程改造的转基因油菜。但在种植后的几年里，其农田便出现了对多种除草剂具有耐抗性的野草化的油菜植株，即超级杂草。如今，这种杂草化油菜在加拿大的草原农田里已非常普遍。因为一些转基因油菜籽在收获时掉落，留在了泥土中，来年它们又重新萌发。如果在这片田地上种下去的不是同一个物种，那么萌发出来的油菜就变成了一种不受欢迎的野菜，而且这种能够同时抵御3种除草剂的野草化的油菜不但很难铲除，而且还会通过交叉传粉等方式，污染同类物种，使种质资源遭到破坏。

思考题

1. 简述生态退化的概念及产生原因。
2. 什么是生态恢复？生态恢复的方法有哪些？
3. 什么是水土流失？水土流失的成因、危害和防治方法有哪些？
4. 什么是荒漠化？荒漠化产生的原因、危害和防治方法有哪些？
5. 什么是生物多样性，保护生物多样性的措施有哪些？
6. 转基因生物会带来哪些不良影响？

参考文献

章家恩, 徐琪. 1997. 生态退化研究的基本内容与框架 [J]. 水土保持通报, 17 (6): 46-53.
包维楷, 等. 1999. 生态系统退化的过程及其特点 [J]. 生态学杂志, 18 (2): 36-42.
刘国华, 等. 2000. 中国生态退化的主要类型、特征及分布 [J]. 生态报, 20 (1): 14-20.
章家恩, 等. 1999. 恢复生态学研究的一些基本问题探讨 [J]. 应用生态学报, 10 (1): 109-113.
章家恩, 徐琪. 1999. 生态退化的形成原因探讨 [J]. 生态科学, 18 (3): 27-32.
陈恩波. 2007. 生态退化及生态重建研究进展 [J]. 中国农学通报, 23 (4): 335-338.

董险峰,丛丽,张嘉伟,等. 2010. 环境与生态安全 [M]. 北京:中国环境科学出版社.
刘旭霞,田庚,陈晶. 2008. 我国转基因生物环境安全监管法律制度研究综述 [J]. 昆明理工大学学报(社会科学版),(8):10-15.
曾北危. 2004. 转基因生物安全 [M]. 北京:化学工业出版社,141.
杜亚玲. 2005. 论我国转基因标识制度的完善 [D]. 上海交通大学图书馆,29-30.
薛达元. 2007. 论生物安全管理公众参与制度. 北京:中国民族地区环境资源保护研究所,255.
任海,彭少麟. 2001. 恢复生态学导论 [M]. 北京:科学出版社.
盛连喜. 2002. 环境生态学导论 [M]. 北京:高等教育出版社.
彭少麟. 2000. 恢复生态学与退化生态系统的恢复 [J]. 中国科学院院刊.
赵晓光,石辉. 2008. 环境生态学 [M]. 北京:机械工业出版社.
李元. 2009. 环境生态学导论 [M]. 北京:科学出版社.
李洪远,鞠美庭. 2005. 生态恢复的原理与实践 [M]. 北京:化学工业出版社.
周启星,魏树和,张倩茹,等. 2006. 生态修复 [M]. 北京:中国环境科学出版社.
焦居仁. 2003. 生态修复的要点与思考 [J]. 中国水土保持 (2):1-2.
王治国. 2003. 关于生态修复若干概念与问题的讨论 [J]. 中国水土保持 (10):4-5.
赵忠,等译. 2008. 受损自然生境修复学 [M]. 北京:科学出版社.
艾晓燕,徐广军. 2010. 基于生态恢复与生态修复及其相关概念的分析 [J]. 黑龙江水利科技,38(3):45-46.
任海,刘庆,李凌浩. 2008. 复生态学导论. 2版 [M]. 北京:科学出版社.
彭少麟. 2007. 恢复生态学 [M]. 北京:气象出版社.
刘国彬,杨勤科,等. 2004. 水保生态修复的若干科学问题 [J]. 中国水利 (16):31-32.
张志国,张晓萍,张芹,等. 2007. 我国水土保持生态修复及存在问题 [J]. 中国水土保持,(11):38-39.
张学权. 2004. 植被生态恢复与退耕还林的植被建设探讨 [J]. 热带林业,32(2):21-24.
杨京平,卢剑波. 2002. 生态恢复工程技术 [M]. 北京:化学工业出版社.
高群. 2004. 生态—经济系统恢复与重建的基础理论研究 [J]. 地理与地理信息科学,20(5):72-76.
鲁庆彬,王小明,丁由中. 2004. 集合种群理论在生态恢复中的应用 [J]. 生态学杂志,23(6):63-70.
殷瑶,谷勇,蔡丽莎,等. 2009. 浅述生物多样性的价值及其保护 [J]. 生物学通报,44(5):8-11.
杨玉东. 1998. 生物多样性的价值 [J]. 环境保护 (6):34-35.
焦辉东. 2004. 悲情濒危物种 [J]. 世界环境 (3):37-41.
世界环境编辑部. 2003. 生物多样性的退化和丧失——世界环境绿皮书之五 [J]. 世界环境 (3):68-72.
杨仁帆. 2009. 浅析生物多样性的保护 [J]. 科技信息 (2):599.
马克平,钱迎倩. 1998. 生物多样性保护及其研究进展 [J]. 应用与环境生物学报,4(1):95-99.
里施纳默西 KV. 2003. 生物多样性教程 [M]. 张正旺译. 北京:化学工业出版社,89-102.
骆世明. 2005. 普通生态学 [M]. 北京:中国农业出版社,213-234.
黄宗国. 2004. 海洋河口湿地生物多样性 [M]. 北京:海洋出版社,58.
田兴军. 2005. 生物多样性及其保护生物学 [M]. 北京:化学工业出版社,66-266.
常罡,廉振民. 2004. 生物多样性研究进展 [J]. 陕西师范大学学报:自然科学版,32(S2):152-157.

黄丽娜，李文宾，廉振民. 2009. 生物多样性的丧失及其保护 [J]. 安徽农业科学，35（5）：2216-2219.

岳天祥. 2001. 生物多样性研究及其问题. 生态学报，21（3）：462-468.

中国生物多样性国情研究报告. 1998. 北京：中国环境科学出版社.

张永民. 2009. 生物多样性的保育及可持续利用对策 [J]. 地球科学进展，24（6）：662-667.

赵平，彭少麟，张经炜. 2000. 恢复生态学退化生态系统生物多样性恢复的有效途径 [J]. 生态学杂志，19（1）：53-58.

张厚华，傅德志，孙谷畴. 2004. 森林植被恢复重建的理论基础 [J]. 北京林业大学学报，26（1）：98-99.

李明辉，彭少麟，申卫军，等. 2003. 景观生态学与退化生态系统恢复 [J]. 生态学报，23（8）：1622-1628.

米楠，米文宝. 2009. 生态恢复与重建的新理论——生态发展 [J]. 宁夏大学学报（自然科学版），30（2）：193-197.

牛兰兰，丁国栋，赵方莹. 2007. 公路建设项目水土流失及其防治措施初探 [J]. 中国水土保持科学，5（1）：114-118.

余新晓，牛健植，徐军亮. 2004. 山区小流域生态修复研究 [J]. 中国水土保持科学，2（1）：1-5.

徐宣斌，赵军，李世清，等. 2005. 西部地区生态修复限制因子及评价指标筛选 [J]. 水土保持研究，12（6）：42-45.

林积泉，王伯铎，马俊杰，等. 2005. 小流域治理环境质量综合评价指标体系研究 [J]. 水土保持研究，12（1）：69-71.

杨子峰，于兴修，马骞. 2006. 水土保持生态修复效益评价探讨 [J]. 水土保持研究，13（6）：175-177，181.

吴后建，王学雷. 2006. 中国湿地生态恢复效果评价研究进展 [J]. 湿地科学，4（4）：304-310.

MARK B. BUSH. 2007. 生态学关于变化汇总的地球 [M]. 3版. 刘雪华，译. 北京：清华大学出版社.

WILLIAM P CUNNINGHAM, BARBARA WOODWORTH SAIGO. 2004. 环境科学（上、下册）[M]. 戴树桂，主译. 北京：科学出版社.

ANDREWS P. 2005. 保护生物学 [M]. 贾竞波，译. 北京：高等教育出版社，60-229.

ALLEN E B, BROWN J S, ALLEN M F. 2000. Restoration of plant, animal, and microbial diversity. In: Levin S ed. Encyclopedia of Biodiversity [M]. San Diego: Academic Press, 185-202.

KERRIEA W, EMMA C U, SCOTT A M, et al. 2007. Conserving biodiversity efficiently. What to do, where, and when [J]. PLos Biol, 5 (9): 1850-1861.

COSTANZA, et al. 1997. The value of the world's ecosystem services and natural capital. Nature, (387): 253-260.

MILLENNIUM ECOSYSTEM ASSESSMENT. 2003. Ecosystems and Human Wellbeing: A Framework for Assessment [M]. Washington D C: Island Press.

MILLENNIUM ECOSYSTEM ASSESSMENT. 2005. Ecosystems and Human Wellbeing: Biodiversity Synthesis [M]. Washington D C: World Resources Institute.

11

环境管理与技术保障

◆ ◆ ◆ ◆ ◆ ◆ ◆ ◆ ◆ ◆ ◆

本章提要

  环境管理是人类有意识地约束（管理）自己作用于环境的行为的一种措施，这种约束以实现国家的可持续发展战略为基本目标，通过行政、经济、法律、教育、科技等手段来实现，以环境标准、环境监测和环境评价等技术方法为基础，通过规划使经济发展同环境保护高度融合、协调发展。本章重点阐述了环境管理及其技术保障的基本内容，涉及环境管理和环境规划的基本概念，环境管理的政策方法。环境管理的技术保证重点对环境标准、环境监测和环境评价进行了阐述，并对 ISO14000 环境管理系列标准进行了介绍。

◆ ◆ ◆ ◆ ◆ ◆ ◆ ◆ ◆ ◆

# 11 环境管理与技术保障

11.1 环境管理规划概述

11.1.1 环境管理的概念和特点

11.1.1.1 环境管理的概念

环境管理的概念最早在 1974 年墨西哥召开的"资源利用、环境与发展战略方针"专题研讨会上首次被正式提出。1975 年休埃尔在其编著的《环境管理》一书中对于什么是环境管理进行了专门的阐述,"环境管理是对损害人类自然环境质量的人为活动(特别是损害大气、水和陆地外貌质量的人为活动)施加影响"。我国一些环保专家和学者从 20 世纪 80 年代开始,对环境环理的概念提出了各自的观点和看法。但随着环境管理理论和实践的发展及深化,人类对环境问题认识的发展,环境管理的概念也仍处于不断发展之中。

根据学术界对环境管理概念的界定,可以将其概括为:依据国家的环境政策、环境法律、法规和标准,坚持宏观综合决策与微观执法监督相结合,从环境与发展综合决策入手,运用各种有效管理手段,调控人类的各种行为,协调经济发展同环境保护之间的关系,限制人类损害环境质量的活动以维护区域正常的环境秩序和环境安全,实现区域社会可持续发展的行为总体。环境管理是通过调整、控制、引导行为主体作用于环境,正确处理国民经济各部门、各社会团体和个人在环境保护方面的相互关系,最终实现人类社会的可持续发展。简单地说,环境管理就是管理人类行为和资源所采取的一系列措施和手段。

11.1.1.2 环境管理的特点

(1) 环境管理的区域性

环境管理的区域性明显,这是环境状况受地理位置、气候条件、人口密度、资源配置、经济发展、生产布局、产业结构、科技发展以及环境容量等多方面制约的结果。

(2) 环境管理的综合性

环境管理具有高度综合性的特点,这是因为环境管理内容涉及土壤、水、大气等各种环境因素,环境管理的手段涉及各种政策方法,环境管理的领域涉及经济、社会、政治、自然、科学技术等方面,环境管理的范围涉及国家的各个部门,环境管理的知识涉及多学科门类。

(3) 环境管理的广泛性

环境保护是全社会共同的责任与义务,环境质量的好坏,同每位社会成员息息相关,涉及每个人的切身利益,开展环境管理除了专业力量和专门机构外,还需要社会公众的广泛参与。

(4) 环境管理的政策性

环境管理的政策性体现在环境管理的实施是以环境保护法为前提,在实践中依据国家颁布的各种法规、条例、标准进行管理。

11.1.2 环境管理的内容

环境管理的内容宽泛,从不同角度对环境管理进行分类,可得到不同的分类结果。

11.1.2.1 按照环境管理的目标划分

(1) 环境质量管理

环境质量管理是为了保护人类生存与健康所必需的环境质量而进行的各项管理工作。包括组织制定各种环境质量标准、各类污染物排放标准、评价标准及其监测方法、评价方法，组织调查、监测、评价环境质量状况以及预测环境质量变化的趋势，并制定防治环境质量恶化的对策措施。

根据环境要素的不同，环境质量管理可以划分为大气环境管理、水环境管理、声学环境管理、土壤环境管理、固体废物环境管理，环境质量优劣的评价依据是环境质量标准。

根据区域类型的不同，可以将环境质量管理进一步划分为城市环境管理、农村环境管理。

根据产业类型的不同，环境质量管理还可以划分为农业环境管理、工业环境管理、商业、服务业环境管理。

（2）生态（资源）环境管理

生态环境，是指人类赖以生存、发展的自然环境，生态环境管理是对自然环境要素（自然资源）的管理。自然环境要素主要指空气、土地、水、生物、矿物、气候等。因此，自然环境就是在不同的时间域和空间域中，由这些要素以不同的结构形式联系在一起，并具有一定的状态。人类活动强烈参与以后，自然资源中的物质、能量和信息的流动方式与流动状况发生了改变。生态环境管理的实质是人类对自己的"参与行为"的管理。

在实际工作中，按照自然资源的种类，自然资源管理的内容可划分为：水资源管理、土地资源管理、矿产资源管理、生物资源管理。

11.1.2.2　按照环境物质流过程划分

依据"环境—社会系统"中物质流的行为所发生的场所和方式，环境管理可分为自然资源环境管理、产业环境管理、废弃物环境管理和区域环境管理4个内容。

（1）自然资源环境管理

自然资源的开发利用是社会环境系统中物质和人口生产的基础，也是人类社会系统与自然环境系统之间物质流动的始点。因此，自然资源环境管理的首要环节是自然资源的保护，即管理自然资源开发和利用过程中的各种社会行为，实现人与自然的和谐发展。

（2）产业环境管理

产业活动是人类社会通过社会组织和劳动将开采出来的自然资源进行提炼、加工、转化，生产人类所需要的生活和生产资源、创造物质财富的过程，产业活动的恰当与否可能直接导致环境污染或生态破坏。产业环境管理的目的是创建一个资源节约和环境友好的生产过程，宏观层次，政府通过法律、行政、标准等手段从国家的层面上控制产业活动造成的生态破坏和环境污染；微观层次，企业作为环境管理的主体要搞好企业自身的环境保护工作。在宏观和微观之间，则有以公众及各种非政府组织为环境管理的主体，对国家和企业环境管理提出各种要求和条件。

（3）废弃物环境管理

废弃物环境管理是运用环境管理的政策和技术方法，减少废弃物向自然环境中的排放，或者使排放的废弃物能与自然环境的容纳能力（环境容量和环境承载力）相协调，达到保证环境质量的行为。废弃物环境管理不仅注重废弃物本身的管理，还要从区域的角度，关注废弃物排放到环境之后产生的环境影响，并根据环境质量变化情况对废弃物的排放提出要求。

(4) 区域环境管理

区域环境是各种环境物质流的交流、汇通、融合、转换的场所,对于自然资源环境管理、产业环境管理、废弃物环境管理都是落实到一定的区域上才能发挥作用,且都必须关注人类行为对其作用到的区域环境所造成的影响和所受到的制约。因此,区域环境管理是前三类环境管理在某一个特定区域,如城市、农村、流域上的综合或集成。区域环境管理主要是协调区域社会经济发展目标与环境目标,进行环境影响预测,制定区域环境规划等方面工作。

11.1.3 环境规划的概念和原则

11.1.3.1 环境规划的概念

环境规划是国民经济和社会发展的有机组合部分,是人类为使环境与经济社会协调发展而预先对自身活动和环境所做的时间和空间的合理安排,是政府履行环境职责并对其进行综合决策的过程之一。环境规划需要人类在进行经济活动前对行动可能产生的后果进行分析,确定达到的目标,制定系统的控制措施,采取必要的行为,以期达到目标要求,保证生态环境处于良好运行状态。其目的在于调控人类自身的活动,减少污染,防止资源破坏,从而保证人类生存、经济和社会持续稳定发展。环境规划的实质是一项为克服人类社会经济活动和环境保护活动出现的盲目性和主观随意性而实施的科学决策活动。

环境规划是实行环境目标管理的基本依据和准绳,是环境保护战略和政策的具体体现,也是国民经济和社会发展规划体系的重要组成部分。编制和实施环境规划对于协调人与环境、经济与环境的关系以及保证国家长治久安、可持续发展具有深远的意义。

11.1.3.2 环境规划的原则

(1) 经济建设、城乡建设和环境建设同步原则

这一原则体现了中国环境保护的基本方针,即经济建设、城乡建设和环境建设同步规划、同步实施和同步发展,实现经济效益、社会效益和环境效益的统一,促进经济、社会和环境持续、协调地发展。这一原则标志着中国的发展战略从传统的只注重发展经济而忽视环境保护,向环境与经济社会持续、协调发展的战略思想的转变。为此,这一原则是环境规划编制的最重要原则。

(2) 遵循经济规律,符合国民经济计划总要求的原则

环境与经济互相依赖、互相制约,发展经济要消耗自然资源,向环境中排放污染物,并产生环境问题。自然生态环境的保护和污染的防治需要资金、人力、技术、资源和能源,受到经济发展水平和国力的制约,而在经济与环境两者间,经济起着主导作用。一定意义上说,环境问题是一个经济问题,环境规划必须遵照经济规律办事,符合国民经济计划的总要求。

(3) 遵循生态规律,合理利用环境资源的原则

环境规划必须遵循生态规律,利用生态规律为区域社会经济发展服务。对环境资源的开发利用要遵循开发利用与保护同时并重的原则,防止开发过度造成恶性循环。开发过程中,考虑环境承载力,依据环境功能的要求适度利用、合理布局,减轻污染防治对经济投资的需求,并促进生态系统良性循环,使有限的资源发挥更大的经济效益和环境效益。

(4) 预防为主，防治结合的原则

这一原则是中国环境保护的政策之一，是在环境污染和生态破坏发生之前，实施消除环境污染和生态破坏的行为或措施，推行清洁生产和循环经济，从根本上消除环境问题产生的根源，减少污染治理和生态保护所付出的沉重代价。鉴于我国污染和生态破坏现状已较严重，环境保护方面的欠账太多，新账不能欠，老账也要逐步积极地还。因此，预防为主，防治结合是环境规划的重要原则。

(5) 系统优化原则

环境规划面对的对象是人类社会系统与自然环境系统组成的复杂巨系统，为此环境规划需用系统论方法来对各子系统进行调控，从而达到保护和改善环境质量的目的。

(6) 依靠科技进步的原则

大力发展清洁生产和循环经济，从源头减少污染的产生与排放，积极采用适宜的、先进的、经济的治理技术。同时，环境规划还必须寻求支持系统，包括数据收集、统计、处理和信息整理等，都必须借助科技的力量。

(7) 强化环境管理，促进可持续发展的原则

这一原则是具有中国特色环境保护政策的核心内容，这是由于我国许多环境问题都是由于缺乏管理或者管理不善造成的，通过改善和强化环境管理可以完成一些不需要花很多资金就能解决的环境污染问题。同时，通过强化环境管理可以在实施环境规划中用有限的资金创造更大的效益。

11.1.4 环境规划的基本任务和类型

环境保护关系到我国现代化建设的全局和长远发展，是造福当代、惠及子孙的事业。环境规划的任务是解决和协调环境保护和经济发展的矛盾，通过规划经济发展的规模、结构和方向，恢复和协调各个生态系统的动态平衡，促进人类生态系统向科学合理、先进高级的方向发展，在经济社会发展的同时保持良好的生态环境。

11.1.4.1 环境规划的基本任务

(1) 全面掌握地区经济和社会发展的基础资料，编制规划发展纲要

通过调查研究，搜集有关地区经济和社会发展长期计划以及各项基础技术资料。在搜集整理资料过程中，须对本地区的资源（自然、社会和经济资源）作全面分析与评价，以便进一步制定地区经济和社会发展的性质、任务和方向，确定地区工农业生产发展的专业化和综合发展的内容与途径，编制地区发展的规划纲要。

(2) 搞好工农业生产力的合理布局

工业合理布局是区域环境规划中的主要任务之一。首先，要对工业分布的现状进行分析，找出问题和矛盾，以便从根本上去解决。其次，要根据地区发展的规划纲要，结合地区经济、社会、历史以及地理条件，将各类工业合理地组合布置在最适宜的地点，使工业布局与资源、环境以及城镇居民点、基础设施等建设布局相协调。

农业是国民经济的基础，农业的发展与土地的开发利用，关系特别密切。发展农业要结合农业区划，因地制宜地安排好农、林、牧、副、渔等各项生产用地；加强城郊副食品基地的建设；妥善解决工、农业之间以及农业与各项建设之间在用地、用水和能源等方面的矛

盾，做到资源利用、配置合理，形成区域生产力合理布局。

（3）合理布局污染工业体系，形成"工业生产链"

污染工业的合理布局是区域环境规划中需要解决的重要任务之一，应重点开展以下几方面的工作。

● 对区域内污染工业的分布现状进行分析，揭露矛盾，以便在今后调整和建设过程中逐步改善布局。

● 对于国家计划确定的大型骨干工程，组织有关部门进行联合选厂定点，并进行环境影响评价，预测该工程投产以后对环境可能带来的不利影响，并采取减少其不利影响的保护措施，以期达到规定的环境目标。

● 在新开发的工业区，要形成"工业生产链"，以便充分利用资源，减少环境污染。

（4）充分合理地利用资源，提高资源利用率

对地区的资源结构进行全面分析和评价。弄清长处和短处以及有利条件和限制因素，以便因地制宜，扬长避短，最大限度地利用资源，这对于经济发展和减少环境污染是十分有利的。

（5）搞好环境保护，建立区域生态系统的良性循环

区域环境规划应力求减轻或免除对自然的威胁，恢复已被破坏的生态平衡，使大自然的生态向良性循环发展；还应进一步改善和美化环境。对局部被人类活动改造过的地表进行适当修饰，搞好大地绿化和重点园林绿地规划，丰富文化设施，增加休憩和旅游的活动场所。

（6）制定环境保护技术政策

制定统一的环境保护技术政策，用以指导环境规划的制定。制定环境保护技术政策，既要和相关行业的技术经济政策相协调，又要从环境保护战略全局的需要加以统筹安排，起到横向综合与协调的作用，体现控制环境质量的动态发展过程。

11.1.4.2 环境规划的类型

（1）按规划期划分

按规划期可分为长远环境规划，中期环境规划，以及年度环境保护计划。

长远环境规划　也称长期环境规划，一般为 10 年以上的计划。例如，国家在 1996 年制定的环境保护 2010 年远景规划就是环境保护的长远规划。长远规划可以解决环境保护的长远目标和发展方向以及实现环境保护长远目标的具体措施。

中期环境规划　中期环境规划一般跨越时间为 5~10 年。例如，国家和各级政府实施的"十一五"环境规划就属于中期环境规划。中期规划是长期规划内容上的具体和详细，中期环境规划赋予长期规划具体的内容，又为短期计划指明了方向，是衔接长期规划和短期计划的纽带。中期规划以时间为中心，包括各年的计划，能够保证长期规划的连续性和稳定性，是各类环境规划的核心。

短期计划　一年或一年以下的计划属于此计划。例如，各地区为实现"十一五"环境保护计划所制订的环境保护年度计划，它比中期规划更为详细，可以具体实施，是对中期规划的修正和补充。

（2）按环境与经济的辩证关系划分

环境与经济存在相互依赖、相互制约的双向联系，但在特定的条件下，有时以经济发展

为主，有时以保护环境为先。按环境与经济的制约关系划分，环境规划可以分为：经济制约型规划、环境与经济协调发展型规划、环境制约型规划。

经济制约型 经济制约型环境规划是为了满足经济发展的需要，使环境保护服从于经济发展的需求。实际应用中通过预防、治理及污染综合治理三种具体形式编制规划，预防型规划一般是在确定了社会发展目标、产业结构、生产布局、工艺进程的前提下，预测污染物的产生量，根据环境质量要求和环境容量大小，规划去除污染物的数量和方式，而经济社会发展规划不考虑环境的反馈要求。治理型规划是在经济发展过程中，当出现环境问题以后，为解决已发生的环境污染和生态的破坏，制定相应被动的环境保护规划。污染综合治理规划是综合上述两种形式的规划。

协调发展型 协调发展型规划是将环境与经济作为一个大系统来规划，既考虑经济对环境的影响，又要考虑环境对经济发展的制约关系，以实现经济与环境的协调发展。这类规划是协调发展理论的产物，是人们对无节制使用环境，从而遭到环境报复以后的经验总结，是环境规划发展的方向。协调型环境规划以提出经济和环境目标为出发点，以实现这一双重目标为终点，使两者达到双赢。

环境制约型 环境制约型规划是在某些特殊环境下，经济发展要服从环境质量的要求，充分、有效地利用环境资源，防止在经济发展中产生环境污染。在此基础上，建立环境保护目标，制定环境保护规划。如饮用水源保护区、重点风景游览区、历史遗迹等的环境规划。

(3) 按环境要素划分

大气污染控制规划 大气污染控制规划，主要是在城市或城市中的小区进行。其主要内容是对规划区内的大气污染控制，提出基本任务、规划目标和主要的防治措施。

水污染控制规划 水污染控制规划包括区域、水系、城市的水污染控制。具体地讲，水域（河流、湖泊、地下水和海洋）环境保护规划的主要内容是对规划区内水域污染控制，提出基本任务、规划目标和主要防治措施。

固体废物污染控制规划 固体废物污染控制规划是省（自治区、直辖市）、行业和企业等的规划，主要对规划区内的固体废物处理处置、综合利用进行规划。

噪声污染控制规划 噪声污染控制规划一般指城市、小区、道路和企业的噪声污染防治规划。

(4) 按照行政区划和管理层次划分

按行政区划和管理层次可分为国家环境规划、省（自治区、直辖市）环境规划、部门环境规划、县（区）环境规划、农村环境规划、自然保护区环境规划、城市综合整治环境规划和重点污染源（企业）污染防治规划。

(5) 按性质划分

环境规划从性质上分，有生态规划、污染综合防治规划、专题规划（如自然保护区规划）和环境科学技术与产业发展规划等。

生态规划 在编制国家或地区经济社会发展规划时，不是单纯考虑经济因素，应把当地的地球物理系统、生态系统和社会经济系统紧密结合在一起进行考虑，使国家或地区的经济发展能够符合生态规律，既能促进和保证经济发展，又不使当地的生态系统遭到破坏。一切经济活动都离不开土地利用，不同的土地利用对地区生态系统的影响是不一样的，在综合分析各种土地利用的"生态适宜度"的基础上，制定土地利用规划，通常称为生态规划。

污染综合防治规划 污染综合防治规划又称为污染控制规划，是当前环境规划的重点。按内容可分为工业（行业、工业区）污染控制规划、农业污染控制规划和城市污染控制规划。根据范围和性质的不同又可分为区域污染综合防治规划和部门污染综合防治规划。

自然保护规划 自然保护规划根据《中华人民共和国环境保护法》规定，主要是用来保护生物资源和其他可更新资源。此外，还有文物古迹、有特殊价值的水源地和地貌景观等。我国幅员辽阔，不但野生动植物资源等可更新资源非常丰富，而且具有特殊价值的保护对象也比较多，迫切需要分类统筹加以规划，尽快制定全国自然保护的发展规划和重点保护区规划。

环境科学技术与产业发展规划 环境科学技术与产业发展规划主要内容有为实现上述规划类型所需要的科学技术研究、发展环境科学体系所需要的基础理论研究、环境管理现代化的研究和环境保护产业发展研究。

11.2 环境管理的政策方法

环境管理的政策方法是指政府将各种法律、法规、政策、制度、规则、规范、标准，作为环境管理的工具和手段，调整、控制、引导人类社会各个主体作用于环境的行为，达到环境管理目标的方法。作为环境管理的一种工具、手段，环境管理政策方法既包括传统的法律、行政、标准等带有强制色彩的手段，也包括采用经济、教育、宣传、信息公开等非传统的政策手段。

11.2.1 命令和控制型

11.2.1.1 法律手段

环境管理的法律手段是以法律的形式规定人们对于环境事务所应遵守的准则，用法律的形式调整人们因防止公害和污染破坏产生的社会关系。法律手段主要体现在立法和执法两个方面。立法可以把国家对环境保护的要求、做法，全部以法律形式固定下来，强制执行；执法使得环境管理部门和司法部门协助配合，按照环境法规、环境标准来处理环境污染和环境破坏问题，对严重污染和破坏环境的行为提起公诉，甚至追究法律责任；也可依据环境法规对危害人民健康、财产，污染和破坏环境的个人或单位给予批评、警告、罚款或责令赔偿损失等。

（1）法律手段的基本特征

作为环境管理的最终手段，法律手段具有以下主要特征：

强制性 由国家权力机关或各级政府管理机构依据国家的环境法律、法规将人们的各种行为强制纳入法制化轨道，使环境法律、法规成为人们必须遵守的有利于环境保护的行为准则，法律具有普遍的约束力、各个部门、各个单位和每个公民都务必遵守，不得违反。

权威性 法律、法规对人们的约束远远大于行政命令、道德规范和价值观念对人们的约束。法律、法规所确立的行为准则是最高的行为准则。当法律、法规的要求与行政命令、道德规范和价值观念发生冲突和矛盾的时候，人们必须服从法律、法规的要求，按照国家环境法律、法规的要求来调整和规范自己的行为。

规范性 法律手段的规范性表现为法律、法规都有各自规定的内容和相应的解释及执行程序。各种法规应服从法律，各种法律应服从宪法，它们之间并不冲突和矛盾。环境法律和法规对所有的组织和个人做出了统一的行为规定，规定了人们在一定的情况下可以做什么，不可以做什么，同时又以法律规范作为评价人们行为的标准，哪种行为是合法的，应受到法律的保护；那种行为是不合法的或违法的，应受到法律的制裁。另外，法律和法规在对人们的行为规范做出规定的同时，也规定了法律、法规本身的执行程序，告诉执法者什么样的执法程序是合法的，什么样的执法程序是违法的。

共同性 法律手段的共同性表现为法律面前人人平等，没有特殊的公民。无论是国家机关，还是社会团体，不论是政府官员，还是普通公民，都不能超越法律之上，都要在法律的范围内实施自己的行为。

持续性 法律手段的持续性表现为法律、法规具有较强的时间稳定性和持续的有效性。它不同于一般的行政管理规定和规章制度，可以随意改动，也不因为领导人的更换或政府权力的改变而发生变化。

法律手段在环境管理中应用广泛，政府在环境保护方面依法行政、加强环境法律的执法力度，企业自觉遵守环保法律并利用法律武器维护企业合法权益，公众和非政府组织根据法律捍卫自身的环境权益，无论是政府、企业还是公众，都在法律的框架下安排和规范自己作用于环境的行为。由此可见，法律作为一种强制性程度最高的社会行为规范，在调整和控制人类社会作用于自然环境的行为中，发挥着基础性作用。在环境管理的法律手段的运用方面，市场经济体制和法律体系比较完备的工业发达国家里有很好的运用，而在发展中国家发挥的作用很小，这是世界范围内带有普遍性的问题。但可以预见，随着社会法制化进程的加快，客观存在的这种差别将不断缩小。

(2) 环境管理法律手段的基本内容

作为一种社会行为规范，法律是统治阶级意志的体现，它告诉人们应当做什么或不应当做什么。与其他形式的社会行为规范相比，法律规范最显著的特征是强制性。违反法律规范的行为，将受到相应的制裁和惩罚。法律规范的构成一般包括3个方面：

条件 任何法律适用于特定的范畴和情形，例如，《中华人民共和国水污染防治法》适用于在中华人民共和国领域内的江河、湖泊、运河、渠道、水库等地表水体以及地下水体的污染防治。

行为规则 法律规范中明确规定，允许做什么，禁止做什么，要求做什么，这是法律规范最基本的部分。

法律责任 违反法律规定的作为或不作为，都应当承担相应的法律后果。例如，因大气污染直接造成公私财产损害的，需承担赔偿责任。

(3) 中国的资源环境保护法律体系

目前，在我国已经初步形成了由国家宪法、环境保护基本法、环境保护单行法、环境保护相关法、地方环境法律法规、环境保护标准，以及环境保护国际公约协定等组成的环境保护法律体系，这是强化环境监督管理的根本保证。环境保护法律规范主要包括：

宪法 宪法对环境保护的规定是制定其他环境保护法律法规的基础。《中华人民共和国宪法》规定："国家保护和改善生活环境和生态环境，防治污染和其他公害。""国家保障自

11 环境管理与技术保障

然资源的合理利用，保护珍贵的动物和植物。禁止任何组织或者个人用任何手段侵占或者破坏自然资源。"

环境保护基本法 《中华人民共和国环境保护法》是中国环境保护的基本法，该法确立了经济建设、社会发展与环境保护协调发展的基本方针，规定了各级政府、一切单位和个人保护环境的权利和义务，确立了我国环境管理体系，提出了有关个人或组织应遵守的行为规范以及违法者应当承担的法律责任。

环境保护单行法 中国针对特定的环境保护对象或特定环境要素保护的需要做出的具体法律规定，包括《水污染防治法》《大气污染防治法》《固体废物污染环境防治法》《海洋环境保护法》《森林法》《草原法》《渔业法》《矿产资源法》《土地管理法》《野生动物保护法》《水土保持法》《农业法》等。

环境保护条例和部门规章 为贯彻落实环境保护基本法、环境保护单行法而由国务院及国务院各部门制定的，包括：《噪声污染防治条例》《自然保护区条例》《放射性同位素与射线装置放射防护条例》《化学危险品安全管理条例》《淮河流域水污染防治暂行条例》《海洋石油勘探开发环境保护管理条例》《海洋倾废管理条例》《陆生野生动物保护实施条例》《风景名胜区管理暂行条例》《基本农田保护条例》《城市绿化条例》等。另外，中国地方人民代表大会和地方人民政府为实施国家环境保护法律，结合本地区的具体情况，制定和颁布了600多项环境保护地方性法规。

环境标准 环境标准是中国环境法律体系中的一个重要组成部分，包括环境质量标准、污染物排放标准、环境基础标准、样品标准和方法标准。环境质量标准、污染物排放标准分为国家标准和地方标准。截至2010年11月底，国家环保部门已制定公布现行的国家环境标准共计1 286项。我国法律规定，环境质量标准和污染物排放标准属于强制性标准，违反强制性环境标准，必须承担相应的法律责任。

我国缔结或参加的有关保护环境资源的国际条约、国际公约 《中华人民共和国环境保护法》第46条规定："中华人民共和国缔结或者参加的与环境保护有关的国际条约，同中华人民共和国的法律有不同规定的，适用国际条约的规定，但中华人民共和国声明保留的条款除外。"这就是说，中国加入的国际公约和签订的国际条约，较中国的国内环境法有优先的权利。本着对国际环境与资源保护事业积极负责的态度，中国参加或者缔结了环境与资源保护国际公约和条约共计三十余件。

11.2.1.2 行政手段

环境管理的行政手段是指在国家法律监督之下，各级环保行政管理机构根据国家行政法规所赋予的组织和指挥权力，制定方针、政策、建立法规、颁布标准，进行监督协调，对环境资源保护工作实施行政决策和管理。环境管理的行政手段，主要是以制定行政控制措施为主要内容的法律法规和相应的环境标准，以强制实施的方式，来实现国家的环境保护要求，因此是一种典型命令型和控制型的环境管理手段。例如：对违反环境保护法律和法规的行为进行警告，对擅自拆除或闲置环境保护设施的行为责令重新安装使用，对污染严重又难以治理的企业，责令停业、责令关闭、责令拆迁或限期改政等。

(1) 行政手段的基本特征

行政手段是行政机构以命令、指示、规定等形式作用于直接管理对象的一种手段。行政手段的主要特征是：

权威性　在行政手段实施中起主要作用的是管理者的权威，环境保护行政机构权威性的高低，对提高政府环境管理的效果有很大的影响。管理者权威的提高，主要取决于管理者所具有的行政权限的大小，并与管理者自身在管理工作中所表现出来的良好管理素质及管理才能有关。因此，行政机构的权威越高，行政手段的效力越强。

强制性　行政机构发出的命令、指示、规定等将通过国家机器强制执行，管理对象必须绝对服从。否则，将受到制裁和惩罚。但是这种强制性与法律手段的强制性又有所不同。从强度上看，法律手段的强制程度高，它通过国家执法机关来执行，它规定了人们的行为规范，只能做什么和不做什么，否则就是违法。而行政手段的强制程度则相对低一些，它主要强调原则上的高度统一，不排斥人们在手段上的灵活多样性。从制约范围上看，法律手段的强制性对管理系统的子系统和任何个体都是一致的，而行政手段的强制性一般只对特定的部门或特定的对象才有效。

规范性　行政机构发出的命令、指示、规定等必须以文件或法规的形式予以公布和下达。

（2）行政手段的主要内容

环境管理的行政手段主要包括：

① 环境管理部门定期或不定期地向同级政府机关报告本地区的环境保护工作情况，对贯彻国家有关环境保护方针、政策提出具体意见和建议。

② 组织制定国家和地方的环境保护政策、工作计划和环境规划，并把这些计划和规划报请政府审批，使之具有行政法规效力。

③ 运用行政权力对某些区域采取特定措施，如划分自然保护区，重点污染防治区，环境保护特区等。

④ 对一些污染严重的工业、交通、企业要求限期治理，甚至勒令其关、停、并、转、迁。

⑤ 对易产生污染的工程设施和项目，采取行政制约的方法，如审批开发建设项目的环境影响评价书，审批新建、扩建、改建项目的"三同时"设计方案，发放与环境保护有关的各种许可证，审批有毒有害化学品的生产、进口和使用。

⑥ 管理珍稀动植物物种及其产品的出口、贸易事宜；对重点城市、地区、水域的防治工作给予必要的资金或技术帮助等。

11.2.2　经济和激励型

11.2.2.1　经济手段

经济手段是指管理者依据国家的环境经济政策、经济法规和价值规律，运用价格、税收、补贴、押金、补偿费等货币或金融手段来引导和激励社会经济活动的主体采取有利于环境和经济协调发展的措施。经济手段是在"污染者负担原则"（polluter-pay-principle）的基础上建立起来的，它利用价值规律的作用，通过采取鼓励性或限制性措施，在一定程度上产生刺激来减轻污染。通过经济手段，可以控制生产者在资源开发中的行为，以便根治损害环境的社会经济活动，奖励积极治理污染的单位，促进节约和合理利用资源，充分发挥价值规律在环境管理中的杠杆作用。

在市场经济中,价格是反映某种物品(或资源)稀缺程度的信号。在过去相当长的一段时间里,人们没有认识到环境的价值,对自然资源的价值认识不够深刻和全面,从而造成环境和自然资源的过度破坏和消耗,产生了严重的环境问题。环境和自然资源的价值在认识上虽然已被承认,但一时还无法用价格表示,为此可以运用经济手段进行补救,以便合理地开发和利用自然资源,间接调整经济发展对环境与自然资源的压力。值得提到的是,经济手段与行政手段或法律手段结合应用,才能收到更好的效果。在环境管理中为了最有效的运用经济手段,必须满足一个基本前提:企业因违反环境法律、法规所必须支付的用于环境保护的补偿或费用必须大于企业因逃避环境责任而获取的非法收入的额度。具体地说,只有当经济处罚或收费的额度超过其因减少环境保护投入所节省下来的货币价值时,环境管理的经济手段才能真正发挥应有的作用。

(1) 经济手段的主要特征

经济手段具有以下主要特征。

利益性　它是经济手段的根本特征。经济手段应符合物质利益原则,利用经济手段开展环境管理,其核心是把经济行为主体的环境责任和经济利益结合起来,运用激励原则充分调动企业环境保护的积极性。让企业既主动承担环境保护的责任和义务,又能从中获得有利于自我发展的机遇和外部环境。

间接性　国家运用经济手段对各方面经济利益进行调节,来间接控制和干预各经济行为主体的排污行为,生产方式、资源开发与利用方式,促使各经济行为主体自主选择既有利于环境保护,又有利于经济发展的资源开发、生产和经营策略。

有偿性　各经济行为主体在环境责任与经济利益方面应遵循等价交换的原则。即实行谁开发谁保护、谁利用谁补偿、谁破坏谁恢复、谁污染谁治理的"使用者支付原则"、环境资源是发展经济的基础,但发展经济不能损害或降低环境资源的价值存量。无论是资源开发活动还是企业生产行为,在获取经济利益的同时,必须以增加环境保护投入、交纳排污费或污染赔款等形式来承担与此相应的环境责任,消除由此所造成的环境破坏和影响。

(2) 我国经济手段的主要内容

在我国,政府环境管理的现行经济手段主要包括:

排污收费制度　排污收费制度是指国家以筹集治理污染资金为目的,按照污染物的种类、数量和浓度,依据法定的征收标准,对向环境排放污染物超过法定排放标准排放污染物的排污者征收费用的制度。排污收费制度是不少国家广泛实行的一项制度,是防止污染的经济措施,目的是促进企业、事业等排污单位加强经营管理、节约和综合利用自然资源,减少排污、保护环境,同时筹措部分资金,用来治理环境污染。

减免税制度　减免税制度是指对减免税的申请、审批和执行的全过程进行管理的一项制度,是保证减免税政策贯彻执行、充分发挥税收调控职能作用的手段。《中华人民共和国企业所得税法》第 27 条规定,从事符合条件的环境保护、节能节水项目的所得,可以免征、减征企业所得税。而在 2008 年 1 月开始执行的《中华人民共和国企业所得税法实施条例》第 88 条中对上述法律进行了详细阐述,规定企业所得税法第 27 条第(三)项所称符合条件的环境保护、节能节水项目,包括公共污水处理、公共垃圾处理、沼气综合开发利用、节能减排技术改造、海水淡化等。企业从事前款规定的符合条件的环境保护、节能节水项目的所得，自项目取得第一笔生产经营收入所属纳税年度起，第一年至第三年免征企业所得税，第四年至第六年减半征收企业所得税。

补贴政策 财政部门掌握的排污费，可以通过环境保护部门定期划拨给缴纳排污费的企业、事业单位，用于补助企事业单位的污染治理。各级环境管理部门对积极防治环境污染而在经济上有困难的企业、事业单位发放环境保护补助资金。例如，2008年修订的《水污染防治法》首次以法律的形式，对水环境生态保护补偿机制做出明确规定。全国各地在推进生态补偿试点中，也相继出台了流域、自然保护区、矿产资源开发生态补偿等方面的政策性文件。

贷款优惠政策 对于自然资源综合利用项目、节能项目等，可按规定向银行申请优惠贷款。例如，2007年由环境保护总局、人民银行、银监会三部门为了遏制高耗能高污染产业的盲目扩张联合提出的绿色信贷政策，通过在金融信贷领域建立环境准入门槛，从源头上切断了高耗能、高污染行业无序发展和盲目扩张。

此外，经济手段还包括对违反规定造成严重污染的单位和个人处以罚款；对排放污染物损害人群健康或造成财产损失的排污单位，责令对受害者赔偿损失；对积极开展"三废"综合利用、减少排污量的企业给予减免税和利润留成的奖励；推行开发、利用自然资源的征税制度等。

11.2.2.2 科学技术手段

科学技术手段是指借助那些既能提高生产率，又能把对环境污染和生态破坏控制到最小限度的技术以及先进的污染治理技术等来达到保护环境目的的手段。科学技术手段可以充分利用环境科学和其他学科先进的科学技术，提高环境管理水平。加快转变经济发展方式，加快推进生态文明建设，建设资源节约型、环境友好型社会，都离不开科技的力量。但是，科学技术是一把双刃剑，在帮助人们创造巨大物质和精神财富的同时，也带来了一些负面效果。生态环境破坏和恶化就是其一。但要治理环境污染、防止生态破坏，科学技术又是最不可缺少和行之有效的手段之一。同时，许多环境政策、法律、法规的制定和实施都涉及许多科学技术问题，所以环境问题解决的好坏，在极大程度上取决于科学技术。没有先进的科学技术，就不能及时发现环境问题，而且即使发现了，也难以控制。

例如，兴建大型工程、围湖造田、施用化肥和农药，常常会产生负面环境效应，说明人类没有掌握足够的知识，没有科学地预见到人类活动对环境的反作用。2010年上海世博园区，总装机容量4.7MW左右的太阳能光伏发电普遍采用节能环保的LED光源的景观照明，并且园区内随处可见节能、节水、雨水回收利用等技术装置与设计，园区规划、建设、运营等各个环节都贯彻了低碳理念，充分体现了科学技术在生态环境建设中的重大作用。

(1) 科学技术手段的层次

环境管理的技术手段可分为宏观管理技术手段和微观管理技术手段2个层次。

宏观管理技术手段 宏观管理技术手段是指管理者为开展宏观管理所采用的各种定量化、半定量化以及程度化的分析技术，属于决策技术的范畴，是一类"软技术"。这类技术包括环境预测技术、环境评价技术和环境决策技术。

微观管理技术手段 微观管理技术手段是指管理者运用各种具体的环境保护技术来规范各类经济行为主体的生产与开发活动，对企业生产和资源开发过程中的污染防治和生态保护实施全过程控制和监督管理的手段，属于应用技术的范畴，是一类"硬技术"。按照环境保护技术的作用来划分，微观管理技术可分为预防技术、治理技术和监督技术3类。预防技术包括污染预防技术和生态预防技术。治理技术包括污染治理技术和生态治理技术。监督技术包括常规监测技术和自动监控技术。

（2）科学技术手段的主要内容

现代科学技术的迅速发展为人类社会的发展提供了强大的动力。运用技术手段，可以实现环境管理的科学化，具体包括制定环境质量标准；通过环境监测、环境统计方法，根据环境监测资料以及有关的其他资料对本地区、本部门、本行业污染状况进行调查；编写环境报告书和环境公报；组织开展环境影响评价工作；交流推广无污染、少污染的清洁生产工艺及先进治理技术；组织环境科研成果和环境科技情报的交流等。

针对环境管理主体的不同，科学技术手段的具体内容还应有所区别。

政府　对政府而言，政府制定鼓励环境科学研究的政策和制度，引导科研人员投身环境的科学研究，促进有利于环境保护的科技成果研发和应用。政府是科学技术规划的编制和实施者，对科技在环境管理中的作用给予肯定和重视，对于环境管理将起到关键作用。

企业　对企业而言，企业采用环保节能的生产工艺和技术，减少污染物的排放，促进有利于环境保护的科学技术的引进与应用。企业作为国家技术创新的直接参与者，强化科学技术在企业环境管理中的应用，意义重大。

公众　对公众而言，公众采用有利于环境保护的产品，并且在日常生产中注意节能和防止污染，公众是促进环境科学技术发展方面的最根本动力。

11.2.2.3　宣传教育手段

环境管理的教育手段是指运用各种形式开展环境保护的宣传教育以增强人们的环境意识和环境保护专业知识的手段。环境教育是解决环境问题的重要途径，一般包括学历环境教育、基础环境教育、公众环境教育和成人环境教育4种形式。四者相互补充、相互促进，构成了环境教育的全部内容。这几种环境教育形式在全球范围内，不同国家和地区，其排列顺序是不相同的。在经济发达国家，其顺序为：公众环境教育，基础环境教育，成人环境教育，学历环境教育。在经济较落后的发展中国家，其顺序为：学历环境教育，公众环境教育，成人环境教育和基础环境教育。这种区别主要是由各个国家存在不同的环境问题以及解决环境问题的紧迫性所决定。根据发达国家的经验，在4种环境教育中，公众环境教育是必须放在首位的。公众环境意识是国民素质的重要组成部分，是监督国家和政府环境行为的社会基础。开展环境保护工作，决策者的环境意识是很重要的，但是，公众环境意识的提高更为重要。

（1）宣传教育手段的特征

后效性　环境意识的形成是一个漫长的过程，因此，环境意识的转变与提高也是一个漫长的过程，以上决定了环境教育具有这个特征。

广泛性　任何一个公民不分肤色，不分民族，不分地位都是受教育者。从幼儿、青少年、壮年到老年人，对从事不同职业的不同层次、不同文化背景的人员都可以施教。同时，对于每个人，环境教育应当成为一个连续的、终生的教育过程。

非程序化　环境教育的形式是多种多样的，环境教育的内容也是各异的，针对不同的受教育者，没有固定的模式和规范要求。

通过教育手段可使公众了解环境保护的重要性，激发公民保护环境的热情和积极性，把保护环境、热爱大自然和保护大自然变成自觉行动，形成保护环境光荣、破坏环境可耻的强大社会舆论，从而制止浪费资源、破坏环境的行为。环境教育是开启民智、转变观念的"慢工夫"，其教育的主体对象是社会公众，而对于解决环境污染和生态破坏这样迫在眉睫的当前环境问题，以及面对环境污染和生态破坏者，单纯采取教育手段是无济于事的。必须运用法律、经济等其他手段来解决。

(2) 宣传教育手段的主要内容

环境教育是环境管理不可缺少的手段，通过报刊、电影、电视、广播、展览、报告会、专题讲座、文艺演出等多种形式向全民宣传环境保护的意义，提高全民族的环境保护意识。通过环境宣传教育可以提高公众的环境保护意识，有助于增强企业和公众参与环境管理的能力。在西方国家，公众参与环境管理十分普遍。许多国家规定了公众参与环境影响评价的形式和程序，并作为环境影响评价不可缺少的组成部分。

目前环境管理宣传教育的内容主要包括：

发挥政府在环境宣传教育中的主导作用 政府通过制定符合我国现状的环境宣传与教育战略规划，构建中国特色的环境宣传教育模式。建立健全部门协调调控机制，统一规划、指导、协调、规范环境宣传教育工作，形成政府主导、各方配合、运转顺畅、充满活力、富有成效的环境宣传教育格局。

注重重点区域和重点人群的特殊环境宣传和教育 受地域广阔、区域发展不平衡，人民群体的环境意识整体薄弱且存在客观差异的影响，环境宣传教育须因地制宜、因人而异。对于不同地域、不同行业，需要制定适合的环境宣传教育内容和形式，将环境宣传教育与区域经济社会发展、企业的科技攻关及加强基础教育和培训结合起来。此外，还应关注妇女和儿童、少数民族等群体对于环境教育的需要。

注重非政府环境保护组织的参与 非政府环境保护组织是联系政府与公众之间的桥梁和纽带，通过建立环境信息网站、公开发布环境信息和广泛向公众作调查等形式，搭建起公众与政府相互沟通、相互对话的渠道，在公众与政府之间建立起诚挚友好、良性互动的伙伴关系；并且通过非政府组织代表广大公众参与和监督环境与发展决策过程，提高公众环境意识。

大力加强环境新闻宣传工作 充分发挥报纸、电台、电视台、互联网等媒体的作用，采取多种形式广泛地开展宣传教育活动，不断强化公众的环境观念和参与意识，在全社会营造浓厚的环境教育氛围，充分发挥新闻媒体对环保工作的积极作用。

加强相关政策和法律法规的建设 环境宣传教育是以政策和法律法规为基础的，为此调动公众的积极性，促使政府制定积极发展环境宣传教育的激励政策，增加宣传教育投入，并开展相关政策和法规制定的研究工作。

11.2.3　鼓励和自愿型

11.2.3.1　环境信息公开

(1) 环境信息公开的概念

随着政府信息公开和公众环境意识的增强，环境保护事业的快速发展促进了环境信息技术的飞速发展和广泛应用。2007年国务院公布《中华人民共和国政府信息公开条例》不久，国家环境保护总局率先同年审议通过了《环境信息公开办法（试行）》，并宣布于2008年5月1日开始实施。环境信息公开办法对于推进和规范环保部门以及企业公开环境信息，维护公民、法人和其他组织获取环境信息的权益，推动公众参与环境保护提供了法律法规的依据。一些经历过环境污染高发阶段的发达国家的经验表明，信息公开是一种有效的环境管理手段。环境信息公开对于转变政府职能，促进经济的可持续发展，以及强化环境监管制度具有重要的作用。

环境信息公开就是政府、企业和公众主动公开自身或自身掌握的环境信息，如区域环境质量信息、污染物排放、突发环境事故信息、企业产品环境信息、企业环境行为等。环境信息是指包括环境要素（如水、空气、土壤、动物、植物、土地和自然遗址等）、生物多样性（含转基因生物）的状况和对环境要素可能发生影响的因子（包括行政措施、环境协议、计划等）及用于环境决策的成本、效益和其他基于经济学的分析及假设在内的一切信息，这些信息以文本、图像、录音或数据库的形式表现。

从管理学角度看，环境信息公开的实质是要解决政府、企业、公众之间在环境管理中的信息不对称问题。环境信息公开作为一种新型环境管理手段，是其他环境管理手段能够有效制定和执行的信息基础。如何充分利用环境信息资源，调控政府、企业和公众的环境行为，对于促进环境保护与经济发展之间的高度融合具有重大意义。

（2）环境信息公开的主要方式及内容

政府环境信息公开　政府拥有众多的环保机构进行环境信息的收集和处理、具有先进的环境信息收集手段和技术，这些保障了信息收集的准确性、完备性和权威性。环境信息公开是政府转变职能，建立高效政府、责任政府、透明政府和法制政府的重要举措。

按照环境信息公开要求，环保部门应当在职责权限范围内向社会主动公开以下政府环境信息：环境保护法律、法规、规章、标准和其他规范性文件；环境保护规划；环境质量状况；环境统计和环境调查信息；突发环境事件的应急预案、预报、发生和处置等情况；主要污染物排放总量指标分配及落实情况，排污许可证发放情况，城市环境综合整治定量考核结果；大、中城市固体废物的种类、产生量、处置状况等信息；建设项目环境影响评价文件受理情况，受理的环境影响评价文件的审批结果和建设项目竣工环境保护验收结果，其他环境保护行政许可的项目、依据、条件、程序和结果；排污费征收的项目、依据、标准和程序，排污者应当缴纳的排污费数额、实际征收数额以及减免缓情况；环保行政事业性收费的项目、依据、标准和程序；经调查核实的公众对环境问题或者对企业污染环境的信访、投诉案件及其处理结果；环境行政处罚、行政复议、行政诉讼和实施行政强制措施的情况；污染物排放超过国家或者地方排放标准，或者污染物排放总量超过地方人民政府核定的排放总量控制指标的污染严重的企业名单；发生重大、特大环境污染事故或者事件的企业名单，拒不执行已生效的环境行政处罚决定的企业名单；环境保护创建审批结果；环保部门的机构设置、工作职责及其联系方式等情况；法律、法规、规章规定应当公开的其他环境信息。主要是通过政府网站、公报、新闻发布会以及报刊、广播、电视等便于公众知晓的方式进行公开。

企业环境信息公开　企业环境信息是指企业以一定形式记录、保存的，与企业经营活动产生的环境影响和企业环境行为有关的信息。包括对于污染物排放超过国家或者地方排放标准，或者污染物排放总量超过地方人民政府核定的排放总量控制指标的污染严重的企业，要求公开主要污染物的名称、排放方式、排放浓度和总量、超标、超总量情况；企业环境保护设施的建设和运行情况；环境污染事故应急预案。此外，政府鼓励企业自愿公开的环境信息包括：企业环境保护方针、年度环境保护目标及成效企业年度资源消耗总量；企业环境保护投资和环境技术开发情况；企业排放污染物种类、数量、浓度和去向；企业环境保护设施的建设和运行情况；企业在生产过程中产生的废物的处理、处置情况，废弃产品的回收、综合利用情况；与环境保护部门签订的改善环境行为的自愿协议；企业履行社会责任的情况；企业自愿公开的其他环境信息。

政府的法律法规和必要的行政手段对于企业信息公开是十分必要的。企业在社会经济活动中是以追求利润为中心，如果缺乏外部监督，很多企业就会把环境保护当成一种负担，缺乏环境治理的积极性和主动性。与此同时，环境保护作为企业承担社会责任的重要内容，为了展示企业良好的环境形象，越来越多企业主动公开环境信息。因此，通过立法促使企业环境信息公开，是约束企业行为、宣传企业形象和环境绩效的重要手段。

公众和非政府组织环境信息公开 公众与政府环境信息的不对称是妨碍公众参与导致环境问题重要根源，公众参与原则作为环境法的一项基本原则，其功能的实现离不开具体的制度。环境信息公开制度通过将信息公开上升到制度刚性的层次，通过制度来强制、鼓励和促进政府和企业等信息所有者公开其所掌握的环境信息，必将对公众参与起到促进和保障作用，也使其作为实现公众参与原则的一项重要制度。许多重要的环境问题或环境事件都是由于一些公众个体和非政府组织揭露和曝光的，一些非常重要和有影响的环境报告也是由非政府组织编写。因此，充分发挥公众和非政府组织环境信息公开的作用，并提高其信息公开的科学性、准确性、客观性是十分重要的。信息公开有利于公众在知情权的基础上更好地行使参与权、表达权和监督权，有利于推动政府决策的科学化、民主化，加快政府职能转变。也只有在信息公开的基础上，才能有效地发挥公众的监督作用。

11.2.3.2 环境绩效管理

（1）环境绩效管理的概念

环境绩效是各种组织在环境保护方面取得的成绩、效果、效益、成就、优异表现的总称。环境绩效管理是以改善和提高各种组织的环境绩效为目标的一种环境管理方法。

环境绩效管理是在环境信息公开基础上进一步延伸的环境管理手段。环境信息公开主要是解决了一个信息要公开的内容和形式问题，如什么时间公开、公开什么信息、由谁公开等。环境绩效管理，简单地说就是利用适当的指标，将企业、公司、工厂等组织的环境保护绩效，转化为简单易懂信息的过程。这是组织内部收集、测量、分析、评估、报告兼顾对内与对外，展现对环境管理所做努力程度的一项必要程序。环境绩效管理是对环境信息的二次加工，其成果是对政府、企业和公众环境行为的评价。

（2）环境绩效管理的内容

目前对环境绩效还没有一个明确的定义和范围。狭义的环境绩效研究多集中在企业环境绩效方面，与企业的经济绩效相对应。广义的环境绩效除了企业外，还包括政府、社区、学校等多种组织在环境保护和管理中取得的成效。

企业环境绩效管理 企业环境绩效管理指企业经营活动中由于环境保护和治理环境污染

取得的成绩和效果。例如，减少资源和原材料消耗、发明清洁的生产工艺和技术、生产环保产品等。近年来，越来越多的企业意识到了其行为对环境的影响。许多优秀企业的目标不仅仅在于获得利润，同时也要在外部利益相关者心目中留下"绿色"努力的好印象。伴随着公司外部环境成本的内部化，以及社会总成本和企业成本相配合的趋势，成本削减的商业目标就和减少环境成本负担的生态目标联系在一起。从长远来看，更高的环境努力和环境绩效可以更好地控制企业的环境风险，降低生产成本，并增加企业的竞争力，并且给企业树立一个良好的环境形象。进行良好的环境绩效管理，对企业的财务绩效和社会绩效具有积极的意义。

政府环境绩效管理 对于政府而言，是指政府履行职能或政府环境管理活动中取得的成绩、业绩和效率、效果。如区域环境质量的改善、污染物排放总量和排放浓度的减少、环境突发污染事件的减少、居民环境满意率的不断提高、政府承诺的各项环境保护工作得到落实、政府积极推进绿色社区和环境保护模范城市的创建、积极建设资源节约型和环境友好型社会的举措等。社会主义市场经济体制下，由于环境问题的外部性，导致市场机制无法自发解决环境问题，存在市场失灵的现象，企业以利润为导向的行为造成的环境污染和生态平衡破坏致使人民环境权受到侵害。作为政府，在人民环境权受到侵害时，政府需要运用人民赋予的行政权力对企业行为进行规制，以保护环境，形成政府的受托环境管理责任。政府在环境管理中，需要加强自身的内部管理和监督，反映下级环境管理部门职责履行状况的真实、完整、及时的绩效信息，以对下级环境管理部门进行有效的激励和控制。目前，我国政府环境绩效管理及评估的研究报道还很有限。

政府、企业、公众和非政府组织在环境绩效管理中充当的角色各不相同。政府兼有双重身份，在对自身环境绩效管理的同时，还需要制定相应规范，引导企业、公众和非政府组织提高其环境绩效。企业重点是对自身的生产经营行为进行环境绩效管理，接受政府和公众的监督和管理。公众和非政府组织更多的是起到对政府和企业环境绩效的外部监督作用。

11.3 环境管理的技术保障

11.3.1 环境标准

11.3.1.1 环境标准的概念

环境标准是为了防止环境污染，维护生态平衡，保护人群健康、发展经济及维护生态免遭破坏，根据国家的环境政策和有关法令，在综合分析环境特征、控制环境的技术水平、经济条件和社会要求的基础上对环境中污染物（或有害因素）的容许含量所作的规定。环境标准是环境管理目标和效果的表示，是国家环境政策中环境保护规划在技术方面的具体体现，是环境保护行政主管部门依法行政的依据。环境标准推动了环境科技进步，实现了环境管理由定性转成定量，是环境管理工作的一个重要工具和手段，是环境管理的基础。

环境标准是有关保护环境、控制环境污染与破坏的各种具有法律效力的标准的总称。《中华人民共和国环境保护标准管理办法》对环境标准所做的定义：为了保护人群健康、社会物质财富和维持生态平衡，对大气、水、土壤等环境质量、对污染源的监测方法以及其他需要所制定的标准。环境标准作为国家环境保护法律体系的重要组成，是一种法规性的技术指标和准则。科学合理的环境标准可以促进经济和环境的协调发展,提高人类生活质量和健康水平,并为制定区域发展载荷量提供数据支撑。

11.3.1.2 环境标准的类型

根据《中华人民共和国环境保护标准管理办法》,我国的环境标准分 3 大级别 6 小类,3 大级别分别为国家环境标准、地方环境标准、环境保护行业标准。6 小类包括环境质量标准、污染物排放标准、环境基础标准、环境方法标准、环境标准物质标准和环境保护仪器设备标准。其中,环境基础和环境方法标准只有国家级标准。

(1) 环境质量标准

环境质量标准是为了保护人类健康,维持生态良性平衡和保障社会物质财富,并考虑技术条件,对环境中有害物质和因素所做的限制性规定。它是环境管理和评价环境质量的依据,也是制定污染物排放标准(或污染控制标准)的基础(不同国家、地区采用的标准可以是不相同的)。环境质量标准有大气、地面水、海水、噪声、振动、电磁辐射、放射性辐射以及土壤等各个方面的标准。

(2) 污染物排放标准(或污染控制标准)

污染排放标准是为实现环境质量标准或环境目标,结合技术经济条件和区域环境特点,对人为污染源排入水环境的污染物浓度或数量所做出的限量规定。其目的是通过控制污染源排污量的途径来实现环境质量标准或环境目标,污染物排放标准按污染物形态分为气态、液态、固态以及物理性污染物(如噪声)排放标准。

污染物排放标准按适用范围分为通用排放标准和行业排放标准。

通用排放标准是规定一定范围(全国或一个区域)内普遍存在或危害较大的各种污染物的容许排放量,一般适用于各个行业。有的通用排放标准按不同排向(如水污染物按排入下水道、河流、湖泊、海域)分别规定容许排放量。

行业的污染物排放标准是按不同生产工序规定污染物容许排放量,如钢铁工业的废水排放标准可按炼焦、烧结、炼铁、炼钢、酸洗等工序分别规定废水中 pH 值、悬浮物总量和油等的容许排放量。行业的污染物排放标准规定某一行业所排放的各种污染物的容许排放量,只对该行业有约束力。因此,同一污染物在不同行业中的容许排放量可能不同。

(3) 环境基础标准

环境基础标准是在环境标准化工作范围内,对有指导意义的符号、代号、指南、程序、规范等所作的统一规定,是制定其他环境标准的基础。

(4) 环境方法标准

环境方法标准是在环境保护工作中以试验、检查、分析、抽样、统计计算为对象制定的标准。

(5) 环境标准样品标准

环境标准样品是在环境保护中,用来标定仪器、验证测量方法、进行量值传递或质量控制的材料或物质。环境标准样品标准是对这类材料或物质必须达到的要求所做的规定。

(6) 环境保护仪器设备标准

环境保护仪器设备标准是为了环境监测数据的可靠性和可比性以及污染治理设备的效率,对环境保护仪器设备的技术要求所做的统一规定。

11.3.2 环境监测

11.3.2.1 环境监测的概念

环境管理的目的是运用经济、法律、技术、教育等手段，使经济和环境保护得到协调发展，它的最基本职能和最大权利就是监督。环境监测在环境监督管理中占有重要地位，它是认识环境、了解和监视环境现状，评价环境质量的手段。掌握了某一地区或某一污染源的监测数据，就可以及时了解某一地区的环境质量变化的动态，或了解某一污染源污染物的排放状况。同时，了解贯彻执行国家和地方各级政府有关环境保护的政策、法律、规定、标准等情况时，也只有根据监测所获得的数据和资料，才能进行综合分析和评价。尤其是那些有数量限制的法规，离开了环境监测，将无法进行监督。因此，环境监测又能为环境管理决策、立法、执法提供依据，实现环境管理的科学化。

具体地说，环境监测是在某时段内，采用各种手段间断或连续的对表征环境状况的因子进行测量，确定环境状况优劣及其变化趋势的过程。环境监测所采取的手段是把分析化学的科学方法应用于环境监测过程。对环境质量的有害物质进行定性、定量地描述，反映环境污染的空间特性和时间特性，它是环境管理工作的一个重要工具和手段。

11.3.2.2 环境监测的分类

环境监测可按其监测目的或监测介质对象进行分类，也可按专业部门进行分类。

（1）按监测目的分类

监视性监测 又称为例行监测或常规监测。监视性监测是监测工作的主体，是监测环境中已知有害污染物的变化趋势，评价控制措施的效果，判断环境标准实施的情况和改善环境取得的进展，建立各种监测网，如大气污染监测网、水体污染监测网，累积监测数据，据此确定一个城市、省、区域、国家，甚至全球的污染状况及其发展趋势。这是监测工作中工作量最大涉及面最广的工作，是环境监测水平的标志。

这类监测包括如下两个方面。

污染源监督监测：掌握污染物浓度、负荷总量、时空变化规律。

环境质量监测：定期定点对城市大气、水质、噪声、固体废物等各项环境质量状况的监测。

特定目的的监测 又称为特例或应急监测。特定目的监测有多有少，是第二位的工作。这类监测的内容、形式很多，除一般的地面固定监测外，还有流动监测和低空航测。

根据特定的目的可分为以下4种。

污染事故监测：在发生污染事故时进行应急监测，以确定污染物扩散方向、速度和危及范围，为控制污染提供依据。这类监测常采用流动监测（车、船等）、简易监测、低空航测、遥感等手段。如核动力事故发生时受到放射性物质危害的空间；油船石油溢出污染的范围；工业污染源意外事故造成的影响等。

仲裁监测：主要针对污染事故纠纷、环境法执行过程中所产生的矛盾进行监测。仲裁监测应由国家指定的具有权威的部门进行，以提供具有法律责任的数据（公正数据），供执行部门、司法部门仲裁。如目前我国的排污收费仲裁的监测，处理污染事故纠纷时向司法部门提供的仲裁监测等。

考核验证监测：包括人员考核、方法验证和污染治理项目竣工时的验收监测。

咨询服务监测：为政府部门、科研机构、生产单位所提供的服务性监测。例如，建设新企业应进行环境影响评价，需要按评价要求进行监测。

研究性监测 又称科研监测。研究性监测是针对特定目的科学研究而进行的高层次的监测。这些研究课题很多。例如，环境本底的监测及研究、研究污染物自污染源排出后其迁移、转化的规律，以及污染物对人体及物体的危害性质和影响程度；研究探索污染物迁移、扩散影响的范围；寻求企业排污与生产的内在联系；研究环境标准相监测方法及企业环境监测技术连续自动化等。还有为监测工作本身服务的科研工作的监测，如统一方法、标准分析方法的研究标准物质研制等。这类研究性监测往往要求多学科合作进行。

（2）按监测介质对象分类

可分为水质监测、空气监测、土壤监测、固体废物监测、生物监测、噪声和振动监测、电磁辐射监测、放射性监测、热监测、光监测、卫生（病原体、病毒、寄生虫等）监测等。

（3）按监测的专业部门进行分类

可分为气象监测（气象部门）、卫生监测（卫生部门）、资源监测（资源管理部门）等。

实际中，为了便于管理，一般以监测目的进行分类。

11.3.3 环境评价

11.3.3.1 环境评价的概念

环境评价也称环境质量评价，是环境科学的一个分支学科，也是环境保护中的一项重要的工作。环境评价一般指对一切可能引起环境质量变异的人类社会行为（包括政策、法令、规划、经济建设在内的一切活动）产生的环境影响，从保护和建设环境角度按照一定的标准和评价方法评估环境质量的优劣，给予定性和定量的说明与描述，预测环境质量的发展趋势和评价人类活动的环境影响。广义上说，环境评价是对环境系统的结构、状态、质量、功能的现状进行分析，对可能发生的变化进行预测，对其与社会、经济发展活动的协调性进行定性或定量的评定。

11.3.3.2 环境评价的分类

环境是复杂的巨系统，环境评价的分类方法很多，可以按照以下方法分类：

（1）按照环境要素分类

按照评价所涉及的环境要素，可以将环境评价分为综合评价和单要素评价，综合评价包括环境涉及区域所有的重要环境要素。单要素评价可分为大气环境质量评价、水环境质量评价（地表水环境质量评价、地下水环境质量评价）、声学环境质量评价、土壤环境质量评价、生物环境质量评价、生态环境质量评价等；如果对两个或两个以上的要素同时进行评价，称为多要素评价或联合评价；如果在单要素评价的基础上对所有的要素同时进行评价，则称为环境质量综合评价。

（2）按照评价参数分类

按照参数的选择，可分为卫生学评价、生态学评价、污染物（化学污染物、生物学污染物）评价、物理学（声学、光学、电磁学、热力学等）评价、地质学评价、经济学评价、美学评价等。

（3）按照评价区域分类

按照评价区域的不同，可将环境质量评价分为城市环境质量评价、农村环境质量评价、流域环境质量评价、风景旅游区环境质量评价、自然保护区环境质量评价、海洋环境质量评价、工矿区环境质量评价、交通环境质量评价。也可按照行政区划或者自然地理区域划分，按照行政区域进行环境评价易于获取监测数据等原始资料，也有利于环境评价提出的措施和建议的采纳；按照自然地理区域进行环境评价有利于揭示污染物的迁移转化规律。

（4）按照评价时间分类

根据评价的时间不同，可分为3类：依据某一区域某一历史阶段的环境质量的历史变化的评价，称为回顾性评价；根据近期的环境资料对某一区域环境质量的现状评价，称为现状评价，现状评价是区域环境综合整治和区域环境规划的基础；对重要决策或开发活动可能对环境产生的物理性、化学性或生物性的作用，及其造成的环境变化和对人类健康和福利的可能影响，进行系统的分析和评估，并提出减免这些影响的对策和措施，称为环境影响评价。

11.4 ISO14000 环境管理系列标准

11.4.1 ISO14000 产生的背景

环境管理是世界各国环境保护工作中的一项重要措施。但是，由于各国的国情不同，环境管理的方法和手段有很大的差异。随着环境问题以及经济贸易的全球化发展，有必要建立一套科学、统一、可信的环境管理体系标准，以改善环境质量，促进国际贸易，实现可持续发展。20 世纪 80 年代起，美国和欧洲的一些企业为提高公众形象，减少污染，率先建立起自己的环境管理方式，这就是环境管理体系的雏形。1992 年在巴西里约热内卢召开的主题为"环境与发展"大会，共有 183 个国家和 70 多个国际组织出席了这次大会。会议通过了"21 世纪议程"等文件，标志着在全球建立清洁生产，减少污染，谋求可持续发展的环境管理体系的开始，也是 ISO14000 环境管理系列标准得到广泛推广的基础。

国际标准化组织 ISO 成立于 1946 年，总部设在瑞士日内瓦，是世界上最大的非政府国际组织，由 100 多个国家的标准化组织组成。ISO 的任务是推动标准化，使之成为促进国际贸易的一种手段。ISO 标准都是文件化的，协调一致的技术规定，各参加国、公司可用它们作为指南，确保原材料和产品符合一定的规定和要求。1990 年英国最早制定了 BS7750 环境管理体系标准，其后欧盟国家制定了 EMAS 环境管理体系标准。1992 年 ISO 在加拿大多伦多正式成立了一个技术委员会 TC207，开展起草环境管理及管理体系标准化工作，其宗旨是通过制定实施一套环境管理标准来减少人类各项活动所造成的环境污染，节约资源，改善环境质量，促进社会可持续发展。TC207 下设 6 个分委员会 SC1～SC6，每个委员会又下设若干个工作组，具体起草一个标准。ISO 秘书处为 TC207 安排了 100 个标准代号，即 ISO14000～ISO14100。1996 年该委员会颁布了有关环境管理的标准体系 ISO14000 系列标准。标准颁布以后，很快得到 120 多个国家的响应。如日本在该系列标准颁布的当日就将其同等转化为国家标准。我国是 ISOTC207 的正式成员国之一，已于 1996 年 12 月将其同等转化为国家标准（GB/T 24001—1996），并于1997年4月1日开始实施，2004年进行了修订。科龙集团是我国首家通过ISO14001标准认证的企业。ISO14000并不规定具体的操作方法或企业必须遵守的、数值化的或其他形式的性能标准，它的宗旨是为企业提供一个有效的环境管理体系的基础，从而帮助企业达到其环境目标和经济目标。

11.4.2 ISO14000系列标准的内容

ISO14000系列标准环境管理体系是一个以"组织"为单位，以标准体系的形式规范和约束组织活动，特别是在产业活动方面的环境管理体系。目前，该体系已经在世界范围内广泛推广和应用，成为现代企业环境管理的重要内容和主流方向。ISO14000系列标准环境管理体系作为一种自愿型和鼓励型的环境管理政策方法，以企业为代表的各种组织，自愿按照ISO14000系列标准建设自己的环境管理体系，是这一组织提升环境管理水平的重要表现。

11.4.2.1 ISO14000的框架结构

国际标准化组织（ISO）为ISO14000系列环境管理标准预留了100个标准号。目前主要包括以下几方面的内容：ISO14001～ISO14009环境管理体系（EMS）、ISO14010～ISO14019环境审核（EA）、ISO14020～ISO14029环境标志（EL）、ISO14030～ISO14039环境行为评价（EPE）、ISO14040～ISO14049生命周期评估（LCA）、ISO14050～ISO14059环境管理的术语和定义（T&D）、ISO14060产品标准中的环境因素、ISO14061～ISO14100备用。随着标准的推广和使用，为适应不断出现的新情况，国际标准化组织（ISO）也可制定超出这100个标准号外的标准，或根据具体情况另外命名标准号。如ISO14060产品标准中的环境（因素）指标，由于制定过程中意见不同，最终以ISO14060标准导则64——《产品标准中的环境因素》发布。

在ISO14000系列标准中，处于主导地位的是环境管理体系标准（ISO14001～ISO14009），尤以ISO14001最为重要，它是企业建立环境管理体系以及审核认证的准则，是一系列标准的基础，为各类组织提供了一个标准化的环境管理模式。

11.4.2.2 ISO14000的各子系列

（1）环境管理体系（EMS）

环境管理体系是ISO14000系列标准的核心，它要求组织在其内部建立并保持一个符合标准的环境管理体系，体系由环境方针、规划、实施与运行、检查和纠正、管理评审等5个基本要素构成，通过有计划地评审和持续改进的循环，保持组织内部环境管理的不断完善和提高。它可分为2个部分，即《环境管理体系——导则使用规范》和《环境管理体系——原则、体系和支撑技术通用指南》，前者将环境监测作为对环境实施监控的重要手段，对环境监测的程序及仪器设备的标准和维护提出了具体的要求。它是进行认证和注册的技术规范。而后者提供了自我完善的要素、目标及管理程序，并提出了一系列自我评估的信息及意见。

（2）环境审核（EA）

环境审核是判定某个组织的环境管理体系是否符合规定的技术标准，进而决定是否给予该组织认证注册的一个过程。它为组织自身和认证机构提供了一套标准化的方法和程序。对组织的环境管理活动进行监测和审计，使组织可以了解掌握自身环境管理现状，为保障体系有效的运转，改进环境管理活动提供客观依据，同时也是组织向外界展示其环境管理活动对标准符合程度的证明。

（3）环境标志（EL）

环境标志旨在促进组织建立环境管理体系的自觉性。它通过环境标志对组织的环境行为加以确认，通过标志图形、说明标签等形式，向市场展示标志产品与非标志产品环境表现的差别，向消费者推荐有利于保护环境的产品，以提高消费者的环境意识，形成强大的市场压力和社会压力，推动有利于环境的产品发展，达到影响组织加强环境管理，自觉改善环境的目的。环境标志制度分为3类。第一类是权威机构先制定出标准及准则。由组织申请、经评定后，组织可获得特定标志使用权。第二类是组织对环境的自我声明，组织自身制定环境目标，并向社会声明。第三类是第三方来评定，评定结果标明在产品标签上。

（4）环境行为评价（EPE）

环境行为评价是要查证有关组织环境行为的各项指标，以便评价这些指标是否符合环境标准和法规的要求，制定出改善环境行为的目标和方法。环境行为评价对组织的环境管理具有监督、检查、指导的作用，但不具有法律效力。环境行为评价不仅可以对组织在某一时间、地点的环境行为，而且可以对环境行为的长期发展趋势进行评价，指导组织选择防治污染、节约资源的管理方案，生产更为有利于环境的产品。

（5）生命周期评估（LCA）

为了有效地充分利用资源和控制环境污染，应对产品实施生命周期评估。所谓产品生命周期，是指对产品的开发设计、原料采购、生产加工、流通、使用、报废处理的全过程。所谓生命周期评估，是指对从产品开发到产品报废处理的全过程中的每一个环节的活动，都要进行资源消耗和环境影响评价。

（6）术语和定义（T&D）

该标准主要是对环境管理的术语进行汇总和定义，对环境管理的原则、方法、程序及特殊因素处理提供指南。

（7）产品标准中的环境因素指南

该标准主要为产品标准制定者提供指南，以便充分认识环境影响，最大限度地消除产品标准要求对环境产生的不利影响。

11.4.3　ISO14000系列标准的特点

ISO14000环境管理系列标准与法律、行政、经济等环境管理手段相比有很大的不同，具有如下特点：

（1）以消费者行为为根本动力

以往的环境保护工作是由政府推动的，依靠制定法规、法令来强制企业执行；ISO14000系列标准强调的是非行政手段，用市场、用人们对环境问题的共同认识来达到促进生产者改进环境行为的目的。环境意识的普遍提高，使消费者已超过法律成为环境保护的第一动因。

（2）自愿性的标准，不带任何强制性

企业建立环境管理体系、申请认证完全是自愿的。越来越多的企业出于商业竞争、企业形象、市场份额的需要，在企业内部实施ISO14000系列标准，并以此向外界展示其实力和对保护环境的态度。

（3）没有绝对量的设置，以各国的法律、法规要求为基准

整个标准没有对环境因素提出任何数据化要求，强调了体系的运行以达到设定的目标、指标，并符合各国的法规要求。

（4）强调持续改进和污染预防

要求企业实施全面管理，尽可能把污染消除在产品设计、生产过程之中，并且要求企业注重环境行为的持续改进。

（5）强调管理体系，特别注重体系的完整性

要求采用结构化、程序化、文件化的管理手段，强调管理和环境问题的可追溯性体现出的整体特色。

（6）强调生命周期思想的应用

对产品进行从摇篮到坟墓的分析，较全面地覆盖了当代的环境问题，从产品设计入手，从根本上解决由于人类不当的生产方式和消费方式所引起的环境问题。

11.4.4　ISO14000系列标准的发展趋势

ISO14000系列标准（EMS）旨在指导企业和公司取得和表现正确的环境行为，其一个重要发展趋势是与ISO9000质量管理体系（QMS）、OHSAS18001环境职业健康安全管理体系呈现出一体化的倾向。随着ISO9000认证、ISO14000认证和OHSAS18000认证的迅速发展，企业可能需要多种管理体系的认证。但是，由于QMS、EMS、OHSAS三个体系在管理目的、对象的特点上的不同，3个标准之间存在较大的差异，管理体系及其要素的应用因目的和相关方不同也有差异。QMS针对的是顾客的需要，EMS服务于众多的相关方的需要和社会对环境保护不断发展的需要，OHSAS服务于职业安全卫生条件影响的企业内部员工和外部来访者，3个体系自成系统，各司其职。加上多数的组织负责质量管理、环境保护和安全卫生的一般不是一个部门，因此，多数组织在实施体系时都采用了各自独立的体系，体系之间没有或很少有交叉，在管理体系的实施和运行中经常出现重复内审，资源、人力、物力、财力的重复，管理体系运行效率低的问题。这三大系列的国际标准管理体系都是国际性标准、都遵循自愿原则、都执行"计划—执行—检查—改进"的PDCA管理模式，在标准的思想、标准要素等内容上有很强的关联性，在体系的运行模式、文件的架构上是基本相同的。这为QMS、EMS、OHSAS一体化管理体系的建立和实施提供了可能。对于现代组织，特别是企业，这三大类标准的一体化整合，将能够全方位地应对管理活动，构建成企业生产和服务行为、社会行为和环境行为的标准规范。国外一些知名企业如美国朗讯公司、英国核燃料有限公司、日本夏普公司等都已经建立了质量、环境、职业健康与安全的一体化管理体系。三大管理体系的一体化整合，可以简化工作流程、避免组织文件的重叠、精简管理的程序文件、明确部门管理职责、明晰组织管理接口，充分利用组织的资源，降低组织的生产成本，提高组织的工作效率，是国际标准化组织认可的今后体系发展的发展趋势，更能组织优化管理。

【案例】

我国环境管理任重道远——紫金矿业泄漏事件

紫金矿业集团股份有限公司（以下简称紫金矿业）是国内最大的黄金生产企业，有中国第一大金矿之称，位列全球500强。2010年7月3日和7月16日，紫金矿业位于福建上杭县的紫金矿业旗下最大的铜矿紫金山铜矿湿法厂两次发生铜酸性溶液渗漏事故，外渗的9 100m³废水进入了被客家人称为母亲河的汀江流域，造成汀江重大水污染事故，沿江上杭、永定出现鱼类死亡和水质污染现象，直接经济损失达3 187.71万元。

依据《中华人民共和国水污染防治法》和《中华人民共和国环境保护法》，福建省环境保护厅责令该单位采取治理措施，消除污染，直至治理完成，并给予罚款人民币956万元的行政处罚。

国家环境保护部调查组对此也提出了具体的整改要求。要求该企业所有污水必须达标排放，所有的排污口马上安装自动在线监测系统，并与省环保厅、市、县环保局联网，便于监督。

事件发生后，紫金矿业拖延9d后才予以向社会公布，而且在最初公布时还将污染事件的原因推给自然灾害。紫金矿业的信息披露违规问题并非个别现象。在2010年3月的一份调研报告中，公众环境研究中心和思汇政策研究所就发现175家中国大陆在香港交易所上市公司共有超过750条的环境违规记录，而这些上市公司的年报和官方网站对这些问题几乎没有任何说明。

上述问题再一次提示，《环境信息公开办法（试行）》颁布实施以来，污染企业的强制性信息公开几乎没有取得任何进展。中国水污染数据库和中国空气污染数据库收入的2008年5月1日后公布的3.5万条不达标企业记录中，依法公布环境排污数据的企业数量凤毛麟角。

从企业角度看，企业无视环保责任，导致企业社会公德缺失是污染频发的主要原因。紫金矿业是一家上市企业，而我们看到的却是这样一个赢利能力一流、环境保护很不到位、缺乏社会责任感的企业。从公众角度看，早在7月之前，媒体就已报道过当地居民对紫金矿业污染的多次投诉，但问题并未得到有效解决。如果这些诉求能够得到重视，就可以在事故的起始阶段及时防范和治理，从而极大地减少治理污染的花费，同时避免污染的严重危害。在紫金矿业的污染事故中，可以看出公众参与环境保护的效力大打折扣。公众投诉难以得到有效解决，这不仅影响公众的参与积极性，同时也使公众面临更大风险。

环境管理的政策和技术方法，为弥补环境保护领域存在的不足与缺陷，提出了一些思路。

首先，强化立法建设，加大对污染者、污染事故的处罚力度，使得处罚能够真正改变污染者的意识行为。其次，完善环境监管体系。增强基层环境管理机构的硬件配置，强化监管人员专业业务素质，加大对污染企业的监管频次与力度，增强环境保护管理部门在政府决策中的地位和影响力。再次，建立上市公司环境绩效评估体系。形成明确的上市公司环境保护准入门槛，实施一票否决制，不达标的企业坚决不准上市；对于已上市公司，增加环境绩效考核制度，将其纳入年报内容，环境管理部门定期公布上市公司环境绩效，对于环境保护工作差、出现重大污染事故的公司采取公开批评直至停牌等一系列措施，督促上市公司强化环境管理。最后，转变环境保护管理模式。变"污染事故应急管理"为"事前预防预警"，针对重大污染源或易发生污染事故的企业设施，建立相应的环境预警体系，完善环境应急预案、实施风险评估、强化日常监管，从而降低污染事故发生的几率，从源头上控制污染事件的发生。

思考题

1. 什么是环境管理？环境管理特点？
2. 结合环境规划的原则，阐述其和环境管理的关系。
3. 试述环境管理的政策方法如何在环境保护中发挥作用。
4. 简述环境管理的技术方法在环境管理中的应用。
5. ISO14000 环境管理系列标准包括哪些内容？

参考文献

郭怀成. 2001. 环境规划学 [M]. 北京：高等教育出版社.
郭廷忠. 2009. 环境管理学 [M]. 北京：科学出版社.
钱易. 2000. 环境保护与可持续发展 [M]. 北京：高等教育出版社.
沈洪艳. 2007. 环境管理学 [M]. 2版. 北京：中国环境科学出版社.
王华. 2002. 环境信息公开：理念与实践 [M]. 北京：中国环境科学出版社.
吴彩斌. 2005. 环境学概论 [M]. 北京：中国环境科学出版社.
叶文虎. 2006. 环境管理学 [M]. 2版. 北京：高等教育出版社.
张宝莉. 2004. 环境管理与规划 [M]. 北京：中国环境科学出版社.
张征. 2004. 环境评价学 [M]. 北京：高等教育出版社.
朱庚申. 2000. 环境管理学 [M]. 北京：中国环境科学出版社.
宗良纲. 2005. 环境管理学 [M]. 北京：中国农业出版社.

12 可持续发展

◆ ◆ ◆ ◆ ◆ ◆ ◆ ◆ ◆ ◆

本章提要

　　本章全面介绍可持续发展的环境伦理观，具体内容包括环境伦理观的产生及发展，阐述社会不同阶段人与自然关系，中国古代哲学思想所蕴含的环境伦理观以及西方环境伦理观的发展；阐述可持续发展由来、内涵与原则及可持续发展指标体系，介绍践行可持续发展环境伦理观的行动措施。

◆ ◆ ◆ ◆ ◆ ◆ ◆ ◆ ◆ ◆

12.1 环境伦理观的产生及发展

"伦理"一词从字面上理解是"人伦之理",所谓人伦是指人与人(或人与社会)之间的关系,所以伦理的基本意思是处理人与人相互关系时应遵循的道理和准则,它包含了一系列指导行为的观念和哲学思考。环境伦理是在继承传统伦理内涵的基础上,把其研究范畴拓展至人与自然的关系上,它是美国学者霍尔姆斯·罗尔斯顿在20世纪70年代初首次从环境哲学的角度提出的概念,是在人们对生态危机的哲学反思中应运而生的一种革命性思潮。其实,我国自古就形成了朴素的环境伦理观,如儒家提倡的"天人合一"强调自然与人的和谐一致,就是一种典型表述。

12.1.1 人与自然

人与自然的关系既是环境哲学研究的主题,也是贯穿环境伦理理论体系的主线。人与自然的关系包括两方面:人是自然界的一部分;人又能动的反作用于自然界。一方面,人类以自身的活动及其结果影响和改变着环境;另一方面,环境以及环境的改变也影响和制约着人类的生存和进化,意即:人类社会的发展是在人类认识、利用、改造和适应自然的过程中不断演进的,随着人类社会的不断发展进步,人与自然的关系处在渐进演变中。这种关系大概经历了3个阶段。

(1) 人与自然的原始统一和谐阶段

在远古时期,人类基本上像其他动物一样完全受制于自然规律,几乎没有改造和控制自然的能力,人与自然的关系表现为人类服从自然、自然支配人类。逐渐人类利用工具战胜了食肉动物;利用火种开辟了日常食物来源、新的生活方式及生活空间;发展语言,进行交流,积累经验和教训,继承文化遗产。在此过程中,人类创造了自己的文明,在自然中的地位也逐渐改变了。人类通过技术的发展去控制自然,并试探性地开始了对自然的改造运动。这个时期,虽然人类也出现了一些破坏大自然的活动及自然对人类的局部、较浅层次的"报复",但主体上还是人类顺应自然,人类对自然的损害在自然的承受范围内,人与自然的关系是一种原始的和谐统一。

(2) 人类征服和改造自然的阶段

自从18世纪中叶工业革命以来,人类社会逐渐从农业社会向机器大工业时代过渡。随着现代科技手段的应用,对自然资源特别是工业资源的利用强度急剧增大,人类控制自然的能力大大加强,手段发生质的改变,影响自然的方式变得复杂多样。这一时期,自然用以哺育人类繁衍生息的各种资源,被人类发现、利用、加工成更高层次的生活物资及更高效率的生产工具,在急速消耗自然资源的同时,更加快了人类对自然的掠夺,使人与自然呈现出越来越严重的对抗关系,"人类中心主义"孳生,人不自觉地把自己看成自然的主宰,提出了"人定胜天"等不切实际的口号。而自然在被改造的同时不断予以抗争,如环境污染、水资源短缺、气候变暖、生物种类减少、资源枯竭、臭氧层空洞、土地荒漠化等问题的出现,就是自然对人类疯狂行为的无情"报复"和"惩罚"。

(3) 人与自然走向新和谐阶段

当人类无休止地向自然索取导致严重的环境污染、生态破坏和种种社会弊端,以致削弱

12 可持续发展

和抵消了人们所取得的经济增长效益，陷入了"增长无发展"甚至"没有增长的负发展"的泥潭时，人类开始反思，意识到我们既要满足人类发展的需求，又要尊重自然的"生存发展权"。而传统的增长方式恰恰忽视了这一点，人类需要寻求新的增长方式。于是，"无害发展"、"生态发展"、"绿色发展"等新观念应运而生，而可持续发展的思想则最终被人们所普遍接受。可持续发展思想始现于20世纪70年代。在1992年，巴西里约热内卢联合国环境与发展大会（UNCED）确立了将可持续发展作为人类社会共同的发展战略。可持续发展的基本原则之一是和谐性原则，除促进人类之间的和谐，还要促进人类与自然之间的和谐，保持人与自然的共同协调进化，达到人与自然的共同繁荣，实现可持续发展。

12.1.2 中国古代环境伦理观

关于人与自然关系的认识，中国古代就有着朴素的环境伦理论述，只是这种关系常常被称为"天人关系"，而对这种关系的论述，以儒、道两家为最。此外，佛教思想中也蕴涵着丰富的生态伦理思想。

（1）儒家的"天人合一"思想

"天人合一"语出北宋哲学家张载的《正蒙·乾称》："因明致诚，因诚致明，故天人合一"。"天人合一"的"天"主要是指"天道"，即自然界和自然规律；"人"是相对自然界而言的人类。张岱年先生认为，"天人合一"比较深刻的含义是：人是天地生成的，人与天的关系是部分与全体的关系，而不是敌对的关系，人与万物是共生同荣的关系，应该和睦相处。

其实，"天人合一"思想可追溯至西周时期。西周统治者认为天命的变化在于人类行为的善恶，天赏善罚恶。周武王说："天畏棐忱，民情大可见"；"天矜于民，民之所欲，天必从之"；"天视自我民视，天听自我民听"。意思是天威可畏，只辅佐至诚之人，观察民情的向背，可以知天命；苍天怜悯老百姓，民所想的也就是天所想的；天以民的感觉为感觉。这种"天民合一"观把民意与天命结合起来，把天命落实到民意的层面，从而把天人合为一体，只是这种天人合一，主要偏指人与伦理之天的合一，而不是人与自然之天的合一。

孔孟，特别是孟子的天人关系思想是儒家"天人合一"思想的理论源头。孔子对"天人合一"思想的贡献主要是把仁爱思想从人与人的关系推广到物。"仁民"是从人与人的关系角度去界定的，而"爱物"则将这种道德关怀扩展至"物"，从人与物、人与自然界之间关系的维度上去界定"仁"，将"仁"的道德对象由人推及物。如在《论语·述而篇》中就有对孔子"钓而不网，弋不射宿"的记载，是说钓鱼时不能一网打尽，射鸟时不射杀归巢的鸟，反映了孔子的生态伦理意识。孟子继承并发扬了孔子的"仁学"思想，他认为"且天之生物也，使之一本"，人与万物本来是一个本体。东汉时董仲舒说："质于爱民以下，至于鸟兽昆虫莫不爱，不爱，奚足以谓仁?"仅仅"爱人"还不是真正的"仁"，只有将"爱"扩展到"鸟兽昆虫"等自然万物，才是真正的"仁"。到了宋代，张载说："乾称父，坤称母；予慈藐焉，乃混然中处。"指出天地自然界为父为母，人是天地的孩子而"混然中处"，人与天地自然界同处于一个无限的生命整体和链条中。程颢进一步指出"仁者，以天地万物为一体"，明代的王阳明则说："大人之能，以天地万物为一体也，非意之也，其心之仁本若是，其与天地万物一也。"因此，在儒家看来，人与物、人与自然界是一体的，地位是平等的，对待它们的道德原则都是"仁"，人、物和自然界应和谐相处。

(2) 道家"与天为一"的思想

"与天为一"是庄子首先提出来的，《庄子·达生》中说："夫形全精复，与天为一"。道家的"天"是"自然之天"，是与"人"相对而言的事物自然状态。道家认为人的存在是自然过程，人本身也是自然的一部分。道家的"与天为一"思想与儒家的"天人合一"思想不同，虽然两者都主张人与自然合一，但人与自然合一思想只是儒家的"天人合一"内涵之一，却是道家的"与天为一"的基本含义。

《老子》说："人法地，地法天，天法道，道法自然"。"天"与"地"合而为宇宙天地，或者说"天""地"合而为与"人"相对的"天"，而"道"即"自然"则是通贯"天""人"的"一"，"天地"遵从自然之道，人也遵从自然之道，"天地"与"人"合于自然之道。《庄子》中也明确提出"无受天损易，无受人益难。无始而非卒也，人与天一也"。老庄的"天人合一"，并不是讲以"人"合"天"，而是主张"天""人"合于"自然"，合于"道"，"道"生化万物，世间万物都是在一定的自然环境中产生和发展，不仅离不开自然环境，而且最后又自然而然地复归于自然环境。

自然和谐，万物平等是先秦道家环境伦理观的主要特征。老子说："域中有四大"，"道大，天大，地大，人亦大"。庄子说："其一与天为徒，其不一与人为徒，天与人不相胜也，是之谓真人。"强调人与自然的平等地位，而且强调人与自然的统一。老子说："万物负阴而抱阳，冲气以为和。""天地相合，以降甘露，民莫之令而自均"，说明天地相互协调，风调雨顺，滋润群生，五谷丰登是万民康乐的基础。庄子说："夫明白于天地之德者，此之谓大本大宗，与天和者也，所以均调天下，与人和者也。与人和者，谓之人乐；与天和者，谓之天乐。"在庄子看来，宇宙的大宗大本就是自然无为、具有朴素之美的"道"，天地体现了道德无为之德，人效法天道而无为，就是与天和；人均衡、协调社会关系，就是"与人和"；"与天和"和"与人和"是统一的，一方面，"天和而至人和"，即"与天和"是"与人和"的前提；另一方面，"政和则人和，人和则天地和，天地和则万物遂"，即政治和谐是人与人和谐的基础，人际和谐又是自然和谐及自然存在物蓬勃发展的社会条件。

道家思想认为自然界的发展具有规律性。庄子认为"道者，万物之所由也，庶物失之者死，得之者生；为事，逆之则败，顺之则成"（《渔父》），指出"道"是万物生发的总因，事物的兴衰成败，取决于是否遵循"道"。遵循"道"，就能成功，得到发展；否则，就是衰败和灭亡。道家的这一观点是中国古代哲学家对客体朴素的客观性、主体素然的能动性和万物生发规律性的辩证思考。既要利用、改造自然界，也要尊重自然界，在尊重客观规律的基础上进行自然界的合理利用和开发，这对于解决当今世界由于经济快速发展而带来的环境污染、疾病传播、生态失衡等问题，具有重要的现实意义。

(3) 佛教的环境思想

佛教的宗旨是探索人生和世界的真相，从而帮助一切有情众生离苦得乐，从轮回的烦恼中解脱。佛教对生命的关切和爱护必然延伸到对生命所依赖的环境的关切和爱护，其中蕴含着丰富的生态伦理思想，这些思想是我们保护环境、重建人与自然和谐关系的宝贵文化资源。佛教生态伦理思想体现在以下几方面。

● 佛教生态伦理思想由"缘起论"进而阐发出"整体共生生态观"。在佛教"缘起论"

的解释中，无论是"法界缘起"的"一即一切"、"一切即一"，还是华严宗的"六相圆融"和"因陀罗网"，都主张世界上所有的现象都不是孤立存在的，而是处于"此有故彼有，此无故彼无，此生故彼生，此灭故彼灭"的相互依存关系中。这种"整体共生"的关系，为我们确立共生共荣的"整体生态观"提供了理论依据。在整体性的关系中，自然与自然之间，人与自然之间都是一种相互依存、互及互入的关系，世界的各部分都互相交织、相互包含，形成了普遍关联的有机整体。

●佛教的"因果业报法则"提供了一种"生态责任伦理"。在佛教看来，世界的关系不仅是密切联系、互及互入的有机整体，而且这个密切相关的整体还受到"因果业报"的贯穿与支配，从而使得这个有机整体处在一个"动态联系"之中。它是佛教的道德公正的自然法则，告诫人们要时时反省、审视自己当下的行为，为自己的未来多种植乐的因，断除或者减少苦的因，这一思想为确立"生态责任伦理"提供了理论根据。它明确了人类活动对生态环境的互动关系，指出人类活动对生态系统的稳定具有不可推卸的责任，而且这种互动关系是动态建构的、动态实践的、可改变的过程。也就是说，人类施加于环境的影响，环境也会反过来还之于人类自身。

●佛教的"佛性论"确立了"尊重生命、敬畏生命"的生命价值原则。"佛性"简单的说就是成佛的可能性及怎样成佛。佛性一切众生具足，悉皆平等。"平等"观念是佛教的一个基本理论之一。佛教"众生平等"的思想是指"有情众生"具有佛性，相互间是平等的，同时草木瓦石、山河大地等虽是"无情众生"，却也有佛性，即"无情有性"。"众生平等"的思想赋予每一个生命自身的存在价值，确立了尊重生命的伦理价值。"无情有性"的思想则从生命体与非生命体之间的相互依存关系着手，说明非生命的自然环境之物不但与有情众生相互依存，甚至从终极价值来看，它们同样具有与有情众生平等的地位，忽视了它们的价值，有情众生的价值最终也无法确立。另外，"众生平等"、"无情有性"的思想，有助于培养一种"生命共同体"的共生生态的概念。有情众生也好，草木瓦石、山河大地也罢，它们都是地球"生命共同体"得以"共生"的一个不可或缺的组成部分。

●佛教的"戒杀、护生"的戒律确立了生态伦理实践准则。基于佛教自身的缘起、业报、平等、慈悲、无我等思想，佛教将"戒杀"作为佛教戒律的最基本、最重要的戒条和准则。"戒杀"就是不允许杀害一切生命，包括不杀人，不杀动物，也包括不随意砍伐、攀折草木；戒杀不仅指不得有直接杀生的行为发生，也指不得有间接杀生的行为，甚至不能有杀生的意念，这对于保护生物多样性是十分有益的。由"戒杀"延伸的则是"放生"、"护生"与"素食"的行动实践。所谓"放生"就是将已经捕获或者救活的动物放回大自然，"护生"就是在戒杀的基础上尽量为各种生命的成长创造条件，"素食"就是不食用动物的肉食。这些实践准则对于保护生物多样性，保护自然资源，保护生态环境具有重要意义。

12.1.3 西方环境伦理观的发展

自18世纪后期特别是20世纪以来，一些西方学者开始反思工业文明时期经济发展的模式和运行机制，重新审视人类与自然、生物个体与生态系统整体、当代人与后代人之间的伦理关系，提出了不同的学术主张，形成了风格相异的环境伦理学思潮和流派。这些环境伦理学流派具有不同的学术渊源，其主张、观点和分析方法不尽相同，划分的标准也不一样，主要分为人类中心主义和非人类中心主义。非人类中心主义又可以划分为动物中心论、生物中心论和生态中心论等。

12.1.3.1 人类中心主义

所谓"人类中心主义",可以界定为以实现人类利益为终极价值取向和目的,将人类的价值观作为评判非人类存在物价值和权利的尺度和标准,强调人类本质的社会性、利益的优先性、责任的主导性的系列主张的统称。人类中心主义总是作为一种价值和价值尺度而被采用,它是要把人类的利益作为价值原点和道德评价的依据,有且只有人类才是价值判断的主体。其核心观点是:在人与自然的价值关系中,只有拥有意识的人类才是主体,自然是客体。价值评价的尺度必须掌握和始终掌握在人类的手中,任何时候说到"价值"都是"对于人的意义";人类的一切活动都是为了满足自己的生存和发展的需要,如果不能达到这一目的的活动就没有任何意义的,因此一切应当以人类的利益为出发点和归宿。

关于人类中心主义的表现形式,从人类对待自然的态度上可以划分为传统人类中心主义和现代人类中心主义。

西方传统人类中心主义思想源远流长。古希腊哲学家苏格拉底将人类置于自然之上,提出思维着的人是万物的尺度。传统基督教教义指出:唯有人是按照上帝的形象造的,而上帝造人就是要人在地上行使统治万物的权利,以管理海里的鱼、天空的鸟和地上的动物。在17世纪以后,随着近代科学技术的发展、启蒙运动的兴起、人道主义和理性主义思想的传播,人类中心论被进一步强化,特别是工业化的迅猛发展,人类以前所未有的规模和速度向大自然开战。传统人类中心主义只注重人征服自然的能力,无休止、无限度地向自然索取,甚至不惜破坏自然环境,从而满足自身对利益的追求。此时人与自然的关系被简化为主客体关系,被打上了"主客二分"的烙印。这一主义主张人的一切活动都是以人的利益为出发点,为人的利益服务,满足人的目的与需要。作为自然界进化的最高产物,只有人类才可能与自然结成对象性关系,才是自然价值的主体;只有人类才具有理性,因而只有人类才具有内在价值,而其他缺乏理性的存在物都只有工具价值。在这种思想支配下,其结果就是在短短两个多世纪中,我们唯一的家园——地球,变得伤痕累累、危机重重。

生态环境危机的出现迫使人类重新认识和反思人类与自然之间现存的伦理关系。人们意识到:环境问题不仅仅是经济和技术问题,要想彻底消除环境危机,人类首先要在思想上树立以自然和人类可持续发展为标志的新的道德观即环境伦理观念,为人类的经济活动提供新的价值导向。在20世纪六七十年代之后,现代人类中心论逐步形成,并被不少国家的官方认可。现代人类中心主义虽然也是从人类的自身利益出发,但不是无休止、无限度地索取,而是赋予自然一定的"权利",人类应保护生态环境,使自然界能更好地为人类服务,它是一种注重从人类的整体利益和长远利益出发的人类中心主义。它强调人的社会性以及对自然的责任,这一思想被英美国家早期的环境保护运动所倡导,但也存在着某些局限性。它强调道德权利的社会性,反对把道德权利扩大到人以外的自然界。它遵循的只是这样一种原则:人类的行为必须符合自身的整体利益和长远利益,但如果自然界的某些物种或存在物对人类无益,灭绝了或毁坏了也无妨。

12.1.3.2 非人类中心主义

20世纪70年代以前,西方的生态伦理学家们大都是在人类中心主义的框架内讨论生态

12 可持续发展

伦理问题，人类中心主义是生态伦理学的主流话语。但是，70年代以后，随着全球性的环境危机进一步加剧，越来越多的生态伦理学家开始怀疑，人类中心主义是否能够为环境保护提供足够的道德保障。非人类中心主义伦理学家们提出了动物解放/权利论、生物中心论和生态中心论（包括大地伦理学、深层生态学和自然价值论）等与人类中心主义迥异并具特色的生态伦理学理论，人类中心主义一统天下的时代结束了。

（1）动物解放/权利论

动物解放/权利论是主张把价值主体的界限从人类扩展到动物的一种环境伦理学观点。20世纪60年代以来，世界各地动物保护组织纷纷成立，"动物解放"、"动物权利"的伦理学观点开始被重视。动物解放论以澳大利亚和美国哲学家彼得·辛格为代表，他认为凡是拥有感受痛苦能力的存在物都应该给予平等的道德考虑，由于动物和人一样也能感受苦乐，因此，对动物也应该给予平等的道德考虑，应当停止那些给动物带来痛苦的行为。动物权利论的代表人物美国哲学家汤姆·雷根认为动物和人一样拥有一种对生命平等的天赋权利，所有那些用来证明尊重人的天赋权利的理由都同样适用于动物，而动物拥有的这种天赋价值赋予动物一种道德权利：不遭受不应遭受的痛苦的权利和享受应当享受的愉快的权利。动物权利论主张人们应该将自由、平等和博爱的伟大原则推广到动物身上，保护动物。

动物解放/权利论承认动物存在固有的价值和权利，都主张取消商业性的动物饲养业；反对商业性和娱乐性的打猎和捕兽行为；反对残忍地将动物用于科学试验的行为；反对只承认人类的道德主体地位而剥夺动物道德主体地位的观点。这些主张对于唤醒人类对自然的尊敬、关爱进而保护生态环境，具有重要意义。但该理论所指的非人类存在物仅仅是感受快乐和痛苦能力的高级动物，因此，道德视野仍然是狭隘的。另外，该理论难以准确界定人类利益和动物利益的界限和内容；难以准确把握处理动物物种之间利益冲突的尺度和准则；难以体现个体物种价值和整个生态系统价值的统一性和有机性，而且主张"解放"被现代工业文明拘禁于"动物工厂"中的家畜以及实验室和动物园中动物的思想，与人类的社会生活实践相距甚远。

（2）生物中心论

生物中心主义认为，人类的道德关怀不仅应该包括有感觉能力的高级动物还应该扩展至低等动物、植物以及所有有生命的存在物身上。法国哲学家史怀泽的敬畏生命的伦理理念和美国哲学家泰勒的尊重大自然的伦理思想从两个不同的角度阐释了生物中心论的基本观点。

史怀泽说："善是保持生命、促进生命，使可发展的生命实现其最高的价值，恶则是毁灭生命、伤害生命，压制生命的发展。"他认为只有当人类认为所有生命，包括人的生命和一切生物的生命都是神圣的时候，他才是伦理的，人类应像敬畏自己的生命意志那样敬畏所有的生命意志，满怀同情地对待生存于自己之外的所有生命意志。泰勒的生物平等主义则认为，所有生命都拥有"天赋价值"，因而应被当作一种目的本身来加以尊重，同时提出四条操作原则：第一，不作恶原则。即不伤害有机体，不毁灭种群或生物共同体。第二，不干涉原则。自然界发生的一切都是在自然法则下进行的，其中包括：①种内进行的繁殖和为不断适应环境而进行的内在的和外在的更新和发展。②种际之间进行的竞争、淘汰和灭亡等。这一切都是自发的，是合理的不要进行人为干预。③忠诚原则。动物之间的各种关系自有自然法则调节，它们也习惯生存于此种状态，并一直遵循和依赖于此种生存关系。人类应尊重动物间这种已建立了若干亿年关系,不能让动物对人类(也是一种动物)感到恐惧和不适应。如人为地设置陷阱捕猎和垂钓等。④补偿原则。如果人对生命有机体进行了伤害,那么人(道德代理人)就应对被伤害的生命体(道德顾客)进行补偿,以达成"正义"的平衡,或叫因未履行"义务"而承担的责任。从史怀泽和泰勒的论述可以看出生物中心主义在道德调节的范围上更宽和更广,对人们道德要求也更高,人们所承负的道德责任更多。

(3) 生态中心论

若干学者认为人类应对生态系统整体给予伦理考虑,这被称为生态中心主义。生态中心论区别于生物中心论的主要论断是人类应当把道德关怀的重点和伦理价值的范畴从生命的个体扩展到自然界的整个生态系统。生态中心论大体可分为3个流派:大地伦理学、生态整体主义和深层生态学。

大地伦理学缔造者是著名的《沙乡年鉴》的作者——美国林学家利奥波德,他提出了"共同体"的概念,认为要扩大"这个共同体的界限,它包括土壤、水、植物和动物,或者把它们概括起来:大地"。并且把人的角色从大地共同体的征服者变成大地共同体的普通成员与普通公民。这意味着人不仅要尊重共同体中的其他成员,而且要尊重共同体本身。大地伦理学认为生态共同体的价值要高于物种个体的价值,整体价值优先于个体价值,这超越了强调人类个体尊严、权利、自由和发展的人本主义思想,革除了动物权利论和生物中心论过分强调单个生命体利益的弊病,具有重要理论意义。

生态整体主义的主张由罗尔斯顿提出,主要思想体现在其著作《哲学走向荒野》和《环境伦理学》中。他提出,自然物的价值具体表现为自然物的生命支撑价值、经济价值、消遣价值、科学价值、审美价值和历史文化价值等多重价值,这些价值总体上又可以分为对人类的非工具性价值和工具性价值两类。非工具性价值也即自然价值,是指不需要人的参与和评价而生成的自在和自为的价值,主要表现为自然物对整个生态系统的支撑和承载价值。工具性价值又分为3种形式:以人化自然的方式而产生的自然的工具价值;以自然化人的方式产生的自然价值;以体验和感受自然的方式而产生的自然的工具价值。在生态系统内部,内在价值和工具价值交互生成,而生态系统整体作为生命的创造者和支持者,则具有一种超越于内在价值和工具价值之上的"系统价值",这是系统中的"内在的价值"。从生命个体、物种到生态系统,价值依次递增,义务也相应递增。生态整体主义要求人类遵循自然法则,体验自然、领悟自然,进而恪守对自然的道德义务,实现对自然的"全球性的观照";强调把人类对自然的改造和扰乱限制在生态系统所能承受、吸收、降解和恢复的范围内,主张尊重生态系统的整体利益和长远利益。但是,生态中心论笼统地强调生态系统的整体利益,忽视了人类在自然面前权益的不均衡性和义务的不公平性,漠视了发展中国家和落后地区在生存和发展优先与生态维护优先选择上的艰难性,掩盖了发达国家资本扩张的全球化是当今环境危机产生的主要根源这一事实,因而遭到发展中国家学者的谴责和质疑。

深层生态学是西方生态哲学提出的一个与浅层生态学相对的概念,由挪威著名哲学家阿伦·奈斯在1973年提出。该学说认为,生态危机的深刻根源除了人的价值观和世界观上的失误外,还有深刻的社会根源;另外,它提出生态危机的解决必须通过在价值观、生活方式、技术使用方式和社会制度等方面做出变革才能实现。

深层生态学提出8条行动纲领:

- 地球上人类和非人类生命的健康和繁荣有其自身的内在价值。就人类目的而言，这些价值与非人类世界对人类的有用性无关。
- 生命形式的丰富性和多样性有助于这些价值的实现，并且有益于人类和地球上非人类生命的繁衍。
- 除非满足重要需要，人类无权减少生命形态的丰富性和多样性。
- 人类生命与文化的繁荣需要降低人口数量，而非人类生命的繁荣也要求人口减少。
- 当代人过分干涉非人类世界，这种情况正在迅速恶化。
- 现行的那些反映了过时的经济、技术和意识形态结构的政策必须予以改变，因为它很难实现经济的可持续发展。
- 意识形态的改变主要是在评价生命平等（即生命的固有价值）方面，而不是坚持日益提高的生活标准方面。对财富数量与生活质量之间的差别应当有一种深刻的意识。
- 赞同上述观点的人都有直接或间接的义务来实现上述必要改变，而且具有不同观点的人可以选择不同的策略。

以上8条纲领代表的是深层生态学的表层结构，深层结构是"自我实现"和"生物圈平等"。"自我实现"是指人类要认识到"除人类之外还有非人类的世界"，自己只是自然的一部分，要在整体中实现与自然的共生、共长，最终经历从个体自我到社会自我再到生态自我的转变，是把其他存在物的利益看做自我利益的过程。生物圈平等主义的基本观念是："生物圈中的所有事物都拥有生存和繁荣的平等权利，都拥有在较宽广的大我的范围内使自己的个体存在得到展现和自我实现的权利。"而其他存在物拥有这种权利的根据，是由于它们和我们有同一性，它们是我们认同的对象；既然我们认为我们拥有内在价值，那么，作为我们认同对象的其他存在物（我们的存在与它们密不可分）也拥有内在价值。

深层生态学主张用新的宇宙论的世界观替代旧的机械唯物主义的世界观，维护不同生物的多样性、整体性和关联性，达到"所有存在者的自我实现"。深层生态学洞悉生态危机的社会根源和本质，要求从制度变革、文明秩序重构的角度彻底解决环境问题，具有积极意义。同时，它极端的整体主义和非人类中心主义立场，又受到包括激进环境主义在内的多方批评。如许多西方学者指责其生命圈平等主义是"生态法西斯主义"；一些第三世界学者则认为，深层生态学实践对发展中国家意味着"生态帝国主义"。

12.2 可持续发展的环境伦理观

12.2.1 可持续发展的由来

在漫长的社会发展过程中，人类经历了从对自然的恐惧膜拜，到总结经验具备一定的征服自然的能力。从采集食物到食物生产，标志着人类文明发生了根本性的改变。长期以来，人们对自然的开发一直处于盲目的状态。人类重点关注自身的发展，在改造自然、发展经济方面取得了辉煌的成就，然而与此同时，人类不断地从自然中索取资源，尤其是工业化过程中，对自然环境造成了极大的破坏，面临着环境污染加重、自然资源枯竭、生物多样性减少等生态灾难。20世纪70年代，人类开始重新审视人与自然的关系，80年代提出了与以往发展模式不同的新途径，即可持续发展。可持续发展的概念是在环境问题严重危及人类生存与发展，传统发展模式严重制约经济发展和社会进步的背景下提出的，是对传统发展观的反思与创新。

在人类长期的奋斗历程中，大致经历了以下5个重要的里程碑。

(1) 对传统行为和观念的强烈冲击——《寂静的春天》

我国春秋战国时期的孟子和荀子等思想家对自然资源休养生息、保证永续利用的朴素论述是人类早期朴素的"可持续发展"思想。英国经济学家马尔萨斯于1798年创立了人口论，其主要内容是：生活资料按算术级数增加，而人口是按几何级数增长的，因此生活资料的增加赶不上人口的增长是自然的、永恒的规律。英国经济学家李嘉图也较早地认识到人类对物质的消费不是无止境的，经济活动具有生态边界。

在20世纪50年代，人类社会的工业化发展十分迅速，同时环境污染日益严重，发生了一些威胁人类生活的公害事件，因此，环境问题成为困扰工业社会的一个难题。美国海洋生物学家蕾切尔·卡逊（Rachel Carson）利用4年的时间对美国施用杀虫剂的使用和危害情况进行了深入调查，在此基础上，于1962年发表了备受世界关注的生态文学作品——《寂静的春天》。该书系统地描述了污染物富集、迁移和转化，从生态整体的视角，对自然环境包括天空、海洋、河流、土壤、动物、植物等与人类的关系进行了阐述。作者在书中指出："自然界任何东西都不是单独存在的"，"我们不能只要其中的一些，而用强力压抑、消灭、扭曲、改变另一些，因为那样一来我们必将影响和毁坏更多的东西，包括我们所喜好的东西。"大量的杀虫剂从生物链的最先端——农作物开始摄入与蓄积，破坏了空气、水源与土地，进而沿着食物链富集，最终影响到人类的健康。该书一经出版即在美国引起了轰动，被50多种报纸和20多种杂志转载。美国国内掀起了一场关乎国运民生、关乎地球以及人类前途的大讨论，使得生态观念上至总统下至百姓都深入人心，并对政府决策、国会立法和社会的发展产生了重大影响。这本书问世的当年，美国各州就通过了40多个法案以限制杀虫剂的使用。《寂静的春天》在引起美国公众反思的同时，其所激发的公众生态意识也迅速从美国蔓延至全世界。数十种语言的译本在全球热销。英国、瑞典、丹麦、匈牙利、日本、以色列政府纷纷出台杀虫剂限制法令。1968年成立于意大利、惠及全球的学术组织罗马俱乐部也受到《寂静的春天》的极大影响，其关于经济发展和生态保护的许多主张都与《寂静的春天》中的论述不谋而合。

卡逊在书中对人类传统的观点提出了质疑，呼吁人类重新审视发展道路，一向认为是高速前进的平坦、舒适的超级公路，实际上在终点却潜伏着灾难。虽然作者在书中并没有明确提出能提供保护地球的最后唯一机会的"另一条道路"究竟是什么样，但是作为环境保护的先行者，作者的思想在世界范围内，较早地引发了人类对自身传统行为和观念比较系统而深入的反思，强烈地冲击了当时的人类社会。

(2) 早期的深刻反思与严肃忧虑——《增长的极限》

1968年，在罗马山猫科学院，来自世界各国的几十位科学家、教育家、经济学家、人类学家和实业家等在意大利奥莱利欧·佩西的组织下成立了非政府国际协会——罗马俱乐部。该协会的工作目标在于关注、探讨与研究人类面临的共同问题，并深入和传播对人类困境的理解，激励产生能使人类摆脱这些困境的新政策、新理念和新制度。

12 可持续发展

罗马俱乐部关注的人类面临的共同问题包括环境退化、富足中的贫困、青年的异化、就业无保障、传统价值遗弃、通货膨胀以及金融和经济混乱等。围绕这一系列的问题,罗马俱乐部对西方长期以来流行的高增长理论进行了深刻反思,并于1972年提交了俱乐部成立以来的第一份研究报告——《增长的极限》。该报告从人口、粮食、自然资源、工业生产和污染方面进行深刻阐述,认为这些是最终决定和限制全球增长的基本因素。报告在阐述环境的重要性以及资源与人口之间的基本联系的基础上获得如下结论:如果世界人口、工业化、污染、粮食生产和资源消耗按照现有的趋势继续发展下去,地球增长的极限最终会在今后100年中发生。最有可能导致人口和工业生产力都出现突然和不可控制的衰退。人口增长、粮食生产、工业发展、资源消耗和环境污染这五项基本因素的运行方式是指数增长而非线性增长,全球的增长将会因为粮食短缺和环境破坏于下世纪某个时段内达到极限。世界将会面临一场灾难性的崩溃。而解决的唯一办法就是限制增长,即"零增长"。

《增长的极限》一经发表便引起了国际社会的强烈反响,并触发了一场激烈的学术之争。虽然由于多种因素的局限,该报告中的一些结论与观点尚存在十分明显的缺陷,但是该报告是以"系统动力学"的方法建立了一个动态的世界模型,在该模型的基础上进行的深入阐述。因此,该报告中关于对地球潜伏的危机和发展面临的困境的警告,是冷静而客观的,表现出了对人类发展前途的"严肃忧虑",唤起了人类自身的觉醒。报告中阐述的"合理的、持久的均衡发展",为孕育可持续发展的思想萌芽提供了土壤。

(3) 全球性的关注、觉醒与挑战——《人类宣言》

1972年,来自世界113个国家和地区的代表汇聚在瑞典斯德哥尔摩,共同参加了联合国人类环境会议。在此次会议之前,联合国人类环境会议秘书长莫里斯·斯特朗委托美国经济学家芭芭拉·沃德和生物学家勒内·杜博斯起草了一个关注地球环境的非正式报告——《只有一个地球——对一个小小行星的关怀和维护》,并组织了由来自58个国家的152位专家组成的通信顾问委员会对初稿进行了审阅和评论,以保证该报告内容的准确性和全面性。该报告被认为是"对人类环境最完整的报告",报告中讨论了当时日益突出的环境污染问题,并将其与人口问题、资源问题、土地利用问题、工艺技术影响、发展的平衡性问题、以及世界范围的城市化困境等作为一个有机整体,同时关注了当代人与后代人的关系,因此这在一定程度上标志着可持续发展思想的初步形成。

随后举行的斯德哥尔摩环境大会,在吸纳《只有一个地球——对一个小小行星的关怀与维护》中关于人类与环境的观点的基础上,通过了《人类宣言》。该宣言宣布了37个共同观点和26项共同原则。它向全球呼吁:现在已经到达历史这样一个时刻,我们在决定世界各地的行动时,必须更加审慎地考虑它们对环境产生的后果。由于无知或漠不关心,我们可能给生活和幸福所依靠的地球环境造成巨大的无法挽回的损失。因此,保护和改善人类环境是关系到全世界各国人民的幸福和经济发展的重要问题,是全世界各国人民的迫切希望和各国政府的责任,也是人类的紧迫目标。各国政府和人民必须为着全体人民和自身后代的利益而作出共同的努力。

联合国人类环境大会召开的直接结果是唤起了各国政府对环境问题,尤其是环境污染问题的觉醒与关注。虽然这次会议中并未找到问题的根源与责任,也没有提出具体的解决环境问题的途径,但是它的召开却标志着环境问题正式纳入了世界各国政府和国际政治事务议程之中，各国政府和公众的环境意识得到进一步提高。

(4) 新的征程——《我们共同的未来》

联合国于20世纪80年代初成立了世界环境与发展委员会（WCED）。该委员会在挪威前首相布伦特兰夫人的领导下，经过长达3年的深入研究与充分论证，于1987年向联合国提交了研究报告《我们共同的未来》。该报告包含"共同的问题"、"共同的挑战"和"共同的努力"三个部分，集中阐述了人口、粮食、物种和遗传资源、能源、工业和人类居住等各个方面。该报告将环境与发展作为一个整体，并指出"世界各国政府和人民必须从现在起对经济发展和环境保护这两个重大问题担负起自己的历史责任，制定正确的政策并付诸实施；错误的政策和漫不经心都会对人类的生存造成威胁；严重损害生态环境的行为已经出现，人类必须立即行动起来，加以改变"。该报告在对人类面临的一系列重大经济、社会和环境问题的系统探讨基础上，进一步提出了"可持续发展"的概念。报告深刻指出：在过去，我们关心的是经济发展对生态环境带来的影响，而现在，我们迫切地感到生态的压力对经济发展所带来的重大影响。报告中指出了人类发展的新道路，实际也是《寂静的春天》中未明确指出的"另一条道路"，即"可持续发展"的道路。

《我们共同的未来》这一研究报告，把人们从只考虑环境保护引导到把环境保护与人类发展切实结合起来的思路上来，实现了人类有关环境与发展思想的新征程。该报告标志着可持续发展思想逐渐成熟起来。

(5) 新文明的总动员——联合国环境与发展大会、世界首脑可持续发展大会

1992年，来自世界183个国家代表团和70个国际组织的代表出席了在巴西里约热内卢召开的联合国环境与发展大会，会议有102位国家元首或政府首脑到会讲话。该会议通过了两个纲领性文件：《里约环境与发展宣言》（又名《地球宪章》）提出了实现可持续发展的27条基本原则，《21世纪议程》成为全球范围内可持续发展的行动计划。此外，各国政府代表还签署了联合国《气候变化框架公约》等国际文件和有关国际公约。

2002年，来自世界各国的104个国家元首或政府首脑和192个国家政府代表团出席了在南非约翰内斯堡举行的"可持续发展问题世界首脑会议"。该会议形成了《可持续发展问题世界首脑会议执行计划》，同时签署了《约翰内斯堡政治宣言》，确定"发展"仍然是人类共同面临的主题，并进一步指出经济、社会和环境问题是可持续发展不可或缺的三大支柱，水、能源、健康、农业和生物多样性等是实现可持续发展的五大优先领域。

从1972年联合国人类环境会议的第一次召开至今，环境与发展的关系日益受到各国政府的热点关注，可持续发展日益得到世界范围的广泛认可，并转化为实际行动。这些会议为走可持续发展之路做了最广泛的总动员，是人类迈向新的文明时代的里程碑。

12.2.2 可持续发展的内涵与原则

12.2.2.1 可持续发展的内涵

可持续发展是一个全新的理论体系，目前仍在不断的发展与完善之中；可持续发展涉及的领域十分广泛，不同的学者由于关注重点不同，给出的定义也往往不同，因此目前尚未形成一致的定义和公认的理论模式。但是纵观各学科从不同角度对可持续发展的阐述，可以发现其基本含义和思想内涵是一致的。

（1）基于自然属性的定义

资源是可持续发展的物质基础，可持续性源于生态学，资源是可持续发展的重要物质基础。从此角度出发，可持续发展主要指自然资源及其开发利用程度之间的平衡，即发展过程要对有限的自然资源合理利用，发展的结果要能保持自然资源库的恒定或稳定。1991年国际生态学联合会（INTECOL）和国际生物科学联合会（IUBS）将可持续发展定义为：保护和加强环境系统的生产更新能力。从生物圈概念出发，可持续发展被定义为是寻求一种最佳的生态系统以支持生态系统的完整性和人类愿望的实现，使人类的生存环境得以持续。

（2）基于社会属性的定义

人类是可持续发展的主体，社会是可持续发展的执行者和受益者。从此角度出发，可持续发展强调发展过程应保持在生态系统的承载力之内，发展的结果要达到提高人类生活质量的目的。1991年世界自然保护同盟、联合国环境规划署和世界野生生物基金会（WWF）共同发表的《保护地球——可持续生存策略》报告中提出可持续发展为：在生存不超出维持生态系统涵容能力的情况下，提高人类的生活质量，强调人类的生产方式与生活方式要与地球承载能力保持平衡，保护地球的生命力和生物多样性。

（3）基于经济属性的定义

经济是人类个体发展和社会整体进步的动力，是可持续发展的核心。从此角度出发，可持续发展强调发展过程应通过自然资本和人造资本的替代来维持资本库存的动态平衡，发展的结果要达到使人均福利随着时间的增长而增长的目的。因此，定义中的经济发展不再是传统意义上以牺牲资源和环境为代价的经济发展，而是指不降低环境质量和不破坏世界自然资源基础的经济发展。

（4）基于科技属性的定义

科学技术是实现可持续发展的重要保障。认同这类观点的学者认为污染并不是工业活动的必然结果，通过提高科技水平、改进生产工艺和提高生产效率，可以实现可持续发展。因此，可持续发展就是转向更清洁、更有效的技术，尽可能接近"零排放"或"密闭式"的工艺方法，尽可能减少能源和其他自然资源的消耗。

尽管可持续发展涵盖的领域十分广泛，从不同的角度能提出不同的定义，但这恰恰证明了可持续发展的重要性和必要性。可持续发展的基本思想也是一致的：即鼓励经济增长，提倡保持良好的生态环境和资源的可持续利用，谋求社会全面进步，创造和谐的社会环境。

目前普遍接受的可持续发展的定义是《我们共同的未来》所提出的：可持续发展是既能满足当代人的需求，又不对后代人满足其自身需求的能力构成危害的发展。这一定义包含了两层含义：一是人类要发展，要满足人类发展的需求；二是不能损害自然界支持当代人和后代人生存的能力。

12.2.2.2 可持续发展的基本原则

可持续发展的基本原则是比可持续发展定义更为丰富的概念，目前尚形成一致的定义或公论。尽管从不同的角度出发，可持续发展的原则侧重点各不相同，但依然存在一定的共同之处。

（1）公平性原则

可持续发展所坚持的公平性是指机会选择的平等性和资源分配的公正性，具有三方面的含义：第一，指同代人之间的横向公平性，可持续发展要实现当代人之间的公平；第二，指代际之间的公平性，可持续发展也要实现当代人与未来各代人之间的公平。各代人之间的公平要求任何一代都不能处于支配地位，即各代人都有同样选择的机会空间；第三，指人与自然，与其他生物之间的公平性，这是与传统发展最根本的区别之一。

（2）可持续性原则

可持续原则是指生态系统受到某种干扰时能保持其生产率的能力，即资源的可持续生产、可持续供给和可持续利用。资源的持续利用和生态系统可持续性的保持是人类社会可持续发展的首要条件。可持续发展要求人们根据可持续性的条件调整自己的生活方式，在可能的范围内确定自己的消耗标准。

（3）和谐性原则

可持续发展的战略是促进人类之间、人类与自然之间的和谐，在人类与自然之间保持一种互惠共生的关系，实现可持续发展。具体表现在人与自然的和谐，同代人之间的和谐，当代人与后代人之间的和谐以及不同区域之间的和谐。

（4）需求性原则

可持续发展立足于人的需求，而不是强调市场商品，是要满足所有人的基本需求，向所有人提供实现美好生活愿望的机会。具体表现为经济增长是生态与社会可持续发展的动力，通过经济增长实现社会财富的增长和人类生活质量的提高，注重科技与效率。

（5）阶跃性原则

随着时间的推移和社会的不断发展，人类的需求内容和层次将不断增加和提高，所以可持续发展本身隐含着不断地从较低层次向较高层次的阶跃性过程。

12.2.3 可持续发展指标体系

可持续发展的核心依然是"发展"，而"可持续"是实现发展的模式和途径。可持续发展是一种全新的发展模式，并且适用领域十分广泛，因此，人们对可持续发展的关注越来越多，但是如何度量可持续发展，评价其是否是可持续发展，可持续发展状态和可持续发展程度如何呢？这些问题的解决都依赖于可持续发展的评价体系和评价指标的建立。环境可持续发展的评价包括指标的筛选、构造、评价标准的制定及评价过程等。

12.2.3.1 环境可持续发展评价指标的建立

评价指标是对社会某一方面情况的综合反映，具有揭示、指明、宣布或者使公众了解等含义。所选中的评价指标应当具有信息定量、简单明了和化繁为简、直观典型的特点。根据表现形式和作用不同，评价指标通常分为用绝对数表示的数量指标和将相应指标对比后获得的派生指标。例如，人口、企业、产品的数量等即为数量指标，而人口密度、出生率、死亡率、单位产品排污系数等为质量指标。

建立环境可持续发展评价指标体系的目的是为人们提供环境和自然资源的变化状况，构建评估信息系统，用于检测和揭示区域发展过程中的社会、经济和环境问题，并分析各种结果的原因，进而评价可持续发展水平，引导政府更好地贯彻可持续发展战略，同时为区域发展趋势的研究和分析，为发展战略和发展规划的制定提供科学依据。由于各国或各地区的具体情况不同，其标准会有差异，但在可持续发展评价指标建立时，应遵守一些共同的原则：

即以可持续发展目标为依据，在保持经济健康发展、人们生活质量和文化素质不断提高基础上，节约和持续地利用自然资源，使资源量相对稳定或增加，并将环境污染和生态破坏的不利影响减少到最低程度；设置适当的时间尺度，以获得正确的判断与度量；在不同层次上设置不同指标体系，为在不同层次上进行调控和管理，为各级政府决策提供可靠信息；评价指标体系中任何指标都必须建立与其他指标间的内在联系；环境指标要因地制宜，能够体现不同发展阶段和不同自然地理环境的国家或地区的具体侧重点；在选择评价因子以及构建评价模式时，要力求科学，并将理论与实践相结合；评价指标体系要简单实用，便于生产及管理等部门操作。

12.2.3.2 可持续发展指标体系框架

（1）驱动力—压力—响应框架的概念

该框架包含3部分指标：驱动力指标表明产生环境问题的原因；状态指标体现由于人类行为而导致的环境质量或环境状态的变化；而响应指标代表了社会和所建立起来的制度机制为减轻环境污染和资源破坏所做的努力。该框架的建立是基于人类不断从环境中索取，同时通过生产和消费向环境排放废弃物，进一步影响环境；环境的变化又反过来作用于人类系统，影响人类发展。如此构成了人类、社会、经济系统与环境之间的"驱动力—压力—响应"关系。

（2）可持续发展指标体系框架的设计

根据驱动力—压力—响应框架中三部分指标的相互关系，要求可持续发展指标体系必须能够描述和表征出某一时刻发展的各个方面的现状、变化趋势和相互之间的协调程度，反映出社会—经济—环境的相互作用关系，也就是这三者之间的驱动力—压力—响应关系。根据指标体系的层次性原则，可持续发展指标体系应当包含全球、国家、地区以及社区等4个不同的层次，分别涵盖社会系统、经济系统和环境系统。此外，还应包含政策、规划、计划等制度安排。

12.2.3.3 可持续发展评价方法

可持续发展评价方法主要有综合评价法和层次分析法。

（1）综合评价法

该方法是用多个指标对一个复杂系统进行总体评价，提供一个复杂系统的多个指标信息。可以应用定量的方法对数据进行加工和提炼，以评价其优劣等级。综合评价法包括指数评判法、专家评判法和数理统计筛选法。

指数评判法 主要是对可持续发展进程的评判，其公式可以写为：

$$P = C/S$$

式中　P——可持续发展指数；

　　　C——可持续发展某项指标的数值；

　　　S——为其比较的标准值。

专家评判法 即德尔斐法（Delphi），它是通过征求专家意见的方法得到所需指标的分值。用各指标所得分值的算术平均值来表示专家的集中意见，并根据指标分值算术平均值的大小对各状态层的指标进行排序。用各指标所得分值的变异系数来表示专家意见的协调度，变异系数越小，指标的专家意见协调程度越高。

数理统计筛选法 利用数理统计方法，从指标的敏感性、特异性、代表性和独立性考虑对指标进行筛选。具体方法有变异系数法、相关系数法、聚类分析法、主成分分析法、因子分析法和多元统计的逐步回归等。

(2) 层次分析法

该方法是基于排序原理，首先将决策的问题作为受多种因素影响的大系统，这些相互关联、相互制约的因素按照它们之间的隶属关系排成从高到低的若干层次；然后请专家、学者、权威人士对各因素进行重要性比较；再利用数学方法，对各因素层层排序，最后对排序结果进行分析，为决策制定提供依据。

12.2.3.4 联合国可持续发展指标体系

1992 年联合国环境与发展大会召开，带动了许多国家研究和制定可持续发展指标体系。联合国也成立了可持续发展委员会，以审议各国执行《21 世纪议程》的情况，并对联合国有关环境与发展项目和计划在高层次进行协调。为了客观衡量各国在可持续发展方面的成绩与问题，可持续发展委员会制定了驱动力—压力—响应指标体系，见表 12-1。

表 12-1 联合国可持续发展指标体系概况

指 标	构 成
驱动力指标	就业率、人口净增长率、成人识字率、可安全饮水的人口占总人口的比例、运输燃料的人均消费量、人均实际 GDP 增长率、GDP 用于投资的份额、矿藏储量的消耗、人均能源消费量、人均水消费量、排入海域的氮（磷）量、土地利用的变化、农药和化肥的使用、人均可耕地面积、温室气体等大气污染物排放量等
状态指标	贫困度、人口密度、人均居住面积、已探明矿产资源储量、原材料使用强度、水中的 BOD 和 COD 含量、土地条件的变化、植被指数、受荒漠化、盐碱和洪涝灾害影响的土地面积、森林面积、濒危物种占本国全部物种的比例、二氧化硫等主要大气污染物浓度、人均垃圾处理量、每百万人中拥有的科学家和工程师人数、每百户居民拥有的电话数量等
响应指标	人口出生率、教育投资占 GDP 的比率、再生能源的消费量与非再生能源消费量的比率、环保投资占 GDP 的比率、污染处理范围、垃圾处理的支出、科学研究费用占 GDP 的比率等

注：根据钱易、唐孝炎（2000）制表。

联合国可持续发展的指标体系经过国际专家多次讨论修改完成，但是由于各个国家的情况迥异，因此，该指标体系很难全面客观衡量每个国家的可持续发展水平。此外，随着人们对可持续发展的深入认识，该体系指标需要不断地深入修改与完善，因而该指标体系只能作为参考。

随着可持续发展对人类传统理论的反思和不断创新，一些新的衡量发展的新思路陆续被提出。例如，衡量国家（地区）财富的新标准，将绿色国民经济核算纳入其中，通过对宏观经济指标的修正，试图从经济需求的角度阐明环境与发展的关系，并通过货币化来度量一个国家或地区总资本存量（或人均资本存量）的变化，借以判断一个国家或地区的发展是否具有可持续性，能够比较真实地反映一个国家和地区的财富；人文发展指数，则强调了国家发展从以物为中心向以人为中心的转变，强调追求合理的生活水平而非对物质的无限占有，并向传统消费观念提出了挑战；绿色国民账户，寻求在保护现有国民账户体系完整性的基础上，通过增加附属账户内容，鼓励收集和汇入有关自然资源和环境的信息，从而促进最终计算出经过环境调整的国内生产净值（EDP）和经过环境调整的净国内收入（EDI）；国际竞争力评价体系，比较全面的评价和反映了一个国家的整体水平，不仅包含现实的竞争能力，还预示潜在的竞争力，从而揭示未来的发展趋势，该评价体系的权威性已经得到世界的公认，并为各国政府所重视。

12.3 可持续发展的实践

12.3.1 21世纪议程

如何实施可持续发展，全球范围的主要参照方案是联合国354号决议通过的《21世纪议程》。

各国实施可持续发展的政策主要包括：限制人口增长、鼓励自然保护、改良生态、保护生物多样性、探求资源和能源的永续利用、提高资源能源的利用率、推行清洁生产、推行环境标志、采取源头控制、采用经济手段、增加环保投入、控制城市化进程。实践证明，正确的人口政策、经济政策和环境政策对于可持续发展具有重要意义。

在发展中国家，可持续发展意味着首先通过教育、开发和医疗服务解决贫困和疾病。对工业化国家的管理者，意味着通过经济刺激或污染源控制，削减温室气体的排放以及导致酸雨的污染物的排放。

12.3.1.1 《21世纪议程》概述

《21世纪议程》是一份没有法律约束力、800页的旨在鼓励发展的同时保护环境的全球可持续发展计划的行动蓝图，于1992年6月14日在巴西里约热内卢的联合国环境与发展大会上通过。

《21世纪议程》是一个前所未有的全球可持续发展计划。《21世纪议程》是将环境、经济和社会关注事项纳入一个单一政策框架的具有划时代意义的成就；《21世纪议程》载有2 500余项各种各样的行动建议，包括如何减少浪费和消费形态、扶贫、保护大气、海洋和生活多样化，以及促进可持续农业的详细提议；后来联合国关于人口、社会发展、妇女、城市和粮食安全的各次重要会议又予以扩充并加强。

在《21世纪议程》中，各国政府提出了详细的行动蓝图，从而改变世界目前的非持续的经济增长模式，转向从事保护和更新经济增长和发展所依赖的环境资源的活动。行动领域包括保护大气层，阻止砍伐森林、水土流失和沙漠化，防止空气污染和水污染，预防渔业资源的枯竭，改进有毒废弃物的安全管理。议程还提出了引起环境压力的发展模式：发展中国家的贫穷和外债，非持续的生产和消费模式，人口压力和国际经济结构。行动计划提出了加强主要人群在实现可持续发展中所应起的作用——妇女，工会，农民，儿童和青年，土著人，科学界，当地政府，商界，工业界和非政府组织。各国要求联合国支持它们促使《21世纪议程》生效的努力，联合国也采取步骤将可持续发展的思想运用到所有相关的政策和计划中。增加收入的一些项目越来越多的考虑到环境影响。由于妇女是物品、服务、食物的生产者和环境的照料者，发展援助计划越来越多的偏向她们。由于认识到贫穷和环境质量密切相关，人们从道义上更加迫切地认识到减少贫穷的社会责任。为了全面支持在世界范围内落实《21世纪议程》，联合国大会在1992年成立了可持续发展委员会。作为联合国经济及社会理事会的一个重要委员会，这个有53个成员的委员会监督并报告议程和其他地球首脑会议的协议的执行情况，支持和鼓励政府、商界，工业界和其他非政府组织带来可持续发展所需要的社会和经济变化，帮助协调联合国内环境和发展的活动。通过其可持续发展司，联合国经济和社会事务署为委员会提供了秘书处，并为促进可持续发展的贯彻落实提供政策建议。它还提供分析、技术和信息方面的服务，其中一个重要的因素是在政府、非政府和国际参与者之间打造合作伙伴关系。

在2000年联合国千年首脑会议上，大约150名世界领导人商定了一系列有时限的指标，包括把全世界收入少于一天一美元的人数减半，以及把无法取得安全饮水的人数比率减半。但是，再好的战略也好不过它的实际执行情况，南非约翰内斯堡首脑会议提供了一个重要的机会，让今天的领导人得以采取具体步骤，并认明更好地执行《21世纪议程》的量化指标。当各国政府在地球首脑会议上签署《21世纪议程》的时候，他们为确保地球未来的安全迈出了历史性的一步。《21世纪议程》是可持续发展所有领域全球行动的总体计划。

12.3.1.2　中国21世纪议程

可持续发展是中国彻底摆脱贫穷及人口、资源和环境困境的唯一正确选择。中国的人口多，人均资源少，生态脆弱，只有实施可持续发展才能振兴中华。中国政府把可持续发展既看做挑战，更看作机遇，十分重视可持续发展战略的研究和实施。

联合国354号决议之后，中国为履行大会提出的任务，在世界银行和联合国开发计划署（UNDP）、环境规划署（UNEP）的支持下，先后完成了多项重大研究和方案。1992年8月，中共中央和国务院批准的指导中国环境与发展的纲领性文件《中国环境与发展十大对策》，其中第一条就是"实行持续发展战略"。1994年3月25日，《中国21世纪议程》经国务院第十六次常务会议审议通过，是全球第一部国家级的《21世纪议程》，它把可持续发展原则贯穿到各个方案领域。《中国21世纪议程》共20章78个方案领域，主要内容分为4部分。

第一部分，可持续发展总体战略与政策。论述了提出中国可持续发展战略的背景和必要性；提出了中国可持续发展的战略目标、战略重点和重大行动，可持续发展的立法和实施，制定促进可持续发展的经济政策，参与国际环境与发展领域合作的原则立场和主要行动领域。

第二部分，社会可持续发展。包括人口、居民消费与社会服务，消除贫困，卫生与健康、人类住区和防灾减灾等。其中最重要的是实行计划生育、控制人口数量和提高人口素质。

第三部分，经济可持续发展。议程把促进经济快速增长作为消除贫困、提高人民生活水平、增强综合国力的必要条件。

第四部分，资源的合理利用与环境保护。包括水、土等自然资源保护与可持续利用，还包括生物多样性保护，防治土地荒漠化，防灾减灾等。

中国21世纪议程管理中心于1994年3月25日经中央机构编制委员会办公室批准成立。该中心的主要职责是：承担中国21世纪议程项目管理的有关工作；承担国家高技术研究发展计划资源环境技术、海洋技术领域计划项目的过程管理和基础性工作；承担国家科技攻关

12 可持续发展

计划中资源、环境、公共安全及其他社会事业等领域和城市发展相关项目的过程管理和基础性工作;承担国家科技基础条件平台建设计划中科学数据共享平台、社会发展领域国家工程中心等的有关工作,推动可持续发展信息共享工作;承担气候变化等全球环境科技工作的组织实施,承担清洁发展机制(34M)等方面工作和项目的组织实施工作;承担区域科技发展的有关工作,以及可持续发展实验区管理工作,推动地方21世纪议程和地方可持续发展的实施工作;开展清洁技术生产、生态工业、循环经济以及可持续发展领域的信息、技术与管理咨询服务,推动社会发展领域科技成果示范与推广,推动可持续发展能力建设工作;承担可持续发展等领域的国际科技合作与交流工作;研究可持续发展相关领域的发展状况、趋势和重大问题,为科技部宏观决策提出建议与对策。

12.3.2 中国实施可持续发展战略的目标

实施可持续发展战略,最终的目标是坚持以人为本,正确处理好人口、资源和环境的关系,走出一条生产发展、生活富裕、生态良好的可持续发展之路。随着理论的不断成熟和实践的日益深入,中国政府对可持续发展战略目标的认识也不断深化。2004年10月,中共十六届三中全会提出了坚持以人为本、全面、协调、可持续发展的发展观战略构想,不仅解决了要不要发展的问题,而且对怎样发展的问题认识进一步深化。2005年10月,中共中央通过了《关于制定国民经济和社会发展第十一个五年规划的建议》,提出了要坚持科学发展观,加快资源节约型和环境友好型社会建设。2007年《中国可持续发展总纲(国家卷)》提出了我国可持续发展的战略目标,即到2050年,全面达到世界中等发达国家的可持续发展水平,进入到世界总体可持续发展能力前十名的国家行列。

12.3.2.1 资源节约型社会

建设节约型社会,就是要求在生产、流通、消费的各个环节中,通过合理生产、高效利用、厉行节约、杜绝浪费等途径,以尽可能低的资源消耗满足全社会较高的福利水平。目前,中国基本能源消费占到世界总消费量的约1/10,在21世纪初期将超过1×10^8 t标准煤,2030年约为2.5×10^8 t标准煤,到2050年约为4.6×10^8 t标准煤。在石油需求上,我国今后新增的石油需求量几乎要全部依靠进口。而按照专家的估算,我国煤炭剩余可采量为900×10^8 t,可供开采不足百年;石油剩余可采量为23×10^8 t,仅可开采14年;天然气剩余可采量为$6\,310\times10^8$ m^3,可供开采不过32年。如果按每年节能10%来计算,我国平均每年能节约$1\,000\times10^4$ t标准煤、$1\,800\times10^4$ t石油和近20×10^8 m^{3}天然气,数量非常可观。节约型社会有3层含义:其一,在节约社会资源的同时,特别要节约和高效利用自然资源。其二,现在的节约不同于20世纪50年代的节俭,不是抑制消费,而是要在提高消费水平的同时消耗的资源最少,即在保证人民群众过上小康生活的前提下,减少不必要的资源消耗和浪费,切实降低物质消耗的增长速度。其三,在全社会形成以节约为荣、浪费为耻的文化氛围,形成节约资源和保护环境的消费习惯。节约型社会的标志是建设高效的国民经济体系,科学文明的生活习惯,艰苦奋斗的优良传统,"节约光荣,浪费可耻"的社会风尚,节约资源保护环境的公众意识和自觉行动等。

12.3.2.2 环境友好型社会

建设环境友好型社会,就是让"人民喝上干净的水、呼吸清洁的空气、吃上放心的食物、在良好的环境中生产生活。"环境友好型社会,要求人善待自然,善待环境,寻求环境的可持续发展。现在改善环境工作正在全国普遍展开,长江中上游实行退耕还林、还草、还湖,国家在政策上给予补贴;黄河小流域治理、城市污染治理等也以不同规模展开,许多已取得明显成效;2006年2月,国务院发布《关于落实科学发展观加强环境保护的决定》;同年,《环境保护违法违纪行为处分暂行规定》正式生效;国家循环经济试点扩大至8个省市;修订后的《中华人民共和国节约能源法》,自2008年4月1日起施行。

12.3.2.3 人与自然和谐型社会

人与自然和谐相处,是实施可持续发展战略的重要内容和重要目标。"物我合一"就是形象的表述。可持续发展问题的根源在于人的需求的无限性与地球资源的有限性这对人类社会永恒的矛盾,构建人与自然的和谐社会,就要求人类的生产和消费必须以最小的环境和资源代价来进行;就是要根除"战胜自然"的理念,保持生物链不受损害;就是要通过维护自然界的平衡,以保证人类社会系统与自然生态系统的协调发展与和谐共处。实现人与自然的和谐,本质上就是寻找人与自然的一种平衡点。美国经济学家科斯(Coase)的理论,将社会效益转化为企业内部效益,企业的存亡取决于社会效益的最大化,而不是单纯的个别企业行为,在一定程度上也是这种理论内涵的拓展。

12.3.3 可持续发展的实现途径

12.3.3.1 改善人口、资源、环境状况是实现可持续发展的基础条件

人口压力是可持续发展问题产生的重要根源,人口均衡是实现可持续发展的关键因素。人口作为一种特殊形态的资源,与可持续发展构成了促进与制约并存的关系。人口的过快增长,必然导致对自然资源的过度索取,对生态和环境的严重破坏,由此造成经济、社会的非可持续发展。因此,通过人口控制,使人口均衡生产与经济、社会、生态环境相适应是实现可持续发展的关键因素。资源稀缺性是经济问题产生的根源,也是经济学研究的起点,资源的可持续利用贯穿了人类发展的全部历史。自然资源是人类社会可持续发展的物质基础,要实现可持续发展必须在经济发展过程中保持一个不变的或增加的资源存量,从而维护可持续发展的物质基础。因此,自然资源的可持续利用是实现可持续发展的基本保证。自然资源具有多种类型,人类对资源的不同利用方式具有不同的效率,每一种资源及其综合体——自然资源可持续利用则是可持续发展的基础。

人类发展与环境保护是矛盾的两个方面。人类的发展既可以造成环境的污染和生态的破坏,又可以提高保护环境和生态的能力;良好的生态环境可以为人类的发展和进步提供有力的保障,而恶化的生态环境则会制约,甚至动摇发展的基础。因此,环境问题是非可持续发展的根源之一,生态环境的保护是实现可持续发展的基本内容。综上,要实现可持续发展,必须从人口、资源、环境等基本影响因素入手,研究这些因素与可持续发展的内在联系,探讨其协调、可持续发展的运行规律,找出相应对策,才能保证可持续发展战略的顺利实现。

12.3.3.2 发展循环经济、倡导适度消费是实现可持续发展的合理选择

循环经济,就是按照自然生态系统物质循环和能量转换的规律,通过清洁生产技术、废物回收技术,使资源利用效率最大化、废弃物排放量最小化,将经济系统和谐地融入自然生态系统的物质、能量的循环过程中,从而实现经济与环境协调发展。日本等发达国家的发展

经验表明，循环经济理念在建立资源节约型国民经济体系和实现可持续发展方面有重要作用，应从法律体系、政策扶持、微观运行体系和促进公众参与等方面大力促进循环经济的发展，进而实现可持续发展。进入工业社会以后，人类社会的消费速度呈加速增长态势，这种消费需求不仅开始损害我们赖以生存的自然体系，影响人与自然的关系，而且开始降低人类的生活质量。1994年，在肯尼亚首都内罗毕，联合国环境规划署提出"可持续消费"的理念，认为"可持续消费"是"提供服务以及相关产品以满足人类的基本需求，提高生活质量，同时使自然资源和有毒材料的使用量最少，使服务或产品的生命周期中所产生的废物和污染物最少，从而不危及后代需求。""可持续消费"模式在社会经济持续发展过程中有着重要作用。合理的消费模式和适度的消费规模不仅有利于经济的持续增长，同时还会减缓由于人口增长带来的种种压力，使人们赖以生存的环境得到保护和改善。

12.3.3.3　发展科技文化、加强制度建设是实现可持续发展的推动力量

科技进步是一把"双刃剑"。伴随着经济和社会发展，人口快速增长带来了资源枯竭和环境污染等一系列不可持续发展的问题，这些可以依靠科技进步来克服或者缓解。技术进步可以替代或减少资源的耗竭，保护环境，可以推动经济增长并缓解人口增长的压力。但是一种新技术的发现和运用也可能产生新的不可持续发展问题。因此，我们要将技术进步与可持续发展结合起来研究，放大其推动可持续发展的正效应，防止和克服影响可持续发展的负效应。20世纪80年代中期以后，经济发展中的制度分析理论和新增长理论蔚然兴起，其代表人物诺斯和卢卡斯分别获得了1993年、1995年的诺贝尔经济学奖。根据这些理论，制度安排和制度创新思想、人力资本和收益递增的思想是实现可持续发展的基本保证。许多经济学家吸收并利用了新制度经济学的分析方法，认识到若要有效解决可持续发展问题，必须关注发展中的制度性因素。制度是经济运行和发展的内生变量，有效的经济组织与制度安排对可持续发展起着无可替代的促进作用。可持续发展不仅要解决资源配置的效率问题，还牵涉到资源配置的代际公平问题。可持续发展不仅是经济和技术问题，也是一种文化观念和价值取向。因此，实现可持续发展除了要依靠成本内化的制度安排和产权管理等途径外，还需要充分利用与道德相关的文化机制。因此，重塑可持续发展文化就成为实现可持续发展的根本措施。可持续发展文化的主要内容是可持续发展的道德伦理观和价值观的建设，核心是道德伦理观和价值观，目标是形成可持续发展的自律机制。

12.3.3.4　发挥市场、政府和非政府组织的联动作用是实现可持续发展的现实保证

环境资源利用的外部性和公共物品的特性导致市场失灵，信息的不对称性、利益集团的影响和体制的不健全又会导致政府失灵，公众的环境意识、参与意识还有待于提高，这些问题使得可持续发展无法通过某一方面的能力独立解决。市场的调节作用只有在政府对环境资源进行产权明晰的前提下才能实现，环境问题的解决还需要众多政策、法律的指导和监督，可持续发展的实现更需要大量非政府组织和公众的参与和支持。环境问题的日益严重表明，仅仅依靠市场和政府是无法从根本上解决环境问题的。如前所述，目前非政府组织已经在这一领域发挥了越来越重要的作用。环境非政府组织可以动员社会力量、组织更多民众参加到环境污染治理的群体当中，代表公众意见、表达社会公众对环境保护的观点。在环境治理中，环境非政府组织又具有独特的监督功能。环境非政府组织的活动可以使公众在参与过程中提高环境意识和参与意识，而且国际环境非政府组织也是对国际环境公约进行监督的重

要机构。

12.3.4 可持续发展战略实施的保障措施

12.3.4.1 观念保障——树立和落实科学发展观

科学发展观是中国共产党人在探索有中国特色发展道路上，对发展问题的一次革命性认识，是解决中国经济社会可持续发展的核心指导思想。这一思想的形成，标志着中国在经历了以经济建设为中心的转变之后，即在解决了要不要发展的问题之后，对怎样发展问题认识的深化。落实科学发展观，关键就是要做到"五个坚持"。一是坚持城乡协调发展，把农村和城市作为一个有机的整体。比如，过去30年，中国从一个收入分配较为平均的国家迅速成为贫富差距位居世界前列的国家。2005年中国城市居民人均收入是农村居民的3.23倍，如果将农民的生产成本、城市居民享受的社会保障待遇等因素综合考虑在内，实际城乡居民收入差距有5~6倍。如果继续这样下去，城乡差距必将越来越大。因此，把农业的发展放到整个国民经济发展中统筹考虑，把农业的繁荣放到全社会进步中统筹规划，把农民的增收放在国民收入分配的总格局中统筹安排，建立城乡一体、相互推动的体制和机制，最后改变城乡二元化结构。二是坚持区域协调发展，淡化行政区划色彩，打破部门、地域界限，推动城市间、地区间的规划联动、产业联动、市场联动、交通联动和政策法规联动，做好大区域发展规划，建立全国统一的市场体系。三是坚持经济社会协调发展，更加注重加快社会发展，建立起比较完善的国民教育、文化、医疗等体系，克服"一条腿长、一条腿短"的问题。四是坚持人与自然协调发展，进一步控制人口数量，提高人口素质，在稳定低生育水平的基础上，解决好人口老龄化和新生儿性别比问题。节约自然资源，保护生态环境，提高环境承载能力。五是坚持国内外协调发展。加快推进改革开放，在更大范围、更广领域和更高层次上参与国际分工协作，优化资源配置，以开放促进发展。

12.3.4.2 制度保障——构建规范完善的激励和约束框架

从可持续发展的要求来看，制度的功能应该有：为可持续发展提供激励，使经济主体所付出的成本与收益相联系；为可持续发展提供约束，控制经济主体破坏生态环境的随意行为；降低可持续发展过程中的交易费用，减少经济发展的负面影响。推动可持续发展，必须选择合适的制度安排来规范人们的行为，通过制度的激励和约束功能的发挥提高环境保护的效果。实现可持续发展需要建立的正式制度有自然资源的产权制度、市场交易制度、资源定价制度、法律制度、资源补偿制度、环境税收制度。这些带有根本性的东西，是维护可持续发展的法制制度保障。非正式的制度的内容包括自然观、环境伦理观、资源观、发展观等。"从变革的速度来看，正式约束可以在一夜之间发生变化，而非正式制度的改变却是一个长期的过程"。"正规规则只是制度体系的一部分。它们必须由非正规制度加以补充——对规则进行扩展、阐述和假定。非正规制度解决了众多无法由正规规则覆盖的交换问题，并有很强的生存能力"。因此，在可持续发展制度建设中，要注意正式制度与非正式制度的结合，发挥各自的优势。

12.3.4.3 模式保障——大力发展循环经济

循环经济本质上是一种生态经济，它要求运用生态学规律而不是机械论规律来指导人类社会的经济活动。与传统经济相比，循环经济倡导的是一种与环境和谐的经济发展模式，它要求经济活动按照自然生态的模式，组织成一个"资源—产品—再生资源"的物质反复循环的过程，使得整个经济系统以及生产和消费的过程基本上不产生或只产生很少的废弃物，只有放错了地方的资源，而没有真正的废物弃物，从而根本上解决了长期以来环境与发展之间的矛盾。循环经济已经成为一种潮流和趋势，有些国家甚至以立法的方式加以推进。循环经济是实施可持续发展战略的必然选择和重要保证，而在世界上呼声很高的清洁生产，则是实现循环经济的基本形式。发展循环经济，要把握4个环节：首先，要有符合循环经济的流程设计，把经济效益、社会效益和环境效益统一起来，充分使物质循环利用做到物尽其用；其次，要依靠科技进步，积极采用无害或低害的新工艺、新技术，大力降低原材料和能源的消耗，尽可能把对环境污染的排放消除在生产过程之中，实现少投入、高产出、低污染的目标；第三，要加强资源的综合利用，使废弃物资源化、减量化和无害化，把有害环境的废弃物减少到最低限度，这是发展循环经济的一条重要原则和重要标志，工业生态园就是很好的方式；第四，要科学严格管理项目，同时制定必要的法规，对循环经济加以规范，特别要使用激励和惩罚手段，推动循环经济的健康发展。

12.3.4.4 考评保障——尝试推行绿色GDP统计体系

现行的国民经济核算体系中，国内生产总值（GDP）指标既没有真实地反映预防环境污染费用，也没有考虑自然资源存量的损耗与折旧及环境退化的损失费用，从而给经济发展产生了错误导向，直接导致以环境资源存量和质量迅速恶化为代价的虚假繁荣。这就是国民经济虽然不断增长，但其环境迅速下降，甚至使国民经济总体趋向崩溃的原因。针对现行GDP的缺陷，现在发达国家正在推行绿色GDP的统计方法，就是将生态统计在内。在计算国民生产总值时，扣除自然资源消耗和环境污染破坏的损失。简单地说，绿色GDP＝传统GDP－自然部分的虚数－人文部分的虚数，其中自然部分的虚数是指人类牺牲自然资源或修复自然资源所带来的那部分增加值，人文部分的虚数就是指人类牺牲人文环境或修复人文环境所带来的那部分增加值。这种统计方法被称为绿色GDP，是建立以人为本、协调统筹、可持续发展的观念之上，将经济增长与环境保护统一起来，综合反映了国民经济活动的成果与代价。它实际上代表了国民经济增长的净正效应，绿色GDP占GDP的比重越高，表明增长的正面效应越高，负面效应越低，反之亦然。行以绿色GDP为核心指标的经济发展模式和国民核算新体系，不仅有利于保护资源和环境，促进资源可持续利用和经济可持续发展，而且有利于加快经济增长方式从粗放型增长模式向低消耗、高效率、低排放的集约型模式转变，提高经济效益，从而增进福利水平。中国应该向这个方向转变，并在这方面也开始尝试。2003年开始，国家统计局对全国的自然资源进行了实物核算，物流核算是绿色GDP核算的重要基础。2004年开始，国家统计局和国家环境保护总局成立了绿色GDP联合课题小组，目前正在组织力量积极进行研究和试验。2006年9月7日我国第一个绿色GDP核算报告问世，以价格化的形式计算出环境污染损失和虚拟治理成本。尽管这一成果还是阶段性的、初步的、探索性的，但它必将激励各地在发展经济的同时更好地处理环境、生态和资源的关系。它也预示着我们的天更蓝，水更绿，空气更清新。绿色GDP考核体系的确立，对地方领导干部的绩效考核也是一个革命性的变革，有利于地方在追求经济发展的同时，兼顾资源和环境的可持续发展。在现阶段，科学的权威的绿色GDP统计还没有正式确立之前，中国可以实施两本账：一本是按照传统的GDP法计算，供与国际比较用；一本包括生态环境的统计，会使人们抛弃传统的经济发展模式，走经济、社会和环境结合的可持续发展之路。

12.3.4.5 社会保障——充分发挥环境 NGO 的参与作用

环境 NGO 也称民间环境保护团体，是相对政府环境保护组织而言的，主要围绕环境保护开展活动。环境 NGO 除具有一般 NGO 的基本属性即组织性、民间性、非营利性、自治性、自愿性之外，还有其特殊属性，即必须以环境保护为主要活动内容。近年来，发达国家的环境 NGO 有较快的发展，一个重要的原因是这些国家对环境问题的关注重点已从过去的公害问题转向全球环境问题。在我国环境 NGO 是一支新生力量，处于刚刚起步阶段，但发展潜力巨大。要发挥环境 NGO 的作用，首先，要向公众和 NGO 等社会力量赋权，从立法、制度上充分保障它们的各项环保权益，使它们成为环保权益、社会资源配置的辅助力量。其次，为 NGO 提供更为开放的政治空间和宽松的政策环境，使它们在保持独立性的前提下真正成为沟通政府和民众的渠道，使 NGO 和政府成为相互尊重的合作伙伴。第三，在环境影响评价法和其他法律法规的实施过程中明确 NGO 为公众参与的一种重要形式，对公众参与的程序做出明确规定，使其真正具备有合作的参与渠道。第四，环境 NGO 要积极争取社会资源，加强自身的能力建设，提高专业化水平，以务实的作风和负责的态度赢得社会的信任和尊重。

12.3.5 清洁生产

在全球范围内，工业生产的规模不断扩大，导致了能源的浪费和枯竭，生态的严重破坏。单纯依靠末端治理已经很难将污染控制在最低，虽然很多国家都提出了相应的污染控制战略，如污染预防、无废少废工艺等，但是都没能很好地将这些发展战略与措施综合地运用到环境污染的防治上面，在这种情况下，清洁生产应运而生。1992 年 6 月在巴西里约热内卢召开了联合国环境与发展大会，会议通过的《21 世纪议程》将清洁生产作为可持续发展的关键因素，要求工业要开发更清洁的生产工艺和技术，对环境有害的产品和原材料加以替换和更新，以实现对环境的保护。

12.3.5.1 清洁生产的定义

清洁生产在不同的发展阶段或者不同的国家有不同的叫法，例如，"废物减量化"、"无废工艺"、"污染预防"等。但其基本内涵是一致的，即对产品和产品的生产过程、产品及服务采取预防污染的策略来减少污染物的产生。

联合国环境规划署与环境规划中心综合各种说法，采用了"清洁生产"这一术语，来表征从原料、生产工艺到产品使用全过程的广义的污染防治途径，给出了如下定义：清洁生产是一种新的创造性的思想，该思想将整体预防的环境战略持续应用于生产过程、产品和服务中，以增加生态效率和减少人类及环境的风险。对生产过程，要求节约原材料与能源，淘汰有毒原材料，减降所有废弃物的数量与毒性；对产品，要求减少从原材料提炼到产品最终处置的全生命周期的不利影响；对服务，要求将环境因素纳入设计与所提供的服务中。

《中国 21 世纪议程》中清洁生产的定义：清洁生产是指既可满足人们的需要又可合理使用自然资源和能源并保护环境的实用生产方法和措施，其实质是一种物料和能耗最少的人类生产活动的规划和管理，将废物减量化、资源化和无害化，或消灭于生产过程之中。同时对人体和环境无害的绿色产品的生产也将随着可持续发展进程的深入而日益成为今后产品生产的主导方向。

综上所述，清洁生产的定义包含了两个全过程控制：生产全过程和产品整个生命周期全过程。对生产过程而言，清洁生产包括节约原材料与能源，尽可能不用有毒原材料并在生产过程中就减少它们的数量和毒性；对产品而言，则是从原材料获取到产品最终处置过程中，尽可能将对环境的影响减少到最低。

12.3.5.2 清洁生产的内涵

清洁生产从本质上来说，就是对生产过程与产品采取整体预防的环境策略，减少或者消除它们对人类及环境的可能危害，同时充分满足人类需要，使社会经济效益最大化的一种生产模式。具体措施包括：不断改进设计；使用清洁的能源和原料；采用先进的工艺技术与设备；改善管理；综合利用；从源头削减污染，提高资源利用效率；减少或者避免生产、服务和产品使用过程中污染物的产生和排放。清洁生产是实施可持续发展的重要手段。

清洁生产的观念主要强调以下 3 个重点。

清洁能源 包括开发节能技术，尽可能开发利用再生能源以及合理利用常规能源。

清洁生产过程 包括尽可能不用或少用有毒有害原料和中间产品。对原材料和中间产品进行回收，改善管理、提高效率。

清洁产品 包括以不危害人体健康和生态环境为主导因素来考虑产品的制造过程甚至使用之后的回收利用，减少原材料和能源使用。

根据经济可持续发展对资源和环境的要求，清洁生产谋求达到 2 个目标：

● 通过资源的综合利用，短缺资源的代用，二次能源的利用，以及节能、降耗、节水，合理利用自然资源，减缓资源的耗竭，达到自然资源和能源利用的最合理化。

● 减少废物和污染物的排放，促进工业产品的生产、消耗过程与环境相融，降低工业活动对人类和环境的风险，达到对人类和环境的危害最小化以及经济效益的最大化。

清洁生产是生产者、消费者、社会三方面谋求利益最大化的集中体现：

① 清洁生产是从资源节约和环境保护两个方面对工业产品生产从设计开始，到产品使用后直至最终处置，给与了全过程的考虑和要求。

② 清洁生产不仅对生产，而且对服务也要求考虑对环境的影响。

③ 清洁生产对工业废弃物实行费用有效的源削减，一改传统的不顾费用有效或单一末端控制办法。

④ 清洁生产可提高企业的生产效率和经济效益，与末端处理相比，成为受到企业欢迎的新事物。

⑤ 清洁生产着眼于全球环境的彻底保护，为人类社会共建一个洁净的地球带来了希望。

12.3.5.3 清洁生产的科学方法

清洁生产是在较长的污染预防进程中逐步形成的，也是国内外几十年来污染预防工作基本经验的结晶。究其本质，在于源头削减和污染预防。它不但覆盖第二产业，同时也覆盖第一、三产业清洁生产是污染控制的最佳模式，它与末端治理有着本质的区别。

清洁生产体现的是预防为主的方针。传统的末端治理侧重于治，与生产过程相脱节，先污染后治理；清洁生产侧重于防，从产生污染的源头抓起，注重对生产全过程进行控制，强调"源削减",尽量将污染物消除或减少在生产过程中,减少污染物的排放量,且对最终产生的废物进行综合利用。

清洁生产可以实现环境效益与经济效益的统一。传统的末端治理投入多、治理难度大、运行成本高,只有环境效益,没有经济效益;清洁生产则是从改造产品设计、替代有毒有害材料,改革和优化生产工艺和技术装备,物料循环和废物综合利用的多个环节入手,通过不断加强管理和技术进步,达到"节能、降耗、减污、增效"的目的,在提高资源利用率的同时,减少污染物的排放量,实现经济效益和环境效益的最佳结合,调动组织的积极性。

清洁生产是一个系统工程,是对生产全过程以及产品的整个生命周期采取污染预防的综合措施。工业生产过程千差万别,生产工艺繁简不一。因此,推行清洁生产应该从各行业或企业的特点出发,在产品设计、原料选择、工艺流程、工艺参数、生产设备、操作规程等方面分析生产过程中减少污染物产生的可能性,寻找清洁生产的机会和潜力,促进清洁生产的实施。根据清洁生产的概念和近年各国的成功实践,实施清洁生产的有效途径主要包括改进产品设计、替代有毒有害的原材料、强化生产过程的工艺控制、优化操作参数、改进设备维护、增加废物循环等。

(1) 改进产品设计

传统产品的设计仅考虑产品的基本属性(功能、质量、寿命、成本)而不考虑产品的环境属性。所有投入到产品中的原材料、能源及劳动最终变成垃圾被填埋或焚烧。这不仅是极大的浪费,而且如果处理后的成分不是环境友好的,则会对环境和公众健康造成损害。无论在生产过程还是在产品使用后,产品的设计过程都会极大影响废物产生量,因此设计者在产品设计时有许多需要仔细考虑的地方:生产中使用的原料(是否有毒)、产品的结构(部件是否需要大量的电镀化学品)、装配方式(是否造成拆卸、再使用的困难)等。清洁生产中的产品设计包括产品从概念形成到生产制造、使用乃至废弃后的回收、再利用及处理的各个阶段。

改进产品设计旨在将环境因素纳入产品开发的所有阶段,使其在使用过程中效率高、污染少,同时使用后便于回收,即使丢弃,对环境产生的危害也相对较少。近来出现的"生态设计"、"绿色设计"等术语,即指将环境因素纳入设计之中,从产品的整个生命周期减少对环境的影响,最终导致产生一个更具有可持续性的生产和消费体系。

(2) 改进工艺技术,更新设备

在工业生产工艺过程中最大限度地减少废物的产生量和毒性是清洁生产的主要目的。检测生产过程、原料及产物情况,科学地分析研究物料流向及损失状况,是减少废物产生量和毒性的前提和基础。调整生产计划,优化生产程序,合理安排生产进度,改进、完善、规范操作程序,采用先进的技术,改进生产工艺和流程,淘汰落后的生产设备和工艺路线,合理循环利用能源、原材料、水资源,提高生产自动化的管理水平,提高原材料和能源的利用率,减少废物的产生。

中国的各个产业普遍存在技术含量低,技术装备和工艺水平不高、创新能力不强、高新技术产业化比重偏低、能源消耗高、能源消费结构不合理、经济的国际竞争力不强等问题,这些问题已经成为制约国民经济和企业可持续发展的主要因素,亟须利用高新技术进行改造和提升。目前,利用高新技术改造提升传统产业,加快推进信息化和现代化,促进社会生产力跨越式发展，已成为许多国家和地区经济增长的新引擎。针对中国产业特点，应吸收国外先进的工艺和技术，整合国内现有技术，对传统产业进行改造提升，增强传统产业的可持续发展能力。

（3）综合利用资源

综合利用资源是实施清洁生产的重要内容。

首先是通过资源、原材料的节约和合理利用，使原材料中的所有组分通过生产过程尽可能地转化为产品，最大限度地减少废料的产生；其次是对流失的物料加以回收，返回到流程中或经适当处理后作为原料利用，使废物得到循环利用。实现资源综合利用，需要跨区域、跨部门和跨行业之间的协作，也就是以循环经济的理念为主导，构建以物料、资源和能源的循环流动为核心内容的生态工业链网体系。

开展综合利用，是我国一项重大的技术经济政策，也是国民经济和社会发展中一项长远的战略方针，对于节约资源、改善环境、提高经济效益、促进经济增长方式由粗放型向集约型转变、实现资源优化配置和可持续发展都具有重要的意义。合理利用资源、能源是清洁生产的主要内容之一。清洁生产要求企业在生产过程中非产品物质循环利用，以提高原材料、燃料等的利用率。企业根据各自的情况，通过多种途径，遵循资源综合利用与企业发展相结合、与污染防治相结合、经济效益与环境效益、社会效益统一的原则，积极推动资源节约综合利用工作，努力提高资源的综合利用水平，从而促进企业的发展。

（4）加强企业管理

国内外情况表明，工业污染源有 30%～60% 是由于生产过程管理不善造成的，只要改进操作，改善管理，不需要花费很大的经济代价，便可获得明显削减废物和减少污染的效果。加强科学管理的主要内容有：安装必要的高质量监控仪表，加强计量监督，及时发现问题；落实岗位和目标责任制，杜绝"跑冒滴漏"；完善可靠翔实的统计和审核；产品的全面质量管理，有效的生产调度；改进操作方法、实现技术革新，节约用水、用电；原材料合理购进、贮存与妥善保管；加强人员培训，提高职工素质；建立激励机制和公平的奖惩制度；组织安全生产等观念的更新及对实施清洁生产重要性认识的提高是相辅相成的，观念转变促进企业管理措施的完善与可操作性的提高。清洁生产实质上是一种物耗、能耗最少的生产活动的规划管理。清洁生产与单纯的末端治理不同，需要把环境管理纳入到企业生产管理系统中，求得环境与生产内在融合，需要建立相互联系、自我约束的管理机制，这样才能巩固清洁生产的成果，增强清洁生产后劲。管理措施能否落实到企业中的各个层次、分解到生产过程中的各个环节，是企业推行清洁生产成功与否的关键。从调查实施清洁生产企业的实例表明，管理措施要包括：转变传统的环境管理模式，将清洁生产纳入生产全过程和实行经济承包责任制。

【案例】

案例1　蒙特利尔圣·米歇尔环保中心——从垃圾场到城市公园

蒙特利尔（Montreal）市坐落于加拿大渥太华河和圣劳伦斯河交汇处，是加拿大20世纪70年代前的最大城市，如今是加拿大的第二大城市、魁北克省最大的城市。该市的圣·

米歇尔住宅区中心地带从1925年起人们在此大量开采矿山，经过近60年的开采活动，该区域的地貌发生了很大改变，成为一个风沙肆虐的深约70m的采石场，被称为蒙特利尔市"流血的伤疤"。为了还原自然，蒙特利尔人从1968年开始，把这里又变成了臭气熏天的城市垃圾填埋场，到2009年为止，此地共接收垃圾达4000×10^4t。

从1970年开始，人们开始关注和讨论这个臭气熏天的垃圾场对环境造成的破坏以及常年掩埋垃圾产生的甲烷和污水对当地居民的健康造成的威胁。1988年，蒙特利尔市政府出资收购了这块场地，采矿活动得以终止。1995年，蒙特利尔市政府提出了一项修复计划，开始着手将这一场地改造成城市公园。至2009年垃圾填埋活动得以终止，在此期间一个环境优美的城市公园取而代之，至2020年这项修复工程将全部完成，届时改造完成的公园将整体向公众开放。

圣·米歇尔环保中心案例通过增添乔木和灌木等"绿色"资源，建立多功能环保马戏城；以社区参与为基础全面进行场地规划，提高市民环境意识；通过对垃圾管理，宣传再改造和回收利用方面的技术，在2010年上海世博会上脱颖而出，成为上海世博会城市最佳实践区展示的一个亮点。该案例将加拿大蒙特利尔圣·米歇尔住宅区中心地带臭气熏天的垃圾填埋场进行改造，预期形成集体育、教育文化、休闲和环境技术于一体的大型综合中心，极好地体现了蒙特利尔对可持续城市化的展望。

圣·米歇尔环保中心案例再一次引起人们对垃圾围城的思考。其实一直以来世界各地的城市都在思考，如果再不回收垃圾，人类将面临生存的危机：本已稀缺的土地资源将被迅速增长的垃圾吞噬，由垃圾产生的一系列环境污染问题将威胁到人类的健康……因此，如何减少城市垃圾，如何进行垃圾分类、再利用成为各个城市面临的共同难题。

圣·米歇尔环保中心从一个满目疮痍的采矿场到臭气熏天的垃圾填埋场，到供公众休闲娱乐的城市公园，其华丽转身是由以下几个环节完成的。

1988年市政府接手这块场地时，面临的首要难题是控制沼气的释放。由于在过去的二十年间，圣·米歇尔地区的地上地下长期堆放垃圾，产生的沼气很容易引发爆炸，因此从1988年开始有规律的钻井，用以收集沼气，到2006年发展到375口井。众多的沼气井通过地表附近20km长的管网连接，输送到发电厂。该地区独创了自动井网络技术，并建成北美最大的沼气发电站。目前利用沼气发电年生产力达到23MW，用于周边1.2万户居民日常使用。据统计，从1994年开始至2009年，这些沼气井已经收集了约$10 \times 10^8 m^3$的沼气，这相当于减少了1500×10^4 t CO_2的排放。除了收集沼气以外，垃圾浸出液也是圣·米歇尔地区面临的重要问题。该地区通过设立水泵，每天抽出约$2500m^3$的污水，经过氧化预处理后再排入污水管道并输送到蒙特利尔的污水处理厂进行处理。

由于垃圾填埋场土层十分不稳定，无法建造任何项目，因此，针对当地的垃圾多层覆盖方案得到通过并实施。该方案包括了由石块和水泥组成的平日覆盖层、排水层、无纺土工布、沙子层、防渗透保护土层、保护土层，以及最上面的植物堆肥土壤。目的在于重点创造肥沃土壤，在种花种树的基础上建造公园。该方案的实施不仅将沼气的散逸减至最低，还可以促进有机物质的矿化。蒙特利尔市政府每年都会把收集到的落叶送到圣·米歇尔环保中心做堆肥，一部分用作覆盖垃圾填埋场最后表层的覆土，既可避免从周围肥沃的可耕地取土，又限制了运土车辆及其对邻近街区的影响，还有剩余肥料免费分发给市民使用。此外该地区为市民设立了6个生态中心，回收和再利用以木料、金属、家具、衣物和小型家电为主的废弃物，还开办利用回收物品进行艺术创作的讲座。

圣·米歇尔环保中心还吸引了世界著名的太阳马戏团国际总部入驻，并在此基础上，相继兴建了国家马戏学校和北美地区第一家马戏城。曾经"臭名昭著"的垃圾场已经有57个文化社团进驻，华丽转身为环保的马戏文化之都。

据介绍，蒙特利尔的圣·米歇尔环保中心占地192hm^2，相当于大约300个足球场，目前已经完成98hm^2。该项目已获得25个大奖，包括2004年荣获的"最适宜人类居住社区国际奖可持续发展类金奖"。

按照规划，到2017年，圣·米歇尔地区将完全建成环保中心，蒙特利尔市副市长弗托普洛斯说："届时，这片地区将建成一个以文化、教育、休闲为特色的公园和环保示范区，成为同蒙特利尔的标志——皇家山面积一样的公园。"

案例2　拯救日内瓦湖——从严重污染到直饮水

日内瓦湖周长176km，是西欧最大的湖泊，位于瑞士法国交界处，是莱茵河与罗纳河两条欧洲大河的源头，滋养了沿途多个国家的人民，但在20世纪六七十年代，湖泊却因发展工业受到了严重污染，鱼虾绝迹，污染下游水源。日内瓦湖的污染物主要是含磷物，此外还有汞、硝酸盐、钠氯化物、铅和锡等。磷污染主要来自于农场的化肥、家用清洁剂和工厂废物。据专家分析计算，在1976年，日内瓦湖内的磷总量已经达到8 100t，在湖底的部分地带形成了一层5～10m厚的磷覆盖层，因此氧气完全不能流通，湖内鱼类大量死亡，当地渔民受到极大的损失。

拯救日内瓦湖是政府和社会经过激烈的道德挣扎之后采取的行动，主要开展的工作包括两个阶段：1970—1980年期间的治理和1986年开始的防范工作。第一个阶段工作的目的在于清除湖中的污染物，通过铺设合理的管道系统，将居民生活废水和工业废水输送到处理工厂，借助各种处理方法将废水中的有机质和磷污染物清除之后再将废水排放到湖、河等自然环境之中。第二个阶段工作的目的是从源头遏制污染。通过制定严格的废水排放标准、禁止使用含磷衣物洗涤剂、减少耕作过程中的营养（磷肥和氮肥）流失、限制化肥和杀虫剂用量等措施，防止污染物进入水体。

日内瓦湖的污染治理体现了治理各方的积极配合：一方面政府大力投资建设由主干排水管和水处理厂组成的废水处理网络，国际、国家和地区政府相继合作和配合，出台一系列的水治理政策和法律。例如，1972年瑞士限制使用多氯联苯，1975年法国限制使用多氯联苯；1986年瑞士禁止多氯联苯和含磷衣物洗涤剂在市场上流通，1987年法国禁止多氯联苯在市场上流通等；另一方面还有产业界的合作、民众的积极参与和配合。例如，1980年成立了旨在协调民众为治理日内瓦湖地区的河湖污染所做的贡献、拓展和强化政府的治污措施的日内瓦湖保护协会。该协会奉行可持续发展的理念，实施反思、行动和教育3个层面的战略，并将其运用到研究、现场工作和提高环保意识的领域。该协会曾发起多个行动以改变人们对水资源管理和消费的态度，帮助人们树立可持续发展的观念。例如，举行"水乃生命之源"全国性教育活动，并把宣传内容印在食糖包装袋和奶酪包装箱上；制作教育动画片《水藻魔王》，发放给13周岁的学生等。

1990—2004 年，历时 14 年之久的清洁河流行动发动了日内瓦湖保护协会及其志愿者，包括学生、家庭、钓鱼爱好者、士兵在内的民众自愿参与，对湖河流污染状况进行了调查，并对污染物非法排放点进行了排查。该活动不仅成功地完成了任务，更重要的是提高了居民对污染所致破坏的严重程度的认识，提高了公众发现保护自然环境的机会的能力。2006 年 9 月，日内瓦湖岸清洁行动又开始了，该活动在日内瓦湖超过 200km 岸线范围内展开。目的在于寻找向湖内直接排水的管道并对排放物进行定性，确定污染物及其源头，为采取必要的措施做好准备，最终实现水质的提高。

如今，日内瓦湖又成为一个干净美丽的湖泊，人们可以下河游泳，还向城市提供干净的水源。2010 年上海世博会的日内瓦主题周活动期间，日内瓦市市长曼努尔·托内尔拿着一瓶瓶装水说："这是瑞士的自来水，在日内瓦，全城有许多喷泉，不仅是景观也是饮用水源，瑞士城市馆的设计就体现了这一情况，而喷泉里的水就来自日内瓦湖，这样的情况在 30 年前是不可想象的。"

思考题

1. 可持续发展的定义是什么？
2. 可持续发展的基本原则是什么？
3. 生态中心论与生物中心论有何区别？
4. 动物解放/权利论局限性在哪？

参考文献

钱易，唐孝炎. 2000. 环境保护与可持续发展 [M]. 北京：高等教育出版社.
朱鲁生. 2005. 环境科学概论 [M]. 北京：中国农业出版社.
刘克锋，刘悦秋. 2010. 环境科学概论 [M]. 北京：气象出版社.
龚胜生，敖荣军. 2009. 可持续发展基础 [M]. 北京：科学出版社.
章俊华，王绍增. 2010. 由环境伦理所想到的责任时代 [J]. 中国园林（2）：35-38.
杨志峰，刘静玲，等. 2004. 环境科学概论 [M]. 北京：高等教育出版社.
崔仲平. 2003. 老子《道德经》译注 [M]. 哈尔滨：黑龙江人民出版社.
孟庆祥，关德民，等. 2003. 庄子译注 [M]. 哈尔滨：黑龙江人民出版社.
王喆，王文卿. 2010. 论环境伦理的冲突和出路 [J]. 社会学（9）：94-95，132.
赵安启，胡柱志. 2008. 中国古代环境文化概论 [M]. 北京：中国环境科学出版社.
余谋昌，王耀先. 2004. 环境伦理学 [M]. 北京：高等教育出版社.
杨志峰，刘静玲，等. 2004. 环境科学概论 [M]. 北京：高等教育出版社.